Exito comercial

Prácticas administrativas y contextos culturales

MÉXICO, AMÉRICA CENTRAL Y EL CARIBE

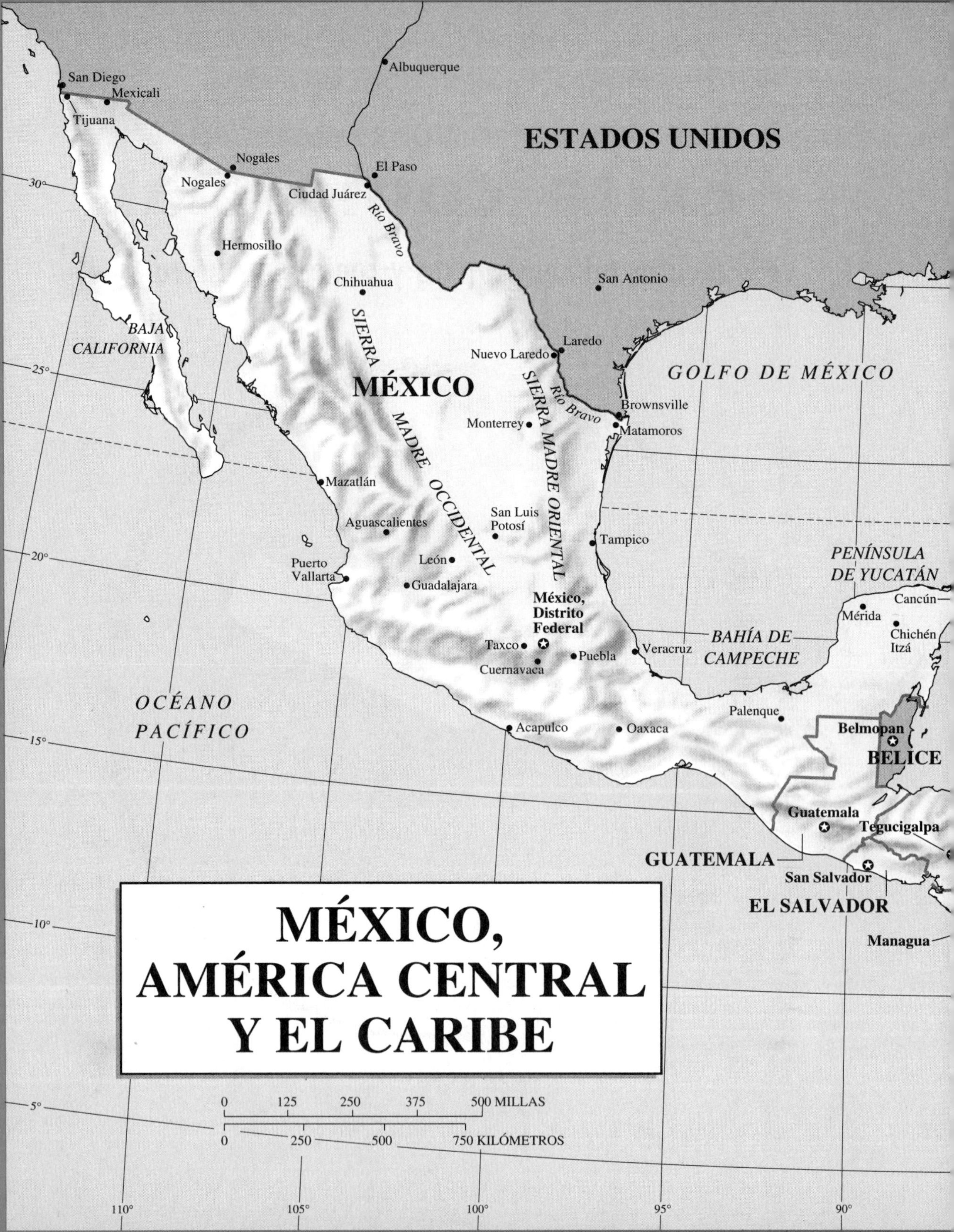
ESTADOS UNIDOS
Albuquerque
San Diego
Mexicali
Tijuana
Nogales
Nogales
El Paso
Ciudad Juárez
Río Bravo
Hermosillo
Chihuahua
San Antonio
BAJA CALIFORNIA
SIERRA MADRE OCCIDENTAL
MÉXICO
Laredo
Nuevo Laredo
SIERRA MADRE ORIENTAL
Río Bravo
GOLFO DE MÉXICO
Brownsville
Matamoros
Monterrey
Mazatlán
San Luis Potosí
Aguascalientes
Tampico
León
Puerto Vallarta
Guadalajara
PENÍNSULA DE YUCATÁN
Cancún
Mérida
Chichén Itzá
México, Distrito Federal
Taxco
Cuernavaca
Puebla
Veracruz
BAHÍA DE CAMPECHE
OCÉANO PACÍFICO
Acapulco
Oaxaca
Palenque
Belmopan
BELICE
Guatemala
Tegucigalpa
GUATEMALA
San Salvador
EL SALVADOR
Managua
0 125 250 375 500 MILLAS
0 250 500 750 KILÓMETROS
30°
25°
20°
15°
10°
5°
110°
105°
100°
95°
90°

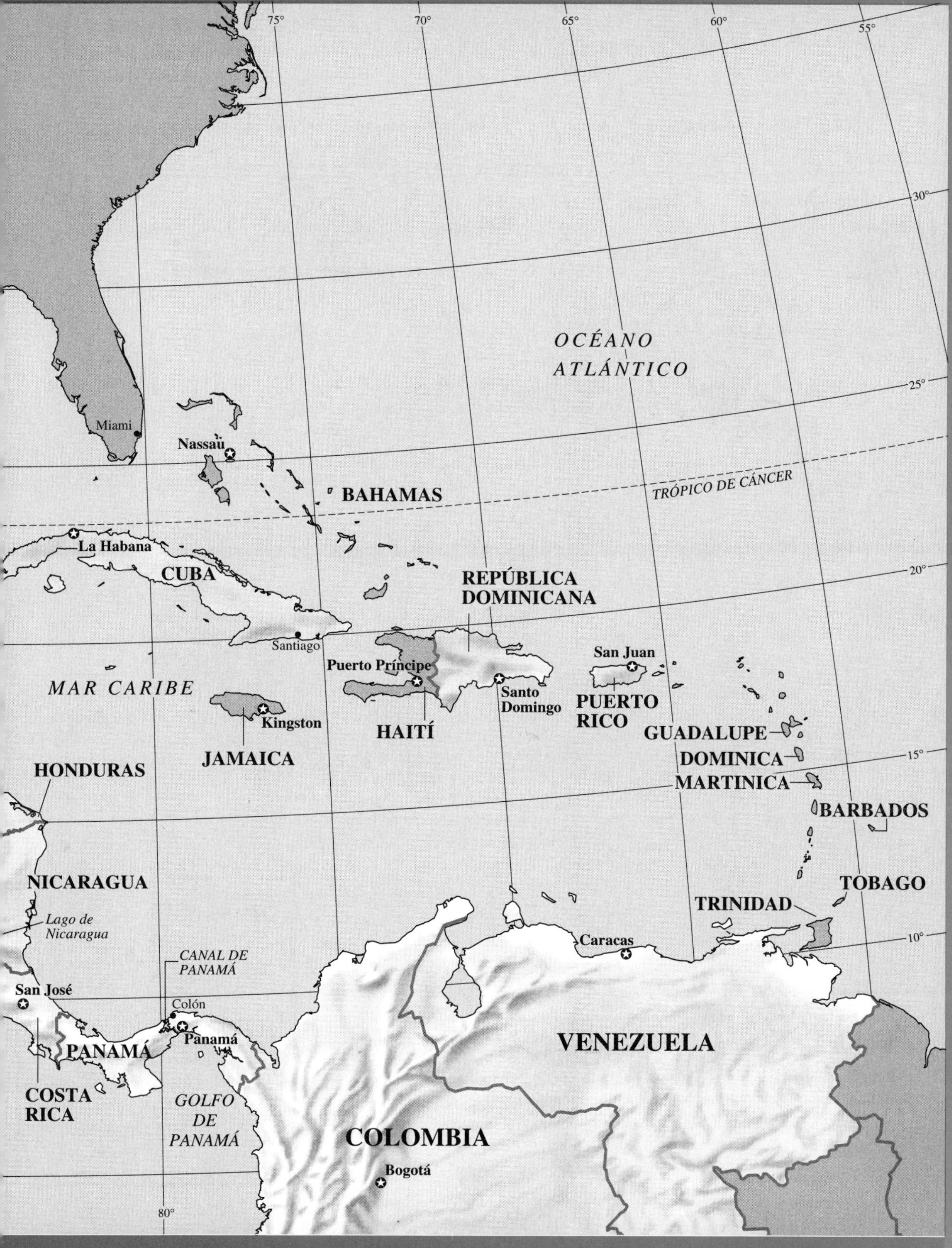

75°
70°
65°
60°
55°
30°
25°
20°
15°
10°
80°
OCÉANO
ATLÁNTICO
TRÓPICO DE CÁNCER
Miami
Nassau
BAHAMAS
La Habana
CUBA
Santiago
REPÚBLICA
DOMINICANA
Puerto Príncipe
HAITÍ
Santo
Domingo
San Juan
PUERTO
RICO
MAR CARIBE
Kingston
JAMAICA
GUADALUPE
DOMINICA
MARTINICA
BARBADOS
TOBAGO
TRINIDAD
HONDURAS
NICARAGUA
Lago de
Nicaragua
CANAL DE
PANAMÁ
San José
Colón
Panamá
PANAMÁ
COSTA
RICA
GOLFO
DE
PANAMÁ
Caracas
VENEZUELA
COLOMBIA
Bogotá

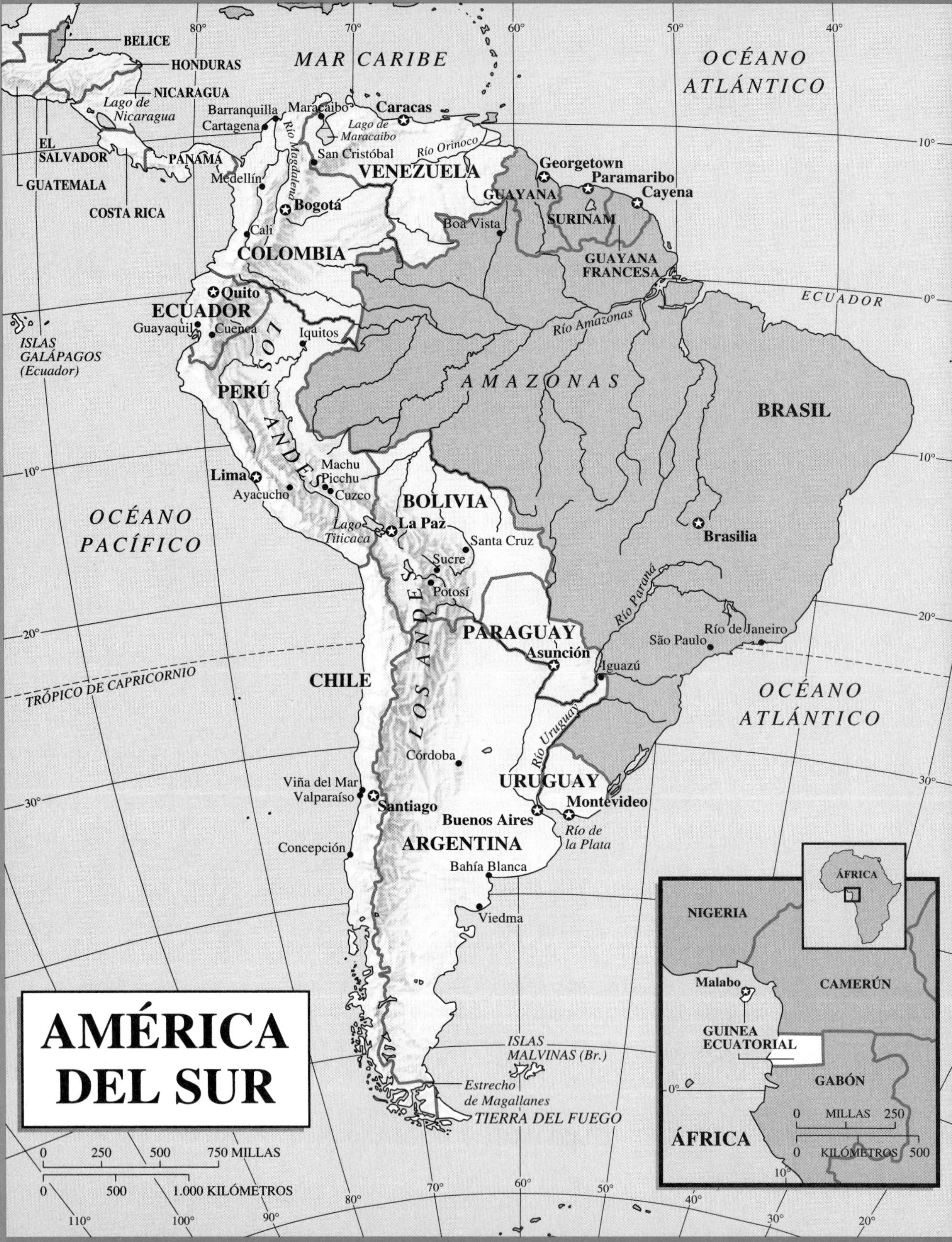
AMÉRICA DEL SUR
MAR CARIBE
OCÉANO ATLÁNTICO
OCÉANO PACÍFICO
BELICE
HONDURAS
NICARAGUA
Lago de Nicaragua
EL SALVADOR
GUATEMALA
COSTA RICA
PANAMÁ
Barranquilla
Cartagena
Maracaibo
Lago de Maracaibo
Caracas
Río Magdalena
San Cristóbal
Río Orinoco
VENEZUELA
Medellín
Bogotá
Cali
COLOMBIA
Georgetown
Paramaribo
Cayena
GUAYANA
SURINAM
GUAYANA FRANCESA
Boa Vista
ECUADOR
Quito
Guayaquil
Cuenca
ISLAS GALÁPAGOS (Ecuador)
Iquitos
Río Amazonas
AMAZONAS
LOS ANDES
PERÚ
BRASIL
Lima
Ayacucho
Machu Picchu
Cuzco
BOLIVIA
La Paz
Lago Titicaca
Santa Cruz
Sucre
Potosí
Brasilia
Río Paraná
PARAGUAY
Asunción
Iguazú
São Paulo
Río de Janeiro
TRÓPICO DE CAPRICORNIO
CHILE
Río Uruguay
Córdoba
Viña del Mar
Valparaíso
Santiago
URUGUAY
Montevideo
Buenos Aires
Río de la Plata
ARGENTINA
Concepción
Bahía Blanca
Viedma
ISLAS MALVINAS (Br.)
Estrecho de Magallanes
TIERRA DEL FUEGO
0 250 500 750 MILLAS
0 500 1.000 KILÓMETROS
NIGERIA
ÁFRICA
Malabo
CAMERÚN
GUINEA ECUATORIAL
GABÓN
0 MILLAS 250
0 KILÓMETROS 500
ÁFRICA

ESPAÑA
OCÉANO ATLÁNTICO
MAR CANTÁBRICO
MAR MEDITERRÁNEO
0 50 100 150 200 MILLAS
0 100 200 300 KILÓMETROS
FRANCIA
ANDORRA
PORTUGAL
MARRUECOS
GALICIA
PRINCIPADO DE ASTURIAS
CANTABRIA
PAÍS VASCO
NAVARRA
CORDILLERA CANTÁBRICA
PIRINEOS
CASTILLA-LEÓN
LA RIOJA
ARAGÓN
CATALUÑA
SIERRA DE GUADARRAMA
MADRID
COMUNIDAD VALENCIANA
CASTILLA-LA MANCHA
EXTREMADURA
MURCIA
ANDALUCÍA
SIERRA NEVADA
Río Ebro
Río Tajo
Río Guadalquivir
Santiago de Compostela
Santander
Bilbao
Pamplona
Valladolid
Zaragoza
Lérida
Gerona
Barcelona
Salamanca
Segovia
Madrid
Toledo
Ciudad Real
Valencia
Alicante
Murcia
Cartagena
Córdoba
Sevilla
Granada
Málaga
Cádiz
Lisboa
Tánger
Costa Brava
Costa del Sol
GIBRALTAR (Br.)
CEUTA (Sp.)
MELILLA (Sp.)
Estrecho de Gibraltar
MENORCA
MALLORCA
Palma
IBIZA
ISLAS BALEARES
ISLAS CANARIAS
0 MILLAS 100
0 KILÓMETROS 150
LA PALMA
TENERIFE
GOMERA
HIERRO
LANZAROTE
FUERTEVENTURA
Las Palmas
GRAN CANARIA
ÁFRICA

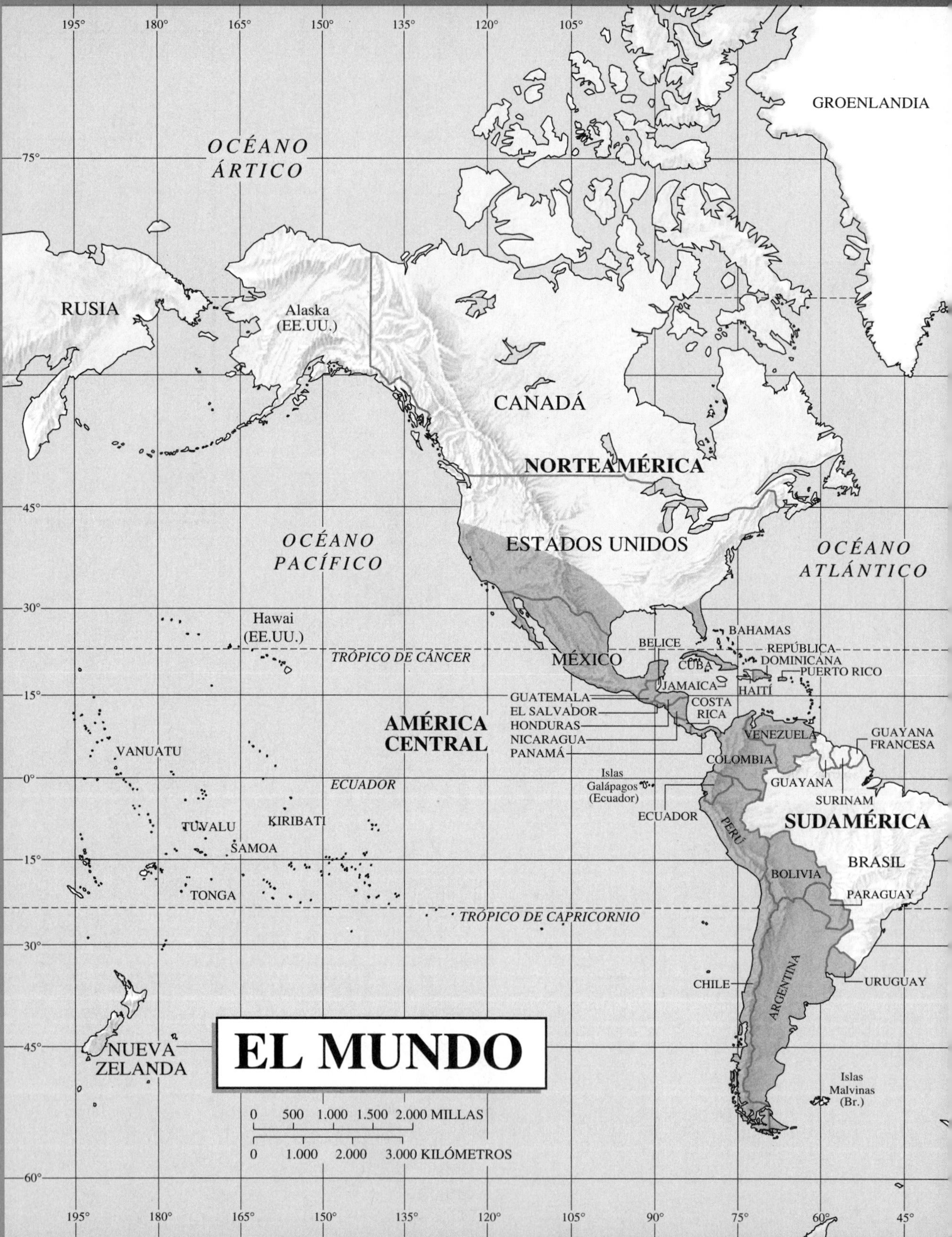
EL MUNDO
OCÉANO ÁRTICO
OCÉANO PACÍFICO
OCÉANO ATLÁNTICO
GROENLANDIA
RUSIA
Alaska (EE.UU.)
CANADÁ
NORTEAMÉRICA
ESTADOS UNIDOS
Hawai (EE.UU.)
TRÓPICO DE CÁNCER
MÉXICO
BELICE
BAHAMAS
CUBA
REPÚBLICA DOMINICANA
PUERTO RICO
JAMAICA
HAITÍ
GUATEMALA
EL SALVADOR
HONDURAS
NICARAGUA
PANAMÁ
COSTA RICA
AMÉRICA CENTRAL
VENEZUELA
GUAYANA FRANCESA
COLOMBIA
GUAYANA
SURINAM
Islas Galápagos (Ecuador)
ECUADOR
PERÚ
SUDAMÉRICA
BRASIL
BOLIVIA
PARAGUAY
TRÓPICO DE CAPRICORNIO
CHILE
ARGENTINA
URUGUAY
Islas Malvinas (Br.)
VANUATU
TUVALU
KIRIBATI
SAMOA
TONGA
NUEVA ZELANDA
0 500 1.000 1.500 2.000 MILLAS
0 1.000 2.000 3.000 KILÓMETROS
195° 180° 165° 150° 135° 120° 105° 90° 75° 60° 45°
75° 45° 30° 15° 0° 15° 30° 45° 60°

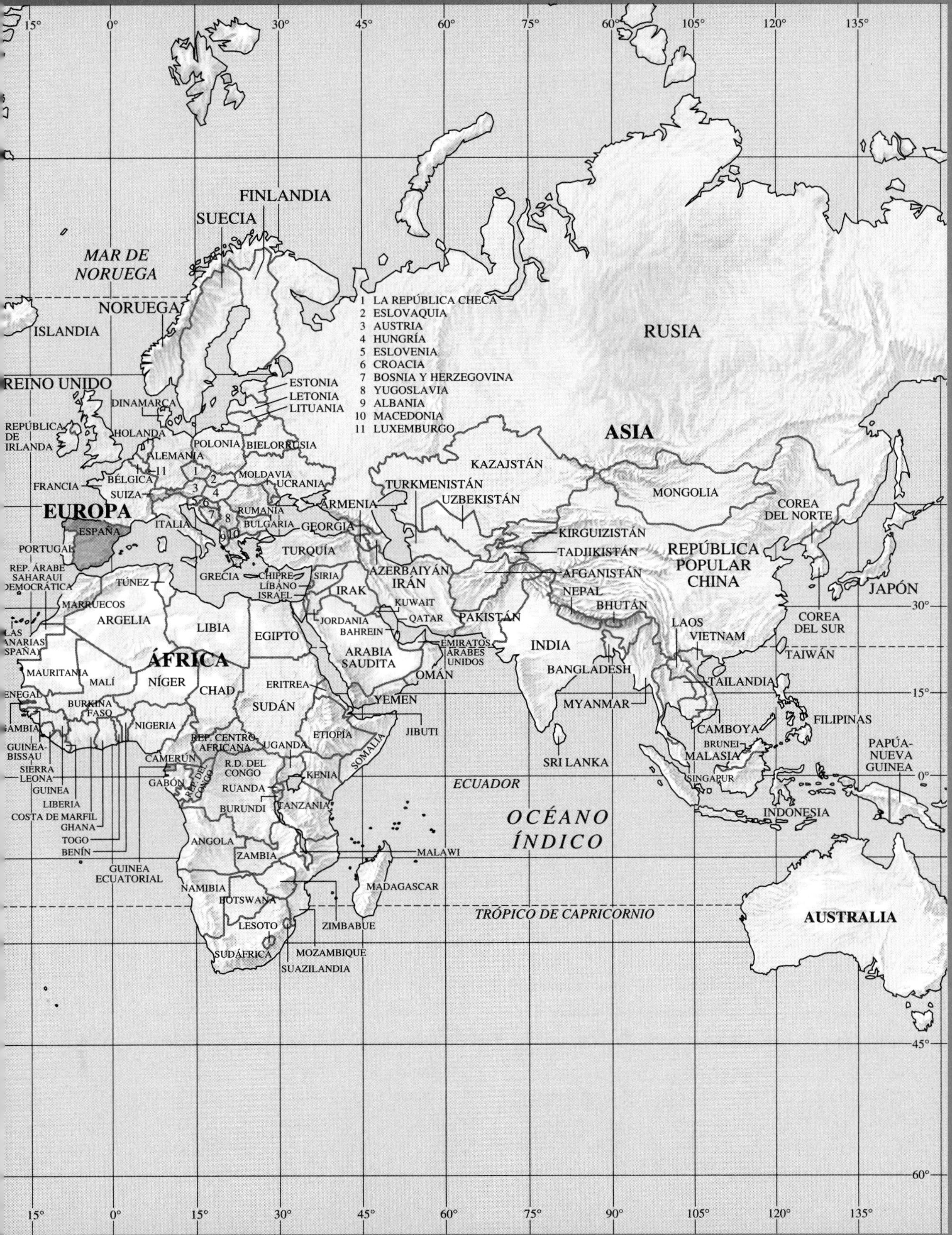

FINLANDIA
SUECIA
MAR DE NORUEGA
NORUEGA
ISLANDIA
REINO UNIDO
DINAMARCA
REPÚBLICA DE IRLANDA
HOLANDA
ALEMANIA
BÉLGICA
FRANCIA
SUIZA
EUROPA
ESPAÑA
PORTUGAL
ITALIA
POLONIA
BIELORRUSIA
ESTONIA
LETONIA
LITUANIA
MOLDAVIA
UCRANIA
RUMANÍA
BULGARIA
GRECIA
1 LA REPÚBLICA CHECA
2 ESLOVAQUIA
3 AUSTRIA
4 HUNGRÍA
5 ESLOVENIA
6 CROACIA
7 BOSNIA Y HERZEGOVINA
8 YUGOSLAVIA
9 ALBANIA
10 MACEDONIA
11 LUXEMBURGO
RUSIA
ASIA
KAZAJSTÁN
MONGOLIA
TURKMENISTÁN
UZBEKISTÁN
ARMENIA
GEORGIA
TURQUÍA
AZERBAIYÁN
IRÁN
KIRGUIZISTÁN
TADJIKISTÁN
AFGANISTÁN
REPÚBLICA POPULAR CHINA
COREA DEL NORTE
COREA DEL SUR
JAPÓN
NEPAL
BHUTÁN
PAKISTÁN
INDIA
BANGLADESH
MYANMAR
LAOS
VIETNAM
TAIWÁN
TAILANDIA
CAMBOYA
FILIPINAS
BRUNEI
MALASIA
SINGAPUR
INDONESIA
PAPÚA-NUEVA GUINEA
SRI LANKA
AUSTRALIA
CHIPRE
LÍBANO
ISRAEL
SIRIA
IRAK
KUWAIT
JORDANIA
QATAR
BAHREIN
EMIRATOS ÁRABES UNIDOS
ARABIA SAUDITA
OMÁN
YEMEN
REP. ÁRABE SAHARAUI DEMOCRÁTICA
TÚNEZ
MARRUECOS
ARGELIA
LIBIA
EGIPTO
LAS CANARIAS (ESPAÑA)
ÁFRICA
MAURITANIA
MALÍ
NÍGER
CHAD
SUDÁN
ERITREA
JIBUTI
ETIOPÍA
SOMALIA
SENEGAL
GAMBIA
GUINEA-BISSAU
SIERRA LEONA
GUINEA
LIBERIA
COSTA DE MARFIL
GHANA
TOGO
BENÍN
BURKINA FASO
NIGERIA
CAMERÚN
REP. CENTRO-AFRICANA
GUINEA ECUATORIAL
GABÓN
REP. DEL CONGO
R.D. DEL CONGO
UGANDA
KENIA
RUANDA
BURUNDI
TANZANIA
ANGOLA
ZAMBIA
MALAWI
NAMIBIA
BOTSWANA
ZIMBABUE
MOZAMBIQUE
MADAGASCAR
LESOTO
SUDÁFRICA
SUAZILANDIA
ECUADOR
OCÉANO ÍNDICO
TRÓPICO DE CAPRICORNIO
15° 0° 15° 30° 45° 60° 75° 90° 105° 120° 135°
30° 15° 0° 45° 60°

Exito comercial

Prácticas administrativas y contextos culturales

Exito comercial

Prácticas administrativas y contextos culturales

Third Edition

Michael Scott Doyle
University of North Carolina at Charlotte

T. Bruce Fryer
University of South Carolina

Ronald Cere
Eastern Michigan University

HEINLE & HEINLE
THOMSON LEARNING

United States · Australia · Canada · Mexico · Singapore · Spain · United Kingdom

HEINLE & HEINLE
THOMSON LEARNING

Exito comercial/Third Edition
Prácticas administrativas y contextos culturales
Doyle / Fryer / Cere

Publisher: Phyllis Dobbins
Acquisitions Editor: Kenneth S. Kasee
Developmental Editor: Jason Krieger
Marketing Strategist: Jill Yuen
Project Manager: Angela Williams Urquhart
Cover Illustrator: Peter Siu, Stock Ill. Source
Cover Designer: Ophelia Chambliss

Printed in the United States of America

1 2 3 4 5 6 7 8 9 10 06 05 04 03 02 01

For more information contact Heinle & Heinle, 25 Thomson Place, Boston, MA 02210 USA, or you can visit our Internet site at http://www.heinle.com

ISBN: 0-03-025553-8

Library of Congress Catalog Card Number:
00-106317

Preface to the Third Edition

We are very pleased that the first two editions of ***Exito comercial*** have met an instructional need at over 300 colleges and universities, and numerous companies, banks, agencies, and other language/culture training institutes, in six countries, including Mexico. We are excited about the prospects for the continued, and we hope improved, educational contribution of this third edition, which builds on the fundamental design and strengths of the earlier editions. The socioeconomic data for each of the 21 Spanish-speaking countries has been expanded considerably and updated. A new opening chapter provides a global, hemispheric, and national (USA) context for doing business with Spanish-speaking countries or communities within countries. Other changes and additions make many of the exercises more interactive and place additional focus on critical thinking, problem solving, and practice with the internet technology used daily in the business world. These skills, as we all know, will be increasingly in demand in the global economy. The third edition is also accompanied by a video, an audio CD, and a Web Page.

Exito comercial continues to be designed to give ***advanced-intermediate and advanced-level students of Spanish*** a solid foundation in business vocabulary, basic business and cultural concepts, and situational practice that will help prepare them for success in today's Spanish-speaking business world. It is assumed that students have already mastered the fundamentals of Spanish grammar and that they control the general vocabulary needed for basic communication.

Key business vocabulary, which may be unfamiliar to students, is presented in a short list at the beginning of each chapter. It is then reinforced through introductory readings which deal with a fundamental functional aspect of business in domestic and global contexts. The business topics reflect the typical curriculum of an American business school. Because of the developmental nature of the text, students with a background in business or international studies will find that the descriptive essays reinforce their basic business knowledge. Native speakers of Spanish as well as English-speaking students without prior knowledge of business will find the basic reading sections informative and useful.

Previous editions of ***Exito comercial*** have proven to be useful for students in the following areas:

- Spanish and Latin American Studies majors;
- Business majors planning to interact with a rapidly growing and influential number of Hispanic co-workers, consumers, and clients both abroad and within the United States;
- International studies or government majors;
- Undergraduate liberal arts majors wishing to expand their awareness of the Spanish language or seeking positions with the growing number of companies needing to conduct business in Spanish;
- Majors in science, technology, and communications fields who plan to enter the expanding international business world which continues to open up opportunities for American-based firms.

It is also suitable for students pursuing graduate work in Spanish and has been used as a training manual to help prepare them to teach a course in Business Spanish. In addition, language and culture training institutes as well as business firms may wish to organize special language and culture training programs for their employees. ***Exito comercial*** has been used effectively in that capacity, since it can be adapted easily to specific needs. It has been used in semester or quarter system courses that meet two or three days per week, in evening or Saturday sessions meeting once per week, and in intensive summer courses. It has also been used effectively by many instructors in a two-course sequence, for example, in a year-long course in which chapters 1–7 are covered in the fall semester and chapters 8–14 in the following spring semester. This particular format makes it possible to fully supplement the basic text with the accompanying workbook entitled ***Exito comercial: Cuaderno de correspondencia y documentos comerciales.*** The workbook, which follows the chapter sequencing of the basic text, provides models for and practice in writing typical business letters, memoranda, and other fundamental business documents related to the content of the text. The workbook has also been used successfully by instructors as a free-standing course in Spanish business correspondence, which offers students a content-based alternative to the traditional Spanish composition course.

CONTEXTUAL STRUCTURE OF THE TEXT

Exito comercial is uniquely tied together by a number of thematic threads that establish useful and coherent contexts for both teachers and students. The **business context** continues to be established by the chapter organization and sequence. This third edition of *Exito* expands upon and replaces the Capítulo Preliminar of previous editions with a **new Capítulo 1 entitled "El comercio y el contexto hispano: Geografía, demografía, idioma y cultura."** After this opening overview of commerce in a global economy and in Spanish-speaking countries—including a **new focus on the United States,** which is the world's fifth largest Spanish-speaking country in terms of population—the text moves on to follow closely the establishment of a business firm and its subsequent development and globalization. This includes the initial organization of a company structure, its need for banking and accounting processes, capital investment (property, plant, and equipment), office systems, human resources management, the production of goods and services, marketing, financial management, setting up an international operation, import–export functions, and a futuristic outlook for business in our increasingly global and technological economy. The business context **focuses on the role of the manager** rather than on the operations performed by secretarial or office staff. Spanish professors teaching a business course for the first time have found and will continue to find the text to be **very "user-friendly" because of its descriptive approach to business** and the clear developmental sequencing throughout.

The **geographic context** is developed by the presentation in each chapter of a continental or hemispheric map (Africa, Europe, or the Americas) as well as a specific map of one or two Spanish-speaking countries and an economic overview of each of these twenty-one nations. The country-specific discussion begins in Equatorial Guinea (Africa) and moves on to Spain and the Americas: Mexico followed by Central America, South America, and the Caribbean. It concludes with the United States, which is included with added emphasis because of its large and growing Hispanic population. Throughout each section, **the student will find useful information about the geography, demography, government, economy, and commerce of each country.**

The geographic information is integrated with the business content from the outset. Both of these areas are in turn articulated with the **cultural context** which deals with the social and business-related cultural patterns of the Hispanic world. To the extent possible, these themes have been related directly to the business content in each chapter. For example, honor, success, and forms of social interaction are presented in the chapters dealing with business organization and management; relations between men and women are addressed in the chapter on office management; and the impact of religion and holidays on business operations is discussed in the chapter on marketing and sales. Since cultural characteristics bear directly on the way business, both national and international, is conducted, this cultural organization is an essential feature for the manager planning to do business successfully with Spanish-speaking co-workers, consumers, and clients.

INSTRUCTIONAL ORGANIZATION OF THE TEXT

Exito comercial is divided into **fourteen chapters, appendices, and a vocabulary section (Spanish to English as well as English to Spanish).** In addition to the business, geographic, and cultural contexts described earlier, **each chapter is divided into three distinct sections for instructional purposes.**

I. Lectura comercial

This opening section consists of a basic reading that covers the business content for each chapter, focusing on aspects of the Hispanic context whenever feasible. **Each business reading is previewed by a set of questions (*Preguntas de orientación*) as well as a short vocabulary list of key terms.** The business reading is followed by activities designed to reinforce comprehension and increase language skills.

A. ¿Qué sabe Ud. de negocios? These questions are the initial *Preguntas de orientación*, to which the student returns after completion of the *Lectura comercial*. They can be answered orally or in writing. They also serve as a pre-reading focus, together with the short vocabulary list provided at the beginning of each chapter.

B. ¿Qué recuerda Ud.? These true-false statements are designed to reinforce comprehension of the business readings. Students are asked to explain in their own words why statements are or *may be* true or false in order to further practice language skills and clarify their own understanding of business concepts.

C. Exploración de sus conocimientos y opiniones personales. This section draws upon prior knowledge and experiences of the students and integrates these with new information presented in the basic business readings. It may be answered orally or in writing, and is intended to stimulate discussion.

D. Al teléfono. This exercise, which mirrors a key form of communication in business, is one of the most important. It requires each student to pair up with another and to take an active role in this communicative activity: phone calls related to the content of the business reading. Following a practice period in class, students may be asked to perform or model the phone calls for the entire class or to make an oral summary of the phone conversation that took place. They should be encouraged not to face one another during the in-class phone calls, so that they are required to focus on their listening comprehension. (This is easily achieved by having them sit back-to-back.) This activity may also be assigned as homework to be done outside of class, using real telephones in a more realistic setting. They may make phone calls to one another or to a local Spanish-speaking business; individual students may be assigned to call the instructor (e.g., during his or her office hours); or the instructor may call the students. In previous editions of *Exito comercial* this exercise appeared toward the end of each chapter. It has now been moved up in order to engage students earlier in a typical form of business communication related to the business topic being covered in each chapter.

E. Navegando el internet. This new exercise reflects the integration of technology in current business practice and requires students to use the internet to complete an activity related to the business reading. Not only do students use today's technology to do the exercise, but they are also exposed to authentic readings in Spanish just as they would be while seeking information or conducting research in the real world of business.

F. Ejercicios de vocabulario. These more traditional exercises, with an improved communicative and real-life twist in this third edition, provide further reinforcement and practice of business terminology and language skills. Over the years, many students who have participated in a business internship in Spanish have emphasized that a key to their success was their knowledge of basic business vocabulary. The exercises may be done orally to enhance communicative interaction and collaboration in class, or they may be done in writing.

1. ***¡A ver si me acuerdo!*** Students ask one another to translate business terms from English to Spanish, contextualizing the activity for specific business purposes.
2. ***¿Qué significan?*** Students consult with and ask one another to define Spanish business terms and to provide synonyms if possible. Linguistic brainstorming should be encouraged.
3. ***Adivinación.*** In this new exercise, students provide clues about commonly-used terms related to the business reading and challenge one another to guess what the words are. (It is a variant of the game 20 Questions.)
4. ***Entrevista profesional.*** In this new interactive exercise students interview one another using questions which solicit answers that further reinforce comprehension of the business reading.
5. ***Traducciones.*** Students ask one another to translate sentences from English to Spanish, using business vocabulary to summarize key concepts presented in the chapter. This allows them to further reinforce their understanding and reproduce meaning through different forms or renditions, since there is seldom a *single* correct way to translate phrases or sentences, contextualized discourse as compared to the translation of discreet vocabulary words. We have also found it productive when students write the translations on the chalkboard (or the equivalent), and the whole class participates in constructive peer editing. The exercise may be extended also to include backtranslation (a common prac-tice in the business world) whereby one student listens to or reads the translation made by another and then translates it back into the original language in order to verify the accuracy of the first version. ***In translating, students should be reminded of the following fundamental goal: Use other words to say the same thing to the same effect. Also, beware of literal, word-for-word translations!***

II. Una vista panorámica y actualidad económica

As in previous editions of *Exito comercial*, this section provides **a detailed statistical overview of the current geographic, political, demographic, and economic realities of the Spanish-**

speaking world. In each chapter it includes thoroughly researched and updated information for one or two countries, and increases from 33 to 56 the number of statistical categories covered, making it more comprehensive than in earlier editions. It also incorporates a brief narrative on recent socioeconomic and political events in each country. The exercises that follow furnish additional communicative practice while focusing on 1) geographic literacy, 2) the socioeconomic and cultural data presented, and 3) other themes related to international business. **NOTE: Instructors and students should use this information selectively as a basis or point of departure for com-municative, analytical, comparative, and summative types of activities. It is not expected or intended that this very large quantity of data should be absorbed or memorized in its entirety.**

A. In the ***Vista panorámica*** a comprehensive data overview for each country is presented in a clear, easy-to-read listing and table format which contains the following major categories:

- Official name of the Spanish-speaking country
- Nationality of the citizens
- Country capital and population
- Type of government
- Head of state/government
- National holiday
- Size of the country in square miles and kilometers (also compared to the U.S., e.g., the size of California, twice the size of Texas, etc.)
- Political divisions (provinces, states, etc.)
- Major cities
- Principal ports
- Climate
- Arable land
- Population in year 2000 and projections for years 2015 and 2025
- Population distribution in urban vs. rural areas
- Age distribution of population
- Literacy rate
- Ethnic groups
- National currency
- Inflation rate
- Labor force (number of workers)
- Unemployment rate
- Gross Domestic Product (GDP) and distribution of GDP (agriculture, industry, services/government)
- Valuation of imports and exports in $US
- Natural resources
- Major industries
- Principal exports and markets
- Principal imports and suppliers
- General business hours
- Transportation infrastructure (kilometers of highways and % paved, number of airports with paved runways)

- Communications infrastructure (no. of telephone lines, no. of radios per thousand people, no. of televisions per thousand people)
- Languages spoken
- Religions
- Typical foods and beverages, normal times for eating meals
- Typical gestures, and representative good manners and courtesy

Since much of the data is dynamic and changes constantly, a useful and interesting activity for students is to update the information in selected categories by using the internet or sources such as those listed in the bibliography. This type of exercise also reflects the research that is so often conducted in the world of international business and consulting.

B. ***Actualidad económica*** is a brief narrative update of each country, followed by activities designed to increase language practice and to reinforce students' geographic and socioeconomic knowledge. It too should be further updated with student research in current events.

The follow-up activities include:

1. ***¿Qué sabe Ud. de X país?*** This exercise gives students an additional opportunity to enhance their communication and computer skills as well as to increase their knowledge of the Spanish-speaking world by discussing the data provided in the overview. They are particularly encouraged to update the country information given in previous sections by using data gathered from the internet (*CIA World Factbook, Nations of the World, U.S. Department of State Background Notes, World Bank Group Countries,* etc.), magazines, newspapers, television, CD-ROM, and reference books such as the *Almanaque mundial* published yearly in Spanish or the annual publication of the *World Almanac and Book of Facts.*
2. ***Lectura cultural.*.** In these reading passages students explore the cultural contexts of the Hispanic world within which the business activities are likely to occur. They encounter in this section the richness of the Spanish-speaking world and the cultural diversity represented by each country or geographic area, and complete the exercises which follow.
3. ***Asimilador cultural/Mini-drama cultural.*** In these narrative or dramatic passages, based on the previous cultural/commercial readings, students view a situation in which individuals from different cultural backgrounds interact. In most cases there is unacceptable behavior of some type that occurs due to some form of cross-cultural insensitivity. In a communicative adaptation of the cultural assimilator, students are asked to respond to questions about the flawed interaction and to analyze, discuss, and make recommendations regarding what happened in the scenario. In some cases, the cross-cultural conflict is presented through a cultural mini-drama followed by similar questions designed to elicit increased cross-cultural awareness through analysis and discussion.

III. Síntesis comercial y cultural: Actividades comunicativas y de análisis y comparación

This section provides **real-life communicative activities designed to involve all students, regardless of their speaking level and abilities.** Each activity integrates into realistic settings the business, geographic, and cultural contexts presented and practiced in previous sections of each chapter. **The extent to which students can function in these contexts is limited only by their**

linguistic and cultural knowledge, as it would be in actual business situations. Reactions and responses may be as diverse as the students in the class, which adds to the richness of the classroom learning environment. In many instances there may be no *single* correct response, only one that may be deemed more appropriate under the circumstances. In all cases, the students should be encouraged to determine the options that might be allowed by Hispanic society in culturally conditioned behavior: how variables such as age, gender, social class, and place of residence may affect the manner in which people behave; how people might tend to react in critical business situations in Hispanic society or in a Spanish-speaking setting; what images are associated with words and phrases beyond the dictionary definition; and the accuracy of generalizations regarding Hispanic cultures. These are fascinating but particularly difficult issues to deal with at this or any other level of Spanish instruction, due to the great diversity among Spanish-speaking countries and communities. However, it is important that students look for basic similarities as well as differences in behavior. They need to identify sources of information and develop research skills for locating and organizing materials about Hispanic societies as well as those facets of Hispanic culture which stimulate their own intellectual curiosity. This activity will help prepare students for dealing with similar situations that they may well encounter in the business world.

The communicative activities in each chapter are the following:

A. Situaciones para dramatizar. As a point of departure, students read these culturally contextualized situations designed to be enacted in small groups or in front of the class. This type of role-playing allows for diversity and creativity in student performance and in the work place, and accommodates the different communication levels so frequently encountered in the real world of international business.

B. Ud. es el/la intérprete. Verbal interpretation is necessary in many international business situations. In this activity, a group of three students participates. One student provides a consecutive (sequential) interpretation, rather than the more difficult *simultaneous* interpretation, for the other two students who read the parts of an English-speaker and a Spanish-speaker attempting to engage in a conversation or negotiation. The interpreter is asked to listen carefully and to provide a reasonable interpretation of what was said without looking at the script. In one part of the activity, the interpretation is from English to Spanish and in the other, from Spanish to English, as functional multilingual fluency is required in doing international business. Interpreting, as with written translation, is an activity both precise and flexible. There is almost always more than one acceptable rendition, which encourages students to be creative while maintaining accuracy. This type of exercise also builds students' ability to circumlocute and therefore their communicative confidence. These activities may also be used effectively as written translation exercises, but be certain to keep in mind the different modes of discourse which each represents: interpretation = oral rendition, translation = written rendition.

C. Actividad empresarial. In this new activity, which reflects a current realistic function of international business—the role of the entrepreneur—students work for a fictional company and are asked to conduct research jointly or as teams, either on the internet, via telecommunications, or **in the local business community,** and to present (orally, in writing, or both) their findings or recommendations on topics related to the business content of the chapter.

D. Caso práctico. This activity requires that students synthesize and apply the business and cultural information presented in the chapter. After studying the case at home, the questions and scenarios derived from it are to be answered, discussed, and resolved either in small groups or by the entire class. They may also be written up as a homework assignment to be turned in. The case study is a technique widely used in business classes. It encourages students to communicate meaningfully in a variety of business situations. It also further develops two important skills—analysis and problem solving—which are highly valued by employers.

E. Análisis y comparación. This is a **new closing exercise for each chapter. It moves most of the Apéndices of the second edition from the back of the book and incorporates their updated, expanded, or restructured versions into the main body of the text.** Students are presented with a table that summarizes specific data across all the Spanish-speaking countries, such as currencies and capitals, national populations and projected growth, major exports and markets, typical gestures, etc. Each table is accompanied by questions and exercises in which **students consider the various topics analytically and comparatively, often requiring them to perform calculations and use numbers and percentages in Spanish, as would occur in the real world of business.** In this manner, the end of each chapter always reminds students of the broader context called "the Spanish-speaking countries" while engaging them in considerable **critical thinking and problem solving.** The data summarized in this section at the end of each chapter makes the textbook a useful reference book as well.

APENDICES

The appendices constitute an important part of this text, providing the instructor and students with additional pertinent information as they pursue their study of Spanish for business and international trade. Instructors and students are encouraged to familiarize themselves with these useful appendices and to incorporate them into their use of the text. These appendices also add to the utility of the textbook as a useful reference book as well.

VOCABULARIO

A list of essential economic and business terms at the end of each chapter provides most of the vocabulary necessary for doing the exercises and activities. A much more extensive list of vocabulary (Spanish to English and English to Spanish) is provided at the end of the text for further reference.

New Ancillaries: Video, Audio CD, and Web Page

The third edition of *Exito comercial* is accompanied by three new ancillaries—a video, an audio CD, and a Web Page—which may be used either with the textbook or the workbook.

The new video provides the instructor and learner with eleven short scenarios that deal with the business topic of selected chapters in *Exito comercial*, third edition. The scenarios, which use professional Spanish-speaking actors, are based on the ***Usted es el/la intérprete*** exercise in chapters 3–13. For chapters 3 and 9, the full ***Usted es el/la intérprete*** activity is presented with three actors, one of whom serves as the professional interpreter who facilitates communication between monolingual speakers of Spanish and English. For the other nine chapters, the video portrays two Spanish-speaking individuals in a business situation (the full text of the ***intérprete*** exercise has been translated into Spanish). Each scenario is introduced orally and by a printed on-screen script. Each is then followed by four oral questions (and also by a printed on-screen script), which check the learner's comprehension of what has transpired. The scenarios lend themselves to discussion which goes far beyond the four questions asked at the end of each segment, and instructors and learners are encouraged to engage in a deeper analysis (tone of voice, accents, gestures, attire, attitudes of the protagonists, cross-cultural conflicts, etc.) of the business encounters represented.

The new audio CD provides the instructor and the learner with fourteen new telephone dialogs dealing with the business topic of the corresponding chapter of the third edition of *Exito comercial.* These phone conversations, between native speakers of Spanish, represent an excellent listening comprehension activity for the learner. After each phone conversation, the listener hears four or five questions designed to check his or her comprehension of the passage. After each question, use of the pause button will provide ample time to verify listening comprehension. Depending on the language level of the student and the goal of the instructor, students may respond in a variety of ways: (1) an *oral response in Spanish* which answers the question in a phrase, sentence, or paragraph; or (2) a complete or partial *written response in Spanish*; or (3) a *translation* of the questions into English or the language of the learner or instructor; or (4) a *written response (phrase, sentence, or paragraph) in English or the language of the learner or instructor.* The written version of these questions is included in an appendix of the workbook.

Finally, the third edition of *Exito comercial* will have a Web Page, *designed as an on-going process*, which empowers the instructor and learner with additional resources pertaining to Business Spanish and the Net. This new ancillary is divided into four sections: (1) Student Resources, (2) Instructor Resources, (3) Description of the Third Edition, and (4) Information About the Authors. The Student Resources section will enable learners to perform numerous Web activities, take computer-scored quizzes, access an updated country data/tables section, do exercises pertaining to the new video and audio-CD, link directly to Spanish/English dictionaries, and use an electronic bulletin board. The Instructor Resources section will consist of sample syllabi and template, sample midterm and final exams, some pointers on technology use in/for class, and a bulletin board to enable instructors to share ideas and suggestions. Both Bulletin Boards will also contain a compilation of useful Web links.

Exito comercial strives throughout to synthesize the basic business knowledge, geographic literacy, and cross-cultural awareness required of future managers if they are to succeed in doing business with Spanish-speaking countries and communities. With this in mind,* Exito comercial *attempts to foster and enhance the skills, creativity, leadership, cooperative spirit, and good will of our future global managers, who must become lifelong learners of language and culture.

IMPORTANT AUTHORS' NOTE TO THE INSTRUCTOR

Because of the increasing complexity of domestic and international commerce, *Exito comercial* deals with many functional areas of business, cultural topics, and contextualization, and it provides ***many*** exercises and activities for the learner. The abundance of topics and exercises makes it possible, even necessary, to select the chapters or portions of chapters to be covered or emphasized during the Business Spanish course. Some exercises, such as **Navegando el internet, Actividad empresarial,** and **Análisis y comparación** may be quite time-consuming and therefore impractical in terms of doing all of them for every chapter. ***Instructors, therefore, are encouraged to exercise their professional judgment in deciding whether to teach the entire text or a selection of its chapters and exercises or even parts of exercises.*** The third edition of *Exito comercial* has been designed with this flexibility in mind.

ACKNOWLEDGMENTS

Many talented individuals have contributed their expertise and timely constructive criticism to *Exito comercial,* which now enters its third edition. We are greatly indebted to Jeff Gilbreath, Jason Krieger, Christy Brammer, Phyllis Dobbins, Selwynn Fancher, Angela Urquhart, Mary Mayo, and Jennifer Ryan at HRW. We greatly appreciate their enthusiastic support and hard work as *Exito comercial* enters its second decade in print. We wish to thank Nick Riccelli of Riccelli Creative for his production of the new video that accompanies the third edition, and Chris Johnson for his production (casts, records, edits) of the new audio CD.

We also wish to thank the late Dr. Alvord Branan, and Drs. C. Ben Christensen and Gustavo Segade at San Diego State University; Jeffrey Arpan, Randy Folks, Fitz Beazley, Graciela Tissera, Maria Mabrey, and Alejandro Bernal at the University of South Carolina; Chris Korth at Western Michigan University; Frank W. Medley, Jr., at West Virginia University; Luis Acosta at Eastern Michigan University; Brian Toyne and Zaida Martínez at St. Marys University (TX); Ben Kedia, Felipe Lapuente, and Fernando Burgos at the University of Memphis; Roberta Lavine at the University of Maryland; Babet Villena Alvarez at the University of South Carolina-Beaufort; Amy Pitts, former director of the Mayor's International Cabinet, Charlotte, NC; and Lynn Sandstedt (University of Northern Colorado) and John Gutiérrez (University of Arizona) of the American Association of Teachers of Spanish and Portuguese.

We wish to express our gratitude to the Business Spanish students at the University of North Carolina at Charlotte, the University of South Carolina, and Eastern Michigan University for their input. For their useful observations, we also thank the many participants at the annual Faculty Development for International Business (FDIB) Workshops at the University of South Carolina from 1990–2000; the many who participated in the Eastern Michigan Annual Conference on Languages and Communication for World Business and the Professions; and the many participants in other workshops we have conducted in forums such as the annual International Business and Foreign Language Workshop for Foreign Language Educators at the University of Memphis (1995–2000), the 1994 FDIB held at the American Graduate School of International Management (Thunderbird), and the Annual Conference of the American Association of Teachers of Spanish and Portuguese.

We are also grateful to the following reviewers for their very useful comments and suggestions: Enrica Ardemagni at Indiana University-Purdue University at Indianapolis; Robert Bravo at Texas Tech University; Dr. Donald Buck at Auburn University; Hans Jörg Busch at the University of Delaware; Maria Dorantes at the University of Michigan; Roberta Lavine at the University of Maryland College Park; Robert Modee at Northeastern University; Pablo Pastrana at the University of Texas at Arlington; Salvatore Poeta at Villanova University; Judith Rusciolelli at Middle Tennessee State University; Graciela Tissera at the University of South Carolina; and Lourdes Torres at the University of Kentucky.

A special acknowledgment goes to the Centers for International Business Education and Research (CIBERs) at the University of South Carolina, San Diego State University, and the University of Memphis for their support of our ongoing work in Spanish for Business and International Trade. A reassignment of duties for Dr. M. S. Doyle in the Fall of 1999 facilitated research on trade, demographics, and sociocultural aspects of doing business with Spanish-speaking countries. A special acknowledgment goes also to Dr. Mark DeLancey, Department of Government and International Studies at the University of South Carolina, for enabling Dr. T. Bruce Fryer to participate in a Fulbright-Hayes study grant in Cameroon and Equatorial Guinea.

We greatly appreciate the support of family and friends as we have further developed and refined the *Exito comercial* project over the years.

Any errors of fact or interpretation in this text are attributable solely to the authors.

M.S.D.
T.B.F.
R.C.

INDICE

INDICE TEMATICO

INDICE DE TABLAS INFORMATIVAS SOBRE PAISES HISPANOPARLANTES

INDICE DE TABLAS COMPARATIVAS

CAPITULO 1

El comercio y el contexto hispano: Geografía, demografía, idioma y cultura

Commerce links all mankind in one common brotherhood of mutual dependence and interests.

James A. Garfield

When goods do not cross borders, soldiers will.

Frédéric Bastiat

Spanish: Bestow great attention on this & endeavor to acquire an accurate knowledge of it. Our future connections with Spain and Spanish America will render that language a valuable acquisition.

Thomas Jefferson 1787

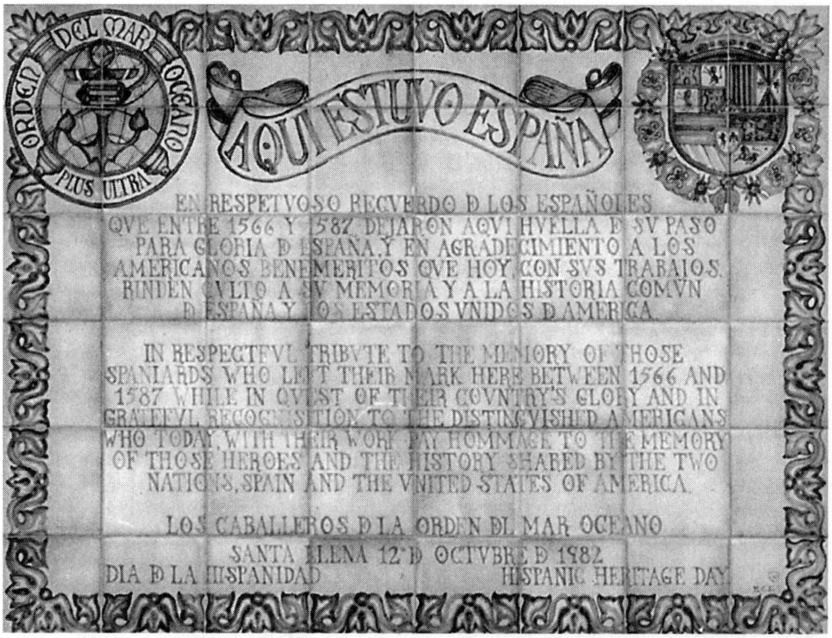

Se ha dicho que el mundo está conectado por el comercio y que el comercio ayuda a mantener la paz entre las naciones. ¿Qué opina usted? Comente. ¿Cuándo llegaron los españoles a Santa Elena, Carolina del Sur (Estados Unidos de América–EUA)? ¿Por qué vinieron? ¿Quiénes les hicieron este tributo? ¿En qué fecha? En el tributo, ¿qué tienen en común España y EUA? Comente. Siguiendo este mismo contexto histórico, ¿en qué otros lugares estuvo España?

PREGUNTAS DE ORIENTACION

Al hacer la siguiente lectura, piense Ud. en las respuestas a las siguientes preguntas.

- ¿Qué diferencias hay entre economía y comercio? ¿Y en el significado de las palabras *economizar* y *comerciar*? ¿Qué quieren decir las siguientes frases: tiene un precio muy económico, ha sido un verdadero éxito comercial, hoy cierra el comercio?
- ¿Cómo son diferentes el comercio nacional y el internacional? ¿Y el multinacional, el transnacional y el supranacional? ¿Cuáles serían algunos ejemplos de cada tipo de comercio?
- ¿Cuáles serían algunos ejemplos de lo siguiente: bienes, casa matriz, distribución de recursos, escasez, inflación, mano de obra, materia prima, mercado, trabajo?
- ¿Qué son la exportación y la importación? Además de importar productos, ¿piensa usted que los países también importan mano de obra y trabajo intelectual? Comente con ejemplos.
- Las industrias mineras, manufactureras y de construcción se dirigen hacia la producción de bienes tangibles. ¿Cuáles son las diferencias entre estas industrias y el sector económico de servicios? ¿Qué diferencia hay entre un producto y un servicio?
- ¿Qué es el comercio electrónico? ¿Ha usado Ud. alguna vez la computadora para hacer una compra? Comente.
- Dé algunos ejemplos de «prácticas administrativas» que Ud. conoce o que ha observado en el mundo de los negocios. ¿Cuáles son algunas profesiones que exigen un período de práctica antes de certificarse uno? ¿Se requiere una práctica profesional en el mundo de los negocios? ¿Lo exige su propia carrera universitaria? ¿Cuáles son las ventajas de hacer una práctica profesional antes de graduarse?
- ¿Cómo se escribiría el número mil en Colombia, México, Perú, Argentina, España y Guatemala? ¿Cómo se puede expresar de otra manera las dieciséis horas con 30 minutos, las 22 horas con 15 minutos, las cinco de la tarde y las nueve y media de la noche? ¿Cómo se escribiría la fecha 5 de mayo de 2001 en México, el 8 de septiembre de 2001 en Bolivia y el nueve de agosto de 2002 en EUA? ¿Cuántos kilos pesaría una máquina de 300 libras? ¿Cuántos kilómetros hay en un viaje de negocios de 500 millas? ¿Qué temperaturas hay en Asunción o en Buenos Aires cuando hace frío de invierno durante el mes de diciembre en Nueva York?

Breve Vocabulario Util

bienes • *goods, assets*
casa matriz • *main office*
divisa • *currency*
elaborar • *to manufacture*
éxito • *success*
gerencia • *management*
mano de obra • *labor, workers*
mercancía • *merchandise, goods*
oferta • *offer, sale, supply*
práctica • *practice, internship*
Producto Interno Bruto (PIB) • *Gross Domestic Product (GDP)*
recurso • *resource*
sucursal • *branch office*

LECTURA COMERCIAL

Los contextos del comercio global

Es importante la información presentada en este primer capítulo panorámico porque establece el contexto económico, geográfico, demográfico, lingüístico y cultural de los temas de comercio y de los países individuales que luego se tratarán en el libro. Nuestro gran tema es el mundo hispano y el idioma español para negocios en la economía global, tanto a nivel nacional como internacional. Al referirnos a lo nacional, se tratará no sólo de cada uno de los 20 países hispanohablantes del mundo, y de Puerto Rico, que es un estado libre asociado con los Estados Unidos, sino también de la realidad económica hispana en los Estados Unidos de América (EUA o EE.UU.), donde la población hispana norteamericana cobra cada día mayor importancia socioeconómica.

La economía global

La economía global, un fenómeno que está en plena marcha, define nuestra época actual. La globalización o mundialización se ve todos los días en el comercio, las comunicaciones electrónicas (el internet y las páginas web), la producción internacional (ya se hace difícil hablar de un producto puramente nacional, es decir, fabricado dentro de un sólo país o con componentes manufacturados en un sólo país) y la oferta de bienes y servicios a consumidores y a usuarios de todas partes del mundo. El transporte o la distribución internacional de mercaderías tiene mayor volumen cada año, con los vendedores y compradores enviando (exportando) y recibiendo (importando) miles de artículos para satisfacer la demanda global. Los recursos naturales y las materias primas de un país terminan siendo transformados, elaborados o ensamblados en un país diferente que luego los comercia con aún otros países. En el mundo de los negocios, la escasez de algo en un lugar se resuelve por la abundancia o disponibilidad de lo mismo en otra parte, lo cual determina los precios de los bienes y mercancías. Es decir, si hay escasez de petróleo, trigo o automóviles, suben los precios de estos productos porque los consumidores están dispuestos a pagar más para conseguirlos en el gran mercado caracterizado por la oferta y la demanda.

Hay movimiento internacional de trabajo y de trabajadores, como la mano de obra que importan ciertos países para ayudar con sectores nacionales tales como el agrícola o manufacturero. La eficaz administración de empresas y de recursos humanos llega a representar un desafío más grande para los gerentes en la época global, ya que hay que comprender otras culturas y comunicarse en otras lenguas. Las diferentes industrias compiten y se complementan a nivel de mercado mundial, donde las monedas nacionales de los países (y el constante cambio de divisas) son factores muy importantes cuando se considera el riesgo de la inflación y de la hiperinflación. En fin, el comercio nacional o subnacional (regional, estatal o local) opera dentro de y como parte de la economía global, es decir, lo nacional se ha convertido en una actividad multinacional, transnacional o supranacional. La casa matriz de una empresa puede tener varias sedes, sucursales y filiales en diferentes partes del mundo. Y en el horizonte ya se vislumbran mayores cambios tecnológicos, mayor desarrollo del comercio electrónico y el crecimiento de la población mundial, con aún más retos y oportunidades para los gerentes del futuro global. Hoy en día, asegurarse del éxito comercial en la economía global requiere tanto un conocimiento de las prácticas administrativas del mundo de los negocios, como de los diferentes contextos culturales en los cuales se realiza el comercio.

El comercio y los números

Los números son la *lingua franca* o universal del comercio y de la economía. Nos permiten medir, calcular, asesorar, comparar, informar, planear y tomar decisiones con respecto a las múltiples y diferentes situaciones comerciales y económicas. Pero la presentación numérica en el inglés de EUA puede variar bastante de los modos de presentación usados en el mundo hispano. Se trata de una importante diferencia cultural. Por ejemplo, para indicar la fecha de algo (un envío de mercancía o de una carta o contrato comercial), la fecha 4 de mayo del año 2005 se escribiría en EUA como 5/4/05 (mes/día/año). En el mundo hispano se escribiría 4/5/05, es decir, primero se indica el día y luego el mes. Otro ejemplo sería el día 10 de noviembre del año 2001, el cual se expresaría en EUA como 11-10-01 y en España o en Hispanoamérica como 10-11-01.

En un viaje de negocios en EUA, la hora de salida del vuelo o tren se expresaría normalmente en términos de las nueve de la mañana (9 a.m.), las tres de la tarde (3 p.m.) o las ocho de la noche (8 p.m.). En el mundo hispano, a veces se usa en el aeropuerto o en la estación de ferrocarril el horario militar de 24 horas tal como se hace en España; es decir, las tres de la tarde se anunciarían como las 15 horas y las ocho de la noche serían las 20 horas.

En EUA se usa el sistema inglés para hablar de pesas y medidas, mientras que se usa el sistema métrico decimal (europeo) en los países hispanos. En el sistema métrico decimal la unidad básica, el número uno de algo, se mide luego en unidades de 10, 100, 1,000 y 10,000. En EUA el peso de algo se expresa en libras y onzas (la computadora pesa sólo cinco libras, ese hombre pesa 180 libras), mientras que en los países hispanos se usan gramos (1 g = 0.035 onzas y 1 kg = 2.2 libras). Así que la computadora pesaría 2.3 kilogramos o kilos y el hombre pesaría 82 kilos. En EUA la capacidad de algo se mide en galones, cuartos y pintas, mientras que en los países hispanos se usa el litro. Y las distancias (la longitud) se expresan en EUA en términos de pulgadas, pies, yardas y millas, mientras que en los países hispanos se usa el metro. Por ejemplo, una distancia de cinco millas se traduciría a 8.6 kilómetros (1 milla = 1.61 kilómetros). Al conducir un coche en España o en Hispanoamérica, en lugar de ver una indicación de velocidad máxima de 60 millas por hora, típicamente se vería una señal de carreteras indicando 100 km/h. (Véase el Apéndice 3 para más información.)

Supongamos que en el mes de enero usted hace un viaje de negocios de Chicago a Buenos Aires. Al aterrizar el avión, anuncia el piloto una temperatura de 30° C. Usted se felicita por haber traído un buen abrigo de invierno. Sin embargo, al desembarcar usted nota inmediatamente el calor que hace. ¿Qué ocurre aquí? Primero, las temperaturas frías del invierno en el hemisferio norte (Chicago) no se dan en diciembre, enero y febrero sino en junio, julio y agosto en el hemisferio sur (Buenos Aires). También resulta que el piloto anunció la temperatura usando la escala centígrada, de modo que los 30° C eran 90° F, ¡un calor espantoso! Hay que recordar que en EUA se usa el sistema Fahrenheit para las temperaturas mientras que en los países hispanos se usan los centígrados. Por cada 9 grados en la escala Fahrenheit hay 5 centígrados. La fórmula para hacer la conversión de Fahrenheit a centígrados es la siguiente: $(F^{o} - 32^{o}) \times 5/9 = C^{o}$, o $(F^{o} - 32^{o}) \times 0.56 = C^{o}$. Para hacer la conversión de centígrados a Fahrenheit, la fórmula es: $(C^{o} \times 9/5) + 32^{o} = F^{o}$, o $(C^{o} \times 1.8) + 32^{o} = F^{o}$. Así que las temperaturas medias de México, D.F. (Distrito Federal, la capital) serían 55° F o 13° C en enero y 70° F o 21° C en julio; en Madrid, en enero serían 42° F o 6° C y en julio 80° F o 27° C. ¡Ojo también con las diferencias climáticas entre el hemisferio norte y el sur!

Otra importante diferencia cultural sería la expresión de los números grandes, como *billion y trillion* al hablar del producto interno bruto (PIB) o producto nacional bruto (PNB) de los países. En el inglés de EUA, el número 1,000,000,000 se expresa como *billion,* pero en español normalmente se dice *mil millones.* En el inglés de EUA, el número 1,000,000,000,000 se expresa como *trillion,* pero en español se expresa como *un billón* o *millón de millones.* Así que, hablar del PIB de un país —8.1 billones de EUA o 777 mil millones de México —requiere prestar atención al contexto cultural en el cual se indican los grandes números. Para resumir:

NUMERO	EN EL INGLES DE EUA	NORMALMENTE EN ESPAÑOL
1,000,000 (seis ceros)	Million	Millón (millones)
1,000,000,000 (nueve ceros)	Billion	Mil millones o millar(es) de millones
1,000,000,000,000 (doce ceros)	Trillion	Billón (billones) o millón de millones (millones de millones)

Finalmente, hay otra consideración importante en la expresión numérica. Aquí se trata de diferencias en el uso de la coma y el punto para indicar los grandes números (miles, millones, mil millones, etc.) y los decimales. En EUA el número mil se escribe 1,000 con una coma, un millón con dos comas (1,000,000), etc., y el número uno o diez con un punto ($1.00 o $10.00). En español, según el país, se puede expresar de modo contrario: 1,000 (mil en EUA) se escribe como 1.000 (con punto) y $10.00 (diez dólares en EUA) se escribe $10,00 (con coma). Algunos de los países hispanos usan el mismo sistema que EUA, otros no. En general, en América del Norte y en Centroamérica se usa el sistema de EUA: la coma para indicar miles y el punto para indicar decimales. En general, en América del Sur y en España se usa el sistema europeo: el punto para indicar miles y la coma para indicar decimales. A continuación se da un resumen del uso en los diferentes países hispanos (Angel Rivera, *CATI Quarterly*, Primavera 1995).

MIL = 1,000 (CON COMA) Y $10.50 (CON PUNTO)	MIL = 1.000 (CON PUNTO) Y $10,50 (CON COMA)
EUA El Salvador Guatemala Honduras México Nicaragua Panamá Perú Puerto Rico República Dominicana	Argentina Bolivia Chile Colombia Costa Rica Cuba Ecuador España Guinea Ecuatorial Paraguay Uruguay Venezuela

En este libro se usará el sistema de la primera columna arriba—EUA y México—por ser México el país hispanohablante más grande del mundo.

GLOSARIO DE TERMINOS UTILES

administración decisiones y acciones tomadas en la dirección de una empresa o de cualquier organización

agrícola *(adj. siempre termina en a)* relacionado con la agricultura

comercio negociación que incluye la compra, venta o cambio (permuta) de bienes con el objetivo de ganar dinero; comunicación y trato de unos pueblos o individuos con otros

comercio internacional tiene operaciones con otros países fuera del territorio nacional

comercio multinacional tiene operaciones internacionales, pero con una perspectiva global y sin deber lealtad a ningún país

comercio nacional tiene operaciones que ocurren dentro del territorio nacional de un país

consumidor/a persona que compra o que usa bienes y servicios para satisfacer sus necesidades

contexto orden de composición o tejido de ciertas cosas; hilo de la historia o unión de cosas que se enlazan

contrato pacto o convenio escrito u oral entre personas que se obligan sobre una cosa determinada, y a cuyo cumplimiento pueden ser compelidas legalmente

cultura todo lo que se aprende, comparte y comunica de una generación a otra por medio de los padres, las organizaciones sociales, los gobiernos, las escuelas, las iglesias y los grupos informales; un sistema de conducta y de costumbres, tradiciones, ideas y creencias aprendidas que caracteriza a los miembros de una sociedad

demanda mercancías y servicios que desean o necesitan los consumidores en un momento y a un precio determinados

demografía estudio científico de las poblaciones según su número, composición (por sexo, grupos etarios, etnicidad, etc.), distribución, desarrollo y otras características

distribución asignación a cada uno de lo que le corresponde; transporte de bienes y servicios

economía administración razonable de los recursos y bienes; el conjunto de actividades respecto a la producción y al consumo de riquezas; se caracteriza por la escasez de bienes y recursos y por la oferta y demanda; en otras palabras, se trata de cómo abastecer y satisfacer las necesidades y los deseos de los consumidores y usuarios

economía global conjunto de relaciones comerciales y económicas de los países del mundo

ensamblar unir o juntar partes de algo (como las piezas de un automóvil o de un mueble)

escasez (*f*) falta de una cosa

filial (*f*) compañía subsidiaria
gerencia administración o dirección de los negocios
gerente *(m/f)* persona que dirige los negocios
globalización actividad económica y comercial a nivel mundial
hiperinflación tasa de inflación anual mayor de 25%
industria conjunto de operaciones destinadas a transformar materias primas en productos útiles para los consumidores y usuarios; se relaciona especialmente con la minería, la manufactura y la construcción
inflación desequilibrio económico caracterizado por la subida general de precios y que proviene de la circulación excesiva de papel moneda
materia prima materiales (vegetales, animales, minerales) que se transforman por medio de la elaboración industrial
mercadería cualquier género vendible; artículos que se pueden comprar y vender
mercado lugar público designado para vender, comprar o cambiar mercancías; país o región con el cual comercia otro país
población número de personas que constituyen un pueblo o una nación
Producto Interno Bruto (PIB) suma de la riqueza nacional producida dentro del territorio nacional (se relaciona con el comercio interior)
Producto Nacional Bruto (PNB) suma de la riqueza total producida por una nación (PIB más las exportaciones e importaciones, comercio interior + exterior)
Producto Interno o Nacional Bruto per cápita PIB o PNB divido por el número de habitantes del país
sede oficina central
servicio ayuda o atención concedida por una persona u organización; es algo intangible
supranacional empresa que verdaderamente haya superado toda vinculación nacional
trabajo fuerza humana aplicada a la producción de riqueza
trasnacional empresa caracterizada por una administración compartida por representantes de varios países
usuario/a persona que usa algo

ACTIVIDAD

Vuelva Ud. a las preguntas de orientación que se hicieron al principio del capítulo y a las que acompañan la foto de la primera página, y discuta las respuestas con sus compañeros de clase. Use la lectura, el glosario y sus conocimientos personales para hacer estos ejercicios.

La geografía y la población mundial

Geográficamente el Medio Oriente se incluye como parte de Asia; México y Centroamérica con América del Norte; y ahora Rusia y la antigua Unión Soviética se consideran como parte de Europa. Culturalmente se divide el mundo en otras regiones: la norteamericana, la sudamericana, la europea occidental, la antigua región soviética, la norafricana, la asiática del sudoeste, la sudasiática, la asiática del sudeste, la asiática oriental, la africana y la australiana neocelandesa pacífica. El término Hispanoamérica se refiere a los países hispanohablantes de las Américas, mientras que Latinoamérica es un término más amplio que también incluye países como Brasil.

Figura 1-1 **Los continentes y comparación de superficie de tierra.**

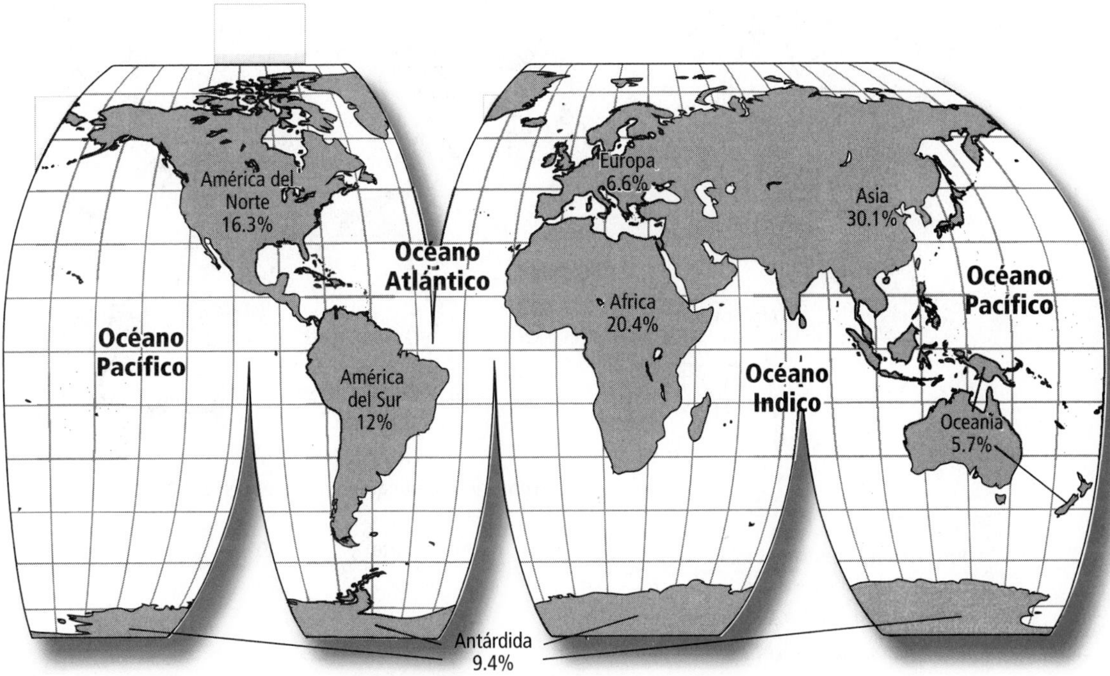

Figura 1-2

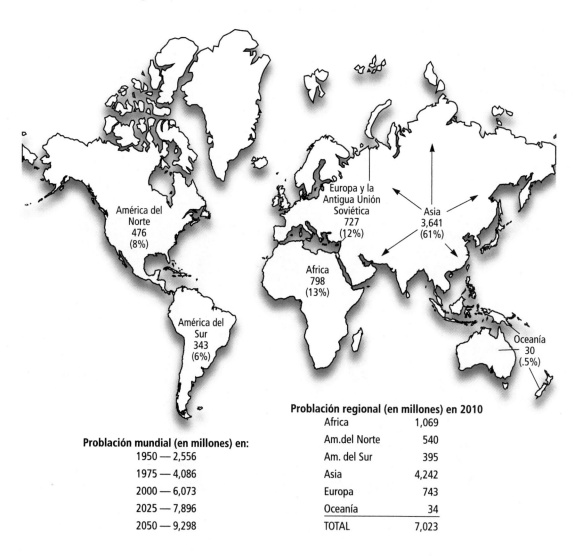

Población mundial en 1999: Millones de personas y % de la población mundial total *(World Almanac and Book of Facts 2000).* Los datos de las Naciones Unidas indican que el 12 de octubre de 1999 la población mundial llegó por primera vez a seis mil millones de personas (6,000,000,000 = *six billion*). (*Nota:* La población de América del Norte incluye la de América Central y el Caribe. Las cifras en el mapa abajo se refieren a la población total de cada continente/región en millones de personas y al % de la población mundial representada por cada continente/región.)

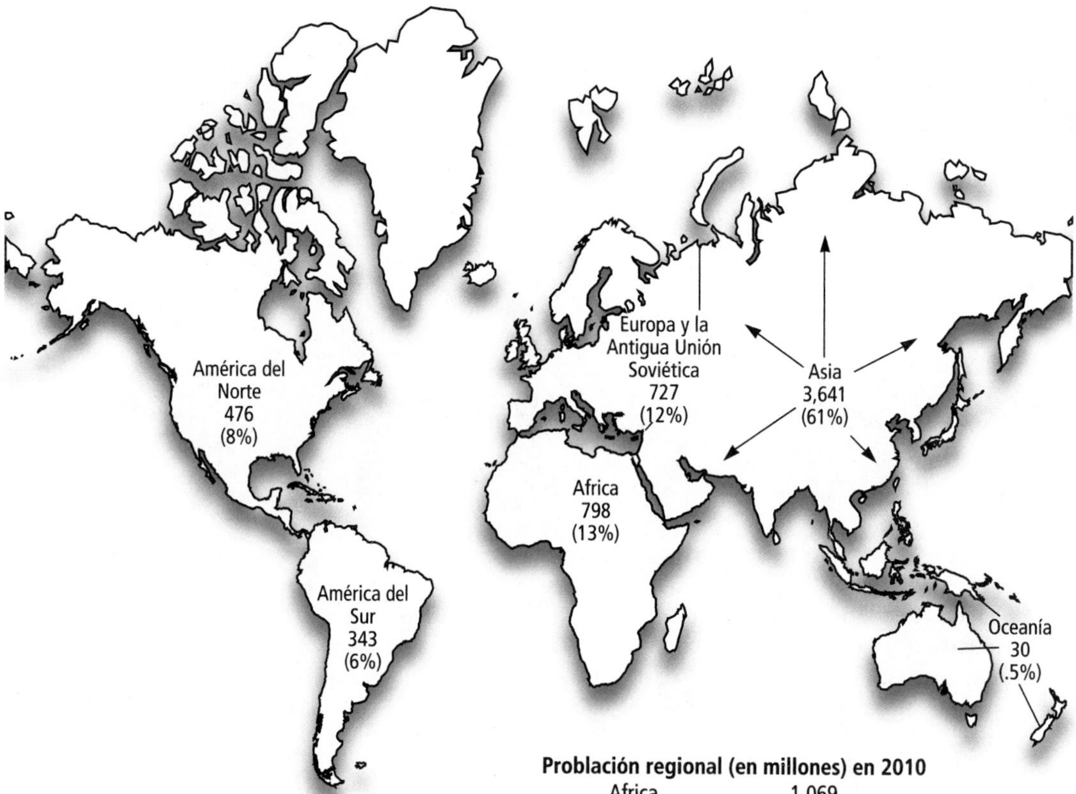

Problación mundial (en millones) en:

1950	2,556
1975	4,086
2000	6,073
2025	7,896
2050	9,298

Problación regional (en millones) en 2010

Africa	1,069
Am.del Norte	540
Am. del Sur	395
Asia	4,242
Europa	743
Oceanía	34
TOTAL	7,023

Figura 1-3 **Comparación de la superficie terrestre y la población de los continentes.**

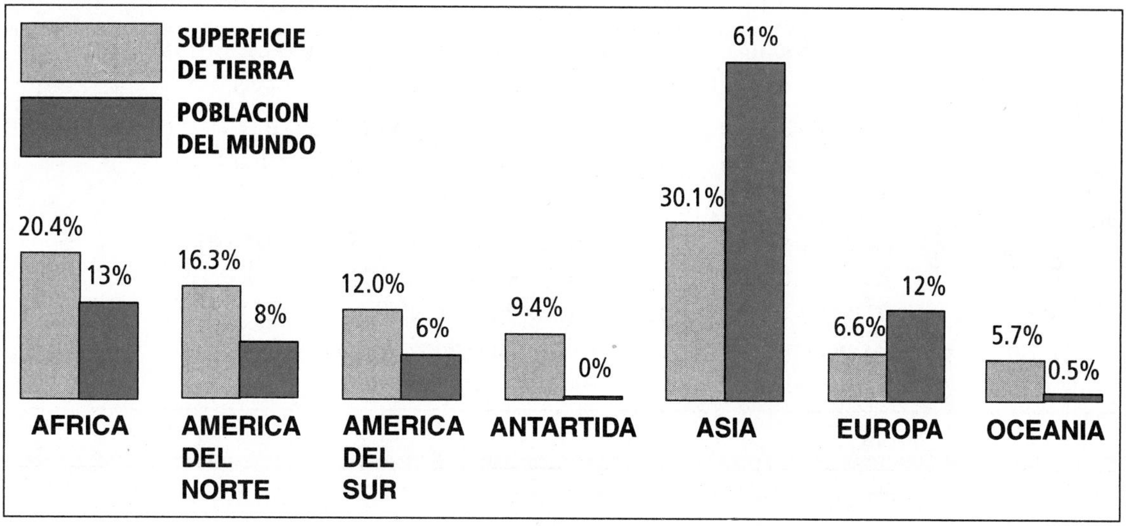

ACTIVIDAD

Use las Figuras 1-1, 1-2 y 1-3 y sus conocimientos personales para hacer los siguientes ejercicios.

1. ¿Cuáles son los cuatro continentes con el mayor porcentaje de superficie de la tierra? ¿Con el mayor porcentaje de la población mundial? ¿Cuáles son los dos continentes con un porcentaje de población más grande que su superficie de tierra?
2. En cifras y en porcentajes, ¿cuánto aumentará la población mundial entre el año 2000 y el año 2025? ¿Entre 2025 y 2050? ¿Entre 2000 y 2050?
3. Calcule la tasa de crecimiento demográfico de las diferentes regiones del mundo entre 1999 y 2050 (véase la Figura 1-2). ¿Cuáles serán las tres regiones de mayor incremento poblacional? ¿Y las tres de menos crecimiento?
4. ¿En qué fecha llegó por primera vez la población mundial a más de seis mil millones de habitantes?
5. Compare la tasa de crecimiento de la población del hemisferio norte con la del hemisferio sur: la de América del Norte con la de

América del Sur y la de Europa con la de Africa. ¿Dónde habrá mayor demanda de recursos, bienes y servicios en el siglo XXI?

6. ¿Cómo se relacionan la tasa de crecimiento de población y la distribución de recursos?
7. ¿Cuáles son las regiones del mundo con más escasez de alimento (comida), vivienda (casa) e indumentaria (ropa)?
8. En el mundo de los negocios, ¿piensa usted que es mejor dividir el mundo en regiones geográficas o culturales? Explique.

Tabla 1-1 **Los doce idiomas más hablados del mundo en 1999: Número de hablantes (nativos y total de hablantes) y % mundial.** (*Nota:* La categoría **HABLANTES NATIVOS** se define como las personas que hablan un idioma como primera lengua, es decir, que se han criado hablando un solo idioma principal.)

Los doce idiomas más hablados en 1999 (población mundial de 5,996,000,000 personas)

IDIOMA	HABLANTES NATIVOS			TOTAL HABLANTES		
	Clasificación mundial	Número en millones	% de total de hablantes	Clasificación mundial	Número en millones	% de total de hablantes
Mandarín	1	885	14.8	1	1,075	17.9
Hindi	2	375	6.3	3	496	8.3
Español	3	358	6.0	4	425	7.1
Inglés	4	347	5.8	2	514	8.6
Arabe	5	211	3.5	6	256	4.3
Bengalí	6	210	3.5	7	215	3.6
Portugués	7	178	3.0	8	194	3.2
Ruso	8	165	2.8	5	275	4.6
Japonés	9	125	2.1	11	128	2.1
Alemán	10	100	1.7	11	128	2.1
Francés	11	77	1.3	10	129	2.2
Malayo-indonesio	12	58	1.0	9	176	2.9
TOTAL		3,974	51.8		4,011	66.9

Los idiomas del mundo y la creciente importancia del español

Se piensa que hay más de 3,000 idiomas en el mundo, aunque no se sabe a ciencia cierta. El *World Alamanac and Book of Facts 2000* nos informa que a mediados de 1999 había 5,996 millones de personas en el mundo y que había 223 idiomas con más de un millón de hablantes cada uno. Doce de estas lenguas fueron habladas por 67% de la población mundial, o sea, por unas 4,000 millones de personas.

En la década de los noventa, se ha documentado en EUA la creciente importancia del idioma español, especialmente como lengua para negocios. Por ejemplo, en 1991 el *Wall Street Journal* informó que los empresarios profesionales y de la manufactura norteamericana ya consideraban que el español era "la lengua más importante para los que se matriculan en programas de comercio internacional". En la publicación *Recruiting Trends 1997–98*, se dio a conocer que el español era la segunda lengua (después del inglés) que buscaban las empresas entre sus empleados. Y en febrero de 1997, Accountemps (de Nueva York) informó que en una encuesta nacional, dos tercios de los ejecutivos señalaron que el español era el segundo idioma más valorado (después del inglés) para los negocios.

What I predict for the next century is that everyone will speak Spanish. Quit whining and get used to it! If you don't know it by now, start *practicando; el español es el futuro.*

Dr. David T. Gies
Commonwealth Professor of Spanish
University of Virginia
Arts & Sciences
July 2000

ACTIVIDAD

Use la Tabla 1-1, la breve lectura arriba, y sus conocimientos y opiniones personales para hacer los siguientes ejercicios.

1. ¿Cuántos idiomas mundiales había en 1999? ¿Cuántos tenían más de un millón de hablantes cada uno?
2. En 1999, ¿cuáles fueron las cuatro lenguas de más hablantes nativos? ¿Las cuatro lenguas más habladas en total? ¿Se siguió la misma clasificación mundial (primero, segundo, etc.) de estos cuatro idiomas en ambas categorías? Explique.
3. ¿Por qué hay más hablantes en la categoría "Total Hablantes" que en la de "Hablantes Nativos"? ¿Cómo se define un "hablante nativo"? ¿Cuál es su lengua nativa? ¿Tiene usted más de una o conoce a alguien que tiene en más de una? Explique.
4. ¿Cuáles son los idiomas que se enseñan más frecuentemente en las escuelas y universidades de EE.UU.? ¿Por qué piensa Ud. que es así?
5. ¿Cuáles han sido las lenguas comerciales más importantes del mundo en los últimos dos mil años? ¿A qué se debe su importancia?
6. ¿Cuáles son algunas lenguas importantes en el mundo actual de los negocios? ¿Cuáles lenguas predominan en los EE.UU. para

comerciar? En su opinión, ¿cuáles serán los idiomas más importantes del siglo XXI?

7. ¿Qué opinan los empresarios y los gerentes norteamericanos de la importancia del idioma español como lengua comercial? ¿Quién fue Thomas Jefferson? ¿Qué opinaba él en el epígrafe al principio de este capítulo? ¿Qué opina usted?

Figura 1-4 **Población hispanohablante (*millones de personas*), incluyendo EUA** *(U.S. Bureau of the Census)*. En el año 2000 se calcula que hay un total de 405.5 millones de personas hispanas en el mundo.

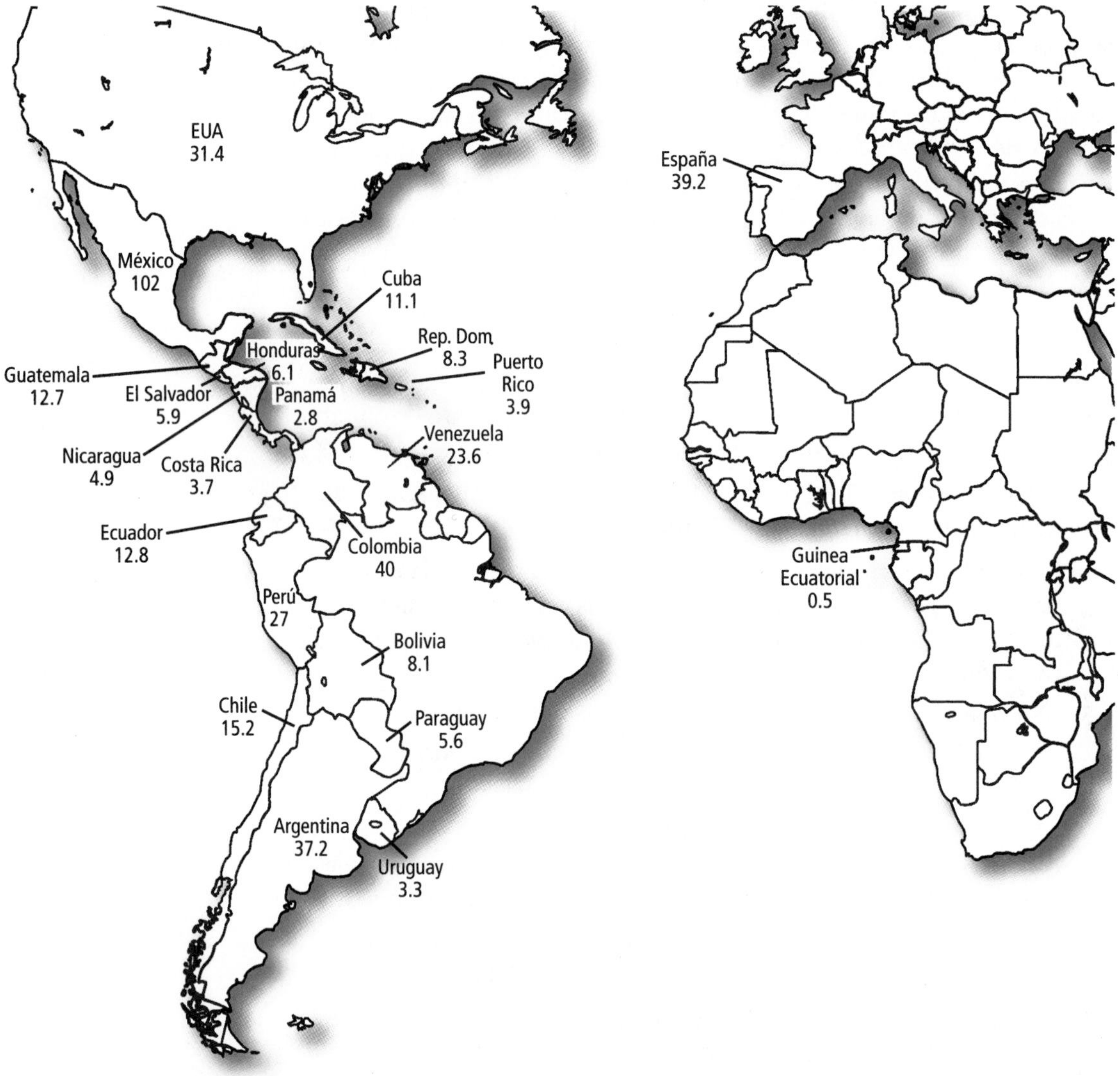

Tabla 1-2 **Población nacional (en millones de personas) de EUA, los países hispanos y Guinea Ecuatorial** *(U.S. Department of the Census).* Se da también la clasificación mundial de cada país, entre los 227 países que se incluyen en el informe. Para EUA se incluye la subcategoría demográfica de hispanos norteamericanos como punto de comparación con otros países hispanoparlantes.

País	Clasificación mundial en 2000	Población en millones 2000	Clasificación mundial en 2015	Población en millones 2015	Clasificación mundial en 2025	Población en millones 2025
Estados Unidos de América	3	275	3	310	3	335
(EUA Hispanos)	x	(31.4)	x	(46.7)	x	(58.9)
México	11	102	10	127	9	141.6
Colombia	28	40	27	51	24	58.3
España	29	39.2	34	38.7	43	36.8
Argentina	31	37.2	30	44.2	32	48.2
Perú	38	27	42	34.5	41	39.2
Venezuela	42	23.6	46	29	48	32.5
Chile	61	15.2	61	17.5	66	18.7
Ecuador	62	12.8	68	15.9	68	17.8
Guatemala	63	12.7	59	18.3	59	22.3
Cuba	68	11.1	73	11.6	81	11.7
República Dominicana	84	8.3	85	10.4	80	11.8
Bolivia	87	8.1	81	10.5	79	12
Honduras	97	6.1	100	7.7	98	8.6
El Salvador	99	5.9	102	7.3	100	8.4
Paraguay	101	5.6	98	7.8	90	10
Nicaragua	110	4.9	106	6.8	103	8.1
Puerto Rico	119	3.9	125	4.1	129	4.1
Costa Rica	120	3.7	117	4.7	117	5.3
Uruguay	130	3.3	130	3.7	130	3.9
Panamá	132	2.8	134	3.4	132	3.8
Guinea Ecuatorial	164	.5	164	.70	161	.88

Figura 1-5 **Producto Interno Bruto (PIB) en 1997 en mil millones de $EUA (*billions of dollars*): EUA, México, el Caribe hispano y las naciones hispanas de Centroamérica y Suramérica** *(World Almanac and Book of Facts 2000)*. El PIB es el valor de mercado de los bienes y servicios producidos dentro del territorio manional. El PIB de España tenía un valor de $642 mil millones de dólares en 1997, y el de Guinea Ecuatorial $660 millones de dólares.

Clasificación Mundial de PIB en 1997

EUA	1
México	11
España	14
Argentina	20
Colombia	29
Venezuela	32
Chile	36

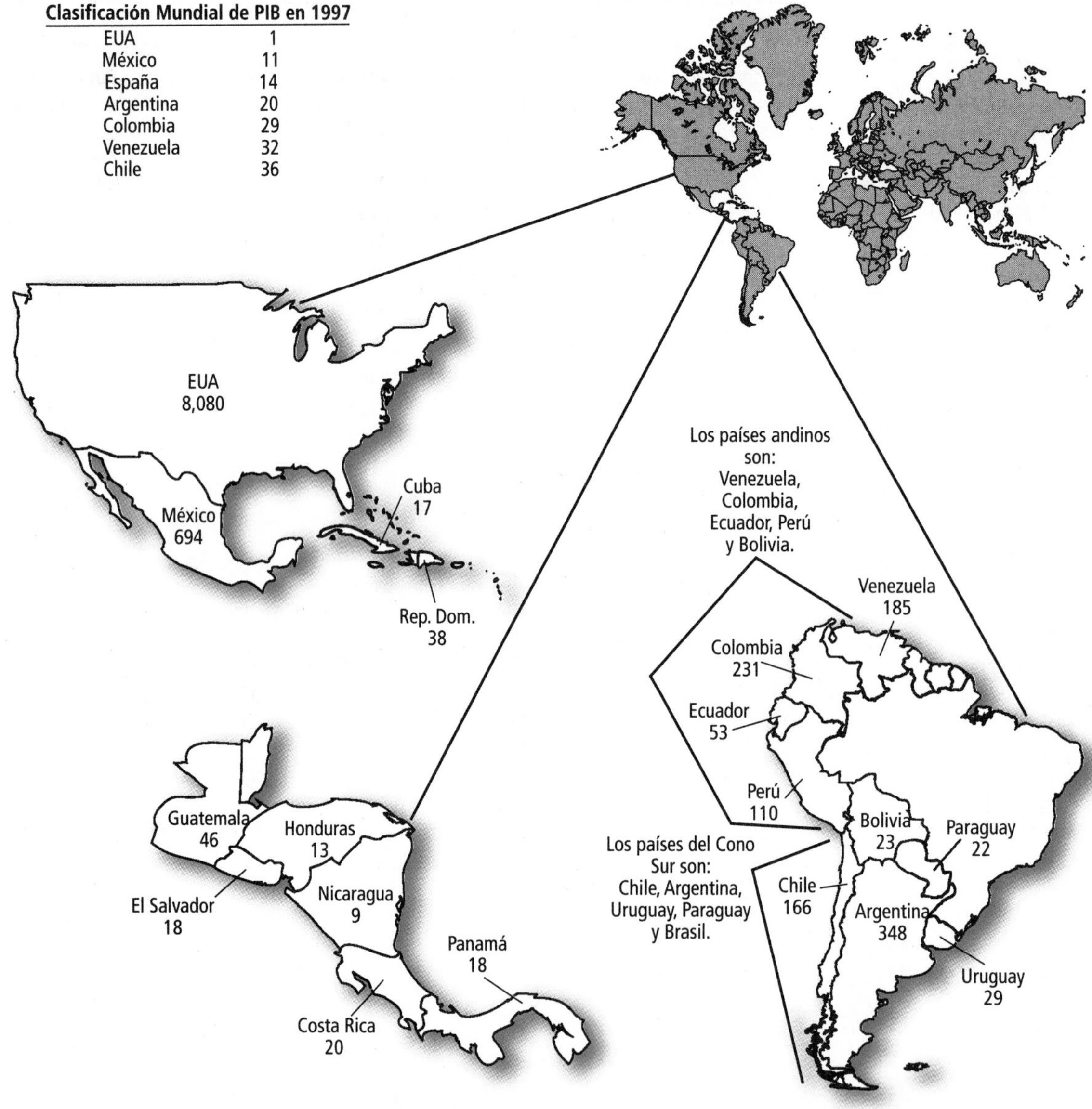

ACTIVIDAD

Use las Figuras 1-4 y 1-5 y la Tabla 1-2 para hacer los siguientes ejercicios.

1. En el año 2000, ¿cuántos hispanos hay en el mundo?
2. ¿Cuál de los países hispanohablantes tiene la población más grande?
3. ¿Cuántos hispanos hay en el Caribe? ¿En América Central? ¿En Sudamérica? ¿En los países andinos y en los del Cono Sur? (Véase la Figura 1-5 para ver cuáles son estos países.)
4. ¿Cuál de los países tiene la población más pequeña?
5. Si la población hispana norteamericana de EUA constituyera un país independiente, ¿cuál sería su clasificación mundial entre los países hispanohablantes?
6. ¿Cuánto aumentará la población hispana total entre el año 2000 y el año 2015? ¿Entre 2015 y 2025? ¿Entre 2000 y 2025? ¿Cuál será el país de mayor aumento?
7. ¿Cuál de los países hispanohablantes experimentará una reducción demográfica entre 2000 y 2025?
8. En grupos de tres o cuatro estudiantes, háganse las siguientes preguntas, turnándose para que conteste cada vez un/a compañero/a de clase diferente. ¿Dónde está situada geográficamente Colombia? ¿Cuáles son sus países vecinos? ¿Argentina? ¿España? ¿México? ¿Honduras? ¿Y Paraguay?

El comercio entre EUA e Hispanoamérica

Según el *World Almanac and Book of Facts 2000*, en 1997 EUA realizó un total de $251 mil millones ($EUA) de comercio con Hispanoamérica, unos $121 mil millones en exportaciones y unos $130 mil millones en importaciones. En 1997 México se clasificó como el quinto país del mundo con el cual EUA tuvo relaciones comerciales y Venezuela se clasificó como el país número 18.

ACTIVIDAD

Use las Figuras 1-4, 1-5 y el glosario para hacer los siguientes ejercicios.

1. ¿Qué es el PIB? ¿Cómo es diferente del PNB?
2. ¿Qué es el PIB per cápita? ¿Qué revela una comparación del PIB per cápita de dos naciones?
3. En las clasificaciones mundiales de PIB en 1997, ¿qué rangos ocuparon México, España, Colombia, Perú y Chile?

4. ¿A cuánto ascendería el PIB conjunto (regional) de los países hispanos del Caribe? ¿El de los países hispanos de Centroamérica? ¿El de los países andinos? ¿El de los países del Cono Sur? ¿Cómo saldría la clasificación (1^a, 2^a, 3^a y 4^a) de estas cuatro regiones?
5. Al usar los datos demográficos y económicos de las Figuras 1-4 y 1-5, calcule el PIB per cápita de México, Venezuela, Panamá, Uruguay y España. Luego, compárelos en términos de porcentaje.
6. ¿Cuánto comercio hubo en 1997 entre EUA e Hispanoamérica? ¿Hubo un balance entre las importaciones y las exportaciones de EUA? Explique.
7. ¿Cuál es el significado, en sentido económico, del epígrafe «Commerce links all mankind in one common brotherhood of mutual dependence and interests.» Discútalo con sus compañeros de clase.

Más sobre los hispanos norteamericanos de EUA

El Selig Center for Economic Growth (Universidad de Georgia) ha calculado que en 1998 el poder adquisitivo (la capacidad de hacer compras) de los hispanos estadounidenses alcanzó unos $353 mil millones y que en 1999 llegó a unos $383 mil millones. Es interesante notar que, si este poder adquisitivo se considerase como si fuera el PIB de una nación hispana independiente, los hispanos norteamericanos tendrían el tercer PIB entre todos los países hispanos, rebasado solamente por el PIB de México y el de España. Entre 1990 y 1999 el poder adquisitivo de los hispanos en EUA aumentó 84%. Se calcula que para el año 2050, el poder adquisitivo hispanonorteamericano llegará a un billón de dólares ($1,000,000,000,000).

Figura 1-6 **Población de EUA y la población hispana norteamericana del país en el año 2000** *(U.S. Bureau of the Census).*

Aumento Demográfico de la Población Hispana Norteamericana

Año	Población en Millones	% de la Población Nacional
2015	46	16%
2025	58	18%
2050	97	24%

También, la U.S. Small Business Administration informa que en 1997 había 1.4 millones de empresas norteamericanas con dueño hispano, o sea, un 37% de todas las empresas nacionales con propietario de minoría étnica, con un valor total de $184 mil millones.

Figura 1-7 **Distribución hispana por estado de EUA en el año 2000 (en miles de personas y % del total de cada población estatal).** En Washington, D.C. hay 40 mil hispanos (7.6% de la población de Washington) y en el estado de Delaware hay 25 mil (3.3% de la población del estado).

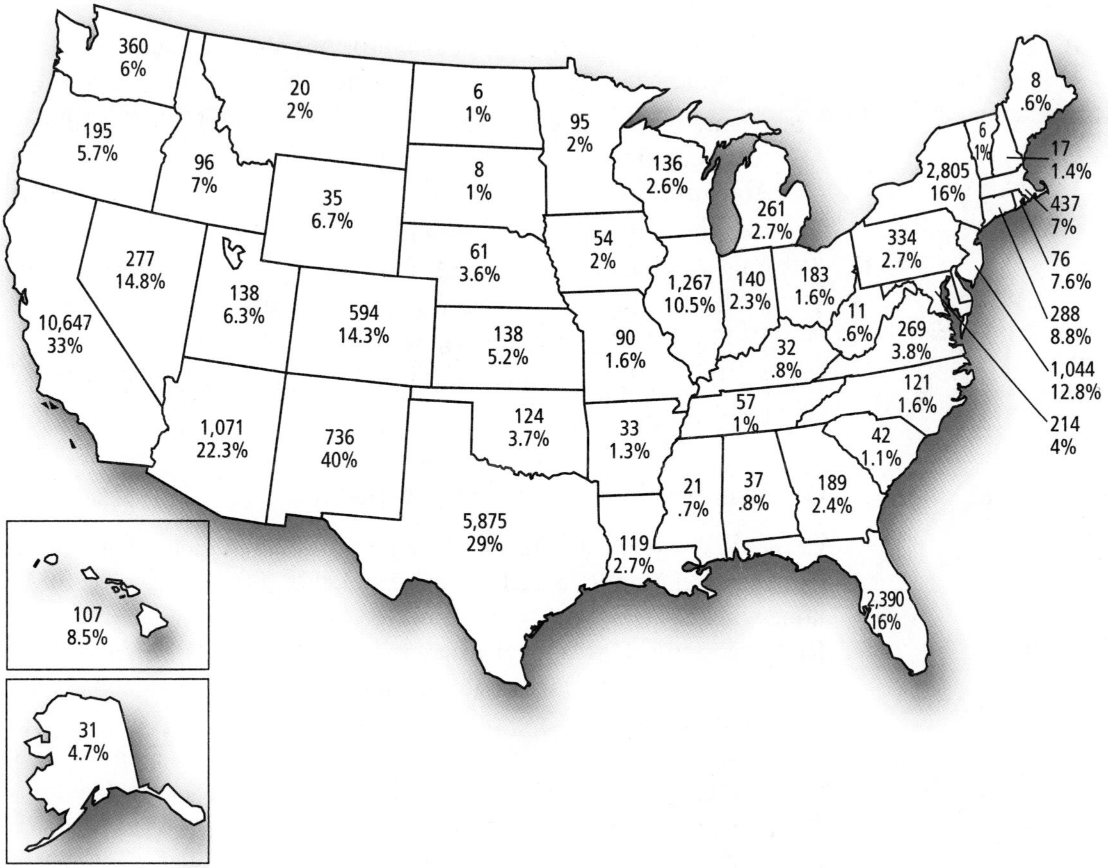

ACTIVIDAD

Use las Figuras 1-6 y 1-7 para hacer los siguientes ejercicios.

1. ¿Cuántos hispanos hay en EUA en el año 2000? ¿Cuántos habrá en 2015? ¿En 2025 y en 2050?
2. ¿Cuáles son los cinco estados de mayor población hispana-norteamericana?
3. Según los datos, ¿cuántos hispanos viven en el estado natal de usted?
4. Divida el mapa de la Figura 1-7 en las siguientes regiones: el este, el sur, el centro y el oeste. ¿Cómo se clasificarían estas regiones (1ª, 2ª, 3ª y 4ª) con respecto al número de hispanos que viven en cada región?
5. ¿Por qué piensa usted que hay tantos hispanos en California, Arizona, Nuevo México, Tejas, Florida, Nueva York e Illinois?
6. ¿Piensa usted que el hispano norteamericano se de EUA es diferente culturalmente del hispano de Colombia, España, Nicaragua o Argentina? ¿Tiene más en común con la cultura de EUA que con las culturas de los otros países hispanos? Explique.
7. ¿Qué es el poder adquisitivo? ¿Cuánto era el poder adquisitivo de los hispanos norteamericanos en 1999? ¿Cuánto aumentó entre 1990 y 1999? ¿A cuánto llegará para el año 2050?
8. ¿Cuántas empresas con dueño hispano había en EUA en 1997? Comente.

Otros países donde se habla el español

Como se ha demostrado, el idioma español va teniendo un impacto enorme en el mundo. Se calcula que en el año 2000 hay más de 405 millones de hispanos y que el español, tercer idioma mundial en cuanto a hablantes nativos, es la lengua materna de casi 7% de la población mundial. Cuando se trata del idioma español, rápidamente vienen a mente países como España, México, Cuba, Colombia, Argentina y los demás países hispanohablantes de América Central y del Sur. Ya hemos visto también la gran importancia del idioma en los Estados Unidos de América, cuya población hispana norteamericana de por sí constituiría el 5º país de hispanoparlantes del mundo. Pero cabe señalar que el español tiene aún mayor extensión mundial de lo que hemos visto hasta ahora.

Hay hispanos en todas partes el mundo. Por ejemplo, Australia, país angloparlante, tiene una población de 87,000 hispanos. El español fue el idioma oficial de las Islas Filipinas hasta 1898, por ser éstas una colonia de España. Brasil, país de habla portuguesa, tiene raíces en la Península Ibérica. Al tener como vecinos a siete países hispanos, en Brasil se usa el español en las zonas fronterizas. En estas zonas incluso se habla lo que algunos llaman el «portuñol», una mezcla del portugués y del español, tal como ocurre con el «Spanglish» (el español mezclado con el inglés) en muchas partes de EUA, especialmente en la frontera con México. En Belice, país centroamericano cuyo idioma oficial es el inglés, también se habla mucho español porque los países vecinos son México y Guatemala, y el Caribe hispanohablante queda muy cerca. Otro país cuyo idioma oficial es el español es la Guinea Ecuatorial en Africa, la cual fue una colonia española hasta su independencia en 1968.

Tabla 1-3 Perfil de otros países donde se usa el español.

PAIS	BELICE	BRASIL	FILIPINAS
TAMAÑO: Millas^2	8,900 m^2	3,286,478 m^2	115,830 m^2
Kilómetros^2	22,965 km^2	8,511,996 km^2	300,076 km^2
CAPITAL	Belmopán	Brasilia	Manila
POBLACION AÑO 2000	241,000	173,000,000	81,000,000
Proyectada año 2015	328,000	198,000,000	105,000,000
Proyectada año 2025	383,000	210,000,000	121,000,000
% POBLACION URBANA	46%	79%	55%
MONEDA NACIONAL	el dólar	el real	el peso
PIB en millones $EUA	$649 en 1996	$1,040,000 en 1997	$244,000 en 1997
PIB PER CAPITA en $EUA	$2,960 en 1996	$6,300 en 1997	$3,200 en 1997
IDIOMAS	Inglés (oficial), español, maya, garífuna	Portugués (oficial), español, inglés, francés	Filipino e inglés (ambos oficiales), tagalo, chino, español
ANALFABETISMO	7%	15%	5%

UNA VISTA PANORAMICA DE GUINEA ECUATORIAL

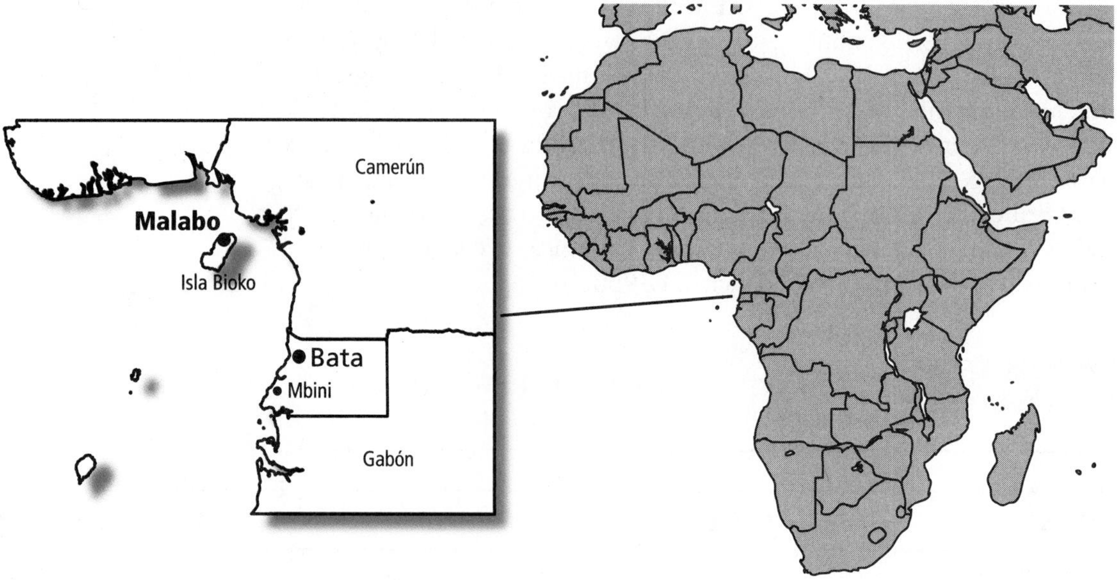

Nombre oficial:	República de Guinea Ecuatorial
Gentilicio:	Guineano/a
Capital y población:	Malabo: 58,000
Sistema de gobierno:	República en transición hacia una democracia con múltiples partidos políticos
Jefe de Estado:	Presidente Teodoro Obiang Nguema Mbasogo
Jefe de Gobierno:	Primer Ministro Angel Serafín Seriche Dougan
Fiesta nacional:	12 de octubre, Día de la Independencia (1968: de España)

Guinea Ecuatorial

GEOGRAFIA Y CLIMA

Area nacional en millas² y kilómetros²	Tamaño (comparado con EUA)	División política	Otras ciudades principales	Puertos principales	Clima	Tierra cultivable
10,831 m² 28,050 km²	Un poco más grande que Maryland	2 regiones y 7 provincias	Bata, Mongomo	Malabo, Bata, Luba	Tropical, cálido, húmedo	5%

DEMOGRAFIA

Año y población en millones			% urbana	Distribución etaria		% de analfabetismo	Grupos étnicos
2000	2015	2025		<15 años	65+		
0.48	.70	.88	43%	4%	4%	22%	85% Fang, 15% Bubi

ECONOMIA Y COMERCIO

Moneda nacional	Tasa de inflación 1996	N° de trabajadores (en millones) y tasa de desempleo	PIB 1997 en millones $EUA	PIB per cápita	Distribución de PIB y de trabajadores por sector			1996 Exportaciones en millones $EUA	1996 Importaciones en millones $EUA
					A	I	S		
Franco CFA (Coopération Financière en Afrique)	6%	90% de la población se dedica de alguna manera a la cosecha del campo	$660	$1,500	46%	33%	21%	$197	$248
					66%	11%	23%		

Para distribución del PIB y de los trabajadores (mano de obra): A = Agricultura, I = Industria, S = Servicios (y Gobierno).

Recursos naturales: Petróleo, madera, manganeso, uranio, pequeños depósitos de oro inexplorados. 68% de los ingresos de exportación provienen del petróleo.

Industrias: Petróleo, pesca, aserraderos, gas natural.

COMERCIO

Productos de exportación: Cacao, café, animales vivos, petróleo y lubricantes, madera, bienes manufacturados.

Mercados: 34% EUA, 17% Japón, 13% España, 13% China.

Productos de importación: Petróleo, comida, bebida, ropa, maquinaria.

Proveedores: 40% Camerún, 18% España, 14% Francia, 8% EUA.

HORARIO GENERAL DE COMERCIO: De lunes a viernes, desde las ocho de la mañana hasta la una y desde las cuatro de la tarde hasta las siete de la noche.

TRANSPORTE Y COMUNICACIONES

Kilómetros de carreteras y % pavimentadas	Kilómetros de vías férreas	Nº de aeropuertos con pista de aterrizaje pavimentada	Nº de líneas telefónicas	Radios por mil personas	Televisores por mil personas
2,880 / 0%	0	3	5,400	464	88

IDIOMA Y CULTURA

Idiomas	Religión	Comidas y bebidas típicas / Modales
Español (oficial), francés, inglés «pidgin», fang, bubi	83% católico romano; protestante y musulmán; a menudo se mezclan las tradicionales prácticas africanas con los ritos occidentales	Carne (de res, cabra, mono y serpiente), pollo, pescado, yuca, cacahuetes, papaya, piña, bananos y plátanos, tope (vino de palmera) y malamba (bebida alcohólica de azúcar de caña). No comer con las manos excepto cuando se ve que lo hacen los anfitriones. La mujer le sirve la comida al invitado y luego come en la cocina con los niños.

Horario normal del almuerzo y de la cena: Mediodía o la una de la tarde para el almuerzo; entre las ocho y las diez de la noche para la cena.

Gestos: Para saludar, la gente se da la mano con un animado apretón. Si se tiene la mano sucia, se puede ofrecer la muñeca o el antebrazo para el saludo. Espacio físico reducido entre las personas que conversan; a veces se toca el hombro o el antebrazo de la otra persona al hablar. Para que se acerque alguien, la mano con la palma hacia abajo, cerrar y arañar con los dedos juntos. Las manos abiertas y juntadas en forma de rezar indican que «Así es la vida» o que no queda más de algo. Los hombres y los niños a menudo se pasean tomados de la mano o con los brazos entrelazados, un contacto físico inadmisible para personas del sexo opuesto.

Cortesía: En las ciudades es importante saludar a alguien con el título de esa persona (señor, señora, doctor, ingeniero, etc.). Al ir a casa de alguien para comer o cenar, llevar un regalito como fruta o pan. Los anfitriones no se ofenderán si el invitado se niega cortésmente a probar una comida, puesto que muchos guineanos tienen un tabú personal hacia ciertas comidas particulares.

ACTIVIDAD

¿Qué sabe Ud. de Guinea Ecuatorial?

Use la Tabla 3-1 y la **Vista Panorámica de Guinea Ecuatorial** para hacer los siguientes ejercicios. El formato de la **Vista Panorámica** es el mismo que se usará luego para los demás países hispanoparlantes que se tratarán en este libro.

1. Además de los países hispanos y EUA, ¿en qué otros países se habla español?
2. ¿Cuántos habitantes hay en Belice, Brasil y las Islas Filipinas en el año 2000? ¿En 2015? ¿Y en 2025? ¿En cuál de los tres países aumentará más rápidamente la población entre 2000 y 2025?
3. ¿Cuáles son las capitales de Belice, Brasil y las Islas Filipinas?
4. Describa la geografía y el clima de Guinea Ecuatorial. ¿Dónde está situado el país? ¿Cuáles son sus países vecinos? ¿Cómo se compara su tamaño con EUA? ¿Cuál es la capital? ¿Otras ciudades principales?
5. Describa la población guineana. ¿Quién es el jefe de estado?
6. ¿Cuándo es la fiesta nacional de Guinea Ecuatorial? ¿En qué fechas hay otras fiestas públicas? (Véase la Tabla 10-1 de la pág. 301.)
7. Describa la economía de Guinea Ecuatorial: la moneda nacional, la tasa de inflación, el PIB, las industrias, etc.
8. ¿Cuáles son los principales productos de exportación de Guinea Ecuatorial? ¿Cuáles son los principales destinos de sus exportaciones? ¿Y para las importaciones? Según los datos presentados, ¿cuál fue la balanza de comercio en 1996 (la diferencia entre las importaciones y exportaciones)?
9. ¿Cuáles son algunas comidas y bebidas típicas de Guinea Ecuatorial? ¿Ejemplos de gestos típicos y de cortesía?
10. ¿Por qué hay un país africano con el español como idioma oficial? Busque más información sobre este país afrohispano para comentarla en clase.

El idioma y la cultura en los negocios

El español, hablado en tantos países, es verdaderamente un idioma mundial. Sin embargo, según información comunicada informalmente por el National Foreign Language Center (Washington, D.C.), en EUA se piensa que hasta un 70% de la población mundial habla inglés, a pesar de que la realidad no coincide en absoluto con esta creencia. De hecho, un reciente estudio nos informa que para el año 2002 la mayoría de los usuarios del internet serán personas que no hablan inglés y que para 2005 seis de cada diez usuarios hablarán otro idioma que no sea el inglés. El inglés seguirá siendo una lengua comercial importantísima, pero otros idiomas como el español continuarán cobrando mayor importancia. La verdad es que no se pueden vender los productos y servicios a los consumidores en un idioma que no entiendan.

Pero puede haber grandes diferencias entre el español que se habla en un lugar y el que se habla en otro; por ejemplo, entre el español de España, México, Cuba, Puerto Rico, Argentina y California o Tejas. No sólo es diferente el acento o el deje, sino que también existen diferencias del vocabulario que se usa, como decir «guajolote» en México en lugar de usar la palabra «pavo». En fin, no hay un solo idioma español, sino diversas manifestaciones de la lengua. También hace falta recordar que en muchos de los países hispanos se hablan muchos otros idiomas, además del español. Algunos ejemplos serían el náhuatl, el maya y el tarahumara en México; el maya en Guatemala; el quechua en Ecuador y Perú (donde el quechua es también una lengua oficial); el guaraní en Paraguay (también lengua oficial del país); el aimara en Perú y Bolivia; el fang y el bubi en Guinea Ecuatorial; y el garífuna en Honduras y Panamá.

Cada idioma reside en y refleja una realidad cultural; es decir, la cultura es el hogar del idioma. La gente se comporta según las tradiciones y las normas de su sociedad, o según los conceptos de familia, escuela, religión, ciudad, región o país. Estas costumbres forman la base de todos los aspectos de la vida humana, y por supuesto, de la vida económica y comercial del área bajo consideración.

Hay muchas anécdotas sobre los intentos fracasados del marketing* estadounidense en otras partes del mundo. Por ejemplo, en la década de los setenta la empresa estadounidense General Motors trató de vender su coche con la marca «Nova» en Hispanoamérica. El intento fracasó porque un carro que «no va», tal como lo anuncia su nombre de venta, obviamente sufre en los mercados de habla española. Para resolver esta situación perjudicial, los directores le cambiaron el nombre a «Caribe».

En los años setenta en la ciudad tradicional de Medellín, Colombia, en el departamento de Antioquia, había una empresa llamada «Exito», parecida a la compañía estadounidense Wal-Mart. Los gerentes de «Exito» eran colombianos y conocían bien las prácticas de marketing apropiadas para los clientes antioqueños, gente muy conservadora que solía comerciar solamente con las empresas ya conocidas de esa región. No se fiaban de las empresas dirigidas por forasteros o extranjeros, gerentes de otras regiones o países.

*En los países hispanos frecuentemente se usan términos comerciales o técnicos del inglés, como la palabra *marketing* en lugar de mercadeo, mercadotecnia o mercadología.

Cuando se abrió en la misma ciudad una nueva sucursal de la multinacional Sears, Roebuck & Co., los antioqueños bromeaban entre sí que pronto Sears sería un «Exito». Estos usos de la palabra «éxito» representaban un juego de palabras. Cuando Sears no tuvo «éxito», debido a la falta de aceptación de sus prácticas administrativas y comerciales por parte de la gente local, la empresa que llegó a ocupar el edificio pocos meses después fue un auténtico «Exito», dirigido por gerentes que habían sabido observar las normas comerciales vigentes de Medellín. ¿Pues quién conocerá mejor el mercado local que la gente de ese mismo lugar? Por eso la investigación y la cooperación internacional son tan importantes en el mundo actual de los negocios.

Estos dos ejemplos demuestran que las compañías que ignoren el idioma y las normas culturales de un mercado particular tendrán dificultades en triunfar. También pueden surgir otros problemas a consecuencia de los estereotipos o reacciones inmediatas basadas en ideas preconcebidas sobre un grupo o mercado comercial. Para tener éxito en la economía global se requiere la buena fe y la atención a los detalles; el conocimiento y la apreciación de otras lenguas y culturas; el deseo de aprender continuamente; y mucho trabajo y suerte. Pero ya se sabe que la «buena suerte» ocurre cuando coinciden la preparación y la oportunidad.

ACTIVIDAD

Haga los siguientes ejercicios.

1. En lo que se refiere a los idiomas usados para la comunicación, ¿qué ocurrirá con el internet?
2. Comente y discuta con sus compañeros de clase las diferencias que pueden encontrarse en el idioma español de los diferentes países o lugares.
3. ¿Qué opina Ud. de la frase «la cultura es el hogar del idioma»?
4. ¿Qué es un estereotipo? ¿Cuáles son algunos ejemplos de estereotipos positivos y negativos que conoce usted o que ha oído mencionar alguna vez? ¿Cuál sería un estereotipo del estadounidense? ¿Del mexicano? ¿Del español? ¿Del argentino? ¿Del francés? ¿Del alemán?, etc. ¿Piensa Ud. que tales generalizaciones tienen fundamento para mantenerse? Explique.
5. Explique el problema que encontró General Motors con la venta de su carro «Nova» en Hispanoamérica. ¿Cómo ejemplifica un problema lingüístico o cultural?

6. Explique la dificultad de Sears con su sucursal en Medellín. ¿Por qué se convirtió en una anécdota lingüística?
7. ¿Cómo piensa Ud. que se logra el éxito en la economía global de hoy? ¿Cómo se puede preparar mejor el gerente para esta nueva realidad mundial?

CAPITULO

2 La empresa

Keep thy shop and thy shop will keep thee.
English proverb

Opportunity is luck's entrepreneur.
Anonymous

Lo que mucho vale, mucho cuesta.
Proverbio

Una empresa estatal—el correo. Madrid, España. ¿Puede dar Ud. otros ejemplos de empresas estatales?

PREGUNTAS DE ORIENTACION

Al hacer la *Lectura comercial*, piense Ud. en las respuestas a las siguientes preguntas.

- ¿Qué es una empresa?
- ¿Cómo se clasifican las empresas?
- ¿Cuáles son las características de la empresa pública? ¿privada? ¿mixta?
- ¿Cuáles son las distintas formas jurídicas de las empresas de lucro?
- ¿Qué clases de empresas predominan en el mundo hispano?
- ¿Quiénes son los dueños de las diferentes empresas privadas, y cuáles son sus actividades y responsabilidades individuales y sociales?
- ¿Cómo se clasifican las empresas por actividad?
- ¿A qué actividades económicas se dedica la mayoría de las empresas?
- ¿Cómo se mide el tamaño de una empresa en los EE.UU.?
- ¿Cómo se constituye una empresa?

Breve Vocabulario Util

dueño/a • *owner*
empresa • *company, enterprise*
___ individual o simple • *sole proprietorship*
lucro • *gain, profit*
responsabilidad social • *company liability*
sociedad • *company, firm*
___ anónima • *corporation*
___ colectiva o en nombre colectivo • *(joint) partnership*
___ comanditaria o en comandita • *silent partnership*
___ de capital • *capital company*
___ de responsabilidad limitada • *limited liability company*
___ mercantil • *commercial or trading company*
socio/a • *partner*

LECTURA COMERCIAL

Organización y clasificación de la empresa comercial

En los países capitalistas, los cuales incluyen todos los países hispanos menos Cuba, la empresa es la organización jurídica y social que dirige la mayor parte de la actividad económica. Reúne los recursos productivos (capital, materias primas, equipo, materiales, trabajadores) bajo la dirección, responsabilidad y control de uno o más empresarios para producir e intercambiar los bienes y servicios. Las empresas se clasifican según su

1. función social
2. forma jurídica
3. actividad
4. control legal
5. tamaño

Funcion social

En general, las empresas son públicas (estatales), privadas o mixtas. En los Estados Unidos y en algunos países hispánicos (Argentina, Chile, España y México) predominan las privadas, mientras que en otros países hispánicos han abundado hasta recientemente las estatales. Las empresas o instituciones públicas suelen ser estatales, benéficas, educacionales o religiosas. Reciben sus fondos de fuentes públicas, privadas o estatales, pero no funcionan con fines lucrativos. Usan el dinero recibido para ofrecer servicios al público o para financiar sus propias operaciones. En la mayoría de los casos, quedan bajo el control de órganos especiales, como el estado, y tienen ciertos privilegios económicos y legales. Las más típicas de estas instituciones son las agencias de gobierno, los ayuntamientos, correos, las escuelas y universidades, y las iglesias y los templos. Es preciso decir que en los países hispánicos hay empresas estatales que sí operan con fines de lucro, pero remiten sus ingresos a la tesorería nacional, bien para realizar obras públicas o para financiar sus propias operaciones. Las más representativas de estas empresas son las compañías telefónicas, petroleras, aéreas, ferroviarias, etc., algunas de las cuales se han privatizado recientemente en países como México, Chile, España, Colombia, Perú y Argentina por falta de capital y de una dirección más eficaz. Otros están en camino de la privatización pero todavía les hacen falta capital y una dirección empresarial más eficiente y especializada.

Las empresas comerciales privadas, en cambio, son las que contribuyen a la producción y fomento de las economías capitalistas. Por lo general, suelen ser

1. privadas por función social
2. productoras, comerciales o de servicios por actividad económica
3. pequeñas, medianas, grandes o multinacionales por el volumen de operaciones

En la mayoría de los casos funcionan con fines de lucro. Su organización social y administrativa puede ser sencilla o compleja, según su tamaño, actividad y número de propietarios y empleados. Se constituyen legalmente y tienen responsabilidad social, es decir, los dueños tienen que responder y satisfacer tanto al público consumidor como a sus acreedores respecto de la calidad, seguridad y utilidad de los bienes y servicios que producen y venden. Las empresas mixtas también ofrecen productos y servicios al público, pero son semiprivadas, o sea, están controladas tanto por el gobierno como por una o más empresas particulares. Usan los fondos recibidos de subvenciones gubernamentales, donativos y otras fuentes para vender o proporcionar algún bien material o servicio al público, y a menudo operan con fines de lucro. Suelen figurar entre ellas las compañías de servicios públicos, pero también incluyen algunas de comercio y de manufactura como la SEAT (Sociedad Española de Automóviles de Turismo), la cual, por ejemplo, está dirigida tanto por el Volkswagenwerk alemán como por el gobierno español.

Forma juridica

Las empresas privadas tienen dos formas jurídicas: son individuales o sociales. La empresa individual pertenece a una sola persona que aporta el capital, dirige el negocio y recibe todo el beneficio comercial. Su operación y sus ganancias son generalmente pequeñas y su constitución y disolución, por los pocos requisitos legales exigidos, fáciles de lograr. Sin embargo, a pesar de la libertad de que goza, la responsabilidad del propietario es ilimitada y solidaria; es decir, el dueño puede perder todo su patrimonio o bienes materiales si fracasa en el negocio o acumula deudas que no logra solventar. Aunque numerosas, estas empresas (al menos en los EE.UU.) a menudo tienen corta vida, debido a su pequeño tamaño y a la competencia de otras compañías más grandes. Algunos ejemplos de empresas individuales son las barberías, carnicerías, farmacias, florerías, etc.

Las empresas sociales o las sociedades, en cambio, son propiedad de un mínimo de dos personas llamadas socios. Estos, generalmente con la ayuda de un abogado, se ponen de acuerdo acerca de la división del trabajo, los derechos sociales, las obligaciones empresariales y financieras, los modos de realizar las operaciones y los demás quehaceres de la firma. Su operación e ingresos, por el número de socios y el volumen de actividades, son más grandes que los de la empresa individual, y su gestión más compleja. La sociedad también tiene, por el número y la pericia del personal, una capacidad administrativa superior a la de la empresa individual, y ofrece más oportunidades salariales y de ascenso a sus empleados.

Existen varias formas jurídicas de sociedades mercantiles industriales. Las más importantes son las de personas—la *Sociedad Colectiva* o *en Nombre Colectivo (S. en N. C.) y* la *Sociedad Comanditaria* o *en Comandita (S. en* C.)—y las de capital—la *Sociedad de Responsabilidad Limitada (S. de R. L.),* la más común en España, y la *Sociedad Anónima (S.A.)*. En la sociedad anónima, también llamada corporación, los accionistas son los verdaderos propietarios de la compañía, y su responsabilidad está limitada sólo a las inversiones directas que han hecho en la empresa. La Tabla 2-1 resume las características de estas sociedades mercantiles.

En los países de habla española, predominan las empresas individuales y las sociedades colectivas. En México, por ejemplo, constituyen el 90% de todas las firmas y, en la mayoría, son familiares. En cuanto a la actividad económica, son industriales, mercantiles o de servicios y sus directores son mayormente hombres, aunque participan cada año más mujeres. Generalmente las empresas hispanas son bastante tradicionales y conservadoras en sus tratos personales, operaciones y tecnologías, y necesitan desarrollar más sus productos, mercados, operación, administración y recursos humanos. Esta realidad está cambiando al crecer muchas empresas y al mejorar la calidad de administración, personal, planta y equipo, y al encargarse la mujer de más puestos gerenciales. Además, al capitalizarse y al fusionarse, muchas empresas pequeñas y medianas están extendiendo sus operaciones y mercados a los países más desarrollados del mundo tales como Estados Unidos de América (EUA o EE.UU.), Canadá, Francia, Alemania, Japón, etc. Las más conocidas entre estas empresas son las de cemento, telecomunicaciones, bebidas alcohólicas (licores), indumentaria (ropa) y alimentos. Tampoco hay que olvidar las numerosas empresas pequeñas y medianas de las comunidades hispanas (y no hispanas) de EUA que también están experimentando el mismo desarrollo que en los países hispanohablantes pero que perciben ingresos que superan a los de muchos países hispanohablantes.

Actividad particular

La actividad comercial de una empresa puede ser la de fabricar productos, comercializar (compraventa) bienes materiales, prestar uno o más servicios, o ser una combinación de las tres posibilidades. La Tabla 2-2 resume la clasificación de la empresa según su actividad. Tanto en Latinoamérica como en España, predominan las empresas que se dedican al turismo, la construcción, la explotación de materias primas, la cultivación y elaboración de comida, la confección de ropa y de zapatos, y a las telecomunicaciones.

Control legal

Las leyes que rigen la actividad económica de un país pertenecen mayormente al derecho mercantil. Este «tiene por objeto regular las relaciones de los particulares como comerciantes, y de aquellas personas que sin ser comerciantes ejecutan actos de comercio, además de reglamentar los actos de comercio» (Alejandro Ramírez Valenzuela, *Derecho Civil,* pág. 29). El código mercantil puede variar de región a región y de país a país, y puede complementar los derechos o las leyes civiles que tratan temas tales como la discriminación en el trabajo, los problemas ambientales (por ejemplo, la contaminación del aire y del agua) y la estructuración ilegal de precios. Cuando surgen temas de derecho mercantil internacional, operan las leyes y los reglamentos acordados por los países firmantes en un convenio, pacto o tratado particular. Estos acuerdos abarcan tanto cuestiones de importación y exportación como asuntos financieros, industriales y económicos.

Descripción y comparación de algunas de las sociedades mercantiles más típicas

ASUNTO	SOCIEDADES DE PERSONAS		SOCIEDADES DE CAPITAL	
Tipo de sociedad	Sociedad Colectiva o en Nombre Colectivo	Sociedad Comanditaria o Comandita	Sociedad de Responsabilidad Limitada	Sociedad Anónima
Constitución legal	Requiere a menudo un abogado para precisar los artículos de constitución		Requiere los derechos de incorporación y ayuda legal	
Número y clasificación de propietarios	Al menos dos: llamados socios *colectivos* o *activos* que comparten los derechos y las obligaciones empresariales precisados contractualmente	Al menos dos: unos llamados ***socios colectivos*** o *activos* que dirigen la empresa, y otros, ***comanditarios,*** que aportan capital	Menos de cincuenta socios colectivos o el número fijado por la ley mercantil del país	Al menos uno llamado *accionista;* el número de accionistas puede ascender a miles
Responsabilidad social de propietarios	Ilimitada y solidaria con todos sus bienes personales	Los socios colectivos responden ilimitada y solidariamente; los comanditarios sólo con el capital aportado	Limitada al capital aportado por los socios colectivos	Limitada al capital aportado por los accionistas
Gestión (Gerencia)	Colectiva	En manos de socios colectivos	En manos de junta directiva nombrada o elegida por socios colectivos	
Razón social (Nombre de la empresa)	Determinada por los socios		Determinada por los socios colectivos	Determinada por los incorporadores
Financiamiento	Capital aportado por todos los socios		Mediante participaciones de cada socio	Mediante venta de acciones o bonos
Distribución de ganancias	Ganancias proporcionadas según el contrato de constitución		Ganancias distribuidas a base de las participaciones de cada socio	Ganancias distribuidas mediante dividendos

Tabla 2-1 cont.

ASUNTO	SOCIEDADES DE PERSONAS	SOCIEDADES DE CAPITAL
Ventajas	Mayor disponibilidad de capital y crédito que la empresa individual; interés personal y habilidades particulares de los socios colectivos; facilidad de constituir la empresa e interés en conservar a los empleados capacitados	Máxima disponibilidad de capital; responsabilidad social limitada; facilidad de extender la empresa y de transferir o ceder los derechos de propiedad; tamaño y duración de la empresa
Impuestos	Obligadas a pagar impuestos federales, regionales y locales, además de otros como el IVA, muchas empresas reciben exenciones tributarias. El impuesto de valor añadido (o de valor agregado) es aquél que se impone sobre el trabajo o la mano de obra que interviene en cada proceso o etapa de elaborarse o distribuirse un producto o servicio.	
Desventajas	Responsabilidad ilimitada y solidaria de los socios generales y colectivos o activos; dificultad de administrar, disolver, transferir y ceder los derechos propietarios; tamaño pequeño y breve duracion	Restricciones legales respecto a la monopolización; impuestos bastante altos

Tabla 2-2 Clasificación de la empresa por actividad

PRODUCCION	COMERCIO	SERVICIOS
Industria extractiva: cobre, hierro, plomo, oro, etc.	Mayoristas: compran del productor para vender al minorista o directamente al consumidor	Banca y otros servicios financieros
Industria agropecuaria: cultivación de granos, frutas, etc. y ganadería (ganado mayor—vacas, mulas, caballos—y menor—cabras, etc.)	Minoristas o detallistas: venden directamente al consumidor o al usuario	Públicos: seguridad, transporte, etc.
		Información: periódicos, radio, televisión, etc.
Industria constructora: casa y edificios		Enseñanza
Industria transformadora: automóviles, comida, ropa, etc.		Asesoramiento: legal, técnico, etc.
		Asistencia social y servicios médicos
		Hostelería
		Secretariales

Tamaño

Aquí se refiere al volumen de las operaciones de una empresa. Esta puede ser pequeña, mediana, grande o multinacional. En los EE.UU., la empresa se considera pequeña si sus rentas anuales son menos de 150 millones de dólares, mediana si no alcanzan los 500 millones de dólares, y grande si exceden los mil millones *(one billion)* de dólares. En los países hispánicos las rentas anuales para la clasificación de cada empresa varían, pero son menores que las de los EE.UU. Una empresa llega a ser multinacional no sólo al establecer filiales en otros países, sino al concederles un tratamiento igual al que rige en la casa matriz. Algunos ejemplos de compañías multinacionales son General Electric, Microsoft y Exxon en EE.UU. y Dana en México y Telefónica, S.A., en España.

Constitución de la empresa

La información referente a las distintas clases de empresas y a las decisiones que tienen que tomar los futuros administradores sirven de base para uno de los pasos más importantes al emprender un negocio: la constitución de la empresa. Según los deseos y planes de los dueños y el tipo de compañía que piensan establecer, este proceso puede variar pero, por lo general, consta de los siguientes pasos y son casi los mismos tanto en España y en los países hispanoparlantes como en EE.UU.

1. Nombrar a las personas interesadas en formar la empresa
2. Determinar la actividad comercial y los objetivos de la empresa
3. Decidir su forma jurídica
4. Establecer el número y la clase de propietarios
5. Seleccionar la razón social (el nombre) de la empresa
6. Fijar la organización de la empresa
7. Especificar la fuente, forma, cantidad, proporción y distribución del capital aportado y de las ganancias previstas
8. Detallar los derechos y obligaciones, tanto de los propietarios como de los empleados
9. Constituir la compañía legalmente e inscribirla en el Registro Público de Comercio (en España se llama Escritura Pública) o en un documento oficial semejante, con la cual se le asigna un número de identidad para los impuestos, llamado, por ejemplo, Código de Identificación Fiscal en España
10. Disponer del terreno, edificios y equipo, y contratar al personal necesario

11. Poner en marcha la empresa, al trazar todo lo necesario para facilitar la compraventa y para satisfacer a los clientes

ACTIVIDADES

A. ¿Qué sabe Ud. de negocios? Vuelva Ud. a las preguntas de orientación que se hicieron al principio del capítulo y a las preguntas que acompañan las fotos y contéstelas en oraciones completas en español.

B. ¿Qué recuerda Ud.? Indique si las siguientes oraciones son *verdaderas* o *falsas* y explique por qué.

1. La empresa es la organización que dirige la mayor parte de la actividad económica en los países capitalistas.
2. Las empresas estatales obtienen sus fondos mediante las aportaciones de sus dueños.
3. En los países hispánicos hay empresas estatales con fines de lucro.
4. Los socios comanditarios son los gerentes de una sociedad anónima.
5. La sociedad colectiva tiene el menor número de propietarios.
6. La empresa individual es la más numerosa, pero la menos especializada y lucrativa.
7. Las empresas multinacionales predominan en el mundo hispánico.
8. Todas las formas jurídicas comerciales implican una responsabilidad ilimitada y solidaria de los socios.

C. Exploración de sus conocimientos y opiniones personales. Haga los siguientes ejercicios, usando sus propios conocimientos y opiniones personales.

1. ¿Cuáles son las ventajas de las distintas empresas descritas en este capítulo? Explique.
2. ¿Cuáles propietarios tienen mayor responsabilidad social?
3. De las sociedades mercantiles, ¿cuál le parece la más eficaz en cuanto a la administración y a la competencia comercial? ¿Por qué?
4. Si Ud. tuviera que formar una empresa, ¿cuál elegiría? ¿Cuál sería la principal actividad y el tamaño? ¿Por qué?
5. ¿Cómo se relacionan los dichos al principio del capítulo con los temas tratados?

D. Al teléfono. Haga las siguientes llamadas telefónicas a otro/a estudiante de la clase. Cada persona deberá tomar un papel activo en la conversación. Antes de hacer esta actividad, véase el Apéndice 1.

1. Ud. y un/a amigo/a español/a quieren formar su propio negocio, pero no están seguros de qué clase de empresa les conviene más. Tienen poco capital pero muchos planes, energía y buena voluntad. Deciden llamar a un/a abogado/a para pedirle ayuda. Preparen Uds. dos o tres preguntas relacionadas con los requisitos para constituir una empresa y después, hagan la llamada.
2. Ud. y un/a amigo/a de habla española discuten por teléfono la posibilidad de formar una sociedad mercantil. Ud., como estadounidense, quiere establecer una sociedad anónima, mientras que su compañero/a prefiere la constitución colectiva. Cada uno de Uds. ofrece sus razones desde la perspectiva cultural apropiada.

E. Navegando el internet. Usted y un/a amigo/a quieren formar una empresa en España para vender bienes y servicios que hacen falta en ese país y que son lucrativos. Saben, sin embargo, que para realizar esta meta necesitarán cierta información al respecto y un plan de acción. Deciden hacer lo siguiente:

1. Navegar el internet en español y buscar información sobre cómo se constituye una empresa en España, usando algunas de las siguientes palabras u otras que Uds. conozcan o encuentren:

   España/ empresa/ constitución/ código de comercio

2. Tomar apuntes sobre algunos de los trámites requeridos para formar una compañía en España. (Al navegar el *Internet*, si Uds. encuentran un artículo sobre la empresa en España u otro país hispanohablante, sírvanse comunicar la dirección electrónica con un enlace activo [*hot link*] para que su profesor/a y sus compañeros/as de clase puedan consultarla.)
3. Preparar un breve informe escrito y luego hacer en clase un breve resumen oral del mismo, sin leer el texto escrito.

EJERCICIOS DE VOCABULARIO

Si hace falta para completar estos ejercicios, consulte la **Lectura comercial** o la lista de vocabulario al final del capítulo.

A. ¡A ver si me acuerdo! Pensando en la posibilidad de establecer una relación comercial, usted va a tener una conversación con una persona de negocios de un país hispano. Sin embargo, se le olvidan a usted los siguientes términos en español. Un/a compañero/a le ayuda a recordarlos al pedir que usted se los traduzca.

1. corporation
2. liability
3. partner
4. retailer
5. main office
6. state-controlled company
7. silent partnership
8. board of directors
9. limited liability
10. law

B. ¿Qué significan? A usted le interesa la posibilidad de establecer su propia empresa en un país hispanoparlante. Sin embargo, no sabe lo que significan ciertos términos que se usan frecuentemente en el comercio. Decide consultarlos con un/a amigo/a. Pídale a un/a compañero/a de clase que le explique los siguientes términos y que le dé algunos sinónimos si puede.

1. sociedad
2. acreedor
3. lucro
4. solidario
5. propietario
6. razón social
7. patrimonio
8. deuda

C. Empresa: Adivinación. Con un/a compañero/a de clase, escojan ustedes dos (2) palabras en español que se relacionan con la empresa, el tema principal de este capítulo. Luego, en clase, den sinónimos, definiciones o palabras que se asocian con los términos originales y pidan que los demás compañeros los adivinen.

D. Entrevista profesional. Usted quiere saber lo más que pueda sobre las empresas hispanas porque quiere formar la suya en España. Por lo tanto, usted entrevista a un experto en derecho mercantil, haciéndole las siguientes preguntas. Haga la entrevista con un/a compañero/a de clase. No se olviden del protocolo ni de las cortesías.

1. ¿Cómo se clasifican las empresas?
2. ¿Cuáles son las formas jurídicas de las empresas privadas?
3. ¿Cuáles son dos tipos principales de sociedad mercantil?
4. ¿Cómo se diferencian los socios colectivos o generales de los socios comanditarios?
5. ¿Cómo se financian las sociedades de capital?
6. ¿Cómo consiguen fondos las sociedades limitadas y anónimas?
7. ¿Cuáles son algunas de las ventajas y desventajas de las sociedades de personas?

E. Traducciones. Un/a amigo/a con el/la cual quiere usted formar una empresa acaba de empezar a estudiar el español y los negocios. El/ella sabe poco de las empresas y el comercio. Usted lo/la ayuda al pedirle que él/ella traduzca las siguientes oraciones que informan sobre el tema.

1. The sole proprietorship has great potential for individual satisfaction and profit but at the same time unlimited liability for the owner.
2. Joint partnerships have two types of partners, active and silent, while limited liability companies and corporations have shareholders and a board of directors.
3. Active partners have joint and unlimited liability while silent partners, like shareholders, have only limited liability.
4. The financing and profits of partnerships are based on the owners' capital and the company's profits while those of capital companies are based on shares, dividends, and interest on bonds.
5. In many Hispanic countries, government-run businesses have a profit motivation.

UNA VISTA PANORAMICA DE ESPAÑA

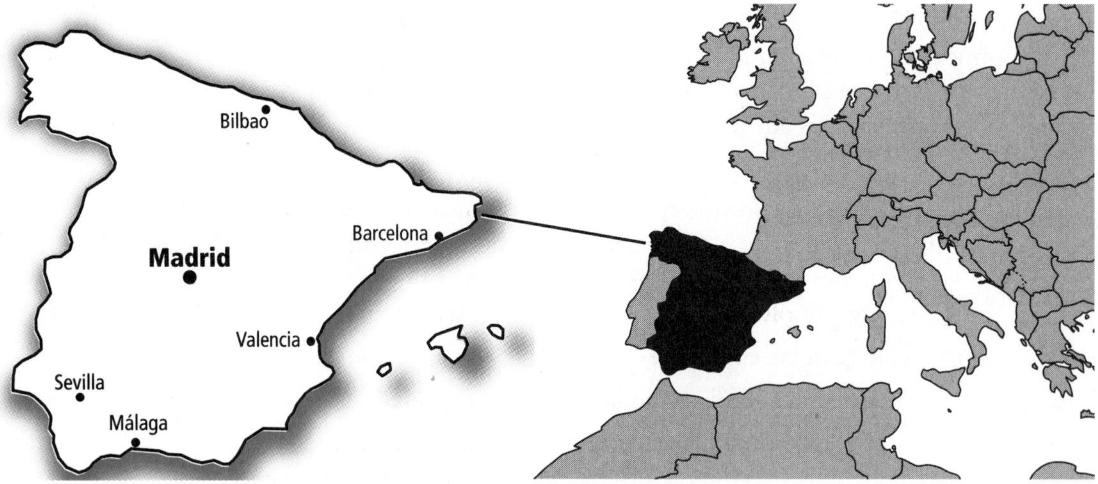

Nombre oficial:	Reino de España
Gentilicio:	español/a
Capital y población:	Madrid: 2,866,850
Sistema de gobierno:	Monarquía parlamentaria
Jefe de Estado:	Rey Juan Carlos I de Borbón y Borbón
Jefe de Gobierno:	Presidente José María Aznar López
Fiesta nacional:	12 de octubre, Día Nacional (también llamado Día de la Hispanidad y Nuestra Señora del Pilar)

España

GEOGRAFIA Y CLIMA

Area nacional en millas² y kilómetros²	Tamaño (comparado con EUA)	División política	Otras ciudades principales	Puertos principales	Clima	Tierra cultivable
194,884 m² 504,750 km²	Dos veces el tamaño de Oregón	17 comunidades autónomas y 47 provincias (subdivisiones)	Barcelona, Valencia, Sevilla, Zaragoza, Bilbao, Málaga	Barcelona, Valencia, Bilbao, Cartagena, La Coruña, Gijón, Cádiz, Vigo	Templado y mediterráneo en la costa, verano caluroso en el interior	30%

DEMOGRAFIA

Año y población en millones			% urbana	Distribución etaria		% de analfabetismo	Grupos étnicos
2000	2015	2025		<15 años	65+		
39.2	38.7	36.8	77%	15%	17%	4%	Combinación de mediterráneos y nórdicos, con grupos distintos como los catalanes, vascos y gallegos

ECONOMIA Y COMERCIO

Moneda nacional	Tasa de inflación 1998	N° de trabajadores (en millones) y tasa de desempleo		PIB 1998 en millones $EUA	PIB per cápita	Distribución de PIB y de trabajadores por sector			1998 Exportaciones en millones $EUA	1998 Importaciones en millones $EUA
						A	I	S		
La peseta	2%	16.2	20%	$645,600	$16,500	4%	33%	63%	$111,100	$132,300
						8%	28%	64%		

Para distribución del PIB y de los trabajadores (mano de obra): A = Agricultura, I = Industria, S = Servicios (y Gobierno).

Recursos naturales: Carbón, lignito, hierro, uranio, mercurio, pirita de cobre y de hierro, espato fluor, yeso, cinc, plomo, tungsteno, caolín, potasa, energía hidroeléctrica.

Industrias: Textiles, ropa, calzado, procesamiento de alimentos y de bebidas, metales y manufacturas de metal, productos químicos y petroquímicos, construcción de barcos, automóviles, herramientas mecánicas, bienes de consumo, productos electrónicos, turismo.

COMERCIO

Productos de exportación: Camiones y automóviles, maquinaria, fruta, minerales, metales, textiles, ropa, calzado, alimentos.

Mercados: 70% UE (20% Francia, 18% Alemania, 10% Italia, 9% Portugal, 8% Reino Unido), 4% EUA.

Productos de importación: Maquinaria, equipo de transporte, petróleo, productos químicos, aviones, granos.

Proveedores: 65% UE (17% Francia, 15% Alemania, 9% Italia, 8% Reino Unido, 7% Benelux), 6% EUA, 3% Japón.

Horario general de comercio: De lunes a sábado, desde las nueve de la mañana hasta la una y media y luego desde las cuatro o cinco de la tarde hasta las ocho o nueve de la noche.

TRANSPORTE Y COMUNICACIONES

Kilómetros de carreteras y % pavimentadas	Kilómetros de vías férreas	Nº de aeropuertos con pista de aterrizaje pavimentada	Nº de líneas telefónicas	Radios por mil personas	Televisores por mil personas
346,858 / 99%	15,079	66	16,288,600	306	490

IDIOMA Y CULTURA

Idiomas	Religión	Comidas y bebidas típicas / Modales
Español o castellano (oficial), 17% catalán, 7% gallego, 2% vasco (vascuence o euskera)	99% católico romano (nominalmente)	Tortilla española, gazpacho, paella, cocido, jamón serrano, queso, bocadillos, churros, carne, pollo, pescado, cerveza, vino, sangría, champán o cava, café (a veces «perfumado» con coñac). La comida española no es picante. Al empezar a comer es común desearles «Buen provecho» a los otros que están comiendo. Al terminar de comer, colocar el tenedor y el cuchillo lado a lado sobre el plato. Si no se desea comer más, cruzar el tenedor y el cuchillo sobre el plato.

Horario normal del almuerzo y de la cena: Alrededor de la una o las dos de la tarde para el almuerzo; a partir de las diez de la noche para la cena.

Gestos: Es importante mantener un buen contacto de ojos al conversar con alguien. Los buenos amigos se saludan con unas palmaditas en el hombro o en la espalda o con un abrazo; las mujeres se saludan con un besito en cada mejilla. El gesto de «A-Okay» (un círculo formado con el dedo pulgar y el dedo índice) es obsceno y equivale al gesto «to give the finger». No poner y guardar las manos en los bolsillos mientras se conversa. El gesto de «thumbs up» tiene una connotación política en el País Vasco.

Cortesía: Saludar a cada individuo al llegar a una reunión o comida y despedirse individualmente al marcharse para no menospreciar a nadie o quedar mal. Cuando se visita la casa de alguien para comer o cenar, traer para los anfitriones un detalle como flores, chocolates, un buen vino o una buena botella de whisky. No traer dalias ni crisantemos, pues se asocian con la muerte. No regalar 13 flores porque es mala suerte. Reconocer que una invitación a casa de alguien, si la persona no insiste sinceramente, puede representar un formulismo social en lugar de una auténtica invitación—no aceptar a la primera invitación. Si los anfitriones le hacen un regalo, abrirlo en el acto delante de ellos. Al hacer una visita a casa de alguien, si se llega durante una comida y se le ofrece algo de comer, reconocer que la oferta es un formulismo social (normalmente se agradece la invitación con decir, «No, gracias»). Es maleducado andar por la calle comiendo, como lo es masticar chicle en público. Se pone de pie al saludar o ser presentado a otras personas.

LA ACTUALIDAD ECONOMICA ESPAÑOLA

España es el más desarrollado de todos los países hispanohablantes y el más poderoso económicamente. Debido a una política comercial liberal de incentivos iniciada a partir de los años cincuenta, se ha desarrollado una capacidad industrial y financiera casi semejante a la de los países más ricos del mundo. También entre los países hispanohablantes tiene el producto nacional bruto y la renta por persona más altos, y es uno de los países líderes en varios sectores económicos.

Por otra parte, desde su ingreso en la Comunidad Económica Europea (CEE) en 1986, hoy la Unión Europea (UE), España ha reestructurado y modernizado su economía para hacerse más competitiva con los otros países de la UE. Con la ayuda del gobierno y los sectores tanto económicos como políticos, ha invertido enormes fondos en proyectos de investigación y desarrollo para regenerar varias industrias y ha emprendido notables medidas para aumentar la producción de textiles, calzados, aparatos electrodomésticos, acero y construcción naval. En efecto, estas industrias han dirigido gran parte de la prosperidad de la cual ha gozado España durante el último decenio.

También el país ha realizado proyectos y negocios en participación tales como los de la compañía estadounidense Frito Lay con Empresas Polar de Venezuela para vender sus productos en nueve países latinoamericanos, o los de la sociedad estadounidense AOL con el Grupo Cisneros venezolano para ingresar en el mercado de comunicación en México, Argentina y Brasil a través del internet. Además, ha logrado fusiones de empresas como la de SEAT y Volkswagen en España, compañías automotrices, y Mapfre, S.A. y Euroamérica Seguros Generales, S.A. de Chile, grandes empresas de seguros, para crear nuevas industrias o desarrollar aún más las ya existentes. Por otra parte, se han reducido las tasas de inflación y de desempleo durante los decenios de 1980–1989 a 1990–1999 y se están proyectando tasas aún más bajas para el año 2000 en adelante.

A pesar de estos logros, España todavía sufre de problemas respecto a su infraestructura tanto social como económica. Persisten los problemas de pobreza, desigualdad económica, desempleo, discriminación, contaminación, medios productivos obsoletos, administración empresarial inadecuada, falta de competitividad en los mercados internacionales, modernización y desarrollo del sistema escolar con una base más práctica y tecnológica, etc. También, aunque España ha abogado por una política económica y mercantil de fusiones de empresas, negocios en participación y privatizaciones, todavía queda mucho por hacer en cuanto al fomento de la economía. El hecho de que el gobierno actual siga siendo una de coalición que tiene que enfrentarse no sólo con los problemas internos de administración y de prioridades sino también con agendas, filosofías e intereses antagónicos, no promete ningún progreso rápido en el futuro próximo. No obstante esto, España ha tomado muchos pasos positivos que siguen encaminando al país hacia una prosperidad notable y duradera.

ACTIVIDAD

¿Qué sabe Ud. de España?

1. Describa usted la geografía española y trate de temas tales como la capital y otras ciudades y puertos principales, la división política del país y el clima. ¿Por qué le es importante a un/a comerciante o a un/a industrialista internacional saber algo de estos temas?
2. ¿Cómo es España demográfica y políticamente? ¿Por qué debe saber una persona de negocios detalles acerca de la población y política de España?
3. ¿Cuándo es la fiesta nacional de España? Haga una lista de otras fiestas importantes (véase la Tabla 10-1 de la pág. 301) y explique por qué, en su opinión, es importante que el hombre o la mujer de negocios las conozca si va a hacer los negocios en España o viajar a ese país?
4. Describa usted la economía española. Incluya datos sobre la moneda nacional, la tasa de inflación, el PIB y el PIB per cápita, el número de trabajadores (la mano de obra), la tasa de desempleo, los recursos naturales, las industrias nacionales, los productos que se exportan e importan, y los países destinos y proveedores de estas transacciones internacionales. Explique por qué es importante esta información para los comerciantes tanto españoles como extranjeros.
5. ¿Cuáles serían algunos productos que usted recomendaría vender en España? ¿Por qué?
6. Describa el transporte y las telecomunicaciones en España. ¿Por qué son importantes estos temas de infraestructura en el mundo de los negocios, especialmente para una empresa industrial internacional que piensa montar una fábrica en el país?

7. Seleccione usted varias categorías de datos que le interesen y compárelos con los mismos datos de otro país en este libro (por ejemplo, la geografía, el número de habitantes, el PIB per cápita y las exportaciones/destinos de España y de México). Discuta las semejanzas y diferencias con un/a compañero/a de clase.
8. ¿Cuáles de los datos presentados en la **Vista Panorámica de España** experimentan muchos cambios? Ponga al día algunos de estos datos y explique cómo han cambiado.
9. Comente usted sobre la actualidad socioeconómica y política de España como si fuera Ud. un/una asesor/a quien aconseja a un/a empresario/a interesado/a en hacer negocios allí. ¿Cuáles son algunas realidades, oportunidades y problemas que usted haría resaltar y cuáles serían sus recomendaciones al/a la cliente/a?
10. Usted viaja a España con un/a colega para negociar un contrato de compraventa. Discuta los siguientes asuntos con su colega de trabajo (un/a compañero/a de clase):
    a. Los planes para el viaje, el cual durará cinco días (líneas aéreas, horario de vuelos de ida y vuelta, aeropuertos de despegue y aterrizaje, el presupuesto de costos de los vuelos, el alojamiento y los viáticos)
    b. El producto (bien o servicio) que piensan vender
    c. Las estrategias de comercialización de las que se van a servir para lograr que se firme el contrato
    d. La comida que van a pedir para la cena la primera noche
    e. Las formas de cortesía y los gestos que deben recordar, usar o evitar

LECTURA CULTURAL

Independencia y familia

Para participar en la actividad económica y comercial de cualquier país o de una comunidad diferente, hay que comprender, conocer y respetar a los habitantes y su cultura. Hay que tener en cuenta que cada país y sus habitantes tienen sus propias realidades geográficas (topografía, clima), demográficas (distribución etaria [o por grupos de edad], sexo, raza, etnicidad, clase social, profesión), psicográficas (predilecciones, aversiones, ideas, actitudes distintas), así como sus propias costumbres, tradiciones y cualidades personales y culturales. En España, lo mismo que en Hispanoamérica, por ejemplo, se pone mucho énfasis en lo personal, la familia y el individuo, y esto se ve reflejado en el mundo de los negocios.

Si uno desea establecer una buena relación social, mercantil o industrial con una persona hispana, debe hacerse en persona. Aunque parece mucho más eficiente y rápido usar los medios telecomunicativos modernos para despachar ciertas transacciones y asuntos, a muchos hispanos les puede parecer demasiado impersonal, y hasta descortés y ofensivo, sustituir la tecnología por el trato humano. Para muchos, es sumamente importante llegar a conocer a la persona con la cual se van a asociar en el trato comercial. Quieren saber si una persona es honrada, sincera y digna de confianza. Por ello no es raro que en las reuniones se pase algún tiempo inicial charlando de temas sociales y personales (familia, deportes, viajes, visitas, gustos, etc.), en vez de ir directamente al grano de los asuntos comerciales, los cuales en EUA se tratan incluso durante el desayuno o el almuerzo. (A propósito, es mejor no hablar ni bromear sobre la política y la religión, temas muy delicados y potencialmente controvertidos para muchos hispanos.) Un factor clave es el *personalismo,* término que se da a este concepto hispano de la importancia fundamental del individuo y de quién y cómo es.

Muy relacionado con este tema es el de la familia. Para muchos hispanos, la familia es la entidad más importante de su mundo y el centro en torno al cual gira gran parte de su vida. Por un lado, define o le da identidad a cada miembro, a la vez que procura criarle y formarle a éste/a conforme a ciertos valores y normas socioculturales y éticas. Hace constar que cada individuo es primero miembro de un núcleo familiar y extendido, y segundo, la persona de carne y hueso que lleva el nombre de la familia pero quien tiene su propio carácter y manera de ser y pensar. Así que cada miembro representa a la familia y como tal le debe a ésta una lealtad y honor totales. Si se cumple con este acuerdo social de satisfacer las expectativas de la familia, recibirá el apoyo y el respeto de ésta y si no, recibirá su oposición y posible rechazo.

Para procurar que cada miembro honre y siga fiel a la familia y que logre sobrevivir, ésta le inculca ciertas normas de conducta, valores, ideas y quehaceres, muchos de los cuales se basan en la religión católica romana. Entre la familia y la religión se aprende a respetar la autoridad (la figura paterna y también la materna), a ser responsable en sus relaciones y actividades, a ser fiel a quienes le hayan apoyado y a aceptar el destino como algo inmutable. A la vez, la familia enseña cómo cumplir con las obligaciones caseras, prácticas y cotidianas. Esta enseñanza les ayuda a los hijos a hacerse frente no sólo a la vida hogareña sino a la realidad externa, la cual muchas veces se relaciona con la familia como si fuera una extensión de ella. De hecho, en el mundo de los negocios esta manera de ser y pensar hispánicos puede ser bastante diferente de la de otros países y puede llevar a veces a malentendidos culturales.

La familia extendida. Perú. ¿Cuántas generaciones ve Ud. en esta foto? Identifíquelas. ¿Cuál es la figura central?

Por otra parte, la familia les sirve a sus miembros de unidad y centro de apoyo. A cambio de la lealtad, honor y responsabilidad que le demuestran sus miembros, la familia les ayuda en todo lo que les haga falta. Y cuando se trata aquí de familia se refiere a la extendida, o sea, a parientes (abuelos, tíos, primos, etc.), a padrinos, a compadres, y hasta a amigos íntimos. De modo que si un miembro de la familia necesita un trabajo, dinero, alojamiento, comida, compañerismo, consuelo o cualquier ayuda material, social o espiritual, y hay otro pariente o buen amigo quien se lo pueda conceder o ayudar a conseguir, se hace dentro de lo posible y sin cuestionar y, a menudo, sin esperar ninguna recompensa. No es raro, por ejemplo, que mediante *los enchufes* o *la palanca* se forme una compañía o un gobierno de familiares, amigos y conocidos. El nepotismo, en fin, es para muchos hispanos una forma de vida necesaria para sobrevivir aun cuando resulte en conflictos y problemas. Por supuesto, las actitudes y realidades en cuanto a la familia hoy en día están cambiando, como lo demuestran las tendencias hacia el libre pensamiento respecto del matrimonio y revalorización de los papeles tradicionales del hombre y de la mujer.

Además de ser miembros fieles y valorados de familia, los hispanos son también individualistas, pero no sólo porque quieran distinguirse de los demás o independizarse completamente de la familia por razones egoístas o económicas. Lo son porque también quieren que se reconozcan y aprecien ***su*** persona, habilidades, ideas y acciones. Esta actitud individualista, junto a la importancia fundamental de la familia y lo personal, explica en parte por qué muchos hispanos optan por la pequeña empresa. Les gusta más el ambiente íntimo y personal en el cual no rige la competencia impersonal y donde se puede demostrar su mérito como individuo que siempre forma parte del grupo. Por supuesto, las realidades y actitudes están cambiando y al industrializarse y capitalizarse más los países hispanos, se han notado cada vez más las tendencias hacia la perdición de estos valores e instituciones. Lo que no ha cambiado, sin embargo, es el hecho de que para conocer a los hispanos y estar en su mundo como socio, colega, compañero o amigo, hay que entender y apreciar su modo de ser, vivir y pensar. Y hay que hacerlo como individuo.

ACTIVIDADES

A. ¿Qué sabe Ud. de la cultura?

1. ¿Qué importancia tienen lo personal, la familia y lo individual en la vida socioecónomica del mundo hispano?
2. Con un/a compañero/a haga una lista de las ventajas y desventajas de trabajar en una empresa familiar. Discutan el tema con otros compañeros de clase.

B. Mini-drama cultural. Dramatice lo siguiente y haga el ejercicio a continuación.

Bob Thompson, nativo de Chico, California, y representante de Wines, Inc., está en Barcelona pare tratar de comprar Puig y Roig, S. en N. C., una compañía que produce los mejores vinos blancos y cava (champán) de Cataluña. Bob estudió español en la universidad, y lo habla bastante bien, pero nunca ha viajado al extranjero ni conoce a España ni a los españoles. Si logra adquirir la empresa española, Wines será la casa importadora y exportadora más grande de vinos blancos y de cava en los EE.UU. y tendrá más del 30% de la participación del mercado internacional. Bob discute el tema con el dueño de la empresa española, don Pablo Roig Muntaner.

BOB Si Ud. decide ser socio de Wines, no sólo controlaremos más del 30% del mercado internacional, sino que seremos la compañía de vinos blancos y de cava más grande del mundo. (Al decir esto, Bob le hace un gesto de «A-Okay» y Don Pablo frunce el ceño)

DON PABLO No sé… Su compañía es muy grande y tiene sucursales por todas partes del mundo. Nosotros producimos vinos muy buenos y quizás nos convenga más una empresa más selectiva y no tan grande.

BOB Creo que Ud. no ve las ventajas que podemos ofrecerle en términos de tecnología, eficiencia, distribución, ganancias y expansión hacia nuevos mercados. Me parece que esto es más importante que el deseo de mantener el «status», sobre todo en un sector tan competitivo como éste.

DON PABLO No lo sé... Además, si vendiera la sociedad, no sé si mis socios, los empleados y yo podríamos adaptarnos a la vida mercantil de una compañía tan grande como Wines. Nos ha ido bien hasta ahora y no sé si veo la necesidad de un cambio.

BOB Bueno, se está perdiendo una gran oportunidad y espero que cambie de opinión.

¿Cómo le explicaría Ud. a Bob la actitud de don Pablo? Defienda su respuesta.

1. Don Pablo es muy egoísta y sólo venderá su compañía si Bob le asegura el puesto de director de marketing.
2. Los catalanes son muy individualistas y no cambian de opinión aunque estén equivocados.
3. Don Pablo quiere mantener el «status» de Puig y Roig porque teme que el nuevo ambiente comercial de Wines sea demasiado grande e impersonal.

¿Por qué frunce el ceño Don Pablo al ver el gesto que le hace Bob?

SINTESIS COMERCIAL Y CULTURAL

Actividades comunicativas

A. Situaciones pare dramatizar. Lea las siguientes situaciones y, después, haga el papel en español con otro/s estudiante/s, usando una de las posibilidades siguientes como punto de partida. Cada persona deberá tomar un papel activo en la dramatización. No se olviden del protocolo ni de las cortesías.

1. You are a business person from the U.S. meeting with a Spanish associate from Seville. Both of you have been talking for some time about setting up a business together. You discuss the following:
   a. The product/s or service/s you would like to sell.
   b. The feasibility of selling these items in Spain as well as in the U.S.

2. You and your associate have agreed on the nature of your enterprise. You meet a second time.
   a. Discuss from different cultural perspectives the pros and cons of the various types of business organizations as described in Table 2-1 on pp. 34–35.
   b. Select and constitute the firm in which both of you would feel comfortable working.

Después de dramatizar ambas situaciones, discutan con la clase cómo ha influido en sus decisiones la información cultural de este capítulo.

B. Ud. es el/la intérprete. La Srta. Marilyn Davis, estadounidense, y el Sr. Javier Durán, español, discuten las ventajas y desventajas de la pequeña empresa mercantil.

Haga Ud. el papel de intérprete entre estos dos individuos. Traduzca del español al inglés y del inglés al español lo que leerá en voz alta otro/a estudiante. El/ella hará una pausa después de cada raya para permitir su traducción. Acuérdense de usar un tono de diálogo natural.

SR. DURAN	Creo que la pequeña empresa / es la mejor y la más eficaz de todas. / Crea un ambiente casi familiar / sin que nadie pierda su individualismo ni su dignidad, / y establece una interdependencia / que beneficia no sólo a la compañía, / sino a todos los dueños y empleados. / También ofrece la posibilidad / de que todas las transacciones y negocios / se realicen con honor, / y que los productos y servicios que se ofrezcan / sean de alta calidad. / Por supuesto, / siempre habrá problemas de competencia / y de producir y vender en menor escala, / pero esto es lo de menos. / Lo importante en el mundo de los negocios/son las buenas relaciones, ¿no le parece?
INTERPRETE:	______________________________
SRTA. MARILYN DAVIS	I understand your point of view but I have a different one. For me and my company, a corporation is preferred because of its advantages. It has limited liability and certain tax exemptions and it can utilize the talents and capital of its employees and investors. Moreover, it enables us to be competitive by being cost-efficient and cost-effective. These days, isn't this much more important than any personal concern or situation?
INTÉRPRETE:	______________________________

C. Actividad empresarial. Ud. y un/a amigo/a trabajan para EQUILECTRON, S.A., una compañía internacional que produce y vende equipo electrónico. La empresa quiere extender su mercado al mundo hispano al empezar por España mediante un negocio en participación o una fusión de empresas. Se les ha encargado a Uds. investigar las posibilidades de hacerlo. Después de reunirse para hablar del tema, Uds. deciden tratar de buscar mediante el internet la siguiente información a base de la cual escribirán un breve informe que presentarán a su director/a.

1. Busquen una compañía española que venda equipo electrónico.
2. Procuren encontrar cuanta más información sea posible sobre la compañía respecto de:
   a. su razón social
   b. su forma jurídica
   c. las señas de la casa matriz
   d. su extensión geográfica (¿dónde tiene operaciones?)
   e. su actividad económica (¿qué produce y/o vende?)
   f. su estado financiero (si está solvente o no)
   g. sus directores, número de empleados y/o obreros (¿publica un organigrama?)
   h. su interés o esfuerzo de extender sus mercados tanto dentro del país como en el extranjero
3. Discutan con sus compañeros/as de clase los datos que han hallado.

D. Caso práctico. Lea el caso y conteste las preguntas a continuación.

Juan y José Cortés, hermanos de unos cincuenta años de edad y de origen gallego, son dueños de Grains Abroad, una sociedad en comandita estadounidense que cultiva y vende soja, mayormente para la exportación a España. Aunque hace casi veinte años que viven en Kankakee, Illinois, los Cortés todavía no se han acostumbrado a la manera de vivir y pensar de los estadounidenses. Ultimamente, el trabajo de cultivo y venta los tiene bastante cansados, y deciden aceptar como socio a un amigo, Tom McDonald, estadounidense de treinta y ocho años y antiguo jefe de ventas de Grains Abroad. Tom habla poco español, y ha pasado un mes en México como turista, pero no tiene ninguna otra experiencia en el mundo hispánico de los negocios.

Los tres hombres se reúnen para discutir su asociación. Durante la reunión Tom dice que quiere transformar la empresa en una sociedad anónima. La nueva constitución, según Tom, aportará a la firma más beneficios y limitará su responsabilidad social. Al mismo tiempo, extenderá y mejorará las operaciones empresariales y hará posible la producción de aceite de soja. Dice que la comercialización de este producto abrirá nuevos mercados nacionales e internacionales y que aumentará las ventas de la compañía.

Los hermanos Cortés responden que no ven muy claro la necesidad de reorganizar la empresa. Sostienen que ésta ha funcionado bien en el pasado y que lo importante es conservar la presente organización y buena reputación de la firma. Además, dicen que el producir aceite de soja va en contra de su experiencia con el mercado español y que ampliar las operaciones no significa que éstas vayan a mejorarse. Tom no se deja convencer y opina que los Cortés no planean muy bien para el futuro, y que son unos idealistas cuyos sentimientos se contraponen al buen sentido común comercial.

Conteste las siguientes preguntas.

1. ¿Qué tipo de empresa es Grains Abroad? ¿Qué actividad realiza? ¿A qué mercados vende su producto?
2. ¿Qué clase de sociedad quiere establecer Tom? ¿Por qué? ¿Qué más sugiere hacer?
3. ¿Por qué cree Ud. que se oponen los hermanos Cortés a las propuestas de Tom, especialmente a la de producir aceite de soja?
4. ¿Qué conflicto de valores culturales se plantea entre los tres individuos?
5. ¿Cómo resolvería Ud. el conflicto entre Tom y los hermanos Cortés?

ANALISIS Y COMPARACION

Estudie la siguiente tabla comparativa y haga los ejercicios a continuación. Use también sus propios conocimientos y, cuando haga falta, otras fuentes informativas como el diccionario, el *Almanaque mundial,* el internet, etc. Los ejercicios se pueden hacer individualmente, en parejas o en pequeños grupos para discutir en clase.

Tabla 2-3 **Los países hispanoparlantes, Brasil y Estados Unidos: nombre oficial, gentilicio, capital y población, otras ciudades principales, moneda nacional y denominación en billetes (DB)** [Fuentes: *CIA World Factbook 1999, The World Almanac and Book of Facts 2000* y *Almanaque Mundial 2000*]

PAIS	NOMBRE OFICIAL	GENTILICIO	CAPITAL Y POBLACION	OTRAS CIUDADES PRINCIPALES	MONEDA NACIONAL Y DB
Argentina	República Argentina	argentino(a)	Buenos Aires 3,000,000	Córdoba, Rosario, Mendoza, Mar del Plata, San Miguel de Tucumán	El peso 1, 2, 5, 10, 20, 50, 100
Bolivia	República de Bolivia	boliviano(a)	La Paz (Administración: 713,400) y Sucre (Judicial: 131, 800)	Santa Cruz de la Sierra, El Alto, Cochabamba, Oruro, Potosí, Tarija	El boliviano 2, 5, 10, 20, 50, 100, 200
Chile	República de Chile	chileno(a)	Santiago 5,200,000	Concepción, Viña del Mar, Valparaíso, Antofagasta, Talcahuano, Temuco	El peso 500; 1,000; 5,000; 10,000
Colombia	República de Colombia	colombiano(a)	Santa Fé de Bogotá 6,004,782	Cali, Medellín, Barranquilla, Cartagena, Cúcuta, Bucaramanga	El peso 1,000; 2,000; 5,000; 10,000
Costa Rica	República de Costa Rica	costarricense [informal: tico(a)]	San José 1,200,000	Alajuela, Cartago, Puntarenas, Limón	El colón 50, 100, 500; 1,000; 5,000
Cuba	República de Cuba	cubano(a)	La Habana 2,184,990	Santiago de Cuba, Camagüey, Holguín, Guantánamo, Santa Clara, Cienfuegos	El peso 1, 3, 5, 10, 20, 50
Ecuador	República del Ecuador	ecuatoriano(a)	Quito 1,500,000	Guayaquil, Cuenca, Machala, Portoviejo, Manta	El sucre 5, 10, 20, 50, 100, 500; 1,000; 5,000; 10,000
El Salvador	República de El Salvador	salvadoreño(a)	San Salvador 1,214,000	San Miguel, Ahuachapán, Santa Ana, Sonsonate, Mejicanos, Delgado	El colón 2, 5, 10, 25, 50, 100
España	Reino de España	español(a)	Madrid 2,866,850	Barcelona, Valencia, Sevilla, Zaragoza, Málaga, Bilbao	La peseta 1,000; 2,000; 5,000; 10,000
Guatemala	República de Guatemala	guatemalteco(a)	Ciudad de Guatemala 2,205,000	Mixo, Villanueva, Quetzaltenango, Escuintla, Totonicapán, Retalhuleu	El quetzal 1, 5, 10, 20, 50, 100

Tabla 2-3 cont.

PAIS	NOMBRE OFICIAL	GENTILICIO	CAPITAL Y POBLACION	OTRAS CIUDADES PRINCIPALES	MONEDA NACIONAL Y DB
Guinea Ecuatorial	República de Guinea Ecuatorial	guineano(a)	Malabo 58,000	Bata, Ela-Nguema, Campo Yuande	El franco CFA (Coopération Financiére en Afrique): 100, 500; 1,000; 5,000; 10,000
Honduras	República de Honduras	hondureño(a)	Tegucigalpa 995,000	San Pedro Sula, La Ceiba, Danlí, Tela, El Progreso	El lempira 1, 2, 5, 10, 20, 50, 100
México	Estados Unidos Mexicanos	mexicano(a)	México, D.F. (Distrito Federal) 8,489,007	Guadalajara, Monterrey, Puebla, León, Ciudad Juárez, Tijuana, Veracruz, Acapulco, Mérida	El nuevo peso 10, 20, 50, 100, 200, 500
Nicaragua	República de Nicaragua	nicaragüense	Managua 1,124,000	León, Granada, Matagalpa, Jinotega, Chinandega, Masaya	El córdoba oro: 1/2, 1, 5, 10, 20, 50, 100
Panamá	República de Panama	panameño	Ciudad de Panamá 464,928	Colón, David, San Miguelito	El balboa (No hay billetes; el $EUA tiene curso legal)
Paraguay	República del Paraguay	paraguayo(a)	Asunción 456,637	Pedro Juan Caballero, Encarnación, Ciudad del Este, San Lorenzo	El guaraní 100, 500; 1,000; 10,000; 50,000
Perú	República del Perú	peruano(a)	Lima 6,742,576	Arequipa, Trujillo, Chiclayo, Cuzco, Callao, Ayacucho, Iquitos, Piura	El nuevo sol 10, 20, 50, 100
Puerto Rico	Estado Libre Asociado de Puerto Rico	puertorriqueño (a)	San Juan 436,334	Bayamón, Ponce, Carolina, Caguas, Mayagüez, Arecibo	El dólar EUA 1, 2, 5, 10, 20, 50, 100
República Dominicana	República Dominicana	dominicano(a)	Santo Domingo 3,166,990	Santiago de los Caballeros, La Vega, San Pedro de Macorís	El peso oro 1, 5, 10, 20, 50, 100, 500; 1,000
Uruguay	República Oriental del Uruguay	uruguayo(a)	Montevideo 1,303,182	Salto, Paysandú, Las Piedras, Melo, Rivera, Minas, Tacuarembó	El peso 1/2, 1, 2, 5, 10, 20, 50, 100, 200, 500
Venezuela	República Bolivariana de Venezuela	venezolano(a)	Caracas 3,672,779	Maracaibo, Valencia, Maracay, Barquisimeto, Petare, Barcelona	El bolívar 5, 10, 20, 50, 100, 500; 1,000

Tabla 2-3 cont.

PAIS	NOMBRE OFICIAL	GENTILICIO	CAPITAL Y POBLACION	OTRAS CIUDADES PRINCIPALES	MONEDA NACIONAL Y DB
Brasil	República Federativa do Brasil	brasileño(a)	Brasilia 1,737,813	Sao Paulo, Rio de Janeiro, Belo Horizonte, Porto Alegre, Recife	El real 1, 5, 10, 50, 100, 500; 1,000; 5,000
Estados Unidos (EU, EUA, EEUU, EE.UU.)	Estados Unidos de América	norteameri-cano(a), estadounidense	Washington D.C. 523,124	Nueva York, Los Angeles, Chicago, Houston, Filadelfia, San Diego, Detroit, Dallas, Fénix, San Antonio	El dólar 1, 2, 5, 10, 20, 50, 100

1. ¿Cuáles son los países que no son repúblicas? Explique.
2. Además de EUA, ¿cuál es el otro país que tiene la frase «Estados Unidos» como parte de su nombre oficial? ¿Cuáles son cinco estados de este otro país? ¿Cuáles son los estados de este otro país que forman frontera con EUA? ¿Cuáles son los estados fronterizos de EUA con este país?
3. ¿Cuál es el gentilicio de los siguientes países: Venezuela, Honduras, Costa Rica, EUA, Guinea Ecuatorial y Nicaragua?
4. ¿Cuáles son las capitales de México, Cuba, Ecuador, Perú, Colombia, Argentina, Puerto Rico y España?
5. Entre los países hispanos, ¿cuáles son las cuatro capitales de mayor población? ¿Cuántos habitantes hay en cada una de estas cuatro capitales?
6. Además de la capital, ¿cuáles son otras ciudades principales de México, Puerto Rico, Cuba, Chile, Colombia, Argentina, Perú y España? Muestre en un mapa dónde están algunas de estas ciudades.
7. ¿Cuáles son los países que tienen el peso como moneda nacional? ¿Cuáles son las monedas nacionales de Panamá, Ecuador, Perú, Nicaragua, Bolivia y Guinea Ecuatorial?
8. ¿Cuáles son los dos países que tienen el colón como moneda nacional y por qué piensa usted que le dieron este nombre a la moneda nacional? ¿Qué significa la palabra «quetzal»? ¿Cuáles son los significados de la palabra «guaraní» y por qué piensa usted que la moneda nacional de Paraguay se llama así? ¿De dónde viene la palabra «dólar»? Busque su origen.
9. Compare la denominación en billetes de los siguientes países: Argentina, Chile, España, México y EUA. ¿A cuánto está el

cambio de divisas de las siguientes monedas nacionales con el dólar EUA: el peso mexicano, el peso argentino, la peseta, el bolívar, el sucre y el lempira?

10. Para resumir: Con un compañero/a de clase, o en pequeños grupos de tres o cuatro, háganse una prueba sobre el gentilicio, las capitales y las monedas nacionales de los distintos países presentados en la tabla. Ejemplos: ¿Cuál es la capital de Nicaragua? ¿El gentilicio de Ecuador? ¿La moneda nacional del Uruguay? ¡Esto puede tomar la forma de una competencia para ver quién saca más puntos (respuestas correctas)!

Vocabulario

Aquí se presentan los principales términos relacionados con este capítulo. Al final del libro hay un glosario más completo.

abarcar • *to encompass, include*
acción • *share, stock*
accionista • *(m/f)* • *shareholder, stockholder*
acreedor/a • *creditor*
activo • *asset*
acuerdo • *agreement*
administrador/a • *manager*
ahijado/a • *godchild*
a menudo • *often*
aportación • *contribution*
asesoramiento • *advising*
beneficio • *profit, benefit*
benéfico/a • *charitable*
bien de consumo *(m)* • *consumer good*
bolsa • *securities exchange, stock market*
bono • *bond*
casa matriz • *home or main office*
cava • *champagne*
cobrar • *to charge, collect, cash*
comercialización • *marketing, selling*
comerciante *(m/f)* • *merchant*
comerciar • *to trade, sell, do business*
comercio • *business, commerce, trade*
compadrazgo • *relationship between the godfather/godmother and the parents of the child*
compraventa • *buying and selling, sales and purchases*
convenio • *agreement*
convenir *(ie)* • *to suit*
cumpleaños • *birthday*
derecho • *right, law*
___ mercantil • *business law*
desarrollo • *development*
desempleo • *unemployment*
detallista *(m/f)* • *retailer*
deuda • *debt*
dirección • *management*
donativo/a *(adj)* • *donation*
directivo/a *(adj)* • *managerial*
directivo *(n)* • *director, board*

Vocabulario cont.

disponibilidad • *availability*
divisa • *foreign currency*
emitir • *to issue*
emprender • *to undertake to do something*
empresa colectiva • *partnership*
___ estatal • *state-controlled company*
___ individual • *sole proprietorship*
___ mediana • *mid-size company*
___ mercantil • *commercial company*
___ mixta • *company controlled by government and private enterprise*
___ pequeña • *small business*
___ privada • *private company*
___ productora • *manufacturer*
___ pública • *public company*
empresarial *(adj)* • *company*
empresario/a • *employer, manager*
enchufe • *"pull, " influence*
enlace activo • *hot link*
estatal *(adj)* • *government-run*
estructuración de precios • *pricing*
fallecer • *to die*
filial *(f)* • *subsidiary, branch*
financiamiento • *financing*
financiero/a • *financial*
fomentar • *to encourage, promote*
fondo • *fund*
fruncir el ceño • *to frown*
fusión de empresas • *merger*
fusionar • *to merge*
ganancia • *earning, income, profit*
gasto • *expense*
gestión • *management*
hostelería • *hotel business management*
índice de paro *(m)* • *unemployment rate*
indumentaria • *clothes, clothing*
ingreso • *income, revenue*
inversión • *investment*
invertir *(ie)* • *to invest*
investigación y desarrollo • *research and development*
junta directiva o de directores/consejo directivo • *board of directors*
ley *(f)* • *law*
___ arancelaria *(f)* • *custom law*
___ mercantil *(f)* • *business law*
mano de obra • *work force*
materia primera • *raw material*
mayorista *(m/f)* • *wholesaler*
minorista *(m/f)* • *retailer*
minuta • *summary, rough draft*
moneda • *national currency, coin*
negocio en participación • *joint venture*
obligación • *liability, debt*
padrinos • *godparents*
palanca • *"pull," influence*
patria chica • *home town, county, or state*
patrimonio • *wealth, estate, assets*
pérdida • *loss*
pericia • *expertise*
perito • *expert*
personal *(m)* • *personnel*
presunto • *presumed, anticipated*
propietario/a • *owner*
proveedor/a • *supplier*
quehacer *(m)* • *task, duty*
razón social *(f)* • *company name*
recompensa • *compensation*
regir *(i)* • *to control, be in effect*
Registro Público de Comercio • *Public Business Register*

Vocabulario cont.

renta • *income, revenue*

rentable • *profitable*

señas • *address*

socio/a activo/a o colectivo/a • *active partner*

___ comanditario • *silent partner*

soler *(ue)* • *to be or do frequently, be in the habit of*

solidario/a *(adj)* • *joint*

solventar • *to settle (e.g. a debt)*

sucursal *(f)* • *branch, subsidiary*

supuesto • *supposition, hypothetical situation*

tasa de cambio • *rate of exchange*

tratado • *treaty*

usuario • *user*

utilidad • *usefulness, profit, benefit*

CAPITULO 3 La gerencia

Make sure you're right,
then go ahead.
Davy Crockett

It is a bad plan that
admits of no modification.
Publilius Syrus

El jefe siempre
tiene razón.
Dicho popular

Una ejecutiva colombiana, Bogotá, Colombia. ¿Piensa Ud. que hay más oportunidades para que la mujer sea ejecutiva hoy en día? Explique.

PREGUNTAS DE ORIENTACION

Al hacer *la Lectura comercial*, piense Ud. en las respuestas a las siguientes preguntas.

- ¿Qué es la gerencia?
- ¿Cuáles son las principales responsabilidades de un gerente y qué diferentes recursos debe tener en cuenta al desempeñarlas?
- ¿Por qué es tan importante la actividad de planear?
- ¿Qué habilidades especiales contribuyen al éxito del gerente?
- ¿Cómo se diferencia la perspectiva horizontal de la vertical en el concepto de la gerencia?
- ¿Qué es un organigrama?
- ¿Qué es la Administración por Objetivos (MBO)?
- ¿Qué factores especiales existen en la gerencia internacional?

Breve Vocabulario Util

adiestramiento • *training, instruction*
Administración por Objetivos • *Management by Objectives (MBO)*
capataz *(m)* • *foreman*
desempeñar • *to perform, carry out*
Dirección por Objetivos • *Management by Objectives*
mando • *management*
meta • *goal*
organigrama *(m)* • *organizational chart*
presupuesto • *budget*
sueldo • *salary*
trámite *(m)* • *step, procedure*

LECTURA COMERCIAL

Requisitos y modelos administrativos

Después de constituir la empresa, el propietario, los socios y los administradores (directores o gerentes) tienen la responsabilidad de planear, coordinar, dirigir y controlar las actividades de las empresas, utilizando los diversos recursos humanos, financieros, materiales e informativos a su disposición. El paso inicial, la planeación, se ocupa de la futura situación deseada para la empresa y de cómo optimizar su logro. El segundo paso consiste en la organización y coordinación de los diferentes recursos materiales y humanos necesarios para realizar el plan. El tercer paso comprende la dirección de las actividades que llevarán a cabo el plan. En esta fase es esencial la calidad del liderazgo, el cual puede variar entre un estilo autocrático (autoritario y explotador) o democrático (consultivo y participativo). El ser un buen líder o jefe es el arte de lograr que los otros miembros de la organización cooperen para el éxito del plan y de la compañía. En el último paso, el gerente necesita evaluar y modificar (si hace falta) el progreso que se está haciendo hacia el cumplimiento del plan, para así asegurarse de que éste se cumpla dentro del plazo de tiempo fijado y de la manera más óptima.

Las habilidades que contribuyen a la eficacia y al éxito del gerente o gestor son: técnicas, interpersonales, conceptuales, diagnósticas y analíticas. Las técnicas son aquéllas que se requieren para realizar actividades especializadas. Las interpersonales se refieren a la capacidad de comunicarse y relacionarse con otros, y de lograr la cooperación entre individuos.

Las conceptuales indican la capacidad de pensar en abstracto. Las habilidades diagnósticas permiten que el administrador reconozca, al igual que un médico, los síntomas o las causas probables de un problema. Las analíticas, en cambio, sirven para la identificación de los elementos claves de un problema, la relación entre los diversos elementos y la decisión de cuáles de ellos requieren mayor atención en un momento determinado pare resolver la situación. La capacidad diagnóstica lleva a la comprensión, mientras que la analítica facilita una estrategia de cómo resolver un problema. Estas habilidades se consiguen y se perfeccionan por medio de la educación y la experiencia.

La clasificación de la gerencia comercial puede considerarse desde una perspectiva horizontal o vertical. En la horizontal se hallan los gerentes de alto, medio y bajo mando. Es decir, se trata de los niveles administrativos dentro de una organización o empresa. Los de alto mando son los responsables de establecer las metas y la estrategia general de la empresa. Los de medio mando son, por lo general, los jefes o directores de departamentos o divisiones, y su principal responsabilidad es la de poner en práctica los planes proporcionados o aprobados por el alto mando. Los de bajo mando, los supervisores y capataces, controlan y coordinan directamente las actividades de los demás empleados y trabajadores. Como se ve en la Figura 3-1, participan en la perspectiva vertical los diferentes gerentes de marketing, finanzas, operaciones, personal, administración,

Figura 3-1 **Perspectivas horizontales y verticales de la gerencia**

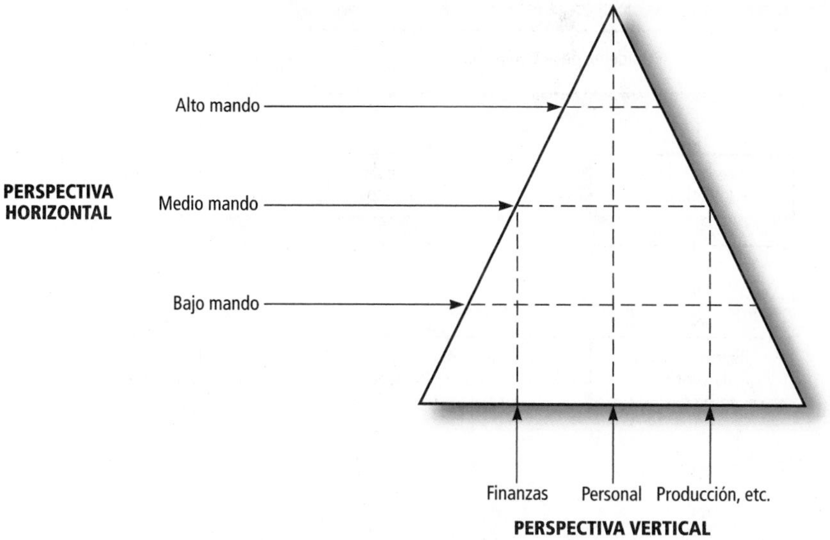

investigación y desarrollo y otros gerentes especializados. Estos se caracterizan por su función dentro de la compañía, y no por su nivel administrativo, y aportan la información necesaria para que la empresa funcione como una unidad bien integrada a todos los niveles horizontales de la gerencia.

Otra manera de representar la estructura administrativa es por medio de un organigrama. Este variará según el sector industrial y el tamaño de la empresa. El modelo en la Figura 3-2 ofrece una idea de la estructura administrativa típica de una sociedad anónima (S.A.), empezando por los accionistas (verdaderos propietarios de la compañía) hasta llegar a los supervisores y representantes del bajo mando.

Uno de los modelos tradicionales de cómo proceder en la gerencia ha sido la Administración o Dirección por Objetivos *(MBO, Management by Objectives)*. Según este modelo, se busca una colaboración entre el gerente y el empleado para proponer metas individuales que se determinan

Figura 3-2 **Organigrama de una sociedad anónima (S.A.)**

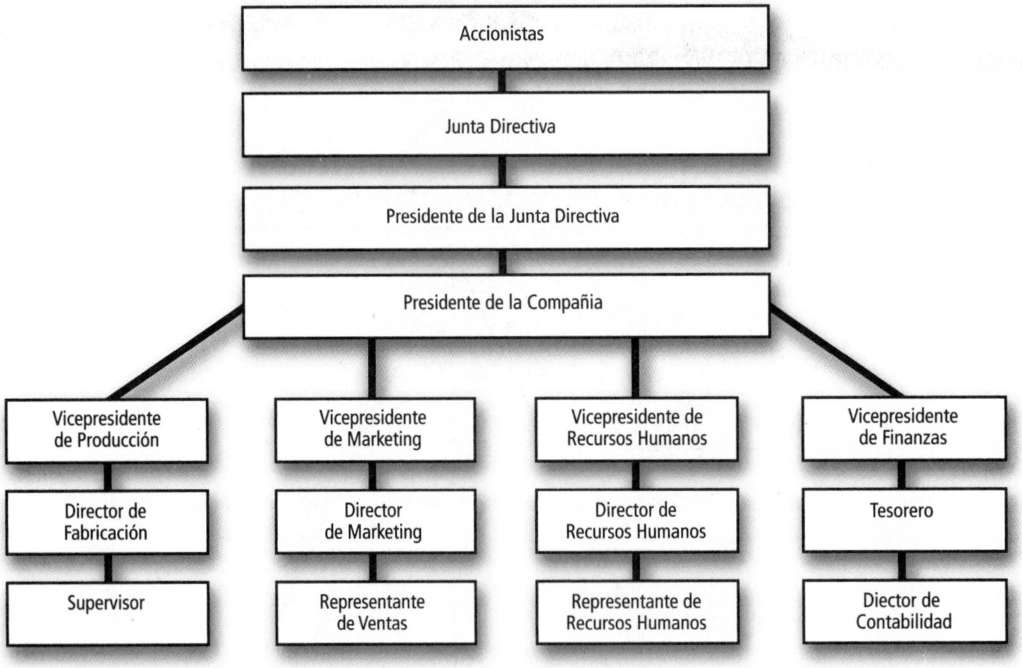

conformes con las metas generales de la empresa. Es decir, las metas generales se dividen en metas y responsabilidades asignadas a individuos o a grupos, de modo que coincidan los objetivos del individuo con los de la empresa. Una ventaja de este sistema es que cada empleado tiene una idea clara de precisamente qué hay que hacer y para cuándo hacerlo, puesto que ha participado en la identificación de las metas. Se evalúa y recompensa al empleado a base del cumplimiento de la meta acordada. Pero también hay una desventaja. Un programa de «MBO» puede resultar a veces en la falta de apoyo directo del alto mando, el cual ha delegado esta función a otros gerentes de medio o bajo mando. Irónicamente, esto puede producir un ambiente de trabajo en el cual la meta y su cumplimiento hacen olvidar al elemento humano, cuando el propósito original del «MBO» era prestar más atención al empleado como individuo que contribuye tan directamente al éxito de la empresa o fábrica.

La gerencia en el campo internacional presenta factores particulares que hay que considerar. Existe una mayor extensión geográfica de operaciones, lo cual puede dificultar la comunicación y el transporte. También hay que tener en cuenta que las diferentes lenguas, costumbres y leyes crean un nuevo contexto de operaciones. Las dimensiones comerciales y políticas muchas veces adquieren mayor complejidad. Un buen gerente comprenderá que la forma de proceder en un contexto cultural particular, como en el de los EE.UU., pocas veces será la más propicia para poner en práctica en otro contexto cultural. Lo que ha tenido éxito comercial en Baltimore, Minneapolis o Denver, no dará siempre el mismo resultado en México, San José, Valencia, Bogotá o Buenos Aires. Pero en cualquier contexto comercial, nacional o internacional, lo importante es recordar que el éxito de una empresa depende, en primera y última instancia, de la competencia y las habilidades de los que dirigen sus actividades—los gerentes.

ACTIVIDADES

A. ¿Qué sabe Ud. de negocios? Vuelva Ud. a las preguntas de onientación que se hicieron al principio del capítulo y a las preguntas que acompañan las fotos y contéstelas en oraciones completas en español.

B. ¿Qué recuerda Ud.? Indique si las siguientes oraciones son verdaderas o falsas y explique por qué.

1. La planeación y la organización son responsabilidades prescindibles para un gerente.

2. Un plan se refiere a la idea de una futura situación deseada y cómo mejor rechazarla.
3. El liderazgo es en un extremo autocrático y en el otro práctico.
4. Ser buen líder es el arte de lograr que los otros miembros de la organización cooperen para el éxito común.
5. Las habilidades que contribuyen a la eficacia y al éxito de un gerente se perfeccionan sólo con la experiencia.
6. La capacidad analítica hace posible determinar una estrategia de «qué hacer» en una situación.
7. En principio, la Administración por Objetivos (MBO) no cuenta con el empleado como individuo.

C. Exploración de sus conocimientos y opiniones personales. Haga los siguientes ejercicios, usando sus propios conocimientos y opiniones personales.

1. Dé Ud. algunos ejemplos de recursos humanos, financieros, materiales e informativos.
2. ¿Cuáles podrían ser algunos resultados para una empresa que no practique la función de controlar?
3. ¿Cuál es más importante, la formación o la experiencia de un gerente? Justifique su respuesta.
4. ¿Por qué cree Ud. que la habilidad interpersonal es clave para un gerente? Dé algunos ejemplos en que la falta de esta habilidad podría llevar a resultados negativos.
5. ¿Cómo sería para Ud. el gerente o jefe ideal?
6. ¿Tiene Ud. dotes de mando? ¿Cuáles son?
7. ¿Cómo se relacionan los dichos al principio del capítulo con los temas tratados?
8. Además de MBO, ¿ha oído Ud. hablar de otros modelos administrativos como «Total Quality Management (TQM)» o «Management by Walking Around (MBWA)»? Comente.

D. Al teléfono. Haga las siguientes llamadas telefónicas a otro/a estudiante de la clase. Cada persona deberá tomar un papel activo en la conversación.

1. Usted es el/la recepcionista del Departamento de Recursos Humanos. Llame al/a la director/a para decirle que la nueva secretaria ejecutiva bilingüe desea concertar una entrevista para aclarar sus responsabilidades. El/la director/a le dirá la fecha y la hora que le convienen.

2. Usted es el/la Vicepresidente/a de Marketing de una compañía de textiles mexicana. Llame al Departamento de Recursos Humanos para informarse sobre el progreso que se está haciendo para contratar a dos nuevos representantes de ventas. El/la Director/a de Recursos Humanos le aclara la situación.
3. Usted es el/la presidente/a de una empresa estadounidense. Llame al/a la vicepresidente/a de la sucursal de México para preguntarle por qué bajó la cuota de producción el mes pasado. El/la vicepresidente/a le da varias justificaciones, basadas en problemas de personal y de transporte.

E. Navegando el internet. Ud. desea encontrar un puesto administrativo con una empresa internacional en México. Le interesan especialmente las posibilidades en los siguientes campos: la administración de empresas, el marketing, las ventas, la manufactura, los recursos humanos o las finanzas. Necesita saber cuáles son algunas de las características y cualidades, o la preparación y experiencia, que se buscan en los/las candidatos/as para estos tipos de puestos directivos. Ud. decide hacer lo siguiente para informarse:

1. Navegar el internet en español, buscando especialmente los sitios virtuales de servicios de empleo con algunas de las siguientes palabras claves u otras que Ud. conozca o encuentre:

   empleo / avisos / jobserver / recursos humanos México / bolsa de trabajo / gerencia / administración de empresas
2. Al desplazar arriba y abajo las Páginas Web, conseguir información sobre los empleos administrativos disponibles en uno de los campos arriba mencionados.
3. Estudiar las cualidades profesionales que se buscan para el puesto seleccionado.
4. Informar a sus compañeros/as de clase sobre los resultados de su investigación preliminar.

EJERCICIOS DE VOCABULARIO

Si hace falta para completar estos ejercicios, consulte la **Lectura comercial** o la lista de vocabulario al final del capítulo.

A. ¡A ver si me acuerdo! Pensando en la posibilidad de establecer una relación comercial, usted va a tener una conversación con una persona de negocios de un país hispano. Sin embargo, se le olvidan a usted los siguientes términos en español. Un/a compañero/a lo/la ayuda a recordarlos al pedir que usted se los traduzca.

1. manager
2. goal
3. training
4. leadership
5. appointment
6. upper management
7. foreman
8. workers
9. organizational chart
10. resources

B. ¿Qué significan? A usted le interesa la posibilidad de aceptar un puesto administrativo que se le ha ofrecido en México. Sin embargo, no sabe cómo explicar en español lo que significan ciertos términos que se usan frecuentemente en la administración de empresas. Ud. decide consultarlos con un/a amigo/a. Pídale a un/a compañero/a de clase que le explique los siguientes términos y que le dé algunos sinónimos si puede.

1. administración
2. organizar
3. desempeñar
4. gastos
5. plan
6. meta
7. trámite
8. cumplimiento

C. Gerencia: Adivinación. Con un/a compañero/a de clase, escojan ustedes dos (2) palabras en español que se relacionan con la gerencia, el tema principal de este capítulo. Luego, en clase, den sinónimos, definiciones o palabras que se asocian con los términos originales y pidan que los demás compañeros los adivinen.

D. Entrevista profesional. Usted quiere aclarar algunos detalles sobre la gerencia porque ha podido conseguir una entrevista para un puesto directivo en México. Por lo tanto, usted entrevista a un experto en este campo, haciéndole las siguientes preguntas. Haga la entrevista con un/a compañero/a de clase. No se olviden del protocolo ni de las cortesías.

1. ¿Cuáles son algunos de los elementos claves para que un/a director/a realice los objetivos que se propone una empresa?
2. ¿Cómo funciona la Administración por Objetivos?
3. ¿A qué se refieren las perpectivas horizontal y vertical en la dirección de una empresa o fábrica?
4. ¿Cómo sería un organigrama típico de una sociedad anónima?
5. ¿Hay algunos factores especiales que hay que tener en cuenta con respecto a la gerencia internacional, o es igual ésta a la gerencia en el comercio nacional?

E. Traducciones. Un/a amigo/a suyo/a que desea ser ascendido a un puesto administrativo acaba de empezar a estudiar el español. El/ella sabe poco del vocabulario que se usa a nivel de director/a. Usted lo/la ayuda al pedirle que él/ella traduzca al español las siguientes oraciones que informan sobre ciertos aspectos del tema.

1. Managers are responsible for guiding the activities of a business.
2. A good manager strives to create good working conditions.
3. A manager attempts to reduce or remove obstacles to the successful performance of his or her employees.
4. It is best to avoid paralysis by analysis.
5. A good manager will recognize that everyone has personal feelings, attitudes, and needs.
6. Management in international business is often more complex because of the cultural and legal dimensions that must be taken into consideration.

UNA VISTA PANORAMICA DE MEXICO

Nombre oficial:	Estados Unidos Mexicanos
Gentilicio:	mexicano/a
Capital y población:	México, D. F. (Distrito Federal): 8,489,007
Sistema de gobierno:	República federal
Jefe de Estado/ Jefe de Gobierno:	Presidente Vicente Fox Quesada
Fiesta nacional:	16 de septiembre, Día de la Independencia (1810: de España)

México

GEOGRAFIA Y CLIMA

Area nacional en millas^2 y kilómetros^2	Tamaño (comparado con EUA)	División política	Otras ciudades principales	Puertos principales	Clima	Tierra cultivable
761,600 m^2 1,972,500 km^2	Casi tres veces el tamaño de Tejas	El Distrito Federal y 31 estados	Guadalajara, Monterrey, Puebla, León, Veracruz, Tijuana, Ciudad Juárez	Coatzacoalcos, Mazatlán, Veracruz, Tampico	Varía de tropical a desértico	12%

DEMOGRAFIA

Año y población en millones			% urbana	Distribución etaria		% de analfabetismo	Grupos étnicos
2000	2015	2025		<15 años	65+		
102	127	142	74%	35%	4%	10%	60% mestizo, 30% amerindio, 9% blanco europeo, 1% otro

ECONOMIA Y COMERCIO

Moneda nacional	Tasa de inflación 1998	N° de trabajadores (en millones) y tasa de desempleo		PIB 1998 en millones $EUA	PIB per cápita	Distribución de PIB y de trabajadores por sector			1998 Exportaciones en millones $EUA	1998 Importaciones en millones $EUA
						A	I	S		
El nuevo peso	18.6%	37.5	2.6% urbano	$815,300	$8,300	6%	26%	68%	$117,500	$111,500
						22%	21%	57%		

Para distribución del PIB y de los trabajadores (mano de obra): A = Agricultura, I = Industria, S = Servicios (y Gobierno).

Recursos naturales: Petróleo, plata, cobre, oro, cinc, plomo, gas natural, madera.

Industrias: Petróleo, alimentos y bebidas, tabaco, productos químicos, hierro, acero, minería, textiles y ropa, vehículos de motor, bienes durables de consumo, turismo.

COMERCIO

Productos de exportación: Petróleo crudo y productos de petróleo, café, plata, máquinas (motor), vehículos de motor, algodón, electrónica de consumo, productos agrícolas.

Mercados: 88% EUA, 1.3% Canadá, 1% Japón, 0.6% España, 0.6% Chile, 0.5% Brasil.

Productos de importación: Máquinas para trabajo con metales, productos siderúrgicos, maquinaria agrícola, equipo electrónico, piezas para ensamble de automóviles, aviones y piezas para aviones.

Proveedores: 74% EUA, 4% Japón, 4% Alemania, 2% Canadá, 2% Corea del Sur, 1% Italia, 1% Francia.

Horario general de comercio: De lunes a viernes, desde las nueve de la mañana hasta las seis de la tarde. El almuerzo se come normalmente entre el mediodía y las dos de la tarde. En los pueblos a menudo se cierran las tiendas entre las dos y las cuatro de la tarde.

TRANSPORTE Y COMUNICACIONES

Kilómetros de carreteras y % pavimentadas	Kilómetros de vías férreas	Nº de aeropuertos con pista de aterrizaje pavimentada	Nº de líneas telefónicas	Radios por mil personas	Televisores por mil personas
252,000 / 37%	31,048	232	9,926,900	227	192

IDIOMA Y CULTURA

Idiomas	Religión	Comidas y bebidas típicas / Modales
Español (oficial), más otras 66 lenguas indígenas como náhuatl, maya, zapoteco, tzeltal, tarahumara, etc.	89% católico romano, 6% protestante	Tortillas de maíz, frijoles refritos, quesadilla, tacos, tostada, chalupa, flauta, enchilada, chile relleno, tamales, enfrijolada, pozole, chile poblano, birria, mole, huachinango, cerveza, tequila, vino, café. Apoyar las manos, no los codos, encima de la mesa al comer. Los invitados no se marchan inmediatamente después de comer, sino que se quedan un rato para conversar.

Horario normal del almuerzo y de la cena: Sobre la una de la tarde para el almuerzo; entre las siete y las ocho de la noche para la cena.

Gestos: Al darse la mano en forma de saludo, usar un apretón firme. En el segundo o tercer encuentro, los hombres a menudo se saludan con un abrazo. Para llamar la atención de alguien en público, se puede hacer un sonido de «ssst, ssst». Se usa el gesto de «thumbs up» (dedo pulgar hacia arriba) para indicar aprobación y éxito. Los artículos, como el dinero que se paga en una tienda, se entregan directamente a una persona, no se tiran o dejan sobre el mostrador o la mesa. Los hombres evitan poner las manos en los bolsillos mientras conversan. Ponerse con los brazos en jarras se puede interpretar como un desafío directo y puede llevar a un encuentro violento. Usar el dedo índice para indicar la altura de una persona, usar la mano con la palma hacia el suelo para indicar el tamaño o la altura de un animal. Un gesto obsceno mexicano es el de formar la letra V con el dedo índice y el dedo corazón y colocarlos sobre la nariz con la palma hacia la cara.

Cortesía: Los hombres esperan hasta que la mujer les ofrezca la mano en forma de saludo antes de darle a ella la mano. La comida que se compra en la calle en un puesto se debe comer allí mismo junto al puesto de comida, no andando por la calle. En una segunda o tercera reunión de negocios, se pueden hacer pequeños regalos a las secretarias (el hombre le dice a la secretaria que su esposa ha seleccionado el regalito). Al regalar flores, el folklore mexicano mantiene que el color amarillo simboliza la muerte, las flores rojas hechizan a alguien y las blancas quitan un hechizo. Evitar regalarle a alguien un cuchillo, pues se puede interpretar como un corte en las relaciones con esa persona. Cuando se visita la casa de alguien para comer o cenar, traer para los anfitriones un regalito como flores, chocolates, un buen vino o una buena marca de whisky.

LA ACTUALIDAD ECONOMICA MEXICANA

México sigue desarrollando una economía de mercado libre caracterizado por la liberalización de su sistema económico y la modernización de sus prácticas administrativas y comerciales. Uno de los importantes factores de este desarrollo ha sido la privatización de las empresas estatales, especialmente durante el gobierno del Presidente Zedillo. En 1982 México contaba con más de 1,000 empresas estatales y para 1998 este número se había reducido a menos de 200. El resultado ha sido un aumento de competencia en diversos sectores como los de transporte (los aeropuertos, ferrocarriles y puertos marítimos), las telecomunicaciones y los servicios públicos (electricidad y gas natural). Un elemento clave para este desarrollo ha sido el Tratado de Libre Comercio de América del Norte (TLCAN; en inglés NAFTA, *North American Free Trade Agreement*).

Figura 3-3

Distribución geográfica de las maquiladoras en México en 2000

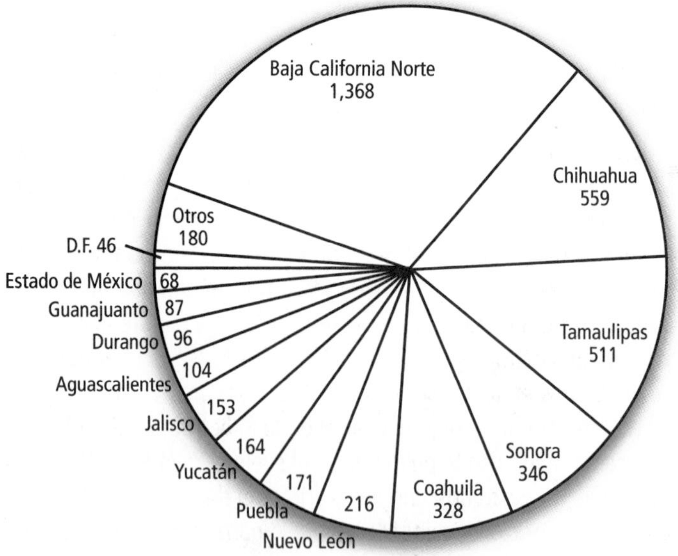

Desde la ratificación del TLCAN en enero de 1994, el comercio mexicano con EUA y Canadá casi se ha doblado. En 1997 México fue el tercer país del mundo con el cual EUA mantuvo relaciones comerciales, representando un 10% del comercio internacional de EUA. Ese mismo año EUA tuvo más de $71 mil millones de dólares de exportaciones a México, superando las exportaciones de EUA a Japón. Con esto México llegó a ser el segundo mercado mundial de las exportaciones norteamericanas, a pesar de que su economía era sólo una séptima parte del tamaño de la economía japonesa. Por su parte, el comercio con EUA representó el 85% de las exportaciones mexicanas (principalmente petróleo, vehículos de motor y equipo electrónico) y el 77% de sus importaciones (piezas para vehículos de motor, equipo electrónico y productos agrícolas). Debido al crecimiento de su comercio con EUA, México ha tenido en los últimos años una balanza de comercio positiva, a pesar de su balanza deficitaria con Europa y Asia.

Sigue siendo importante en el desarrollo de la economía mexicana la creación de nuevas maquiladoras. Estas son fábricas de ensamblaje o montaje que montan otros países, especialmente EUA, en México para aprovecharse tanto de la mano de obra barata y de buena calidad como de las exenciones o los incentivos fiscales (impositivos). Participan en esta industria algunas de las compañías más grandes del mundo, entre ellas General Motors, Ford, General Electric, Zenith, Sony, Mattel, Hitachi, Motorola, Eastman Kodak e IBM. Originalmente la mayoría de las maquiladoras norteamericanas se instalaron a lo largo de la frontera mexicana, puesto que la proximidad geográfica ofrecía ventajas logísticas como en el transporte. En 1993, un año antes de la ratificación del TLCAN, ya había unas 2,060 maquiladoras en México. Para 1999 ese número había llegado a 4,300 maquiladoras en diferentes regiones del país, con 888 plantas dedicadas a los textiles y la confección, y más de 600 dedicadas al sector electrónico. En 1994 había unos 600,000 trabajadores en las maquiladoras; para 1999 ya había casi 1.2 millones. En 1994 las maquiladoras mexicanas exportaron unos $26 mil millones de dólares de productos, mientras que en 1999 la cifra había subido a unos $62 mil millones. Dado el éxito económico de las maquiladoras, el gobierno mexicano tiene planes para aumentar el número de maquiladoras a más de 5,000 plantas y fábricas en el año 2001. Con el aumento en el número de maquiladoras, se ha ido transformando la industria misma. Ya no se trata sólo del simple ensamble de productos baratos, sino que más y más se está convirtiendo en una industria sofisticada de alta tecnología que requiere a su vez expertos en ingeniería y diseño. De esta manera, con más de un millón de empleados en 1999, la maquiladora continúa siendo un elemento pionero en la economía mexicana.

No obstante, la industria maquiladora ha tenido sus críticos. En EUA algunos sectores manufactureros —los textiles, la electrónica, etc.— se han visto afectados de modo negativo por la huida de trabajos a México. Los sindicatos norteamericanos se han quejado de esta pérdida o exportación de trabajos, y han logrado que esto sea un importante tema de política nacional. Por otra parte, en México ha habido quejas de que el empleo brindado por las maquiladoras se ha concentrado en las mujeres y que ha faltado suficiente transferencia de tecnología y preparación administrativa de nuevos directores mexicanos. En ambos países se ha tratado el tema de la contaminación del medio ambiente por ciertas maquiladoras y los salarios que se pagan. En 1994 el salario medio del trabajo en una maquiladora era $1.80 EUA por hora; en 1999 sólo había subido a $2.09 por hora. Esto ejemplifica el problema nacional con la distribución de los ingresos nacionales, puesto que el 20% más alto de la población mexicana, en términos de generar ingresos, recibe el 55% de los ingresos generados.

En 1997 México saldó la deuda contraída con EUA a causa de su crisis económica de 1994. En 1997 también se implicó al ex-presidente Carlos Salinas y a sus hermanos y padre en actividades de narcotráfico, y se le destituyó al General Gutiérrez Rebollo, del Instituto Nacional del Combate a las Drogas, por semejantes actividades. Al publicarse este libro, México seguía con sus intentos de establecer nuevos tratados de comercio con otros países hispanos y con Europa, para así reducir su dependencia sobre EUA. Algunos ejemplos en las Américas serían el Tratado de Libre Comercio México, Venezuela y Colombia en 1994; el TLC con Costa Rica en 1995; y el TLC con Bolivia en 1995. El país sigue adelante con sus planes y esfuerzos por modernizar su economía y elevar el nivel de vida de sus ciudadanos. Sin duda existe la posibilidad de cambios significativos, puesto que en julio de 2000, Vicente Fox (candidato de PAN, el Partido de Acción Nacional) fue elegido presidente del país. Esto pone fin a 71 años de control nacional por el PRI (Partido Revolucionario Institucional), bajo el cual existía una democracia peculiar

Un cartel en México. ¿Se acuerda Ud. de algo parecido en EE.UU.; "Buy American"? ¿Qué opina Ud. de esta actitud en el comercio?

en la que el PRI y el gobierno eran sinónimos. Habrá que ver ahora si las reformas prometidas por Fox se llevan a cabo.

ACTIVIDADES

¿Qué sabe Ud. de México?

1. Describa la geografía de México y trate temas relacionados como el tamaño del país, el clima, las ciudades y los puertos principales, y la división política del país.
2. ¿Cómo es México demográfica y políticamente? ¿Quién es el jefe de estado/gobierno actual?
3. ¿Cuándo es la fiesta nacional de México? ¿En qué otras fechas hay fiestas públicas que van a afectar un viaje de negocios? (véase la Tabla 10-1 de la pág. 301)
4. Describa la economía de México. ¿Cuál es la moneda nacional del país? ¿A cuánto está el cambio actual de la moneda mexicana con el dólar EUA? ¿Cómo se compara el PIB y la distribución del PIB de México con los de España? ¿Con los de EUA?
5. ¿Cuáles son los principales productos y destinos de exportación de México? ¿Cuál sería un producto o servicio que usted recomendaría vender en México? ¿Por qué?
6. Describa el transporte y las comunicaciones de México. ¿De qué ventajas económicas ha gozado México debido a su geografía?
7. ¿Cómo han cambiado algunos de los datos presentados en las secciones de **Vista Panorámica y Actualidad Económica**? Póngalos al día.
8. Describa la relación comercial entre México y EUA, refiriéndose a la lectura **Actualidad Económica**.
9. ¿Qué es una maquiladora? Describa el desarrollo de las maquiladoras y su impacto económico en México.
10. Ud. tiene que hacer un viaje de negocios a Puebla con un/a colega para evaluar la administración de una maquiladora. Discuta los siguientes asuntos con un/a compañero/a de clase:
    a. Los planes para el viaje (dónde queda Puebla, el vuelo de ida y vuelta, aeropuertos de despegue y aterrizaje, costos, etc.).
    b. El alojamiento y transporte terrestre mientras están en Puebla.
    c. La preparación de un presupuesto para la visita.
    d. Una lista de elementos que piensan incluir en su evaluación.
    e. Las comidas y bebidas que van a pedir.
    f. Las formas de cortesía y los gestos que deben recordar, usar o evitar.

LECTURA CULTURAL

El estilo directivo mexicano: Honor, éxito, trato social

La gran variedad social y cultural imposibilita que se hable con precisión definitiva de todas las diferencias y semejanzas entre el mundo hispano y EUA en el campo de la gerencia comercial. No obstante, según los investigadores (Kras, Avila, Carson, Naughton) se pueden ofrecer algunas características que revelan un contraste cultural en el estilo gerencial y la práctica administrativa.

En ambas culturas, la hispana y la estadounidense, es importante el individuo como tal. Para el hispano, el honor y el orgullo son muy valorados como atributos personales. Se valora el trato directo y personal. Para el gerente mexicano, es *muy* importante conocer a la persona con la cual se está haciendo el negocio, mientras que para el estadounidense pueden prevalecer los objetivos y los intereses puramente comerciales. Es decir, para el mexicano (y el hispano, en general) es mucho más importante la persona que el problema o la tarea, mientras que en EUA se le puede considerar a la persona principalmente como instrumento para resolver el problema o realizar la tarea. Asímismo, es descortés cortar una conversación o una reunión con alguien para poder acudir a tiempo a otra reunión con otra persona, lo cual se podría interpretar como un mensaje de que «El otro es más importante que usted». El respeto y la cortesía son muy importantes.

También le puede parecer al hispano, que el estadounidense mide demasiado el éxito personal y profesional en términos de ser siempre el «número uno», mientras que para el hispano la medida del éxito es más amplia y su valor no consiste en ser el primero en todo lo que se hace, sino en quedar bien. El estilo estadounidense es competitivo y muchas veces agresivo en la competencia—la meta es ganar y la mentalidad es frecuentemente la de «el ganador se lo lleva todo». En contraste, en las negociaciones el gerente mexicano busca una solución en la cual ambas partes ganan (nosotros ganamos y ustedes también) y desea evitar que el otro se aproveche de él. Es muy importante guardar las apariencias y no quedar mal ante otras personas. En este mismo contexto, la mejor regla de conducta es elogiar públicamente y criticar a puertas cerradas.

Hay normas de conducta social y profesional para el hispanohablante. El hispano puede ser algo más formal en sus relaciones profesionales hasta que se haya establecido un trato más familiar. Este nivel de confianza muchas veces requiere tiempo y un repetido contacto entre individuos. La formalidad se refleja en la lengua con el uso inicial de la forma *usted,* especialmente en un primer encuentro entre personas de diferentes edades y responsabilidades (puestos, títulos, etc.) o de diferentes clases sociales. El uso de la forma *usted* indica cierto distanciamiento que refleja el respeto hacia el otro.

No es tan rápido ni culturalmente aceptable el llegar a la familiaridad de tutearse, como lo es en Estados Unidos, donde «Mr» o «Miss» se convierten más fácilmente en «Tom», «Billy», «Mary» o «Susie». En México es muy importante usar los títulos formales al dirigirse a alguien por primera vez: licenciado (Lic. o Ldo.) Gómez, doctor o doctora (Dr. o Dra.) Martínez o ingeniero (Ing.) Varela. El tuteo prematuro puede perjudicar el trato comercial porque se puede interpretar como falta de respeto, arrogancia o simplemente como falta de educación o de buenos modales.

Estas características generales del trato individual pueden tener repercusiones en los estilos gerenciales y la práctica administrativa. Tradicionalmente, la gerencia hispana y su estructura son más formales que en los Estados Unidos. Si se considera que la gerencia varía entre lo democrático (colaborativo y participativo) y lo autocrático, la tradición hispana tiende más hacia un modelo autoritario de gerencia. Claro que esto también ocurre en los Estados Unidos, especialmente en las compañías de mayor tamaño. Sin embargo, en los Estados Unidos hay una larga tradición democrática nacional reconocida por todos los empleados de cualquier empresa. Para el hispano, en cambio, existe en general una larga tradición política e histórica de jerarquías fijas dirigidas desde arriba—el modelo de la autoridad del padre, del gobernador, del presidente, del rey, etc. Un subordinado no le cuestiona, ni le critica, ni corrige al gerente mexicano, quien a su vez espera ser premiado con la lealtad de sus subordinados. Esto, reunido con un trato más formal entre los individuos, quizás explique en parte la tendencia hacia lo que se puede percibir como una estructura más formal, burocrática y autocrática en el estilo administrativo hispano. Pero finalmente hay que reconocer también que, para la nueva generación de gerentes, el estilo directivo mexicano está cambiando. Esto se debe a diferentes factores, entre ellos una mejor educación en el campo de la administración de empresas (muchas veces obtenida en los programas MBA de EUA o en programas nacionales que siguen el modelo norteamericano), el acceso al internet y a otros medios de comunicación universal, y el deseo de la nueva generación de asumir puestos administrativos.

ACTIVIDADES

A. ¿Qué sabe Ud. de la cultura?

1. ¿Cómo describiría Ud. el estilo gerencial norteamericano? ¿Variará este estilo en diferentes partes del país o es igual en California, la Ciudad de Nueva York y una ciudad pequeña en el sur del país?

2. ¿Piensa Ud. que el conocer a la persona con la cual se está haciendo el negocio es importante? ¿O es una consideración secundaria en las relaciones comerciales? Justifique su opinión.
3. ¿Qué opina Ud. de la tendencia estadounidense de medir el éxito en términos de ser el «número uno»? ¿Cómo mide Ud. su propio éxito? En el futuro, ¿cómo medirá Ud. su éxito profesional? ¿Piensa Ud. que su propia medida coincidirá con la de su jefe? ¿Qué ocurriría si no fuera así?
4. ¿Qué opina Ud. del trato formal y el familiar en el mundo de los negocios? ¿Cuál de los dos es mejor para los negocios y por qué?
5. ¿Es Ud. partidario de la gerencia democrática o de la autocrática? Explique.
6. ¿Cómo es el estilo gerencial mexicano?

B. Asimilador cultural. Lea lo siguiente y conteste las preguntas a continuación.

J. T. Daniels, un estadounidense de veintinueve años de edad, está en Guadalajara, México, para concluir los trámites de un contrato con la compañía Alvarez-Gómez, S.A. Tiene consigo todos los papeles que hay que repasar y firmar con el ingeniero (Ing.) Francisco Alvarez Delgado, vicepresidente de la compañía. J. T. habla bastante bien el español, debido a sus tres años de estudios universitarios. Es el primer encuentro entre los dos. Cuando J. T. entra en la oficina del vicepresidente, un señor distinguido de unos cincuenta años, lo saluda con una amplia y amistosa sonrisa, diciéndole:

—Hola, Paco, J. T. Daniels. Tengo aquí todos los papeles que tienes que firmar.

Al decir esto, saca de su maletín una carpeta y la echa sobre el escritorio del Ing. Alvarez. En ese mismo momento observa en el rostro del Ing. Alvarez una rápida mirada de sorpresa y de enojo. El Ing. Alvarez le ofrece a J. T. un asiento y le dice:

—Sí, Sr. Daniels, gracias por su visita de hoy. Siéntese, por favor...

Conteste las siguientes preguntas.

1. ¿Por qué cree Ud. que se muestra sorprendido y enojado por un momento el Ing. Alvarez cuando lo saluda J. T. Daniels?
2. ¿Qué cree Ud. que está pensando el Ing. Alvarez cuando le ofrece un asiento a J. T.?
3. ¿Qué cree Ud. que serán las próximas palabras que dirá el Ing. Alvarez?
4. ¿Cómo hubiera iniciado Ud. este primer encuentro con el Ing. Alvarez? ¿Qué recomendaciones le habría dado Ud. a J. T. para

que hubiera iniciado su trato con el Ing. Alvarez con más sensibilidad cultural?

SINTESIS COMERCIAL Y CULTURAL

Actividades comunicativas

A. Situaciones para dramatizar. Lea las siguientes situaciones y después haga el papel en español con otro/s estudiante/s, usando una de las posibilidades siguientes como punto de partida. Cada persona deberá tomar un papel activo en la dramatización. No se olviden del protocolo ni de las cortesías.

1. As a manager, you need to call a meeting to resolve a personnel problem in your division. Tell your secretary to send a memo with the following:
   a. Date, time, and place of the meeting.
   b. Who is to attend: Mr. Ricardo Ausejo and Ms. Theresa Nash
   c. The reason for the meeting: to clarify which of these two is in charge of the project they have been assigned.
2. You are now meeting with Ricardo Ausejo and Theresa Nash, two of your key employees who are having difficulties working together. Ricardo Ausejo is the older of the two, a member of Mexico's upper middle class with definite ideas of how things should be done. He resents his younger American colleague's new authority. Theresa Nash, on the other hand, thinks that Ausejo is trying to dominate her and limit her possibilities for promotion. The morale of the other workers is being adversely affected by the antagonistic relationship between the two. They are all wondering who is in charge.
   a. Acknowledge the many years of valuable service provided by the older employee.
   b. Comment on the new, needed skills that the younger employee brings to the division.
   c. Resolve the issue of who is in charge of the project that has been brought to a standstill by their differences. You may want to provide them with a rationale for your decision.

Después de dramatizar las situaciones, discuta con sus compañeros de clase la cuestión de autoridad, considerada desde el punto de vista hispano y estadounidense.

B. Ud. es el/la intérprete. Thomas Davidson y Raúl García son dos gerentes que conversan sobre cómo organizar la estructura administrativa de una nueva sucursal estadounidense en Tijuana.

Haga Ud. el papel de intérprete entre estos dos individuos. Traduzca del inglés al español y del español al inglés, sin mirar el texto, el diálogo que leerán otros dos estudiantes en voz alta. Ellos harán una pausa después de cada raya para permitir su traducción. Acuérdense todos de usar un tono de diálogo natural.

SR. DAVIDSON Our upper level management / believes in a democratic management style. / We like all our employees / to feel free to provide input / on issues that affect them.

INTERPRETE ____________________

SR. GARCIA Sí, comprendo, / pero mis colegas / no se sienten cómodos / cuando participa todo el mundo / en lo que ellos consideran como su responsabilidad.

INTERPRETE ____________________

SR. DAVIDSON Yes, I don't mean that every employee / will be knocking on upper management's door / or that each employee / will have an equal say with management when decisions are made. / We have found, though, / that employees often provide valuable information / that has been overlooked by management. / All we're interested in / is that employees feel free to express their opinions. / This could be achieved / through employee representatives / or through an open line of communication with supervisors. / We think it helps morale.

INTERPRETE ____________________

SR. GARCIA Sí, creo que se puede crear este tipo de ambiente de trabajo. / Comprendo que es necesario / que los empleados se sientan como una parte importante de la empresa. / Siempre ponen más interés en lo que hacen / si piensan que esto representa una participación de tipo personal. / Pero hay que tener en cuenta / que una empresa y sus proyectos necesitan dirección, / y que esa dirección debe provenir de la gerencia. / El éxito depende de los empleados, / pero a ellos les hace falta nuestro liderazgo.

INTERPRETE ____________________

C. Actividad gerencial. Una de las partes más difíciles de cualquier puesto administrativo es la responsabilidad que tiene el/la gerente de hacerle una evaluación negativa a un/a empleado/a cuando éste/a no haya cumplido con un trabajo o lo haya hecho mal. Otra responsabilidad gerencial muy difícil es el tener que despedir a un/a empleado/a. Haga por lo menos una de las siguientes actividades administrativas. Para prepararse, se recomienda hacerle una entrevista a algún/una gerente sobre el mejor modo de proceder.

a. En una reunión con un/a empleado/a (compañero/a de clase), hágale una evaluación negativa por un trabajo muy mal hecho la semana pasada. Se trataba de un proyecto muy importante para uno de los principales clientes de la empresa. Infórmele al/a la empleado/a que necesitará mejorar su trabajo si desea continuar con esta compañía. Diseñe con él/ella un plan de mejoramiento.

b. Despida a un/a empleado/a (compañero/a de clase). (Primero haga una lista de las razones por las cuales siente usted la necesidad de despedir a esta persona.)

Luego, discutan con sus otros/as compañeros/as de clase las situaciones arriba y cómo han procedido. ¿Le hicieron una entrevista a algún/una gerente para buscar recomendaciones sobre cómo proceder? Si así es, comparta esta información con la clase. ¿Ha sido difícil hacer una evaluación negativa o despedir a un empleado/a? Explique.

D. Caso práctico. Lea el caso y haga los ejercicios a continuación.

La Compañía Fumacartones, Inc., produce unos cigarrillos de la mejor calidad en su fábrica de Tampa. El Sr. Julio Sánchez Gutiérrez, natural de Cuba, de sesenta y ocho años, organizó la compañía como una familia extendida bajo su dirección paternal. Desde los primeros años de su fundación, la empresa ha mantenido su desarrollo y ha podido aumentar el número de empleados de 45 en 1947 a 78 en el año actual. Entre los 78 empleados hay 16 gerentes, secretarias y otros funcionarios de oficina.

Debido a los cambios recientes en las actitudes sociales y a las leyes contra el uso de cigarrillos en muchos lugares públicos, en los aviones y en los restaurantes en los Estados Unidos, la venta de los productos de Fumacartones ha sufrido una baja en los últimos meses. Los sueldos y salarios constituyen el 75% de los costos anuales de Fumacartones. Un asesor independiente estadounidense le ha recomendado a Sánchez que la manera más fácil de reducir las pérdidas sería una reducción de personal a todos los niveles, especialmente entre los gerentes y las secretarias. Hacer esto, sin embargo, cambiaría el concepto familiar y paternal que siempre ha existido en la empresa. El viejo presidente está considerando las siguientes soluciones.

1. Podría cerrar la fábrica para reestructurar la organización. El vicepresidente, su sobrino Manuel Suriega, podría asumir el puesto de presidente. Sánchez Gutiérrez se «ascendería» a un

nuevo puesto puramente honorífico de presidente de la junta directiva, lo cual le pagaría menos, pero aumentaría su control. La reestructuracion de gerentes y empleados sería un proceso complicado que podría presentar problemas legales de despido.

2. Podría eliminar algunos de los beneficios de los empleados: las vacaciones retribuidas de los gerentes, el pago por las horas adicionales de los trabajadores y las dos semanas de vacaciones navideñas (del 24 de diciembre hasta después del Día de Reyes[1]) que reciben todos los empleados. También se podría eliminar el aguinaldo.[2]
3. Podría aplazar el lanzamiento de una nueva campaña publicitaria para exportar sus productos a nuevos mercados en Centroamérica, el Caribe y España. Perder estos mercados, sin embargo, representaría otra considerable pérdida de ingresos.
4. Podría canceler la compra de unas computadoras que se han pedido para las oficinas, y el adiestramiento planeado para su utilización. Hace 40 años que las secretarias usan el mismo sistema de archivo, lo cual ha causado muchas demoras y problemas con las ventas y los pagos en el pasado. Esta cancelación resultaría en la probable pérdida de clientes.

Haga los siguientes ejercicios.

1. ¿Qué tipo de problema tiene el Sr. Sánchez Gutiérrez?
2. ¿Cómo refleja la empresa la tradición cultural del señor Sánchez?
3. Describa los procesos mentales que ha utilizado Sánchez al considerar diferentes soluciones.
4. ¿Cuáles serían los resultados de cada posible decisión?
5. ¿Cuál sería la decisión de Ud. si fuera el presidente de Fumacartones? ¿Por qué?
6. Haga el papel de Sánchez Gutiérrez y discuta sus opciones con otros estudiantes que representarán cada grupo a continuación.
   a. Los otros gerentes
   b. Los obreros con muchas horas adicionales
   c. Los vendedores que reciben sus comisiones por el volumen de ventas
   d. Las secretarias y los funcionarios de oficina

---

[1]Día de Reyes, el 6 de enero, la Epifanía. Como la Navidad, en algunos países hispanos es una ocasión para intercambiar regalos con los familiares.

[2]El aguinaldo es un regalo que se da en Navidad o en la fiesta de la Epifanía. En el mundo comercial representa un regalo de la empresa en forma de un pago extra para los empleados durante la Navidad. Es conocido en diversos países hispánicos también como «décimotercero», «bono», «extraordinaria», «prima» o «gratificación navideña».

ANALISIS Y COMPARACION

Estudie la siguiente tabla comparativa y haga los ejercicios a continuación. Use también sus propios conocimientos y, cuando haga falta, otras fuentes informativas como el diccionario, el *Almanaque mundial*, el internet, etc. Los ejercicios se pueden hacer individualmente, en parejas o en pequeños grupos para discutir en clase.

TABLA 3-1 **Los países hispanoparlantes Estados Unidos: Jefe de estado, o de gobierno, membresía en organizaciones regionales y mundiales** [Fuentes: *CIA World Factbook 1999, The World Almanac and Book of Facts 2000* y *Almanaque Mundial 2000*] (DB)

PAIS	JEFE DE ESTADO Y DE GOBIERNO	EL PAIS ES MIEMBRO DE
Argentina	Presidente Fernando de la Rúa	ONU, OEA, ALADI, Mercosur
Bolivia	Presidente Hugo Benzer Suárez	ONU, OEA, ALADI, Pacto Andino, Pacto del Amazonas
Chile	Presidente Ricardo Lagos	ONU, OEA, ALADI
Colombia	Presidente Andrés Pastrana Arango	ONU, OEA, ALADI, Pacto Andino
Costa Rica	Presidente Miguel Angel Rodríguez Echeverría	ONU, OEA, ALADI (observador), MCCA
Cuba	Presidente Fidel Castro Ruz	ONU, OEA (suspendido), ALADI (observador), SELA
Ecuador	Presidente Gustavo Novoa Bejarano	ONU, OEA, ALADI, Pacto Andino
El Salvador	Presidente Francisco Flores Pérez	ONU, OEA, MCCA, SELA
España	**De Estado:** Rey Juan Carlos I de Borbón **De Gobierno:** Presidente José María Aznar López	ONU, OTAN, UE, Consejo de Europa, OUA, CSCE, OCED
Guatemala	Presidente Alfonso Antonio Portillo Cabrera	ONU, OEA, MCCA
Guinea Ecuatorial	**De Estado:** Teodoro Obiang Nguema **De Gobierno:** Primer Ministro Angel Serafín Seriche Dougan	ONU, OUA
Honduras	Presidente Carlos Flores Facussé	ONU, OEA, ALADI, MCCA
México	Presidente Vicente Fox Quesada	ONU, OEA, ALADI / (observador), TLCAN (TLC)
Nicaragua	Presidente Arnoldo Alemán Lacayo	ONU, OEA, MCCA, ALADI, SELA, OCED
Panamá	Presidenta Mireya Elisa Moscoso	ONU, OEA, ALADI (observador), MCCA (observador)

Tabla 3-1 cont.

PAIS	JEFE DE ESTADO Y DE GOBIERNO	EL PAIS ES MIEMBRO DE
Paraguay	Presidente Luis Angel González Macchi	ONU, OEA, ALADI, Mercosur
Perú	Presidente Valentin Paniagua Corazao	ONU, OEA, ALADI, Pacto Andino
Puerto Rico	Gobernadora Sila M. Calderón	
República Dominicana	Presidente Rafael Hipólito Mejía Domínguez	ONU, OEA, ALADI (observador), CARICOM (observador)
Uruguay	Presidente Jorge Batlle	ONU, OEA, ALADI, Mercosur
Venezuela	Presidente Hugo Rafael Chávez Frías	ONU, OEA, OPEP, ALADI, Pacto Andino
Estados Unidos	Presidente George Walker Bush	ONU, OTAN, OEA, CSCE, G8

Siglas: ALADI = Asociación Latinoamericana de Integración; CARICOM = Comunidad y Mercado Común Caribeños (15 paises); CSCE = Conferencia sobre Seguridad y Cooperación en Europa; G8 = Grupo de Ocho (Alemania, Canadá, EE.UU., Francia, Italia, Japón, Reino Unido, Rusia); MCCA = Mercado Común Centroamericano (5 países); Mercosur = Argentina, Brasil, Uruguay y Paraguay; OCED = Organización de Cooperación Económica y Desarrollo (25 países); OEA = Organización de Estados Americanos (35 países); ONU = Organización de las Naciones Unidas (185 países); OPEP = Organicazión de Países Exportadores de Petróleo; OTAN = Organización del Tratado del Atlántico del Norte; OUA = Organización de la Unidad Africana (51 países); SELA = Sistema Económico Latinoamericano (27 países); TLCAN = Tratado de Libre Comercio de América del Norte (NAFTA, North American Free Trade Agreement); UE = Unión Europea (15 países).

1. ¿Qué diferencias hay entre el Jefe de Estado y el Jefe de Gobierno de un país? ¿Qué es el «presidente» de un país? En su opinión, ¿cuáles son algunas de las cualidades que debería tener un presidente? ¿Cómo son diferentes las responsabilidades de un presidente, un primer ministro, un rey y un gobernador?
2. ¿Cuáles son algunos de los efectos que puede tener el/la líder de un país sobre la economía y el comercio nacionales?
3. ¿Por qué tiene Puerto Rico un gobernador en lugar de un presidente?
4. ¿Cuál de los países en la tabla tiene una mujer como Jefe de Estado/Jefe de Gobierno? ¿Qué posibilidades tiene la mujer hoy en día para ser elegida o nombrada presidenta de un país hispano o de EUA? Discuta el tema con sus compañeros de clase.
5. ¿Qué quieren decir las siglas ONU, OEA, OTAN y G8? ¿Qué hacen estas organizaciones?
6. ¿Qué quieren decir las siglas CARICOM, MCCA, TLCAN y UE? ¿Por qué existen? ¿Qué son el Pacto Andino y Mercosur?
7. ¿Qué significa OPEP? ¿Cuál de los países hispanos es miembro de la OPEP?

8. ¿Piensa usted que es importante que un país sea miembro de asociaciones y organizaciones internacionales? Explique.
9. Puesto que los líderes de un país cambian con el tiempo, ponga al día la categoría de Jefe de Estados/Jefe de Gobierno donde haga falta. Esto se puede hacer individualmente o en pequeños grupos de tres o cuatro para distribuir el trabajo (cinco o seis países por persona).

Vocabulario

Aquí se presentan los principales términos relacionados con este capítulo. Al final del libro hay un glosario más completo.

administración • *administration, management*
administrador/a • *manager*
aguinaldo • *Christmas bonus*
altibajos • *ups and downs*
alto mando • *upper management*
aplazar • *to postpone*
asesor/a • *consultant, adviser*
bajo mando • *first-line management*
buenos modales • *good manners*
carpeta • *folder*
cita • *appointment*
clave *(f)* • *key, important element*
cumplimiento • *fulfillment, achievement*
demora • *delay*
desempeño • *performance, fulfillment, a carrying out of duties*
desventaja • *disadvantage*
dirección • *management, board of directors, direction*
educación • *manners, upbringing; schooling, education (in Latin America)*
eficacia • *effectiveness*
ensamblaje *(m)* • *assembly*
entrega de bachillerato • *high-school graduation*
finanzas • *finance*
fomentar • *to foster, encourage, promote*
formación • *formation, education*
fracaso • *failure*
funcionario/a • *staff member, employee, official*
gerente *(m/f)* • *manager*
gestor/a • *manager, business representative*
guiar • *to guide, direct*
imprescindible • *indispensable*
interventor/a • *comptroller, auditor*
inversionista *(m/f)* • *investor*
jornal *(m)* • *day's wages*
líder *(m)* • *leader*
liderazgo • *leadership*
llevar a cabo • *to carry out, conclude*
maletín *(m)* • *briefcase*
maquiladora • *assembly plant, in-bond plant*
medio mando • *middle management*
nombramiento • *appointment (to a position)*
obrero/a • *worker, blue-collar worker, laborer*
pauta • *model, guideline*
plazo • *time period, deadline*
prescindible • *dispensable*
realizar • *to accomplish, carry out, perform*

Vocabulario cont.

recompensa • *compensation*
recurso • *resource*
retribuido • *compensated, repaid*
sacar de apuro • *to bail out*
salario • *wages, pay*
trato • *treatment, manner of dealing with*
tutearse • *to use the familiar form of address, deal with someone on a first-name basis*
tuteo • *the familiar form of address, to be on a first-name basis*
ventaja • *advantage*

CAPITULO

4 La banca y la contabilidad

The only way to keep score in business is to add up how much money you make.

Harry B. Helmsley

Let all things be done decently and in order.

Corinthians

En la casa donde hay dinero, no debe haber más de un cajero.

Proverbio

Transacción con un cajero automático. España. ¿Qué otros avances tecnológicos prevé Ud. para la industria bancaria? Comente y discuta.

PREGUNTAS DE ORIENTACION

Al hacer la *Lectura comercial,* piense Ud. en las respuestas a las siguientes preguntas.

- ¿Qué es la banca?
- ¿Qué es un banco?
- ¿Cuáles son las principales funciones de un banco?
- ¿Qué clases de bancos hay?
- ¿Qué tipos de depósitos se pueden hacer?
- ¿Qué es una cuenta corriente y cuántas clases de cuenta corriente hay?
- ¿Qué es un cheque y cómo funciona?
- ¿Qué tipos de cheque hay?
- ¿Qué es la contabilidad? ¿La partida doble?
- ¿Cuáles son los estados contables y financieros más importantes?
- ¿Qué datos proporcionan el estado de ganancias y pérdidas y el balance general?
- ¿Cuál es la ecuación fundamental de la contabilidad y qué información aporta?

Breve Vocabulario Util

activo • *asset, assets*
balance general *(m)* • *balance sheet*
banca • *banking (the banking industry)*
banco • *bank (building)*
contabilidad • *accounting*
cuenta • *account*
___ corriente • *checking account*
___ de ahorros • *savings account*
cuentacorrentista *(m/f)* • *current account holder*
estado • *statement*
___ de cuenta • *statement of account*
___ de ganancias y pérdidas • *profit and loss or income statement*
partida doble • *double-sided entry (accounting)*
pasivo • *liability, liabilities*

LECTURA COMERCIAL

Custodia y control del dinero

Una vez establecidos el tipo y la estructura administrativa de la empresa comercial, los gerentes se sirven de la banca y de la contabilidad para conseguir, custodiar y controlar los fondos que necesitan o que tienen, y para vigilar y asegurar su estado y solvencia financieros.

Banco y banca

El *banco* es el lugar físico (el edificio) donde se efectúan las transacciones bancarias. La *banca,* en cambio, representa el sistema de las operaciones bancarias, es decir «la situación básica del sistema crediticio, que realiza las funciones del sector público y privado, en base del ahorro y del depósito...cumpliendo la función de intermediario financiero, apoyada en el proceso de transformación y creación de dinero» (Andrés Suárez, *Diccionario económico de la empresa,* pág. 48). Dentro de este sistema crediticio, los bancos custodian, prestan, cobran, cambian y transfieren dinero, a la vez que giran cheques, títulos de crédito y otros instrumentos bancarios (letras de cambio, pagarés, etc.). También sirven a menudo como instituciones inversionistas que prestan servicios de asesoramiento financiero y facilitan las transacciones, tanto nacionales como internacionales, sobre todo respecto de las pensiones, los seguros, las fusiones y las cobranzas empresariales. Para hacer todo esto, existen diferentes tipos de bancos según su acitividad mercantil: privados y estatales, comerciales, hipotecarios, de ahorros, de crédito agrícola e industrial y las cajas de ahorros. Consta decir, sin embargo, que en el mundo hispano, especialmente en Centroamérica, son muy importantes los bancos de desarrollo, o sea, los que ayudan a desarrollar la economía de los países hispanoparlantes. Un buen ejemplo de este tipo de banco es el Banco Centroamericano de Integración Económica (BCIE), ubicado en Guatemala, el cual desde su fundación ha contribuido mucho al desarrollo de la región.

En cambio, en las comunidades hispanas de EUA son muy comunes las sucursales de bancos de países de habla española, tales como el Banco Popular de Puerto Rico, el Banco de Santander de España, etc. Lo mismo que los demás bancos estadounidenses, los bancos hispanos ofrecen servicios de cobranza, cambio, depósitos, retiros, etc., a la vez que prestan dinero a los que desean establecer sus propias empresas o ayudarle económicamente a la comunidad hispana. Por supuesto, el trato personal y el uso del español atraen a muchos clientes hispanoparlantes.

Fundamentales para las actividades bancarias son los depósitos y las cuentas corrientes y de ahorros. Los depósitos a la demanda o a la vista son los bienes o fondos entregados al banco para su custodia o transformación con la opción de que se puedan retirar cuando lo desee el cliente. Los depósitos a plazo fijo, en cambio, se refieren al dinero depositado por cierto plazo de tiempo y «pueden considerarse como un préstamo que el cliente efectúa a su banco» (Bernard y Colli, *Diccionario económico y financiero*, pág. 499). Requieren que el depositante no retire los fondos antes de la fecha de vencimiento señalada, so pena de perder los intereses devengados. Tanto para los depósitos a plazo fijo como para las cuentas que se describen a continuación, hay que identificarse, depositar algún dinero y completar y firmar los formularios, boletos y tarjetas apropiados.

La cuenta corriente es aquélla que se utiliza para pagar las obligaciones comerciales y financieras. Puede ser individual, conjunta (*mancomunada*) o a nombre de una empresa. Su principal instrumento de pago es el cheque, el cual se define como una orden de pago mediante la cual el cuentacorrentista o cuentahabiente (el girador o librador) autoriza que el banco (el girado o librado) pague de la cuenta corriente de ese cliente cierta cantidad de dinero a un beneficiario (*el tenedor o portador*). Al endosarlo, el tenedor (*endosante*) puede cobrar el importe en un banco o en otro lugar que le proporcione crédito, o puede remitirlo a un tercero (a otro beneficiario o endosatario). Hay varios tipos de cheques:

1. nominativo, el que se gira a nombre de una persona particular (e.g. «A la orden de Juan Lorca»)
2. al portador, el que puede ser cobrado por cualquier persona
3. bancario o de administración, el que gira un banco a otro banco

El cheque cuyo importe excede los fondos en una cuenta corriente se llama *cheque sin fondos* o *en descubierto.*

La cuenta de ahorros custodia el dinero depositado por personas o empresas a cambio de cierto interés devengado periódicamente, lo cual representa el precio del dinero depositado. Existen varias clases de cuentas de ahorros, con tipos de interés variables, y sus transacciones se realizan mediante formularios impresos, las boletas de depósito o retiro, en vez de por cheques.

Otra función del banco, especialmente del banco mercantil, es la concesión de crédito o de préstamos. El banco les concede fondos a los prestatarios en forma de una línea de crédito a cambio de cierto colateral y garantía. Al vencer la fecha de pago acordado, se le devuelve al prestamista lo prestado más cierto rédito de interés fijado previamente. Este procedimiento, el cual se presenta a continuación, no varía mucho de país a país, salvo las condiciones de devolución del dinero prestado, los tipos de interés y ciertas normas legales:

1. La persona o entidad que pide dinero prestado (el prestatario) averigua el tipo de crédito que le es más factible y con el prestamista precisa la cantidad y condiciones de pago.
2. La misma persona o entidad rellena los formularios necesarios, los cuales, por lo general, piden lo siguiente:
   a. Nombre de la persona o razón social de la empresa
   b. Número del carnet (o de la tarjeta) de identidad o de seguro social
   c. Datos sobre el empleo y sueldo o salario
   d. Cantidad de crédito o de préstamo
   e. Rédito de interés, duración, fechas de inicio y de vencimiento, y otras condiciones contractuales fijadas por el acreedor o el prestamista
   f. El colateral que se ofrece como garantía o fianza
   g. Otros asuntos o temas pertinentes
3. El prestatario necesita cumplir con las condiciones contractuales.

LA CONTABILIDAD O CONTADURIA

[Se le agradece al Dr. Fitz Beazley, Ex-Director de la Facultad de Contabilidad, University of South Carolina, por el ejemplo y la explicacion del caso de USCAN, S.A.]

Los gerentes necesitan estar al tanto de la situación financiera de su empresa. Necesitan informarse sobre los *ingresos* (aumentos brutos en los activos obtenidos por la entrega o la venta de bienes o por la prestación de servicios) y sobre los *gastos* (disminuciones brutas en activos causados por la venta de artículos o la prestación de servicios), todo lo cual se relaciona con el flujo de efectivo *(cash flow)* y la solvencia de la firma. Necesitan saber el estado de sus ganancias y pérdidas para poder tomar decisiones sobre el futuro de la empresa. También necesitan anotar por escrito todas las transacciones que emprenden en nombre de la firma. Para realizar estos fines de información y control se recurre a la contabilidad.

La contabilidad o contaduría se define como «el conjunto de conocimientos y funciones que se refieren a la creación, registro, clasificación, proceso, ordenación, interpretación y suministro de información fiable y significativa de una realidad económica para conseguir con ella unos objetivos determinados» (Suárez, págs. 94–95). En otras palabras, es una disciplina que sirve para registrar y clasificar el impacto monetario de las transacciones y los eventos comerciales de una empresa. Además, sirve para interpretar los resultados de las transacciones y los eventos para poder informar a los grupos interesados, tales como los gerentes, los accionistas y el gobierno. Al medir la diferencia entre los ingresos y los gastos, se espera que los beneficios recibidos sean superiores a los costos incurridos.

Debido a su complejidad, la contabilidad tiene varias ramas —general, gerencial, financiera, de costos, de impuestos, de presupuestos, de sistemas y de auditoría— y existen varias clases de contables o contadores profesionales —públicos, titulados, fiscales o privados— que la ejercen. También existen varios principios y sistemas contables, el más importante es el de la *partida doble*. Según este sistema de control, para cada transacción comercial hay un deudor, un acreedor y una misma cantidad de dinero que cambia de manos. Cuando hay una transacción, se hace constar en los libros contables al asentarla dos veces y en dos lugares por convención: una vez como *débito* a la izquierda de la página contable y otra vez como *crédito* a la derecha de la página. Un principio fundamental de la partida doble es que los asientos siempre deben igualarse en valor.

Este sistema ayuda a los gerentes a controlar y a entender la situación financiera de la empresa. El concepto se ve más claramente en el proceso contable, el cual consiste en tres etapas principales.

1. la acumulación de datos referentes a las transacciones comerciales
2. el registro o asiento de éstas en los libros contables
3. la interpretación de la situación financiera de una empresa por medio de un análisis de los estados contables y la presentación del análisis en un informe

La recolección de los datos consiste en reunir y ordenar todos los documentos comerciales —facturas, recibos y pagarés— recibidos, prometidos o emitidos por una empresa durante cierto período de actividad comercial. Al final de este período, se enumeran las cuentas en un balance. En términos generales, si el balance de comprobación tiene *un saldo deudor,* es desfavorable para la compañía; si tiene *un saldo acreedor,* hay una situación favorable.

Para poder ver todas las transacciones de la empresa y para comprender cómo afectan su situación financiera, se registra cada transacción en los libros contables, primero en el *diario* y luego en el *libro mayor* (véase la Figura 4-1). Los productos finales del proceso contable se llaman *estados financieros.* Los estados financieros más importantes son los siguientes:

Figura 4-1 Análisis de transacciones

USCAN, S.A. Mes de abril de 200_

ACTIVO = PASIVO + PATRIMONIO

Descripción	Caja	CXC	INV.	PXA	E	CXP	LXP	CP	GR
1. Emisión de acciones	+120							+120	
2. Compra de inventario	−45		+70			+25			
3. Ventas	+25	+61							+86
4. Costo de ventas			−37						−37
5. Cobros	+15	−15							
6. Pagos a proveedores	−18					−18			
7. Adquisición de equipo	−12				+36		+24		
8. Pagos por anticipación	−6			+6					
9. Gasto de arrendamiento	−8.6								−8.6
10. Salarios	−35								−35
11. Depreciación					−1				−l
12. Gasto de arrendamiento				−2					−2
Saldo, 30 de abril	**+35.4**	**+46**	**+33**	**+4**	**+35**	**+7**	**+24**	**+120**	**+2.4**

Clave para las abreviaturas usadas en la Figura 4-1

Caja = efectivo
CXC = cuentas por cobrar
INV. = inventario
PXA = pagos por anticipación
E = equipo
CXP = cuentas por pagar
LXP = letras por pagar
CP = capital pagado
GR = ganancias retenidas

asset liabilities

1. **el balance general:** una lista de los activos, pasivos y patrimonio de la entidad económica en un momento dado. También se llama *balance de situación, estado de posición* o *estado de condición financiera* (véase la Figura 4-2).
2. **el estado de ganancias y pérdidas y el estado de ganancias retenidas:** documentos que relacionan los ingresos y los gastos de una entidad económica durante un período de tiempo definido (véase la Figura 4-3). *El estado de ganancias retenidas* es el enlace principal entre dos balances generales. — connection
3. **el estado de flujo de caja (efectivo):** un documento que explica el cambio en el efectivo durante un período de tiempo, debido a las actividades de las operaciones comerciales como la compraventa y las inversiones. Es decir, este estado explica las fuentes y los usos del efectivo (véase la Figura 4-4).

La relación entre los activos, los pasivos y el patrimonio puede expresarse en una ecuación fundamental llamada la ecuación contable:

Activos = Pasivos + Patrimonio o Capital

El patrimonio tiene dos partes, el capital pagado o contribuido, y las ganancias retenidas por la empresa. Es decir,

Activos = Pasivos + Capital pagado + Ganancias retenidas

Activos = Pasivos + Capital pagado + Ingresos − Gastos

El balance general resume la situación financiera de una empresa. Valora y estructura los bienes, derechos y obligaciones de una empresa, e indica el beneficio obtenido al final de un tiempo específico, llamado *período* o *ejercicio* (generalmente tres, seis o doce meses). Para mejor comprender el proceso, los términos se definen de la siguiente manera: Los *activos* representan los bienes y derechos de una empresa e incluyen cuentas tales como caja y banco, cuentas por cobrar, títulos, terrenos, edificios, maquinaria, etc. El *patrimonio* consiste en las aportaciones de dinero (o su equivalencia) a la propia empresa, e incluye el patrimonio de los accionistas y las ganancias. El *patrimonio* incluye los bienes de una entidad económica adquiridos por cualquier título o derecho de posesión. Los *pasivos* representan las obligaciones y deudas de una empresa, e incluyen las cuentas por pagar, así como las de acreedores y proveedores. El *capital* consiste en las aportaciones de dinero (o su equivalente) a la propia empresa, e incluye el capital pagado o contribuido (el capital social o el patrimonio de los accionistas) y las *ganacias retenidas* (los ingresos menos los gastos).

Figura 4-2 Balance general

Compañía USCAN, S.A.	
30 de abril de 200_	
ACTIVOS	
Efectivo	$35,400
Cuentas por cobrar	46,000
Inventario	33,000
Arriendo pagado por anticipación	4,000
Equipo del almacén (neto)	35,000
Total de activos	**$153,400**
PASIVOS Y PATRIMONIO	
Pasivos	
Cuentas por pagar	7,000
Letras por pagar	24,000
Total de pasivos	31,000
Patrimonio	
Capital pagado	120,000
Ganancias retenidas	2,400
Total de patrimonio	122,400
Total de pasivos y patrimonio	**$153,400**

Figura 4-3 Estado de ganancias

Compañía USCAN, S.A.		
Para el mes de abril de 200_		
Ventas		$86,000
Gastos		
Costo de ventas	$37,000	
Salarios	35,000	
Arriendo	10,600	
Depreciación	1,000	83,600
Utilidad neta		$ 2,400

Muchas empresas se sirven también de la auditoría para verificar el estado de sus cuentas y utilizan las computadoras para facilitar las operaciones contables. Aunque las firmas hispánicas a veces siguen métodos de contabilidad y procedimientos diferentes a los de los estadounidenses, todas las empresas e individuos, por ley o por interés propio, utilizan la contabilidad para conocer, comprender, controlar y mejorar su situación financiera. El siguiente caso sirve para ilustrar cómo funcionan varios de los estados financieros.

Figura 4-4 Estado de flujo de caja (efectivo)

La compañía USCAN, S.A.

Para el mes de abril de 200_

Flujo de efectivo para actividades de operaciones comerciales:	
Ventas al contado	$25,000
Cobros de los clientes	15,000
Pagos a los proveedores	(63,000)
Pagos para los gastos	(49,600)
Total	(72,600)
Flujo de efectivo para actividades de inversión:	
Adquisición de equipo	(12,000)
Flujo de efectivo para actividades financieras:	
Emisión de acciones	120,000
Cambio en efectivo	$35,400

¿Cuál de los estados financieros arriba refleja mejor el éxito de la empresa?

La compañía USCAN, S.A. se organizó el primero de abril de 200_ con diez accionistas. USCAN se especializa en la venta de zapatos para mujeres. Arrendó espacio en un centro comercial y las siguientes transacciones ocurrieron durante el mes de abril. Véase las Figuras 4-1, 4-2, 4-3 y 4-4, las cuales reflejan los eventos narrados a continuación.

1. Al incorporarse la compañía, los accionistas invirtieron $120,000 al contado.
2. USCAN, S.A. adquirió $70,000 de inventario, $45,000 de los cuales debían pagarse al contado. El balance se adquirió a crédito y se abrió posteriormente una cuenta corriente con el proveedor. Dicha cuenta debía cancelarse en treinta días.
3. Las ventas fueron $86,000: $25,000 al contado y $61,000 a crédito.
4. El costo del inventario fue $37,000.
5. Recaudo o colección de cuentas por cobrar, $15,000.
6. Pago a proveedores, $18,000.
7. El primero de abril se adquirió equipo de almacén por $36,000. Se espera una vida útil de 36 meses. USCAN hizo un pago en efectivo de $12,000 y firmó una letra por pagar de $24,000.
8. El primero de abril, USCAN firmó un acuerdo de arrendamiento. Este convenio exigía un pago mensual de $2,000 pagaderos por anticipado cada tres meses. Por esta razón, USCAN pagó $6,000 al contado a principios de abril.

9. El acuerdo de arrendamiento requiere un pago adicional igual a un 10% de las ventas. Este pago debe hacerse el último día de cada mes. USCAN hizo el pago a tiempo el 30 de abril.
10. Los sueldos y salarios de los empleados pagados al contado, $35,000.
11. Se asentó el gasto de depreciación para el mes de abril de $1,000 ($36,000/36).
12. Se asentó el gasto de arrendamiento para el mes de abril, $2,000.

ACTIVIDADES

A. ¿Qué sabe Ud. de negocios? Vuelva Ud. a las preguntas de orientación que se hicieron al principio del capítulo y a las preguntas que acompañan las fotos y contéstelas en oraciones completas en español.

B. ¿Qué recuerda Ud? Indique si las siguientes oraciones son *verdaderas* o *falsas* y explique por qué.

1. El banco es el girador de un cheque y la persona que lo cobra es el librado.
2. Cualquier persona puede cobrar un cheque nominativo.
3. La contabilidad sirve para registrar y clasificar las actividades comerciales de una empresa.
4. El debe y el haber son asientos que se hacen en los libros contables, de derecha a izquierda, respectivamente.
5. El balance general, el estado de ganancias y pérdidas y el estado de flujo de caja se preparan sólo al final de cada año o ejercicio.
6. La ecuación fundamental de la contabilidad se puede expresar como:

Pasivos = Activos - Patrimonio.

C. Exploración de sus conocimientos y opiniones personales. Haga los siguientes ejercicios, usando sus propios conocimientos y opiniones personales.

1. ¿Qué cuenta/s bancaria/s tiene Ud.? ¿Para qué la/s usa?
2. ¿Qué cheques ha girado Ud.? ¿Por qué?
3. ¿Ha pedido Ud. prestado o ha prestado dinero alguna vez? ¿A quién? ¿Por qué? ¿Bajo qué condiciones?

4. Si Ud. tuviera que analizar un negocio, ¿qué libros y estados contables necesitaría? ¿Por qué?
5. ¿Cómo se relacionan los dichos al principio del capítulo con los temas tratados?

D. Al teléfono. Haga las siguientes llamadas telefónicas a otro/a estudiante de la clase. Cada persona deberá tomar un papel activo en la conversación.

1. Ud. es representante de la sucursal de una firma estadounidense ubicada en Honduras y necesita información sobre las cuentas corrientes que ofrecen los bancos comerciales de este país a empresas como la suya. Llame a un banco y hable con alguien que le pueda informar sobre las cuentas corrientes que tienen, el tipo de interés que ofrecen, el servicio de pago de cuentas de luz y teléfono y los cheques que giran.
2. La companía estadounidense, para cuya sucursal guatemalteca Ud. va a trabajar por nueve meses, le va a pagar en quetzales. Durante su residencia en Centroamérica, Ud. quiere ahorrar dinero en un banco, pero no sabe cuál sería más rentable—una cuenta de ahorros o un depósito a plazo fijo. Llame al banco y pida a la persona apropiada que le explique los beneficios de ambos tipos de ahorros. Pregúntele también sobre los trámites que hay que hacer para abrir una cuenta.
3. Ud. es director/a de contabilidad de una firma estadounidense y necesita enterarse de la situación económica de su sucursal en Tegucigalpa. Llame a su contable en esa ciudad y pídale que le indique el estado de las ganancias y pérdidas, así como el estado financiero de la firma en el año en curso.

E. Navegando el internet. Se les ha encargado a usted y a un/a compañero/a de trabajo el informarse sobre los servicios ofrecidos por dos bancos, uno en Guatemala y otro en Honduras. Ustedes deciden buscar los siguientes datos en el internet, sirviéndose de las siguientes palabras claves u otras que ustedes conozcan o encuentren:

Guatemala (u Honduras)/ banca/ bancos/ cuentas bancarias/ servicios financieros

1. Nombres, señas y números de teléfonos, de fax y de correo electrónico de un banco en cada país.
2. Servicios que estos bancos prestan y que le puedan ser útiles a su empresa.

3. Cualquier otra información— su estado financiero, historia, relaciones con otras empresas extranjeras— que les convenza que estos bancos son buenos. Luego, discutan con sus compañeros/as de clase los dos bancos seleccionados y los servicios que ofrecen.

Al navegar por el internet, si Uds. encuentran algún artículo interesante sobre la banca o contabilidad en Guatemala, Honduras u otro país hispanohablante, sírvanse comunicar la dirección electrónica con un enlace activo (*hot link*) para que todos/as los/las compañeros/as de clase puedan consultarla. Recomendación: discutir el artículo en clase.

EJERCICIOS DE VOCABULARIO

Si hace falta para completar estos ejercicios, consulte la **Lectura comercial** o la lista de vocabulario al final del capítulo.

A. ¡A ver si me acuerdo! El banco comercial estadounidense donde trabaja usted tiene muchos clientes jubilados en Honduras y Guatemala. El alto mando de su banco ha decidido que le hacen falta sucursales en estos países y le ha encargado a Ud. que se reúna con los directores de los bancos hondureños y guatemaltecos. Sin embargo, se le olvidan a Ud. los siguientes términos en español. Un/a compañero/a le ayuda a recordarlos al pedir que Ud. se los traduzca.

1. accounting
2. double-sided entry
3. cash flow
4. statement of account
5. time deposit
6. check
7. balance sheet
8. borrow
9. loan
10. checking account

B. ¿Qué significan? A usted le interesa la carrera de banca y contabilidad y quiere trabajar para una empresa hispanoparlante. Sin embargo, no sabe lo que sigifican ciertos términos que se usan frecuentemente en estos campos. Decide consultarlos con un/a amigo/a. Pídale a un/a compañero/a de clase que le explique los siguientes términos y que le dé algunos sinónimos si puede.

1. cuentacorrentista
2. ejercicio
3. patrimonio
4. en descubierto
5. contaduría
6. girado
7. asiento
8. tenedor

C. Banca y contaduría: Adivinación. Con un/a compañero/a de clase, escojan ustedes dos (2) palabras que se relacionan con la banca y la contaduría. Luego, en clase, den sinónimos, definiciones o palabras que se asocian con los términos originales y pidan que los demás compañeros los adivinen.

D. Entrevista profesional. En un banco de habla española en los Angeles, usted se ha presentado como candidato para el puesto de asesor/a financiero/a, lo cual requiere ciertos conocimientos bancarios y contables. El/la director/a del departamento de contabilidad lo/la va a entrevistar y es posible que le haga las siguientes preguntas. Haga la entrevista con otro/a compañero/a de clase. No se olviden del protocolo ni de las cortesías.

1. ¿Qué funciones bancarias conoce usted? ¿Cuáles son algunos servicios bancarios que ha usado usted?
2. ¿Cuáles son los pasos para conceder una línea de crédito o un préstamo?
3. ¿Qué conocimientos o experiencias contables tiene Ud. que le puedan ser útiles a nuestra empresa?
4. ¿Qué cualidades personales y profesionales tiene Ud. que nos ayuden a atender mejor a nuestra clientela a la vez que nos convenzan de que Ud. pueda colaborar con nosotros para realizar nuestra meta de ser un banco honrado y solvente en todos nuestros tratos y transacciones tanto internacionales como nacionales?

E. Traducción. Al banco donde trabaja usted le interesa hacer llegarles a sus clientes hispanos, tanto del extranjero como de los Estados Unidos, una información y consejos acerca de los servicios que prestan y de la banca en general. Le piden que traduzca las siguientes oraciones que informan sobre el tema.

1. Deposit sufficient money into the checking account to cover the amount of the check drawn.
2. Fill out all the information required by the check: the date, the amount in words and numbers, the name of the bearer and the drawer.
3. To cash a check at a bank or other place of business, the bearer must endorse it.
4. The bearer can also use the check to pay a third person who must endorse it again to receive the full amount.

UNA VISTA PANORAMICA DE GUATEMALA

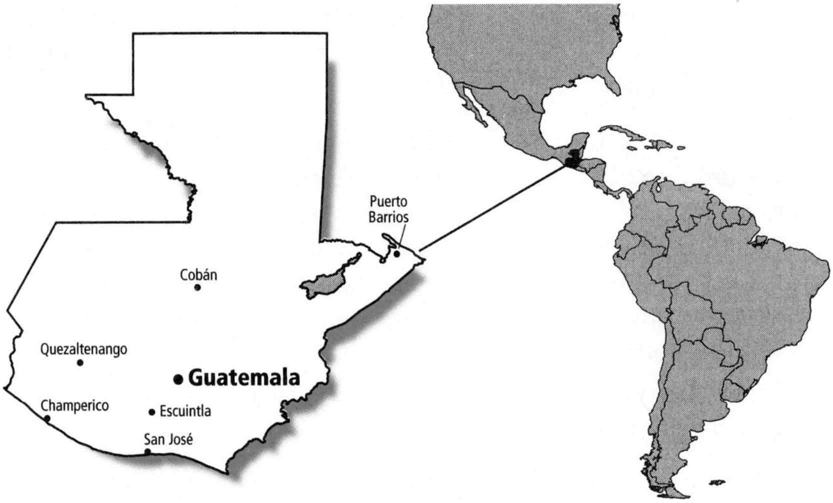

Nombre oficial:	República de Guatemala
Gentilicio:	guatemalteco/a
Capital y población:	Ciudad de Guatemala: 2,205,000
Sistema de gobierno:	República democrática constitucional
Jefe de Estado/ Jefe de Gobierno:	Presidente Alfonso Antonio Portillo Cabrera
Fiesta nacional:	15 de septiembre, Día de la Independencia (1821: de España)

Guatemala

GEOGRAFIA Y CLIMA

Area nacional en millas² y kilómetros²	Tamaño (comparado con EUA)	División política	Otras ciudades principales	Puertos principales	Clima	Tierra cultivable
42,000 m^2 108,780 km^2	Casi tan grande como Tenesí	22 departamentos	Mixco, Villanueva, Quetzaltenango, Escuintla, Totonicapán	Puerto Barrios, San José	Tropical y cálido en las tierras bajas, templado en la altiplanicie	12%

DEMOGRAFIA

Año y población en millones			% urbana	Distribución etaria		% de analfabetismo	Grupos étnicos
2000	2015	2025		<15 años	65+		
12.6	18.3	22.3	39%	43%	3%	44%	56% mestizo, (llamado ladino en el país), 44% amerindio

ECONOMIA Y COMERCIO

Moneda nacional	Tasa de inflación 1996	N° de trabajadores (en millones) y tasa de desempleo		PIB 1998 en millones $EUA	PIB per cápita	Distribución de PIB y de trabajadores por sector			1998 Exportaciones en millones $EUA	1998 Importaciones en millones $EUA
						A	I	S		
El quetzal	6.4%	3.3	5.2%	$45,700	$3,800	24%	21%	55%	$2,900	$3,300
						58%	18%	24%		

Para distribución del PIB de los trabajadores (mano de obra): A = Agricultura, I = Industria, S = Servicios (y Gobierno)

Recursos naturales: Petróleo, níquel, maderas poco comunes, pesca, chicle.

Industrias: Azúcar, textiles y ropa, muebles, productos químicos, petróleo, metales, caucho (goma), turismo.

COMERCIO

Productos de exportación: Café, azúcar, carne, bananos y frutas, cardamomo, vegetales, petróleo.

Mercados: 37% EUA, 28% MCCA, 5% Alemania.

Productos de importación: Combustibles, lubricantes, productos de petróleo, maquinaria industrial, vehículos de motor, hierro, acero, abono.

Proveedores: 44% EUA, 10% México, 5% Venezuela.

Horario general de comercio: De lunes a viernes, desde las ocho de la mañana hasta las seis de la tarde. El almuerzo se come normalmente entre el mediodía y las dos de la tarde.

TRANSPORTE Y COMUNICACIONES

Kilómetros de carreteras y % pavimentadas	Kilómetros de vías férreas	Nº de aeropuertos con pista de aterrizaje pavimentada	Nº de líneas telefónicas	Radios por mil personas	Televisores por mil personas
13,100 / 28%	884	12	429,700	52	45

IDIOMA Y CULTURA

Idiomas	Religión	Comidas y bebidas típicas / Modales
Español (oficial), 21 lenguas mayas (akateko, kíiché, kakchikel, kekchi, etc.), zinka y garífuna	Principalmente católico romano; protestante, maya tradicional	Tortillas de maíz, frijoles, arroz, tamales, plátanos fritos, carne, pollo, cerdo, café. Al terminar de comer, se suele decir «Muchas gracias» a lo cual se responde «Buen provecho».

Horario normal del almuerzo y de la cena: Sobre la una de la tarde para el almuerzo; entre las siete y las ocho de la noche para la cena.

Gestos: Al darse la mano en forma de saludo, el apretón es bastante más flojo que en otros países hispanos. Para señalar en una dirección, se frunce la boca hacia lo que se desea indicar. Para indicar sorpresa, asumbro o apuro, se agita la mano de manera vigorosa lo cual resulta en un chasquido de los dedos. Para llamarle la atención a alguien, se puede hacer un sonido de «tssst, tssst». Para decir adiós, la mano (con la palma hacia el cuerpo de uno) parece como si estuviera abanicándose. Para que se detenga un autobús o taxi, extender la mano hacia afuera con la palma hacia el suelo. Son obscenos los gestos de «A-Okay» y el higo (un puño con el dedo pulgar colocado entre el dedo índice y el dedo corazón)—ambos equivalen a «to give the finger».

Cortesía: Cuando se visita la casa de alguien para comer o cenar, traer para los anfitriones un regalito como flores (¡pero no blancas porque se asocian con la muerte!), chocolates o algo para la casa. Al estar de visita en casa de alguien, es descortés rehusar la oferta de un café, té o refresco con una meriendita. Al marcharse de la casa de alguien, se le agradece su hospitalidad y es común invitarlo a su vez a pasar por la casa de usted.

LA ACTUALIDAD ECONOMICA GUATEMALTECA

Guatemala, poblado mayormente por ladinos (56%) e indígenas (44%), es un país montañoso con un clima tropical y cálido en las tierras bajas y templado en la altiplanicie. Socioeconómicamente, depende muchísimo de la agricultura. Esta constituye un cuarto del PIB y más de la mitad de la mano de obra guatemalteca. También proporciona casi el 60% de la exportación nacional, destinada mayormente a EUA y al MCCA. Al entrar en los años 70, Guatemala empezó a beneficiarse de la paz (el fin de las guerras civiles) y de la creciente actividad del MCCA para lograr mayor estabilidad y avances económicos. Anteriormente, los bancos y las empresas y gobiernos extranjeros habían invertido dinero en la economía, y lentamente se habían desarrollado las industrias de petróleo, tejidos, alimentos y turismo. Durante un período esto les brindó trabajo a miles de guatemaltecos, y mejoró las condiciones de vida, aunque de una manera desigual, beneficiando a las clases altas.

Al firmarse los Convenios de Paz en 1996, los cuales pusieron en vigor la pena de muerte y la cesación de la violación grave de derechos humanos, la economía guatemalteca se ha regenerado algo, en especial las industrias de turismo y de telecomunicaciones. Con capital extranjero se han vuelto a construir nuevos hoteles, lugares de recreo y nuevos restaurantes tanto en la costa como en las grandes ciudades, y se ha aumentado la compra de terreno para construir nuevos centros mercantiles. La privatización y formación de antiguas y nuevas empresas, por otra parte, han modernizado el sistema de telecomunicaciones. Ahora algunas firmas telefónicas como GUATEL prestan servicios especiales a las grandes empresas tales como identificación de llamadas, correo de voz (o correo auditivo), *hot-line*, llamada en espera, seguimiento de llamadas, servicios de despertador, redes privadas de comunicaciones, redes virtuales dentro de la misma red y servicios con tarjetas prepagados. Además, el gobierno ha liberalizado su política económica para fomentar la inversión directa de capital extranjero, a la vez que ha tomado medidas para saldar la deuda internacional, reformar el sistema impositivo y bancario, y controlar la inflación, el valor y el cambio del quetzal.

Entre 1997–1998, Guatemala experimentó una serie de contratiempos tanto políticos y económicos como naturales, y el país casi se hundió en una serie de intentos de golpe de estado. Aunque no triunfaron, se inauguró una política de represión violenta que persiste hasta hoy, en especial contra los indígenas y los defensores de la reforma agraria. En cambio, los altos gastos y corrupción estatales así como el resultante endeudamiento del país, lo encaminaron hacia una recesión que restringió severamente su desarrollo económico y que, con la destrucción causada por el huracán *Mitch*, llevó el país a una crisis de la cual todavía no ha salido. El desafío nacional es cómo poder continuar con los pasos económicos positivos y el progreso logrado en algunos sectores durante la década de los noventa, mientras se buscan soluciones a graves problemas internos como la pobreza, la distribución equitativa de terrenos (reforma agraria), el analfabetismo, etc.

UNA VISTA PANORAMICA DE HONDURAS

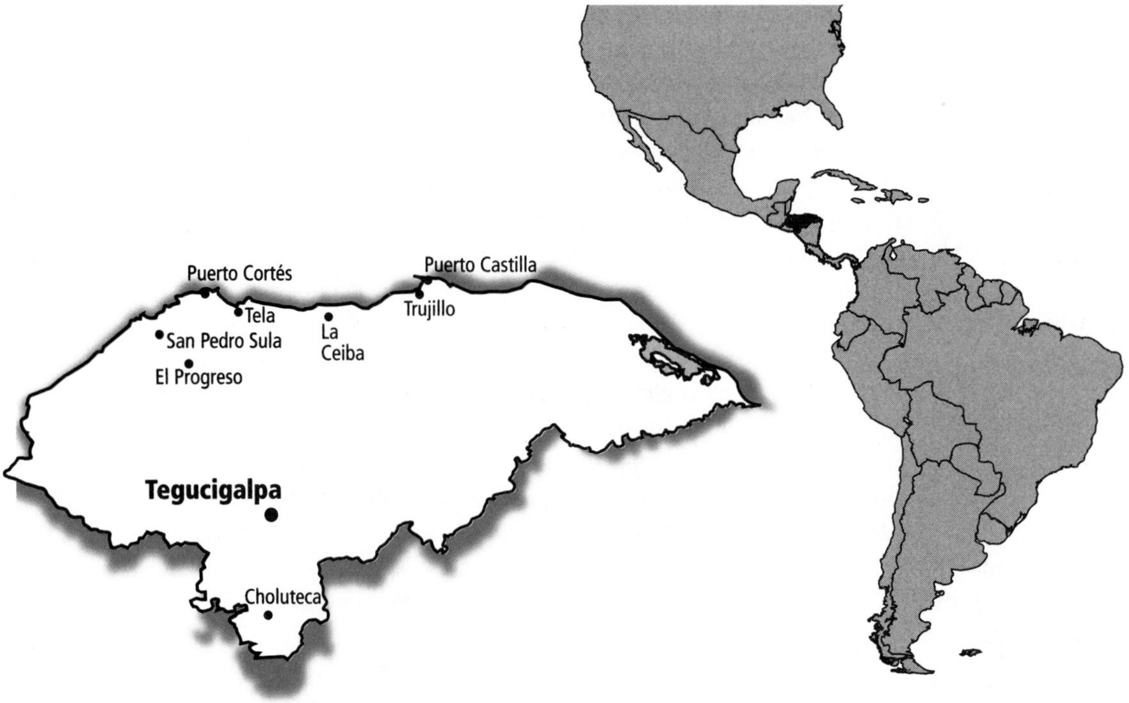

Nombre oficial:	República de Honduras
Gentilicio:	hondureño/a
Capital y población:	Tegucigalpa: 995,000
Sistema de gobierno:	República democrática constitucional
Jefe de Estado/ Jefe de Gobierno:	Presidente Carlos Flores Facussé
Fiesta nacional:	15 de septiembre, Día de la Independencia (1821: de España)

Honduras

GEOGRAFIA Y CLIMA

Area nacional en millas² y kilómetros²	Tamaño (comparado con EUA)	División política	Otras ciudades principales	Puertos principales	Clima	Tierra cultivable
43,270 m^2 112,100 km^2	Un poco más grande que Tenesí	Un distrito capital y 18 departamentos	San Pedro Sula, La Ceiba	Puerto Cortés, La Ceiba	Tropical y cálido en la costa, subtropical en las tierras bajas, templado en la altiplanicie y las montañas	15%

DEMOGRAFIA

Año y población en millones			% urbana	Distribución etaria		% de analfabetismo	Grupos étnicos
2000	2015	2025		<15 años	65+		
6.1	7.7	8.6	44%	41%	4%	27%	90% mestizo, 7% amerindio, 2% africano, 1% blanco europeo

ECONOMIA Y COMERCIO

Moneda nacional	Tasa de inflación 1998	N° de trabajadores (en millones) y tasa de desempleo		PIB 1997 en millones $EUA	PIB per cápita	Distribución de PIB y de trabajadores por sector			1998 Exportaciones en millones $EUA	1998 Importaciones en millones $EUA
						A	I	S		
El lempira	14.5%	1.3%	6.3%	$14,400	$2,400	20%	19%	61%	$1,300	$1,800
						37%	24%	39%		

Para distribución del PIB de los trabajadores (mano de obra): A = Agricultura, I = Industria, S = Servicios (y Gobierno)

Recursos naturales: Madera, oro, plata, cobre, plomo, cinc, hierro, antimonio, carbón, pesca.

Industrias: Azúcar, café, textiles y ropa, productos de madera, cemento, cigarros, productos alimenticios.

COMERCIO

Productos de exportación: Café, bananos y frutas cítricas, camarón y langosta, minerales, textiles, carne, madera, azúcar.

Mercados: 54% EUA, 7% Alemania, 5% Bélgica, 3% España.

Productos de importación: Petróleo y combustibles, maquinaria y equipo de transporte, bienes manufacturados, productos químicos, productos alimenticios.

Proveedores: 43% EUA, 5% Guatemala, 5% Japón, 4% Alemania, 3% México, 3% El Salvador.

Horario general de comercio: De lunes a viernes, desde las ocho de la mañana hasta el mediodía y luego desde la una hasta las cinco de la tarde. Los sábados, desde las ocho hasta el mediodía o hasta las dos de la tarde.

TRANSPORTE Y COMUNICACIONES

Kilómetros de carreteras y % pavimentadas	Kilómetros de vías férreas	Nº de aeropuertos con pista de aterrizaje pavimentada	Nº de líneas telefónicas	Radios por mil personas	Televisores por mil personas
14,173 / 22%	595	11	233,600	337	29

IDIOMA Y CULTURA

Idiomas	Religión	Comidas y bebidas típicas / Modales
Español (oficial), varios idiomas indígenas (miskito, towaka, etc.) y garífuna	97% católico romano, 3% protestante	Tortillas de maíz, frijoles, arroz, nacatamales, tapado, mondongo, topogios o charamuscas, pizza, bananos, piña, mango, coco, melón y otras frutas, café. No apresurarse durante la comida. Mantener las manos (no los codos) encima de la mesa al comer.

Horario normal del almuerzo y de la cena: Sobre la una de la tarde para el almuerzo; entre las seis y las ocho de la noche para la cena.

Gestos: Al darse la mano en forma de saludo, el apretón es bastante más flojo que en otros países hispanos. Para señalar en una dirección, se frunce la boca hacia lo que se desea indicar. Para indicar sorpresa, asumbro o apuro, se agita la mano de manera vigorosa lo cual resulta en un chasquido de los dedos. Para decir adiós, la mano parece como si estuviera abanicándose. Apretar fuertemente juntas las manos indica entusiasmo y aprobación. Tocarse bajo el ojo con el dedo índice es señal de ¡ojo!, tener cuidado. Para indicar que alguien es tacaño, colocar la mano, con la palma boca arriba, bajo el otro codo. Es obsceno el gesto del higo (un puño con el dedo pulgar colocado entre el dedo índice y el dedo corazón)—equivale a «to give the finger».

Cortesía: Hacer un saludo general a todos al entrar en un cuarto pero si se trata de una reunión bastante pequeña, saludar individualmente a cada persona al llegar y despedirse de cada una al marcharse. Cuando se visita la casa de alguien para comer o cenar, traer para los anfitriones un detalle como flores (¡pero no blancas porque se asocian con la muerte!), chocolates o algo para la casa. Durante una visita a la casa de alguien, es descortés rehusar los refrescos ofrecidos por un anfitrión.

LA ACTUALIDAD ECONOMICA HONDUREÑA

Honduras, lo mismo que Guatemala, es un país montañoso con un clima variado y templado en el interior, y tropical y cálido en las costas. Económicamente, depende de la agricultura, tal como ocurre en otros países centroamericanos. Desde los años setenta, la fuerza laboral ha sido una de las más grandes y de más rápido crecimiento de Centroamérica. Se cultivan principalmente el banano y el café. En 1984, empezó a participar en la Iniciativa de la Cuenca del Caribe, un organismo creado para modernizar los países más subdesarrollados de la región. Debido a los proyectos de investigación y desarrollo subvencionados por esta iniciativa, Honduras ha podido aumentar la exportación de algunos productos secundarios como madera, frutas cítricas, frijoles y maíz, principalmente a los EE.UU.

Ni el comercio ni la industria han experimentado ningún desarrollo comparable al de la agricultura. Honduras sigue exportando comestibles e importando materias primas y productos terminados. En realidad, a partir de los años ochenta, ha experimentado frecuentes períodos de descenso en todos los sectores económicos, y es uno de los países menos desarrollados de Centroamérica. Esta situación se debe a varios factores, pero en especial a la falta de capital, a la inestabilidad política y a una población cuyo índice de crecimiento es el más alto de las Américas (3,3%)

En los años noventa, Honduras empezó a enfrentarse con los problemas económicos que habían plagado al país por años. Redujo el déficit presupuestario y puso en vigor reformas que reestructuraban los sectores financieros, en especial la bolsa y la banca. Se atrajeron a más inversionistas y se lograron avances tecnológicos en el sistema bancario para automatizarlo. Por falta de capital, y debido a los altibajos en los ingresos del cultivo de la banana, entre otras cosas, sin embargo, su progreso económico ha sido muy lento. En verdad, a diferencia de los otros países hispanoamericanos, Honduras apenas ha emprendido una política de privatización de sus sectores económicos más importantes tales como el de telecomunicaciones, y la mayoría de las empresas sigue en manos del estado. Además, después del huracán *Mitch*, que destruyó casi la mitad de la infraestructura socioeconómica del país, dejando a miles de personas sin con qué vivir, no se sabe cuándo seguirá el gobierno la política de reforma que tanto le hace falta al país. En la actualidad, Honduras, el país más dañado por *Mitch*, está tratando de regenerarse, pero el proceso es lento.

Por otra parte, Honduras ha recibido ayuda financiera externa, principalmente de los EE.UU., y es el único país centroamericano que no ha devaluado su moneda nacional. Políticamente ha elegido libremente a Roberto Suazo (1981), José Azcona Huyo (1985), Rafael Leonardo Callejas (1989), Carlos Roberto Reina (1993) y a Carlos Flores Facussé (1997).

Los presidentes centroamericanos planearon la Cumbre de las Américas de 1994 en Tegucigalpa con Al Gore, el vicepresidente norteamericano durante la época de Bill Clinton.

ACTIVIDAD

¿Qué sabe Ud. de Guatemala y de Honduras?

1. Describa la geografía de Guatemala y de Honduras y trate temas relacionados como el tamaño de cada país, el clima, las ciudades y los puertos principales, y la división política del país.
2. ¿Cómo son Guatemala y Honduras demográfica y políticamente? ¿Quién es el jefe de estado/gobierno actual en cada nación?
3. ¿Cuándo es la fiesta nacional de cada país? ¿En qué otras fechas, respectivamente, hay fiestas públicas que afectarían un viaje de negocios? (Véase la Tabla 10-1 de las págs. 300–301.)
4. Describa la economía de Guatemala y de Honduras. ¿Cuál es la moneda nacional de cada país? ¿A cuánto está el cambio actual de cada moneda nacional con el dólar EUA? ¿Cómo se compara el PIB y la distribución del PIB de Guatemala con los de Honduras? ¿Con los de Puerto Rico?
5. ¿Cuáles son los principales productos y destinos de exportación de Guatemala y de Honduras? ¿Cuál sería un producto o servicio que usted recomendaría vender en cada país? ¿Por qué?
6. Compare la infraestructura de transporte y de comunicaciones en cada país.
7. ¿Cómo han cambiado algunos de los datos presentados en las secciones de **Vista Panoramica y Actualidad Economica**? Póngalos al día.
8. Comente usted sobre la actualidad socioeconómica y política de Guatemala y Honduras como si fuera usted un/a asesor/a que aconseja a un/a empresario/a interesado/a en la posibilidad de hacer negocios allá. ¿Cuáles son algunas realidades, oportunidades y problemas que usted haría resaltar y cuáles serían sus recomendaciones al/a la cliente?
9. Ud. tiene que hacer un viaje de negocios a las capitales de Guatemala y de Honduras con un/a colega para evaluar las situaciones financieras de dos empresas (una en cada país) que se han comunicado con su compañía sobre la posibilidad de recibir de

ésta unos préstamos de millones de dólares. Discuta los siguientes asuntos con un/a compañero/a de clase:

a. Los planes para el viaje (vuelos de ida y vuelta, aeropuertos de despegue y aterrizaje, costos, viáticos, etc.).
b. El alojamiento y transporte terrestre mientras están en cada capital.
c. La preparación de un presupuesto para el viaje.
d. Una lista de elementos que piensan incluir en su evaluación de la situación financiera de las empresas.
e. Las comidas y bebidas que van a pedir.
f. Las formas de cortesía y los gestos que deben recordar, usar o evitar.

LECTURA CULTURAL

Banca, contabilidad, comercio y ética

Por razones culturales e históricas, los hispanos y los estadounidenses han tenido, y siguen teniendo hasta cierto punto, ideas, principios, actitudes y desarrollos diferentes con respecto a la banca, la contabilidad y las transacciones mercantiles. Aunque los primeros bancos se establecieron en los EE.UU. y en España en 1781 y 1782, respectivamente, la banca estadounidense ha tenido una historia diferente de la hispana. Esta trayectoria se ha basado en la larga tradición financiera británica que remonta al siglo XIV, así como en EUA, la economía capitalista más grande y potente del mundo. Debido a esta evolución económica especial, los bancos estadounidenses han tenido que responder a necesidades y deseos financieros creados por transacciones mercantiles cada vez más extensas y complejas. Han tenido que inventar nuevos sistemas e instrumentos bancarios y contables, y han tenido que perfeccionar técnicas y métodos de administración y negociaciones para responder a nuevas realidades políticas, económicas y sociales. Esta situación bancaria estadounidense es evidente especialmente respecto a los préstamos.

Al extenderse las empresas mercantiles estadounidenses por todas partes del mundo, y al necesitar más capital, los bancos del país han otorgado varios tipos de préstamos—colaterales (garantizados por propiedad), hipotecarios (garantizados por bienes raíces), comerciales, etc.—y los han hecho a largo, a medio o a corto plazo. También han proporcionado servicios financieros que, por su variedad, alcance y automatización, quedan sin par en el mundo. En el pasado, sus clientes habían podido saldar sus cuentas y los bancos prosperaban. Sin embargo, en las últimas décadas esta realidad ha cambiado. Ahora los bancos estadounidenses tienen más deudores morosos que nunca, y han tenido que tomar medidas severas para proteger sus intereses. Desgraciadamente, no siempre han tenido éxito, como lo demuestra la quiebra de muchas instituciones financieras durante los ochenta y noventa.

Los hispanos, en cambio, han adoptado actitudes diferentes con respecto a la banca, la contabilidad y las transacciones mercantiles. Históricamente, no habían tenido el mismo interés en los negocios que los estadounidenses, ni habían visto la necesidad de acumular o invertir dinero. Por ser originarios de países mayormente agrícolas y poco capitalizados, no se habían sentido obligados a crear un sistema financiero igual al de los EE.UU. En verdad, como lo demuestran las historias de sus respectivos países, los hispanos, particularmente los de las clases altas, hasta muy recientemente han seguido la tradición española de los siglos XVI y XVII de depender de los banqueros extranjeros para invertir dinero. También, han recurrido a las antiguas costumbres de trueque y regateo, por su elemento personal, no sólo en las transacciones de los mercados al aire libre, sino también en las mercantiles y financieras más sofisticadas y grandes, como demostró la crisis financiera de Argentina en los años ochenta.

Ambas costumbres, tanto la de depender de los bancos extranjeros como la de recurrir a medios anticuados para realizar la compraventa, explican en parte las grandes deudas de estos países, a la vez que su resistencia a llevar a cabo transacciones en gran escala y de un modo impersonal. A los hispanos, lo que les ha importado y les sigue importando mucho es el trato personal, pese a los inconvenientes burocráticos que resultan a menudo. (En los bancos, por ejemplo, no es raro que uno tenga que pasar por varias ventanillas y esperar mientras se atiendan a otros clientes. Todo es parte de la atención personalizada y del aprecio que tiene el hispano por el individuo.) Por lo tanto, no es difícil comprender por qué muchos hispanos no vacilan en prestarle dinero a un pariente o a un amigo o a una amiga, sin pedirle nada en recompensa. Al mismo tiempo, explica por qué los extranjeros muchas veces necesitan «enchufe» o «palanca», o sea, un amigo que tenga influencia, para emprender y llevar a cabo un negocio en el mundo hispánico.

Por supuesto, al capitalizarse y aburguesarse, los países hispánicos han empezado a adoptar ideas, principios, actitudes y costumbres cada vez más similares a los de los EE.UU. Esto se nota especialmente en España, México, Argentina, Chile, Colombia y Venezuela donde, a base de la privatización y la fusión de empresas, hoy tenemos mayor uso de las normas de contabilidad, el empleo de sistemas tanto informáticos como de autoservicio y el afán de acumular e invertir dinero. No obstante estos adelantos, falta mucho para que los países hispanos alcancen económicamente las naciones más industrializadas, informatizadas y tecnológicamente desarrolladas.

ACTIVIDADES

A. ¿Qué sabe Ud. de la cultura?

1. ¿Cuál es la actitud general de la sociedad estadounidense ante la banca? ¿A qué se debe?
2. ¿Qué han tenido que hacer los bancos estadounidenses en vista de su avanzado desarrollo capitalista e informático?
3. ¿Cuál ha sido la historia y la actitud de los hispanos respecto a los negocios?
4. ¿Por qué le dan tanta importancia los hispanos a las relaciones y al trato social? ¿Cómo se manifiestan estos lazos sociales en términos comerciales?
5. Se dice que algunos países hispánicos ya son muy capitalistas. ¿Cuáles son estos países y cómo se manifiesta este nuevo fenómeno económico en la actualidad?
6. En su opinión, ¿cuáles son las ventajas y desventajas de la actitud económica hispánica y estadounidense? ¿Con cuál de ellas simpatiza Ud. más? Explique.

B. Minidrama cultural. Dramatice lo siguiente y conteste las preguntas.

Roberta O'Neil, estudiante de idiomas y comercio en una universidad estadounidense, está haciendo su práctica profesional con Petroleras Guatemaltecas en Puerto Barrios, cerca de la bahía de Amatique en el noroeste del país. Después de una semana en esta ciudad, decide abrir una cuenta corriente y otra de ahorros para llevar a cabo varias transacciones personales y comerciales. Va al Banco Comercial y al ver lo moderno del interior del banco, piensa que las costumbres bancarias guatemaltecas serán semejantes a las de Filadelfia, su ciudad. Pasa a la ventanilla de la primera cajera donde se entabla la siguiente conversación.

PRIMERA CAJERA	Buenos días, señorita. ¿En qué puedo servirle?
O'NEIL	Buenos días. Soy Roberta O'Neil, y quisiera abrir una cuenta corriente y otra de ahorros.
CAJERA	Lo siento, señorita. Aquí se sirve sólo a los que ya tienen cuentas. Pase, por favor, a la ventanilla cuatro. (Al decir esto, la cajera frunce la boca hacia la ventanilla cuatro.)
O'NEIL	Gracias. (Se acerca a la ventanilla cuatro.)

CAJERO	Buenos días. ¿En qué puedo servirle?
O'NEIL	Buenos días. Quisiera abrir una cuenta corriente y otra de ahorros.
CAJERO	Ud. es estadounidense, ¿verdad?
O'NEIL	Sí. Soy Roberta O'Neil de Filadelfia.
CAJERO	Bienvenida a Guatemala. Espero que le guste nuestro país. Es muy bonito. En cuanto a las cuentas que desea abrir, tiene que pasar a la ventanilla seis. (Frunce la boca hacia la ventanilla seis.)
O'NEIL	(Un poco irritada) Gracias.
CAJERA	Buenos días, señorita. ¿En qué puedo servirle?
O'NEIL	Quisiera abrir una cuenta corriente y otra de ahorros, pero me parece que es muy difícil hacerlo.
CAJERA	No, señorita, es fácil. ¿Tiene Ud. pasaporte y permiso para trabajar en Guatemala?
O'NEIL	Sí, aquí los tiene.
CAJERA	Gracias. Un momentito, por favor. (Se va y vuelve un rato después.)

(Mientras espera O'Neil, viene un señor guatemalteco y se pone delante de ella, entregándole a la cajera unos papeles. Además, saluda a la cajera y comienza a charlar con ella cordialmente. La cajera le sigue con interés el hilo de la conversación, preguntándole por la familia, el trabajo, etc.)

O'NEIL	(Nerviosa) Perdone, señorita, pero es mi turno, ¿no?
GUATEMALTECO	Ah, lo siento, señorita, pero pensaba que Ud. ya había terminado y que me tocaba a mí.
O'NEIL	(Ya irritada) Bueno, todavía no he terminado.
GUATEMALTECO	Pues, Amalia (dirigiéndose a la cajera), lo siento, pero tengo que irme a casa. Me espera toda la familia. Adiós, favor de saludar a tu papá. Nos vemos esta noche en casa de Tito y Carmen.
O'NEIL	(A la misma cajera) ¿Qué le pasa a ese señor? ¡Qué mal educado!
CAJERA	¿Perdón, señorita? Un poco de paciencia, por favor. Aquí tiene Ud. los formularios para abrir las cuentas que desea. Llénelos y pase a la ventanilla catorce. (Frunce la boca hacia la ventanilla catorce.)

O'NEIL Gracias y adiós. (A sí misma) ¡Qué rara es la gente guatemalteca! Parece que todos tienen un tic nervioso en la boca.

¿Qué tiene que aprender todavía la señorita O'Neil? Defienda su selección.

1. Los guatemaltecos son muy agresivos y mal educados.
2. Los guatemaltecos no respetan a los extranjeros.
3. Los guatemaltecos tienen otras normas de conducta bancarias.

¿Por qué piensa la señorita O'Neil que todos tienen un tic nervioso? En realidad, ¿qué significa este gesto de fruncir la boca?

SINTESIS COMERCIAL Y CULTURAL

Actividades comunicativas

A. Situaciones para dramatizar. Lea las siguientes situaciones, y después haga el papel en español con otro/s estudiante/s, usando una de las posibilidades siguientes como punto de partida. Cada persona deberá tomar un papel activo en la dramatización. No se olviden del protocolo ni de las cortesías.

1. You are a representative of the Inter-American Development Bank *(Banco Interamericano de Desarrollo)* which was funded to help finance economic development projects in the Americas. The bank has loaned the Guatemalan government several million dollars in notes *(pagarés)* to build needed housing in Quetzaltenango, the second largest city in that country. You are in Guatemala City because the government has not paid the first note which was due five months ago. You discuss the following with a representative of the Ministry of Finance.
   a. Reasons for the non-payment
   b. Possible solutions to the problem (partial payment, rescheduling the loans, etc.)

   In your discussion you come to realize that each of you has different views on borrowing, lending, and repayment—yours more typically American (insistence on paying on time, etc.) and his/hers more typically Honduran (appealing somewhat to the lender's good will and understanding). Try to resolve the problem tactfully.
2. You are an auditor for a U.S. bank on assignment in Tegucigalpa to review the financial books and statements of its Honduran branch. After examining the necessary documents, you discuss the following with the branch's chief accountant.

a. The need for bank employees to adhere to the parent bank's policies and practices on making the appropriate entries and keeping all journals and ledgers up-to-date
b. The practice of giving preferential treatment for various bank transactions, especially to close friends or relatives

During your conversation, you encounter resistance from the Honduran accountant who defends some of the very customs that you are questioning. Try to come to a mutually satisfactory agreement on procedure.

B. Ud. es el/la intérprete. Manuel Ubico Barrios, hombre de cincuenta años, y recién llegado de Guatemala, entra al banco donde trabaja Ud. para abrir una cuenta corriente. Habla muy poco inglés. Se acerca al escritorio de la Srta. Margaret Peters, la directora y empieza a hablarle en español. Peters, quien no habla español, no logra comprenderlo y le pide ayuda a Ud.

Haga Ud. el papel de intérprete entre estos dos individuos. Traduzca del inglés al español y del español al inglés, sin mirar el texto escrito, el diálogo que leerán otros dos estudiantes en voz alta. Ellos harán una pausa después de cada raya para permitir su traducción. Acuérdense todos de usar un tono de diálogo natural.

SRTA. PETERS	Please have a seat. / My name is Margaret Peters / and this is ____________ who will serve as our intrepreter How may we help you?
INTERPRETE	____________________________________
SR. UBICO	Buenos días. Gracias. / Me llamo Manuel Ubico Barrios / y quisiera abrir una cuenta corriente.
INTERPRETE	____________________________________
SRTA. PETERS	Would you like an individual or a joint account?
INTERPRETE	____________________________________
SR. UBICO	Una cuenta conjunta, por favor, / para mi esposa y para mí.
INTERPRETE	____________________________________
SRTA. PETERS	Fine. You will have to fill out this form / and you and your wife will need to sign this card. / Then you must return everything to me. / How much do you wish to deposit?
INTERPRETE	____________________________________
SR. UBICO	Dos mil dólares. / ¿Cobra el banco por los cheques?
INTERPRETE	____________________________________

SRTA. PETERS Yes and no. You pay ten cents for each check / unless you keep a minimum balance of $250 in your account. / In that case, you pay nothing. / You will also receive 4% interest on your account.

INTERPRETE ______________________________

SR. UBICO ¿Puedo obtener cheques personalizados?

INTERPRETE ______________________________

SRTA. PETERS Yes. You can select one of these colors and designs. / By the way, we should also inform you that the bank offers a wide range of services, / from savings accounts and time deposits / to various types of investments.

INTERPRETE ______________________________

SR. UBICO No tengo mucho dinero ni tampoco soy buen inversionista. / Con tal que mi esposa y yo tengamos lo suficiente para vivir cómodamente, / no nos preocupa demasiado el dinero.

INTERPRETE ______________________________

SRTA. PETERS Very well. If we can be of further help, please let us know.

INTERPRETE ______________________________

C. Actividad empresarial. Usted y sus compañeros de clase trabajan para USCAN, S.A. Por ser especialistas en contabilidad y por saber español, se les ha asignado a Uds. hacer lo siguiente:

1. Explicar las transacciones hechas en las figuras de 4-1 a 4-4, indicando:
   a. a qué estado contable pertenece cada una
   b. por qué se realizaron y con qué resultados
   c. cuál es el estado financiero de la empresa

Repartan lo asignado de modo que todos colaboren. Luego, discutan sus análisis con sus compañeros/as de clase.

D. Caso práctico. Lea el caso y conteste las preguntas a continuación.

Eagle Fidelity es uno de los bancos comerciales más grandes de los EE.UU. A fines del último año fiscal, ya tenía más de cincuenta mil millones de dólares en activos, y su estado financiero indicaba una tasa de crecimiento superior a la de los demás bancos de su clase. Debido a esta situación favorable, el alto mando de Eagle Fidelity decide extender sus operaciones y colocar parte de su capital en nuevas inversiones tanto dentro como fuera del país.

Para su expansión extranjera el alto mando elige a Honduras, porque a pesar de su deuda internacional, este país todavía tiene una de las monedas regionales más estables y ofrece unas inversiones y ganancias muy lucrativas, especialmente en alimentos. Eagle Fidelity manda a dos gerentes a Tegucigalpa —uno de marketing y otro de contabilidad— para investigar la posibilidad de invertir capital en Alimentos Calidad, S. de R.L., una compañía que elabora comidas preparadas. Según los informes económicos más recientes, esta empresa ha tenido un éxito fenomenal en Centroamérica.

Al llegar a la capital, los gerentes estadounidenses procuran ver a los dueños de Alimentos. Al principio, tienen mucha dificultad en pasar la primera y segunda líneas de defensa: la recepcionista y la secretaria del director de finanzas. Dos días después, mediante una persona que tiene «enchufe» con Alimentos, logran ver a uno de sus dueños. Inmediatamente, tratan de discutir con él la inversión que proponen hacer, pero el hondureño prefiere hablar primero de la visita de ellos a su país. Así pasan una media hora antes de tratar el tema de la reunión. Entonces, el dueño, algo interesado en la propuesta estadounidense, se pone a hablar efusivamente de su compañia y de sus éxitos comerciales. Hace constar, en particular, el ser el primero en la producción y ventas de alimentos preparados en toda Centroamérica y el tener una planta y oficinas supermodernas. Todo esto impresiona mucho a los dos gerentes estadounidenses. Al ver la reacción positiva de éstos, el dueño se pone más entusiasmado y cordial. Cambia de actitud, sin embargo, cuando los estadounidenses piden ver el estado financiero de Alimentos. El dueño responde que esta información es privilegiada, pero que si ellos quisieran asegurarse de la solvencia de la compañía, podrían hablar con los acreedores de Alimentos, en especial con el Banco Cariblántico. Entretanto, los tres hombres discuten y se ponen de acuerdo provisionalmente sobre un préstamo de veinte millones de lempiras a una tasa de interés anual del 14%, pagadero a un plazo de cinco años. Poco después, se despiden.

Más tarde los contables estadounidenses confirman que, pese a algunos estados financieros menos completos que los que suelen hacerse en los EE.UU., Alimentos, salvo un breve período de dificultad financiera, ha sido y sigue siendo una compañía muy rentable. Los representantes de Eagle Fidelity deciden que pueden hacer una de las siguientes recomendaciones al alto mando en Miami.

a. no emprender la inversión

b. hacer una investigación más detallada de la empresa

c. otorgar el préstamo discutido

CONTESTE LAS SIGUIENTES PREGUNTAS

1. ¿Cuál es el estado financiero de Eagle Fidelity?
2. ¿Por qué quiere invertir su capital en Honduras? ¿En Alimentos Calidad, S. de R.L.?
3. ¿Qué inconvenientes encuentran los representantes de Eagle Fidelity en Tegucigalpa? ¿Los resuelven todos?
4. ¿Cuál de las recomendaciones señaladas le haría Ud. al alto mando de Eagle Fidelity? ¿Por qué?

ANALISIS Y COMPARACION

Estudie la siguiente tabla comparativa y haga los ejercicios a continuación. Use también sus propios conocimientos y, cuando haga falta, otras fuentes informativas como el diccionario, el *Almanaque mundial*, el internet, etc. Los ejercicios se pueden hacer individualmente, en parejas o en pequeños grupos para discutir en clase.

TABLA 4-1 **Los países hispanoparlantes y Estados Unidos: área nacional (en millas^2 y en kilómetros^2) y comparación de tamaño con EUA, división política, población nacional en el año 2000 y proyecciones de crecimiento poblacional para los años 2015 y 2025** [Fuentes: *U.S. Bureau of the Census, U.S. Department of State Background Notes, CIA World Factbook 1999, The World Almanac and Book of Facts 2000*]

PAIS	AREA NACIONAL EN MILLAS^2 Y EN KILOMETROS^2 Y COMPARACION CON EUA	DIVISION POLITICA	POBLACION 2000 (EN MILLONES DE PERSONAS)	POBLACION 2015 (EN MILLONES DE PERSONAS)	POBLACION 2025 (EN MILLONES DE PERSONAS)
Argentina	1,068,300m^2 / 2,736,690 k^2 (4 x TX = 4 veces el tamaño de Tejas)	Un distrito federal y 23 provincias	37.2	44.2	48.2
Bolivia	424,000 m^2 / 1,098,580 k^2 (TX + CA)	9 departamentos	8.1	10.5	12.0
Chile	302,778 m^2 / 756,945 k^2 (2xCA)	13 regiones y 51 provincias	15.2	17.5	18.7

Tabla 4-1 cont.

PAIS	AREA NACIONAL EN MILLAS^2 Y EN KILOMETROS^2 Y COMPARACION CON EUA	DIVISION POLITICA	POBLACION 2000 (EN MILLONES DE PERSONAS)	POBLACION 2015 (EN MILLONES DE PERSONAS)	POBLACION 2025 (EN MILLONES DE PERSONAS)
Colombia	440,000 m^2 / 1,200,000 k^2 (2xMT)	Un distrito capital y 32 departamentos	40	51	58.3
Costa Rica	19,652 m^2 / 51,032 k^2 (<WV = un poco más pequeño que WV)	7 provincias	3.7	4.7	5.3
Cuba	44,200 m^2 / 110,860 k^2 (PA)	14 provincias y un municipio especial	11.1	11.6	11.7
Ecuador	109,500 m^2 / 283,560 k^2 (CO)	22 provincias	12.8	15.9	17.8
El Salvador	8,260 m^2 / 21,476 k^2 (MA)	14 departamentos	5.9	7.3	8.4
España	194,884 m^2 / 504,750 k^2 (2xOR)	17 comunidades autónomas, 47 provincias	39.2	38.7	36.8
Guatemala	42,000 m^2 / 108,780 k^2 (TN)	22 departamentos	12.6	18.3	22.3
Guinea Ecuatorial	10,831 m^2 / 28,050 k^2 (MD)	2 regiones y 7 provincias	0.48	0.70	0.88
Honduras	43,270 m^2 / 112,100 k^2 (TN)	Un distrito capital y 18 departamentos	6.1	7.7	8.6
México	761,600 m^2 / 1,972,500 k^2 (3xTX)	El Distrito Federal y 31 estados	102	127	142
Nicaragua	50,446 m^2 / 130,688 k^2 (NY)	15 departamentos y 2 regiones autonomistas	5	6.8	8.1
Panamá	29,762 m^2 / 77,381 k^2 (SC)	9 provincias y 2 comarcas (territorios)	2.8	3.4	3.8
Paraguay	157,047 m^2 / 406,752 k^2 (CA)	El Distrito Capital y otros 17 departamentos	5.6	7.8	10

Tabla 4-1 cont.

PAIS	AREA NACIONAL EN MILLAS^2 Y EN KILOMETROS^2 Y COMPARACION CON EUA	DIVISION POLITICA	POBLACION 2000 (EN MILLONES DE PERSONAS)	POBLACION 2015 (EN MILLONES DE PERSONAS)	POBLACION 2025 (EN MILLONES DE PERSONAS)
Perú	496,225 m^2 / 1,285,220 k^2 (3xCA)	12 regiones, 24 departamentos y una Provincia Constitucional	27	34.5	39.2
Puerto Rico	3,508 m^2 / 9,104 k^2 (2xRI)	78 municipios	3.9	4.1	4.1
República Dominicana	18,704 m^2 / 48,442 k^2 (3xRI)	Un distrito nacional y otras 29 provincias	8.3	10.4	11.8
Uruguay	68,000 m^2 / 176,000 k^2 (OK)	19 departamentos	3.3	3.7	3.9
Venezuela	352,143 m^2 / 912,050 k^2 (2xCA)	Un distrito federal, 22 estados, una dependencia federal	23.6	29	32.5
EUA	3,717,796 m^2 / 9,629,091 k^2	El Distrito de Columbia y 50 estados	275	310	335

1. ¿Cuáles son los cinco países hispanos más grandes? ¿De qué tamaño es cada uno en términos de millas^2 y kilómetros^2? ¿Cuáles son los tres países hispanos más pequeños?
2. En cuanto a tamaño, ¿con qué estado/s de EUA se comparan Cuba, España, México, Chile, Uruguay, Argentina y Venezuela? ¿Cómo se comparan los siguientes países con el lugar (estado o país) donde usted vive ahora: Nicaragua, Colombia, Paraguay y Perú?
3. Compare el tamaño de los siguientes países: España y Argentina, Chile y México, Uruguay y Colombia, Venezuela y Cuba. (Ejemplo: Argentina es 6.8 veces más grande que Paraguay).
4. ¿Cómo se relaciona el tamaño de un país con la infraestructura de transportes del mismo?

5. Al hablar de la división política de un país, ¿qué diferencias hay entre regiones, provincias, estados y departamentos? ¿Qué quiere decir «región autónoma»? ¿Cuáles son algunas de la regiones autónomas de España?
6. ¿Que es un «distrito federal» o «distrito capital»? ¿Cuáles son los países hispanos que tienen esta división política?
7. ¿Cuáles son los tres países hispanos de mayor población en el año 2000? ¿Cuáles son los tres de menor población? Haga un gráfico lineal o circular *(line or pie chart)* de comparación entre estos seis países.
8. ¿Cuánto aumentará la población de México entre los años 2000 y 2015? ¿Entre 2015 y 2025? ¿Y entre 2000 y 2025? Haga los mismos cálculos para otros dos países hispanos que usted seleccione.
9. ¿Cuál es el único país hispano que experimentará una reducción poblacional entre los años 2000, 2015 y 2025? Eplique. ¿Será algo positivo o negativo esta reducción poblacional? Explique.
10. Como consultor/a para una empresa multinacional que planea entrar en el mercado hispano, haga una breve presentación de resumen (o discuta el tema con sus compañeros de clase) de las proyecciones poblacionales para los países hispanos en su totalidad entre los años 2000 y 2025. ¿Crecerá este gran mercado hispanohablante o no? Explique.

Vocabulario

Aquí se presentan los principales términos relacionados con este capítulo. Al final del libro hay un glosario más completo.

abonar • *to pay*
a corto (largo, medio) plazo • *in, the short (long, mid-) term*
acreedor • *creditor*
activo • *assets*
ahorrar • *to save*
ahorros • *savings*
ahorro-depósito • *savings deposit*
al contado • *cash*
a plazo fijo • *fixed term*
arriendo • *rent, lease*
asentar *(ie)* • *to note, enter*
asesoramiento • *advice, consultation*
asiento • *entry*
auditoría • *auditorship, auditing*
balance de comprobación *(m)* • *trial balance*
balance general • *balance sheet*
banquero/a • *banker*

Vocabulario cont.

billón • *trillion in U.S. system*
caja • *cash register*
___ de ahorros • *savings bank*
___ de seguridad • *safety deposit box*
cajero/a • *cashier*
cancelar • *to pay off, settle*
capital pagado • *owner's equity*
capital social *(m)* • *capital stock*
cobrar • *to cash, charge*
conjunto *(adj)* • *joint (account)*
contable *(m/f)*; contador/a *(s adj)* • *accountant, accounting*
___ fiscal • *government accountant*
___ público titulado • *certified public accountant*
contaduría • *accounting*
costo de ventas • *cost of goods sold*
cuenta • *account*
___ conjunta • *joint account*
___ mancomunada • *joint account*
___ por cobrar • *account receivable*
___ por pagar • *account payable*
custodiar • *to keep, hold, take care of*
cheque • *check*
___ al portador *(m)* • *check to the bearer*
___ bancario • *bank check*
___ de administración • *cashier's check*
___ en descubierto, sin fondos • *overdrawn check (NSF: Insufficient funds)*
___ nominativo • *check to a designated payee*
debe • *to owe, debt*
débito • *debit*
depositante *(m/f)* • *depositor*
depósito • *deposit*
___ a la demanda • *demand deposit*
___ a plazo fijo • *time deposit*
devengar • *to yield, earn (interest)*
devolución • *refund, repayment*
diario • *book of original entry, general journal*
efectivo • *cash*
equipo de almacén • *plant equipment*
ejercicio • *accounting period, fiscal year*
enchufe *(m)* • *"pull," influence*
endosante *(m/f)* • *endorser*
endosar • *to endorse*
endosatario/a • *endorsee*
enterarse de • *to find out*
estado • *statement*
___ contable • *accounting statement*
___ de flujo de caja • *cash flow statement*
___ de ganancias retenidas • *statement of retained earnings*
___ de ganancias y pérdidas • *profit and loss statement*
___ financiero • *financial statement*
factura • *invoice*
flujo de caja • *cash flow*
___ de efectivo • *cash flow*
formulario • *(printed) form*
ganancias retenidas • *retained earnings*
gastos • *costs, expenses*
girado/a • *drawee*
girador/a • *drawer of check or draft*
girar • *to draw, issue*
haber • *credit, assets*
hacer constar • *to point out, indicate*
importe *(m)* • *amount, price, cost*
ingreso • *receipt, revenue, income*
letras por pagar • *bills (of exchange) payable*

Vocabulario cont.

librado/a • *drawee*
librador/a • *drawer*
librar • *to draw or issue*
libro mayor • *ledger*
mancomunado *(adj)* • *joint*
obligaciones • *liabilities*
otorgar • *to give, grant*
pagaré *(m)* • *promissory note (I.O.U.)*
pase *(m)* • *entry (ledger)*
pasivo • *liabilities*
___ circulante • *current liabilities*
___ fijo • *fixed liabilities*
patrimonio • *wealth, estate capital, net worth*
pedir prestado • *to borrow*
portador/a • *bearer*
prestamista *(m/f)* • *lender*
préstamo comercial • *commercial loan*
prestatario/a • *borrower*
presupuesto • *budget*
recaudo • *collection*
recibo • *receipt*
rentabilidad • *profitability*
retirar • *to withdraw*
saldo • *balance of an account*
___ acreedor • *credit balance*
___ deudor • *debit balance*
___ de utilidad neta • *net profit*
so pena de • *under penalty of*
tenedor/a • *holder, bearer*
tipo • *rate (of interest, exchange)*
tomar prestado • *to borrow*
viáticos • *travel allowance, expenses*

CAPITULO

5 Los bienes raíces y el equipo

The best investment
on earth is earth.

Louis Glickman

Real estate is
the closest thing
to the proverbial
pot of gold.

Ada Louise Huxtable

Generación va y
generación viene,
mas la tierra siempre
permanece.

Proverbio

Una obra de construcción en España. ¿Que ocurre en esta obra de construcción (construction site)? ¿Qué hacen en este terreno? ¿Por qué?

PREGUNTAS DE ORIENTACION

Al hacer la *Lectura comercial,* piense Ud. en las respuestas a las siguientes preguntas.

- ¿Qué tipo de inversión representa la adquisición de terreno, de local y de equipo?
- ¿Qué factores entran en la decisión de dónde establecer una empresa o planta manufacturera?
- ¿Cuáles son algunas de las funciones de los corredores de bienes raíces?
- ¿Qué es un contrato de arrendamiento?
- ¿Quiénes son el arrendador y el arrendatario?
- ¿Cuáles son algunas de las estipulaciones que se incluyen en un contrato de arrendamiento de local de negocios?
- ¿Cómo se diferencia el propósito del equipo y de la maquinaria para una empresa, del propósito de su inventario?
- ¿Qué es la depreciación?
- ¿Cómo funciona el método lineal para medir la depreciación de una máquina comercial o industrial?
- ¿Qué es la plusvalía?

Breve Vocabulario Útil

arrendamiento • *lease, rent*
bienes inmuebles • *real estate*
bienes raíces *(m)* • *real estate*
corredor/a • *agent, broker*
equipo • *equipment*
inmobiliaria *(f)* • *real estate agency*
inmobiliario/a • *(adj) real estate*
local *(m)* • *premises, establishment, site*
materia prima • *raw material*
oferta • *offer*
plusvalía • *gain in value, appreciation*
seguro • *insurance*
terreno • *land, property*

LECTURA COMERCIAL

Las inversiones de capital a largo y a corto plazo

La adquisición de terreno, de local y de equipo representa una inversión de capital a largo plazo. Es decir, son propiedades físicas (no intangibles como una patente o marca registrada) de larga vida para usarse o como inversión o en la producción y la venta de bienes y servicios.

Una de las decisiones más importantes para un negocio es dónde situarlo. Los bienes raíces pueden ser urbanos o municipales, o rurales o agrícolas. Lerner y Baker explican que esta decisión debería tener presente los siguientes factores: el costo de adquisición de propiedad (terreno o solar) y edificios; la proximidad a los mercados; la estabilidad del mercado; y el acceso a los recursos necesarios como la materia prima, la fuerza laboral y la energía que se necesitará para operar el negocio. También es importante considerar la estructura impositiva (los impuestos que se tendrán que pagar) y las regulaciones locales. Otros factores son la oportunidad de expansión que ofrece el local y la disponibilidad de servicios de policía y de bomberos. Para los empleados serán importantes los factores de vivienda, escuelas y acceso a los centros de compras (*Theory and Problems of Introduction to Business*, pág. 182).

Para tramitar la compraventa o el arrendamiento de un local, se acude generalmente a una agencia de bienes raíces o inmuebles, también llamada inmobiliaria. Intervienen en esta transacción los corredores, cuya función es reunir a compradores con vendedores. Los corredores ayudan con el financiamiento y la consecución de un préstamo hipotecario (de un banco, una unión de crédito u otra institución crediticia), así como con las cuestiones de primas de seguros (contra incendio, robo, etc.) y el traspaso del título de la propiedad, por lo cual reciben un corretaje o una comisión. El traspaso del titulo se realiza muchas veces con la ayuda de un abogado.

En general, después de asegurarse de que la propiedad está en buenas condiciones físicas y que el edificio o edificios servirán para las operaciones del negocio, se hace una oferta, y en el caso de que sea aceptada, será necesario hacer un pago inicial. Si se desea arrendar un local en lugar de comprarlo, para así evitar un alto gasto inicial de fondos, se tendrá que firmar un contrato de arrendamiento del local de negocio, cuyo texto sería semejante al modelo de contrato presentado en este capítulo.

Con la excepción del terreno comercial, todos los activos en forma de local y de equipo tienen una vida limitada. Los edificios, el equipo y la maquinaria se desgastan gradualmente a lo largo de los años, a diferencia del inventario y otros artículos y materiales que se compran para la reventa al público o para ser agotados por el uso de la empresa a corto plazo. Según la actividad comercial de una empresa, un mismo elemento puede considerarse como parte del equipo o parte del inventario. Ejemplo de esto sería la compra de varias camionetas. Para un florista representarían parte del equipo necesario para el reparto de los pedidos de flores; para un concesionario de automóviles, serían parte de su inventario.

El agotamiento de un activo se mide en términos de la depreciación del mismo. Bernard y Colli definen la depreciación como la «disminución de valor de un elemento del activo . . . debida al desgaste, a la obsolescencia o sencillamente a las variaciones de precio en el mercado del bien en cuestión» (*Diccionario económico y financiero*, pág. 500). La depreciación es un concepto contable para propósitos impositivos. Aunque hay varios modos de calcularla, el método lineal es el más fácil. Al usar este método (en general para máquinas y equipo que se desgastan uniformemente cada año) se calcula la depreciación de la siguiente manera: la base de depreciación dividida por la vida útil en años da por resultado el gasto anual de depreciación. La base de depreciación es el costo del equipo menos su valor de recuperación. Por ejemplo, se compra una máquina por $21,000, con un valor de recuperación de $1,000 después de una

CONTRATO DE ARRENDAMIENTO

En Valencia, a doce de marzo de mil novecientos noventa y siete: REUNIDOS, de una parte, DON JULIAN GARCIA, vecino de Valencia... el cual comparece en nombre propio, y de otra parte, DOÑA PILAR RAMIREZ... la cual comparece como representante legal de la empresa SERGIO BALLESTER SOCIEDAD ANONIMA, con sede en Valencia...
Todos los comparecientes con plena capacidad legal, y con el carácter que comparecen, libre y espontáneamente.

MANIFIESTAN

PRIMERO. Que don Julián Garcia es propietario de un local situado en planta baja, calle Balaguer esquina a calle San Andrés. SEGUNDO. Es del interés del mencionado propietario el arrendar el citado inmueble, y es interés de la entidad SERGIO BALLESTER SOCIEDAD ANONIMA el tomarlo en alquiler, por lo cual ambas partes llevan a cabo su interés, y en este acto y por medio del presente documento, DON JULIAN GARCIA arrienda la entidad a SERGIO BALLESTER SOCIEDAD ANONIMA, que acepta el arrendamiento del local indicado en la anterior manifestación y en base a las siguientes

ESTIPULACIONES

I. La renta convenida por ambas partes, del local objeto del presente contrato, es de UN MILLON DOSCIENTAS MIL PESETAS al año, pagaderas a 100.000 Ptas. cada mes, por anticipado, en el domicilio del propietario, del 1 al 5 de cada mes.
II. El plazo de duración de este contrato será de un año a contar desde la fecha del presente contrato, siendo prorrogado tácitamente a voluntad del arrendatario por mensualidades sucesivas.
III. En la renta pactada no se encuentra incluido el costo de ningún servicio ni suministro del local...los cuales son de cuenta de la firma arrendataria... electricidad, agua, teléfono, gas.
IV. Sobre la renta convenida...Se repercutirá el IVA que legalmente corresponda, siendo en el presente año el 12 por ciento.
V. En el supuesto de que haya pasado el plazo contractual del primer año, continuará vigente el presente contrato, la renta convenida será variada en más o menos cada DOCE MESES...
VI. El arrendatario reconoce que el estado del local está en perfectas condiciones de ocupación, no obstante, se compromete a realizar a sus expensas cuantas reparaciones fueren necesarias introducir para poder destinarlo a su negocio, así como cualquier otra que fuere necesaria en el futuro para mantener el local en buen estado. Se autoriza a la entidad arrendataria para que... pueda realizar las reformas que estime necesario introducir para adaptar el local a sus necesidades, siempre y cuando no afecten a la estructura del local ni derechos de terceros, y obteniendo previamente los correspondientes permisos oficiales.
VII. El arrendatario hace entrega en este acto al propietario de CIENTO SETENTA Y CINCO MIL PESETAS, como fianza del presente contrato, y con base en lo previsto en la vigente Ley de Arrendamientos Urbanos, sirviendo el presente documento de formal y eficaz carta de pago. Estando todas las partes conformes, firman seguidamente de conformidad, sujetándose todos ellos a la Jurisdicción de los Tribunales de Valencia para interpretación o cumplimiento del presente contrato.*
CONFORMES: ______________ ______________

*Muestra de contrato español proporcionada por el Sr. J. Ed Ramsey, Director de Ventas Internacionales de La Taylor Ramsey Corporation en Lynchburg, Virginia.

vida útil de cinco años. Su gasto de depreciación anual sería $4,000 ($20,000 dividido entre cinco años). La depreciación acumulada sería $4,000 para el primer año, $8,000 para el segundo, $12,000 para el tercero, etc., lo cual se podría interpretar también como una tasa anual de depreciación del 20% (100% dividido entre cinco años).

En las inversiones de capital a largo plazo, el terreno comercial generalmente no sufre depreciación. Usualmente ocurre todo lo contrario, es decir, que el terreno experimenta una plusvalía, o sea, un aumento de su valor.

ACTIVIDADES

A. ¿Qué sabe Ud. de negocios? Vuelva Ud. a las preguntas de orientación que se hicieron al principio del capítulo y a las preguntas que acompañan las fotos y contéstelas en oraciones completas en español.

B. ¿Qué recuerda Ud.? Indique si las siguientes oraciones son *verdaderas* o *falsas* y explique por qué.

1. Toda empresa comercial requiere edificio y equipo para realizar sus operaciones.
2. La cobertura de seguro médico es un factor importante para los empleados en la cuestión de dónde establecer una empresa.
3. La naturaleza de una compañía o planta no es un elemento determinante en la decisión de dónde debe establecerse.
4. Los corredores de bienes inmuebles sirven para reunir a prestamistas con banqueros.
5. El terreno, el local y el equipo son ejemplos de propiedades intangibles.
6. El terreno comercial tiene una vida limitada, al igual que los edificios y el equipo.
7. La depreciación y la plusvalía son sinónimos.

C. Exploración de sus conocimientos y opiniones personales. Haga los siguientes ejercicios, usando sus propios conocimientos y opiniones personales.

1. Dé algunos ejemplos en los cuales la naturaleza de una empresa comercial determinaría su local. Explique por qué.
2. ¿Qué elementos consideraría Ud. al decidir si un terreno y un edificio están en buenas condiciones físicas?
3. ¿Bajo qué circunstancias compraría Ud. un terreno o un edificio comercial en lugar de arrendarlos?

4. Dé ejemplos de artículos y materiales que se agotan con el uso de una empresa a corto plazo.
5. ¿Qué es la plusvalía de un terreno y por qué ocurre?
6. Describa algunas circunstancias bajo las cuales un terreno podría perder valor (e.g., la contaminación del agua, etc.).
7. ¿Cómo se relacionan los dichos al principio del capítulo con los temas tratados?

D. Al teléfono. Haga las siguientes llamadas telefónicas a otro/a estudiante de la clase. Cada persona deberá tomar un papel activo en la conversación.

1. Ud. es uno de los socios de una pequeña empresa en busca de un nuevo local para sus operaciones. Llame a otro socio para decirle que ha encontrado un lugar perfecto para arrendar. Describa dónde está situado el edificio y por qué piensa Ud. que será un lugar ideal.
2. Ud. es un/a corredor/a de bienes raíces. Llame a un/a cliente pare explicarle que ya no podrá alquilar el local que le interesaba. Exponga las razones y luego háblele de otra posibilidad atractiva.
3. Ud. es el/la propietario/a de un edificio cuyo alquiler no se recibió a primeros del mes, tal como fue convenido. Llame al/a la arrendatario/a y pídale la mensualidad.

E. Navegando el internet. Su jefe/a les ha mandado a Ud. y a un/a compañero/a de trabajo investigar la compra de una casa en San Salvador o en San José, puesto que la compañía donde trabajan piensa mantener a largo plazo sus operaciones en ambos países. Ustedes piensan que la mejor estrategia sería dividir la tarea de esta investigación preliminar, y deciden hacer lo siguiente:
Navegar el internet en español, buscando especialmente los sitios virtuales de bienes raíces o inmuebles en El Salvador y en Costa Rica con algunas de las siguientes palabras claves u otras que Uds. conozcan o encuentren:

Centroamérica/ El Salvador/ Costa Rica/ bienes raíces/ inmuebles/ agencias inmobiliarias/ casas/ avisos/ anuncios

1. Al desplazar arriba y abajo las Páginas Web, conseguir información sobre dos casas disponibles en cada capital.
2. Tomar nota de la descripción de cada casa (lugar/barrio, tamaño, precio, etc.).
3. Informar a sus compañeros/as de clase sobre los resultados de su investigación preliminar.

EJERCICIOS DE VOCABULARIO

Si hace falta para completar estos ejercicios, consulte la **Lectura comercial** o la lista de vocabulario al final del capítulo.

A. ¡A ver si me acuerdo! Pensando en la posibilidad de establecer una relación comercial a largo plazo, usted va a tener una conversación con una persona de negocios de un país hispano. Sin embargo, se le olvidan a usted los siguientes términos en español. Un/a compañero/a lo/la ayuda a recordarlos al pedir que usted se los traduzca.

1. land
2. to rent
3. down payment
4. contract
5. insurance
6. tenant
7. equipment
8. inventory
9. real estate
10. owner

B. ¿Qué significan? Existe la posibilidad de que la compañía donde trabaja Ud. lo/la envíe a Centroamérica por tres meses. Tendrá que conseguir alojamiento. Sin embargo, no sabe qué quieren decir ciertos términos que se usan frecuentemente en el campo de los bienes inmuebles. Ud. decide consultarlos con un/a amigo/a. Pídale a un/a compañero/a de clase que le explique los siguientes términos y que le dé algunos sinónimos si puede.

1. comisión
2. inmueble
3. local
4. corredor
5. arrendar
6. arrendador
7. arrendatario
8. mensualidad
9. traspaso
10. prima

C. Bienes raíces y equipo: Adivinación. Con un/a compañero/a de clase, escojan ustedes dos (2) palabras en español que se relacionan con las inversiones de capital a largo y a corto plazo, dos temas principales de este capítulo. Luego, en clase den sinónimos, definiciones o palabras que se asocian con los términos originales y pidan que los demás compañeros los adivinen.

D. Entrevista profesional. Usted quiere aclarar algunos detalles sobre los bienes raíces y el equipo, ambos de los cuales son ejemplos de la inversión de capital a largo plazo. Por lo tanto, usted entrevista a un experto en este campo, haciéndole las siguientes preguntas. Haga la entrevista con un/a compañero/a de clase. No se olviden del protocolo ni de las cortesías.

1. ¿Qué es la *depreciación*?

2. ¿A qué se refiere la *vida útil* de una máquina?
3. ¿Qué quiere decir el *valor de recuperación* de una máquina?
4. ¿A qué se refiere la *plusvalía* de un terreno?
5. ¿Qué significa el concepto de *vida limitada* de un activo?

E. Traducciones A un/a amigo/a suyo/a le parece buena idea invertir en bienes raíces en Centroamérica. El/ella acaba de empezar a estudiar el español y sabe poco del vocabulario inmobiliario. Usted lo/la ayuda al pedirle que él/ella traduzca al español las siguientes oraciones que informan sobre ciertos aspectos del tema.

1. Location is a very important consideration in purchasing or leasing an office building.
2. When considering a possible location, proximity to one's customers and suppliers is also an important factor.
3. Real-estate agents receive a commission for assisting clients in the purchase or lease of land and buildings.
4. Instead of buying a building outright, many businesses rent office space in the beginning in order to avoid large cash outlays.
5. Land, unlike buildings and equipment, is not subject to depreciation. It is not considered to have a limited life in terms of commercial usefulness, and many times it actually gains in value.

UNA VISTA PANORAMICA DE EL SALVADOR

EL SALVADOR

Nombre oficial:	República de El Salvador
Gentilicio:	salvadoreño/a
Capital y población:	San Salvador: 1,214,000
Sistema de gobierno:	República
Jefe de Estado/ Jefe de Gobierno:	Presidente Francisco Flores Pérez
Fiesta nacional:	15 de septiembre, Día de la Independencia (1821: de España)

El Salvador

GEOGRAFIA Y CLIMA

Area nacional en millas^2 y kilómetros^2	Tamaño (comparado con EUA)	División política	Otras ciudades principales	Puertos principales	Clima	Tierra cultivable
8,260 m^2 21,476 km^2	Casi tan grande como Massachusetts	14 departamentos	San Miguel, Ahuachapán Santa Ana, Sonsonate	La Unión, Acajutla, La Libertad	Semitropical con estación lluviosa mayo-octubre	27 %

DEMOGRAFIA

Año y población en millones			% urbana	Distribución etaria		% de analfabetismo	Grupos étnicos
2000	2015	2025		<15 años	65+		
5.9	7.3	8.4	45%	37%	5%	28%	90% mestizo, 9% blanco europeo, 1% amerindio

ECONOMIA Y COMERCIO

Moneda nacional	Tasa de inflación 1998	N° de trabajadores (en millones) y tasa de desempleo		PIB 1998 en millones $EUA	PIB per cápita	Distribución de PIB y de trabajadores por sector			1998 Exportaciones en millones $EUA	1998 Importaciones en millones $EUA
						A	I	S		
El colón	2.6%	2.3	7.7%	$17,500	$3,000	15%	24%	61%	$1,960	$3,500
						25%	26%	49%		

Para distribución del PIB y de los trabajadores (mano de obra): A = Agricultura, I = Industria, S = Servicios (y Gobierno).

Recursos naturales:	Energía hidroeléctrica y geotermal, petróleo.
Industrias:	Procesamiento de alimentos y de bebidas, ropa y calzado, textiles, petróleo, productos químicos, abono, muebles, metales ligeros, electrónica.

COMERCIO

Productos de exportación: Maquila, café, azúcar, camarones, textiles, papel y derivados, productos farmacéuticos.

Mercados: 60% EUA, 25% MCCA, 10% UE.

Productos de importación: Materia prima, bienes de consumo, combustibles, alimentos.

Proveedores: 51% EUA, 25% MCCA, 7% UE, 6% México, 2% Venezuela.

Horario general de comercio: De lunes a viernes, desde las ocho de la mañana hasta las seis de la tarde. El almuerzo se come normalmente entre el mediodía y las dos de la tarde. Los sábados, desde las ocho de la mañana hasta mediodía.

TRANSPORTE Y COMUNICACIONES

Kilómetros de carreteras y % pavimentadas	Kilómetros de vías férreas	Nº de aeropuertos con pista de aterrizaje pavimentada	Nº de líneas telefónicas	Radios por mil personas	Televisores por mil personas
10,029 / 20%	602	4	482,600	373	91

IDIOMA Y CULTURA

Idiomas	Religión	Comidas y bebidas típicas / Modales
Español (oficial), náhuatl y lenca entre algunos indígenas	75% católico romano, 17% protestante evangélico	Frijoles, tortillas, arroz, huevos, carne, frutas, café. La comida es menos picante que la de México y otros países hispanos. Probar un poco de cada plato servido. Dejar un poquito de comida sobre el plato al terminar de comer. Los hombres se ponen de pie cuando se levanta una mujer de la mesa.

Horario normal del almuerzo y de la cena: Sobre la una de la tarde para el almuerzo; entre las siete y las ocho de la noche para la cena.

Gestos: Se le considera maleducada a la persona que usa demasiados gestos al hablar. No señalar a alguien ni con el dedo ni con el pie.

Cortesía: Saludar a cada individuo al llegar a una reunión o comida y despedirse individualmente al marcharse para no menospreciar a nadie o quedar mal. Cuando se visita la casa de alguien para comer o cenar, traer para los anfitriones un regalito como flores (¡pero no de color blanco porque se asocia con la muerte!) o chocolates. Ponerse de pie al saludar o ser presentado a otras personas.

LA ACTUALIDAD ECONOMICA SALVADOREÑA

A pesar de haber enfrentado muchos problemas económicos en las décadas recientes, el gobierno actual de El Salvador se ha comprometido a crear una fuerte economía libre y abierta en la región. Sigue siendo un país que depende esencialmente de las cosechas agrícolas, en particular del café, el cual representa un 50% del ingreso nacional de las exportaciones, y del azúcar. Esta dependencia agrícola da por resultado una economía nacional controlada en gran parte por las fluctuaciones de precios de estos productos en el mercado mundial. Cuando hay una catástrofe natural, como ocurrió con el huracán *Mitch* en octubre de 1998, considerado normalmente por los aseguradores como un caso de fuerza mayor (algo que no se puede asegurar), la economía nacional sufre enormes daños que luego tardan años en arreglarse. Tras la catástrofe de *Mitch,* la cual también tuvo como consecuencia una rápida subida en la tasa de inflación, se ha ofrecido bastante asistencia económica al país (del Banco Mundial, el de Desarrollo Interamericano, etc.), pero la reconstrucción física y económica será labor de muchos años.

El Salvador ha sido históricamente el país más industrializado de América Central. En 1997 se calculaba que la manufactura constituía un 24% del PIB. Algunas de las industrias más importantes son el procesamiento de alimentos y bebidas, los textiles, la confección y el calzado. Desde 1993 el sector industrial ha incorporado cada año más maquiladoras (plantas de fabricación o de ensamble [ensamblaje o montaje]), transformando la orientación industrial del país de una manufactura nacional a una manufactura de zona libre de comercio con fines de exportación. Es decir, el cambio ha sido de lo nacional a lo internacional. El desarrollo de las nuevas maquiladoras ha resultado en un aumento significativo de las exportaciones nacionales, lo cual ha tenido un impacto notable en la economía salvadoreña.

El país sigue con su larga recuperación de la guerra civil la cual duró desde 1980 hasta la ratificación de un pacto de paz en México el 16 de enero de 1992. Más de setenta y cuatro mil personas murieron en el conflicto. Ocurrieron muchas violaciones de los derechos humanos, cometidas tanto por las fuerzas del gobierno como por los revolucionarios. Se creó una Comisión de la Verdad de la ONU para investigar los hechos y en 1993, al terminar esta investigación, el presidente salvadoreño Cristiani le pidió a la Comisión que no nombrase a individuos en su informe porque se temían actos de venganza si se revelaran las identidades de los culpables. Poco después, la Asamblea Nacional aprobó una nueva ley de amnistía para los que hubiesen cometido crímenes de guerra. Como era de esperar, esta lucha sangrienta creó grandes incertidumbres políticas, con la consecuencia de una gran reducción de créditos internacionales durante la guerra. Otro resultado fue la emigración de muchos salvadoreños del campo a la capital, debido a la despoblación forzosa por el ejército de áreas controladas por el movimiento revolucionario, el Frente Farabundo Martí para la Liberación Nacional (FMLN). Esto agravó el alto índice de desempleo en la nación. Hoy día el FMLN es uno de los principales partidos políticos del país.

Quedan graves problemas para el mayor desarrollo de la economía salvadoreña: desigualdad de ingresos, desempleo, falta de oportunidades educativas y de adiestramiento, desforestación, contaminación del medio ambiente y la necesidad de continuar con una reforma agraria, a pesar de que más de 35,000 mil combatientes (tanto soldados como guerrilleros) participaron en el programa de reforma agraria que terminó en 1997. No obstante, en los últimos años ha empezado a subir la inversión internacional en El Salvador, con el desarrollo de las maquiladoras y la privatización de ciertos sectores como el de las telecomunicaciones.

UNA VISTA PANORAMICA DE COSTA RICA

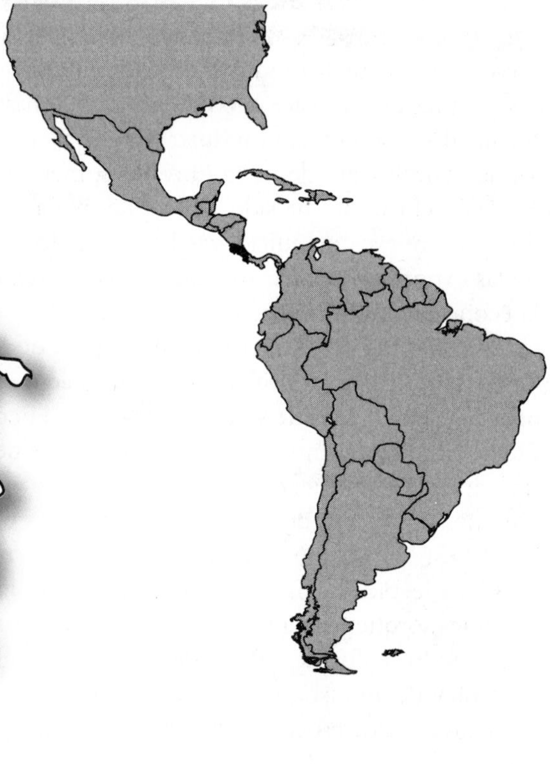

COSTA RICA

Nombre oficial:	República de Costa Rica
Gentilicio:	costarricense (informalmente tico/a)
Capital y población:	San José: 1,200,000
Sistema de gobierno:	República democrática
Jefe de Estado/ Jefe de Gobierno:	Presidente Miguel Angel Rodríguez Echeverría
Fiesta nacional:	15 de septiembre, Día de la Independencia (1821: de España)

Costa Rica

GEOGRAFIA Y CLIMA

Area nacional en millas^2 y kilómetros^2	Tamaño (comparado con EUA)	División política	Otras ciudades principales	Puertos principales	Clima	Tierra cultivable
19,652 m^2 51,032 km^2	Casi tan grande como West Virginia	7 provincias	Alajuela, Puntarenas, Limón, Cartago	Limón, Puntarenas, Golfito	Tropical y subtropical en las costas, templado en la altiplanicie. Estación de lluvias mayo-noviembre.	6%

DEMOGRAFIA

Año y población en millones			% urbana	Distribución etaria		% de analfabetismo	Grupos étnicos
2000	2015	2025		<15 años	65+		
3.7	4.7	5.3	50%	33%	5%	5%	96% blanco europeo y mestizo, 2% africano, 1% amerindio, 1% chino

ECONOMIA Y COMERCIO

Moneda nacional	Tasa de inflación 1998	N° de trabajadores (en millones) y tasa de desempleo		PIB 1998 en millones $EUA	PIB per cápita	Distribución de PIB y de trabajadores por sector			1998 Exportaciones en millones $EUA	1998 Importaciones en millones $EUA
						A	I	S		
El colón	12%	0.868	5.6%	$24,000	$6,700	15%	24%	61%	$3,900	$4,500
						22%	23%	55%		

Para distribución del PIB y de los trabajadores (mano de obra): A = Agricultura, I = Industria, S = Servicios (y Gobierno).

Recursos naturales: Energía hidroeléctrica.

Industrias: Procesamiento de alimentos, textiles y ropa, materiales para construcción, abono, productos de plástico.

COMERCIO

Productos de exportación: Productos manufacturados, café, bananos, textiles, azúcar, carne, fruta, flores recortadas y plantas de ornato.

Mercados: 42% EUA, 32% Europa, 16% Centroamérica (principalmente Guatemala y El Salvador), 16% Japón.

Productos de importación: Maquinaria, vehículos de motor, bienes de consumo, productos químicos, petróleo y derivados, alimentos, abono.

Proveedores: 48% EUA, 28% Europa, 15% Japón, 5% Centroamérica.

Horario general de comercio: De lunes a viernes, desde las ocho de la mañana hasta las seis de la tarde. El almuerzo se come normalmente entre el mediodía y las dos de la tarde.

TRANSPORTE Y COMUNICACIONES

Kilómetros de carreteras y % pavimentadas	Kilómetros de vías férreas	Nº de aeropuertos con pista de aterrizaje pavimentada	Nº de líneas telefónicas	Radios por mil personas	Televisores por mil personas
35,577 / 17%	950	28	584,500	224	102

IDIOMA Y CULTURA

Idiomas	Religión	Comidas y bebidas típicas / Modales
Español (oficial), en el litoral caribeño (cerca de Puerto Limón) se habla un inglés de Jamaica	85% católico romano, 15% protestante evangélico	Olla de carne, tamales, lengua en salsa, mondongo, empanadas, arroz con pollo, gallos, gallo pinto, casado, café. Al comer se guardan las manos, *no los codos,* encima de la mesa.

Horario normal del almuerzo y de la cena: Sobre la una de la tarde para el almuerzo; sobre las siete de la noche para la cena.

Gestos: Entre amigos y conocidos no se usa el abrazo tanto como en otros países hispanos. Para decir que no a algo, mover el dedo índice de lado a lado con la palma de la mano hacia afuera. Para expresar sorpresa o asombro, los ticos a veces agitan la mano de manera vigorosa de tal modo que se hace un chasquido con los dedos. Un puño con el dedo pulgar colocado entre el dedo índice y el dedo corazón (the «fig» gesture) equivale al gesto «to give the finger» en EUA.

Cortesía: Cuando se visita la casa de alguien para comer o cenar, llevar un detalle como flores, un buen vino o una plantita ornamental. Se prefiere que se anuncie una visita de antemano (llamar o avisar antes de ir a la casa de alguien).

LA ACTUALIDAD ECONOMICA COSTARRICENSE

Históricamente, la realidad sociopolítica de Costa Rica ha reflejado un notable contraste con la de sus países vecinos. Para empezar, Costa Rica no tiene ejército, por lo cual ha podido evitar la participación en los conflictos de la región. De hecho, en 1993, seis años después de que el presidente Oscar Arias ganó el Premio Nobel de la Paz, Costa Rica proclamó su neutralidad permanente, posición nacional parecida a la de Suiza en Europa. Costa Rica tiene una larga tradición democrática y de liderazgo progresista, y en el país ha habido más oportunidades educativas, una clase media estable y creciente, y una mayor prosperidad nacional, la cual ha brindado a bastantes costarricenses la oportunidad de mejorar su condición socioeconómica. Estos factores han permitido que en Costa Rica se haya logrado un alto nivel de vida comparado con el de los otros países de la región: ha tenido el PIB más alto de Centroamérica, la mejor distribución de renta nacional y terreno por persona, y una estabilidad sociopolítica poco común en el área. En una sola generación, se ha doblado el PIB per cápita del país. El gobierno se ha aprovechado de estas condiciones favorables, así como de los préstamos conseguidos de varios países extranjeros (más de $1.1 mil millones EUA en la década de los ochenta) y del Fondo Monetario Internacional (FMI) para desarrollar los sectores industriales, agrícolas y de transporte, y para mejorar las comunicaciones y los servicios médicos. Durante los años sesenta y setenta, la economía costarricense prosperó de tal modo que el Banco Mundial destacó al país como modelo para las demás naciones centroamericanas.

Los principales recursos económicos de Costa Rica son su tierra fértil, una población bien educada (sólo hay 5% de analfabetismo), su situación geográfica la cual facilita el acceso a los mercados de América del Norte, América del Sur, Europa y Asia, y su belleza natural que atrae a tantos turistas. De hecho, el turismo y el ecoturismo ya han reemplazado la exportación de bananos como la principal fuente de divisas extranjeras. En 1996 unos 781,000 turistas aportaron $684 millones EUA a la economía nacional, y en 1997 hubo 812,000 turistas cuya aportación de divisas extranjeras ascendió a $750 millones EUA. La inflación, la cual había subido a 22.5% en 1995, se había reducido a un 12% en 1998. La tasa de desempleo (5.6%) no es problemático, pero sí lo continúa siendo el subempleo. Entre las principales exportaciones de Costa Rica figuran el café, el azúcar, la carne (especialmente importante en la provincia de

Guanacaste), la fruta, las flores y las plantas de ornato. Costa Rica tiene doce centrales hidroeléctricas, las cuales permiten que el país sea autosuficiente en este sector energético. Hay más de 200 fábricas norteamericanas en Costa Rica y últimamente el país ha atraído inversiones en el sector de la alta tecnología, logrando que multinacionales como Intel establezcan allí nuevas operaciones de manufactura. El futuro económico de Costa Rica es prometedor en cuanto a su comercio internacional y un desarrollo nacional sostenible.

ACTIVIDAD

¿Qué sabe Ud. de El Salvador y de Costa Rica?

1. Describa la geografía de ambos países y trate temas relacionados como el tamaño de cada uno, el clima, las ciudades y los puertos principales, y la división política.
2. ¿Cómo son El Salvador y Costa Rica demográfica y políticamente? ¿Quién es el jefe de estado/gobierno actual en cada nación?
3. ¿Cuándo es la fiesta nacional de cada país? ¿En qué otras fechas, respectivamente, hay fiestas públicas que afectarían un viaje de negocios? (Véase la Tabla 10-1 de las págs. 300–302.)
4. Describa la economía de El Salvador y de Costa Rica. ¿Cuál es la moneda nacional de cada país? ¿A cuánto está el cambio actual de cada moneda nacional con el dólar EUA? ¿Cómo se compara el PIB y la distribución del PIB de El Salvador con los de Costa Rica? ¿Con los de cualquier otro país centroamericano?
5. ¿Cuáles son los principales productos y destinos de exportación de El Salvador y de Costa Rica? ¿Cuál sería un producto o servicio que usted recomendaría vender en estos países? ¿Por qué?
6. Compare la infraestructura de transporte y de comunicaciones en cada país.
7. ¿Cómo han cambiado algunos de los datos presentados en las secciones de **Vista Panorámica y Actualidad Económica**? Póngalos al día.
8. ¿Cuáles han sido los efectos económicos de la guerra civil (1980–1992) en El Salvador?
9. ¿Qué importancia tienen el turismo y el ecoturismo en Costa Rica?
10. Ud. y un/a compañero/a de trabajo, representantes de una fábrica de textiles, tienen que hacer un viaje de negocios a San Salvador y a San José. Saldrán del aeropuerto de Charlotte, NC, en dos

semanas. Discuta los siguientes asuntos con un/a compañero/a de clase:

a. Los planes para el viaje (los horarios de los vuelos de ida y vuelta, aeropuertos de despegue y aterrizaje, costos, etc.). ¿Se puede volar directamente desde Charlotte a San José o a San Salvador? ¿Cuál de los siguientes itinerarios sería el más barato? ¿Charlotte-San José-Charlotte-San Salvador-Charlotte? ¿Charlotte-San José-San Salvador-Charlotte? ¿O recomendaría Ud. otro itinerario más cómodo y barato? Busque las verdaderas posibilidades en el internet.
b. El alojamiento y transporte terrestre mientras están en cada capital.
c. La preparación de un presupuesto para la visita.
d. Las comidas y bebidas que piensan probar.
e. Las formas de cortesía y los gestos que deben recordar, usar o evitar.

LECTURA CULTURAL

El campo y la ciudad

Muchas naciones de hispanohablantes se caracterizan por ser esencialmente países agrícolas que dependen de su clima y tierra fértil para producir cultivos como café, azúcar, plátanos, maíz, frijoles y algodón. Tradicionalmente, el campo ha representado una fuente imprescindible de ingresos, puesto que constituye el fundamento de las exportaciones de muchos países. Pero un alto porcentaje de los trabajadores rurales llevan una vida muy dura en el campo, muchas veces en condiciones de latifundio. Estas condiciones han empujado a muchas familias a la emigración hacia los centros urbanos en busca de una vida mejor. Pero al llegar a las ciudades, muchas veces hallan que las condiciones de vida y el desempleo son mucho peores que lo que acaban de dejar en las zones rurales. La gente llega mal preparada para enfrentarse con las dificultades y la competencia de la vida urbana. Además, su llegada tiende a agravar la presión ya ejercida por las grandes poblaciones urbanas sobre los limitados recursos naturales.

Tradicionalmente, la ciudad ha representado la civilización y el progreso en Hispanoamérica. El campo y la naturaleza, en cambio, se han asociado con la miseria y la barbarie. Esta oposición se ha manifestado como un tema importante en la literatura hispanoamericana, en forma del esfuerzo de la ciudad para asumir una ascendencia sobre el campo, lo cual simboliza el triunfo de la civilización sobre la barbarie. Este ideal, sin embargo, choca con la realidad histórica y económica de la importancia del campo. Naciones enteras deben su subsistencia al sector agrícola. El dilema que representa el eje campo-ciudad hasta ahora no ha encontrado solución, es decir, equilibrio vital y económico.

En cualquier parte del mundo son importantes para los trabajadores las cuestiones de buena vivienda y de oportunidades educativas, tanto para sus hijos como para ellos mismos. Como en los EE.UU., los que viven en los centros urbanos hispanoamericanos muchas veces alquilan un apartamento porque el costo de comprar o construir una casa es prohibitivo. En cuanto a la enseñanza, en los países hispanos las mejores oportunidades sin duda se hallan en las grandes ciudades, donde hay más escuelas y donde se ubican las universidades. No existe el fenómeno, como en los EE.UU., de las universidades «land grant» o los «colleges» situados en pequeñas ciudades o en zonas rurales. Las naciones hispánicas requieren en general un promedio de seis a diez años de enseñanza para sus ciudadanos, aunque hay ejemplos como el de Colombia, donde sólo el 28% completa el nivel primario. La enseñanza comprende la escuela primaria, la secundaria y luego los institutos profesionales o escuelas superiores, y las universidades. La universidad es un lujo y, como en los EE.UU., representa un medio para mejorar la vida económica y culturalmente.

En el futuro se espera que continúe la emigración hispanoamericana del campo a la ciudad. Un buen ejemplo es la capital de México, donde se prevé que para principios del nuevo siglo habrá una población de 30 millones. Este crecimiento urbano es representativo de lo que se proyecta para muchos países hispanos. Como consecuencia, habrá aún más necesidad de educar a esta nueva población urbana para que pueda participar con éxito en un futuro caracterizado por la globalización y los rápidos cambios informáticos y tecnológicos. Respecto a esto, y en contraste con el estadounidense que lleva décadas de una fuerte orientación hacia este tipo de futuro, se puede decir que el hispano suele sentir mayor aprecio por su pasado y sus tradiciones. Un ejemplo de la actitud estadounidense es la facilidad con la que se derrumban edificios antiguos para construir nuevos edificios, mientras que en los países hispanos se conservan más estos lazos con el pasado histórico, haciendo nuevas construcciones sin derrumbar con tanto afán los bellos logros arquitectónicos de ayer, los cuales también son marcadores o textos históricos.

ACTIVIDADES

A. ¿Qué sabe Ud. de la cultura?

1. Describa la relación entre el campo y la ciudad en Hispanoamérica. Compárela con la que existe en los EE.UU.

2. ¿Qué problemas representa la emigración del campo a la ciudad en Hispanoamérica? ¿Existe el mismo fenómeno en los EE.UU.? Comente.
3. Describa el sistema educativo en los países hispánicos. En términos generales, ¿cómo es diferente del sistema estadounidense?
4. ¿Qué opina Ud. de la educación como solución a la pobreza y a otros problemas socioeconómicos?
5. ¿Qué cambios tecnológicos piensa Ud. que habrá en los próximos diez años? ¿Cuáles serán de tipo comercial? ¿Qué efecto tendrán en nuestra vida? ¿Habrá mayor o menor globalización? ¿La globalización es un fenómeno positivo o negativo? Comente.
6. ¿Cuál es más importante para Ud., el pasado o el futuro? ¿Por qué? ¿Puede ignorar el mundo comercial el pasado al apresurarse para entrar en la nueva década?

B. Asimilador cultural. Lea lo siguiente y conteste las preguntas a continuación.

Carolyn Hunter, una ejecutiva de Atlanta, está en Barcelona visitando la nueva sucursal de su compañía MacIntyre Corporation, la cual se dedica a la fabricación y venta de equipo de oficina. Está hablando con Ramón Casals Ramírez sobre el nuevo edificio de MacIntyre, situado en la vía Laietena al borde del Barrio Gótico, el antiguo centro de la ciudad. Al pasar por la puerta principal que los lleva a las oficinas del interior, Hunter le comenta a Casals:

—Es muy bonito el edificio, casi pintoresco, pero es una lástima que no hayamos podido derrumbarlo para construir un edificio más moderno y eficiente, como los de Atlanta o los que he visto en la avenida Diagonal. Quizás pudiéramos, por lo menos, quitar las paredes del salón de entrada, para así abrir más el espacio interior, cambiando lo que existe ahora por un vidrio reflector que corriese de lado a lado. Esto representaría mejor la imagen de modernidad que deseamos crear.

Sorprendido, Casals recorre con su vista las paredes del salón en cuestión, cuyo diseño data del siglo diecisiete. Una de las paredes es de un elegante mármol rojizo y blanco, la otra presenta un mural del plano del Barrio Gótico en el siglo XVI. Aclarándose la garganta, le empieza a contestar a Hunter que...

Conteste las sigiuientes preguntas.

1. ¿Cómo contestará Casals la propuesta de Hunter?
2. ¿Cuáles son los dos puntos de vista que están en conflicto en este encuentro?

3. ¿Cómo contestaría Ud. los comentarios de Carolyn Hunter?
4. ¿Piensa Ud. que es un error resistir los avances de la modernidad para conservar edificios antiguos, aunque sean ineficientes en su uso del espacio interior y en la conservación de energía?

SINTESIS COMERCIAL Y CULTURAL

Actividades comunictivas

A. Situaciones para dramatizar. Lea las siguientes situaciones y después haga el papel en español con otro/s estudiante/s, usando las posibilidades siguientes como punto de partida. Cada persona deberá tomar un papel activo en la dramatización. No se olviden del protocolo ni de las cortesías.

1. You are from Chicago and are meeting with the two other co-owners of your business in San Salvador to discuss whether to purchase or lease three delivery trucks for the heavy office equipment you sell. Ask for their input on the following.
   a. What type of truck is needed?
   b. Is it better to buy or rent?
   c. What amounts of money are involved?
2. While meeting with your co-owners, you also want to discuss two options for a permanent location for the business, one downtown, the other twenty kilometers outside the city of San Salvador. Ask them about the pros and cons of each location. María Jiménez, as you already know, will insist on the downtown location, despite its higher rent and the fact that the building is in worse condition than the one on the outskirts of the city.

   Después de dramatizar la segunda situación, discuta con sus compañeros de clase las diferencias culturales (las hispánicas y las estadounidenses) que pueda haber respecto al centro de la ciudad como centro de operaciones comerciales. Al considerar esto, tenga presente el fenómeno popular del suburbio en los EE.UU.

B. Ud. es el/la intérprete. La Sra. Martha Fromberg discute con el Sr. Joaquín Villanueva las condiciones de arrendamiento de un local de negocios. Haga Ud. el papel de intérprete entre estos dos individuos. Traduzca del inglés al español y del español al inglés, sin mirar el texto, el diálogo que leerán otros dos estudiantes en voz alta. Ellos harán una pausa después de cada raya para permitir su traducción. Acuérdense todos de usar un tono de diálogo natural.

SRA. FROMBRRG	I want to go over the rent conditions one more time. / When can we move our staff into the building? / How much is the advance deposit, / and what will the monthly rent be?
INTERPRETE	______________________________
SR. VILLANUEVA	Muy bien. / El contrato lleva fecha vigente del 5 de marzo de este año. / El pago inicial será de $3,000 EUA / y la mensualidad será $1,500 EUA / pagaderos del primero al 5 de cada mes.
INTERPRETE	______________________________
SRA. FROMBRRG	The initial rent period is for one year. / Will it automatically renew itself for the following year? / Also, do I understand correctly that the utilities are included in the rent?
INTERPRETE	______________________________
SR. VILLANUEVA	El contrato se vence anualmente. / Para continuar con el arrendamiento, / habrá que firmar otro contrato / en el último mes vigente del presente contrato, / y así sucesivamente. / Respecto a los servicios de agua, luz y gas, / no se incluyen en el alquiler.
INTERPRETE	______________________________
SRA. FROMBRRG	Oh, I see. I misunderstood about the utilities, / but that's no problem. / Also, I'd like to do some minor repairs in the reception area.
INTERPRETE	______________________________
SR. VILLANUEVA	De acuerdo. / Eso está bien mientras se me avise de antemano / y mientras no afecte la estructura del local / y se obtengan previamente los correspondientes permisos oficiales.
INTERPRETE	______________________________

C. Actividad empresarial. Ud. es copropietario/a de una nueva tienda de música que Uds. planean abrir en tres meses. Necesitan decidir dónde ubicar la nueva tienda y se han presentado las siguientes dos posibilidades: 1) comprar un terreno y construir una nueva tienda de 600 metros cuadrados de espacio, en las afueras de la ciudad (a unos 9 kilómetros del centro), por un costo total de $160,000 EUA, o 2) comprar un edificio recién construido y situado en el centro comercial, área muy concurrida por los consumidores, con mil metros cuadrados de espacio, por $400,000 EUA. También piensan invertir en el diseño de una buena

Página Web para la venta electrónica de su música, siguiendo así el rápido desarrollo del comercio electrónico. No se olviden del protocolo ni de las cortesías. En una reunión, Uds. discuten las ventajas y las desventajas de cada posibilidad, entre ellas las siguientes:

1. Costo.
2. Número y tipo de clientes.
3. Facilidad de acceso físico.
4. Posibilidades de expansión.
5. Impacto del internet y las ventas electrónicas.
6. Diferencias en los costos de publicidad.
7. Crecimiento del centro comercial vs. ubicación en las afueras.

Luego, después de llegar a un acuerdo para la ubicación de la nueva tienda de música, discutan y comparen su decisión con la de sus otros/as compañeros/as de clase.

D. Caso práctico. Lea el caso y haga los ejercicios a continuación.

Una compañía textil estadounidense, Penntext, que produce camisas, pantalones, chaquetas de vaqueros y toallas, está considerando dos localidades centroamericanas para establecer una fábrica. Hasta ahora, todas sus operaciones se han ubicado en Pensilvania. Pero últimamente los costos de producción han subido muchísimo en Pensilvania, donde hay una fuerte presión por parte del sindicato de trabajadores para seguir aumentando los sueldos y los beneficios de los empleados de Penntext. También han subido los costos de importación del algodón que reciben en grandes cantidades de Centroamérica. Los dos países que se consideran como posibles sucursales de manufactura son El Salvador y Costa Rica. El situarse en cualquier país representaría un ahorro del 30% al 40% de los costos de producción en Pensilvania. Los sueldos de los trabajadores serían mucho más bajos y la compañía estaría más cerca de sus proveedores de algodón.

En San Salvador y en San José, Penntext ha encontrado dos plantas textiles que se podrían comprar por más o menos el mismo precio. La de San Salvador está a veinte kilómetros (unas doce millas) de la capital; está en buenas condiciones y ya tiene la maquinaria necesaria para realizar la producción deseada. La de San José está en el centro mismo de la ciudad y también tiene la maquinaria que se requiere, pero esta planta necesitaría algunas modificaciones y reparaciones antes de ponerse en marcha. Las máquinas son de la misma marca en ambos lugares, cada una de ellas tenía una vida útil de veinte años al comprarlas nuevas. Las de San Salvador se compraron hace tres años por $10,000 cada una; las de San José hace siete años por un valor unitario de $8,000. Todas tienen un valor de recuperación de $1,000 y se podrían incluir en la compra.

Al considerar las dos opciones, la gerencia de Penntext ha discutido el efecto del traslado contemplado. Unos doscientos trabajadores en Pensilvania perderían sus puestos. Sin embargo, si no se efectuara el traslado, probablemente habría que despedir a bastantes trabajadores para cortar los gastos y asegurar las ganancias de la compañía. Además, la reciente situación política centroamericana inquieta a varios de los gerentes y supervisores estadounidenses que tendrían que mudarse a Centroamérica por un año o más para montar la operación. Se preocupan por su propia seguridad física y por la de sus familias si se trasladan con ellos. Las opciones son tres para Penntext: quedarse en Pensilvania, trasladar una parte substancial de sus operaciones a San Salvador o efectuar el mismo traslado a San José.

Haga los siguientes ejercicios.

1. ¿Por qué está considerando la gerencia de Penntext un traslado de parte de sus operaciones a Centroamérica?
2. ¿Cuáles son las semejanzas y las diferencias entre las dos localidades consideradas?
3. Si se efectúa el traslado a San Salvador o a San José, ¿existe la maquinaria de producción que se necesita, o se tendrá que hacer inmediatamente una costosa inversión de capital para adquirirla? Explique.
4. ¿Cuántos años de vida útil tenía cada máquina cuando se compró nueva? ¿Cuántos años tiene aún en cada lugar? Usando el método lineal, ¿cuál ha sido el gasto anual de depreciación para cada máquina en San Salvador y en San José? ¿Cuánta depreciación acumulada hay para las máquinas en cada lugar? Si fuera Ud. a comprar estas máquinas, ¿qué precio de oferta consideraría justo? ¿Por qué?
5. ¿Cuáles serán los efectos sobre los trabajadores en Pensilvania si se hace el traslado a Centroamérica? ¿Y si no se hace el traslado?
6. ¿Qué opina Ud. del temor que sienten algunos de los gerentes y supervisores estadounidenses por la reciente situación política en Centroamérica? ¿Sería un factor importante para Ud. y su familia si Ud. fuera uno de ellos?
7. Justifique Ud. cada una de las tres opciones de Penntext:
   a. quedarse en Pensilvania
   b. efectuar un traslado a San Salvador
   c. efectuar un traslado a San José
8. Si Ud. tuviera que tomar la decisión final, ¿qué opción escogería? Justifique su decisión.

ANALISIS Y COMPARACION

Estudie la siguiente tabla comparativa y haga los ejercicios a continuación. Use también sus propios conocimientos y, cuando haga falta, otras fuentes informativas como el diccionario, el *Almanaque mundial*, el internet, etc. Los ejercicios se pueden hacer individualmente, en parejas o en pequeños grupos para discutir en clase.

TABLA 5-1 **Los países hispanoparlantes y Estados Unidos: población en el año 2000, % población urbana, distribución etaria, analfabetismo, número de líneas telefónicas, radios y televisores por mil personas** [Fuentes: *U.S. Bureau of the Census, U.S. Department of State Background Notes, CIA World Factbook 1999, The World Almanac and Book of Facts 2000*]

PAIS	POBLACION 2000 (EN MILLONES DE PERSONAS)	% URBANA	DISTRIBUCION ETARIA		% ANALFABETISMO	NUMERO DE LINEAS TELEFONICAS	RADIOS POR MIL PERSONAS	TELEVISORES POR MIL PERSONAS
			% <15 AÑOS	% 65+ AÑOS				
Argentina	37.2	88%	27%	11%	4%	7,323,000	614	347
Bolivia	8.1	61%	39%	5%	17%	535,000	560	202
Chile	15.2	84%	28%	7%	6%	2,630,000	305	280
Colombia	40	73%	33%	5%	9%	6,451,500	151	188
Costa Rica	3.7	50%	33%	5%	5%	584,500	224	102
Cuba	11.1	76%	22%	9%	4%	370,800	327	200
Ecuador	12.8	60%	35%	5%	10%	1,009,800	277	79
El Salvador	5.9	45%	37%	5%	28%	482,600	373	91
España	39.2	77%	15%	17%	4%	16,288,600	306	490
Guatemala	12.6	39%	43%	3%	44%	429,700	52	45
Guinea Ecuatorial	0.48	43%	43%	4%	22%	5,400	464	88
Honduras	6.1	44%	41%	4%	27%	233,600	337	29
México	102	74%	35%	4%	10%	9,926,900	227	192
Nicaragua	5	63%	44%	2%	34%	140,000	206	48
Panamá	2.8	56%	32%	5%	9%	365,700	5	13

Tabla 5-1 cont.

PAIS	POBLACION 2000 (EN MILLONES DE PERSONAS)	% URBANA	DISTRIBUCION ETARIA		% ANALFA-BETISMO	NUMERO DE LINEAS TELEFONICAS	RADIOS POR MIL PERSONAS	TELEVISORES POR MIL PERSONAS
			% <15 AÑOS	% 65+ AÑOS				
Paraguay	5.6	53%	39%	5%	8%	218,000	141	144
Perú	27	71%	35%	5%	11%	1,645,900	221	85
Puerto Rico	3.9	67%	24%	11%	11%	1,389,000	684	254
República Dominicana	8.3	63%	35%	4%	18%	709,200	154	97
Uruguay	3.3	91%	24%	13%	3%	823,500	586	191
Venezuela	23.6	86%	33%	5%	9%	2,712,200	372	183
EUA	275	76%	22%	12%	3%	172,452,500	2,122	776

1. ¿Cuáles son los tres países hispanos con el mayor porcentaje de población urbana? ¿Los tres con el menor porcentaje? Haga un gráfico lineal o circular *(line or pie chart)* comparando el porcentaje de población urbana de estos seis países. (Si tiene usted el tiempo y la energía, ¡haga un gráfico visual que compare y ponga en orden decreciente el porcentaje de población urbana para todos los países de la tabla!)
2. En su opinión, ¿Qué efectos tiene la urbanización sobre el comercio?
3. ¿Qué quiere decir la frase «distribución etaria»? ¿Cuáles son los cuatro países hispanos con el mayor porcentaje de habitantes que tienen menos de quince años de edad? ¿Cuáles son los cuatro países hispanos con el mayor porcentaje de habitantes que tienen más de 65 años de edad?
4. ¿Qué quiere decir «analfabetismo»? ¿Cuáles son los dos países hispanos con el mayor porcentaje de analfabetismo? ¿Y los dos países hispanos que tienen el menor porcentaje de analfabetismo? ¿Cuáles son algunos efectos que puede tener el % de analfabetismo de un país sobre los medios comunicativos (prensa, carteleras de carretera, radio, televisión, fax, internet, etc.) que se usan para el comercio y los anuncios?
5. ¿Para qué tipos de actividades comerciales se usa el teléfono? ¿Ha hecho usted alguna vez una compra por teléfono? Comente con

sus compañeros de clase. ¿Qué opina usted del uso del contestador automático y el correo auditivo para los negocios?

6. ¿Cuántas líneas telefónicas hay en cada uno de los siguientes países: España, Puerto Rico, Bolivia, Argentina, El Salvador, Colombia, México y EUA? En España, Argentina y EUA, ¿cuántas líneas telefónicas hay por cada mil habitantes? (Se calcula al dividir el número de líneas entre la población nacional dividido entre mil: por ejemplo, para México, 9,926,900 ÷ (102, 000,000 ÷ 1,000) = 97 tels. por cada mil habitantes.)
7. En términos de la infraestructura comunicativa, ¿cuáles son los cinco países hispanos con el mayor número de radios y de teléfonos por cada mil personas?
8. ¿Cuáles son los países hispanos que tienen más televisores que radios por cada mil personas?
9. ¿Piensa usted que es más útil la radio o la televisión para el comercio? Discuta el tema con sus compañeros de clase.
10. ¿Cuáles han sido algunos de los cambios o avances recientes en las telecomunicaciones? ¿Cómo se usa el internet para anunciar, vender o comprar algo? ¿Ha hecho usted alguna vez una compra electrónica? Si así es, hable del proceso y su experiencia con sus compañeros de clase. En comparación con ir en persona a una tienda para comprar algo, ¿piensa usted que es más fácil, más difícil, mejor o peor usar el comercio electrónico para la compraventa de mercadería? ¿Qué riesgos hay? ¿Cuáles son otros cambios o avances technológicos que usted prevé para las telecomunicaciones y su uso comercial?

Vocabulario

Aquí se presentan los principales términos relacionados con este capítulo. Al final del libro hay un glosario más completo.

abastecedor/a • *supplier*
aclarar la garganta • *to clear one's throat*
agotamiento • *depletion*
agotar • *to deplete*
alquilar • *to rent*
alquiler *(m)* • *rent*
arrendar • *to lease, rent*
arrendatario/a • *lessee, tenant*
bienes inmuebles *(m)* • *real estate*
bombero • *fireman*

Vocabulario cont.

camioneta • *van, pickup truck*
cierre de la casa *(m)* • *closing on a home (sale)*
cobertura • *coverage*
comparecer • *to appear, make an appearance (e.g., in court)*
contraer • *to incur, enter into an obligation*
contratante *(m/f)* • *party entering into a contract*
contrato • *contract*
corretaje *(m)* • *commission (for agent or broker)*
cumplimiento • *fulfillment*
chaqueta de vaquero • *cowboy jacket, denim jacket*
depreciación lineal • *straight line depreciation*
derrumbar • *to tear down, demolish (a building)*
desgastar *(se)* • *to wear out, deplete*
desgaste *(m)* • *deterioration, damage, depletion*
eje *(m)* • *axis, axle*
fianza • *downpayment, deposit*
inmobiliaria *(f)* • *real estate agency*
inmueble *(m)* • *real estate; a building*
impositivo/a • *tax-related*
inquilino • *tenant*
inventario • *inventory*
IVA (impuesto sobre el valor añadido o agregado) • *value-added tax*
latifundio • *large landed estate*
logro • *achievement*
mensualidad *(f)* • *monthly payment, rent*
método lineal • *straight-line method (depreciation)*
montar • *to set up*
pagadero/a • *payable*
pago inicial • *down payment*
___ por anticipado • *down payment, payment in advance*
parte *(f)* • *party in a negotiation or contract*
plano • *map (of city)*
planta baja • *ground floor (at street level)*
plusvalía • *appreciation, gain in value*
préstamo hipotecario • *mortgage loan*
promedio • *average*
prima • *premium (insurance)*
prorrogado • *postponed, deferred*
recuperación • *salvage (in reference to "salvage value")*
renuevo • *renewal*
reparación • *repair*
reparto • *delivery*
requisito • *requirement*
reventa • *resale*
sede *(f)* • *home office*
servicio (de electricidad, gas, agua) • *utilities*
suministro • *supply*
tácitamente • *tacitly*
terceros • *third parties*
tramitar • *to attend to*
traslado • *move (residence or job)*
traspaso • *transfer (of title to property)*
ubicarse • *to be located*
valor de rescate *(m)* • *salvage value*
vecino/a • *neighbor, resident*
vencer • *to fall due, mature, be payable (on a certain date)*
vigente *(adj)* • *effective, in effect, in force*
vivienda • *housing*

CAPITULO

6 La oficina

Technology means the systematic application of scientific or other organized knowledge to practical tasks.

John Kenneth Galbraith

In the software industry, change is the norm.

Bill Gates

Más vale resbalar con el pie que con la lengua.

Proverbio

Una oficina moderna. San Juan, Puerto Rico. Describa lo que ve Ud. en esta foto. ¿Qué usos tienen las máquinas de oficina representadas?

PREGUNTAS DE ORIENTACION

Al hacer la *Lectura comercial*, piense Ud. en las respuestas a las siguientes preguntas.

- ¿Cómo es la oficina de la Figura 6-1 (pág. 151)
- ¿Por qué es importante el concepto de «renovarse o morir» en el contexto comercial?
- ¿Cuáles son las funciones básicas de la oficina en las actividades diarias de una empresa?
- ¿Cuáles son los procesos desempeñados en una oficina para lograr los fines comerciales de una empresa?
- ¿Qué impacto han tenido los avances tecnológicos en las operaciones de oficina?
- ¿Qué componentes tiene una computadora y cuáles son algunos de sus accesorios?
- ¿Qué diferentes tipos de computadora hay?
- ¿En qué se distingue la comunicación telefónica de la correspondencia escrita?
- ¿Qué otras máquinas se usan en la oficina moderna?
- ¿Cómo ha sido la «revolución comunicativa» en comparación con otras revoluciones tecnológicas del pasado?

Breve Vocabulario Util

almacenar • *to store*
archivar • *to file*
chisme *(m)* • *gossip*
computadora • *computer*
desempeñar • *to carry out*
escáner *(m)* • *scanner*
impresora • *printer*
jerga • *jargon*
nómina • *payroll*
papeleo • *paperwork*
red de comuncación *(f)* • *communications network*
renovar (se) (ue) • *to renew*

LECTURA COMERCIAL

Sistemas y equipo de la oficina moderna

Recientemente una empresa multinacional puso el siguiente anuncio en una revista comercial española:

> Imagine un mundo sin fronteras. Imagine una oficina sin problemas, donde máquinas y personas colaboren en perfecta armonía. Donde el futuro sea realidad.

Si se compara este concepto de la oficina moderna con el dibujo que se presenta a continuación (Fig. 6-1, pág. 151), uno se da cuenta de las enormes innovaciones que han ocurrido en el diseño, la organización y el equipo de la oficina del nuevo milenio.

Los anticuados sistemas y equipos de trabajo que se usaban en las oficinas de hace 10 o 20 años ya no cumplen con las necesidades actuales. La empresa que no se prepare para la diversidad y la rapidez de los cambios tecnológicos y su efecto en la estructura y en los valores sociales del siglo veintiuno, se dirige hacia un fracaso casi seguro. Con respecto al panorama comercial del futuro, hay que «renovarse o morir».

Una de las principales metas de tener una oficina es la de proveer el lugar físico y el ambiente necesarios para poder planear y realizar la administración óptima de una empresa o de cualquiera de sus funciones. Además de la planificación, también hace falta determinar la distribución de responsabilidades para el cumplimiento de las tareas dentro de la compañía. Después de planear y dividir el trabajo, hay que desarrollar la capacidad de recibir y procesar información; es decir, de seleccionar la más valiosa y registrar, adaptar, archivar y transformarla, siempre con el propósito de poder tomar la mejor decisión comercial posible. Según el caso, los datos que se comunican pueden ser en forma de cifras, números, gráficos o texto, y la comunicación puede ser escrita, oral o visual.

Figura 6-1

La comunicación de la empresa se hace entre la compañía y sus clientes (la comunicación externa) y entre los empleados mismos de la compañía (la comunicación interna). Por eso, es importante considerar no sólo el equipo y los sistemas de comunicación imprescindibles, sino también los aspectos psicológicos y sociológicos que afectan a los que se están comunicando.

Consideremos primero las máquinas y los sistemas de telecomunicación que han sido el resultado de los avances tecnológicos. Estos han aumentado la cantidad de información y datos que las empresas pueden recibir, procesar o archivar, y han acelerado la velocidad con la cual pueden hacerlo. También han podido reducir, en un sentido físico, la gran cantidad del odiado papeleo acumulado durante las décadas anteriores. Hoy en día, por ejemplo, se pueden guardar miles de páginas de información en un solo disco de computadora. Por otra parte, la compatibilidad entre las diferentes redes de comunicación electrónica ha facilitado la flexibilidad de la comunicación inmediata entre estaciones de trabajo, tanto dentro de la empresa misma como entre estas estaciones y otros lugares geográficos.

Entre las nuevas máquinas, la computadora (el *ordenador* en España) ha tenido una enorme influencia en el mundo comercial. Ha facilitado el procesamiento de información cada vez más compleja con rapidez y precisión, y ha permitido su alojamiento en menos espacio. Esto ha hecho posible que la empresa se dedique a otros asuntos más creativos y productivos. Por supuesto, antes de comprar cualquier sistema de computación, hay que considerar el precio del equipo y su instalación, los objetivos deseados, los problemas que puedan resultar de una conversión al sistema electrónico y el costo de adiestrar a los empleados.

Las computadoras de escritorio suelen tener más memoria y velocidad que las microcomputadoras o las computadoras portátiles mientras éstas ofrecen más flexibilidad de lugar. En realidad, todas las computadoras han hecho más prácticas las conversiones de sistemas en las oficinas de las pequeñas empresas. Actualmente, es posible recibir y procesar información en las siguientes categorías: voz, textos, datos y gráficos. Lo más importante es conseguir o programar el *software* que se necesita, o sea, el conjunto o soporte lógico para el procesamiento de información. Este se usa con el *hardware*, o sea, el equipo físico, el cual incluye las máquinas de escribir electrónicas, el teclado, el ratón y las computadoras dedicadas a una sola tarea, o a una variedad de funciones, tales como el procesamiento de datos y textos, la hoja de cálculo, la esquematización y el correo electrónico (por medio de un «modem» telefónico). Al entrar la información, se proyecta sobre un monitor o pantalla que permite repasar, modificar o corregir la información en el acto. Actualmente se puede reproducir una copia exacta de un documento y archivarla, incluso a todo color, en un disco por medio de un *escáner*. Además, se puede guardar grandes cantidades de información en un *C-D Rom* imprimido en la oficina o en un *disco zip*. La salida de información se consigue por medio de *impresoras* de tipo *láser* o de *chorro* o *inyección de tinta*. Si se necesitan más copias, se utiliza una *fotocopiadora* que combina una serie de pasos: separación, ordenación y engrapamiento. Otros desarrollos tecnológicos han sido la reprografía que permite el envío de documentos, dibujos u otros materiales por medio del *fax*; la *televisión por cable*; y el *teléfono celular*. La comunicación telefónica ha avanzado por la introducción de estos teléfonos portátiles, muchos con *baterías (pilas)* de larga duración. Además, el *correo electrónico* (de voz), la *identificación de llamadas* y el *discado activado por voz* han hecho más flexible la comunicación oral.

En la última década del siglo XX, las comunicaciones electrónicas han mejorado mucho y todavía siguen avanzando cada día. Actualmente el internet está colocado más positivamente en el mercado que la computadora hace quince años. La computadora ya ha creado el mercado, y el internet ya cuenta con millones de usuarios. La revolución comunicativa ha eliminado compañías, ha entrado en todos los sectores de la economía y ha creado constantemente más trabajos, los cuales pertenecen a una variedad de categorías distintas. Es decir, esta revolución no ha tenido tantas consecuencias negativas como otras revoluciones tecnológicas en el pasado. Lo que sí ha ocurrido es la necesidad y la permanencia de la palabra «cambio» en la vida cotidiana de casi todo el mundo.

El número de participantes en el *comercio electrónico* se ha expandido radicalmente, eliminando el intermediario y creando más necesidad de avanzadas medidas de seguridad electrónica. Hay nuevos servicios *digitales* de *conexión satélite* que llegan a los lugares más remotos de la *«aldea global»*. El vendedor/exportador ya puede generar e imprimir *etiquetas*, *facturas* comerciales y la documentación *aduanera* necesarias desde una estación de trabajo muy alejada del consumidor. Todo esto exige que el vendedor *respalde* información valiosa en sus *archivos*, su *servidor* y su *disco duro*.

Además, el potencial de *negocios por el internet* queda aumentado por el concepto de la *Página Web*, la cual puede revolucionar la cadena productiva de una empresa. Bajo este avance tecnológico, los proveedores, clientes, socios y empleados tienen acceso a las funciones de un negocio cuando y dondequiera estén en el mundo. Solamente tienen que *hacer un clic*.

La convergencia de los dos subsistemas de la informática y las telecomunicaciones, le ofrece al gerente contemporáneo una nueva libertad de trabajar donde y cuandoquiera. Es decir, las comunicaciones y otras tareas comerciales ya se pueden realizar fuera de la oficina tradicional, por ejemplo, en casa, en un carro o en un avión. El *teléfono celular* quizás llegue a reemplazar la cita tradicional de cara a cara o el viaje de negocios tan importante en Latinoamérica. Incluso en los casos en que no sea posible comunicarse telefónicamente con un cliente, existe el *contestador automático* para mandar y recibir información. Hay empleados que ya pasan varias horas por semana trabajando en casa con una computadora personal, y en un futuro muy cercano podrían convertirse en *teleconmutadores* o *trabajadores a distancia* —es decir, personas que trabajan en casa y cuyo único contacto con la oficina central es por medio del teléfono o la computadora. En realidad, el usuario de una computadora conectada con la existente red mundial de comunicación puede navegarla para recibir toda clase de información útil de tipo multimedia.

Pero a pesar de estos avances tecnológicos, la oficina de hoy aún necesita muebles muy parecidos a los que se usaban antes de la revolución informática. Se encuentran todavía el escritorio, el pupitre para la máquina de escribir o la computadora, las sillas (fijas y giratorias), los sillones o butacas, los estantes para los libros o manuales, y los archivos con carpetas. Tampoco han cambiado mucho los efectos que se guardan sobre el escritorio o dentro de sus cajones.

Tampoco han cambiado ciertos aspectos de la comunicación oral y escrita dentro de la oficina. Todavía existe la comunicación oral sumergida, es decir, el chisme y los rumores que circulan en las reuniones, en las charlas informales por teléfono y por correo electrónico. La comunicación escrita incluye aún el memorándum, el tablón o tablero de anuncios, las cartas y otros documentos rutinarios. Además, todavía existe la posibilidad de una mala comunicación, ya sea escrita u oral, por varias de las razones siguientes:

1. la interpretación errónea que se le dé a una comunicación a causa de la semántica del significado de una palabra o símbolo
2. la diferencia entre niveles, por ejemplo, entre la gerencia y los funcionarios
3. la falta de una comunicación clara entre diferentes departamentos
4. la diferencia en el uso de la jerga profesional
5. la diferencia en la formación cultural o intelectual de los individuos, y la existencia de los estereotipos
6. la competencia y la falta de confianza entre los empleados

7. la interpretación errónea de la comunicación visual: los gestos, las expresiones faciales y las posturas del cuerpo
8. la interpretación errónea del paralenguaje comunicado por la voz humana: el tono, el suspiro, el gruñido, etc.

Figura 6-2

ACTIVIDADES

A. ¿Qué sabe Ud. de negocios? Vuelva Ud. a las preguntas de orientación que se hicieron al principio del capítulo y a las preguntas que acompañan las fotos y contéstelas en oraciones completas en español.

B. ¿Qué recuerda Ud.? Indique si las siguientes oraciones son *verdaderas* o *falsas* y explique por qué.

1. La oficina actual es muy parecida a la oficina de hace veinte años.
2. La manera de archivar la información no ha cambiado mucho.

3. La secretaria transforma información cuando entra en la computadora una carta dictada.
4. El uso de la computadora ha aumentado la cantidad de papeleo en la oficina.
5. El contestador automático es el avance tecnológico que ha tenido mayor efecto en la oficina moderna.
6. La selección del *hardware* es más importante que la del *software* en un sistema para el procesamiento de información.
7. La fibra óptica puede controlar hasta el color de las paredes de la oficina.
8. Es posible perjudicar un acuerdo comercial por una mirada poco apropiada o un suspiro inoportuno.

C. Exploración de sus conocimientos y opiniones personales. Haga los siguientes ejercicios, usando sus propios conocimientos y opiniones personales.

1. ¿Qué diferencias hay entre la comunicación interna y la externa de una empresa? ¿Qué importancia tiene cada una?
2. ¿Cree Ud. que los avances tecnológicos han tenido un efecto positivo en la oficina? Explique.
3. ¿Qué máquinas considera Ud. imprescindibles en una oficina moderna? ¿Por qué?
4. ¿Cuáles pueden ser algunos efectos negativos del chisme en el ambiente de la oficina? ¿Cómo se puede eliminar o reducir el chisme en el trabajo?
5. ¿Cómo se relacionan los dichos al principio del capítulo con los temas tratados?

D. Al teléfono. Haga las siguientes llamadas telefónicas a otro/a estudiante de la clase. Cada persona deberá tomar un papel activo en la conversación.

1. Ud. es gerente de una oficina en la cual un sistema de computadoras recién instalado no ha funcionado muy bien. Llame a la persona que lo instaló y explique las complicaciones que hay (por ejemplo, que no aparece nada en el monitor, no funciona la impresora láser, etc.).
2. Ud. es un/a jefe/a de personal que acaba de recibir la queja de una secretaria sobre acoso sexual por el/la gerente de ventas. Llame al/a la vicepresidente/a para informarle sobre la situación.
3. Ud. es el/la gerente de una empresa que necesita mejorar su sistema de comunicaciones externas. Llame a un/a experto/a para explicarle sus necesidades y solicite su ayuda.

E. Navegando el internet. Ud. y un/a amigo/a quieren diseñar la oficina ideal para la sucursal de su empresa en Colón, Panamá. Uds. saben, sin embargo, que, para realizar esta meta, necesitarán cierta información al respecto y un plan de acción. Por eso, Uds. deciden hacer lo siguiente:

1. Navegar el internet, buscando especialmente los sitios virtuales con estas palabras claves:

   economía/ negocios/empresas/suministros y servicios de oficina/muebles/

2. Al desplazar arriba y abajo la Página Web, busquen información sobre los muebles disponibles y los pasos necesarios para comprarlos.
3. Informar a la clase sobre sus investigaciones y los pasos necesarios para conseguir los resultados.

EJERCICIOS DE VOCABULARIO

Si hace falta para completar estos ejercicios, consulte la **Lectura comercial** o la lista de vocabulario al final del capítulo.

A. ¡A ver si me acuerdo! Pensando en la posibilidad de establecer una relación comercial, usted va a tener una conversación con una persona de negocios de un país hispano. Sin embargo, se le olvidan a usted los siguientes términos en español. Un/a compañero/a lo/la ayuda a recordarlos al pedir que usted se los traduzca.

1. home office
2. hard drive
3. system
4. fax machine
5. technology
6. paperwork
7. spread sheet
8. e-commerce
9. gesture
10. word processor

B. ¿Qué significan? A usted le interesa la posibilidad de trabajar en una oficina en un país hispanohablante. Sin embargo, no sabe lo que significan ciertos términos que se usan frecuentemente en el comercio. Ud. decide consultarlos con un/a amigo/a. Pídale a un/a compañero/a de clase que le explique los siguientes términos y que le dé algunos sinónimos si puede.

1. almacenar
2. sucursal
3. ordenador
4. chisme
5. correo electrónico
6. renovarse
7. efectos de escritorio
8. muebles de oficina

C. Oficina: Adivinación. Con un/a compañero/a de clase, escojan ustedes dos (2) palabras en español que se relacionan con la oficina, el tema principal de este capítulo. Luego, en clase, den sinónimos, definiciones o palabras que se asocian con los términos originales y pidan que los demás compañeros los adivinen.

D. Entrevista profesional. Usted quiere saber lo más que pueda sobre las oficinas hispánicas porque quiere amueblar la suya en Panamá. Por lo tanto, usted entrevista a un experto en la organización de oficinas, haciéndole las siguientes preguntas. Haga la entrevista con un/a compañero/a de clase. No se olviden del protocolo ni de las cortesías.

1. ¿Para qué funciones se usa la computadora en una oficina?
2. ¿Qué impacto ha tenido el uso del internet en los negocios?
3. ¿Existe un protocolo para el uso del correo electrónico?
4. ¿Cuáles son ejemplos de la jerga en la industria informática?
5. ¿Qué es una Página Web personal y cómo se establece?
6. ¿Para qué se usan los teléfonos celulares en una empresa?

E. Traducciones. Un/a amigo/a suyo/a, con el/la cual usted quiere planear la oficina de la casa matriz de una empresa, acaba de empezar a estudiar el español y los negocios. El/ella sabe poco de la organización de oficinas. Usted lo/la ayuda al pedirle que él/ella traduzca las siguientes oraciones que informan sobre el tema.

1. Advances in technology make it possible to conduct business more quickly and efficiently.
2. Machines and people must work together in the modern office.
3. Some employees are afraid at first to use high-tech equipment.
4. Data processing and word processing are two important functions performed by computers.
5. The existence of commercial web pages on the internet has enormously expanded e-commerce activity.
6. A business needs to know how to "surf" the internet in order to keep abreast of worldwide developments that may affect its decisions. A client is just a click away.

UNA VISTA PANORAMICA DE NICARAGUA

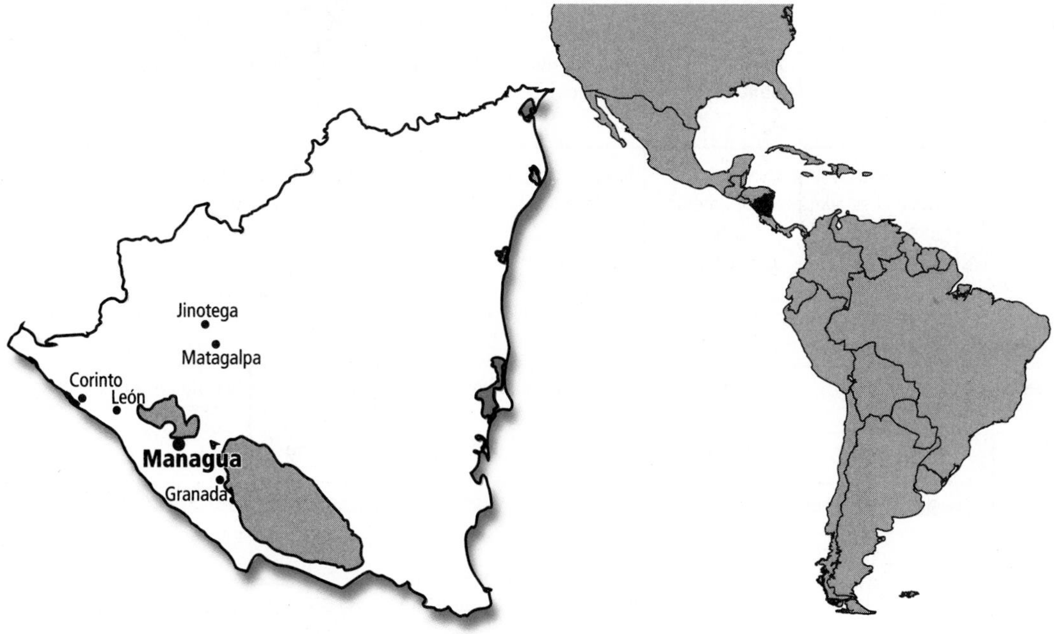

NICARAGUA

Nombre oficial:	República de Nicaragua
Gentilicio:	nicaragüense
Capital y población:	Managua: 1,124,000
Sistema de gobierno:	República
Jefe de Estado/ Jefe de Gobierno:	Presidente Arnoldo Alemán Lacayo
Fiesta nacional:	15 de septiembre, Día de la Independencia (1821: de España)

Nicaragua

GEOGRAFIA Y CLIMA

Area nacional en millas^2 y kilómetros^2	Tamaño (comparado con EUA)	División política	Otras ciudades principales	Puertos principales	Clima	Tierra cultivable
50,446 m^2 130,688 km2	Casi tan grande como el estado de Nueva York	15 departamentos y 2 regiones autonomistas	León, Granada, Matagalpa, Jinotega, Chinandega, Masaya	Corinto, Puerto Sandino, San Juan del Sur	Tropical en las tierras bajas, más templado y fresco en la altiplanicie	9%

DEMOGRAFIA

Año y población en millones			% urbana	Distribución etaria		% de analfa-betismo	Grupos étnicos
2000	2015	2025		<15 años	65+		
5	6.8	8.1	63%	44%	2%	34%	69% mestizo, 17% blanco europeo, 9% africano, 5% amerindio

ECONOMIA Y COMERCIO

Moneda nacional	Tasa de inflación 1998	N° de trabajadores (en millones) y tasa de desempleo		PIB 1998 en millones $EUA	PIB per cápita	Distribución de PIB y de trabajadores por sector			1997 Exportaciones en millones $EUA	1997 Importaciones en millones $EUA
						A	I	S		
El córdoba oro	16%	1.5	14%	$11,600	$2,500	32%	24%	44%	$704	$1,450
						31%	15%	54%		

Para distribución del PIB y de los trabajadores (mano de obra): A = Agricultura, I = Industria, S = Servicios (y Gobierno).

Recursos naturales: Oro, plata, cobre, tungsteno, plomo, cinc, madera, pesca.

Industrias: Procesamiento de alimentos y bebidas, productos químicos y de metal, textiles y ropa, refinación de petróleo, calzado.

COMERCIO

Productos de exportación: Café, pescado y marisco, carne, azúcar, oro, bananas, ajonjolí (sésamo).

Mercados: 43% EUA, 33% UE, 17% MCCA, 2% México.

Productos de importación: Petróleo, bienes de consumo, maquinaria y equipo, suministros agrícolas.

Proveedores: 32% EUA, 21% MCCA, 11% Venezuela, 9% UE.

Horario general de comercio: De lunes a viernes, desde las ocho de la mañana hasta las cinco o seis de la tarde. El almuerzo se come normalmente entre el mediodía y las dos de la tarde. Los sábados, desde las ocho de la mañana hasta el mediodía.

TRANSPORTE Y COMUNICACIONES

Kilómetros de carreteras y % pavimentadas	Kilómetros de vías férreas	Nº de aeropuertos con pista de aterrizaje pavimentada	Nº de líneas telefónicas	Radios por mil personas	Televisores por mil personas
16,382 / 11%	La línea nacional está casi inoperante	13	140,000	206	48

IDIOMA Y CULTURA

Idiomas	Religión	Comidas y bebidas típicas / Modales
Español (oficial), inglés y varias lenguas indígenas (miskito y sumo) en la costa del Atlántico	95% católico romano, 5% protestante	Tortilla, enchilada, nacatamal, gallo pinto, mondongo, baho, plátano frito, vigorón. Mantener las manos, no los codos, encima de la mesa durante la comida. Halagar la buena comida servida y practicar el arte de la buena conversación.

Horario normal del almuerzo y de la cena: Sobre la una de la tarde para el almuerzo; alrededor de las siete de la noche para la cena.

Gestos: Los nicaragüenses usan muchos gestos al hablar. Para indicar algo, se frunce la boca o se señala con la barbilla en esa dirección. Para decir adiós, la mano parece como si estuviera abanicándose. Tocarse bajo el ojo con el dedo índice es señal de ¡ojo!, tener cuidado. Para indicar que alguien es tacaño, colocar la mano, con la palma boca arriba, bajo el otro codo. Si se quiere pagar por algo, se pueden frotar juntos los dedos índices de las manos (el gesto norteamericano de «shame on you»). Es obsceno el gesto del higo (un puño con el dedo pulgar colocado entre el dedo índice y el dedo corazón) —equivale a «to give the finger».

Cortesía: Saludar individualmente a cada persona al llegar a una reunión o comida y despedirse de cada una al marcharse para no quedar mal con ninguno. Se considera descortés el hablar con una voz exageradamente alta. Cuando se visita la casa de alguien para comer o cenar, traer para los anfitriones un regalito como flores (¡pero no blancas porque se asocian con los funerales!), caramelos o chocolates.

LA ACTUALIDAD ECONOMICA NICARAGÜENSE

La economía de Nicaragua fue un desastre en la década de los ochenta, debido a los efectos de la revolución sandinista iniciada en 1979. La guerra civil de los ochenta dio como resultado una gran escasez de toda clase de bienes y artículos de primera necesidad y el consumidor nicaragüense se fastidiaba al hacer largas colas en todas partes. Según muchos informes, el nivel de vida en esa época fue incluso más bajo que durante la época de la dictadura de Anastasio Somoza (1967–1974). En 1988 hubo una tasa de inflación de más del veinte mil por ciento, y para esa fecha el córdoba había perdido más del 99% del valor que tenía en 1979.

La lucha entre sandinistas y «contras» (contra-revolucionarios), además de las grandes pérdidas de vidas humanas, representó un gasto enorme de 50% del presupuesto nacional durante los años ochenta. El embargo económico impuesto por los EE.UU. en 1985 agravó la situación y empujó a Nicaragua a buscar más apoyo económico de la antigua URSS. La prolongada crisis económica de Nicaragua se debía además a la política económica seguida por el gobierno sandinista. Se había creado una economía estatal que imponía controles sobre los precios de consumo, lo cual había conducido a un bajo nivel de producción. A la vez, México, Venezuela y otros países exportadores de petróleo, para demostrar su descontento con esa política económica, se resistieron a vender esta fuente energética a Nicaragua con los precios favorables de antes, hasta que se empezaran a resolver las grandes deudas ya acumuladas. En las elecciones de febrero de 1990, Violeta Chamorro fue elegida Presidenta de Nicaragua, lo cual fue un acontecimiento totalmente inesperado por el gobierno sandinista. En 1994 hubo otros intentos del Frente Sandinista para despertar interés en un nuevo Movimiento de Renovación Sandinista (MRS).

En 1996 Arnoldo Alemán Lacayo de la Alizanza Liberal fue elegido presidente hasta las próximas elecciones en julio de 2001. Antes de la destrucción del Huracán *Mitch* en el otoño de 1998, Nicaragua había perseguido varias nuevas políticas económicas bajo Alemán que comenzaban a dejar atrás las tendencias negativas de la guerra civil y las malas administraciones económicas que la habían seguido. El huracán paró completamente los esfuerzos reformativos, y el resultado ha cambiado completamente las predicciones económicas para futuros próximos o previsibles. Nicaragua, el país más pobre de Centroamérica, fue el que sufrió más daños del huracán. Hubo más de mil millones de dólares de perjuicios y una disminución del uno por ciento en su PIB en 1999. El sector agrícola, el que más influye en sus exportaciones, fue el más afectado. Debido a eso, el déficit comercial aumentó a 900 millones de dólares ese año. La ayuda y la caridad internacionales mejoraron las circunstancias y ayudaron a atraer también el apoyo de acreedores como el Club de París y otros hacia la eliminación del déficit. Sin embargo, le faltaron a Nicaragua más préstamos financieros para poder volver a establecer incluso las condiciones económicas que existían antes de la gran tormenta.

UNA VISTA PANORAMICA DE PANAMA

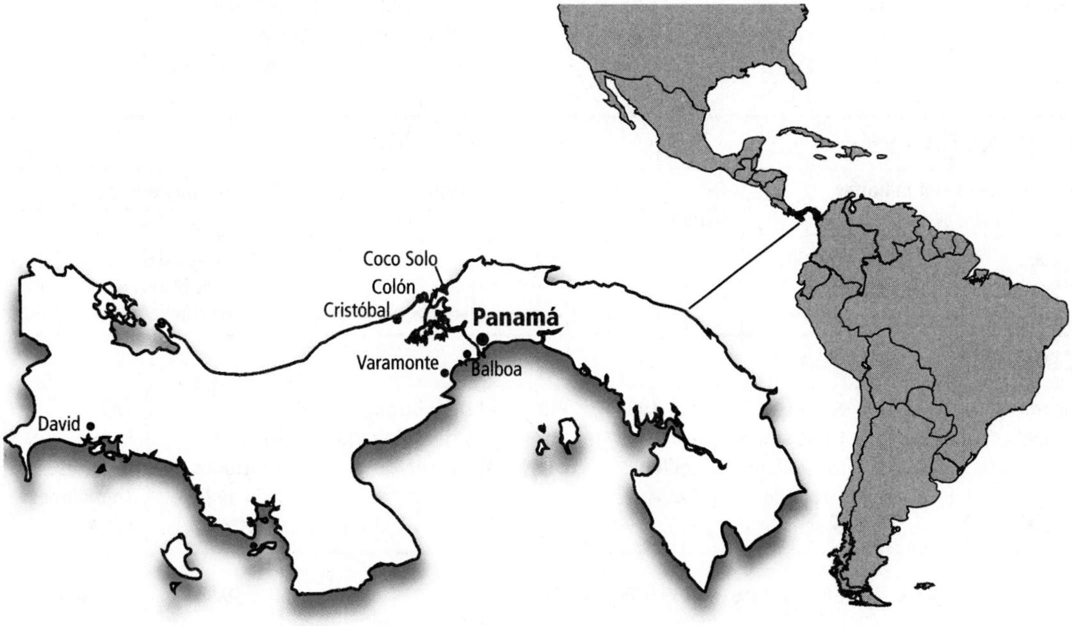

PANAMA

Nombre oficial:	República de Panamá
Gentilicio:	panameño/a
Capital y población:	Ciudad de Panamá: 464,928
Sistema de gobierno:	Democracia constitucional
Jefe de Estado/ Jefe de Gobierno:	Presidenta Mireya Elisa Moscoso
Fiesta nacional:	3 de noviembre, Día de la Independencia (1903: la separación Nacional de Panamá de Colombia)

Recursos naturales: Cobre, caoba y bosques, camarones.

Panamá

GEOGRAFIA Y CLIMA

Area nacional en millas² y kilómetros²	Tamaño (comparado con EUA)	División política	Otras ciudades principales	Puertos principales	Clima	Tierra cultivable
29,762 m^2 77,381 km^2	Casi tan grande como Carolina del Sur	9 provincias y 2 comarcas (territorios)	Colón, David	Balboa, Cristóbal, Coco Solo, Vacamonte	Tropical, cálido, húmedo, nublado; estación de lluvias mayo-enero.	7%

DEMOGRAFIA

Año y población en millones			% urbana	Distribución etaria		% de analfabetismo	Grupos étnicos
2000	2015	2025		<15 años	65+		70% mestizo, 14% zambo (amerindio y afroantillano), 10% blanco europeo, 6% amerindio
2.8	3.4	3.8	56%	32%	5	9%	

ECONOMIA Y COMERCIO

Moneda nacional	Tasa de inflación 1998	N° de trabajadores (en millones) y tasa de desempleo		PIB 1998 en millones $EUA	PIB por cápita	Distribución de PIB y de trabajadores por sector			1997 Exportaciones en millones $EUA	1997 Importaciones en millones $EUA
						A	I	S		
El balboa	1.4%	1.04	13%	$19,900	$7,300	8%	18%	74%	$6,680	$7,380
						27%	9%	64%		

Para distribución del PIB y de los trabajadores (mano de obra): A = Agricultura, I = Industria, S = Servicios (y Gobierno).

Industrias: Construcción, refinación y productos de petróleo, cemento, azúcar, procesamiento de alimentos y bebidas, metalistería (trabajo en metales), productos químicos, papel y productos de papel, imprenta, minería, ropa, muebles.

COMERCIO

Productos de exportación: Bananos, camarones y productos de pescado, azúcar, ropa, café.

Mercados: 37% EUA; UE, América Central y el Caribe.

Productos de importación: Equipo industrial, petróleo crudo, productos alimenticios, bienes de consumo, productos químicos.

Proveedores: 48% EUA; UE, América Central, el Caribe y Japón.

Horario general de comercio: De lunes a viernes, desde las siete de la mañana hasta las cuatro de la tarde. El almuerzo se come normalmente a mediodía. Los sábados, desde las siete de la mañana hasta las seis de la tarde.

TRANSPORTE Y COMUNICACIONES					
Kilómetros de carreteras y % pavimentadas	**Kilómetros de vías férreas**	**Nº de aeropuertos con pista de aterrizaje pavimentada**	**Nº de líneas telefónicas**	**Radios por mil personas**	**Televisores por mil personas**
11,100 / 34%	355	43	365,700	5	13

IDIOMA Y CULTURA		
Idiomas	**Religión**	**Comidas y bebidas típicas / Modales**
Español (oficial), 14% de la población habla inglés como idioma nativo y muchos son bilingües; garífuna y varios idiomas indígenas como el chibcha y el chocoe	85% católico romano, 15% protestante evangélico	Arroz con pollo, frijoles, maíz, plátanos, carne, pescado, sancocho, bollo, guacho, guisado, verduras y frutas, chicha. Comer toda la comida servida y halagar a los anfitriones por la buena comida servida.

Horario normal del almuerzo y de la cena: Mediodía para el almuerzo; entre las cinco y las seis de la tarde para la cena.

Gestos: Mantener un buen contacto visual al hablar con otro. Se frunce la boca en una dirección para señalar algo o para indicar que ya es hora de marcharse. Se encogen los hombros con las manos palmas hacia arriba para preguntar «¿Qué pasa?» Para decir que no, mover el dedo índice de lado a lado con la palma de la mano hacia afuera. Para indicar que se vuelve pronto, dibujar un círculo o dos en el aire cerca de la cabeza. Se frunce la nariz para indicar que no se entiende algo.

Cortesía: Saludar individualmente a cada persona al llegar a una reunión o comida y despedirse de cada una al marcharse para no quedar mal con ninguna. Mantener buen contacto visual con la otra persona durante una conversación. Normalmente no se lleva ningún regalo a los anfitriones cuando se va a su casa para comer o cenar, sino que es más común invitarlos luego a su casa para comer. Están bien las visitas no anunciadas de antemano, y hasta se aprecian.

LA ACTUALIDAD ECONOMICA PANAMEÑA

La economía de Panamá ha dependido mucho del canal de Panamá (construido en 1914) y de su posición geográfica estratégica. Desde 1970,

Panamá se ha convertido en un centro financiero debido a ciertos factores: los buenos medios de comunicación y de transporte disponibles; el uso de los dos idiomas principales del hemisferio, el español y el inglés; una fuerza laboral bien adiestrada; la ausencia de controles gubernamentales sobre el cambio de dinero (lo cual, en su aspecto negativo, ha facilitado el lavado de dinero por los narcotraficantes), y unas leyes más liberales hacia las sucursales ultramarinas, es decir, hacia aquellas operaciones fuera del país de empresas establecidas dentro de Panamá, las cuales quedan exentas de impuestos panameños.

A mediados de los ochenta, el número de bancos en Panamá creció a más de ciento veinticinco. Durante la segunda mitad de la década, una serie de problemas políticos causados por las actividades cuestionables del General Manuel Antonio Noriega provocó sanciones económicas contra el gobierno panameño por parte de los EE.UU. Después, hubo una rápida salida de depósitos bancarios y una enorme pérdida de capital. Además, como el gobierno de Panamá no emite su propio papel moneda, el balboa tiene y tenía solamente un valor nominal. En diciembre de 1989 las tropas norteamericanas invadieron a Panamá, capturaron al General Manuel Noriega y lo llevaron preso a EE.UU. Luego lo condenaron por ser traficante de drogas y todavía continúa encarcelado en EE.UU.

Desde la construcción del Canal en 1914, EE.UU. mantuvo control de la Zona del Canal de Panamá hasta las últimas horas del año 1999. La transferencia del control del canal de EE.UU. a Panamá culminó en una ceremonia presenciada por la presidenta de Panamá, Mireya Moscoso, el secretario del ejército estadounidense, Luis Caldera, y el ex-presidente de los EE.UU., Jimmy Cárter, el que había firmado el tratado inicial en 1977 con el General Omar Torrijos, el fallecido caudillo militar panameño.

Es evidente que la mayor parte de la economía de Panamá todavía está basada en los servicios debido a su situación geográfica. Hay más énfasis en la banca, el comercio y el turismo. En 1948, se creó la Zona Libre de Colón que hoy día es la más grande del hemisferio occidental. Con estos años de experiencia en logística y almacenamiento y el control del canal, los panameños piensan convertirse en el principal centro de logística de la región, en el «Hong Kong de las Américas». Es verdad que tienen ciertas ventajas —un sector naviero muy adelantado con nuevas terminales de contenedores y un creciente número de negocios portuarios para el suministro y la distribución de actividades de transbordo (el traslado de carga de un barco a otro). Esperan que en un futuro próximo el ferrocarril transoceánico pueda ser reconstruido para transportar contenedores entre los océanos Atlántico y Pacífico. Lo que no tiene Panamá todavía son instalaciones con aerolíneas que sirvan para recibir no solamente pasajeros sino también carga en forma de productos.

Pérez Balladares, el presidente desde 1994 hasta 1999, comenzó un programa de reformas económicas cuyos objetivos eran la liberalización de sus estructuras de comercio internacional, la búsqueda de inversiones extranjeras, la privatización de varias empresas estatales, la reforma de las estructuras fiscales y la creación de nuevos trabajos por el cambio de los códigos laborales. Se privatizaron los dos puertos que quedaban y se aprobó la venta del ferrocarril en 1998. También Panamá se hizo miembro de la Organización Mundial de Comercio (OMC). Desgraciadamente, la presidenta Moscoso ha prometido detener la privatización y elevar los aranceles a la importación, una política económica que no atraerá las grandes inversiones necesarias para promover el papel de Panamá como centro de logística regional.

ACTIVIDADES

¿Qué sabe Ud. de Nicaragua y Panamá?

1. Describa la geografía nicaragüense y panameña y sus afines (clima, terreno, ciudades, etc.). ¿Cuáles son las ciudades capitales y otras ciudades importantes?
2. ¿Cómo son Nicaragua y Panamá demográfica y políticamente? ¿Quiénes son los jefes de estado actuales en cada país? ¿Por qué debe saber una persona de negocios detalles acerca de la población y política de estos países?
3. ¿Cuándo es la fiesta nacional de Panamá? ¿Y la fiesta nacional de Nicaragua? ¿En qué otros días hay fiestas nacionales que van a dificultar un viaje de negocios? (Véase la Tabla 10-1 de la pág. 301.)
4. Describa la economía de Nicaragua y de Panamá. ¿Cuál es la moneda nacional de cada país? ¿Cómo se comparan el PIB y la distribución del PIB en los dos países? ¿A qué factor(es) se debe esta diferencia?
5. ¿Cuáles son los principales productos de exportación de Nicaragua y de Panamá? ¿Cuáles son los principales destinos de las exportaciones de cada país? ¿Cuál fue la balanza comercial según la información en este libro? ¿En la actualidad?
6. Describa los sistemas de transporte de cada país. Originalmente se consideró la posibilidad de construir un canal a través de Nicaragua en vez de Panamá. ¿Por qué decidieron construirlo en Panamá? Busque la respuesta en un libro de consulta o en el internet.
7. ¿Cómo han cambiado los datos presentados en las secciones de **Vista Panorámica y la Actualidad Económica**? Busque algunos en un almanaque del año actual o en el internet.

8. Comente sobre la actualidad socioeconómica y política de Nicaragua y de Panamá? ¿Qué influencia en el comercio ha tenido el traslado del control del Canal de EE.UU. a los panameños al final del siglo pasado?
9. ¿Cuáles son las horas laborales y de comer en Panamá y Nicaragua?
10. Ud. y un/a compañero/a de trabajo van a investigar el sector naviero en Panamá para determinar las posibilidades de constituir una sociedad anónima en el país pero con actividades fuera del país (offshore). En cuatro días saldrán de un aeropuerto cerca de Uds. Discutan los siguientes asuntos con un compañero de clase.
    a. Los planes para el viaje (líneas aéreas, los horarios de los vuelos de ida y vuelta, aeropuertos de despegue y aterrizaje, costos, etc.). ¿Cuál será la mejor ruta para el viaje? Busque las verdaderas posibilidades en el internet o con una llamada telefónica a una agencia de viajes o al aeropuerto. Hagan la llamada telefónica en español, si es posible.
    b. El alojamiento y transporte terrestre mientras están en Panamá.
    c. Los trámites necesarios para establecer una sociedad anónima con actividades fuera del país en Panamá.
    d. Las leyes acerca del registro de nave bajo la bandera de Panamá, los requisitos sobre el tonelaje para pasar inspección, la información necesaria para obtener una patente de navegación y una licencia de radio y las tasas de registro.
    e. Las comidas y bebidas panameñas que desean tomar.
    f. Las formas de cortesía y los gestos que deben recordar, usar o evitar.

LECTURA CULTURAL

El hombre, la mujer y el empleo

Durante la primera mitad de los años ochenta, la tasa de desarrollo económico de Hispanoamérica subió. Esto se debió en gran parte al crecimiento de la producción manufacturera y al aumento de las exportaciones de bienes de toda clase pero, en especial, al de las materias primas y de productos agrícolas. Brasil y México gozaron de la mayor prosperidad entre todos los países latinoamericanos, debido al petróleo y a sus productos forestales, frutas frescas y productos pesqueros. Sólo Centroamérica experimentó un desarrollo menos favorable a causa de las guerras civiles y del énfasis en productos agrícolas para el consumo interno. En algunos países, el turismo ha sido muy importante.

A partir de 1987 esta realidad favorable de Latinoamérica empezó a deteriorarse. El desempleo y el subempleo empezaron a aumentar de nuevo. También, por falta de una buena educación general y de una capacitación técnica, muchas personas no estaban preparadas para desempeñar un gran número de los trabajos disponibles. Complicaron e intensificaron esta situación las siguientes circunstancias:

1. La urbanización de la población que encaminó la fuerza laboral del sector agropecuario hacia los sectores industriales, y en especial hacia los de servicios, los cuales llegaron a ser y siguen siendo los sectores económicos de mayor crecimiento.
2. La enorme entrada de las mujeres a la fuerza laboral en los puestos estatales de la década de los ochenta, complicada aún más en los noventa por la privatización de las empresas cuyas políticas y prácticas de contratación hacia la mujer siguen manteniendo una desigualdad con respecto al hombre.
3. La creciente tendencia hacia una mayor participación de la mujer en la economía informal, donde no cuentan con beneficios sociales ni protección legal (en 1995, un 50% de las mujeres participan en Bolivia y Guatemala; un 35% en Argentina, Uruguay, Chile y Venezuela; un 30% en Costa Rica y Panamá).
4. La baja participación de mujeres en puestos gerenciales (un 2% en Chile y Argentina; un 5.5% en México, pero el 45% de estas ejecutivas trabajan en recursos humanos, lo cual es mucho menos que su participación en la política).

En muchos casos la falta de igualdad de oportunidades laborales es el resultado de la existencia de actitudes preconcebidas sobre el papel tradicional de la mujer. No obstante la existencia de los movimientos feministas en Europa y América del Norte hace ochenta años, el hombre y la mujer tradicionalmente han tenido una formación y un rol diferentes en el mundo hispano. Especialmente en las clases más bajas, la mujer muchas veces se criaba en un ambiente religioso en el cual tenía una gran importancia el marianismo, el culto de veneración hacia la Virgen María. En ese contexto, la mujer no sólo aprendía a ser sumisa al hombre en todos los asuntos morales y espirituales sino que ella aceptaba y se instruía en las responsabilidades de ser madre. Esos valores se ponían en práctica con las tareas para la mujer tanto en casa como en la oficina o en la fábrica, creando obstáculos para el progreso de la mujer en el trabajo. Buena parte de la discriminación que enfrentaba y que todavía enfrenta la mujer tiene su base en las preconcepciones del papel tradicional, así que los gerentes justifican los salarios o sueldos menores diciendo que sólo complementan los del hombre en el sostén de la familia. En muchos casos, la mujer hispanoamericana tiene que participar en la economía informal porque no encuentra trabajo en las empresas.

En cambio, la mujer hispanoamericana de las clases altas ha podido trabajar tanto en altos puestos como la mujer norteamericana, debido al empleo del servicio doméstico que se le ponía a la disposición para hacer la limpieza de la casa o la preparación de la comida. A pesar de estas oportunidades, hay muy pocas mujeres en puestos ejecutivos en empresas latinoamericanas. Las empresas de América Latina no tienen reglas contra la discriminación sexual para elevar a un mayor número de mujeres a cargos de responsabilidad. Las empresas transnacionales tampoco han puesto en práctica en las sucursales latinoamericanas todas las medidas que existen para ayudarle a la mujer en la sede central.

Algunos de los problemas que la mujer hispanoamericana necesita superar en el trabajo son los siguientes:

- Despido por maternidad (hay empresas que exigen un certificado de esterilización o una prueba de embarazo negativa como condición de trabajo)
- Menos puestos ejecutivos a las jóvenes de clase media o baja
- Falta de entrenamiento o capacitación profesional
- Trato condescendiente en los trabajos (muchas veces en las maquiladoras, las mujeres desconocen sus derechos legales)
- Falta de equidad en los sueldos o salarios
- Falta de excedencia o exención de trabajo por maternidad
- Falta de guarderías infantiles cerca de o en la empresa

Las oportunidades escolares de la mujer han aumentado en las últimas dos décadas. Según la UNESCO, en 1995 en Hispanoamérica y el Caribe, la mujer representaba el 48% de los alumnos en las escuelas primarias, el 54% en las escuelas secundarias y el 49% en las universidades (en las universidades de Brasil, Colombia, Cuba, Panamá, Uruguay y Venezuela, más de la mitad de los estudiantes eran mujeres). Es obvio que la mujer todavía necesita más preparación para poder competir por los mismos puestos que el hombre.

El hombre, en cambio, ha tenido tradicionalmente otra formación social, basada en el concepto del machismo. Por un lado ha aprendido a ser generoso, digno, honrado y caballeresco. Por otro, adopta una actitud y posición superiores hacia las mujeres y se dedica a probar y a manifestar la virilidad, reflejada en el famoso personaje literario Don Juan. Esta actitud machista ha influido mucho en las relaciones entre hombres y mujeres y explica en gran parte por qué les es muy problemático a muchos hombres hispanos aceptar a la mujer como jefa, gerente o ejecutiva.

La igualdad entre el hombre y la mujer en el lugar de trabajo no ha sido la norma hasta hoy en día, ni en los países hispánicos ni en los

Estados Unidos. La tradición de desigualdad se conserva más entre las clases sociales bajas y en las regiones rurales que en las grandes ciudades, donde hay un mayor número de mujeres bien educadas y adiestradas que antes. Con la entrada de más mujeres capacitadas al campo del comercio, la decisión de escoger al «mejor hombre» para cierto trabajo o puesto administrativo se está convirtiendo en la búsqueda de la «mejor persona». Aunque el «enchufe» o la «palanca» siguen siendo importantes, poco a poco el amiguismo *(good old boy's club)* de antaño se está debilitando para darles más oportunidades y justicia a las mujeres. Con estos cambios, se ve que la vida profesional en la oficina también está cambiando las estrategias, las convenciones, las reglas de conducta, los tabúes, los códigos de vestirse y los criterios del habla aceptables en el pasado. En el panorama del futuro, habrá importantes cambios al considerar elementos como los siguientes:

1. las cualidades positivas exigidas y aprendidas desde joven, como la firmeza, el espíritu emprendedor competitivo y la capacidad de asumir el mando con autoridad y fuerza
2. la fuerza física y la capacidad intelectual
3. la preparación emocional y psicológica
4. la independencia y la capacidad de cooperación
5. la asignación de responsabilidades dentro de una empresa

ACTIVIDADES

A. ¿Qué sabe Ud. de la cultura?

1. ¿Qué factores contribuyeron al desarrollo económico de Hispanoamérica en los años ochenta?
2. ¿Qué acontecimientos reflejan posibles dificultades para la mano de obra en Hispanoamérica?
3. ¿Qué es el marianismo? ¿El machismo? ¿Qué efectos han tenido o pueden tener en la oficina donde uno trabaja?
4. ¿Hay igualdad de oportunidad para los hombres y las mujeres en el mundo de los negocios en los países hispánicos? ¿En los Estados Unidos? Comente.
5. Describa su propia formación académica y familiar. ¿Lo/La han preparado para hacerse gerente de un negocio?

B. Asimilador Cultural. Lea lo siguiente y conteste las preguntas a continuación.

María Isabel Salazar, titulada de la universidad con una especialización en Administración y Finanzas, es la nueva directora del Departamento de Ventas en la empresa DeKorado que vende muebles para la sala de estar, el comedor y la recámara. Ella ha decidido que hacen falta algunos cambios en las estrategias de sus vendedores.

En la primera reunión con los tres vendedores, Salazar discute con ellos sus expectativas. Uno de ellos, López Cárdenas de Santiago, uno de los primeros empleados de la empresa, se sienta en la silla inmediatamente delante de ella y la mira de arriba a abajo, mientras escucha sus palabras.

—Es importante que lleguen Uds. puntualmente al trabajo y que atiendan inmediatamente a los clientes que pasen por la tienda. Me han informado que en el pasado, no ha sido así. Hay que mejorar este aspecto de nuestro servicio, ¿no les parece? Así que, empezando mañana...—

Los otros dos vendedores con menos experiencia y años de servicio no dicen nada, pero Cárdenas de Santiago empieza a contestar con sorna la pregunta retórica hecha por la nueva ejecutiva:
—Bueno, señorita ...

Conteste las siguientes preguntas.

1. ¿Qué diferencias puede haber entre las perspectivas de María Isabel y las de este vendedor?
2. ¿Qué le va a decir Cárdenas de Santiago a su nueva jefa?
3. ¿Por qué se callan los otros vendedores durante la conversación entre el Sr. Cárdenas y la nueva jefa?
4. ¿Qué opina Ud. del estilo gerencial de la nueva ejecutiva en su trato inicial con sus empleados? ¿Cómo habría iniciado Ud. este primer encuentro?

SINTESIS COMERCIAL Y CULTURAL

Actividades comunicativas

A. Situaciones para dramatizar. Lea las siguientes situaciones y después haga el papel en español con otro/s estudiante/s, usando las posibilidades siguientes como punto de partida. Cada persona deberá tomar un papel activo en la dramatización. No se olvide del protocolo ni de las cortesías.

1. You have been assigned to an office in Managua. Tell the person in charge what new furniture and office supplies you need: a swivel chair, a desk lamp, pencils, pens, paper clips, etc. The person in charge asks why you need these things and objects that some of them will be difficult to obtain. Convince him/her that you need them in order to do your work.
2. You are a sales representative of a computer firm and want to sell your products to a manufacturer who is intent on not using modern equipment. Explain the advantages of your system for the following:
   a. internet access
   b. creation of a web page
   c. backing up files
   d. e-mail access

Después de dramatizar estas situaciones, discuta Ud. con sus compañeros de clase el tipo de equipo de oficina que se necesita, según los objetivos de diferentes clases de empresa (producción, contabilidad, finanzas, administración de personal, seguros o naviera).

B. Ud. es el/la intérprete. La Sra. Amy Cortés de Rivas, natural de Luisiana y esposa de un gerente panameño, hace una visita a la oficina de su marido. Al entrar al edificio, intenta hablar con el conserje, Juan Cruz Escudero, sobre los cambios que se han hecho en la oficina de su esposo durante los últimos seis meses en Panamá.

Haga Ud. el papel de intérprete entre estos dos individuos. Traduzca del inglés al español y del español al inglés, sin mirar el texto, el diálogo que leerán otros dos estudiantes en voz alta. Ellos harán una pausa después de cada raya para permitir su traducción. Acuérdense todos de usar un tono natural de diálogo.

SRA. CORTES	My husband tells me that morale has really improved in the office / since the changes were made last March.
INTERPRETE	______________________________
SR. CRUZ	Sí, señora, me parece que así es. / Todos parecen estar de mejor humor cuando llegan al trabajo. / Ya era hora de que se renovara un poco la oficina.
INTERPRETE	______________________________
SRA. CORTES	Well, Juan, it certainly looks a lot nicer. / My husband's really pleased with the new lighting. / He says it helps the secretaries when they type / or work

	with the adding machines. / I think it also helps him to read the contracts and balance sheets. / You know, his eyes aren't what they used to be.
INTERPRETE	____
SR. CRUZ	Sí, y el nuevo aire acondicionado / les encantó a todos el verano pasado / cuando hizo tanto calor. / También dicen que las nuevas computadoras / han reducido mucho el papeleo que había antes. / ¡Si viera Ud. lo rápido que son esas máquinas!
INTERPRETE	____
SRA. CORTES	I know, I've heard all about it. / It seems like the office staff is happier, too, / because of the new paint job / and the addition of a salad bar in the cafeteria. / That was my idea. / Have you eaten there yet?
INTERPRETE	____
SR. CRUZ	No, todavía no, señora, pero ya lo haré. / Dicen que las ensaladas son muy buenas. / Bueno, señora, que pase Ud. un buen día. Adiós.
INTERPRETE	____

C. Actividad empresarial. Uds. trabajan para una empresa multinacional que tiene muchas ventas en México, Centroamérica y los países andinos del norte de Sudamérica (Venezuela, Colombia, Ecuador). El/la presidente/a de la empresa ha decidido instalar una oficina en Centroamérica para mejor coordinar las actividades comerciales de la empresa y para entrenar a los vendedores en esa región. Les pide sugerencias sobre la decisión que él/ella tendrá que tomar entre la Ciudad de Panamá o Managua, Nicaragua. Es importante hacer investigaciones y luego comparaciones sobre los siguientes factores:

a. los costos de arrendar espacio para ubicar la oficina en las dos ciudades

b. la disponibilidad de vuelos internacionales entre los países mencionados

c. el número de personas bilingües bien educadas y con amplia experiencia en empresas internacionales

d. restricciones o impuestos sobre la importación de la tecnología necesaria para permitir las funciones necesarias de oficina

Después de hacer las investigaciones, Uds. recopilan todos los datos en un informe escrito con listas o tablas que indican la información indispensable para hacer un breve análisis del caso. Luego, Uds. presentan el informe oralmente sin leerlo.

D. Caso práctico. Lea el caso y haga los ejercicios a continuación.

Faye Bornwell, nueva gerente de la empresa B & B Shipyards y directora de las sucursales fuera de Norfolk, Virginia, donde se ubica la casa matriz, acaba de llegar a Balboa. La Junta Directiva la ha mandado a Panamá para mejorar la eficiencia del personal de la oficina y de la fábrica, y para tomar las decisiones necesarias para hacer frente a la crisis provocada por las sanciones estadounidenses impuestas contra el país.

Al llegar a la sucursal panameña, Bornwell se da cuenta de la informalidad y la falta de disciplina que caracterizan el ambiente de trabajo. Varios de los hombres, sin saber quién es ella, le echan piropos («Dale, guapa», «Por la gloria de Dios»), las recepcionistas no están en su lugar, y hay un grupo de empleados al lado de la cafetera riéndose y chismeando sobre las huelgas contra el gobierno y la falta de dólares en la economía.

Enfadada, Bornwell pregunta por el Sr. Daniel Costa, el Director de Personal, y uno de los hombres que le habían echado los piropos le contesta: «Soy yo». Bornwell se presenta y le pide una reunión inmediata en su oficina, donde empieza por preguntarle sobre la situación que acaba de encontrar al llegar a la sucursal.

—Perdón, señorita, pero no sabíamos quién era Ud. ...—

Después de escuchar sus excusas, Bornwell le explica que ha decidido que hace falta ofrecer incentivos especiales para que los empleados tomen en serio sus recomendaciones de cómo comportarse en el trabajo: de llegar a tiempo, arreglar un horario fijo para los descansos, no chismear, no echarles piropos a las mujeres, etc. Mientras la escucha atentamente el Sr. Costa, entra su colega Ruiz Carola Hoyos, el Director de Finanzas.

—Perdón, Srta. Bornwell, me acabo de enterar de su llegada. Ruiz Carola Hoyos, a sus órdenes.—

El Director de Finanzas tiene contactos dentro de la industria bancaria en Panamá, que le han avisado sobre la posible vuelta de millones de dólares a los bancos de la nación y de un posible cambio en las exenciones tributarias para las multinacionales como B & B Shipyards. El se da cuenta de la gran importancia de esta información, pero no le dice nada a la nueva gerente.

Haga los siguientes ejercicios.

1. ¿Por qué ha ido Faye Bornwell a Balboa?
2. Describa su llegada a la sucursal.

jar»? ¿Cómo se aplica a la situación en la oficina de Balboa?

4. ¿Qué efecto tiene el uso del papel moneda en dólares en las calles de Panamá? ¿Qué impacto tuvieron las sanciones estadounidenses en la economía de Panamá hace varios años?
5. ¿Por qué no habla de los datos económicos más recientes el director de finanzas? ¿Cómo resultará la comunicación entre Bornwell y Carola Hoyos?
6. Si Ud. fuera Faye Bornwell, ¿cómo procedería durante el resto de su visita a Balboa?

ANALISIS Y COMPARACION

Estudie la siguiente tabla comparativa y haga los ejercicios a continuación. Use también sus propios conocimientos y, cuando haga falta, otras fuentes informativas como el diccionario, el *Almanaque mundial*, el internet, etc. Los ejercicios se pueden hacer individualmente, en parejas o en pequeños grupos para discutir en clase.

TABLA 6-1 **Los países hispanoparlantes y Estados Unidos: Idiomas además del español (además del inglés para EUA), grupos étnicos y religiones** [Fuentes: *U.S. Bureau of the Census, U.S. Department of State Background Notes, CIA World Factbook 1999, The World Almanac and Book of Facts 2000*]

PAIS	IDIOMAS (NOTA: EL ESPAÑOL ES EL IDIOMA OFICIAL DE TODOS ESTOS PAISES MENOS EUA)	GRUPOS ETNICOS: BLANCO EUROPEO(BE), MESTIZO (ME), INDÍGENA/ AMERINDIO (I/A), AFROLATINO (AL), MULATO (MU)						RELIGION		
		BE	ME	I/A	AL	MU	OTRO	CATOLICO ROMANO	PROTES- TANTE	OTRO*
Argentina	inglés, italiano, alemán, francés	85%	15%					90%	2%	8%
Bolivia	quechua, aimara, guaraní	15%	30%	55%				95%	5%	x
Chile	mapuche, quechua, aimara	95%		3%			2%	89%	11%	x
Colombia	Más de 90 lenguas indígenas (chibcha, guajiro, etc.)	20%	58%	1%	4%	14%	3%	95%	5%	
Costa Rica	En el litoral caribeño un inglés de Jamaica	96%		1%	2%		1%	85%	15%	x
Cuba	inglés	37%			11%	51%	1%	85%**		15%
Ecuador	Unas 15 lenguas indígenas, esp. el quechua	10%	55%	25%	10%			95%	5%	
El Salvador	náhuatl y lenca	9%	90%	1%				75%	17%	8%
España	catalán, gallego, vasco (euskera)	Combinación de mediterráneos y nórdicos; grupos distintos como los catalanes, vascos y gallegos						99%	1%	
Guatemala	21 lenguas mayas (akateko, kíiché, kakchikel, kekchi, etc.), zinka y garífuna		56%	44%				75%	25%	x
Guinea Ecuatorial	francés, inglés pidgen, fang, bubi	85% fang; 15% bubi						83%	17%	
Honduras	Varios idiomas indígenas (miskito, towaka, itc.), garífuna		90%	7%	2%		1%	97%	3%	x

Tabla 6-1 cont.

PAIS	IDIOMAS (NOTA: EL ESPAÑOL ES EL IDIOMA OFICIAL DE TODOS ESTOS PAISES MENOS EUA)	GRUPOS ETNICOS: BLANCO EUROPEO(BE), MESTIZO (ME), INDIGENA/ AMERINDIO (I/A), AFROLATINO (AL), MULATO (MU)						RELIGION		
		BE	ME	I/A	AL	MU	OTRO	CATOLICO ROMANO	PROTES-TANTE	OTRO*
México	Unas 66 lenguas indígenas: náhuatl, maya, zapoteco, tzeltal, tarahumara, etc.	9%	60%	30%			1%	89%	6%	5%
Nicaragua	inglés, miskito, sumo	17%	69%	5%	9%			95%	5%	x
Panamá	inglés, garífuna, chibcha, chocoe	10%	70%	14% zambo (amerindio y afroantillano)			6%	85%	15%	x
Paraguay	guaraní (oficial con el español)		95%				5%	90%	10%	x
Perú	quechua (oficial con el español), aimara y otras lenguas indígenas	15%	37%	45%			3%	90%	10%	
Puerto Rico	inglés (oficial con el español)	99.9% hispano (incluye blanco europeo, africano, indígena y mezcla de los tres)						90%	4%	6%
República Dominicana	inglés	16%			11%	73%		95%	5%	
Uruguay	portuñol o brasilero (mezcla del portugués y el español)	88%	8%		4%			60%	2%	38%
Venezuela	Numerosos idiomas indígenas (arauaco, caribe, guajiro, etc.)	21%	67%	2%	10%			96%	2%	2%
EUA	español, chino, lenguas indígenas norteamericanas	72%	12% africano, 12% hispano, 3% asiático, 1% amerindio					28%	56%	16%

*La categoría "otro" incluye a los practicantes de otras religiones y a los no-practicantes.

**85% católico romano antes de Castro.

1. ¿Qué es un idioma? ¿Un dialecto? ¿Un dejo? ¿Una lengua indígena?
2. Además del español, ¿cuáles son otros de los idiomas que se hablan en los países «hispanos»? ¿Qué implicaciones tiene esto para el comercio, las ventas y los anuncios en los países «hispanoparlantes»?
3. Según la tabla, ¿Cuántos idiomas se hablan en México? ¿En Colombia? ¿En Ecuador? ¿En Guatemala? ¿Cuántos idiomas indígenas se hablan en total en estos cuatro países? ¿Se hablan idiomas indígenas en EUA? Explique.
4. Qué quiere decir la frase «idioma oficial»? ¿Cuáles son los países hispanos que tienen otro idioma oficial, además del español o castellano? Explique. ¿Piensa usted que el idioma oficial de EUA debe ser solamente el inglés? Explique.
5. ¿Qué es el «Spanglish» y dondé se habla en EUA? ¿Qué es el «portuñol» y dónde se habla? ¿Qué es el garífuna y dónde se habla? ¿Quiénes fueron los garífunas? Busque la información en un libro de consulta o en el internet.
6. Al hablar de raza y etnicidad, ¿qué quiere decir mestizo? ¿amerindio? ¿afrolatino o afrohispano? ¿mulato? ¿zambo?
7. ¿Cuáles son los principales grupos étnicos de México, Colombia, Ecuador, Cuba y Guatemala? ¿Cuáles son los grupos étnicos de España? ¿De Guinea Ecuatorial?
8. Usted ha sido contratado/a por una empresa como consultor/a de marketing en Hispanoamerica. Haga un breve resumen de los principales grupos étnicos que hallará la empresa al comerciar regionalmente con México, los países centroamericanos, los caribeños, los andinos y los del Cono Sur.
9. ¿Cuál es la religión predominante en los países hispanos? ¿Por qué piensa usted que es así? ¿Qué otras religiones se practican en los países hispanos? ¿Cuáles son algunas de las influencias que puede tener la religión sobre el comercio de una nación? ¿Tiene influencia la religión en la vida y el comercio de EUA? Discuta estos temas con sus compañeros de clase.

Vocabulario

Aquí se presentan los principales términos relacionados con este capítulo. Al final del libro hay un glosario más completo.

acoso sexual • *sexual harassment*
aduanero/a *(adj)* • *customs*
aldea • *village*
archivo • *filing cabinet, file*

Vocabulario cont.

aterrizaje *(m)* • *landing (plane)*
auricular *(m)* • *telephone receiver*
bufé para ensalada • *(m) salad bar*
cafetera • *coffee machine, maker*
cajón *(m)* • *drawer*
calculadora • *calculator*
capacitar • *to train*
carpeta • *file folder*
casa matriz • *home office*
cifra • *number, digit, code*
clic *(m)* • *click*
comercio electrónico • *e-commerce*
comunicación sumergida • *gossip*
contestador automático • *answering machine*
correo auditivo • *voice mail*
___ electrónico • *electronic mail, e-mail*
chismear • *to gossip*
despegue *(m)* • *takeoff (plane)*
discado activado por voz • *voice activated dialing*
disco duro • *hard drive*
economía informal • *underground economy*
efectos de escritorio • *deskset, stationery*
empresa naviera • *shipping company*
engrapador *(m)* • *stapler*
enseres *(m)* • *tools, equipment, furniture and fittings*
entrar • *input (computer)*
escáner *(m)* • *scanner*
estante *(m)* • *bookshelf*
etiqueta • *tag, label*
fax (telefax) *(m)* • *fax, facsimile machine*
fibra óptica • *fiber optics*
fotocopiadora • *photocopier, copy machine*
gesto • *gesture*
goma elástica • *rubber band*
grapa • *staple*
hacer clic • *to click*
hoja de cálculo • *spread sheet*
identificación de llamadas • *caller I.D.*
impresora de láser • *laser printer*
___ de chorro o de inyección de tinta • *ink-jet printer*
informática • *computer science*
liga • *rubber band*
máquina de escribir • *typewriter*
negocios por el internet • *e-business*
ordenación • *collating*
ordenador *(m)* • *computer (Spain)*
navegar • *to surf (the internet)*
Página Web • *Web Page*
palanca • *"pull," influence*
paralenguaje *(m)* • *paralanguage (gestures, tone of voice, posture)*
piropo • *flirtatious remark*
portátil • *portable*
presilla • *paper clip*
procesador/a de textos (de palabras) • *word processor*
procesamiento de datos • *data processing*
___ de textos (de palabras) • *word processing*
registrar • *to record*
reprografía • *reprography, photocopying*
respaldar • *to back up (copy)*
sede *(f)* • *home office*
sobre *(m)* • *envelope*
subempleo • *underemployment*
sucursal ultramarina • *(f) overseas branch*
tablero de anuncios • *bulletin board*
trabajador a distancia • *telecommuter*
ultramarino • *(adj) offshore*

CAPITULO

7 Los recursos humanos y las relaciones laborales

A business that makes nothing but money is a poor kind of business.

Henry Ford

A company with internal dissension is drained of energy before it has a chance to devote it to its proper purpose.

J. C. Penney

El presente siempre triunfa del ausente.

Proverbio

Reunión de la Directora de Personal con un empleado. ¿Cuáles son algunos de los posibles temas para tal reunión?

PREGUNTAS DE ORIENTACION

Al hacer la *Lectura comercial*, piense Ud. en la respuestas a las siguientes preguntas.

- ¿Cuáles son las responsabilidades importantes para el/la director/a de personal de una empresa al contratar a un nuevo empleado?
- ¿Cuáles son algunos factores que se consideran para determinar la remuneración de un empleado?
- ¿Cuáles son algunas de las formas de remuneración?
- ¿Cómo se diferencian la teoría del mercado y la del nivel de vida en la determinación de los salarios?
- ¿Cuáles son los objetivos del sindicato?
- ¿Cuáles son las ventajas y las desventajas de un convenio colectivo para los trabajadores?
- ¿Cuáles son algunas estrategias de los sindicatos en las negociaciones?
- ¿Qué métodos emplean los gerentes para tratar con los sindicatos?
- ¿Por qué se contrataba a expatriados en puestos internacionales en el pasado? ¿Por qué ha cambiado esa práctica más recientemente?
- ¿Cuál es el resultado de combinar expatriados y locales en las operaciones internacionales actuales?

Breve Vocabulario Util

árbitro • *arbiter*
cabildero • *lobbyist*
carga • *tax, load*
cargo • *job, post*
cierre *(m)* • *shut-down*
contratar • *to hire*
currículum (vitae) *(m)* • *résumé*
esquirol *(m)* • *strike breaker, scab*
expediente personal *(m)* • *résumé*
expatriado/a • *expatriate*
historia personal • *résumé*
hoja de vida • *résumé*
huelga • *strike*
huelguista *(m/f)* • *striker*
local/ nacional *(m/f)* • *citizen from country of work*
nacional de terceros países • *third-country national*
rompehuelgas *(m)* • *strikebreaker*
sindicato • *union*

LECTURA COMERCIAL

Contratación, pago y negociación laboral

Después de organizar la oficina y los sistemas de comunicación, el/la gerente de recursos humanos de una empresa tiene que prepararse para contratar a las personas mejor preparadas para los distintos cargos de la compañía. Entre otras responsabilidades, con otros gerentes de la empresa tiene que:

1. evaluar las necesidades presentes y futuras de la firma con respecto al tipo de personal que ésta requiere, precisando, cuando sea posible, las descripciones y responsabilidades de cada puesto;
2. reclutar a personas competentes, utilizando los diferentes medios publicitarios disponibles, en especial los anuncios. En éstos hay que incluir una descripción del empleo, las cualidades requeridas para el trabajo y los procedimientos para solicitar el empleo, y quizás, alguna información más —salario, datos sobre la comunidad, etc.;

3. revisar toda solicitud, todo currículum e historial, incluso las cartas de referencia, eligiendo y entrevistando a los solicitantes más idóneos;
4. contratar a los mejores candidatos, informarles sobre los objetivos, la organización y la operación de la empresa, además de explicarles el horario y las relaciones laborales, los salarios y los aumentos, los beneficios, el ascenso y otros detalles pertinentes;
5. ayudar con el adiestramiento del nuevo personal con respecto a las tareas y a las responsabilidades que deben cumplir;
6. ayudar con la evaluación de los empleados con respecto a la realización de su trabajo.

Uno de los aspectos más importantes para el gerente de recursos humanos es determinar, con la ayuda del supervisor inmediato del nuevo empleado, el salario o el sueldo que se le va a ofrecer a éste. Para determinar la remuneración, hace falta considerar varios factores, entre los cuales se destacan:

1. el estado financiero de la empresa;
2. el tipo de empleo;
3. las habilidades necesarias para realizar el trabajo;
4. la demanda de habilidades o conocimientos especiales del empleado y la experiencia de éste;
5. el salario general de la región en la cual se ubica la empresa;
6. el costo de vida en la región o comunidad.

Generalmente el salario se determina por hora o por día, mientras que el sueldo se establece por semana, por mes o por año. Los dos representan un pago a cambio de un trabajo y de algo producido, sea éste un bien o un servicio.

Hay varias formas de remuneración. El sueldo se aplica a los trabajos intelectuales y de administración, de supervisión o de oficina. El salario se destina a los trabajos manuales o de taller. También se refiere al trabajo a destajo, que se paga por cada unidad de trabajo; es decir, el que se basa en la cantidad producida. La comisión representa una cantidad específica de dinero o un porcentaje del precio por cada unidad vendida. Se limita generalmente a las ventas y no se refiere a la producción. Con el comisionista, muchas empresas establecen una cuenta de anticipos por cada vendedor, contra la cual se cobran las comisiones realizadas. Otra forma de pago es la prima por trabajo fuera de turno en el que se paga más por el turno nocturno con sus horas menos atractivas y de rutina irregular. La última forma de remuneración la constituyen las cargas sociales que son los beneficios mayores como los seguros de salud, vida y jubilación, y los seguros contra accidentes.

La teoría del mercado y la del nivel de vida representan dos puntos de vista distintos acerca de los sueldos. Según la primera, el sueldo se establece por medio de convenios colectivos entre los trabajadores y la gerencia. Los trabajadores son los vendedores de la mano de obra y representan la oferta, mientras que la gerencia (los compradores) representa la demanda de la mano de obra. En la segunda, el sueldo debe asegurar que los trabajadores tengan un nivel de vida aceptable, satisfaciendo tanto las necesidades básicas tales como las oportunidades de educación, de desarrollo personal y profesional, y las de ahorros y de recreación.

Sea cual fuere la teoría del pago, la forma de remuneración debe cumplir con ciertos requisitos y objetivos. En primer lugar, debe atraer a la empresa trabajadores bien calificados. Debe satisfacer a los empleados, y debe ser justo con todos ellos, según la dificultad del trabajo y la habilidad requerida para realizarlo. Finalmente, debe aumentar la cantidad o mejorar la calidad de los productos elaborados o de los servicios proporcionados. En este último caso, se pueden ofrecer incentivos o beneficios adicionales (sobresueldos o bonificaciones) por el trabajo bien hecho.

Tradicionalmente se han considerado los asuntos laborales como una función administrativa que facilita el éxito de las estrategias de marketing, producción y finanzas de la empresa. En algunas empresas no hay sindicatos, y el empleado tiene que negociar directamente con su jefe o jefa los sueldos y los beneficios que recibirá. En las empresas sindicales, donde se intenta imponer límites al poder y a la autoridad administrativos, el sindicato interviene en los asuntos laborales y negocia los contratos a nombre de los trabajadores. Las negociaciones para llegar a un convenio laboral pueden ser largas y complicadas. El resultado ideal es un contrato que favorezca tanto a la compañía como a los trabajadores.

Cuando la gerencia y el sindicato no pueden resolver sus diferencias, los dos suelen recurrir a tácticas agresivas para lograr sus metas. Por ejemplo, el sindicato puede utilizar la *huelga* o el *paro laboral,* a fin de paralizar las operaciones de la empresa. En las huelgas de larga duracion, los trabajadores recurren a veces al *sabotaje* para provocarle daños a la producción; o a la *demora,* la cual para la producción u obstaculiza la entrega de los servicios. También, el *boicot* puede convencer al público de que no comercie con ciertas empresas.

Los gerentes, por otra parte, utilizan el *cierre* o la *huelga partonal,* lo cual deja a los obreros sin trabajo. También pueden contratar a empleados llamados *esquiroles* (o *rompehuelgas* o *carneros*) o procuran conseguir un *mandato judicial* que requiere que se ponga fin a la huelga. La *lista negra* es ilegal, pero la gerencia la usa para disuadir a los obreros de afiliarse con los sindicatos. Además, a veces emplean a *cabilderos* (miembros de un grupo de presión política) para convencer al gobierno que favorezca su causa.

Actualmente se están cambiando las actitudes hacia la gestión de los recursos humanos. Estos cambios son el resultado de la creciente importancia de las compañías de alta tecnología que estiman el valor añadido de las habilidades especializadas, como activos capitales. Además, muchas empresas han adoptado políticas y prácticas de las empresas japonesas, que utilizan a los empleados como participantes activos en la creación y el desarrollo de estrategias para la producción de alta calidad y la reducción de costos. Es decir, actualmente las empresas *a la vanguardia de la tecnología* utilizan los recursos intelectuales de sus empleados, no solamente sus esfuerzos físicos. Otro cambio, debido a la globalización y la madurez de la empresa multinacional, es su dependencia de la información y la dirección de personas que conocen las operaciones administrativas en varias regiones del mundo. En otras palabras, las habilidades transculturales, cierta perspicacia y una sensibilidad, hoy tienen más importancia que antes, aún dentro de las fronteras nacionales de un país con tanta diversidad como los EE.UU. Los directores de relaciones humanas deben saber compartir la autoridad y el poder en diferentes contextos culturales.

En el pasado, cuando había una escasez de gerentes con el conocimiento técnico o una preparación adecuada en las prácticas de la empresa misma, muchas compañías solían contratar a expatriados/as en las sucursales en países extranjeros. Los expatriados son naturales del país de la casa matriz, nacionales de terceros países contratados en las sucursales o nacionales extranjeros empleados en el país de la casa matriz. En todo caso, es preciso que las empresas que piensan mandar a expatriados a trabajar en el extranjero utilicen instrumentos de valoración para determinar las características de la personalidad de sus empleados. Algunas de las evaluaciones útiles son la «Minnesota Multiphasic Temperament Survey», la «Allport-Vernon Study of Values» o la evaluación utilizada por el Cuerpo de Paz. Hay muchos problemas y riesgos con la contratación de un expatriado, debido a las diferencias culturales y económicas entre los países, pero hay que medir los beneficios, en comparación con las desventajas.

Actualmente, la mayor parte de los gerentes en la casa matriz o en las sucursales extranjeras son nativos de la región o del país. Solamente se usan expatriados si hay una falta de gerentes locales cualificados, como en la industria petrolera en Arabia Saudita. Los franceses, alemanes, italianos, españoles y suizos rechazan más frecuentemente un puesto como expatriado que los norteamericanos, los australianos, los ingleses y los holandeses, debido a los posibles malos efectos en la vida familiar. Algunas de estas condiciones que producen un impacto negativo son las de vivienda inaceptable, la falta de oportunidades escolares para los hijos o para un/a esposo/a o la necesidad de quedarse cerca de padres ancianos. Aparte de esto, los nativos entienden mejor que los expatriados las condiciones de trabajo del país y es muy posible que el estado de ánimo de los trabajadores esté mejor bajo gerentes que se perciban como ciudadanos auténticos. Adicionalmente, al regresar a trabajar en su país de origen, el expatriado frecuentemente encuentra que ha perdido oportunidades de ascenso durante su ausencia.

De todos modos, la interacción de locales y expatriados ha formado una nueva cultura, ni local ni extranjera, sino una cultura gerencial global. La antigua consideración de las sucursales como apéndice o accesorio ha cambiado mucho, y la nueva empresa globalmente integrada ya tiene otras necesidades en el campo de los recursos humanos.

ACTIVIDADES

A. ¿Qué sabe Ud. de negocios? Vuelva Ud. a las preguntas de orientación que se hicieron al principio del capítulo y a las preguntas que acompañan las fotos y contéstelas en oraciones completas en español.

B. ¿Qué recuerda Ud.? Indique si las siguientes oraciones son verdaderas o falsas, y explique por qué.

1. El sueldo como norma se determina por hora o por día.
2. La entrevista es el único factor que considera la gerencia al contratar a alguien que solicita un puesto.
3. Cualquier sistema de remuneración debe atraerle a la empresa trabajadores bien preparados.
4. Los sindicatos laborales tratan de negociar contratos para salarios, horas de trabajo y condiciones de trabajo.
5. Hacer una lista negra es una estrategia laboral legal.
6. El cabildero es el que se encarga de organizar las funciones sociales de los sindicatos.

C. Exploración de sus conocimientos y opiniones personales. Haga los siguientes ejercicios, usando sus propios conocimientos y opiniones personales.

1. ¿Cuáles son los tipos de trabajo que reciben un salario? ¿Un sueldo? ¿Cómo se determinan las diferencias?
2. Dé un ejemplo del pago a destajo. ¿Cómo se puede controlar la calidad en este tipo de trabajo?
3. Se dice que el sueldo y los beneficios adicionales son los costos que más afectan las ganancias de una empresa. ¿Cómo se pueden justificar estos costos?
4. ¿Cuáles son las causas principales de las huelgas y de otras disputas entre la gerencia y los empleados?
5. Justifique el uso que los gerentes hacen de esquiroles en caso de una huelga.
6. ¿Cuáles son las características necesarias para trabajar con una empresa en un cargo en otro país? ¿Es Ud. lo suficiente flexible para hacerlo exitosamente? Defienda sus opiniones.
7. ¿Cómo se relacionan los dichos al principio del capítulo con los temas tratados?

D. Al teléfono. Haga las siguientes llamadas telefónicas a otro/a estudiante de la clase. Cada persona deberá tomar un papel activo en la conversación.

1. Ud. es gerente de un departamento de recursos humanos de una multinacional en Caracas. Hable con el/la jefe/a del sindicato — una persona tenaz— sobre los beneficios, y discuta con él/ella la posibilidad de conseguir los otros beneficios adicionales que se han pedido.
2. Ud. es gerente general de una fábrica en Barquisimeto. Llame al/a la director/a de personal, un/a venezolano/a, sobre la posibilidad de contratar a más obreros para el mes entrante. Explíquele los detalles, tales como cuántos obreros se necesitan, el horario de trabajo, etc.
3. Ud. es vicepresidente/a de una empresa estadounidense en Miami. Su director/a de personal, natural de Venezuela, ha preparado una lista de preguntas que piensa usar en las entrevistas. Ha incluido preguntas sobre la edad, el estado civil y la nacionalidad del candidato. Trate de explicarle al/a la venezolano/a las consecuencias legales de hacer tales preguntas en los Estados Unidos y propóngale otras preguntas.

E. Navegando el internet. Ud. y su esposo/a o compañero/a deciden buscar un trabajo/una práctica con una empresa internacional en Hispanoamérica. Primero, es necesario saber si hay puestos vacantes en sus áreas de formación y para los cuales su currículum, después de ganar su próximo título académico, será apropiado y competitivo. Por eso, Uds. piensan hacer lo siguiente:

1. Navegar el internet en español, buscando especialmente los sitios virtuales de servicios de empleo con estas palabras claves:

   empleo/ currículum_vitae/ avisos/ jobserver/ recursos humanos américas/ bolsa de trabajo/ c.v./

2. Al desplazar arriba y abajo las Páginas Web, conseguir la información sobre los puestos disponibles y lo necesario para conseguirlos.
3. Estudiar los ejemplos de currículum vitae en el internet para poder preparar su propia hoja de vida.
4. Informar a la clase sobre sus investigaciones y los pasos necesarios para conseguir los resultados.

EJERCICIOS DE VOCABULARIO

Si hace falta para completar estos ejercicios, consulte la **Lectura comercial** o la lista de vocabulario al final del capítulo.

A. ¡A ver si me acuerdo! Pensando en la posibilidad de establecer una relación comercial, usted va a tener una conversación con una persona de negocios de un país hispano. Sin embargo, se le olvidan a usted los siguientes términos en español. Un/a compañero/a lo/la ayuda a recordarlos al pedir que usted se los traduzca.

1. interview
2. to hire
3. incentive
4. wage
5. salary
6. promotion
7. expatriate
8. assessment instruments
9. lobbyist
10. third-country national

B. ¿Qué significan? A usted le interesa la posibilidad de trabajar en una oficina de recursos humanos en un país hispanoparlante. Sin embargo, no sabe lo que significan ciertos términos que se usan frecuentemente en el comercio. Ud. decide consultarlos con un/a amigo/a. Pídale a un/a compañero/a de clase que le explique los siguientes términos y que le dé algunos sinónimos si puede.

1. convenio
2. boicot
6. la vanguardia de la tecnología
7. lista negra

5. remuneración
6. obrero
7. condiciones de vivienda
8. huelguista
9. cabildero
10. cargo

C. Recursos humanos y relaciones laborales: Adivinación. Con un/a compañero/a de clase, escojan ustedes dos (2) palabras en español que se relacionan con los recursos humanos y las relaciones laborales, los temas principales de este capítulo. Luego, en clase, den sinónimos, definiciones o palabras que se asocian con los términos originales y pidan que los demás compañeros los adivinen.

D. Entrevista profesional. Usted quiere saber lo más que pueda sobre la gestión de una oficina de recursos humanos en países hispánicos porque ha podido conseguir una entrevista para un puesto en Venezuela. Por lo tanto, usted piensa practicar la entrevista con un experto en este campo. Utilice la información y las preguntas del Apéndice 4, "La entrevista de trabajo" (pág. 456) para prepararse. ¡No se olvide de planear algunas preguntas para hacérselas al/a la entrevistador/a! Si es posible, haga una grabación de vídeo para hacer un autoanálisis de la entrevista.

E. Traducciones. Un/a amigo/a suyo/a que está inscrito/a en un programa de maestría en la gestión de recursos humanos acaba de empezar a estudiar el español. El/ella sabe poco del vocabulario necesario para funcionar eficazmente en ese contexto. Usted lo/la ayuda al pedirle que él/ella traduzca las siguientes oraciones que informan sobre el tema.

1. The hiring of employees requires serious planning by the personnel manager.
2. Salary level should be based on a balance between supply and demand.
3. The wages of manual laborers or shop employees are sometimes greater than the salaries of managers.
4. After retirement, it is sometimes difficult for workers to obtain health, accident, and life insurance benefits.
5. The cross-cultural awareness and sensibility of both managers and employees has become increasingly important in order to create a new global culture in the work place.

UNA VISTA PANORAMICA DE VENEZUELA

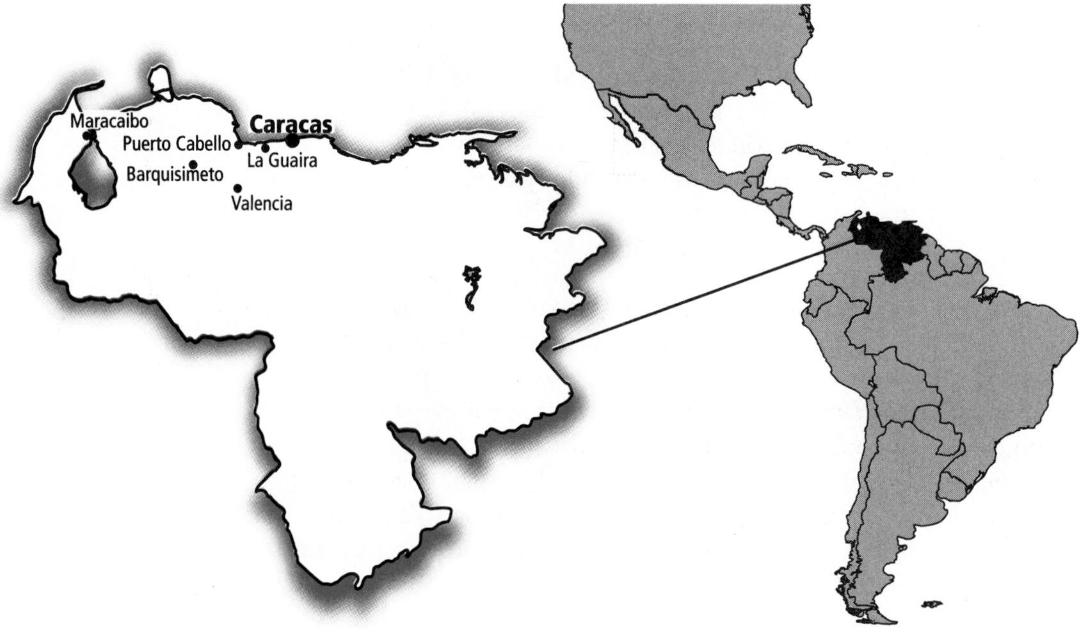

VENEZUELA

Nombre oficial:	República Bolivariana de Venezuela
Gentilicio:	venezolano/a
Capital y población:	Caracas: 3,672,779
Sistema de gobierno:	República federal
Jefe de Estado/ Jefe de Gobierno:	Presidente Hugo Rafael Chávez Frías
Fiesta nacional:	5 de julio, Firma del Acta de la Independencia (1811: de España)

Venezuela

GEOGRAFIA Y CLIMA

Area nacional en millas² y kilómetros²	Tamaño (comparado con EUA)	División política	Otras ciudades principales	Puertos principales	Clima	Tierra cultivable
352,143 m^2 912,050 km^2	Dos veces más grande que California	1 distrito federal, 22 estados, 1 dependencia federal	Maracaibo, Valencia, Barquisimeto, Maracay	Maracaibo, La Guaira, Valencia, Puerto Cabello	Tropical, cálido, húmedo; más templado en la altiplanicie	4%

DEMOGRAFIA

Año y población en millones			% urbana	Distribución etaria		% de analfabetismo	Grupos étnicos
2000	2015	2025		<15 años	65+		Españoles, italianos, portugueses, árabes, alemanes, africanos y amerindios
23.6	29	32.5	86%	33%	5%	9%	

ECONOMIA Y COMERCIO

Moneda nacional	Tasa de inflación 1998	N° de trabajadores (en millones) y tasa de desempleo		PIB 1998 en millones $EUA	PIB per cápita	Distribución de PIB y de trabajadores por sector			1998 Exportaciones en millones $EUA	1998 Importaciones en millones $EUA
						A	I	S		
El bolívar	30%	9.2	12%	$194,500	$8,500	4%	63%	33%	$16,900	$12,400
						13%	23%	64%		

Para distribución del PIB y de los trabajadores (mano de obra): A = Agricultura, I = Industria, S = Servicios (y Gobierno)

Recursos naturales: Petróleo, gas natural, carbón, hierro, oro, bauxita, otros minerales, energía hidroeléctrica, diamantes.

Industrias: Petróleo, minería de hierro, materiales para construcción, procesamiento de alimentos, textiles, acero, aluminio, ensamble de vehículos de motor.

COMERCIO

Productos de exportación: Petróleo, hierro, café, bauxita, aluminio, acero, productos químicos, productos agrícolas, cacao.

Mercados: 57% EUA y Puerto Rico; Japón, Alemania, Colombia, Países Bajos, Brasil, Italia.

Productos de importación: Materia prima, maquinaria, equipo de transporte, bienes manufacturados, materiales para construcción, productos químicos, productos alimenticios.

Proveedores: 53% EUA; Japón, Colombia, Italia, Alemania, Francia, Canadá, Brasil.

Horario general de comercio: De lunes a viernes, desde las ocho de la mañana hasta las seis de la tarde.

TRANSPORTE Y COMUNICACIONES

Kilómetros de carreteras y % pavimentadas	Kilómetros de vías férreas	Nº de aeropuertos con pista de aterrizaje pavimentada	Nº de líneas telefónicas	Radios por mil personas	Televisores por mil personas
84,300 / 39%	584	122	2,712,200	372	183

IDIOMA Y CULTURA

Idiomas	Religión	Comidas y bebidas típicas / Modales
Español (oficial), numerosos idiomas indígenas	96% católico romano, 2% protestante	Mondongo, pabellón criollo, cazuela de mariscos, caraotas negras, hervido, arepa, hallaca, puntatrasera, parrillada, lechosa, jugo natural, batido de fruta, raspaíto, cafecito. Cuando se termina de comer, se colocan el tenedor y el cuchillo uno al lado del otro en el centro del plato.

Horario normal del almuerzo y de la cena: Sobre la una de la tarde para el almuerzo; entre las siete y las ocho de la noche para la cena.

Gestos: Para indicar que se quiere pagar por algo o para pedir el precio, se frotan el dedo pulgar y el dedo índice con la palma de la mano hacia arriba. Se considera descortés el señalar algo con el dedo índice (gesto típico en EUA); se señala algo con la mano entera. Pasar entre dos personas que conversan se considera maleducado; si se tiene que hacer, uno se disculpa diciendo «Con permiso». No sentarse en una silla de manera repatingada. No poner o descansar los pies sobre los muebles.

Cortesía: Se saluda con un firme apretón de manos. Al ir a la casa de alguien para cenar o para una fiesta, se aprecian las flores, especialmente las orquídeas (la flor nacional), los chocolates o una buena botella de vino. Las mujeres de negocios no les dan regalos a los hombres.

LA ACTUALIDAD ECONOMICA VENEZOLANA

Venezuela es uno de los mayores productores y exportadores de petróleo del mundo, y fue uno de los fundadores de la Organización de Países Exportadores de Petróleo (OPEP). Su economía se basa en el petróleo. El gobierno nacionalizó la industria en 1976 y desde entonces, se ha doblado el número de empleos relacionados con este sector y se ha cuadruplicado el valor de las rentas, a pesar de la disminución de la producción del petróleo crudo. Venezuela también produce grandes cantidades de acero y de aluminio, y ha fomentado en los últimos años la industria manufacturera.

La agricultura comenzó en los ochenta a ser otro sector importante de la economía venezolana, especialmente durante la presidencia de Jaime Lusinchi (1984–89). En la actualidad produce en cantidades suficientes maíz, hortalizas, aves caseras y carne porcina, y está tratando de aumentar las cosechas de soja y de arroz.

El gobierno venezolano, igual que el de otros países hispanoamericanos, ha desempeñado un papel menos importante en la economía nacional, debido a la privatización. En los años ochenta, Venezuela empezó una nueva política para eliminar el control de precios y reducir el proteccionismo. Además, ha tratado de diversificar su industria y reducir su dependencia del petróleo. En 1991 un consorcio internacional compró casi la mitad de su compañía telefónica estatal.

Carlos Andrés Pérez, quien sucedió a Lusinchi en 1989, trató de resolver la crisis financiera del país al suspender los pagos sobre el déficit de 26 mil millones de dólares. A la vez impuso un cargo adicional de derechos *ad valorem* sobre las importaciones. También intentó desarrollar la economía nacional mediante la fusión de empresas y redujo los gastos gubernamentales. Estas medidas no se realizaron sin la oposición de varios grupos afectados. Además, mientras Pérez negociaba con el FMI, el Banco Mundial y el Banco Interamericano de Desarrollo (BID) para conseguir nuevos fondos, hubo manifestaciones violentas contra sus programas de austeridad. Esta situación económica precaria perjudicó sus relaciones económicas con los demás países del Pacto Andino y de la región y contribuyó a sus dificultades financieras. En 1993 el presidente Pérez fue suspendido de su cargo y la Corte Suprema lo enjuició bajo la acusación de corrupción. Pérez fue reemplazado por Ramón J. Velázquez para completar el período constitucional de la presidencia. Velázquez perdió las elecciones de 1993 a Rafael Caldera, quien fue el presidente desde 1993 hasta 1998.

Hoy en día el sector petrolero sigue siendo la fuerza dominante de la economía, un ochenta por ciento del Producto Nacional Bruto y más de la mitad del capital circulante del país. De resultado, la rápida baja de los precios de petróleo internacionales ha dañado severamente la economía. Reducciones fiscales causadas por la pérdida de renta, tasas de interés altas y la disminución de ganancias de las exportaciones causaron una recesión en 1998. Aunque el gobierno empleó medidas moderadas de austeridad para cambiar estas condiciones, el programa se ha estancado por la mayor parte. Actualmente, se discute mucho lo que es una nueva alianza de la OPEP de una manera u otra con Noruega, México e Iraq. En realidad, estos países son aliados de Venezuela pero no son socios. Sus socios son los países que invierten en Venezuela o permiten la participación de Venezuela en las refinerías y los sistemas de distribución en el exterior.

Hugo Chávez ganó la presidencia en 1998 con el apoyo de un pueblo que buscaba unas mejoras en el nivel de vida, pero su política económica no ha traído muchas inversiones internacionales. Además, ha habido demasiadas ideas contrapuestas entre los miembros de su equipo económico que hacen difícil poner en práctica una política coherente. Otros factores que han tenido un impacto paralizante en la economía son la sorprendente aprobación de la nueva constitución propuesta por Chávez y, casi el mismo día, las inundaciones catastróficas de diciembre de 1999 en las zonas costeras cerca de Caracas. La nueva constitución le otorga poderes casi sin límites al presidente e inició unas divisiones en las cuales la clase económica más baja aprobó la constitución y las otras clases, las medianas y las ricas, la rechazaron. Esta división fue un evento sin precedente en Venezuela y, por lo tanto, muy inquietante para el país.

ACTIVIDADES

¿Qué sabe Ud. de Venezuela?

1. Describa la geografía de Venezuela y sus afines (clima, terreno, ciudades, etc.). ¿Cuáles son la ciudad capital y otras ciudades importantes? ¿Quién es el jefe de estado actual en este país?
2. ¿Cómo es Venezuela demográfica y políticamente? ¿Por qué debe saber una persona de negocios detalles acerca de la población y la política de este país?
3. ¿Cuándo es la fiesta nacional de Venezuela? ¿En qué otros días hay fiestas nacionales que van a dificultar un viaje de negocios? (Véase la Tabla 10-1 de la pág. 302.)
4. Describa la economía de Venezuela. ¿Cuál es la moneda nacional del país? ¿A cuánto está el cambio actual de la divisa venezolana con el dólar? Venezuela y México exportan petróleo. ¿Cómo se compara el PIB y el PIB per cápita de las dos naciones? ¿A qué factores se deben las diferencias?
5. ¿Cuáles son los principales productos de exportación de Venezuela? ¿Cuáles son los principales destinos de las exportaciones de Venezuela? ¿Cuál fue la balanza comercial, según la información en este libro? ¿En la actualidad?
6. Describa el sistema de transporte de este país. ¿De qué ventajas económicas ha gozado Venezuela debido a su geografía?
7. ¿Cómo han cambiado los datos presentados en las secciones de **Vista Panoramica y Actualidad Economica**? Busque algunos datos en un almanaque del año actual o en el internet.
8. Comente sobre la actualidad socioeconómica y política venezolana. ¿Cuáles son los resultados de estos dos eventos de 1999 a largo plazo: las inundaciones fluviales y la nueva Constitución?

9. ¿Cuáles son algunas comidas y bebidas típicas de Venezuela? ¿Algunos de los gestos y formas de cortesía?
10. Ud. va de viajes a Venezuela con su jefe/a para renegociar las estipulaciones de un acuerdo sobre los usos de sus refinerías para el petróleo crudo que se les exporta de ese país. Con un compañero/a, hablen de los siguientes asuntos:
    a. El precio actual de petróleo por barril y su impacto en el acuerdo.
    b. Los posibles efectos de la economía en los EE.UU. a largo plazo y cómo van a servir para lograr que se firme el contrato
    c. Los planes para el viaje (líneas aéreas, vuelos, aeropuertos de despegue y aterrizaje, costos, etc.)
    d. El alojamiento y transporte terrestre mientras estén en Caracas para que puedan formular un presupuesto del viaje a Venezuela.

LECTURA CULTURAL

Actitudes hacia el trabajo

En su mayor parte, los estadounidenses le han dado mucha importancia y valor al trabajo, desde la época colonial, debido a la influencia de la ética protestante en su modo de vida. Creen que la persona trabajadora y diligente no es sólo productiva sino que merece cierta consideración y respeto. Está haciendo algo valioso por lo cual recibirá cierto reconocimiento monetario y social. Además, esta idea de recibir reconocimiento o, mejor dicho, de tener éxito en algo, también es muy importante para los estadounidenses. Anima a que una persona aspire a seguir trabajando para recibir aún más reconocimiento por su éxito. El resultado es que en muchos países y culturas se opina que los estadounidenses están obsesionados por trabajar constantemente. Aun el sistema educativo refleja esta supuesta obsesión laboriosa al existir muchas escuelas técnicas, vocacionales y académicas que preparan a los estadounidenses para el éxito en el mundo del trabajo. Por otra parte, aunque muchos estadounidenses tienen carreras profesionales por su categoría social y remunerativa, también se respetan los oficios y trabajos mecánicos, en gran parte por el afán por lo práctico y los resultados «concretos» del trabajo.

Hasta cierto punto, los hispanos tienen otro concepto del trabajo. Al ser descendientes de una sociedad inicialmente aristocrática cuyos valores inculcaron desde el principio cierto desprecio cultural por el trabajo, en especial por el comercio y las artes mecánicas, los hispanos no tienen una larga tradición laboral. Desde la época colonial, el desempeñar un oficio como el de carpintero o ejercer la profesión de contable se consideraba poco respetable y sin importancia. Este estigma prevaleció por siglos e infundió entre los mismos obreros y empleados cierto desdén por el trabajo.

Los nobles adoptaron y siguieron diseminando esta actitud antilaboral ante las nuevas formas de vida capitalista y burguesa con su énfasis en el desarrollo de las artes mecánicas y las profesiones porque temían perder su riqueza y poder.

Sólo al empezar a industrializarse los países hispánicos, han empezado a cambiar de actitud sus ciudadanos. Este cambio ha sido parcial y lento pero consistente. Todavía persisten rasgos de los antiguos valores aristocráticos, como lo demuestran los bajos sueldos obreros y la falta de empleados bien capacitados para emprender los distintos puestos técnicos, profesionales y administrativos. Esta situación antilaboral también se debe en parte al sistema educativo en estos países, pues no ha proporcionado una preparación técnica ni profesional adecuada para la nueva realidad socioeconómica y política hispánica. Tampoco ha cambiado la metodología pedagógica basada en la teoría y la memorización, por otra fundada en la creatividad, la aplicación y la práctica. Ha habido algunos esfuerzos y programas iniciados por varios gobiernos hispánicos para mejorar las condiciones laborales e instructivos, pero hasta ahora no han dado los resultados esperados ni requeridos, sobre todo en los países menos industrializados. Los obreros y otros empleados han trabajado duro pero no han empezado a recibir, hasta muy recientemente, mucho reconocimiento monetario o social, y muchas veces sólo lo han recibido mediante los movimientos sindicalistas y las huelgas violentas.

La realidad laboral de Venezuela presenta un ejemplo de las condiciones de trabajo en Hispanoamérica. El movimiento sindical siempre ha sido fuerte en Venezuela. En el sector industrial el porcentaje de los afiliados con gremios es mucho más alto que en otros sectores. En los últimos diez años ha habido mucho progreso para unos grupos previamente marginados legalmente. En 1994, el Congreso estableció un régimen jurídico aplicable a las personas incapacitadas. Esta ley tiene por objetivo el desenvolvimiento normal en la sociedad y la realización personal de estos individuos. Entre los beneficios extendidos se incluyen la constitución de un Consejo Nacional para la integración de estas personas, la eliminación de la discriminación contra ellas en cuanto a la admisión en cualquier institución de educación o centro de capacitación, el derecho al trabajo sin limitaciones, el acceso a la asistencia en el transporte y las comunicaciones, y el acceso a los servicios e instalaciones de uso público. Además, las investigaciones publicadas en la *Revista sobre Relaciones Industriales* por la Universidad Católica Andrés Bello ofrecen una serie de temas que muestra las preocupaciones y el progreso en este campo. Entre ellos se incluyen:

1. La síntesis de la evolución del derecho social venezolano
2. La participación de la mujer en la fuerza de trabajo: El caso de Venezuela

3. Hacia un nuevo modelo de contratación colectiva en Venezuela
4. Seguridad social de los trabajadores migrantes en el área del Pacto Andino
5. La mujer en el sindicalismo venezolano
6. Discurso sobre el cincuenta aniversario de la Confederación de Trabajadores Venezolanos (CTV)
7. Preocupación de Fedecámaras y la CTV por los valores éticos
8. Caracterización de las dirigentes sindicales femeninas en las centrales sindicales (CTV, CUTV y CODESA)

A través de los años, los trabajadores han podido establecer muchos beneficios adicionales como los siguientes:

1. las vacaciones y los días feriados, los cuales incluyen los domingos y nueve días legales de fiestas nacionales
2. la participación en los beneficios (como el 10% de las ganancias anuales, las cuales se distribuyen en forma de gratificación navideña)
3. un impuesto para la formación técnica en el que se paga el 2% de la nómina anual para su financiación
4. un seguro social y beneficios para la jubilación
5. el alojamiento gratuito o a precios reducidos
6. el transporte a un precio mensual razonable para los que ganan un salario mensual mínimo
7. una cafetería donde se ofrecen almuerzos subvencionados si hay más de diez trabajadores
8. textos y becas escolares, servicios de medicina, seguro colectivo, programas deportivos o de recreo

También es posible que haya formas de indemnización por despido por antigüedad y en forma de auxilio de cesantía.

Los extranjeros que trabajan en Venezuela necesitan una visa y tarjeta de identidad emitidas por una oficina consular venezolana. Cada empresa tiene que mantener un mínimo de un 75% de ciudadanos de Venezuela como empleados.

ACTIVIDADES

A. ¿Qué sabe Ud. de la cultura?

1. ¿Qué opina Ud. de la actitud estadounidense hacia el trabajo?
2. Describa la influencia que tuvo la época colonial en la actitud hispánica hacia el trabajo.

3. ¿Qué impacto tienen los sistemas de educación en el trabajo en los Estados Unidos e Hispanoamérica? Dé ejemplos.
4. ¿Cómo es la semana laboral en Venezuela? ¿Es igual en los EE.UU.? Busque la respuesta en un libro de consulta o en el internet.
5. ¿Cuáles son algunos de los beneficios adicionales ofrecidos a los trabajadores en Venezuela?
6. ¿Qué efecto tendrá la ley del 75% de empleados de nacionalidad venezolana en la contratación de gerentes para cualquier multinacional ubicada en Caracas?

B. Asimilador cultural. Lea lo siguiente y haga los ejercicios a continuación.

Frederick M. Lehmann, vicepresidente del Departamento de Recursos Humanos de una empresa estadounidense, ha estado tratando de aumentar la producción de su fábrica en Valencia, Venezuela, sin éxito durante el último año. Ha recomendado que los obreros trabajen horas extras o los sábados, además de la semana laboral que va de lunes a viernes. La Confederación de Trabajadores ha rechazado esta oferta varias veces. Por fin, Lehmann ha invitado a Carlos Rómulo Gómez, un consultor venezolano para que le aconseje sobre la situación. Rómulo Gómez escucha las quejas del vicepresidente, y luego le explica cómo influye el concepto de la familia en las decisiones de los trabajadores y por qué los incentivos económicos no funcionan muy bien en el ambiente venezolano. Le dice a Lehmann que el vivir bien en Venezuela también se relaciona con la posibilidad de estar con la familia lo más posible.

Lehmann escucha al consultor y le agradece los consejos. Esa misma tarde, el vicepresidente se reúne con el jefe del sindicato local, Juan Vicente Lecuna, y le presenta otro plan:

—Yo sé que los obreros quieren pasar más tiempo con su familia, y que no quieren trabajar horas extras. Así que les ofrezco el siguiente compromiso: Si Uds. aceptan la idea de trabajar a destajo durante la semana, yo les pago un poco más a los que produzcan más. Además, si el 20% de los trabajadores acepta una semana laboral de cuatro días durante la semana y el sábado como el quinto día laboral, yo les subo el pago el 10% a todos...

Vicente Lecuna hace una pausa antes de contestarle y le hace un gesto de «basta» con la mano...

Conteste las siguientes preguntas.

1. Explique el conflicto cultural entre Lehmann y los obreros venezolanos.

2. ¿Qué quiere decir el sindicalista con el gesto? ¿Va a aceptar la propuesta del vicepresidente? ¿Por qué sí o por qué no?
3. ¿Qué efecto producirá la oferta de Lehmann en los trabajadores?
4. ¿Ha entendido bien Lehmann los consejos del consultor? ¿Qué habría hecho Ud. si fuera el vicepresidente?

SINTESIS COMERCIAL Y CULTURAL

Actividades comunicativas

A. Situaciones para dramatizar. Lea las siguientes situaciones y después haga el papel en español con otro/s estudiante/s, usando las opciones siguientes como punto de partida. Cada persona deberá tomar un papel activo en la dramatización. No se olviden del protocolo ni de las cortesias.

1. You are the payroll supervisor *(supervisor/a de compensaciones)* and you need to obtain information concerning an employee who is moving to a new position in the plant. Ask the personnel office for the following information regarding the employee.
   a. seniority: based on years of service
   b. merit: determined by quality of work on the job
   c. guaranteed increase: wage position relative to the average salary in that range
   d. benefits and rights for women and employees with disabilities
2. You are the development manager for executive training *(gerente de desarrollo y entrenamiento de ejecutivos)* for a multinational firm. You have identified the need for training and discuss with your boss specific advantages or disadvantages of the following options in order to meet the needs of the company.
   a. techniques for the presentation of information (lectures, films, programmed instruction, etc.)
   b. techniques for information processing (large group vs. small group discussions)
   c. simulation techniques (role-playing, dramatization, situations, case studies)

B. Ud. es el/la intérprete. La Srta. Brown es la nueva directora de personal de una empresa estadounidense ubicada en Maracaibo, y el Sr. Martínez es el jefe del sindicato que representa a los obreros de esta firma. Los dos hablan de la semana laboral de los trabajadores.

Haga Ud. el papel de intérprete entre estos dos individuos. Traduzca del inglés al español y del español al inglés, sin mirar el texto, el diálogo que leerán otros dos estudiantes en voz alta. Ellos harán una pausa después de cada raya para permitir su traducción. Acuérdense todos de usar un tono de diálogo natural.

SRTA. BROWN As you know, the maximum work week for salaried employees is 44 hours, / or 40 hours at night. / For manual laborers it is 40 hours, / or 36 hours at night, / all with a minimum 25% premium for overtime.

INTERPRETE ________________________________

SR. MARTINEZ Sí, señorita, bien sabemos lo que la ley permite. / Pero nos gustaría negociar un contrato con una prima más grande / para los pocos trabajadores que trabajarán las horas extras.

INTERPRETE ________________________________

SRTA. BROWN I don't know if that can be done. / We're trying to find ways to keep costs down / while, at the same time, increasing production. / I'll take it to management to see if it's negotiable.

INTERPRETE ________________________________

SR. MARTINEZ Bueno, nos damos cuenta de las dificultades que hemos encontrado en el pasado / con la aprobación de nuestras propuestas. / Además, sabemos que Uds. han empleado ciertos métodos para rechazarlas / como el cierre patronal del agosto pasado / y el uso de esquiroles para forzarnos a volver a trabajar. / También nos hemos enterado de una lista negra / que se utilizó contra los trabajadores / que buscaron empleo en otros lugares.

INTERPRETE ________________________________

SRTA. BROWN Well, Sr. Martínez, as you well know, those activities are illegal here / and we deny the use of such tactics. / Your strike activities are also illegal. / Perhaps we should look for some satisfactory form of conciliation. / If that isn't possible, / we will certainly submit to the decision of an arbiter / after the process of arbitration is complete. / In the end, it's only a question of what's best / in order to increase the productivity of our workers.

INTERPRETE ________________________________

SR. MARTINEZ Bueno, nosotros también nos preocupamos por el bienestar de nuestros socios.

INTERPRETE ________________________________

C. Actividad laboral. Ud. y un/a socio/a trabajan para una empresa multinacional que en el pasado se ha aprovechado de muchas ventas en Venezuela y los otros países que han formado el Pacto Andino. Uds. necesitan investigar la reciente historia y lo que ha pasado con este convenio para saber cómo puede influir en la contratación de personal en una posible nueva sucursal en Valencia, Venezuela u otras ciudades en países andinos. Es importante hacer investigaciones y luego comparaciones sobre los siguientes factores:

a. los costos de contratar secretarias bilingües en la oficina en varias ciudades andinas (Guayaquil, Ecuador; Barranquilla, Colombia; y Callao, Perú);
b. la disponibilidad y el costo de vuelos internacionales entre las ciudades mencionadas y entre Miami y esas ciudades;
c. el número de gerentes bilingües con amplia experiencia en empresas internacionales en los cuatro países (Venezuela, Colombia, Ecuador y Perú);
d. la estabilidad política en estos cuatro países durante los últimos cinco años.

Después de hacer las investigaciones, Uds. recopilan todos los datos en un informe escrito con listas o tablas que indican la información indispensable para hacer un breve análisis del caso. Luego, Uds. presentan el informe oralmente sin leerlo.

D. Caso práctico. Lea el caso y haga los ejercicios a continuación.

Alicia Embarcador, directora de una nueva agencia internacional de empleo, se reúne con Tom Cash, su nuevo socio, antiguo jefe de personal de una agencia estadounidense.

Ambos se especializan en colocar ejecutivos estadounidenses en Venezuela, y altos gerentes venezolanos en los Estados Unidos. Los dos creen que al unirse pueden determinar más fácilmente las necesidades de las empresas de ambos países. Están en Caracas para concluir su plan sobre el modo de proceder.

En cuanto al proceso de reclutamiento de personas y empresas interesadas en este servicio, deciden hacer una encuesta para determinar los puestos vacantes. Luego harán un análisis de los resultados para identificar las necesidades de las empresas en los dos países. Alicia sugiere que cada uno envíe una encuesta a personas en su propio país y que después intercambien los datos. Tom, en cambio, insiste en que hagan una encuesta común, comparando los mismos datos en ambos países. Los dos están de acuerdo respecto a los métodos de reclutamiento—pedir solicitudes directamente por correo, poner anuncios en los periódicos, conseguir referencias de los actuales patrones y empresas, y hacer visitas a las universidades. Sin embargo, no pueden ponerse de acuerdo sobre el formulario para la encuesta. ¿Debería escribirse sólo en español o debería haber dos impresos de la misma solicitud, uno en inglés y el otro en español? Tampoco están de acuerdo sobre dónde deberían buscar solicitantes en los EE.UU. ¿Deberían restringir sus actividades a las áreas de habla española o deberían incluir todas las regiones de los Estados Unidos?

Haga los siguientes ejercicios.

1. ¿Cuál es el propósito de la nueva agencia que dirige Alicia Embarcador?
2. ¿Cuáles son las ideas básicas de Embarcador y Cash sobre el *modo* de reclutar?
3. ¿Cuáles son las posibilidades para un acuerdo sobre *dónde* reclutar para esta agencia de colocación?
4. Discuta con sus compañeros de clase las consecuencias de tomar ciertas decisiones en la agencia.
   a. Embarcador y Cash deciden que cada uno de ellos se encargará de su propia encuesta en sus respectivos países, haciendo una en español para Venezuela y la otra en inglés para los Estados Unidos.
   b. Deciden que los dos socios se encargarán de planear un solo formulario en una sola lengua para distribuir en los dos países.
   c. Deciden que los dos se encargarán de planear un solo formulario bilingüe.
   d. Deciden limitar la distribución a los Estados Unidos y solamente a las áreas de habla española del país.

ANALISIS Y COMPARACION

Estudie la siguiente tabla comparativa y haga los ejercicios a continuación. Use también sus propios conocimientos y, cuando haga falta, otras fuentes informativas como el internet o libros de consulta. Los ejercicios se pueden hacer individualmente, en parejas o en pequeños grupos para discutir en clase.

TABLA 7-1 **Gestos (y algunos sonidos) típicos de los países hispanoparlantes** [Fuentes: *Culturgram 2000; Gestures: The Do's and Taboos of Body Language Around the World; Kiss, Bow, or Shake Hands; Diccionario de gestos con sus giros más usuales*]

GESTO	DESCRIPCION
Saludo. (¡Hola!)	En la mayoría de los países, los hombres se dan la mano con un apretón firme. En algunos países (Colombia, Guatemala, Honduras, El Salvador) el apretón de manos es bastante más flojo. El hombre saluda a la mujer con un ligero apretón de manos cuando ésta le ofrece la suya en forma de saludo. A veces, si se tiene la mano sucia, la persona ofrece la muñeca, el antebrazo o el codo en lugar de la mano. Los buenos amigos a menudo se saludan con un abrazo y una palmadita en el hombro o en la espalda. Las amigas se saludan con un beso en la mejilla (no un verdadero beso sino un besito al aire y un pequeño abrazo. El hombre también puede saludar a una amiga con un besito sobre la mejilla y un pequeño abrazo. Al llegar a una reunión o comida, se saluda a cada individuo. Para saludar desde más lejos, se mueve la mano varias veces, extendida y en posición vertical, de izquierda a derecha.
Acérquese. (¡Ven acá!)	Se extiende la mano con la palma boca arriba y se abren y cierran rápidamente los dedos con la excepción del pulgar. En algunos países se hace el mismo gesto pero con la palma boca abajo. También en algunos países (México, España, Guatemala) se hace un sonido de «psst-psst», «tsst-tsst» o «ch-ch» (en Uruguay) para llamar la atención de alguien, como la de un camarero en un restaurante. En Uruguay también se hace un chasquido de dedos.
¡Váyase / vete!	Con la palma de la mano hacia el suelo, se hace un rápido movimiento de los dedos hacia afuera.
Está allí/allá	Se extienden el brazo y el dedo índice para señalar algo. En El Salvador, no se señala a una persona con el dedo sino con la mano entera. En algunos países se fruncen los labios en la dirección de algo para señalarlo o se indica una dirección alzando un poco la barbilla (*it's up the road*) o bajándola (*down the road*).
Aprobación	En muchos países se hace el gesto de «thumbs up» (hacer un puño con el dedo pulgar levantado hacia arriba). Cuidado, porque a veces puede tener una connotación política, como en el País Vasco. Una palmadita en el hombro o en la espalda de alguien también significa aprobación. En Honduras se aprietan las manos juntas.
¡Todo va bien!	Se apiñan los dedos y se llevan a los labios, donde se besan las yemas. En algunos países, como Uruguay, se hace el gesto de «bigote para arriba», es decir, se hace una letra V con el dedo índice y el pulgar y se pone esta V sobre el labio superior de la boca.
Desaprobación	Se chasca la lengua o se frunce la boca y se ponen los ojos en blanco.
Estoy pensando.	Se toca la sien con el dedo índice.
¡Qué tonto / loco!	Se toca la sien con el dedo índice, a veces dándose unos golpecitos o haciendo un pequeño movimiento giratorio con el dedo.
Te llamo / llámame por teléfono.	Se coloca la mano cerca de la oreja y, con los dedos pulgar y meñique extendidos, se reproducen el auricular y el acto de hablar por teléfono.

Tabla 7-1 cont.

GESTO	DESCRIPCION
Vuelvo enseguida.	Con la mano delante del pecho u hombro, se dibujan dos o tres circulos rápidos en el aire con el dedo índice.
¿Qué pasa? / No entiendo.	Se encogen los hombros con las manos medio extendidas y las palmas boca arriba. En algunos países (Puerto Rico y la República Dominicana) se frunce la nariz.
Estoy así, así. / Más o menos.	Con la mano extendida y abierta, la palma hacia abajo, se hace un movimiento oscilante de lado a lado.
Contar (cero, uno, dos, tres, cuatro, cinco)	Para cero, se forma un círculo con el pulgar y el índice (es el gesto norteamericano de «A-Okay»). Para el número uno se levanta el índice; para indicar dos, se levantan y separan el dedo índice y el medio; para tres, el índice, medio y anular; cuatro, todos los dedos menos el pulgar; cinco, todos los dedos. A veces se empieza a contar el número uno con el dedo pulgar, seguido por el pulgar y el índice para indicar dos; el pulgar, el índice y el medio para tres; etc.
Es así de alto / bajo.	Se levanta el brazo con la mano en una posición horizontal para indicar alguien o algo alto; para indicar alguien o algo de poca altura, se usa el mismo gesto pero con el brazo hacia el suelo. En México se usa el dedo índice para una persona, la mano entera para un animal u objeto. En Colombia se pone la mano en posición vertical (de costado) cuando se trata del tamaño de una persona.
Así es la vida.	Se encoge uno de hombros con los brazos medio extendidos y la manos boca arriba. En Guinea Ecuatorial se juntan las manos en forma de rezar.
No. (¡No!)	Con la palma de la mano hacia afuera (hacia la otra persona), se oscila de lado a lado. Para mayor énfasis, usar el dedo índice.
Se me olvidó.	Se lleva la palma de la mano a la frente, dándose un golpecito con ella a la vez que abre la boca. También se puede echar la cabeza hacia atrás rápidamente con un chasquido de lengua.
¡Qué sorpresa! (Chock)	En algunos países (Guatemala, Honduras, Costa Rica) se agita la mano vigorosamente para hacer un chasquido con los dedos extendidos.
Cuesta mucho. / Tiene mucho dinero. / ¿Cuánto cuesta?	Se rozan el dedo índice y el pulgar uno contra el otro sin separarlos.
Tengo sed.	Con la mano se hace un gesto de coger un vaso y beber algo. También, en España se puede llevar la mano a la boca entreabierta, con el dedo pulgar y el meñique extendidos en forma de porrón.
No lo sé.	Con la palma de la mano hacia el cuerpo, se roza uno la barbilla con las uñas. Otro gesto sería el darse un toquecito en la barbilla con la punta del dedo índice. Otro sería negar con el movimiento de la cabeza de lado a lado al hacer una mueca y encogerse de hombros, mostrando las palmas de las manos en posición vertical y próximas al cuerpo (el gesto norteamericano «Not me!»

Tabla 7-1 cont.

GESTO	DESCRIPCION
No me importa.	Con la palma de la mano hacia el cuerpo, se roza uno la barbilla con las uñas.
No oigo lo que dice.	Se pone la mano detrás de la oreja como si fuera un pabellón auditivo.
¡Qué tacaño/a es!	Con la palma boca arriba, se pone la mano debajo del otro codo y se dan alguno golpecitos.
¡Ojo! ¡Ten cuidado!	Se toca uno bajo el ojo con el dedo índice.
Sospecha. ¡Me huele mal!	Se apoya el dedo índice en un lado de la nariz y se dan unos golpecitos suaves con el dedo.
Está borracho/a.	Con los dedos pulgar y meñique extendidos, se pasa el pulgar varias veces por la punta de la nariz.
Págueme / págame.	Se hace un movimiento hacia el cuerpo con el antebrazo y la palma de la mano de costado.
Insinuación sexual.	Hacerle un guiño a alguien se puede interpretar como una insinuación.
Quiero hablar con usted. / Habla mucho.	Se juntan las yemas de los dedos y se abren y cierran como el pico de una gallina. Para indicar que alguien ha hablado demasiado, se mantienen los labios cerrados y se forma con el dedo índice una espiral que parece salir como humo do la boca.
No hable. / ¡Silencio!	Con los dedos índice y pulgar juntos, se pasan a lo largo de los labios en imitación de cerrar una cremallera.
Está lleno el taxi. / Ya no queda más de algo.	Se extiende la mano, con la palma hacia afuera, y se oscila de lado a lado. Se parece al gesto del saludo a distancia y al gesto de «No».
Hay que caminar (ir a pie).	Con el dedo índice y el dedo corazón, se imita en el aire o sobre una superficie el movimiento de las piernas al andar.
Un poco. / Queda poco.	Se ponen el dedo índice y el pulgar en posición horizontal y paralelos.
Hay visitante en la casa.	A veces, como en el Paraguay, el visitante se bate las manos para anunciar su llegada o presencia.
La cuenta, por favor.	Con el brazo levantado en el aire para que lo vea el camarero, se reproduce el gesto de firmar algo (como la cuenta).
¡Tiene/s mucha cara!	Se dan unas palmaditas en la mejilla o con el dorso de la mano se dan unos golpecitos en la mejilla.
Plantar cara / Se busca camorra.	Se pone de pie con los brazos en jarras (*hands on the hips* para indicar *bring it on!*). También se puede hacer el gesto norteamericano de «Ven acá» (la palma de la mano boca arriba y los dedos que se abren y cierran hacia el cuerpo de uno).

Tabla 7-1 cont.

GESTO	DESCRIPCION
«¡Vete al infierno¡» y otros gestos obscenos afines	Hacer el gesto del higo, un puño con el dedo pulgar extendido entre el dedo índice y el dedo corazón. (Nota: ¡En Brasil este mismo gesto indica buena suerte!) Hacer el gesto norteamericano de «A-Okay» (formar un círculo con el dedo índice y el pulgar). En algunos países, se hace un puño y se golpea la palma de la otra mano con la culata del puño. En México, un gesto obsceno es el de formar una letra V con el dedo índice y el dedo medio, y luego colocar la V sobre la punta de la nariz con la palma abierta hacia la cara de uno mismo. Otro gesto obsceno, bastante universal, es el puño con el dedo corazón extendido («to give the finger»).
Ya es hora de terminar esto.	Un bostezo puede señalar que ha llegado o pasado la hora para terminar una reunión o una actividad. En Panamá, se frunce la boca para comunicar lo mismo.
Se corta esta relación entre nosotros.	En algunos países (Argentina, Bolivia, México), regalarle a alguien un cuchillo se puede interpretar como un corte de relaciones con esa persona.
Despedida. ¡Adiós!	¡Lo mismo que para el saludo! En la mayoría de los países, al despedirse los hombres se dan la mano con un apretón firme. En algunos países (Colombia, Guatemala, Honduras, El Salvador) el apretón de manos es bastante más flojo. El hombre se despide de la mujer con un ligero apretón de manos cuando ésta le ofrece la suya en forma de despedida. Los buenos amigos a menudo se despiden con un abrazo y una palmadita en el hombro o en la espalda. Las amigas se despiden con un besito en la mejilla y un pequeño abrazo. El hombre también puede despedirse de una amiga con un besito sobre la mejilla y un pequeño abrazo. Al marcharse de una reunión o comida, uno se despide de cada individuo. Para despedirse desde más lejos, se mueve la mano varias veces, extendida y en posición vertical, de izquierda a derecha.

1. Usted ha sido contratado/a como especialista transcultural para preparar a un/a gerente (un/a compañero/a de clase) para un viaje de negocios que éste/a hará a Hispanoamérica en tres días. Explíquele cómo funciona el saludo y la despedida en los países hispanos y ensaye con esa persona las diferentes formas de saludar y despedirse.
2. Haga los gestos para comunicarle a alguien que se acerque y luego que se vaya.
3. Qué quiere decir el gesto de «bigote para arriba»? Hágalo.
4. Un/a compañero/a de clase le pregunta dónde están ciertas cosas (un bolígrafo, un libro, una persona, etc.) y usted le contesta con diferentes gestos para indicar «allí» o «allá».
5. Con un/a compañero/a de clase, hagan turno con los gestos que correspondan a las siguientes situaciones:
   a. Que usted quiere que él/ella lo/la llame por teléfono.
   b. Que él/ella le está pidiendo demasiado dinero para comprar la computadora usada que le quiere vender.

c. Que él/ella es tacaño/a porque no quiere ayudar a pagar la cuenta del almuerzo.
d. Que usted no puede oír lo que le quiere decir su compañero/a de clase.
e. Que usted volverá en seguida para continuar la conversación con él/ella.
f. Que a usted se le ha olivado la cita que tenían después de clase.
g. Que tenga cuidado su compañero/a de clase con «esa persona».
h. Que hay que guardar silencio porque está hablando el/la profesor/a.
i. Que hay que caminar para llegar a la biblioteca.
j. Que usted tiene mucha sed.
k. Que usted quiere un sólo lápiz, dos hojas de papel y tres minutos para hacer su trabajo.
l. Que usted quiere pagarle al camarero la cuenta del café que ustedes acaban de tomar.

6. ¿Qué quieren decir las frases «tiene mucha cara» y «plantar cara»? Haga los gestos que comunican estos dos mensajes.
7. ¿Cuáles son algunos gestos para evitar?
8. ¿Cuáles son algunos de los gestos típicos de EUA? ¿Cuáles son algunos de los gestos que usted usa al hablar? ¿Piensa usted que hay muchas diferencias entre las distintas culturas con respecto al uso de los gestos? Comente. ¿Conoce usted otros gestos que no se han incluido en la tabla o gestos que se usan en otras culturas, por ejemplo, en Alemania, Francia, Italia, Japón, etc.?

Vocabulario

Aquí se presentan los principales términos relacionados con este capítulo. Al final del libro hay un glosario más completo.

adiestramiento • *training*
ascenso • *promotion*
anticipo • *advance*
aumento • *pay raise*
auxilio de cesantía • *severance pay*
beneficio • *benefit*
bonificación • *bonus*
capacitación • *training*
carga social • *social contribution, benefit*
cierre patronal *(m)* • *company shut-down*
colocación • *placement*
comisionista *(m/f)* • *commission merchant, agent*
convenio • *agreement*
cuenta de anticipos • *advance account*

Vocabulario cont.

curriculum vitae *(c.v.) (m)* • *résumé, resume*
decisión obligatoria • *binding decision*
demora • *delay*
derecho *ad valorem* sobre importaciones • *value added tax on imports*
despedir *(i)* • *to fire, dismiss*
empresa de colocación o de empleo • *placement agency*
encuesta • *survey*
entrevista • *interview*
estado civil • *marital status*
expatriado/a • *expatriate*
expediente personal *(m)* • *résumé, resume*
formulario • *printed form*
horas extras o adicionales • *overtime*
hortaliza • *vegetable*
huelga patronal • *lockout*
idóneo • *suitable, competent*
incapacitado/a • *handicapped*
inculcar • *to instill*
indemnización • *indemnity, pay, compensation*
___ por antigüedad • *indemnity for years of service*
___ por despido • *severance pay*
jornal • *day's wages*
jubilación • *retirement*
juicio por faltas • *grievance*
laudo • *decision, finding*
local • *local, national employee*
mandato judicial • *injunction*
mediador/a • *mediator*
nacional de terceros países • *third-country national*
nivel de vida *(m)* • *standard of living*
obligatorio • *binding*
partidario/a • *supporter*
personal *(m)* • *personnel*
piquete laboral *(m)* • *picket*
prima • *bonus, premium*
___ por trabajo fuera de turno • *shift premium*
reclutar • *to recruit*
remuneración • *remuneration, payment*
representante sindical *(m)* • *union representative*
revisar • *to review*
sabotaje *(m)* • *sabotage*
salario • *wage (hourly), also salary*
seguro contra accidente • *accident insurance*
___ de salud • *health insurance*
___ de vida • *life insurance*
sobresueldo • *bonus*
solicitante *(m/f)* • *applicant*
solicitar • *to apply for*
solicitud *(f)* • *application*
sueldo • *salary (weekly or monthly)*
supervisor de compensaciones • *payroll supervisor*
taller *(m)* • *shop, workshop*
técnica de caso • *case study*
___ de discusión en grupos • *group discussion*
___ de incidente • *situation technique*
___ de simulación • *simulation technique*
tenaz • *tenacious, stubborn*
turno • *shift*
___ de día • *day shift*
___ diurno • *day shift*
___ de noche • *night shift*
___ nocturno • *night shift, graveyard shift*
valoración • *assessment*
vanguardia de la tecnología • *cutting edge of technology*

CAPITULO

8 Bienes y servicios

Good merchandise, even hidden, soon finds buyers.

Titus Maccius Plautus

Long-range planning does not deal with future decisions, but with the future of present decisions.

Peter F. Drucker

El que siembra vientos, recoge tempestades.

Proverbio

Una agencia de viajes. México. ¿Qué servicios se le ofrecen al consumidor en esta agencia?

PREGUNTAS DE ORIENTACION

Al hacer la *Lectura comercial*, piense Ud. en las respuestas a las siguientes preguntas.

- ¿Cuáles son algunas preguntas básicas que los gerentes de una firma tienen que contestar sobre la producción?
- ¿En qué factores se basan sus decisiones?
- ¿Qué es un servicio y cómo se clasifica?
- ¿Cómo decide una empresa entre los servicios que va a proporcionar?
- ¿Qué es un producto y cómo se clasifica?
- ¿En qué consiste la gestión manufacturera?
- ¿Qué pasos toman los gerentes para determinar y crear los productos que van a fabricar?
- ¿Cuáles son las distintas políticas de compra?
- ¿En qué consiste la administración de materiales?
- ¿Cuáles son las distintas etapas de elaboración y control de productos?
- ¿Cuáles son las diferentes actividades que deben emprender los jefes de producción para mantener y mejorar la calidad de los bienes elaborados?

Breve Vocabulario Util

análisis de costo-beneficio *(m)* • *cost-benefit analysis*
bien *(n)* • *good*
___ acabado • *finished good*
___ duradero • *durable good*
compra futura • *forward buying*
___ inmediata • *hand-to-hand buying*
control de calidad *(m)* • *quality control*
___ de fabricación *(m)* • *production control*
___ de flujo *(m)* • *flow control*
___ de orden *(m)* • *order control*
elaboración • *manufacturing, processing*
horario • *schedule*

LECTURA COMERCIAL

Productos y servicios

Además de los asuntos referentes a recursos humanos, el alto mando de una firma tiene otras responsabilidades gerenciales para mejor lograr sus fines de lucro. Estas incluyen la producción de bienes y la oferta de servicios. Al iniciar estas actividades, los directores tienen que contestar algunas preguntas básicas tales como: **¿Qué** bienes van a producir y qué servicios van a ofrecer? **¿Cómo** van a producirlos y cómo van a ofrecerlos? **¿Para quién**? **¿Para cuándo**?

Con respecto a la primera pregunta, los gerentes procuran producir u ofrecer todo lo que le haga falta al ser humano, o sea todo lo que se necesite para sobrevivir y progresar. En otras palabras, producen bienes y servicios que necesitan o desean los consumidores.

Servicios

Los bienes y servicios se asemejan en ciertos aspectos y se diferencian en otros. Ambos resultan del trabajo y satisfacen ciertas necesidades de los consumidores. También tienen un valor, tanto social como económico y político, y comprenden toda la actividad productora y la riqueza de un país. Se distinguen en que la producción de bienes materiales es algo tangible, mientras que la de servicios es intangible. Por ejemplo, la instalación de un pozo de petróleo o de una lavadora es un servicio, mientras que el pozo, el petróleo y la lavadora en sí mismos, son productos. A menudo los bienes y los servicios se combinan, como en una compañía que fabrica y repara aparatos electrodomésticos.

En todos los países se ofrecen o se venden diariamente miles de servicios diferentes. Estos pueden ser profesionales (médicos, técnicos, financieros, legales), semiprofesionales (reparaciones de automóviles o aparatos electrodomésticos), laborales (construcción, limpieza, jardinería), especiales (servicios de hostelería, viajes, recreo), o pueden ser de oficina (secretaría) o públicos (servicios de gobierno, seguridad, transporte). Se clasifican según los usos y modos de realización. Con respecto a los usos, pueden ser industriales o de consumo. Son industriales cuando se relacionan con la producción (el mantenimiento y reparación de las máquinas de una fábrica) y son de consumo cuando satisfacen alguna necesidad personal (la redacción de un testamento o la venta de alimentos, ropa, etc.).

En cuanto a su modo de realización, los servicios pueden ser humanos o mecánicos, o ambos a la vez. Son humanos cuando los emprende una persona, como el contable que prepara las declaraciones de impuestos. Son mecánicos cuando los hace una máquina o aparato, como una lavadora o escalera automática. Frecuentemente el servicio es una combinación de los dos modos de ejecución —la persona que usa una computadora para preparar documentos comerciales. La calidad y la eficacia de cada servicio dependerán de la habilidad de la persona o de la fiabilidad de la máquina que lo ejecuta.

Por supuesto, decidir cuáles servicios se van a proporcionar requiere un análisis de costos y beneficios, así como un estudio de mercado. Los análisis de costos y beneficios indican el punto donde los ingresos de una firma empiezan a superar los costos y gastos. Este análisis no sólo ayuda a precisar la rentabilidad de la empresa, sino que aporta información para mejorar sus operaciones. Los estudios de mercado hacen lo mismo al proveer datos acerca de la conducta de los consumidores o usuarios en cuanto a la compra. Describen las actitudes, necesidades, motivos e idiosincrasias de cierto grupo de consumidores, y procuran explicar por qué se valen de unos servicios y no de otros. También analizan las condiciones económicas, sociopolíticas y tecnológicas en las cuales la empresa lleva a cabo sus actividades y dan información acerca del tipo, calidad, precio, presentación y distribución de los servicios que se ofrecen, analizando el posible triunfo en los mercados señalados.

En la mayoría de los países hispanohablantes predominan los servicios como forma económica. Esto se ve en el número de personas empleadas en este sector así como en el porcentaje del producto nacional bruto resultante. Ambas cifras suelen ser, por lo general, más de la mitad del total y van subiendo. Las áreas de servicios que se destacan más son, entre otras, hostelería y turismo, carreras profesionales, administración de empresas, administración pública (gobierno) y construcción. A menudo, éstas son las que rinden más posibilidades de trabajo así como mejores pagos. También indican la nueva orientación económica del país y de sus habitantes.

Bienes

Los productos son bienes tangibles de dos tipos: los de consumo y los industriales. Los de consumo son los que se venden al público general. Pueden ser artículos de primera necesidad (comida, bebida, ropa), bienes secundarios (aparatos electrodomésticos, muebles) o bienes especiales o de lujo (joyería fina, automóviles de prestigio). Los bienes industriales, en cambio, son los que se usan para elaborar productos. Pueden ser materias primas (hierro, cobre, plomo), bienes semiacabados (las piezas de una máquina o de un auto), bienes acabados (tornillos, martillos), bienes duraderos o de capital o de equipo (fábricas, computadoras) o bienes de abastecimiento (aceite para máquinas, papel para un periódico, etc.). Ambos tipos de productos se elaboran bajo la dirección de los gerentes manufactureros.

Las empresas hispanoamericanas no suelen tener maquiladoras u otras fábricas de producción de costos reducidos fuera de sus fronteras debido a la disponibilidad de mano de obra barata dentro de sus países. En México, por ejemplo, se están fabricando tantos bienes que no sólo se los exporta al exterior sino que se están creando nuevos centros industriales. Todas estas operaciones están produciendo cierta prosperidad económica. Por supuesto, esta nueva realidad también está creando problemas para las industrias nacionales: 1) la falta de tecnología y de peritos; 2) la escasez de capital y de modos de producción modernos; y 3) la aparición de la competencia encarnizada. También está produciendo una serie de dificultades socioeconómicas tales como la falta de seguros médicos y sociales, salarios y sueldos muy bajos, altas cifras de desempleo, etc. Algunos gobiernos y empresas, tanto hispanos como extranjeros, mediante subsidios o préstamos, han procurado cambiar esta realidad negativa, al menos en el sector industrial. Han instalado nueva maquinaria, han proporcionado clases de capacitación, han privatizado empresas que puedan competir en el mundo internacional de los negocios y han concedido beneficios laborales adicionales.

Por otra parte, para saber cuáles productos, o mejor dicho, cuáles bienes y servicios se producirán, hay que tener en cuenta los siguientes factores:

1. el estudio de mercado
2. el estado financiero de la empresa y el costo-beneficio
3. la gestión productora

(1) Estudio de mercado

El estudio de mercado precisa detalles acerca de los bienes y servicios que se venden y los datos acerca de los compradores y su conducta mercantil. Se basa en la información que proporcionan los gerentes de contabilidad y de marketing, y se trata del análisis del estado de ganancias y pérdidas así como el informe sobre la segmentación, encuestas y sondeos de mercado. Todas estas actividades se describirán más detalladamente en el Capítulo 9. Después de examinar esta información, la alta gerencia o gerencia general tienen una idea preliminar de cuáles bienes o servicios van a elaborarse o prestarse. Les queda averiguar el estado financiero de la empresa así como el costo-beneficio de la producción.

(2) El estado financiero empresarial

Antes de tomar cualquier decisión respecto de la producción (otra vez se refiere a bienes y servicios), los gerentes tienen que ver si es factible y rentable emprender cierta actividad. Tienen que averiguar si hay suficiente capital, personal y medios productivos disponibles para realizar la producción y tienen que analizar el costo-beneficio de lo que se piensa producir. En otras palabras, tienen que estudiar la información que proporcionan los contadores —balance general, estado de ganancias y pérdidas y el estado de flujo efectivo. Si determinan que hay fondos y que ha sido o va a ser rentable cierta producción, entonces pueden tomar la decisión preliminar de emprenderla.

(3) Gestión productora

En cuanto se reciban del alto mando las recomendaciones necesarias, los gerentes de producción las estudian y analizan para mejor ejecutar la producción. Es una labor compleja e intensa y requiere la atención, pericia y cooperación de todos los directores. Consta de las siguientes tareas:

1. Determinar, a base de la información proporcionada por la gerencia general o alta gerencia, si se pueden producir o no los bienes y servicios recomendados dentro de los medios y fondos disponibles y asignados

2. Si se producen, seleccionar y administrar los modos y medios de producción
3. Elaborar y controlar los bienes y servicios producidos
   a. Especificación de los productos de fabricación
   b. Selección y administración de los materiales de producción
   c. Elaboración y control de los bienes producidos

(a) Especificación de los productos de fabricación
Una de las primeras tareas que emprenden los gerentes manufactureros es decidir qué productos se van a elaborar. Basados en los estudios de mercados y análisis de costos y beneficios, procuran justificar la producción de ciertos bienes y tratan de buscar maneras de mejorarlos y distinguirlos de los de la competencia. Una parte importante de este proceso son los proyectos de investigación y desarrollo, los cuales constan de las siguientes fases:

1. la conceptualización del producto por parte de los directores de tecnología o de ingeniería
2. la evaluación y selección de las ideas concebidas por parte de los ingenieros o técnicos, conforme a los criterios de manufactura y comercialización
3. la presentación a la alta gerencia de las ideas elegidas
4. la aprobación por ésta de los productos ideados
5. la elaboración de los productos

Si la información obtenida por medio de este proceso apoya los productos existentes o propuestos, y si demuestra que el costo, el beneficio y la venta son favorables, los gerentes recomiendan su fabricación.

(b) Selección y administración de los materiales de producción
La elaboración de productos consiste en la selección, compra y administración de materiales, máquinas y herramientas que necesita la fábrica para sus operaciones. Primero, los gerentes hacen periódicamente un inventario de la empresa. Revisan todos los materiales en existencia e inspeccionan los bienes muebles e inmuebles y el equipo. Si la empresa carece de materiales, los gerentes de compras precisan la descripción, cantidad y fecha de entrega de cada artículo, y procuran conseguir de sus abastecedores los mejores materiales al mejor precio. Según sus necesidades y estado financiero, se valen de una o más de las siguientes políticas:

1. *compras inmediatas*. Son las que se realizan con frecuencia y en pequeñas cantidades, especialmente al fluctuar los precios. Sirven para evitar la acumulación de existencias a precios altos.
2. *compras futuras*. Son las compras a un precio especificado, con la entrega y el pago en una fecha futura ya acordada.
3. *compras especulativas*. Son las compras realizadas con el propósito de obtener una ganancia rápida a raíz de un cambio (subida) de precio.
4. *compras por contrato*. Son las que se hacen con un solo proveedor para conseguir un trato favorable respecto a precios y fechas de entrega.
5. *compras por cotización sellada*. Son compras hechas por medio de la entrega de propuestas (ofertas de compra) selladas, las cuales son estimaciones de precio que se le presentan a un cliente potencial. Las propuestas selladas se mantienen secretas sin comunicarse a otros competidores. La propuesta sellada no se revela hasta un momento señalado para garantizar la independencia de los ofertantes (postores, licitadores o licitantes).
6. *compras recíprocas*. Son las que hace una firma al cliente y viceversa. Tienden a reducir el número de proveedores, a la vez que suben los precios de los bienes y servicios vendidos. Pueden representar una práctica abusiva y antieconómica, que se usa para mantener una clientela permanente.

Después de elegir la política deseada, los gerentes de compras, mediante cartas de cotización y otros documentos comerciales afines, hacen los pedidos. Precisan todos los datos necesarios—marca, clase, tamaño, estilo, color, número, precio por unidad y precio total—e indican las condiciones de pago, embalaje y transporte. Cuando llegan los materiales o bienes de equipo, los gerentes necesitan administrarlos. Los inspeccionan de acuerdo con los datos especificados en los pedidos y notifican a los proveedores si hay cualquier avería, defecto o discrepancia en el encargo. Luego, asientan las compras de los materiales en los libros de contabilidad, y anotan su localización desde la recepción hasta su transformación en productos acabados, un proceso llamado *control de materiales*. Después, emprenden el control de inventario, precisando el número de mercancías almacenadas, el nivel óptimo de materiales requeridos para la producción y los costos de inventario.

Una vez hecho el inventario, los gerentes de almacenaje y de tráfico guardan y transportan los bienes materiales, tanto fuera como dentro de la fábrica. Averiguan el espacio disponible para las existencias, así como su costo y localización, y ayudan a despachar los pedidos.

(c) Elaboración y control de los bienes de consumo e industriales

Después de hacer las compras y el inventario, los gerentes de producción se dedican a la elaboración y administración de los productos. La elaboración de bienes materiales consiste en los procesos de fabricación y de control. El proceso de fabricación se clasifica según su naturaleza, duración o carácter. El proceso, por naturaleza, puede ser:

1. *extractivo,* la extracción de minerales y otras sustancias del agua o de la de tierra;
2. *analítico,* la descomposición o conversión de materiales básicos en otros finales, como el petróleo bruto en gasolina o la tela en ropa;
3. *sintético,* una combinación de elementos químicos o físicos para elaborar productos como rayón o automóviles.

Cuando se utiliza la línea de montaje en relación con la producción en masa, se llama *proceso de ensamble* o *de ensamblaje.*

La *producción por duración,* en cambio, tiene dos formas: *continua o intermitente.* En la primera, la producción es constante, mientras que en la segunda, la elaboración se realiza en diversos periódos de corta duración. La *producción por carácter* también es de dos clases: *estándar u ordenada.* Con respecto a la primera, se elabora toda clase de bienes para el público, de modo continuo. En la segunda, sólo se producen ciertos tipos de bienes, en lotes pequeños para clientes particulares. Las firmas hispánicas se valen más de la producción intermitente y ordenada, y en los EE.UU. se utiliza más la producción continua y estándar.

Mientras los gerentes de producción eligen el sistema de elaboración más adecuado, los de inspección inician el control de fabricación. Coordinan y supervisan la mano de obra, el equipo y los materiales, y vigilan los distintos procesos de producción. Se sirven de dos formas para lograr sus fines: el *control de órdenes y* el *control de flujo.* Se utiliza el control de órdenes para pedidos individuales, y el de flujo para la producción continua y la venta futura.

En cualquier sistema que se elija, los gerentes generalmente adoptan los siguientes pasos de operación:

1. *Planeación.* Analizan los pedidos y la disponibilidad de materiales y equipo, y precisan los procesos y el tiempo para llevarlos a cabo.
2. *Ruta.* Determinan la vía y la secuencia de fabricación.
3. *Programación.* Fijan los horarios de producción.
4. *Ejecución del trabajo.* Comprueban la realización de cada etapa anterior, lo más eficazmente posible.

Al mismo tiempo que realizan la producción, los gerentes manufactureros emprenden otras actividades administrativas:

1. *Mezcla de productos.* Determinan los diversos productos que van a elaborar y los recursos y procedimientos que van a utilizar.
2. *Mantenimiento del equipo.* Deciden los métodos preventivos o reparativos para conservar el buen estado del equipo.
3. *Control de calidad e inspección.* Establecen las normas de producción. Si éstos no se siguen, o si se pone en venta un producto defectuoso que cause daños o heridas, tendrán que indemnizar a la persona o entidad perjudicada (responsabilidad del productor).
4. *Mejoramiento de trabajo.* Realizan mejoras tecnológicas que faciliten los procesos de fabricación, el ambiente laboral y los procedimientos de control de producción.

ACTIVIDADES

A. ¿Qué sabe Ud. de negocios? Vuelva Ud. a las preguntas de orientación que se hicieron al principio del capítulo y a las preguntas que acompañan las fotos y contéstelas en oraciones completas en español.

B. ¿Qué recuerda Ud.? Indique si las siguientes oraciones son *verdaderas* o *falsas* y explique por qué.

1. El preparar un informe es un producto.
2. Los análisis de costos y beneficios y los estudios de mercado sólo sirven para tomar decisiones respecto a la elaboración de productos.
3. Se hace el inventario de una empresa para determinar el precio de los productos.
4. La costumbre de cierta farmacia de comprar diez cajas de aspirinas por semana es un ejemplo de compras futuras.
5. En el proceso sintético, los materiales son ensamblados frecuentemente a gran escala, como sucede con la fabricación de automóviles.
6. La mezcla de productos y el control de calidad no son actividades administrativas tan importantes como la fabricación misma.
7. El control de cantidad es la revisión detenida de productos, según ciertas normas de calidad y producción.

C. Exploración de sus conocimientos y opiniones personales. Haga los siguientes ejercicios, usando sus propios conocimientos y opiniones personales.

1. Algunos países hispánicos están llegando a ser economías de servicios. ¿Qué servicio le proporcionaría Ud. al mundo hispánico, si pudiera establecer su propia empresa? ¿Por qué?
2. ¿Piensa Ud. que es verdaderamente esencial hacer un análisis de costos y beneficios de un producto o servicio antes de fabricarlo o ponerlo en venta? Explique.
3. ¿Cuál política de compras le parece mejor para una pequeña empresa? ¿Mediana? ¿Grande?
4. Si Ud. tuviera que elaborar cualquier producto, ¿qué pasos administrativos seguiría?
5. ¿Por qué cree Ud. que es necesario controlar el proceso manufacturero?
6. ¿Piensa Ud. que es más fácil dirigir una empresa de servicios o una de producción? Explique.
7. ¿Cómo se relacionan los dichos al principio del capítulo con los temas tratados?

D. Al teléfono. Haga las siguientes llamadas telefónicas a otro/a estudiante de la clase. Cada persona deberá tomar un papel activo en la conversación.

1. Ud. es el/la gerente de una empresa estadounidense que acaba de recibir del gobierno colombiano, como parte de un programa de mejoras agrícolas, un contrato para construir sistemas de drenaje e irrigación en las montañas de este país. Al ser también ingeniero/a civil, Ud. quiere discutir con su colega colombiano/a ciertos detalles acerca del proyecto, tales como la topografía de la zona geográfica elegida. Llame al/a la ingeniero/a civil colombiano/a y concierte una cita, explicándole por qué.
2. Ud. es jefe/a de compras de una firma estadounidense de llantas, la cual tiene un contrato de compras con un/a abastecedor/a de caucho colombiano/a que está de visita en su ciudad. Debido a la estabilidad del precio de esta materia prima, Ud. quiere cambiar la política actual de compras futuras. Llame al/a la abastecedor/a colombiano/a para discutir el asunto.
3. Ud. es jefe/a de control de producción de una compañía estadounidense de ropa que tiene una fábrica de tejidos en Quito. Se acaba de informar de una huelga que han declarado las obreras en esta plaza. Ellas se están quejando no sólo de los bajos salarios sino también de los modos de producción por ser éstos obsoletos y peligrosos. Especialmente se quejan de las antiguas y averiadas máquinas de coser que han lastimado a varias mujeres. Llame al/a

la supervisor/a de la fábrica ecuatoriana y discuta con él/ella cómo se pueden solucionar estos problemas, para así poner fin a la huelga.

E. Navegando el internet. Ud. y un/a socio/a necesitan informar a la junta directiva de su empresa (sus compañeros/as de clase) sobre varios productos agrícolas, productos elaborados o servicios disponibles en Ecuador que también se ofrecen en Colombia. Por eso, Uds. deciden hacer lo siguiente:

1. Navegar el internet en español, buscando especialmente los sitios virtuales de diferentes empresas colombianas y ecuatorianas, utilizando algunas de las siguientes palabras claves u otras que conozcan o encuentren:

   negocios/ negocios-economía /comercio/empresas/ compañías/ agricultura/ producción/ servicios
2. Al desplazar arriba y abajo las Páginas Web, conseguir la información necesaria para poder comparar los precios de algunos productos colombianos con los mismos productos en Ecuador (o servicios disponibles en Colombia comparados con los mismos servicios en Ecuador, etc.)
3. Estudiar las tendencias mencionadas y hacer un análisis de la información para la junta directiva.
4. Informar a la clase sobre sus investigaciones y los pasos tomados para conseguir la información.

EJERCICIOS DE VOCABULARIO

Si hace falta para completar estos ejercicios, consulte la **Lectura comercial** o la lista de vocabulario al final del capítulo.

A. ¡A ver si me acuerdo! Usted está preparándose para entrevistar en español al gerente de compras de Inducom, S.A., una compañía industrial hispana recién instalada en su país. Sin embargo, se le olvidan a Ud. los siguientes términos en español. Un/a compañero/a le ayuda a recordarlos al pedir que Ud. se los traduzca.

1. supplies
2. routing
3. quality control
4. scheduling
5. cost-benefit analysis
6. mass production
7. extractive process
8. storage
9. assembly line
10. goods

B. ¿Qué significan? Usted es gerente de compras para la compañía multinacional Ecuacaf, S.C., que produce café y otros alimentos y bebidas en Colombia y Ecuador para la exportación. Se le ha designado a Ud. un/a nuevo/a ayudante a quien Ud. tiene que entrenar en la operación de su departamento. Lo primero que quiere asegurarse es que su colega conozca las distintas políticas de compras y frases afines. Pídale a un/a compañero/a de clase que le explique los siguientes términos y que le dé algunos sinónimos si puede.

1. compras inmediatas
2. compras por contrato
3. compras futuras
4. compras por cotización sellada
5. compras especulativas
6. compras recíprocas
7. proveedor
8. cantidad
9. control de calidad
10. elaboración
11. bienes acabados
12. bienes duraderos

C. La producción: Adivinación. Con un/a compañero/a de clase, escojan ustedes dos (2) palabras que se relacionan con la producción. Luego, den en clase sinónimos, definiciones o palabras que se asocian con los términos originales y pidan que los demás compañeros los adivinen.

D. Entrevista profesional. Se presenta usted para una entrevista de trabajo con el/la gerente de producción de una compañía industrial quien le hace las siguientes preguntas para averiguar sus conocimientos del ámbito. Haga la entrevista con otro/a compañero/a de clase. No se olviden del protocolo ni de las cortesías.

1. ¿En qué categorías se dividen los bienes y servicios?
2. ¿Cómo se sabe si un producto es rentable?
3. ¿De qué constan las etapas de gestión productora?
4. ¿Cuáles son las etapas del control de producción?
5. ¿Qué necesitan hacer los gerentes de producción para evitar problemas de responsabilidad del productor?

E. Traducciones. Usted quiere repasar los elementos y etapas de la producción como parte de un plan de fundar su propia empresa industrial. También quiere mejorar su habilidad de escribir en español. Opta por traducir las siguientes oraciones porque le ayudan a Ud. en ambos quehaceres.

1. Product management includes determining the goods to be made, selecting and managing the materials to be used, and manufacturing the products to be sold.

2. Cost-benefit analysis helps to decide which products should be made based on production costs, volume, and anticipated profit.
3. Several types of materials can be used in the manufacturing process: raw materials, unfinished goods, finished goods, and capital goods and supplies.
4. Besides the various types of purchasing policies, managers must also take care of inventory and transportation.
5. Production itself is governed by planning, routing, scheduling, and performance control as well as by the specific processes of quality control and equipment maintenance.

UNA VISTA PANORAMICA DE COLOMBIA

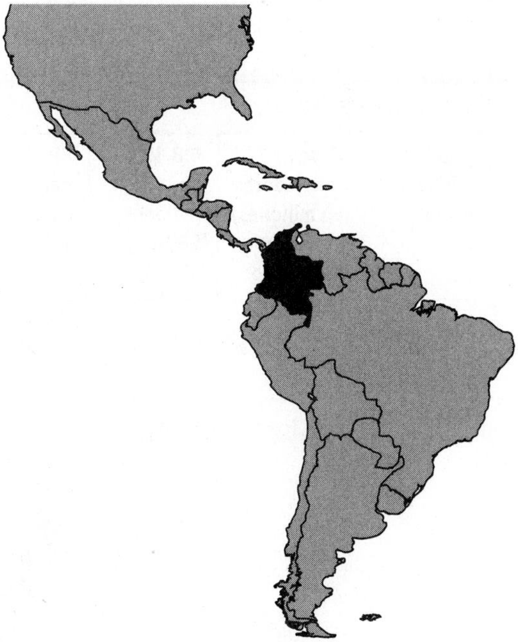

Nombre oficial:	República de Colombia
Gentilicio:	colombiano/a
Capital y población:	Bogotá (Santa Fe de Bogotá): 6,004,782
Sistema de gobierno:	República
Jefe de Estado/ Jefe de Gobierno:	Presidente Andrés Pastrana Arango
Fiesta nacional:	20 de julio, Día de la Independencia (1810: de España)

Colombia

GEOGRAFIA Y CLIMA

Area nacional en millas^2 y kilómetros^2	Tamaño (comparado con EUA)	División política	Otras ciudades principales	Puertos principales	Clima	Tierra cultivable
440,000 m^2 1,200,000 km^2	Casi tres veces el tamaño de Montana	Un distrito capital y 32 departamentos	Medellín, Cali, Barranquilla, Cartagena	Barranquilla, Cartagena, Buenaventura	Tropical en la costa y las llanuras del este, más templado en la altiplanicie	4%

DEMOGRAFIA

Año y población en millones			% urbana	Distribución etaria		% de analfabetismo	Grupos étnicos
2000	2015	2025		<15 años	65+		
40	51	58.3	73%	33%	5%	9%	58% mestizo, 20% blanco europeo, 14% mulato, 4% africano, 3% africano y amerindio, 1% amerindio

ECONOMIA Y COMERCIO

Moneda nacional	Tasa de inflación 1998	N° de trabajadores (en millones) y tasa de desempleo		PIB 1998 en millones $EUA	PIB per cápita	Distribución de PIB y de trabajadores por sector			1998 Exportaciones en millones $EUA	1998 Importaciones en millones $EUA
						A	I	S		
El peso	16.7%	16.8	15.7%	$255,000	$6,600	19%	26%	55%	$11,300	$14,400
						30%	24%	46%		

Para distribución del PIB y de los trabajadores (mano de obra): A = Agricultura, I = Industria, S = Servicios (y Gobierno).

Recursos naturales: Carbón, petróleo, gas natural, hierro, níquel, oro, plata, cobre, platino, esmeraldas.

Industrias: Textiles, procesamiento de alimentos, petróleo, confección (ropa) y calzado, bebida, productos químicos, cemento, oro, carbón, esmeraldas.

COMERCIO

Productos de exportación: Petróleo, café, carbón, oro, bananas, flores recortadas, productos químicos y farmacéuticos, textiles y confecciones, oro, azúcar, contenedores de papel de cartón, cemento, plásticos de resina y manufacturados, alimentos, tabaco.

Mercados: 38% EUA, 23% UE, 18% Grupo Andino, 3% Japón.

Productos de importación: Equipo y maquinaria industrial, equipo de transporte, bienes de consumo, productos químicos, combustibles, productos de papel y de metal, aviones.

Proveedores: 42% EUA, 23% UE, 14% Grupo Andino, 4% Japón.

Horario general de comercio: De lunes a viernes, desde las ocho de la mañana hasta las seis de la tarde. El almuerzo se come normalmente entre el mediodía y las dos de la tarde.

TRANSPORTE Y COMUNICACIONES

Kilómetros de carreteras y % pavimentadas	Kilómetros de vías férreas	Nº de aeropuertos con pista de aterrizaje pavimentada	Nº de líneas telefónicas	Radios por mil personas	Televisores por mil personas
115,564 / 12%	3,380	89	6,451,500	151	188

IDIOMA Y CULTURA

Idiomas	Religión	Comidas y bebidas típicas / Modales
Español (oficial), y más de 90 lenguas indígenas (chibcha, guajiro, etc.)	90% católico romano	Arroz con pollo, frijoles con chicharrón, piquete, cuchuco, peto, arepa, sancocho, tamales, empanadas, changua, buñuelos, arroz de coco, café, aguardiente. No comer demasiado, pues da la impresión de que los anfitriones no le han dado suficiente de comer.

Horario normal del almuerzo y de la cena: Mediodía para el almuerzo; entre las siete y las ocho de la noche para la cena.

Gestos: Mantener el buen contacto visual al hablar con otra persona. Se considera maleducado el interrumpir a otra persona cuando habla y el dar un paso atrás para distanciarse de alguien al hablar. Bostezar en público indica aburrimiento o que uno tiene hambre. Para señalar la altura de un animal, se usa la mano con la palma hacia el suelo; pero para señalar la altura de una persona, se cambia la mano a una posición vertical o de costado. Poner una mano, con la palma abierta, bajo el otro codo indica que alguien es tacaño.

Cortesía: Durante el saludo, darse la mano sin apretar mucho. Cuando se visita la casa de alguien para comer o cenar, los anfitriones no esperan recibir ningún regalito, aunque se aprecian las flores, los chocolates y los pastelitos como señal de aprecio y de agradecimiento. No comer nada en público sin primero invitar a los presentes a probar un poco de su comida también. No hacer un regalo de azucenas o caléndulas porque son para los funerales.

LA ACTUALIDAD ECONOMICA COLOMBIANA

Colombia es el único país del continente sudamericano que tiene fronteras con dos océanos: el Atlántico y el Pacífico. Tiene tres zonas geográficas fértiles —la costa al este, la sierra en el centro y una llanura selvática en el este. También tiene climas diferentes —tropical en las costas y la llanura (Cartagena y Barranquilla), primaveral y lluvioso en las montañas (Cali y Medellín) y más templado en la altiplanicie (Bogotá). Por estar ubicada en el ecuador, la temperatura y los productos agrícolas cambian según la altitud. Se cosechan una gran variedad de cultivos pero se destaca entre todos el famoso café colombiano, la principal exportación oficialmente reportada del país. El petróleo representa el 30% de todas las utilidades de la exportación y ha reemplazado el café como el principal proveedor de ingresos nacionales y de lucro. Desgraciadamente, al final de la década de los noventa los bajos precios de la gasolina en el mercado mundial causaron una recesión en Colombia. Además del petróleo, carbón y gas natural, el país también es rico en minerales y produce el 90% de las esmeraldas del mundo, el 4% del níquel y el 15% del ferroníquel. El sector extractivo está creciendo mucho más rápidamente que cualquier otro sector económico.

Las guerras civiles, luchas básicamente entre ricos y pobres, han causado, entre otras cosas, la muerte de miles de personas y la interrupción frecuente de la producción y distribución de bienes y servicios. El narcotráfico también ha dado lugar a la muerte de muchas personas y ha resultado en el soborno y la corrupción de oficiales estatales. Aunque se ha tratado de controlar ambos problemas, el gobierno no ha tenido mucho éxito, en parte, porque en países como EE.UU. hay tan gran demanda de drogas ilegales como la cocaína. Por lo tanto, el país está enfrentando una serie de crisis económicas y políticas, y recientemente una recesión que está socavando la solvencia y la estabilidad nacionales. Hasta que se resuelva esta situación, Colombia, como otros países, tiene un futuro incierto e inseguro. No obstante todo esto, Colombia ha sido históricamente una de las naciones hispanoamericanas más democráticas y progresistas, y ha intentado mantener buenas relaciones políticas y económicas con los EE.UU. y otros países extranjeros.

undermine

UNA VISTA PANORAMICA DEL ECUADOR

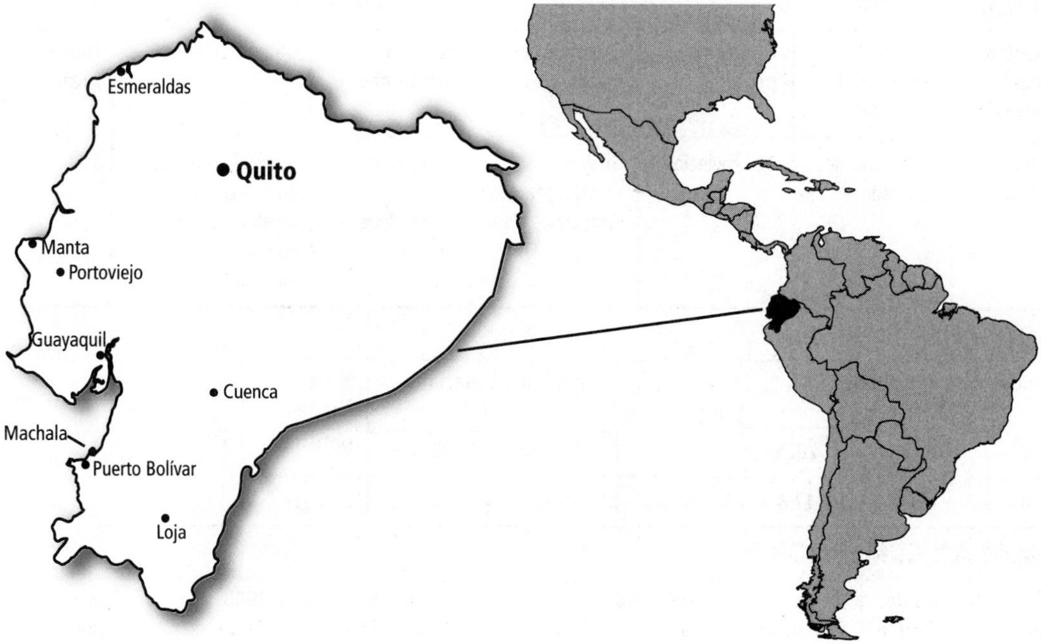

ECUADOR

Nombre oficial:	República del Ecuador
Gentilicio:	ecuatoriano/a
Capital y población:	Quito: 1,500,000
Sistema de gobierno:	República
Jefe de Estado/ Jefe de Gobierno:	Presidente Gustavo Novoa Bejarano
Fiesta nacional:	10 de agosto, Día de la Independencia (de Quito de España en 1809). Ecuador logra su independencia de España en 1822.

Ecuador

GEOGRAFIA Y CLIMA

Area nacional en millas² y kilómetros²	Tamaño (comparado con EUA)	División política	Otras ciudades principales	Puertos principales	Clima	Tierra cultivable
109,500 m² 283,560 km²	El tamaño de Colorado	22 provincias	Guayaquil, Cuenca, Machala, Portoviejo, Manta	Guayaquil, Marta, Esmeraldas, Puerto Bolívar	Tropical en la costa y en la selva amazónica, templado en los valles de las montañas	6%

DEMOGRAFIA

Año y población en millones			% urbana	Distribución etaria		% de analfabetismo	Grupos étnicos
2000	2015	2025		<15 años	65+		
12.8	15.9	17.8	60%	35%	5%	10%	58% mestizo, 25% amerindio, 10% español, 10% africano

ECONOMIA Y COMERCIO

Moneda nacional	Tasa de inflación 1998	N° de trabajadores (en millones) y tasa de desempleo		PIB 1998 en millones $EUA	PIB per cápita	Distribución de PIB y de trabajadores por sector			1998 Exportaciones en millones $EUA	1998 Importaciones en millones $EUA
						A	I	S		
El dólar EUA	43%	4.2	12%	$58,700	$4,800	12%	37%	51%	$3,400	$2,900
						29%	18%	53%		

Para distribución del PIB y de los trabajadores (mano de obra): A = Agricultura, I = Industria, S = Servicios (y Gobierno).

Recursos naturales: Petróleo, pesca y marisco (camarón), madera, oro, piedra caliza.

Industrias: Petróleo, procesamiento de alimentos, textiles, pesca, productos de madera, de papel y de metal, productos químicos y farmacéuticos, plásticos.

COMERCIO

Productos de exportación: Petróleo, maquinaria y equipo de transporte, químicos, bananos, camarones, flores recortadas, pescado, café, cacao, animales vivos.

Mercados: 39% EUA, 25% Latinoamérica, 22% UE, 12% Asia.

Productos de importación: Equipo de transporte, bienes de consumo, vehículos de motor, maquinaria, productos químicos, productos de petróleo.

Proveedores: 35% Latinoamérica, 32% EUA, 19% UE, 11% Asia.

Horario general de comercio: De lunes a viernes, desde las ocho de la mañana hasta las seis de la tarde. El almuerzo se come normalmente entre el mediodía y las dos o dos y media de la tarde. Los sábados, desde las ocho de la mañana hasta las doce y media de la tarde

TRANSPORTE Y COMUNICACIONES

Kilómetros de carreteras y % pavimentadas	Kilómetros de vías férreas	Nº de aeropuertos con pista de aterrizaje pavimentada	Nº de líneas telefónicas	Radios por mil personas	Televisores por mil personas
42,874 / 13%	965	56	1,009,800	227	79

IDIOMA Y CULTURA

Idiomas	Religión	Comidas y bebidas típicas / Modales
Español (oficial), unos 15 idiomas indígenas, especialmente el quechua	95% católico romano	Arroz con pollo, locro, llapingachos, fritada, ceviche, empanadas, arroz con menestra, caldo de bola y cuy. Practicar el arte de la buena conversación durante la comida. Se come toda la comida servida, no se dejan restos en el plato.

Horario normal del almuerzo y de la cena: Sobre la una de la tarde para el almuerzo; entre las siete y las ocho de la noche para la cena.

Gestos: Se frunce la boca en una dirección para señalar algo allí. Se indica una dirección al mover la barbilla hacia arriba («up the road») o hacia abajo («down the road»). Para indicar que se vuelve pronto, con el dedo índice dibujar en el aire cerca de la cabeza uno o dos círculos. La mano extendida delante del cuerpo y movida de lado a lado indica que ya no queda más de algo (pescado, papas, tomates, etc.) o que el autobús o el taxi está lleno y que no hay cabida. No bostezar, gritar, chiflar o silbar en público. No señalar con el dedo índice para llamar la atención de alguien.

Cortesía: Saludar a cada individuo al llegar a una reunión o comida y despedirse individualmente al marcharse para no menospreciar a nadie o quedar mal. Cuando se visita la casa de alguien para comer o cenar, traer para los anfitriones un regalito como flores, chocolates o pastelitos. Se aceptan las visitas no anunciadas de antemano. Al visitar la casa de alguien, si se llega durante el almuerzo o la cena se le ofrecerá algo de comer y es descortés negarse a probar un poco de lo ofrecido.

LA ACTUALIDAD ECONOMICA ECUATORIANA

El Ecuador tiene mucho en común con Colombia aunque se diferencia de este país en varios aspectos. Está dividido en tres regiones y zonas climáticas casi idénticas a las de su vecino del norte y produce cultivos y minerales suficientes para satisfacer las necesidades de su población. Más indígena que la colombiana, su economía es principalmente agrícola. Sin embargo, desde los años sesenta, al empobrecerse los campesinos se han ido trasladando a las grandes ciudades en busca de una vida mejor. El resultado para estos recién llegados ha sido muchas veces la dura realidad del desempleo y la pobreza urbana.

Por otra parte, Ecuador fue uno de los países hispanoamericanos que trató de solventar su deuda internacional de más de diez millones de dólares. Lo había intentado hacer mediante los ingresos de productos agrícolas y pesqueros y de petróleo y los bonos Brady (por medio de éstos se vende la deuda de un país como si fueran bonos y se les da a los inversionistas cierto rédito de interés). El petróleo ha llegado a ser la exportación más importante del país y, recientemente, debido a los bajos precios de petróleo, la economía de Ecuador está sufriendo la peor crisis económica desde hace muchos años.

Primero, la crisis económica asiática causó dificultades en la economía ecuatoriana. Luego, los perjuicios causados por las variaciones climáticas relacionadas con el Niño, una deuda presupuestaria, una deuda externa enorme ($16.4 mil millones EE.UU.) y las emergencias en la industria bancaria, la cual inició la posibilidad de utilizar el dólar (la dolarización), provocaron manifestaciones en las calles. Estas condiciones fueron la base de una serie de cambios presidenciales a finales del siglo XX: Abdalá Bucaram («El Loco»), presidente en 1996; Fabián Alarcón en 1997; Jamil Mahuad en 1998; y Gustavo Novoa Bejarano en 1999.

El país ha sufrido una caída en todos los sectores productores. Tanto los bancos como las empresas y otras entidades privadas y públicas, incluso el gobierno, por falta de capital, han tenido dificultad en realizar sus operaciones y metas. Por otra parte, las tasas de inflación y desempleo han subido, mientras que los precios de las principales fuentes de ingresos —el petróleo, los bananos, el café y el cacao— se han estancado sin suficientes rentas para regenerar la gran prosperidad de los años anteriores. El gobierno ha procurado hacer acuerdos con varias instituciones financieras, notablemente con el Fondo Monetario Internacional (FMI), y ha tratado de poner en vigor reformas estructurales y fiscales para solventar la crisis y cambiar la coyuntura negativa del país. Hasta la fecha, todo ha sido en balde como testimoniaron las recientes revueltas populares.

ACTIVIDAD

¿Qué sabe Ud. de Colombia y del Ecuador?

Como profesional que trabajará en o con los países y diversas comunidades del mundo hispano de los negocios, usted requerirá información que le ayudará a conocer y a comprender mejor esta realidad y, por supuesto, a tener éxito en ella. Con este fin, se le hacen a Ud. las siguientes preguntas. Luego, contéstelas y esté listo/a para discutirlas en clase.

1. Describa usted la geografía colombiana y ecuatoriana y trate temas relacionados, tales como la capital y otras ciudades y puertos principales, la división política del país y el clima.
2. ¿Cómo son Colombia y Ecuador demográfica y políticamente?
3. ¿Cuándo son las fiestas nacionales de Colombia y de Ecuador? Haga una lista de otras fiestas importantes. (Véase la Tabla 10-1 de la págs. 300–301.)
4. Compare usted las economías colombiana y ecuatoriana. Incluya datos sobre la moneda nacional, la tasa de inflación, el PIB y el PIB por habitante, el número de trabajadores (la mano de obra), la tasa de desempleo, los recursos naturales, las industrias nacionales, los productos que exportan e importan y los países destinos y proveedores de estas transacciones.
5. ¿Qué productos recomendaría usted que se vendieran en Colombia y Ecuador? ¿Por qué?
6. Describa usted el transporte y las comunicaciones en Colombia y Ecuador. ¿Por qué son importantes estos temas en el mundo de los negocios, especialmente para una empresa industrial internacional que piensa montar una fábrica en uno de los países?
7. Seleccione usted varias categorías de datos que le interesen y compárelos con los mismos datos de otro país en este libro (por ejemplo, la geografía, el número de habitantes, el PIB por habitante y las exportaciones/destinos de Colombia y Ecuador). Discuta las semejanzas y diferencias con un/a compañero/a de clase.
8. ¿Cuáles de los datos presentados en la **Vista Panorámica de Colombia y de Ecuador** experimentan muchos cambios? Ponga al día algunos de estos datos y explique cómo han cambiado.
9. Comente usted sobre la actualidad socioeconómica y política de Colombia y Ecuador como si fuera Ud. un/a asesor/a quien aconseja a un/a empresario/a interesado/a en hacer negocios allí. ¿Cuáles son algunas realidades, oportunidades y problemas que Ud. haría resaltar y cuáles serían sus recomendaciones al/a la cliente/a?
10. Usted viaja de negocios a Colombia y al Ecuador con su jefe/a para negociar un contrato de compraventa. Discuta los siguientes asuntos con un/a compañero/a de clase:

a. El producto (bien o servicio) que piensan vender
b. Las estrategias de comercialización de las que se van a servir para lograr que se firme el contrato
c. La comida que van a pedir
d. Las formas de cortesía y los gestos que deben recordar, usar o evitar
e. Cualquier otro tema afín

LECTURA CULTURAL

Actitudes hacia el tiempo y la tecnología

Hace algunos años un gerente de producción estadounidense que hablaba poco español, visitó un país sudamericano para negociar un tratado comercial de transmisión de tecnología petrolera. Concertó la cita para las diez de la mañana con el jefe de ingeniería de la empresa sudamericana, y llegó a la oficina puntualmente. Esperó impacientemente más de una hora hasta que llegó el ingeniero, quien no pudo acudir a tiempo a cause del tráfico. Este no notó la irritación del estadounidense y empezó a preguntarle amablemente sobre varias cosas, en especial sobre su viaje al país. El estadounidense se irritó aún más, y finalmente insistió en que trataran el propósito comercial de la reunión.

Después de un rato, sin embargo, ambos hombres se dieron cuenta de que no se comprendían muy bien. El gerente estadounidense usaba términos comerciales y argot («bottom line», «home run», etc.) en inglés, que el ingeniero desconocía. Este, aunque hablaba algo de inglés, no sabía precisar muy bien su falta de comprensión. De todos modos, el ingeniero quería continuar la discusión e invitó al estadounidense a quedarse a comer. El estadounidense miró su reloj y le contestó que no podía porque tenía otra cita. Los dos se despidieron sin llegar a un acuerdo.

En los Estados Unidos, debido al alto nivel de desarrollo industrial y el énfasis en la planificación organizada y consecutiva, a los ciudadanos les obsesiona el tiempo («time is money», «the early bird gets the worm») y la tecnología. Tienen fama de adherirse a todos los horarios, sean de trabajo o de diversión, y se esfuerzan por ser puntuales para demostrar responsabilidad y eficiencia. También se afanan por respetar los plazos fijados para cumplir con las obligaciones y se empeñan en prepararse para situaciones imprevistas. Su orientación temporal es hacia el presente y el futuro; creen que con el tiempo y mediante sus propios esfuerzos, pueden controlar los eventos de su vida. Esta actitud cultural también se ve en su interés por las estadísticas y la tecnología. Los estadounidenses creen que si dedican el tiempo, la energía y los recursos a la investigación y desarrollo científicos y tecnológicos, podrán alcanzar todas sus metas futuras. Como señala la historia, esta actividad ha resultado en muchos avances tecnológicos en los Estados Unidos, y su uso y compra no sólo por especialistas, sino por el consumidor general.

Históricamente, en muchas partes del mundo hispano, la gente ha adoptado hasta muy recientemente actitudes y conceptos distintos de los estadounidenses. Con respecto al tiempo, no se les ha dado tanta importancia ni a la puntualidad ni al futuro ni se ha obsesionado por los horarios. Tradicionalmente, criados en sociedades principalmente agrícolas en las cuales han predominado los ritmos lentos y cíclicos de la cosecha, los trabajadores agrícolas labraban día tras día y de sol a sol, y si no acababan cierta faena, la dejaban para el día siguiente. No se preocupaban por el tiempo ni vivían según el reloj. Así que, aun hoy día si hay cosas que hacer o asuntos que despachar, a menos que sean urgentes o personales, muchas personas no se apresurarán ni a empezarlos ni a concluirlos. Los acabarán otro día o en otra ocasión. Se había adoptado la misma actitud y concepto hacia la tecnología. También, la iglesia católica tradicional en Hispanoamérica en gran parte había comunicado un mensaje de fatalismo y resignación.

A través de los años, muchos países hispanoamericanos no se han preocupado mucho por emprender ni muchos proyectos científicos ni investigaciones. Esto se debe, en parte, al hecho de que muchas empresas de países más desarrollados no han querido proveer una capacitación tecnológica a los países en desarrollo, pues el hacerlo perjudicaría su ventaja competitiva. Quizás por estos motivos, los países hispanos han carecido de suficientes científicos y técnicos, aunque hay ejemplos sobresalientes de ellos en países como Argentina: en 1947 Bernard Houssay recibió el premio Nobel de Fisiología y Medicina; en 1970 el Dr. Luis Leloir recibió el Premio Nobel de Química; en 1972 un equipo de cirujanos transplantó con éxito un ovario a una mujer que no podía tener hijos; en 1974 la Central Atómica empezó sus operaciones como la primera de su tipo en Iberoamérica; y en 1984 César Milstein compartió el Premio Nobel de Fisiología y Medicina. En realidad, el no tener suficientes peritos ha sido una de las razones por las cuales los países hispanoamericanos no se han industrializado tanto como las otras naciones occidentales y han seguido contando con técnicos extranjeros y tecnología importada.

En los últimos treinta años, muchos jóvenes hispanoamericanos han emigrado de sus países para estudiar en programas más orientados hacia las ciencias, la administración de empresas y la tecnología avanzada en las mejores universidades de los países más desarrollados en Norteamérica o

Europa. Después, han regresado a sus naciones natales para tomar puestos de máxima responsabilidad e importancia en las compañías o en el gobierno. Por eso, especialmente en los países hispanos más industrializados, se están adoptando nuevas actitudes y costumbres, y están tomando nuevas medidas en cuanto a los horarios y la tecnología. En Argentina, Colombia, Chile, España y México, especialmente, se están imitando los países más desarrollados. Con respecto a la hora, se están imponiendo nuevas prácticas al horario laboral, la siesta y la puntualidad. Se están incrementando el número de horas y días que quedan abiertas las tiendas, las agencias comerciales y gubernamentales, y las oficinas empresariales y de servicios (bancos, teléfonos, restaurantes, etc.). Como ha sido el caso en muchas ciudades progresistas desde hace treinta años, los directores están poniendo más énfasis en la puntualidad y los empleados están acudiendo más al trabajo, las citas y a las reuniones a la hora debida. Pero en las regiones menos industrializadas, especialmente en el campo y en los pequeños pueblos, todavía se conservan los antiguos conceptos y costumbres de la vida, de modo que la persona que visite lugares extranjeros tiene que ser flexible, observante y atenta, y sobre todo cortés, respetuosa y sincera con sus clientes, sus empleados y otros contactos.

En Hispanoamérica, la importancia de conocer bien y de establecer un alto nivel de confianza entre los negociantes sigue siendo un elemento cultural muy importante. El fiarse de alguien es un proceso lento que requiere tiempo y buena voluntad, pero es la clave para no elevar barreras ni dificultar las relaciones comerciales. Un/a representante de una empresa que intente ir directamente al grano en las negociaciones comerciales encontrará más dificultades en triunfar en el mundo hispano que la persona que logre establecer fuertes enlaces personales.

ACTIVIDADES

A. ¿Qué sabe Ud. de la cultura?

1. Compare las actitudes tradicionales estadounidenses e hispanas con respecto al tiempo y la tecnología, refiriéndose en especial a los distintos orígenes y sus características más notables. ¿Es verdad que existen notables diferencias? ¿Existen también semejanzas? Explique con ejemplos. Comente sobre la Figura 8-1.

Figura 8-1

2. ¿Qué factores están impidiendo un mayor desarrollo económico en los países hispanos?
3. En muchas ciudades o regiones urbanas hispanoamericanas se está dando más importancia a los horarios exactos («hora americana») y a la precisión científica. ¿Qué factores se influyen en estas actitudes?
4. Utilizando la información cultural de esta sección, ¿cómo resolvería Ud. el conflicto de la narración entre el hispano y el estadounidense que inicia esta lectura?

B. Minidrama Cultural. Dramaticen lo siguiente y contesten las preguntas.

La Srta. Paula Taylor, una gerente de producción de una compañía de ropa estadounidense, acaba de llegar a Guayaquil. Está allí para visitar una fábrica de tejidos que pertenece a su firma, para evaluar el proceso de fabricación y descubrir por qué el proceso no rinde ni la calidad ni la cantidad previstas por la compañía. Taylor tiene una cita a las once de la mañana con el gerente ecuatoriano de la fábrica y acude puntualmente. Su anfitrión, el licenciado Osvaldo Lara, no llega hasta las once y media, y no explica su demora. Además, Lara le hace un gesto dibujando rápidamente dos círculos en el aire con el dedo índice y desaparece por otros cinco minutos. Taylor se siente ofendida por esta falta de puntualidad.

Cuando *por fin* se presenta el Lic. Lara, Taylor quiere ir al grano del asunto, pero el Lic. Lara prefiere dedicar algún tiempo a las cortesías sociales. Al empezar *finalmente* a tratar el asunto que les interesa, el Lic. Lara sugiere que hagan una visita a la fábrica. Lo que ve allí Taylor la escandaliza: obreras que, al parecer, no hacen nada, salvo servirse de antiguos modos.

SRTA. TAYLOR Me parece que la productividad de las obreras deja mucho por desear.

LIC. LARA Perdone, señorita Taylor, pero me parece que se equivoca usted. Hemos alcanzado todas las cuotas mensuales y con bienes de alta calidad. También, las obreras sólo están descansando un rato.

SRTA. TAYLOR No sé....Parece que no están haciendo nada. Además, las pocas que están trabajando todavía se sirven de métodos obsoletos y prácticas anticuadas con las máquinas. ¿Qué les pasa? ¿No les gusta cumplir con los avisos o los anuncios? (Con una sonrisa de superioridad.)

LIC. LARA No, señorita. Son muy diligentes y capaces. Bueno...es que todavía no conocen muy bien los nuevos métodos y máquinas pero creen que los antiguos medios son iguales si no superiores a los modernos y ...

SRTA. TAYLOR ¡No lo son! Además, la compañía ha invertido mucho dinero tanto en los nuevos medios de producción para mejorar e incrementar lo producido, como en adiestrar a las obreras. ¡Ellas tienen que usarlos!

LIC. LARA Bueno, señorita, es que ninguna de ellas entendió porque las instrucciones orales y las escritas se dieron en inglés. Es gente humilde y buena y ...

SRTA. TAYLOR Esto no tiene nada que ver. Lo que nos interesa es que trabajen y que produzcan y que se sirvan de los nuevos medios de producción. ¿Entendido?

LIC. LARA (Algo molesto) Claro que sí, señorita Taylor. Estamos aquí para servirle.

1. ¿Qué es lo que todavía tiene que aprender la Srta. Taylor? Defienda su selección.
   a. A los hispanos lo que les importa es el fin y no los medios para realizarlo, y odian lo nuevo.
   b. Los hispanos tienen una actitud más templada respecto al trabajo y su realización.

c. Los hispanos son perezosos y torpes y nunca ven la importancia de ser puntuales ni cumplidores en sus deberes.

2. ¿Qué significa el gesto que le hace el Lic. Lara al llegar?

SINTESIS COMERCIAL Y CULTURAL

Actividades comunicativas

A. Situaciones para dramatizar. Lea las siguientes situaciones y después haga el papel en español con otro/s estudiante/s, usando las siguientes opciones como punto de partida. Cada persona deberá tomar un papel activo en la dramatización. No se olviden del protocolo ni de las cortesías.

1. You are a purchasing manager for a new, small U.S. gasoline chain and are thinking of doing business with the Corporación Estatal Petrolera Ecuatoriana (CEPE), a consortium that produces most of the crude oil for Ecuador. Your current needs for oil are modest but may increase in the future. You need to decide on a purchasing policy and meet with the Ecuadorean representative of CEPE with whom you have been in contact and who is visiting the U.S. You discuss the following.
   a. the most appropriate purchasing policy
   b. the number and price of the barrels to be purchased
   c. the anticipated delivery date
2. You are a production manager of a U.S.-based clothing chain that has a plant in Barranquilla. Your firm asks you to discuss with Colombian plant officials who are in your country the following problems, which have resulted in decreased output and sales.
   a. seemingly poor worker attitudes—little dedication, constant lateness, absenteeism, and disregard for production schedules
   b. a lack of quality control, and a policy and mechanism to carry it out
   c. suggestions for improving each of the above problem areas using both tact and knowledge of cross-cultural differences

B. Ud. es el/la intérprete. El Sr. Dennis James es jefe de producción de una compañía estadounidense que vende papel. Está en Cali para ayudar al supervisor, el Ing. Pedro Rojas Restrepo, a organizar la nueva fábrica que acaba de mandar construir la firma estadounidense. El Sr. James no habla español muy bien y el Ing. Rojas habla muy poco inglés.

Haga Ud. el papel de intérprete entre estos dos individuos. Traduzca del inglés al español y del español al inglés, sin mirar el texto del diálogo que leerán otros dos estudiantes en voz alta. Ellos harán una pausa después de cada raya para permitir su traducción. Acuérdense todos de usar un tono natural de diálogo.

ING. ROJAS Buenos días, Sr. James. / Espero no haber tardado mucho en llegar.

INTERPRETE ______________________________

SR. JAMES Well, I thought you had forgotten about our meeting. / Let's get down to business.

INTERPRETE ______________________________

ING. ROJAS ¿No quiere Ud. tomar un café? / Es el mejor del mundo. / Por favor, tome una tacita.

INTERPRETE ______________________________

SR. JAMES No, thank you. / I have several urgent things I need to discuss with you. / What are your current purchasing policies?

INTERPRETE ______________________________

ING. ROJAS Bueno, ya tenemos un contrato con Leñera, S. de R. L., / compañía de mi cuñado, / para comprar toda la madera que necesitemos. / No sólo la compramos a un buen precio / sino con buenas condiciones de pago.

INTERPRETE ______________________________

SR. JAMES That's great! / Where are the purchase orders / and who is taking care of the books?

INTERPRETE ______________________________

ING. ROJAS No se preocupe, Sr. James. / El Lic. Laureano Jiménez de Quesada, nuestro contable, se encarga de todo.

INTERPRETE ______________________________

SR. JAMES That may well be, / but I need to examine the books and report to the main office.

INTERPRETE ______________________________

ING. ROJAS Muy bien, Sr. James, pero el Lic. Jiménez no estará hasta la semana que viene.

INTERPRETE ______________________________

SR. JAMES Okay, but make sure I get the books. / With regard to production, we recommend that you use flow control. /

	Also, please monitor each phase of production. / We want high quality as well as high production.
ING. ROJAS	Nosotros también, pero tenemos que discutir lo del control de flujo. / Pero, antes, tomémonos aquella tacita de café.
INTERPRETE	________________________________

C. Actividad empresarial. Usted y un/a amigo/a trabajan para una compañía que realiza investigaciones de los mercados hispanos tanto internacionales como nacionales. Unos nuevos empresarios se han puesto en contacto con su firma para enterarse de los bienes y servicios o productos que son más rentables. Como expertos en estos asuntos, se les han encargado a Uds. de emprender algunas investigaciones. Uds. deciden realizarlas según la siguiente división temática.

a. los bienes y servicios que necesitan los hispanohablantes que viven dentro del país donde se ubica la compañía de Uds. (seleccionen un país)
b. los productos que les hacen falta a los hispanohablantes que vivan en México, Centroamérica y el Caribe
c. los bienes y servicios que necesitan los hispanohablantes de Sudamérica (o de los países andinos o del Cono Sur)

Después de hacer las investigaciones, recopilen todos los datos en un informe escrito que explica por qué los bienes y servicios elegidos son más rentables y preséntenselo oralmente, sin leerlo, a la clase.

D. Caso práctico. Lea el caso y conteste las preguntas a continuación.

Desde hace varios años, Ecuamec, una compañía ecuatoriana de tamaño mediano, ubicada en Cuenca, ha fabricado piezas de repuesto para maquinaria textil, con cierto éxito. Ultimamente, sin embargo, la alta gerencia de Ecuamec se ha visto obligada a buscar otras fuentes de ingresos a consecuencia de la intensa competencia de otras compañías del mismo sector. Decide entrar en el lucrativo negocio de producir piezas de repuesto para lavadoras y secadoras. Piensa que no será may difícil añadir tal división a su firma, ya que antes hacía otros aparatos electrodomésticos parecidos.

Al lanzarse a la producción de las nuevas piezas de repuesto, la empresa empieza a tener problemas. Entre otras cosas, los gerentes de producción y de ventas descubren que necesitan materiales especiales —herramientas, máquinas, etc.— para manufacturar las nuevas piezas. Además, tienen que importarlos del extranjero. Esto significa un aumento de los costos de fabricación. También reconocen que con una mayor demanda, ya no pueden contar con la política de compras inmediatas que han adoptado hasta ahora. Tendrán que cambiarla por una de compras futuras o por contrato. Este cambio de política, a su vez, plantea problemas de inventario y almacenaje que los jefes de la empresa no habían previsto.

Por otra parte, debido a la alta demanda de las piezas de repuesto de los aparatos electrodomésticos, los gerentes añaden al sistema de fabricación uno de producción en masa, pero no sin complicaciones. Parece que las máquinas importadas no se prestan muy bien al tipo de elaboración deseada por los jefes de producción. Los obreros, por otra parte, tienen mucha dificultad en usar los nuevos aparatos a causa de que los manuales de instrucción están escritos en japonés e inglés.

Lo más difícil para los supervisores de la planta, sin embargo, han sido los problemas de transporte y de mano de obra. Con respecto al primero, quieren transportar los bienes acabados en tren, pero éste no llega a todos los destinos deseados, mientras que el llevarlos en camión resulta demasiado caro y lento por las malas carreteras. En cuanto a la cuestión laboral, los obreros no se acostumbran al nuevo sistema de producción. Antes, se les asignaba la fabricación de cierto número de piezas y se les indicaba el tiempo, la calidad y la forma de producirlas. Después de recibir estas instrucciones, los obreros podían hacer lo que quisieran con tal que respetaran los plazos fijados para la entrega. Bajo el nuevo sistema de producción, tienen que trabajar más constantemente y con menos tiempo libre. Además, los supervisores han impuesto un nuevo método de control de calidad que mide electrónicamente, no sólo la productividad de cada obrero y de cada máquina, sino la duración y la calidad de los resultados de producción. Los obreros no están contentos con la nueva situación laboral y piensan declararse en huelga.

E. Conteste las siguientes preguntas.

1. ¿Qué tipo de empresa es Ecuamec? ¿Qué producía al principio y por qué se lanzó a la producción de piezas de repuesto de aparatos electrodomésticos?
2. ¿Cómo podían haber anticipado, y quizás, evitado los gerentes de Ecuamec el problema de los altos costos de producción? ¿Qué tipo de análisis deberían haber hecho? ¿Por qué?
3. ¿Qué opina Ud. del cambio de política de compras que realizó Ecuamec? ¿Qué les recomendaría Ud. a los gerentes con respecto a un sistema de inventario y almacenamiento?

4. ¿Qué es lo que deberían haber hecho los jefes de la empresa antes de comprar las nuevas máquinas de fabricación? ¿Cómo pueden resolver el problema de no tener maquinaria usable?
5. ¿Qué les sugeriría Ud. a los jefes con respecto al medio o medios de transporte que deben o pueden usar?

ANALISIS Y COMPARACION

Estudie la siguiente tabla comparativa y haga los ejercicios a continuación. Use también sus propios conocimientos y, cuando haga falta, otras fuentes informativas como el diccionario, el *Almanaque mundial*, el internet, etc. Los ejercicios se pueden hacer individualmente, en parejas o en pequeños grupos para discutir en clase.

TABLA 8-1 **Recursos naturales y principales industrias de los países hispanoparlantes y de Estados Unidos** [Fuentes: *U.S. Department of State Background Notes, CIA World Factbook 1999, The World Almanac and Book of Facts 2000 y Almanaque Mundial 2000*]

PAIS	RECURSOS NATURALES	PRINCIPALES INDUSTRIAS NACIONALES
Argentina	Las pampas (llanuras fértiles), plomo, cinc, estaño, cobre, hierro, manganeso, petróleo, uranio	Procesamiento de alimentos, automóviles, textiles, refinación de petróleo, maquinaria y equipo, hierro, productos químicos y petroquímicos
Bolivia	Gas natural, petróleo, cinc, tungsteno, antimonio, plata, plomo, oro, hierro, estaño, madera	Minería, fundición, petróleo, procesamiento de alimentos y de bebidas, tabaco, artesanía, textiles y ropa
Chile	Cobre, madera, hierro, nitrato, metales y piedras preciosas, molibdeno	Minería de cobre y de otros minerales, fabricación de metales, procesamiento de alimentos y de pescado
Colombia	Carbón, petróleo, gas natural, hierro, níquel, oro, plata, cobre, platino, esmeraldas	Textiles, procesamiento de alimentos, petróleo, confección (ropa), calzado, bebida, productos químicos, cemento, oro, carbón, esmeraldas
Costa Rica	Energía hidroeléctrica	Procesamiento de alimentos, textiles y ropa, materiales para construcción, abono, productos de plástico, turismo y ecoturismo
Cuba	Níquel, cobalto, hierro, cobre, manganeso, sal, madera, sílice, petróleo	Azúcar, procesamiento de alimentos, refinación de petróleo, tabaco, textiles, productos químicos, productos de madera y de papel, metales (esp. el níquel), abono, maquinaria, bienes de consumo

Tabla 8-1 cont.

PAIS	RECURSOS NATURALES	PRINCIPALES INDUSTRIAS NACIONALES
Ecuador	Petróleo, pesca y marisco (esp. el camarón), madera, oro, piedra caliza	Petróleo, procesamiento de alimentos, textiles, pesca, productos de madera, de papel y de metal, productos químicos y farmacéuticos, plásticos
El Salvador	Energía hidroeléctrica y geotermal, petróleo	Procesamiento de alimentos y de bebidas, ropa y calzado, textiles, petróleo, productos químicos, abono, muebles, metales
España	Carbón, lignito, hierro, uranio, mercurio, pirita de cobre y de hierro, espato fluor, yeso, cinc, plomo, tungsteno, caolín, potasa, energía hidroeléctrica	Textiles, ropa, calzado, procesamiento de alimentos y de bebidas, metales y manufacturas de metal, productos químicos y petroquímicos, construcción de barcos, automóviles, herramientas mecánicas, bienes de consumo, productos electrónicos, turismo
Guatemala	Petróleo, níquel, maderas poco comunes, pesca, chicle	Azúcar, textiles y ropa, muebles, productos químicos, petróleo, metales, caucho (goma), turismo
Guinea Ecuatorial	Petróleo, madera, manganeso, uranio, pequeños depósitos de oro inexplorados	Petróleo, pesca, aserraderos, gas natural
Honduras	Madera, oro, plata, cobre, plomo, cinc, hierro, antimonio, carbón, pesca	Azúcar, café, textiles y ropa, productos de madera, cemento, cigarros, productos alimenticios
México	Petróleo, plata, cobre, oro, cinc, plomo, gas natural, madera	Petróleo, alimentos y bebidas, tabaco, productos químicos, minería, hierro, acero, textiles y ropa, vehículos de motor, bienes durables de consumo, turismo
Nicaragua	Oro, plata, cobre, tungsteno, plomo, cinc, madera, pesca	Procesamiento de alimentos y de bebidas, productos químicos y de metal, textiles y ropa, refinación de petróleo, calzado
Panamá	Cobre, caoba y bosques, camarones	Construcción, refinación y productos de petróleo, cemento, azúcar, procesamiento de alimentos y de bebidas, metalistería (trabajo en metales), productos químicos, papel y productos de papel, imprenta, minería, ropa, muebles
Paraguay	Energía hidroeléctrica, madera, hierro, manganeso, piedra caliza	Elaboración y empacadora de carne, machaqueo de semillas oleaginosas, molienda y aserrado, cervecería, textiles, azúcar, cemento, construcción, productos de madera
Perú	Cobre, plata, oro, petróleo, madera, pesca, hierro, carbón, fosfatos, potasa	Minería y fabricación de metales, petróleo, pesca, textiles y ropa, procesamiento de alimentos y de bebidas (en particular los refrescos o las bebidas gaseosas), cemento, ensamble de automóviles, acero, construcción de barcos, plásticos, papel, barnices y lacas

Tabla 8-1 cont.

PAIS	RECURSOS NATURALES	PRINCIPALES INDUSTRIAS NACIONALES
Puerto Rico	Cobre, níquel, potencial de petróleo	Productos farmacéuticos y electrónicos, ropa, alimentos, maquinaria (eléctrica y no eléctrica), turismo
República Dominicana	Níquel, bauxita, oro, plata	Turismo, azúcar, minería de ferroníquel y de oro, textiles (maquila), cemento, tabaco, productos farmacéuticos
Uruguay	Tierra fértil, energía hidroeléctrica, minerales, pesca, granito, mármol	Procesamiento de carne, lana, pieles, azúcar, textiles, calzado, artículos de cuero, llantas y neumáticos, cemento, refinación de petróleo, vino, procesamiento de alimentos y de bebidas
Venezuela	Petróleo, gas natural, carbón, hierro, oro, bauxita, otros minerales, energía hidroeléctrica, diamantes	Petróleo, minería de hierro, materiales para construcción, procesamiento de alimentos, textiles, acero, aluminio, vehículos de motor
Estados Unidos	Carbón, cobre, plomo, molibdeno, fosfatos, uranio, bauxita, oro, hierro, níquel, potasa, plata, mercurio, tungsteno, cinc, petróleo, gas natural, bosques y madera, pesca	Petróleo, acero, plásticos, producción y ensamble de vehículos de motor, industria aeroespacial, telecomunicaciones, productos químicos, electrónica, procesamiento de alimentos y de bebidas, bienes de consumo, madera, minería, cemento, construcción de aviones y de barcos, pesca, papel

1. ¿Qué es un recurso natural? ¿Cómo se relacionan las industrias de un país con sus recursos naturales?
2. ¿Cuáles son los recursos naturales de México? ¿Cuál importante recurso natural tiene en común con Venezuela?
3. ¿Cuál importante recurso natural tiene en común Argentina y Uruguay?
4. ¿Cuál país hispano cuenta las esmeraldas como recurso natural? ¿Los diamantes?
5. ¿Cuáles son los recursos naturales de España? ¿Para qué se usan el lignito, el uranio y el caolín? Busque la respuesta en un libro de consulta o en el internet.
6. ¿Qué es el procesamiento de alimentos? ¿La refinación de petróleo? ¿El ensamble de vehículos de motor? ¿La confección? ¿La metalistería? ¿La empacadora de carne? ¿El abono? ¿El calzado? ¿La maquila?
7. ¿Qué son los bienes de consumo? Dé algunos ejemplos.
8. ¿Qué es el turismo? ¿Cuáles son los países hispanos que cuentan el turismo como una importante industria nacional? ¿Qué es el ecoturismo? ¿Ha visitado usted algún país hispano en plan de turista?

Comente. ¿Qué elementos (recursos naturales y de servicio humano) se requieren para fomentar una industria turística que tenga éxito?

9. ¿Cuáles son los países hispanos que cuentan la energía hidroeléctrica como un importante recurso natural? ¿Cuál de los países también cuenta con la energía geotermal? ¿Qué son la energía hidroeléctrica y la energía geotermal?
10. Divídase la clase en cuatro grupos de estudiantes para que cada grupo haga un breve resumen de los recursos naturales en las siguientes regiones: el Caribe hispano, América Central, los países andinos y los países del Cono Sur.

Vocabulario

Aquí se presentan los principales términos relacionados con este capítulo. Al final del libro hay un glosario más completo.

abastecedor/a • *supplier*
abono • *fertilizer*
adiestrado • *skilled*
almacenaje *(m)* • *storage*
almacenamiento • *storage*
anfitrión/a • *host/hostess*
aparato electrodoméstico • *electrical household appliance*
aserradero • *sawmill*
ausentismo • *absenteeism*
avería • *damage, breakdown*
averiado *(adj)* • *damaged, broken down*
barniz *(m)* • *varnish*
bienes *(m)* • *goods*
___ de abastecimiento • *supplies*
___ de capital o de equipo • *capital goods*
___ de consumo • *consumer goods*
___ de lujo • *luxury goods*
___ especiales • *specialty goods*
___ industriales • *industrial goods*
___ semiacabados • *unfinished goods*
camarón *(m)* • *shrimp*
caoba • *mahogany*
carbón *(m)* • *coal*
carta de cotización • *quotation letter*
cobre *(m)* • *copper*
competencia encarnizada • *cut-throat competition*
competir *(i)* • *to compete*
compra especulativa • *speculative buying*
___ por contrato • *contract buying*
___ por cotización sellada • *auction (sealed bid) buying*
___ recíproca • *reciprocal buying*
conducta en la compra • *buying behavior*
confección • *tailoring, dress-making, clothing/garment industry*
control de equipo *(m)* • *equipment control*
___ de fabricación • *production control*
___ de inventario • *inventory control*
___ de materiales • *materials control*
costo-beneficio • *cost benefit*
cuota • *quota, capacity*
despachar • *to send*
elaborar • *to make, manufacture*

Vocabulario cont.

embalaje *(m)* • *packing, packaging*
embarcar • *to ship, send*
empacadora de carne • *meat packing*
emprender • *to undertake, begin*
en existencia • *in stock*
ensamblaje *(m)* • *assembly*
ensamble *(m)* • *assembly*
envío • *shipment*
estaño • *tin*
existencia • *stock*
fabricación • *manufacturing*
fabricar • *to manufacture*
fecha de entrega • *delivery date*
flete *(m)* • *freightage, transportation charge*
fomentar • *to develop, promote*
fundición • *smelting*
gastos de tramitación • *handling charges*
género • *good, merchandise*
gestión • *management*
herramienta • *tool*
hierro • *iron*
licitante *(m/f)* • *bidder*
línea de montaje • *assembly line*
mantenimiento de equipo • *equipment maintenance*
máquina de coser • *sewing machine*
madera • *wood, timber*
marca • *brand*
marisco • *shellfish*
medioambiental • *environmental*
mezcla de productos • *product mix*
molienda • *milling*
oferta sellada • *sealed bid*
ofertante *(m/f)*• *bidder*
oro • *gold*
pedido • *order, purchase order*
período de entrega • *delivery time or schedule*
perjudicado *(adj)* • *injured, damaged, jeopardized*
piedra caliza • *limestone*
pieza de repuesto • *spare part*
planificación • *planning*
plata • *silver*
plaza • *locale, location*
plomo • *lead*
política de compras • *purchasing policy*
proceso • *process*
___ analítico • *analytic process*
___ de ensamble • *assembly process*
___ de fabricación • *manufacturing process*
___ extractivo • *extraction process*
___ sintético • *synthetic process*
producción continua • *continuous production*
___ en masa o en serie • *mass production*
___ estándar • *standard production*
___ intermitente • *intermittent production*
___ ordenada o en pequeños lotes • *small-batch production*
___ por carácter • *character of production*
___ por duración • *time of production*
___ por naturaleza • *nature of production*
programación • *scheduling*
proveedor/a • *supplier*
proveer • *to provide, supply*
puntual • *punctual*
puntualidad • *punctuality*
recuento • *count, recount*
reparación • *repair*
repuesto • *spare part*
responsabilidad del productor • *product liability*
ruta • *routing*
solvencia • *solvency*
transmisión de tecnología • *technology transfer*
usuario • *user*

CAPITULO

9 Marketing I: Mercados y publicidad

People will buy anything that's one to a customer.
Sinclair Lewis

A hamburger by any other name costs twice as much.
Evan Esar

Quien miente, ofende a la buena gente.
Proverbio

El nacionalismo en la publicidad. Lima, Perú. ¿Qué piensa Ud. del nacionalismo en los anuncios, por ejemplo, cuando se dice "Buy American"?

PREGUNTAS DE ORIENTACION

Al hacer la *Lectura comercial,* piense Ud. en las respuestas a las siguientes preguntas.

- ¿Qué es el marketing?
- ¿Son sinónimos el marketing y la publicidad? Explique.
- ¿Cuáles son los cuatro elementos fundamentales del marketing?
- ¿Qué es el concepto de utilidad de un producto y cuáles son las cuatro utilidades?
- ¿Cuáles son las funciones universales del marketing? ¿Cuáles de ellas se pueden excluir?
- ¿Qué consideraciones entran en la segmentación de un mercado?
- ¿Cuáles son las tres categorías principales del fomento de ventas? Dé ejemplos.
- ¿Cuáles son algunos medios publicitarios empleados en la venta en masa?
- ¿Qué factores especiales son importantes en el marketing internacional?

LECTURA COMERCIAL

Segmentación del mercado y publicidad

Una vez que la empresa tenga disponibles los bienes o servicios que desea vender al público, hace falta entrar más plenamente en el aspecto comercial llamado marketing (o mercadeo, mercadología, mercadotecnia). Bernard y Colli definen el marketing como el «estudio del mercado orientado a describir las posibles salidas de la producción en un futuro inmediato o lejano, teniendo en cuenta las necesidades actuales o futuras, y las perspectivas de investigación y de adaptación de la empresa» *(Diccionario económico y financiero)*. En otras palabras, se trata de cómo hacer llegar el producto o servicio a manos del consumidor en el lugar y momento en que éste los desee adquirir, a un precio razonable para el cliente y lucrativo para la empresa. Es un proceso continuo que incluye todos los pasos entre la fabricación de una mercancía (o la oferta de un servicio), y su compra y posesión por parte de los consumidores. Por eso, esencialmente toda decisión empresarial tiene en cuenta el marketing. Es mucho más que la mera publicidad, aunque a menudo se consideran erróneamente estos dos términos —marketing y publicidad— como sinónimos. De hecho, de cada dólar gastado por el consumidor en los Estados Unidos, aproximadamente 50 centavos van para cubrir los costos de producción. Los otros 50 centavos son para los costos de marketing:

Breve Vocabulario Util

anuncio • *ad, advertisement*
ensayo • *test, trial*
fomento de ventas • *sales promotion*
lema *(m)* • *slogan, motto*
marca • *brand, trademark*
mercadeo • *marketing*
promover • *to promote*
publicidad • *publicity, advertising*
sondeo • *opinion poll*

aproximadamente 45 centavos se destinan al transporte y almacenaje, mientras que menos de cinco centavos se gastan en la publicidad.

En general, el marketing se caracteriza por una consideración de cuatro elementos fundamentales: el producto (o servicio), el precio, el lugar de disponibilidad y el fomento de ventas. En inglés, frecuentemente se refiere a los cuatro elementos básicos del marketing como "las cuatro p" *(product, price, place, promotion)*. También se puede hacer lo mismo en español: (1) producto, (2) precio, (3) plaza (mercado) y (4) publicidad. Respecto al precio, es importante recordar que el precio mínimo (*floor price)* siempre cubrirá los costos de producción y comercialización para que la empresa no pierda dinero de entrada; el precio máximo o tope *(ceiling price)* será el que tolera el mercado —es decir, lo que el consumidor esté dispuesto a pagar por una mercancía. Todo esto responde al concepto de ***utilidad*** de una mercancía. Para que exista esta utilidad, es necesario que un producto o servicio tenga: (1) la ***forma*** deseada por el comprador (por ejemplo, el resultado de una producción o de una cosecha); (2) en un ***lugar*** apropiado (donde lo necesite y pueda adquirir el consumidor o usuario); (3) en el ***tiempo*** o momento deseado (para la fecha cuando lo necesite el comprador) para que luego se facilite (4) la ***posesión*** por parte del comprador. La mejor prueba de utilidad es la realización de la transacción comercial.

También hay que tener en cuenta una serie de funciones universales en el marketing: financiamiento, compra, venta, transporte, almacenaje, estandardización y clasificación (control de cantidad y calidad), riesgo e información. El financiamiento se refiere al dinero necesario para producir, transportar, almacenar, vender y comprar mercancías, mientras que el riesgo se refiere al hecho de que una empresa nunca está segura de que los consumidores compren sus mercaderías, las cuales, además, pueden sufrir daños, pérdidas, robos o hacerse obsoletas y pasarse de moda. Todas estas funciones ayudan a realizar las ***utilidades*** de ***forma, lugar, tiempo*** y ***posesión***. Aunque el número de intermediarios que se necesita para desempeñar estas funciones puede variar (muchas veces una sola persona o empresa realiza varias de ellas, sin tener que contratar a otros intermediarios para hacerlo), no se pueden eliminar las funciones mismas, pues siempre están presentes en el marketing de alguna manera.

Hoy en día se acepta la teoría de que es el consumidor quien, interesado en sus propias necesidades, determina lo que se vende y se compra, en contraste con la antigua noción de que esto lo controlaban las necesidades o deseos del fabricante o vendedor. Para alcanzar al consumidor presunto, el director de marketing necesita investigar el mercado a base de observaciones directas y de pruebas y ensayos del producto o servicio para ver cómo reaccionan los compradores potenciales. También se usan encuestas y sondeos (en persona, por correo, por teléfono, por medio de las televentas o del telemarketing) para saber mejor quién es el cliente y qué es lo que quiere. Estos constituyen los métodos primarios de recopilación de datos. Los métodos secundarios, más económicos para la compañía, incluirán un repaso de los datos ya existentes dentro de la empresa, o la investigación de datos disponibles en fuentes fuera de la empresa. Por ejemplo, si uno quisiera saber el número de residentes hispanos en los Estados Unidos, sería mucho más económico y rápido buscar los datos en una base de datos o en el internet, que empezar a contar cabezas.

Los dos métodos aportan información que ayuda en el lanzamiento al mercado de un producto o servicio, el cual se distingue de los demás productos porque se dirige a un cliente en particular. En otras palabras, el mercado se divide en segmentos en los cuales se agrupan a individuos con necesidades y deseos semejantes, para así reducir un mercado impreciso y genérico a uno específico. Al determinar un mercado particular, es útil considerar factores como la edad, el salario, el lugar geográfico, etc. En Hispanoamérica, por ejemplo, se han identificado cinco mercados principales, basándose tanto en una segmentación demográfica, social y cultural como geográfica y regional: México, Brasil, el Caribe, la Hispanoamérica europea y la Hispanomérica indígena (Marlene Rossman, *Marketing News,* Vol. 19, No. 21, 11, octubre 1985: 10). Todo esto ayuda en la identificación *demográfica* (¿cuántos? y ¿dónde?) y la *psicográfica* (¿quiénes? y ¿cómo son?). De este modo se le presta tanta atención al individuo y su composición psicológica como al grupo (los elementos *socioantropológicos*) y a las maneras en que se interrelacionan los individuos y los grupos sociales (las consideraciones *sociopsicológicas*). Esto ayuda a entender cómo una misma conducta puede ser el resultado de diferentes motivaciones, deseos o necesidades—por ejemplo, que no todo el mundo ve una misma película por las mismas razones. Cabe añadir que también existen los mercados ilegales, es decir, el estraperlo o el mercado negro para muchos artículos (tabaco, repuestos para autos, etc.) y para el dinero mismo (cambio negro o de contrabando).

Una vez que se precisa el mercado de un producto, se puede crear una marca distintiva para ayudar al consumidor a reconocer la mercancía que la empresa ha puesto en venta. La marca es una palabra, un símbolo o un diseño (o una combinación de los tres elementos) que sirve para identificar el producto o servicio del vendedor y para distinguirlo de otros productos o servicios. Para el cliente se debe convertir en algo familiar, conocido y seguro, que muchas veces se asocia con la calidad o las características particulares que se buscan en un producto: el sabor refrescante de una Pepsi o Coca-Cola, la seguridad del funcionamiento de una máquina IBM o Sony, el lujo de un Mercedes-Benz, etc. Para que la marca sea una marca comercial o de fábrica en los EE.UU., hay que registrarla con el gobierno federal. La marca registrada sirve para proteger la identificación de un producto en todo el país o en el extranjero. Pero esta protección se perjudica si su propietario no defiende el uso exclusivo que estipula el nombre o símbolo seleccionado. Esto explica por que la compañía Coca-Cola se asegura que pedir una «Coke» en los bares y restaurantes no dé por resultado en que se sirva indistintamente una Pepsi o Seven-Up en lugar de una Coca-Cola. De no ejercer este control necesario, «Coke» podría llegar a representar cualquier refresco gaseoso ofrecido en un establecimiento, y perdería el vigor de ser una marca registrada, tal como ocurrió con los productos «aspirin» y «kleenex».

Como se indicó antes, el fomento de ventas representa sólo un aspecto del mercadeo. Pero es una parte clave, pues les llama la atención a los consumidores sobre los productos y servicios. No basta con sólo producir y distribuir un producto o servicio. Es necesario promoverlo. Es decir, informar a los presuntos consumidores y usuarios que existe; explicar su uso y cómo se diferencia de otros productos que ya existen en el mercado; indicar el lugar, momento y precio de venta; y animar al consumidor a que lo compre. Hay tres categorías de fomento de ventas: la venta personal, la promoción y la venta en masa. La venta personal ocurre cuando un vendedor le explica directamente a un cliente los beneficios de su producto. La promoción existe en forma de una oferta al consumidor: «Si compra Ud. cinco cajas, le daremos una sexta gratis». La venta en masa incluye los anuncios, la publicidad gratuita y las relaciones públicas.

Los anuncios o avisos representan una información sobre productos y servicios, dirigida al consumidor y pagada por el fabricante o comerciante. Un producto o servicio se puede anunciar a nivel local, regional, nacional o internacional. En un solo día el ciudadano estadounidense típico percibe más de 3,000 anuncios publicitarios por diferentes medios de difusión: televisión, radio, prensa, letreros, carteleras, internet, catálogos, guías telefónicas, etc. Algunos de los productos más anunciados, por orden decreciente, son: alimentos, ropa, artículos para el hogar, automóviles, tabacos y refrescos. Los anuncios en general incluyen una descripción del producto, sus beneficios y a veces, un lema llamativo.

La publicidad gratuita ocurre cuando la empresa no paga por los medios difusivos utilizados, sino sólo por el tiempo (sueldos y salarios) de su propio personal. Esto ocurre a veces cuando el nombre de un producto se menciona en una noticia periodística o en una entrevista televisada. Las relaciones públicas se distinguen de los anuncios y la publicidad gratuita en que se limitan a «crear o desarrollar un ambiente de simpatía e interés alrededor de una empresa» (Bernard y Colli pág. 1,165). Representan un deseo de mejorar la imagen de la compañía en la comunidad, en la que la empresa, por ejemplo, patrocina un equipo de béisbol o fútbol, con los jugadores vistiendo camisetas que tienen el nombre de la compañía. A veces se combinan elementos de relaciones públicas con la publicidad gratuita y/o los anuncios.

Es de suma importancia enfatizar que el marketing internacional requiere ciertas consideraciones especiales. Hay que examinar la estructura sociocultural de un país y sus factores dinámicos: composición étnica, idioma, religión, principios y actitudes, educación, clases sociales, tecnología, instituciones, etc. El ambiente político y legal cobra una importancia crítica. Es necesario comprenderlo y anticipar los cambios que pueda haber. También pueden existir diferencias respecto a la estética y el simbolismo aceptables en otra cultura, lo mismo que tabúes que den por resultado la censura de ciertas cosas o imágenes. Una empresa que tenga siempre en cuenta estos factores se dirige hacia el éxito en su fomento de ventas internacionales.

ACTIVIDADES

A. ¿Qué sabe Ud. de negocios? Vuelva Ud. a las preguntas de orientación que se hicieron al principio del capítulo y a las preguntas que acompañan las fotos y contéstelas en oraciones completas en español.

B. ¿Qué recuerda Ud.? Indique si las siguientes oraciones son *verdaderas* o *falsas*, y explique por qué.

1. El marketing es una parte de los anuncios publicitarios.
2. La mayor parte de los gastos de marketing se dedican a los anuncios.
3. La utilidad de tiempo es igual a la de forma.
4. Las empresas comerciales siempre corren algún riesgo en el marketing de sus productos.
5. La sociología y la psicología son útiles para segmentar en grupos el mercado de un producto o servicio.
6. Una marca registrada nunca puede perder su valor protector para un producto.
7. El marketing internacional se caracteriza por una serie de factores no dinámicos.

C. Exploración de sus conocimientos y opiniones personales. Haga los siguientes ejercicios, usando sus propios conocimientos y opiniones personales.

1. ¿Por qué cree Ud. que hoy en día es el consumidor quien determina lo que se vende, en lugar del productor o vendedor?
2. ¿Qué otros factores consideraría Ud., además de los que se mencionan en la lectura (edad, salario, etc.), para dividir en segmentos un mercado?
3. ¿Qué opina Ud. de la segmentación que hizo Rossman del mercado hispanoamericano? ¿Cómo haría Ud. esta segmentación? ¿Sería diferente? Explique.
4. Dé algunos ejemplos de marcas comerciales que Ud. conoce, y comente sobre lo que asocia con estas marcas.
5. ¿Qué anuncio publicitario le ha parecido a Ud. muy eficaz en los últimos años? ¿Por qué? Si puede, tráigalo a clase para analizarlo.
6. Dé algunos ejemplos de la publicidad gratuita y las relaciones públicas que Ud. conoce. Haga comentarios sobre su uso efectivo.
7. Además de los medios de difusión que se mencionan en la lectura, ¿qué otros medios difusivos existen para anunciar un producto o servicio? Al comparar medios difusivos, ¿cuáles son algunas ventajas y desventajas de usar el uno y no el otro?
8. ¿Cómo se relacionan los dichos al principio del capítulo con los temas tratados?

D. Al teléfono. Hágale las siguientes llamadas telefónicas a otro/a estudiante de la clase. Cada persona deberá tomar un papel activo en la conversación.

1. Ud. está haciendo una encuesta telefónica para determinar el mercado que habrá para un nuevo contestador de teléfono automático con pantalla, que le permite ver a la persona con quien se habla. La persona que toma parte en la encuesta contesta las preguntas que Ud. le hace sobre su edad, educación, profesión, salario, número telefónico de la casa y la oficina, y el uso diario del teléfono y su interés en tener un producto como el nuevo Saludo Visual X-II.
2. Ud. es propietario/a de una pequeña empresa que se especializa en la venta de cerveza importada, y le interesa poner un anuncio en la revista local *Ciudad del Encanto.* Al preguntarle al/a la director/a de publicidad de la revista sobre los diferentes formatos y precios (1/4 de página, 1/3 de página, 1/2 de página y página entera), él/ella le da la información que le pide y Ud. se decide por uno de los formatos.
3. Ud. es director/a de la agencia publicitaria Palavisión. Acaba de recibir una llamada de uno/a de sus clientes más importantes.

Este/Esta le pide explicaciones de por qué, después de tres semanas, el anuncio diseñado y colocado por Ud. no ha producido más ventas de su nuevo producto, como Ud. le había prometido. También se queja del juego de colores usado en el anuncio porque es diferente de lo que él/ella esperaba. Ud. intenta calmarlo/la con sus explicaciones.

E. Navegando el internet. Ud. y un/a socio/a desean investigar los diferentes ministerios de energía y de minería en dos de los países andinos (Bolivia, Perú, Ecuador, Colombia, Venezuela) porque piensan hacer inversiones en este sector y necesitan saber más del estado actual de una de estas industrias. Uds. deciden hacer lo siguiente:

1. Navegar el internet en español, buscando especialmente los sitios virtuales de las oficinas de ministerios de energía o minería u otras oficinas estatales o privadas en los países indicados, utilizando algunas de estas palabras claves u otras que encuentren:

   economía y negocios/ ministerios/ energía/ minería/en X país/ gobierno/

2. Al desplazar arriba y abajo las Páginas Web, conseguir la información sobre la producción o la exportación nacional en dos de los países mencionados
3. Hacer un análisis de los datos para poder decidir cuál de los dos países sería la mejor inversión para su empresa
4. Informar a la clase sobre sus investigaciones y los pasos necesarios para conseguir los resultados.

EJERCICIOS DE VOCABULARIO

Si hace falta para completar estos ejercicios, consulte la *Lectura comercial* o la lista de vocabulario al final del capítulo.

A. ¡A ver si me acuerdo! Pensando en la posibilidad de establecer una relación comercial, usted va a tener una conversación con una persona de negocios de un país hispano. Sin embargo, se le olvidan a usted los siguientes términos en español. Un/a compañero/a lo/la ayuda a recordarlos al pedir que usted se los traduzca.

1. marketing
2. opinion poll
3. advertisement
4. slogan
5. sign
6. advertising agency
7. registered trademark
8. taboo
9. middleman
10. to sponsor

B. ¿Qué significan? A Ud. le interesa la posibilidad de trabajar en una agencia de publicidad en un país hispanoparlante. Sin embargo, no sabe lo que significan ciertos términos que se usan frecuentemente en el mercadeo. Ud. decide consultarlos con un/a amigo/a. Pídale a un/a compañero/a de clase que le explique los siguientes términos y que le dé algunos sinónimos si puede.

1. patrocinar
2. venta en masa
3. marca de fábrica
4. promoción
5. televentas
6. prensa
7. pasarse de moda
8. utilidad
9. encuesta
10. lema

C. Mercados y publicidad: Adivinación. Con un/a compañero/a de clase, escojan ustedes dos (2) palabras en español que se relacionan con los mercados y la publicidad, los temas principales de este capítulo. Luego, en clase, den sinónimos, definiciones o palabras que se asocian con los términos originales y pidan que los demás compañeros los adivinen.

D. Entrevista profesional. Ud. se ha presentado como un candidato para un puesto de director de publicidad con una empresa multinacional que requiere ciertos conocimientos de la terminología de ese campo. Entre las preguntas que le hace el/la director/a de personal, figuran las siguientes. Con un compañero/a, realicen la entrevista. No se olviden del protocolo ni de las cortesías.

1. ¿Qué porcentaje del dólar gastado por el consumidor en los Estados Unidos para comprar un producto importado se atribuye a la publicidad?
2. ¿Cuáles son los cuatro elementos que caracterizan la utilidad de una mercancía?
3. ¿Que necesita hacer el director de marketing para identificar al consumidor presunto?
4. ¿Cuáles son algunos ejemplos de elementos socioantropológicos?
5. ¿Para qué sirve una marca registrada?

E. Traducciones. Un/a amigo/a suyo/a que está inscrito/a en un programa de maestría en publicidad acaba de empezar a estudiar el español. El/ella sabe poco del vocabulario necesario para funcionar eficazmente en ese contexto. Usted lo/la ayuda al pedirle que él/ella traduzca las siguientes oraciones que informan sobre el tema.

1. Marketing is concerned with getting the right product to the right consumer at the right time and price.

2. Although marketing and advertising are often referred to as the same thing, advertising is in fact a small but extremely important part of marketing.
3. The universal functions of marketing—finance, buying, selling, transportation, storage, grading and classification, risk, and information—are always present in one form or another.
4. An important consideration in marketing is market segmentation, which groups consumers according to age, sex, education, profession, income, social class, geographic location, ethnic composition, and other factors.
5. In international marketing it is important to bear in mind that things aren't always what they seem. One must learn to listen for the hidden voice of another culture, a voice which often subtly distinguishes that culture from one's own.

UNA VISTA PANORAMICA DEL PERU

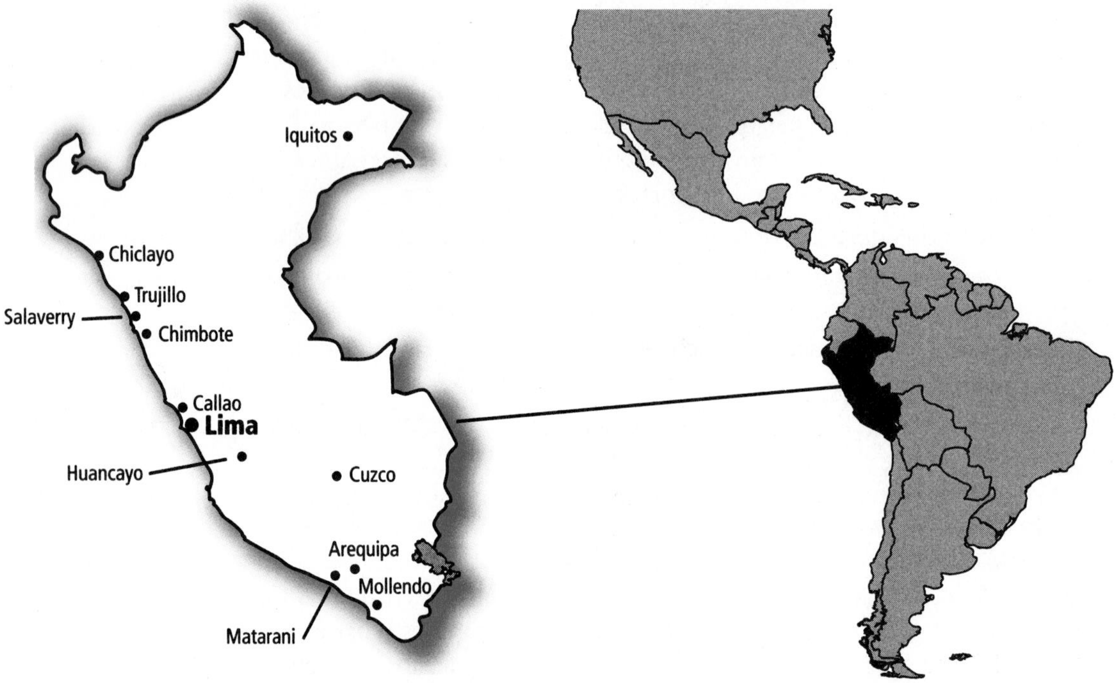

PERU

Nombre oficial:	República del Perú
Gentilicio:	peruano/a
Capital y población:	Lima: 6,742,576
Sistema de gobierno:	República constitucional
Jefe de Estado/ Jefe de Gobierno:	Presidente ~~Alberto Fujimori~~ Alberto Toledo
Fiesta nacional:	28 de julio, Día de la Independencia (1821: de España)

Perú

GEOGRAFIA Y CLIMA

Area nacional en millas^2 y kilómetros^2	Tamaño (comparado con EUA)	División política	Otras ciudades principales	Puertos principales	Clima	Tierra cultivable
496,225 m^2 1,285,220 km^2	Tres veces el tamaño de California	12 regiones, 24 departamentos y una Provincia Constitucional	Arequipa, Chiclayo, Cuzco, Huancayo, Trujillo, Ayacucho, Piura, Iquitos	Callao, Chimbote, Ilo, Matarani, Salaverry	Arido y templado en la costa, de templado a frío en los Andes, cálido y húmedo en las tierras bajas orientales	3%

DEMOGRAFIA

Año y población en millones			% urbana	Distribución etaria		% de analfabetismo	Grupos étnicos
2000	2015	2025		<15 años	65+		
27	34.5	39.2	71%	35%	5%	11%	45% amerindio, 37% mestizo, 15% blanco europeo, 3% africano, japonés, chino y otro

ECONOMIA Y COMERCIO

Moneda nacional	Tasa de inflación 1998	N° de trabajadores (en millones) y tasa de desempleo		PIB 1998 en millones $EUA	PIB per cápita	Distribución de PIB y de trabajadores por sector			1997 Exportaciones en millones $EUA	1997 Importaciones en millones $EUA
						A	I	S		
El nuevo sol	6.7%	7.6	8.2%	$111,800	$4,300	7%	37%	56%	$6,800	$10,300
						12%	42%	46%		

Para distribución del PIB y de los trabajadores (mano de obra): A = Agricultura, I = Industria, S = Servicios (y Gobierno).

Recursos naturales: Cobre, plata, oro, petróleo, madera, pesca, hierro, carbón, fosfatos, potasa.

Industrias: Minería y fabricación de metales, petróleo, pesca, textiles y ropa, procesamiento de alimentos y de bebidas (en particular los refrescos o las bebidas gaseosas), cemento, ensamble de automóviles, acero, construcción de barcos, plásticos, papel, barnices y lacas.

COMERCIO

Productos de exportación: Cobre, cinc, harina de pescado, petróleo crudo y productos de petróleo, plomo, plata refinada, textiles, ropa y accesorios, café, algodón, azúcar.

Mercados: 23% EUA, 7% Japón, 7% Reino Unido, 7% China, 6% Suiza, 5% Alemania.

Productos de importación: Maquinaria, equipo de transporte, productos alimenticios, petróleo, hierro, acero, productos químicos y farmacéuticos, cereales.

Proveedores: 31% EUA, 7% Colombia, 6% Chile, 6% Venezuela, 6% Reino Unido.

Horario general de comercio: De lunes a sábado, desde las ocho de la mañana hasta las cinco de la tarde. Muchas de las pequeñas tiendas se cierran desde la una hasta las tres de la tarde. La semana laboral del Perú, 48 horas, es una de las más largas del mundo.

TRANSPORTE Y COMUNICACIONES

Kilómetros de carreteras y % pavimentadas	Kilómetros de vías férreas	Nº de aeropuertos con pista de aterrizaje pavimentada	Nº de líneas telefónicas	Radios por mil personas	Televisores por mil personas
72,146 / 10%	2,041	44	1,645,900	221	85

IDIOMA Y CULTURA

Idiomas	Religión	Comidas y bebidas típicas / Modales
Español (oficial), quechua (oficial), aimara y otras lenguas indígenas	90% católico romano	Ceviche, anticucho, corvina, ocopa, ají de gallina, papa a la huancaina, mazamorra morada, pisco. Mantener las manos, no los codos, encima de la mesa al comer. Comer toda la comida servida. No hablarle a una sola persona en la mesa, sino incluir a los demás en la conversación.

Horario normal del almuerzo y de la cena: Sobre la una de la tarde para el almuerzo; entre las seis y las ocho de la noche para la cena.

Gestos: Para que se acerque alguien, moverse los dedos (arañar) con la palma de la mano hacia el suelo. Tocarse bajo el ojo con el dedo índice es señal de ¡ojo!, tener cuidado. Cruzar las piernas con el tobillo de un pie sobre la rodilla de la otra pierna es aceptable para los hombres pero no para las mujeres. Cruzar las piernas, una rodilla sobre la otra, es aceptable para las mujeres pero no para los hombres. Tocarse la cabeza varias veces con el dedo índice puede significar que «Estoy pensando» o que «Es tonta esa persona». La mano extendida delante del cuerpo con la palma hacia el suelo y un movimiento de los dedos hacia afuera significa «Vete». Hacer un movimiento hacia el cuerpo con la mano y el antebrazo significa «Quiero que me pague». Poner una mano con la palma abierta hacia arriba y bajo el codo del otro brazo, significa que alguien es tacaño. Se frunce la boca en una dirección para señalar algo allí.

Cortesía: Saludar individualmente a cada persona al llegar a una reunión o comida y despedirse de cada una al marcharse para no menospreciar a nadie y quedar mal. Se aceptan las visitas no anunciadas de antemano. No se espera que el invitado traiga un regalito para los anfitriones al ir a la casa de alguien para cenar o para una fiesta, aunque se aprecian los chocolates, un buen vino o una buena marca de whisky. Después de la cena en casa de alguien, se pueden mandar rosas a los anfitriones, pero no rosas de color rojo porque tienen una connotación romántica, y tampoco 13 rosas porque éste es el número de la mala suerte. Ojo con regalarle a alguien un cuchillo porque se podría interpretar como un corte o una ruptura de relaciones. Cuidado con admirar demasiado un artículo porque el peruano puede sentirse obligado a regalarle ese artículo que *tanto* admira usted.

LA ACTUALIDAD ECONOMICA PERUANA

La deuda externa fue uno de los principales problemas que tuvo que solucionar el Perú en los años ochenta. En 1985 el Presidente Alan García decidió limitar los pagos de los intereses sobre la deuda externa —la cual había alcanzado unos $14 mil millones (en $EE.UU.)— al 10% de los ingresos nacionales recibidos por las exportaciones peruanas. En el momento de tomar esta decisión, la deuda externa representaba un 81% del PIB peruano. Como resultado de la decisión, el Perú se halló en una situación conflictiva en la comunidad financiera internacional. El FMI rehusó hacerle más préstamos al Perú, y se corrió el riesgo de que esto ocurriera también con otros acreedores.

El Perú tiene muchos recursos naturales en los sectores de pesca, hidrocarburos y minerales. A pesar de sus riquezas abundantes, el país sufrió muchos altibajos en las tres décadas antes de 1990. Durante ese período, había muchas políticas dirigidas hacia las reformas sociales, pero éstas solamente empeoraron la situación y aumentaron la pobreza. Se creó una falta de confianza en las instituciones gubernamentales y la economía en términos generales. Además, la hiperinflación desbordada había alcanzado una tasa de 1.720% en 1988. El valor adquisitivo del inti, la moneda de esa época, bajó más del 50% en muy poco tiempo. Fue una situación que se empeoró con el alto índice de desempleo y la escasez de artículos de primera necesidad. En 1989 se derrumbó el gobierno cuando se redujeron los gastos públicos y los servicios, causando menos productividad y un ambiente anárquico debido al terrorismo causado por grupos como el Sendero Luminoso, un grupo maoísta, y Tupac Amarú. En 1990 el PIB per cápita era menos en comparación con el PIB per cápita de 1966. La violencia política causó la muerte de tres mil personas cada año. La economía escondida que no pagaba impuestos, había llegado a niveles extraordinarios.

En 1990 Alberto Fujimori ganó las elecciones presidenciales. Luego en 1992 la Corte Suprema declaró al ex-presidente Alan García culpable de corrupción. En el mismo año Fujimori combatió el terrorismo y capturó al jefe del Sendero Luminoso, Abimael Guzmán. Desde 1990 la economía del Perú se ha dedicado más y más al mercado libre con muchas privatizaciones en la minería, la electricidad y las telecomunicaciones. Después de su primer triunfo en las elecciones, Fujimori puso en práctica un programa de austeridad que resultó en una reducción de las actividades económicas a corto plazo. Esa baja paró a finales de 1990 y hubo un aumento en la producción de un 2,4%. Debido a sus acuerdos con el Fondo Monetario Internacional (FMI) y el Banco Mundial, el Perú saldó sus enormes deudas externas. En 1992 el PIB bajó otra vez en parte debido a los malos efectos de El Niño en la industria pesquera.

De 1993 a 1997 el PIB subió constantemente (1993— 7%; 1994— 13%; 1995— 6.8%; 1997— 7.3%), con la única excepción de 1996 (−2.8%) cuando el gobierno inició una dura política monetaria para reducir los déficits y para cumplir con sus pagos al FMI. En 1997 hubo una profunda reducción en la inflación y los insumos de capital aumentaron a niveles sin precedente. Desgraciadamente la combinación del impacto de El Niño en la agricultura, la crisis financiera de Asia en 1998 y la inestabilidad en los mercados brasileños interrumpió el desarrollo. En 1999 la banca peruana experimentó un deterioro de su cartera morosa y tuvo que implementar un proceso de reacomodaciones debido a la ola de fusiones en el país. Este problema de morosidad de los bancos se debe a las empresas que arrastran enormes deudas antiguas y que cuentan con muy poco capital disponible.

Hay varias preocupaciones por el futuro en la región andina por parte del mundo internacional. Entre ellas se incluyen las siguientes: (1) la política de mano dura del Presidente Fujimori quien ganó su tercera elección en abril de 2000 y su posible impacto en las inversiones internacionales en el Perú; (2) la inseguridad iniciada por el cambio presidencial en Ecuador que resultó de las protestas indígenas apoyadas por algunos militares; (3) lo que sucede en Venezuela con la Nueva Constitución establecida con la ayuda del nuevo presidente Hugo Chávez, antiguo jefe de un intentado golpe de estado; y (4) la inestabilidad política y económica en Colombia. Estas circunstancias llevan a una tendencia hacia soluciones autoritarias y caudillistas. Es muy probable que no vayan a atraer suficiente inversión internacional para mantener el desarrollo constante necesario para incluir a todo el pueblo peruano en el progreso.

UNA VISTA PANORAMICA DE BOLIVIA

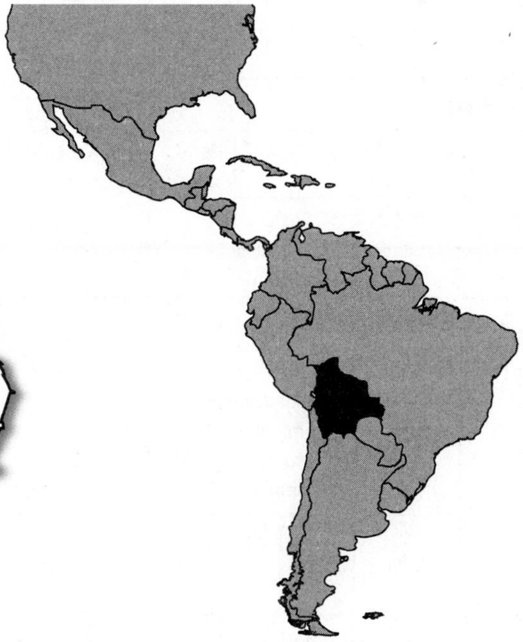

BOLIVIA

Nombre oficial:	República de Bolivia
Gentilicio:	boliviano/a
Capital y población:	La Paz (administración gubernamental): 713,400. Sucre (constitucional y judicial): 131,800.
Sistema de gobierno:	República
Jefe de Estado/ Jefe de Gobierno:	Presidente Hugo Bánzer Suárez
Fiesta nacional:	6 de agosto, Día de la Independencia (1825: de España)

Bolivia

GEOGRAFIA Y CLIMA

Area nacional en millas^2 y kilómetros^2	Tamaño (comparado con EUA)	División política	Otras ciudades principales	Puertos principales	Clima	Tierra cultivable
424,000 m^2 1,098,580 km^2	El tamaño de Tejas y California juntos	9 departamentos	Santa Cruz Cochabamba, Oruro	Ninguno, pero el país tiene derecho de uso libre en los puertos de Argentina, Brasil, Chile y Paraguay	Varía según la altitud, desde tropical y húmedo a semiárido y frío	2%

DEMOGRAFIA

Año y población en millones			% urbana	Distribución etaria		% de analfabetismo	Grupos étnicos
2000	2015	2025		<15 años	65+		
8.1	10.5	12.0	61%	39%	5%	17%	55% amerindio, (30% quechua, 25% aimara), 30% mestizo, 15% blanco europeo

ECONOMIA Y COMERCIO

Moneda nacional	Tasa de inflación 1998	N° de trabajadores (en millones) y tasa de desempleo		PIB 1998 en millones $EUA	PIB per cápita	Distribución de PIB y de trabajadores por sector			1998 Exportaciones en millones $EUA	1998 Importaciones en millones $EUA
						A	I	S		
El boliviano	4.4%	3.6	11%	$23,400	$3,000	17%	26%	57%	$1,100	$1,700
						65%	10%	25%		

Para distribución del PIB y de los trabajadores (mano de obra): A = Agricultura, I = Industria, S = Servicios (y Gobierno).

Recursos naturales: Gas natural, petróleo, cinc, tungsteno, antimonio, plata, plomo, oro, hierro, estaño, madera.

Industrias: Minería, fundición, petróleo, procesamiento de alimentos y de bebidas, tabaco, artesanía, textiles y ropa.

COMERCIO

Productos de exportación: Metales, gas natural, café, plata, madera, joyería, soja en grano, estaño, petróleo, azúcar.

Mercados: 22% EUA, 9% Reino Unido, 9% Colombia, 7% Perú, 7% Argentina.

Productos de importación: Bienes de capital (equipo industrial y medios de producción), productos químicos, petróleo, alimentos.

Proveedores: 17% EUA, 12% Japón, 11% Brasil, 9% Argentina, 7% Chile, 5% Perú.

Horario general de comercio: De lunes a viernes, desde las nueve de la mañana hasta el mediodía y desde las dos hasta las seis de la tarde.

TRANSPORTE Y COMUNICACIONES					
Kilómetros de carreteras y % pavimentadas	**Kilómetros de vías férreas**	**Nº de aeropuertos con pista de aterrizaje pavimentada**	**Nº de líneas telefónicas**	**Radios por mil personas**	**Televisores por mil personas**
52,216 / 6%	3,691	12	535,000	560	202

IDIOMA Y CULTURA		
Idiomas	**Religión**	**Comidas y bebidas típicas / Modales**
Español (oficial), quechua, aimara, guaraní	90% católico romano, 5% protestante evangélico	Salteñas, trucha, picante de pollo, plato paceño, chicha. Bolivia tiene muchas variedades de papa que se sirven de muchas maneras, muchas veces con una salsa picante llamada llajua. Se espera que el invitado pruebe toda la comida servida. Al terminar de comer, desearles «Buen provecho» a los otros.

Horario normal del almuerzo y de la cena: Mediodía o la una de la tarde para el almuerzo; sobre las nueve de la noche para la cena.

Gestos: Espacio físico reducido entre las personas que conversan; a veces se toca el hombro o el antebrazo de la otra persona al hablar. Muchas veces los amigos y conocidos se dan un abrazo al saludarse o para las mujeres, un beso en la mejilla. Para que se acerque un niño, la mano con la palma hacia abajo, cerrar y arañar con los dedos juntos. Para decir que no a algo, la mano levantada con la palma hacia afuera y movida de lado a lado (parecido al gesto de «so-so» en EUA). Usar el dedo índice en este gesto significa un «No» muy fuerte. Una palmadita en la espalda o en el hombro de alguien indica amistad y aprobación. Un puño con el dedo pulgar colocado entre el dedo índice y el dedo corazón (the «fig» gesture) equivale al gesto «to give the finger» en EUA.

Cortesía: Durante el saludo, darse la mano con un apretón firme (pero no excesivamente fuerte como el de John Wayne en las películas). A veces, si se tiene la mano sucia, se puede ofrecer el antebrazo o el codo en lugar de la mano. Cuando se llega a una reunión o a una fiesta, se saluda a cada persona presente y también se despide uno de cada individuo al marcharse. Mantener el contacto visual con la persona a la cual se habla (mirarle los ojos), pues indica interés y sinceridad; no hacerlo puede interpretarse como recelo o desconfianza. Cuando se visita la casa de alguien para comer o cenar, traer para los anfitriones un detalle como flores, chocolates o una buena marca de whisky. Si los anfitriones le dan algún regalito a un visitante, no se abre delante de ellos sino después. Ojo con regalarle a alguien un cuchillo, pues puede interpretarse como el romper o cortar las buenas relaciones con esa persona.

LA ACTUALIDAD ECONOMICA BOLIVIANA

Bolivia es un país rodeado de tierra—el Brasil, el Paraguay, la Argentina, Chile y el Perú—sin salida directa al océano, lo cual da por resultado costos más altos de transporte comercial. Con un PIB por persona de $3000 EE.UU. (1998), sigue siendo uno de los países más pobres de Hispanoamérica. La década de los ochenta se marcó con un gravísimo problema inflacionario. Entre 1981 y 1992, por ejemplo, la tasa media de inflación anual se presentó oficialmente en un 220%. En 1985 Bolivia alcanzó una tasa de hiperinflación anual de 25,000%, considerada la más alta del mundo para una economía en tiempo de paz.

Para hacerle frente a la hiperinflación, el gobierno decidió adoptar una nueva moneda nacional, el boliviano, en 1987, el cual representaba un corte de los seis ceros finales del antiguo peso (un bolívar equivaldría a un millón de pesos). Bolivia, por ser un país dedicado a la extracción de minerales de las minas, también ha sufrido de un malestar económico con sindicatos vehemente militantes. En 1988, El papa Juan Pablo II visitó el país y abogó por una mayor justicia para los indígenas de Sudamérica.

A pesar de su larga historia de golpes de estado, altibajos económicos y controles locales semifeudales, Bolivia es un país cuya estabilidad política y social fue consolidada en los últimos quince años del siglo XX. El presidente Víctor Paz Estensoro (1985–1989) inició nuevas políticas económicas dirigidas hacia el mercado libre, las cuales redujeron la hiperinflación a una inflación de sólo un 20% en 1988. En 1989 Jaime Paz Zamora fue elegido presidente (1989–1993) por el Congreso Boliviano. Durante su presidencia, EE.UU. anunció que había perdonado $341 millones (EE.UU.) de la deuda externa boliviana. El gobierno decidió privatizar 66 empresas para mejorar la economía del país y para atraer inversiones privadas. Bolivia y el Perú firmaron un tratado que estableció la eliminación de las tarifas arancelarias sobre 6,000 productos.

Gonzalo Sánchez de Lozada, antiguo Ministro de Planificación bajo Paz Estensoro, puso en práctica muchas reformas económicas durante su presidencia (1993–1997), incluyendo un acuerdo de libre comercio con México y otro con Mercosur. Además, pudo privatizar la línea aérea, la compañía telefónica, el ferrocarril, la compañía eléctrica y la empresa petrolera nacionales. No fue siempre fácil porque en 1995 hubo un estado de sitio declarado por el gobierno por 90 días después del fracaso de las negociaciones con sindicatos tradicionalmente fuertes.

El nuevo presidente, el General Hugo Bánzer Suárez (1997–), ha tratado de mantener un ambiente positivo para atraer más inversiones por medio de la iniciación de un programa contra la corrupción. La construcción del gasoducto Bolivia-Brasil es uno de los avances en la infraestructura energética más importantes en la historia de Latinoamérica. La inauguración de las operaciones de esta construcción al comienzo de 2000 empieza un proyecto cuyo objetivo principal es transportar gas natural de Bolivia a Brasil bajo las estipulaciones del Contrato de Compra-Venta entre Petrobras y YPBF, con una vigencia de 1999–2019. YPFB es la empresa nacional del sector hidrocarburífero cuya lenta privatización fue realizada en 1999. Bolivia tiene planes para convertirse en el centro de la industria energética de la región y en un líder en el uso de combustibles menos contaminantes, pero todavía tendrá que superar muchas dificultades tradicionales para triunfar.

ACTIVIDADES

¿Qué sabe Ud. del Perú y de Bolivia?

1. Describa la geografía del Perú y de Bolivia y sus afines (clima, terreno, ciudades, etc.). ¿Por qué le es importante a un comerciante o industrialista internacional saber algo de estos temas. ¿Cuáles son las ciudades capitales y otras ciudades importantes? ¿Quién es el jefe de estado actual en estos países?
2. ¿Cómo son el Perú y Bolivia demográficamente y políticamente? ¿Por qué debe saber una persona de negocios detalles acerca de la población y política de estos países?
3. ¿Cuándo es la fiesta nacional del Perú? ¿La fiesta nacional de Bolivia? ¿En qué otros días hay fiestas nacionales que van a dificultar un viaje de negocios a cada país? (Véase la Tabla 10-1 de las págs. 300 y 302.)
4. Describa la economía del Perú y de Bolivia. ¿Cuál es la moneda nacional de cada país? ¿A cuánto está el cambio actual de la divisa peruana y de la divisa boliviana con el dólar?
5. ¿Cómo se comparan el PIB y la distribución del PIB del Perú con los de Bolivia? ¿Qué ventajas o desventajas geográficas afectan estas estadísticas?
6. ¿Cuáles son los principales productos de exportación del Perú y de Bolivia? ¿Cuáles son los principales destinos de sus exportaciones? ¿Cuál fue la balanza comercial de cada país según la información en este libro? ¿En la actualidad?

7. Describa el sistema de transporte de cada país. ¿Cuáles son los obstáculos geográficos que el Perú y Bolivia han tenido que superar históricamente para mejorar su economía?
8. ¿Cómo han cambiado los datos presentados en las secciones de **Vista Panoramica y Actualidad Economica**? Busque algunos datos en un almanaque del año actual o en el internet.
9. Comente sobre la actualidad socioeconómica y política del Perú y de Bolivia.
10. ¿Cuáles son algunas comidas y bebidas típicas del Perú? ¿De Bolivia? ¿Cuáles son algunos gestos y formas de cortesía?

LECTURA CULTURAL

Lengua, lenguaje y anuncios

En el mundo actual, según diferentes investigadores, hay entre tres y diez mil lenguas distintas, las cuales se pueden reducir a unas cien lenguas oficiales que se usan entre aproximadamente 200 naciones del mundo. Esto sugiere que hay, por lo tanto, un mínimo de tres mil culturas distintas. Esta es una consideración clave para la traducción y adaptación requeridas en los anuncios publicitarios interculturales.

Oscar Wilde observó agudamente que los Estados Unidos e Inglaterra son dos naciones separadas por una lengua común. Algunos ejemplos de lo acertado de esta penetrante observación son los equivalentes léxicos de *«elevator»* y *«lift»* o *«subway»* y *«tube»*. También existe el ejemplo de un anuncio en Inglaterra que fomentaba la venta de una aspiradora de marca Electrolux, con el lema *«Nothing sucks like an Electrolux»,* admisible en ese país pero inaceptable y risible en el inglés de los Estados Unidos.

La advertencia de Wilde también sirve, hasta cierto punto, para el español como lengua nacional de veinte países más Puerto Rico y EUA. Por ejemplo: **autobús** en España es **camión** en México y **guagua** en Puerto Rico, mientras que **guagua** se refiere a **bebé** en Chile. Para algunos, **camión** se traduciría al inglés como *«truck»,* para otros como *«bus»;* dos vehículos totalmente diferentes. Además de emplear a veces diferentes vocablos para referirse a una misma cosa o un solo vocablo para referirse a cosas distintas, también hay países hispánicos donde se habla más de una lengua oficial, como sucede con el uso del español y del quechua en el Perú y el español, el quechua y el aimara en Bolivia. Esto indica que a veces será aconsejable poner un anuncio oral en más de una sola lengua para alcanzar el mercado dentro de un solo país.

Ha habido bastantes errores en la promoción internacional de un producto. Un ejemplo es el auto de marca «Nova» que quiso vender General

Motors hace unos años en los países hispanohablantes, sin considerar la fácil interpretación que se podría asociar con el producto de que «no va», es decir, que no funciona. El anuncio de Parker Pen en Hispanoamérica prometía que su nueva tinta evitaría los «embarazos» *(pregnancies)* no deseados. En Bélgica y Francia, *«Body by Fisher»* (para los carros,) se tradujo al flamenco como «cadáver *(corpse)* por Fisher» y *«Bran Buds»* de Kellogg se tradujo al sueco como «granjero quemado» *(burnt farmer)*. En China el anuncio de Pepsi-Cola, *«Come alive with Pepsi»*, se convirtió en «Salga Ud. de la tumba y beba Pepsi» mientras que Coca-Cola ya había experimentado con una traducción fonética de su marca en el mismo país, lo cual dio por resultado «Muerda Ud. el renacuajo de cera» *(Bite the wax tadpole)*. Otro caso en China es el de Kentucky Fried Chicken cuyo lema *«finger-lickin' good»* se tradujo como «Cómase Ud. los dedos». Olympia intentó anunciar su nueva fotocopiadora en Chile bajo el nombre de «ROTO» *(broken* o *average Chilean man)*, la compañía Ford experimentó una baja de ventas cuando anunció en México su nuevo carro «Comet» con el nombre «Caliente» *(hot* como en *horny)*, y Braniff Airlines invitó a sus pasajeros a volar «en cuero», lo cual se presta fácilmente a una intepretación de *«fly naked»*. Fueron errores cómicos, a primera vista, y luego grotescos; pero fueron errores que, además de prestarse a burla, costaron tiempo y dinero.

El lenguaje de la publicidad —el modo de expresarse, el vocabulario y el tono empleados, prestando atención a sus diferentes asociaciones culturales— tiene que ser preciso en su traducción y adaptación, a fin de evitar faltas garrafales de traducción, el cual es el arte de usar otras palabras para expresar el mismo mensaje (concepto), produciendo el mismo efecto que experimentaron los lectores u oyentes de la versión original. Además de caracterizarse los anuncios por palabras claves que identifican y describen el producto, con un juego de diseño y colores atractivos, casi siempre tienen un lema que la compañía crea como punto de referencia y asociación para el consumidor. Para las mujeres, L'Oreal se ha presentado como «Tu maquillaje secreto», mientras que Anímale (de Suzanne de Lyon) ha puesto solamente «Libérala», invitación que parecía referirse tanto a la nueva fragancia anunciada como a la joven mujer seductora semidesnuda pintada como una tigresa. Para los hombres, Sybaris (Eau de toilette de Puig), representa «La cultura del placer». UPS *(United Parcel Service)* es «Tan seguro como si lo llevara Ud. mismo». En el mundo de los automóviles, el Renault 19 ha sido la «Fuerza emergente», el Ibiza II de Seat fue «Hecho para su gente» y el Alfa Romeo se asociaba con «La pasión de conducir». Nescafé es «Para amantes del café solo. Los que realmente aman el buen café». Y Marlboro, con su foto típica de un masculinísimo «cowboy» estadounidense, pide que el consumidor

«Venga adonde está el sabor», mientras que la marca Camel le proporciona al consumidor «El sabor de la aventura».

La precisión de la palabra, el tono y el registro discursivo, junto con la imagen y la fuerza de asociación despertada en el consumidor, son algunos de los elementos claves para el éxito de las campañas publicitarias interculturales. Un producto o servicio no se vende sólo lingüísticamente, sino también culturalmente. Para realizar una campaña exitosa, hay que acudir a agencias publicitarias y a traductores profesionales que conozcan a fondo los diferentes contextos culturales, pues en muy pocas ocasiones se logrará éxito con una traducción literal, hecha por una persona inexperta en este campo. ¡Ojo! La traducción es también «transculturación».

ACTIVIDADES

A. ¿Qué sabe Ud. de la cultura?

1. ¿Qué opina Ud. de la idea de que aprender una lengua también significa aprender una cultura?
2. Dé Ud. ejemplos de diferentes palabras en español empleadas en diferentes países de hispanohablantes para referirse a una misma cosa. Dé ejemplos de una misma palabra que se refiere a distintas cosas, según el país.
3. Además del español, ¿qué otras lenguas oficiales hay en las llamadas naciones hispanoparlantes? ¿Hay otras lenguas no oficiales que se usen también? Dé ejemplos.
4. Comente Ud. sobre algunos de los ejemplos presentados del fracaso publicitario internacional. ¿Conoce Ud. otros casos malogrados?
5. ¿Qué es un lema? ¿Cuáles son algunos ejemplos de lemas en inglés que le han parecido buenos. ¿Cómo los traduciría al español? ¿Y de lemas en español y su traducción al inglés?
6. ¿Piensa Ud. que a veces las compañías usan imágenes indebidas para vender sus productos? Comente.

B. Asimilador Cultural. Lea lo siguiente y haga los ejercicios a continuación.

Michael Dover, un joven californiano recientemente contratado por la Agencia Publicitaria Martí y Martí, S. L., de Miami, entra a la oficina de la directora, Lucinda Miller Díaz, para entregarle su traducción de un anuncio que un negociante regional quiere usar en español. El texto en inglés es el siguiente: «Embarrassed by your old set of wheels? Got you singing the blues? Then switch your tune with a new pick-up from McEwan's, the good truck dealer». Después de buscar las palabras en un diccionario (comete el gran error de considerar sólo la primera traducción presentada), su traducción dice «¿Embarazado por su conjunto de ruedas? ¿Le tiene cantando los azules? Entonces cambie su aire con una nueva troca de reparto de McEwan's, el buen traficante de trocas». Al repasarlo, Miller Díaz se ríe suavemente y luego pone los ojos en blanco, chascando la lengua.

1. ¿Por qué reacciona de esta manera la Sra. Miller Díaz?
2. ¿Qué problemas hay en la traducción?
3. Traduzca al inglés el sentido literal de la traducción que ha hecho Michael Dover al español. ¿Qué valor tiene este ejercicio de control llamado «*retrotraducción*», en el cual se vuelve a traducir lo traducido a la lengua original?
4. ¿Cómo traduciría Ud. al español el anuncio de McEwan's?

SINTESIS COMERCIAL Y CULTURAL

Actividades comunicativas

A. Situaciones para dramatizar. Lea las siguientes situaciones y después haga el papel en español con otro/s estudiante/s, usando las siguientes opciones como punto de partida. Cada persona deberá tomar un papel activo en la dramatización. No se olviden del protocolo ni de las cortesías.

1. You are responsible for selling directly to a single Spanish-speaking customer, to a small group, or to a larger group (represented by the class) any one product or service of your own choosing. Be as convincing as possible since the individual(s) may not always agree with your reasoning. Sell the product or service! (Afterward, discuss with your classmates different sales styles—the hard sell, etc.)
2. You and your partner, co-owners of a successful electronics company in San Antonio, are meeting to discuss your mutual desire to enhance the image of your business in the community. You discuss various options, among them:
   a. Sponsoring a basketball league
   b. Sponsoring a soccer team
   c. Sponsoring a youth center for boys and girls

d. Creating tuition scholarships for the city high school to send one graduate a year to the state university

3. You have been sent by your boss in Lima to spend the day in the food section of a large department store handing out samples of a new American product—a yogurt for snacks, diet meals, or desserts—to shoppers. A teenager and an elderly person have stopped to listen to your explanation that the yogurt is the result of NASA's space technology; it comes in different flavors; and is vitamin-fortified, low-calorie, and all natural. A special feature is that it stays frozen without refrigeration, and has a little plastic spoon inside for immediate consumption. As the two people taste your samples and make comments, you promote the product further by telling them that if they buy a six-pack, they will also receive a free minipack of two extra yogurts.

B. Ud. es el/la intérprete. El Sr. Jaime Vilá Chávarri, presidente de Lujo, una firma peruana que produce jabones de categoría, está en San Francisco para hablar con la Sra. Elaine Brownstein, directora de publicidad para la agencia Intermark. Vilá quiere saber cómo segmentará ella el mercado para sus jabones en los Estados Unidos y qué medios publicitarios piensa usar.

Haga Ud. el papel de intérprete entre estos dos individuos. Traduzca del inglés al español y del español al inglés, sin mirar el texto, el diálogo que leerán otros dos estudiantes en voz alta. Ellos harán una pausa después de cada raya para permitir su traducción. Acuérdense todos de usar un tono de diálogo natural.

SR. VILA	Los Estados Unidos representan un mercado importantísimo, / pero difícil para nuestro jabón. / El problema que veo / es cómo dividir un mercado tan grande en segmentos adecuados / para aprovechar al máximo / nuestra penetración en el mercado estadounidense.
INTERPRETE	______________________________
SRA. BROWNSTEIN	Well, we'll begin by trying to identify potential customers / according to sex, age, / education, occupation, and geographic region. / We'll also look at data regarding small towns versus large cities. / We plan to test the product in places like Boston, Chicago, St. Louis, Denver, and San Francisco.
INTERPRETE	______________________________

SR. VILA Me parece muy bien. / No sé si la cuestión de la clase social será importante o no, / pues en el Perú y en otros mercados hispanoamericanos nuestro jabón, / por ser algo más caro, / se vende más entre clientes de la clase alta.

INTERPRETE ______________________________

SRA. BROWNSTEIN The cost shouldn't be prohibitive for anybody in the United States. / I'm not sure that it's as much of a question of social class here. / Rather it's an appeal to taste, / to those willing to spend a few extra cents / to bathe with a fine, perfumed soap.

INTERPRETE ______________________________

SR. VILA ¿Qué medios publicitarios cree Ud. que serían los mejores para anunciar el jabón?

INTERPRETE ______________________________

SRA. BROWNSTEIN I would suggest a series of popular magazines, / such as *Fine Living* and *Woman Athlete.* / Also flight magazines and catalogs from the companies that will carry the soap. / I'm thinking of a couple of TV ads as well, / so that people can see the soap in color and being used by real people.

INTERPRETE ______________________________

C. Actividad empresarial. Ud. es el representante de una empresa de inversiones en Houston, Tejas de EE.UU. que hace investigaciones sobre las ventajas y desventajas de hacer inversiones en el sector hidroeléctrico en Perú o en Bolivia. Ud. decide ir de viajes a los dos países para hacer observaciones directas de las empresas apropiadas en cada país. Con un compañero/a, hablen de los siguientes asuntos en los dos países:

a. Los diferentes lugares geográficos que tendrá que visitar para observar los diferentes sitios de las industrias o las empresas seleccionadas

b. Las relaciones y los acuerdos internacionales de los dos países con sus países vecinos y su reputación, lo cual puede proteger sus inversiones a largo plazo

c. Lo atractivo y lo sencillo del sistema impositivo en cada país

d. Los planes para el viaje (líneas de aviación, vuelos, aeropuertos de despegue y aterrizaje, costos, etc.) de Houston al Perú y a Bolivia

e. El alojamiento y transporte terrestre mientras esté en los países para que puedan formular un presupuesto del viaje

D. Caso práctico. Lea el caso y haga los ejercicios que están a continuación.

La agencia publicitaria Worldmark, ubicada en Dallas, ha sido contratada por Ellison Computers para lanzar al mercado hispanoamericano su nueva computadora personal, la EC VII. La nueva computadora ofrece múltiples ventajas, lo cual ha sido demostrado por sondeos y encuestas hechos en los Estados Unidos, donde ya ocupa el tercer lugar en el mercado. Es portátil y pesa medio kilo (la puede llevar hasta un niño de escuela); su monitor representa en colores exactamente lo que aparece en una página de texto, y permite el uso de un micrófono para dictar un texto en cuatro lenguas (inglés, español, francés y alemán), el cual se transforma instantáneamente en un texto escrito y corregido gramaticalmente. Tiene un precio de venta muy competitivo: $1.250 por unidad. El lema en inglés es: «Finally, from the spoken to the written, with the ease of an EC VII». Suzanne Carter, la persona encargada de desarrollar este proyecto para Worldmark, ha decidido subcontratarlo/la a Ud., un/a especialista en el marketing internacional, perito/a en cuestiones de Hispanoamérica.

Haga los siguientes ejercicios.

1. Haga una segmentación del mercado hispanoamericano, según las consideraciones adecuadas: demográficas, socioantropológicas y sociopsicológicas.
2. Prepare un anuncio publicitario en español con una breve descripción del producto y una traducción o creación nueva del lema. Incluya imágenes, símbolos y colores apropiados.
3. Haga recomendaciones sobre los medios difusivos que se emplearán para atraer la atención de los presuntos consumidores hispanoamericanos.
4. Compare sus recomendaciones y resultados con los del resto de la clase, y haga una presentación de ventas al grupo.

ANALISIS Y COMPARACION

Estudie la siguiente tabla comparativa y haga los ejercicios a continuación. Use también sus propios conocimientos y, cuando haga falta, otras fuentes informativas como el diccionario, el *Almanaque mundial*, el internet, etc. Los ejercicios se pueden hacer individualmente, en parejas o en pequeños grupos para discutir en clase.

TABLA 9-1 **Los países hispanoparlantes y Estados Unidos: carreteras (kilómetros y % pavimentadas), kilómetros de vías férreas y número de aeropuertos con pista de aterrizaje pavimentada** [Fuentes: *U.S. Department of State Background Notes, CIA World Factbook 1999, The World Almanac and Book of Facts 2000* y *Almanaque Mundial 2000*]

PAIS	CARRETERAS		VIAS FERREAS (KILOMETROS)	NUMERO DE AEROPUERTOS CON PISTA DE ATERRIZAJE PAVIMENTADA
	KILOMETROS	% PAVIMENTADAS		
Argentina	208,350	29%	37,830	141
Bolivia	52,216	6%	3,619	12
Chile	79,800	14%	6,782	58
Colombia	115,564	12%	3,380	89
Costa Rica	35,577	17%	950	28
Cuba	60,858	49%	4,807	77
Ecuador	42,874	13%	965	56
El Salvador	10,029	20%	602	4
España	346,858	99%	15,079	66
Guatemala	13,100	28%	884	12
Guinea Ecuatorial	2,880	0%	0	3
Honduras	14,173	22%	595	11
México	252,000	37%	31,048	232
Nicaragua	16,382	11%	*	13
Panamá	11,100	34%	355	43
Paraguay	29,500	10%	971	10
Perú	72,146	10%	2,041	44
Puerto Rico	14,400	100%	96	21
Rep. Dominicana	12,600	49%	757	14
Uruguay	8,240	90%	2,994	15

Tabla 9-1 cont.

PAIS	CARRETERAS		VIAS FERREAS (KILOMETROS)	NUMERO DE AEROPUERTOS CON PISTA DE ATERRIZAJE PAVIMENTADA
	KILOMETROS	% PAVIMENTADAS		
Venezuela	84,300	39%	584	122
Estados Unidos	6,420,000	61%	240,000	5,167

*La línea nacional ferroviaria de Nicaragua está inoperante.

1. ¿Por qué es importante la infraestuctura de transportes para el comerio de un país?
2. ¿Cuáles son algunas de las ventajas y desventajas del transporte por carretera, por ferrocarril y por avión? Piense en los tipos de mercancías que se pueden distribuir, la cantidad o el volumen, los costos comparativos de transporte, la rapidez, la flexibilidad, etc.
3. ¿Cuántos kilómetros de carreteras hay en cada uno de los siguientes países: Chile, Guatemala, Guinea Ecuatorial, Venezuela, Bolivia y EUA? ¿Cuántos kilómetros de carreteras hay en total entre todos los países hispanos? ¿Cómo se compara este número total con el número de kilómetros de carreteras en EUA?
4. ¿Entre los países hispanos, ¿cuáles son los tres que tienen el mayor porcentaje de carreteras pavimentadas? ¿Cuáles son los tres países con el menor porcentaje de carreteras pavimentadas? Haga una gráfica visual que presente esta información comparativa.
5. ¿Cuántos kilómetros de vías férreas hay en cada uno de los siguientes países: México, Argentina, Cuba, Perú y EUA? ¿Cuántos kilómetros de vías férreas hay en total para los países andinos? ¿Y para los del Cono Sur? ¿Cuántos kilómetros de vías férreas hay en total para los países hispanos? Compare este número con el total de kilómetros de vías férreas en EUA.
6. ¿Cuáles son los cuatro países hispanos con el mayor número de aeropuertos con pista de aterrizaje pavimentada? ¿Y los cuatro países hispanos con el menor número? Usando los datos de la tabla, compare el número total de aeropuertos de los países hispanos con el número total de EUA.
7. Usted y dos o tres compañeros de clase han sido contratados/as como consultores/as de logística de transportes para una empresa

que importa los siguientes productos: vino de España y de Chile, esmeraldas y café de Colombia y cerveza de México. El vino español sale por barco de Valencia y llega al puerto de Nueva York; el vino chileno sale por barco de Santiago y llega al puerto de Los Angeles; las esmeraldas colombianas salen por avión de Bogotá; el café colombiano sale por barco de Barranquilla y llega al puerto de Nueva Orleáns; la cerveza mexicana, la cual sale de Veracruz, puede empezar su ruta a EUA por barco, tren o camión. Discutan y preparen un plan de transportes para cada uno de estos productos, de modo que lleguen finalmente a las tiendas de Denver, Chicago y Miami y/o a las de la ciudad donde ustedes viven. Use un mapa de EUA para indicar las carreteras, las líneas férreas y los aeropuertos (por ejemplo, para las conexiones aéreas) que ustedes recomendarían.

Vocabulario

Aquí se presentan los principales términos relacionados con este capítulo. Al final del libro hay un glosario más completo.

acertado • *right, correct*
agencia • *agency*
___ de publicidad • *advertising agency*
___ publicitaria • *advertising agency*
almacenaje *(m)* • *storage*
anticuado • *obsolete*
beca de matrícula • *tuition scholorship*
cartera morosa • *default*
cambio • *exchange, change*
___ negro • *black market exchange*
___ de contrabando • *black market exchange*
cartelera • *billboard*
cera • *wax*
circular *(f)* • *form, letter*
compra • *buying, purchasing*
consumidor/a • *consumer*
___ presunto • *potential consumer*
chascarse la lengua • *to click one's tongue*
de entrada • *from the outset, from the beginning*
diseño • *design*
embarazo • *pregnancy*
estado de sitio • *state of siege*
estar de moda • *to be in fashion*
estraperlo • *black market*
fabricante *(m/f)* • *manufacturer*
falta garrafal • *blunder, howler, horrendous mistake*
fiable • *reliable*
folleto • *pamphlet*
granjero/a • *farmer*
gratuito/a • *free (of cost)*
hacer gestiones • *to take steps or measures*
insumos • *supplies*
intermediario/a • *intermediary, middleman*

Vocabulario cont.

juego de colores • *color combination*
lanzamiento • *launching (of campaign)*
lenguaje *(m)* • *language style or jargon*
letrero • *sign*
___ luminoso • *lighted, neon sign*
malogrado • *ill-fated, failed*
marca comercial • *trademark*
___ de fábrica • *trademark*
___ registrada • *registered trademark*
medio • *means, medium*
___ de difusión (difusivo) • *advertising medium*
___ publicitario • *advertising medium*
mercado negro • *black market*
mercantil *(adj)* • *related to marketing*
morosidad • *lateness, slowness*
pantalla • *TV or movie screen*
pasar de moda • *to go out of style or fashion*
patrocinar • *to sponsor*
poner a prueba • *to test*
precio máximo • *ceiling price*
___ mínimo • *floor price*
prensa • *the press*
presunto • *presumed, anticipated, expected, potential*
promoción de ventas • *sales promotion*
prueba • *proof, test, trial*
recopilación de datos • *compilation of data, data summary*
refresco • *soft drink, soda*
rehusar • *to refuse*
relaciones públicas • *public relations*
renacuajo • *tadpole*
suelo • *rock-bottom (price)*
superar • *to overcome*
surtido • *line of products*
techo • *ceiling (price)*
telemárketing *(m)* • *telemarketing, telesales*
televentas • *telesales*
utilidad *(f)* • *utility*
valla • *billboard*
venta • *sale*
___ en masa • *mass selling*
___ personal • *personal selling*
yacimiento • *deposit (oil or gas)*

CAPITULO

10 Marketing II: Compraventa, transporte y almacenaje

A salesman is one who sells goods that won't come back to customers who will.

Anonymous

Mercadeo: conjunto de operaciones por que ha de pasar una mercancía desde el productor al consumidor.

Diccionario de la lengua española

Vende caro y compra barato y no te faltará perdiz en el plato.

Proverbio

Supermercado. Caracas, Venezuela. ¿Cómo llegan los diferentes productos, como el café colombiano o el vino chileno, a una tienda en los Estados Unidos?

PREGUNTAS DE ORIENTACION

Al hacer la *Lectura comercial*, piense Ud. en las respuestas a las siguientes preguntas.

- ¿Cuáles son las funciones del marketing?
- En términos generales, ¿cuáles son las diferencias entre el mayorista y el detallista?
- ¿Qué alternativas tiene el fabricante para comercializar sus productos?
- ¿Cuáles son las tres formas generales de fletar mercancías? Dé ejemplos de cada una. ¿Qué ventajas y desventajas tiene cada una?
- ¿Qué factores se consideran para escoger el medio de transporte?
- ¿Cuáles son los tipos de almacén que se utilizan para la venta al detalle?
- ¿Cuál es el método más común que utilizan las empresas para enfrentarse al riesgo? ¿Cómo funciona?
- ¿Qué factores tiene que considerar el gerente al determinar los precios para el consumidor?
- ¿Qué tipos de descuento hay para los clientes? ¿Cuál es el más común y cómo funciona?

Breve Vocabulario Util

almacén *(m)* • *store, warehouse*
almacenaje *(m)* • *storage*
autopista de peaje *(f)* • *toll road*
cabotaje *(m)* • *coastal traffic, cabotage*
detallista *(m/f)* • *retailer*
estructuración de precios • *price setting*
fletador/a • *shipper*
fletante *(m/f)* • *charterer, owner of a transport*
prima *(f)* • *premium*
transbordador *(m)* • *ferry*

LECTURA COMERCIAL

La compraventa y otras funciones del marketing

Después de producir un servicio o fabricar un producto y planear la entrada al mercado, la gerencia necesita realizar una serie de funciones continuas para poner el producto en las manos del cliente. Estas funciones incluyen:

1. la venta del producto y su distribución al cliente, ya sea éste el mayorista, el agente, el detallista, el gobierno o el consumidor mismo;
2. el transporte del producto u otros servicios que facilitan la entrega por medio de los varios canales de distribución;
3. el almacenaje de los productos no utilizados inmediatamente;
4. el control de riesgo;
5. la estructuración de precios para competir en el mercado.

La venta del producto y su distribución

Los fabricantes de un producto o los promotores de una idea o servicio, en muchos casos, tienen que utilizar otros individuos o empresas que les sirvan de intermediarios en la entrega del producto al consumidor. Cada vez que se incluye otro intermediario, se aumenta el costo del producto o del servicio. Los objetivos de los intermediarios y del proceso de distribución son: (1) la entrada al mercado y (2) la facilidad de adquisición de los productos o servicios por parte de un comprador.

El mayorista. En general, hay dos tipos de mayoristas: los *comerciantes mayoristas* son los que compran sus mercancías para revenderlas a los detallistas o minoristas, o a veces, directamente a los consumidores. Compran en grandes cantidades, toman posesión física y son los dueños de los bienes comprados. Su función varía de industria a industria y según su especialización. Hay mayoristas, como los ferreteros, que se dedican a la venta de toda gama de productos dentro de cierta clase de mercancías, mientras hay otros que se especializan en una clase o marca específica de productos, por ejemplo, los vendedores de repuestos de automóviles o de herramientas de carpintero. También hay especialistas como los siguientes:

1. *el mayorista de estanterías:* tiene sus propios estantes y los abastece con productos como los que se usan para la belleza o la salud
2. *el proveedor directo:* vende bienes de los cuales tiene el título, pero trata de evitar su posesión física cuando sea posible; entrega las mercancías directamente al comprador, según un convenio arreglado de antemano
3. *el mayorista sin almacén:* entrega mercancías para las cuales la rapidez es sumamente importante, como en el caso de víveres y combustibles

La segunda clase de mayorista es el *agente*. Este no es dueño de la mercadería que vende. Su única función es la venta de las mercancías de un productor. Además, es comisionista, es decir, recibe su remuneración por comisión, un porcentaje del precio de la venta.

El detallista. Este vendedor les compra sus mercancías a los fabricantes o a diversos mayoristas para vendérselas, a su vez, al consumidor individual. Se caracteriza por su especialización. Es fácil hacerse detallista, pero también es común fracasar, debido a la competencia entre los muchos detallistas y al riesgo involucrado.

El fabricante puede escoger entre varios medios de distribución para sus productos. Puede venderle directamente al consumidor, por medio del detallista o mayorista, o puede distribuir sus productos por medio de un agente. En esta selección, siempre es importante considerar las siguientes condiciones del intermediario: su situación económica; su reputación y relaciones con los clientes; sus edificios, almacenes y medios de transporte; y las posibilidades de venta debido a las ventajas de distribución. El fabricante tiene que reconocer que un control exclusivo del mayorista en las ventas puede reducir su propia influencia en la determinación del precio de venta y reventa.

El transporte y el almacenaje

El desarrollo económico de los EE.UU. se atribuye en gran parte a la existencia de sistemas de transporte modernos. Sin ellos se impide la distribución de los productos y se limita el desarrollo económico de cualquier país. La importancia del transporte y del almacenaje se refleja en los costos. La combinación de estas dos funciones representa casi un 50% de los costos totales del mercadeo. Entre los diferentes tipos de fletadores se incluyen los siguientes:

1. *los fletadores terrestres:* el camión, el ferrocarril y el oleoducto
2. *los fletadores marítimos o fluviales:* el cabotaje, el cabotaje de petroleros, líneas exteriores de pasaje y carga en forma de buque o transbordador, y la barcaza o gabarra
3. *el fletador aéreo:* el avión

En el contrato transportista o *conocimiento de embarque,* el *flete* o el *fletamento* es el precio estipulado por el alquiler de un barco u otro vehículo o parte del mismo; el *fletante* o *naviero* es dueño del barco (o medio de transporte); y el *fletador* es el transportista que entrega la carga que ha de transportarse.

Hay tres tipos de empresa de transporte: (1) el *transportista público,* el cual sirve a todo el mundo; (2) el *transportista por contrato,* el cual no es público, sino que comercia exclusivamente con clientes especiales y para una industria en particular; y (3) el *transportista privado,* el cual trabaja para una empresa particular.

El medio de transporte tiene que corresponder a las necesidades de la empresa. Hay varios factores que influyen en la decisión de usar un solo medio o una combinación de medios transportistas. Estos son el costo, la rapidez, la flexibilidad respecto a la extensión geográfica y la entrega de mercancías de gran volumen. El medio más económico es la vía navegable; el más rápido es el aéreo; el más flexible geográficamente es el camión; el que puede transportar mayor volumen es el buque. Aunque el ferrocarril no es el mejor transporte en ninguna de las categorías mencionadas, en muchos casos ofrece la mejor combinación de ventajas en cuanto a volumen, cierta rapidez y precio.

Una subasta es el método más eficaz de poner a la venta el ganado. ¿Cómo se determinan los precios en una subasta? ¿Qué otros bienes o productos se venden de esta manera?

El transporte por oleoducto es rápido y económico cuando es necesario transportar fluidos, semifluidos y gases. El camión generalmente se emplea en los trayectos cortos a lugares no alcanzados por el ferrocarril. La tarifa no es tan alta como la de un vagón completo de ferrocarril. Las autopistas de buena calidad que permiten una entrega rápida de mercancías aumentan la rapidez y la flexibilidad y reducen el costo de la entrega. Algunos países cobran impuestos o construyen autopistas de peaje o de cuota para mantener en buen estado las carreteras.

El almacenaje de mercancías siempre ha sido una función vital del marketing. Hay varios tipos de almacén que se adaptan a las necesidades de la empresa. Los más importantes son

1. *el almacén general,* el cual ha existido desde tiempos antiguos para el abastecimiento y la venta de herramientas agrícolas, lencerías y víveres. Con la invención del camión y el mejoramiento de las carreteras, el almacén general va desapareciendo.
2. *el almacén,* el cual ofrece una variedad de artículos de calidad, por ejemplo, equipo para deportistas.
3. *el gran almacén,* el cual es el almacén general moderno con distintos departamentos, cada uno con su propio gerente o comprador especializado. Frecuentemente se encuentra en los centros comerciales o en las afueras de las ciudades.

4. *el supermercado y el mercado de descuentos,* los cuales consiguen sus mercancías por medio de alto volumen y por eso pueden reducir el precio para el consumidor.
5. *el detallista* sin almacén, el cual comercia con el consumidor con ventas a domicilio, por correo, por teléfono, por medio de un distribuidor automático (o máquina expendedora), por medio de vendedores ambulantes o por computadora.
6. *la concesión (o franquicia),* la cual es una licencia o derecho otorgado a una persona para vender los productos o servicios de una empresa en una zona particular. Este tipo de negocio ha alcanzado mucha fama en la industria de «la comida rápida» y hay gasolineras y concesionarios de automóviles que también funcionan así.
7. *el centro comercial,* el cual es un tipo de almacenaje al detalle más reciente en el que varios detallistas se reúnen en un edificio grande accesible por automóvil en las afueras de una ciudad. Ofrece un gran surtido de artículos de calidad en sus propios almacenes o tiendas. A veces hay un supermercado, un banco y un cine. Además, hay estacionamiento alrededor de las tiendas y un gran almacén o una gran tienda de descuentos para atraer a los consumidores.

El control de riesgos

En cuanto a la distribución y el transporte de mercancías o servicios, cada operación tiene la posibilidad de un siniestro. Esta incertidumbre de que algo malo o inesperado suceda se llama *riesgo.* Los fabricantes y los intermediarios suelen protegerse contra el riesgo con el *seguro,* un contrato por el cual el riesgo lo asume la compañía de seguros con el pago de una *prima.* Entre los tipos de seguros más importantes para el comerciante figuran los siguientes: el seguro contra incendios, el de automóviles, el de vida, el de accidente, el de salud, el de responsabilidad civil o contra terceros, el de falta de cumplimiento, el de transporte y el seguro contra todo riesgo.

La estructuración de precios

Al estructurar los precios, el gerente debe considerar bien varios factores.

1. el estado actual y el futuro de la economía
2. la oferta y la demanda
3. la flexibilidad de la demanda o de la oferta; es decir, el impacto del precio sobre la cantidad que se puede vender (la elasticidad del precio)
4. la competencia y su impacto en los precios
5. el costo de producción

6. Los objetivos de la gerencia, los cuales determinan la importancia del volumen de ventas, la participación en el mercado o la tasa de rendimiento
7. La situación financiera y comercial de la empresa, la cual espera alguna señal del líder de precios de la industria (generalmente la compañía más grande) de que éste va a subir o bajar los precios
8. los distribuidores, para que todos reciban un margen de beneficios adecuado
9. los reglamentos y las leyes estatales que rigen los mercados

El precio que se les cotiza a los clientes es el *precio de catálogo.* La cantidad que paga el consumidor, es decir, el *precio de venta* o *de mercado,* puede igualar al precio de catálogo, aunque frecuentemente varía según la oferta y la demanda y los descuentos ofrecidos. El *descuento por pronto pago* es el más común. Especifica el número de días que se tiene para pagar hasta el vencimiento de la factura (por ejemplo, 30 días) y el porcentaje del descuento (por ejemplo, 2%) si se paga la factura antes de cierto número de días (por ejemplo, diez). Se expresa de la siguiente manera: **2/10, neto 30.** Con esto se indica un descuento del 2% si se paga la factura dentro de diez días, o se hace el pago total dentro de 30 días. Si se tarda más de 30 días, tendrá que pagar también el interés sobre el importe total debido. Hay otros descuentos como la rebaja al revendedor, el descuento sobre cantidad, el descuento comercial, el descuento por promoción y la rebaja al comprador.

En fin, aun desde la producción misma, hasta la distribución y la última venta del producto al consumidor final, hay una serie de procesos importantes que necesitan investigación y análisis, planificación y ejecución, y sobre todo, coordinación e integración. La venta es una operación bastante difícil y compleja, especialmente en el campo internacional, pero de ella depende todo el éxito comercial en el mundo actual de los negocios.

ACTIVIDADES

A. ¿Qué sabe Ud. de negocios? Vuelva a las preguntas de orientación que se hicieron al principio del capítulo, y contéstelas en oraciones completas en español.

B. ¿Qué recuerda Ud.? Indique si las siguientes oraciones son *verdaderas* o *falsas* y explique por qué.

1. El detallista vende en grandes cantidades.

2. Los agentes suelen ser dueños de la mercadería que venden.
3. El comisionista es un agente que toma posesión física de la propiedad que vende y recibe un sueldo fijo como pago.
4. Es fácil tener éxito como detallista o minorista.
5. La mayor parte de los costos de distribución son para el almacenaje.
6. El precio de catálogo es el precio que generalmente paga el comprador.

C. Exploración de sus conocimientos y opiniones personales. Haga los siguientes ejercicios, usando sus propios conocimientos y opiniones personales.

1. Explique cómo llegan los siguientes productos al mercado donde usted vive: el jabón a la farmacia; el café al supermercado; los carros a los concesionarios de automóviles.
2. ¿Qué efecto tienen las siguientes características de un intermediario: reputación, situación económica, edificios, almacenes y medios de transporte?
3. ¿Cuáles son las ventajas y las desventajas de los varios medios de transporte para la distribución de mercancías?
4. Compare el cabotaje de petróleo y el oleoducto como medios de distribución.
5. ¿Qué tipo de seguro piensa Ud. que sería el más importante para una empresa? ¿Por qué? ¿Es necesario tener cobertura en varias áreas? Explique.
6. Describa la comercialización de algún producto que Ud. prefiere comprar al detalle. Comience después de su producción y analice su distribución, transporte, almacenaje, seguro y precio final.
7. ¿Cómo se relacionan los dichos que están al principio del capítulo con los temas tratados?

D. Al teléfono. Haga las siguientes llamadas telefónicas a otro/a estudiante de la clase. Cada persona deberá tomar un papel activo en la conversación.

1. Ud. es un/a mayorista sin almacén que lleva pan a los supermercados de Valparaíso. Ud. habla con el/la gerente de un supermercado que se queja de los altos precios; le explica que los costos de entrega (la gasolina, el mantenimiento de los camiones, etc.) den por resultado los aumentos de precios.
2. Ud. es un/a mayorista de estanterías que quiere colocar bien su champú en los estantes de una farmacia en Concepción. El/La farmacéutico/a le comunica que a él/ella le parece que no hay

suficiente espacio en los pasillos para sus mercancías en este momento. Trate de convencerlo/a de que debería aceptar sus productos y descríbale cómo va Ud. a estructurar los precios y cuántas visitas por semana le hará Ud. a la farmacia con sus mercaderías. Describa con más detalles su plan de colocación.

3. Ud. es un/a proveedor/a directo/a chileno/a que acaba de recibir un pedido de maderas de un/a cliente en Viña del Mar. Llame al productor para informarle sobre el pedido. El productor se aprovecha de esta oportunidad para quejarse del costo del transporte y los gastos de tramitación. Ud. trata de convencerlo de que los costos están reducidos porque Ud. no es dueño/a de las mercancías ni tampoco toma posesión. Mencione los casos de otros productores de maderas a los cuales Ud. ha ofrecido el mismo servicio.

E. Navegando el internet Ud. y un/a socio/a desean investigar los diferentes modos de transporte disponibles en un lugar específico en Hispanoamérica (país, ciudad, etc.) porque piensan contratar a varios agentes cuyos trabajos exigirán que viajen en transporte público. Uds. deciden hacer lo siguiente:

1. Navegar el internet en español, buscando especialmente los sitios virtuales de empresas de transporte público con algunas de estas palabras claves u otras que conozcan o encuentren:

Economía y negocios/ empresas/ transportes/ autobuses/ ferrocarriles/ marítimos/ servicios/ tarifas/

2. Al desplazar arriba y abajo las Páginas Web, conseguir la información sobre varias empresas disponibles y los servicios que ofrecen
3. Estudiar los servicios ofrecidos y hacer un análisis de los datos para tomar una decisión teniendo en cuenta la flexibilidad y posiblemente el costo de los servicios
4. Informar a la clase sobre sus investigaciones y los pasos necesarios para conseguir los resultados

EJERCICIOS DE VOCABULARIO

Si hace falta para completar estos ejercicios, consulte la **Lectura comercial** o la lista de vocabulario al final del capítulo.

A. ¡A ver si me acuerdo! Pensando en la posibilidad de establecer una relación comercial, usted va a tener una conversación con una persona de negocios de un país hispano. Sin embargo, se le olvidan a usted los siguientes términos en español. Un/a compañero/a lo/la ayuda a recordarlos al pedir que usted se los traduzca.

1. shipper
2. pipeline
3. agent
4. vending machine
5. franchise
6. coastal shipping
7. market entry
8. merchant wholesaler
9. intermediary
10. ship owner

B. ¿Qué significan? A Ud. le interesa la posibilidad de trabajar en una oficina de mercadeo en un país hispanoparlante. Sin embargo, no sabe lo que significan ciertos términos que se usan frecuentemente en el comercio. Ud. decide consultarlos con un/a amigo/a. Pídale a un/a compañero/a de clase que le explique los siguientes términos y que le dé algunos sinónimos si puede.

1. siniestro
2. entrega
3. almacenaje
4. autopista de peaje
5. descuento
6. intermediario
7. precio de catálogo
8. fletamento

C. Transporte y almacenaje: Adivinación. Con un/a compañero/a de clase, escojan ustedes dos (2) palabras en español que se relacionan con el transporte y el almacenaje, temas principales de este capítulo. Luego, en clase, den sinónimos, definiciones o palabras que se asocian con los términos originales y pidan que los demás compañeros los adivinen.

D. Entrevista profesional. Ud. se ha presentado como un candidato para un puesto de director de marketing con una empresa multinacional que requiere ciertos conocimientos de la terminología de ese campo. Entre las preguntas que le hace el/la director/a de personal, figuran las siguientes. Con un compañero/a, realicen la entrevista. No se olviden del protocolo ni de las cortesías.

1. ¿A qué se refiere el concepto *responsabilidad civil?*
2. ¿Cómo explica Ud. el descuento de *3/15, neto 30?*
3. ¿Cuáles son los fletadores importantes en el comercio internacional y cómo se diferencian en el costo de transporte?
4. ¿Cuáles son los beneficios de un supermercado en comparación con otros tipos de almacenes?
5. ¿Qué medio de transporte usaría Ud. para transportar líquidos? ¿Gases? ¿Ganado? ¿Botellas de vino? ¿Joyas? ¿Por qué?

E. Traducciones. Un/a amigo/a suyo/a que está inscrito/a en un programa de maestría en marketing acaba de empezar a estudiar el español. El/ella sabe poco del vocabulario necesario para funcionar eficazmente en ese contexto. Usted lo/la ayuda al pedirle que él/ella traduzca las siguientes oraciones que informan sobre el tema.

1. In order to increase the volume of sales, a market manager has to do extensive study.
2. Merchant wholesalers usually assume physical possession and ownership of the goods they sell.
3. Agents and brokers avoid physical possession and storage of merchandise as does the drop shipper (desk jobber).
4. Common carriers, contract carriers, and private carriers offer delivery services to different types of clients.
5. Successful marketing is a difficult operation requiring coordination and integration between different individuals and their activities.

UNA VISTA PANORAMICA DE CHILE

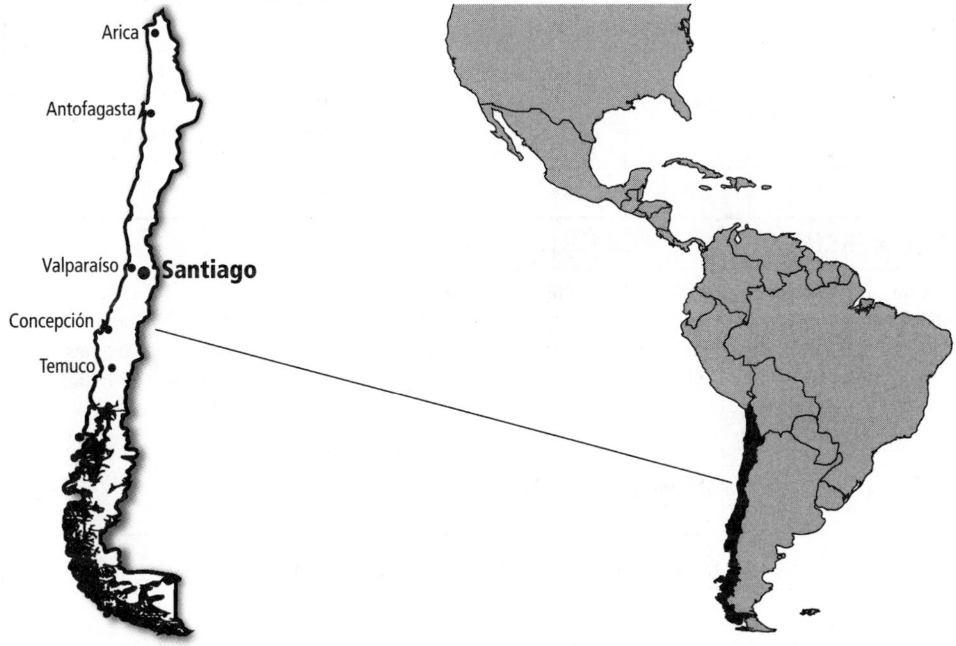

CHILE

Nombre oficial:	República de Chile
Gentilicio:	chileno/a
Capital y población:	Santiago: 5,200,000

Sistema de Gobierno: República

Jefe de Estado/ Jefe de Gobierno: Presidente Ricardo Lagos

Fiesta nacional: 18 de septiembre, Día de la Independencia (1818: de España)

Chile

GEOGRAFIA Y CLIMA

Area nacional en millas^2 y kilómetros^2	Tamaño (comparado con EUA)	División política	Otras ciudades principales	Puertos principales	Clima	Tierra cultivable
302,778 m^2 756,945 km^2	Un poco más grande que Tejas	13 regiones (incluye la Región Metropolitana de Santiago) y 51 provincias	Concepción, Viña del Mar, Valparaíso, Antofagasta, Temuco	Valparaíso Arica, Antofagasta	Arido y desértico en el norte, mediterráneo en el centro, fresco y húmedo en el sur	5%

DEMOGRAFIA

Año y población en millones			% urbana	Distribución etaria		% de analfabetismo	Grupos étnicos
2000	2015	2025		<15 años	65+		
15.2	17.5	18.7	84%%	28%	7%	6%	95% blanco europeo y mestizo, 3% amerindio, 2% otro

ECONOMIA Y COMERCIO

Moneda nacional	Tasa de inflación 1998	N° de trabajadores (en millones) y tasa de desempleo		PIB 1998 en millones $EUA	PIB per cápita	Distribución de PIB y de trabajadores por sector			1998 Exportaciones en millones $EUA	1998 Importaciones en millones $EUA
						A	I	S		
El peso	4.7%	5.8	6.4%	$186,600	$12,500	6%	33%	61%	$14,900	$17,500
						19%	43%	38%		

Para distribución del PIB y de los trabajadores (mano de obra): A = Agricultura, I = Industria, S = Servicios (y Gobierno).

Recursos naturales: Cobre, madera, hierro, nitrato, metales y piedras preciosos, molibdeno.

Industrias: Minería de cobre y otros minerales, fabricación de metales, procesamiento de alimentos y de pescado (especialmente trucha y salmón), harina de pescado, hierro y acero, madera y productos de madera, equipo de transporte, cemento, textiles.

COMERCIO

Productos de exportación: Bienes de consumo, cobre y otros minerales y metales, harina de pescado, productos de madera, papel, productos químicos y de petróleo, fruta y vegetales, pescado, vino.

Mercados: 28% UE, 18% EUA, 13% Japón, 8% Reino Unido, 5% Brasil, 5% Argentina.

Productos de importación: Petróleo, bienes de capital (equipo industrial y medios de producción), vehículos de motor, equipo electrónico, bienes durables de consumo, maquinaria.

Proveedores: 23% EUA, 22% UE, 11% Argentina, 6% Brasil, 6% Japón, 3% Alemania.

Horario general de comercio: De lunes a viernes (o sábado), desde las nueve de la mañana hasta las seis de la tarde. En algunos lugares se practica la hora de la siesta y se cierran las tiendas entre el mediodía y las tres o cuatro de la tarde.

TRANSPORTE Y COMUNICACIONES

Kilómetros de carreteras y % pavimentadas	Kilómetros de vías férreas	Nº de aeropuertos con pista de aterrizaje pavimentada	Nº de líneas telefónicas	Radios por mil personas	Televisores por mil personas
79,800 / 14%	6,782	58	2,630,000	305	280

IDIOMA Y CULTURA

Idiomas	Religión	Comidas y bebidas típicas / Modales
Español (oficial), mapuche, quechua, aimara	89% católico romano, 11% protestante	Empanadas de horno, pastel de choclo, cazuela de ave, churrasco, mariscos, caldillo de congrio, sopaipillas, manjar. No repetir (comer una segunda vez); no marcharse inmediatamente después de comer.

Horario normal del almuerzo y de la cena: Sobre la una y media de la tarde para el almuerzo; sobre las ocho de la noche para la cena.

Gestos: Se evita hacer muchos gestos con las manos, no se hacen tanto como en otros países hispanos. Es esencial mantener un buen contacto de ojos al hablar con otra persona. Las cosas como el dinero se entregan con la mano directamente a otra persona, no se tiran o dejan sobre un mostrador o una mesa para que las recoja el otro. Poner una mano, con la palma abierta, bajo el otro codo indica que alguien es tacaño. El gesto norteamericano de «ven acá» (el antebrazo extendido con la mano palma hacia arriba y los dedos que se mueven hacia el cuerpo de uno) significa que uno busca camorra («to pick a fight»).

Hacer un puño y golpearlo contra la palma de la otra mano es un gesto obsceno que equivale al gesto «to give the finger» en EUA.

Cortesía: Durante el saludo, darse la mano con un apretón firme. Los hombres se ponen de pie cuando entra una mujer al cuarto y le dan la mano si ésta primero les ofrece la suya en forma de saludo. Cuando se visita la casa de alguien para comer o cenar, traer para los anfitriones un regalito como flores, pan o una buena botella de vino. Intentar probar un poco de toda la comida servida.

LA ACTUALIDAD ECONOMICA CHILENA

A lo largo de su historia, Chile ha mantenido uno de los sistemas más democráticos y de libre comercio de Hispanoamérica. En cuanto al transporte terrestre, siempre ha tenido dificultades debido al terreno desigual de los Andes y al desierto, pero ha desarrollado uno de los mejores sistemas ferroviarios de Hispanoamérica. Hay tres regiones distintas: un desierto en el norte, un fértil valle central y la región de clima frío cerca de la zona antártica, con la cual Chile comercia mucho. El transporte aéreo es importante por razones geográficas; la LAN (Línea Nacional de Aviación) fue privatizada en 1990.

Durante el siglo XIX, Chile desarrolló una dependencia casi total de la industria de nitratos. Esta dependencia consistía en un 50% de la renta nacional. En las dos primeras décadas del siglo XX, la industria de nitratos decayó, pero la producción de cobre en los años treinta ayudó a sostener la economía chilena. Por eso Chile pudo recuperar las pérdidas económicas de los nitratos. Después de la segunda Guerra Mundial, hubo problemas causados por los conflictos entre los intereses de los oficiales e industriales chilenos para establecer industrias nacionales como la de cobre, CORFO (Corporación de Fomento), y los intereses de las empresas internacionales norteamericanas. En los años noventa, después del régimen de Pinochet y de las elecciones populares de dos presidentes del Partido Social Democrático, Aylwin (1989) y Frei (1993), Chile mantuvo su fuerte desarrollo económico de los años ochenta y logró mejorar su posición internacional debido a una preocupación más visible por los derechos humanos.

Muchos países hispanoamericanos ofrecen ejemplos históricos del caudillismo, un tipo de gobierno dictatorial en el cual domina la imposición de un control tiránico por parte de un líder fuerte. A éste se le llama cacique o caudillo. Chile no ha apoyado tanto este concepto por su larga historia de democracia. Sin embargo, el General Augusto Pinochet Ugarte se hizo presidente en 1973 cuando el ejército derrotó a Salvador Allende, un presidente marxista elegido democráticamente en 1970.

Después de la muerte de Allende en 1973 y durante la dictadura del militar Augusto Pinochet (1973–1990), hubo muchas preocupaciones por la falta de derechos humanos y la tortura y el asesinato de muchas personas. Aún después de renunciar al control del gobierno en 1990, Pinochet no se retiró de la vida pública y mantuvo un papel principal en limitar el castigo judicial a los militares acusados de cargos criminales.

Chile ha establecido uno de los sistemas económicos de Hispanoamérica más orientados hacia el mercado libre. Los gobiernos civiles que sucedieron a la dictadura de Pinochet en marzo de 1990 han podido seguir reduciendo el papel del gobierno en la economía y a la vez han dirigido los gastos públicos hacia beneficios sociales. Se eliminó la deuda externa por medio de la capitalización de deudas. En 1995 Chile fue considerado el mejor modelo económico de Latinoamérica. Su lema, «el desarrollo con equidad para todos», se reflejaba en sus prácticas económicas, políticas y sociales. Los mecanismos utilizados para conseguir estos logros han incluido los siguientes: mercados financieros sin regulación; cuentas personales de jubilación obligatorias que han reemplazado el sistema de seguro social nacional; aranceles más bajos para abrir la economía a la competencia internacional; eliminación de subvenciones y subsidios costosos; cambios de divisas más realistas; tasas de interés determinadas por el mercado; sueldos según la mano de obra disponible (oferta y demanda); una diversificación de los productos; mejor distribución de la renta nacional; y la entrada de los partidos políticos, sindicatos, fuerzas armadas e iglesias en el sector empresarial con un interés en las necesidades de los que tienen menos recursos. Aunque se ha mencionado la posibilidad de la privatización completa de la Corporación Nacional del Cobre de Chile (Codelco Chile), todavía se mantiene el marco legal de una empresa estatal autónoma y se relaciona con el gobierno por medio del Ministerio de Minería.

Chile mantuvo un promedio de un siete por ciento (7%) en crecimiento anual del PNB durante los años 1991–1997. La crisis mundial en 1998 influyó negativamente en su economía y causó una reducción seria en esas alzas. Las reservas en moneda corriente y divisas son fuertes, como lo son los ingresos de capital extranjero provenientes de inversiones directas de otros países. Por eso, Chile ha podido compensar por los déficits actuales en sus cuentas nacionales y la recompra de las deudas públicas. Las administraciones de Patricio Aylwin (1990–1994) y Eduardo Frei (1994–2000) ofrecieron a los ciudadanos una época de centrismo desconocido anteriormente en la política nacional, la cual solía dividir el voto en tres partes iguales—la derecha, la izquierda y la centrista. Estas políticas moderadas han facilitado la apertura de sus mercados, las privatizaciones de muchas empresas estatales, permitieron la entrada de Chile como miembro asociado en MERCOSUR (el Brasil, el Paraguay, el Uruguay y la Argentina) y un acuerdo comercial con Canadá. Sin embargo, sus intentos para firmar convenios comerciales con NAFTA o con los EE.UU. han cesado por falta de armonía entre la Casa Blanca y el Congreso norteamericanos. Chile pasó por un tiempo difícil cuando Augusto Pinochet fue encarcelado en Inglaterra durante un viaje en el que buscaba tratamiento médico. España trató de extraditarlo por su participación en la muerte y la tortura de muchas personas en Chile. Esto resucitó la angustia de un país que quería acabar con estos asuntos. Es posible que la instalación del nuevo presidente, Ricardo Lagos, en 2000 introduzca una época de paz, nuevos acuerdos económicos y el futuro prometedor que desea el pueblo chileno.

ACTIVIDADES

¿Qué sabe Ud. de Chile?

1. Describa la geografía de Chile y sus afines (clima, terreno, ciudades, etc.). ¿Por qué le es importante a un comerciante o industrialista internacional saber algo de estos temas. ¿Cuál es la capital y cuáles son otras ciudades importantes? ¿Quién es el jefe de estado actual en este país?
2. ¿Cómo es Chile demográfica y políticamente? ¿Por qué debe saber una persona de negocios detalles acerca de la población y política de este país?
3. ¿Cuándo es la fiesta nacional de Chile? ¿En qué otros días hay fiestas nacionales que van a dificultar un viaje de negocios? (Véase la Tabla 10-1 de la pág. 300.)
4. Describa la economía de Chile. ¿Cuál es la moneda nacional del país? ¿A cuánto está el cambio actual de la divisa chilena con el dólar? ¿Cómo se compara el PIB y la distribución del PIB de Chile con los de los países que son miembros de MERCOSUR? ¿Qué ventajas geográficas trae Chile a este acuerdo? ¿Cuáles son los aspectos del convenio que le benefician a Chile?
5. ¿Cuáles son los principales productos de exportación de Chile? ¿Cuáles son los principales destinos de las exportaciones de Chile? ¿Cuál fue la balanza comercial en 1998 según la información en este libro? ¿En la actualidad?
6. Describa el sistema de transporte de este país. ¿Qué desventajas geográficas ha sufrido la economía de Chile históricamente? ¿Qué

cambios tecnológicos han convertido esas desventajas en ventajas en la actualidad?

7. ¿Cómo han cambiado los datos presentados en las secciones de **Vista Panoramica y Actualidad Economica**? Busque algunos datos en un almanaque del año actual o en el internet.
8. Comente sobre la actualidad socioeconómica y política chilena. ¿Cuáles son los resultados de la dictadura de Augusto Pinochet en Chile a largo plazo?
9. ¿Cuáles son algunas de las comidas y bebidas típicas de Chile? ¿Algunos de los gestos y formas de cortesía?
10. Ud. va de viajes a Chile para hacer observaciones directas de la empresa estatal Codelco Chile u otra empresa estatal o privatizada en el país. Con un compañero/a, hablen de los siguientes asuntos:
    a. Los diferentes lugares geográficos que tendrá que visitar para observar los diferentes sitios de la empresa seleccionada
    b. El balance general de la empresa durante los últimos cinco años
    c. Los posibles efectos del precio de su producto (cobre u otro) en el mercado mundial sobre la economía del Chile durante los últimos años
    d. Los planes para el viaje (líneas de aviación, vuelos, aeropuertos de despegue y aterrizaje, costos, etc.)
    e. El alojamiento y transporte terrestre mientras esté en el país, para que puedan formular un presupuesto del viaje a Chile

LECTURA CULTURAL

Imperialismo español, religión y comercio

El imperio español influyó tanto en la operación de la economía hispanoamericana colonial que ésta se parecía más a un sistema feudal que a una economía capitalista del siglo XIX. Lo que hoy es la República de Chile antes se consideraba un área pobre y lejana del Imperio Español. Las leyes obligaban a que las colonias importaran bienes de España en barcos españoles. Así que el contrabando llegó a tener una importancia exagerada desde el principio. Chile podía comerciar con España solamente por medio de la flota española que llegaba a Panamá una vez al año. Los mercaderes que navegaban a Panamá por el antiguo Perú cruzaban el istmo de Panamá con mulas, para obtener mercaderías en las ferias donde los españoles controlaban los precios. Las dificultades de transporte y de capital prohibían que muchos intermediarios chilenos pudieran comerciar tan económicamente como los peruanos.

La política económica española no permitía la competencia comercial. España autorizó el monopolio y creó haciendas públicas para proveer comida, ropa y otros materiales de primera necesidad en Chile. La mano de obra consistía en esclavos, indios e inquilinos. Por esto, no hubo trabajo remunerado hasta el siglo XVIII. Tampoco existía un mercado abierto. La monarquía española mantuvo control del sector industrial hasta la guerra de independencia en el siglo XIX (1810–1818).

La estructuración de los precios la arreglaron unos cuantos comerciantes que querían establecer un monopolio. Uno de ellos, Antonio Nuñez, llegó a Chile en el siglo XVI y construyó almacenes en Valparaíso. Comerció entre Santiago y Valparaíso con sus yernos, capitanes de los barcos. Formó una empresa pesquera en Santiago. Ofreció llevar pescado al cabildo de Santiago si éste estructuraba precios razonables durante un período de tres años. El cabildo consintió, pero antes de traer el primer pescado, Núñez subió el precio debido a los costos de los barcos y las redes de distribución. Núñez quería un monopolio con precios fijos, trabajo barato y mercados cautivos y protegidos por el gobierno.

Aparte de los impuestos sobre los indios, los esclavos y los pobres por parte del gobierno, la Iglesia católica quiso mantener el estatu quo. Prometía una vida después de la muerte y defendía los intereses de los hacendados y los mercaderes ricos. A pesar de los esfuerzos de varios individuos dentro de la Iglesia que lucharon por defender los derechos de los pobres, la Iglesia comunicaba un mensaje de resignación o fatalismo hacia la vida. El gobierno controlaba la Iglesia y la usaba para promover los intereses del estado. La Inquisición sirvió para limitar las tendencias revolucionarias del pueblo.

Entre los varios grupos religiosos del Chile colonial, se destacaban los jesuitas. Tenían fama de ser los más disciplinados, los más trabajadores y los de más alto carácter moral y financiero. Los hacendados ricos, las autoridades gubernamentales, los comerciantes y otros grupos religiosos se opusieron a los jesuitas y los expulsaron de Hispanoamérica en 1767.

En muchas de las otras órdenes religiosas hubo soborno y corrupción. Hasta la guerra de independencia, la Iglesia católica fue el banquero, la sociedad de contratación y quizás el hipotecario más grande de Hispanoamérica. En 1970, la Iglesia finalmente se despojó de sus bienes raíces y valores negociables. En las últimas dos décadas ha sido una voz más fuerte contra la opresión aunque las iglesias protestantes evangélicas y la Iglesia de Jesucristo de los Santos de los Ultimos Días siguen creciendo rápidamente en toda Latinoamérica, alcanzando más de cincuenta millones de personas hoy en día.

Según los autores Harris y Moran, algunos demógrafos calculan que en Latinoamérica hay una conversión al evangelismo de 400 personas por hora, producida en parte por el «televangelismo», el cual se está popularizando mucho. Este movimiento de «cristianos convertidos» (*born-again Christians*) corresponde a la creciente urbanización e industrialización de Latinoamérica. Refleja un cambio de actitud hacia la vida en el cual la resignación o el fatalismo ante los hechos y el destino («el hombre propone y Dios dispone») está siendo reemplazado por un espíritu más emprendedor y de mayor responsabilidad y capacidad de mejorar la condición individual y colectiva. Sin embargo, como afirman Harris y Moran, el gerente con operaciones en Latinoamérica necesita tener en cuenta que la Iglesia católica sigue siendo una importante fuerza cultural (*Managing Cultural Differences,* pág. 380).

En todos los países del mundo hispano hay días de fiestas nacionales. En Chile son el Año Nuevo, el primero de enero; la Batalla de Iquique, el 21 de mayo; el Día de la Independencia, el 18 de septiembre, y el Día de la Raza, el 12 de octubre. Además, a causa de la gran influencia de la Iglesia católica en la historia y en la vida económica del país y de Hispanoamérica en general, se nota la gran cantidad de días de fiesta religiosos en Chile en su calendario: la Semana Santa con el Viernes Santo; la Inmaculada Concepción, el 8 de diciembre; las Pascuas; la Asunción, el 15 de agosto; el día de Todos los Santos, el primero de noviembre; la Navidad, el 25 de diciembre. No se celebran los días de los santos patrones como en la mayoría de los países hispanos.

El general chileno Augusto Pinochet recibe la santa comunion. ¿Cómo se relacionan la política y la religión en Hispanoamérica?

Durante los días de fiesta, florecían los mercados al aire libre en los cuales se reflejaba el regateo, un proceso de negociación de precio entre el vendedor y el comprador. Este proceso se observa todavía en muchos mercados y pequeñas tiendas en Hispanoamérica (en las cuales no se indican los precios de los artículos) y refleja la importancia del trato directo y personal en los negocios en esta cultura. Otra manifestacion de la importancia del trato personal es el uso menos frecuente del teléfono para concluir convenios en el mundo hispánico. Este aparato se usa mucho más a menudo en los Estados Unidos para concluir un acuerdo comercial. Es decir, el proceso de negociación cara a cara sigue siendo más común a todos los niveles de comercio con clientes hispanos.

En 1998 el Papa Juan Pablo II visitó Cuba, donde ofició misas públicas concurridas por miles de personas. Busque más información sobre esta visita histórica (en un almanaque o el internet) y discuta con sus compañeros de clase algunos de los temas políticos tratados por el papa.

ACTIVIDADES

A. ¿Qué sabe Ud. de la cultura?

1. ¿Qué efecto tuvo el imperio español en la economía hispanoamericana colonial?
2. ¿Cómo controlaba España el comercio con sus colonias?
3. ¿Cómo se suministraban las necesidades básicas en las colonias hispanoamericanas?

4. ¿Cómo describiría Ud. el control que ejerció Antonio Núñez en el comercio colonial de Chile?
5. ¿Qué es el fatalismo? ¿Cómo ha influido en el pensamiento hispánico?
6. ¿Qué influencia tuvo la Iglesia católica en la economía de Chile? ¿Y los jesuitas? Y más recientemente, ¿la de otras religiones?
7. Los días festivos frecuentemente reflejan períodos de mayor comercio local. ¿Cuáles son las fechas comerciales importantes de Chile?
8. ¿Qué es el regateo? Si Ud. ha regateado en un mercado, describa su experiencia. ¿Existe el regateo en los EE.UU.? Explique.

B. Asimilador cultural. Lea lo siguiente y conteste las preguntas a continuación.

Nuel South, un estudiante graduado de Administración de Empresas Internacionales, tiene su práctica profesional con una firma llamada Laboratorios Fármaco en Valparaíso. Su departamento de producción ha elaborado una nueva cápsula para aspirinas que protege contra las inyecciones de veneno que han amenazado la industria en los últimos años. South habla muy bien el español.

Su supervisora de práctica, la directora de marketing de Fármaco, Julia Montt de Balmaceda, se encarga de la estandarización y estructuración de precios. La nueva cápsula es un poco más grande que la común y contiene un 10% más de medicamento. Montt quiere saber si los médicos y los farmacéuticos creen que sus pacientes van a comprar el nuevo producto a un precio más alto. Ella quiere que South visite personalmente a unos profesionales en las tres distintas regiones de Chile.

South ha seguido cursos de mercadeo en una universidad prestigiosa de los Estados Unidos. Montt lo selecciona por su habilidad lingüística y su don de gentes.

—Nuel, quiero que pases una semana en las provincias del norte cerca de Antofagasta, una semana en la provincia de Magallanes en el sur, y luego una semana aquí cerca de Santiago, investigando las opiniones de los médicos y los farmacéuticos sobre nuestra cápsula. Debes entrevistar personalmente a varios individuos en cada región. Te daré la lista de nombres. Durante la última semana, puedes completar un informe sobre el asunto con los resultados de tu investigación. Es importante saber lo que opinan los que tratan directamente con nuestros clientes.

—Pues, de acuerdo, señora. Es muy buena idea saber exactamente lo que opinan los distribuidores de nuestros productos. ¿Qué le parece esta idea? Si preparo una encuesta con la información necesaria durante la tercera semana de diciembre, podríamos mandársela directamente a estos individuos en cada región con unas muestras para sus clientes. Después de dos semanas, puedo llamarlos por teléfono y pedirles fácilmente su opinión sobre las muestras. Así podemos evitar la necesidad de que yo pase dos semanas fuera de la oficina. Hay otros proyectos que requieren mi atención inmediata. Debido al buen sistema de correo en Chile, las muestras llegarán rápidamente y sabremos si las características de la nueva cápsula son adecuadas.

Julia Montt de Balmaceda reflexiona un momento antes de responder a los comentarios de su asistente estadounidense...

Conteste las siguientes preguntas.

1. ¿En qué mes del año piensa South enviar sus muestras? ¿Cómo van a influir las fiestas navideñas en su proyecto?
2. ¿Qué diferencias culturales van a influir en la interacción entre Nuel South y su supervisora?
3. ¿Qué le va a decir la directora de marketing a su subordinado acerca de las comunicaciones impersonales?
4. ¿Por qué sugiere South su propio plan de investigación? ¿Qué efecto tendrá su plan en las personas con las cuales piensa comunicarse? ¿En su supervisora?

SINTESIS COMERCIAL Y CULTURAL

Actividades comunicativas

A. Situaciones para dramatizar. Lea las siguientes situaciones y después haga el papel en español con otro/s estudiante/s, usando las siguientes opciones como punto de partida. Cada persona deberá tomar un papel activo en la dramatización. No se olviden del protocolo ni de las cortesías.

1. You are a food distributor in Santiago planning the calendar for the entire fiscal year. You realize that you will need more help right before the holiday seasons. Discuss the needs you anticipate with one of your managers.
2. You work with a manager for a Chilean trucking firm that has been unable to deliver a large load of perishable fruit at the docks because of the ban on its latest export to the United States. Although your immediate supervisor is a bit pessimistic about what could be done, you don't want the fruit to go to waste. You are talking with a local priest/minister about how the food can be made available at a considerable discount to the people in his parish. The priest/minister discusses the options with you. (To address a priest in Spanish-speaking countries, it is common to use the word *Padre* followed by his first name, e.g., Padre José.)

Después de dramatizar las situaciones, discuta con sus compañeros de clase cómo ha influido en sus decisiones la información cultural de este capítulo.

B. Ud. es el/la intérprete. El Sr. Mistral es el nuevo director de mercadeo de Minasal, una empresa de minería en Antofagasta. El habla con la Srta. Chambers, su asistente de práctica, sobre las posibilidades de transportar sus productos al sur de Chile. La Srta. Chambers no estudió mucho español en la universidad antes de hacer su práctica.

Haga Ud. el papel de intérprete entre estos dos individuos. Traduzca del inglés al español y del español al inglés, sin mirar el texto, el diálogo que leerán otros dos estudiantes en voz alta. Ellos harán una pausa después de cada raya para permitir su traducción. Acuérdense todos de usar un tono natural de diálogo.

SR. MISTRAL	Según lo que tengo entendido, / esta empresa transporta sus productos / al sur de Chile por ferrocarril.
SRTA. CHAMBERS	But the train isn't the most economical way / to transport anything. / It would seem better to me / to deliver the bulk materials / through the port here in Antofagasta / by coastal shipping / and to send the rest of the materials by truck, / particularly if the amount / is less than a full train carload.
INTERPRETE	________________________________
SR. MISTRAL	Ud. lleva poco tiempo en Chile / y no se ha dado cuenta de la mala calidad / de algunas de nuestras carreteras. / En el caso de mercancías de gran volumen, / no tenemos suficientas embarques / para utilizar buques de transporte.
INTERPRETE	________________________________
SRTA. CHAMBERS	Before we make a final decision, / I would like to study the effects of / cost, speed, and bulk delivery / on the setting of prices to our consumers.
INTERPRETE	________________________________
SR. MISTRAL	Bien. / No se olvide de averiguar el costo de los seguros. / Las inseguridades del mercado y el transporte / también son factores de costo importantes.
INTERPRETE	________________________________
SRTA. CHAMBERS	We will probably have to move to a combination of means of transportation / in order to meet the

needs / of our various products. On the other hand, / train delivery may offer the best combination. / By the way, / do you use common carriers or contract carriers?

INTERPRETE ______________________________

SR. MISTRAL Por lo general, / utilizamos nuestros propios transportistas privados.

INTERPRETE ______________________________

C. Actividad empresarial. Uds. trabajan para una empresa multinacional que tiene muchas ventas en Chile y los países miembros de MERCOSUR (Brasil, Uruguay, Paraguay, Argentina). El/la presidente/a de la empresa ha decido instalar una fábrica para el montaje de automóviles en una de las ciudades en uno de los países en esta región. La preocupación principal es la estabilidad del gobierno y la estabilidad de la moneda de estos países. Es muy posible que otros factores históricamente problemáticos también puedan causar dificultades. Les pide sugerencias sobre la decisión que él/ella tendrá que tomar. Es importante hacer investigaciones y luego comparaciones entre Chile y dos países que son miembros de MERCOSUR acerca de los siguientes factores:

a. La estabilidad gubernamental durante los últimos veinte años
b. El valor de la moneda nacional durante el mismo período
c. El número de posibles consumidores en estos países en la actualidad
d. Las dificultades que puedan causar el uso de las lenguas indígenas que hablan los trabajadores en las comunicaciones con sus capataces, los cuales hablan sólo español

Después de hacer las investigaciones, Uds. recopilan todos los datos en un informe escrito con listas o tablas que indican la información indispensable para hacer un breve análisis del caso. Luego, Uds. presentan el informe oralmente sin leerlo.

D. Caso práctico. Lea el caso y haga los ejercicios a continuación.

En el proceso del marketing, cada etapa añade más valor al costo del producto al consumidor. En la exportación de uvas chilenas a los EE.UU. cada una de las siguientes etapas aumenta el precio: el transporte en camión de la finca al tren; el transporte en tren hasta el puerto en Chile; el transporte en el barco Almería Estrella hasta los EE.UU.; los costos en el puerto de Filadelfia, Pensilvania; los servicios del distribuidor regional; los costos de diversos intermediarios; los costos de su llegada a la cadena del supermercado; y los costos en las tiendas o supermercados individuales hasta la llegada a las manos del consumidor en la capital de Pensilvania, Harrisburg.

Jaime Valdez, un productor de uvas del valle central de Chile, recibe 5 centavos por libra de sus uvas que se venden a $1.75 la libra al consumidor en Harrisburg. Un terrorista de Chile llama a los oficiales chilenos para comunicarles que ha puesto inyecciones de cianuro en las uvas que se van a exportar. Cuando los inspectores de la Estación Terminal Marítima Tioga en Filadelfia descubren que hay dos uvas contaminadas entre las millones que se importan, hay una reacción enorme por todas partes en los EE.UU. y Chile. Un portavoz de la Asociación Nacional de Vinicultores Chilenos trata de evitar la prohibición que quiere imponer el gobierno estadounidense contra la importación de uvas chilenas. También trata de evitar una reacción exagerada entre los consumidores estadounidenses.

Haga los siguientes ejercicios.

1. ¿Cuál va a ser el impacto sobre Jaime Valdez y su familia en Chile?
2. ¿Qué otros mercados pueden utilizar los gerentes de los supermercados estadounidenses si no consiguen las uvas chilenas?
3. ¿Cómo va a comportarse una actriz de Hollywood dedicada a la prohibición de manzanas norteamericanas tratadas con una substancia química dañina cuando se dé cuenta del problema con la fruta chilena?
4. ¿Qué le van a decir los oficiales gubernamentales chilenos al ministro de relaciones exteriores de los Estados Unidos para proteger esta importante industria chilena?
5. Si Ud. fuera el presidente/a de Chile y decidiera comer uvas delante de todos en la televisión, ¿qué efecto produciría este acto en la gente de Chile?
6. Discuta el problema, como si Ud. y su compañero/a fueran las siguientes personas.
   a. Jaime Valdez y su esposa y familia
   b. el/la gerente de un supermercado y un/a consumidor/a preocupado/a porque había comprado uvas antes del anuncio
   c. la actriz de Hollywood y Larry King durante una entrevista con ella en el programa de televisión de éste
   d. el ministro de Relaciones Exteriores de Chile y el ministro de Relaciones Exteriores de los EE.UU.
   e. el presidente de Chile y un/a entrevistador/a en la televisión chilena
   f. el presidente de Chile y sus asistentes gubernamentales

ANALISIS Y COMPARACION

Estudie la siguiente tabla comparativa y haga los ejercicios a continuación. Use también sus propios conocimientos y, cuando haga falta, otras fuentes informativas como el *Almanaque mundial*, el internet, etc. Los ejercicios se pueden hacer individualmente, en parejas o en pequeños grupos para discutir en clase.

TABLA 10-1 **Fiesta nacional y otras fiestas públicas de los países hispanoparlantes y de Estados Unidos** [Principales fuentes: *Almanaque mundial 2000* y *Culturgram 2000*]

PAIS	FIESTA NACIONAL	OTRAS FIESTAS PUBLICAS
Argentina	9 julio: Proclamación de la Independencia 1810: de España)	6 ene. (Epifanía); 23-24 feb. (Carnavales); 9-10 abr. (Jueves Santo y Viernes Santo); 25 mayo (Fiesta Cívica); 10 jun. (Día de la Soberanía Nacional); 11jun. (Corpus Cristi); 20 jun. (Día de la Bandera); 15 ago. (Asunción); 17 ago. (Muerte del General José de San Martín); 12 oct. (Día de la Raza); 1 nov. (Todos los Santos); 8 dic. (Inmaculada Concepción)
Bolivia	18 septiembre: Día de la Independencia (1818: de España)	10 abr. (Viernes Santo); 11 jun. (Corpus Cristi); 1 nov. (Día de Todos los Santos)
Chile	12 febrero: Día de la Independencia (1818: de España)	5-6 abr. (Viernes Santo y Sábado Santo); 21 mayo (Día de las Glorias Navales); 15 ago. (Día de la Asunción); 11 sep. (Día de la Liberación Nacional); 19 sep. (Día de las Glorias del Ejército); 12 oct. (Descubrimiento de América); 1 nov. (Día de Todos los Santos); 8 dic. (Día de la Inmaculada Concepción)
Colombia	20 julio: Día de la Independencia (1810: de España)	6 ene. (Santos Reyes); 19 mar. (San José); 9-10 abr. (Jueves Santo y Viernes Santo); 21 mayo (Ascensión); 11 jun. (Corpus Cristi); 29 jun. (San Pedro y San Pablo); 7 ago. (Batalla de Boyacá); 12 oct. (Descubrimiento de América); 1 nov. (Todos los Santos); 11 nov. (Independencia de Cartagena); 8 dic. (Inmaculada Concepción)
Costa Rica	15 septiembre: Día de la Independencia (1821: de España)	19 mar. (San José); 9-10 abr. (Jueves Santo y Viernes Santo); 11 abr. (Día de Juan Santamaría); 6 jun. (Corpus Cristi); 29 jun. (San Pedro y San Pablo); 25 jul. (Anexión del Partido de Nicoya); 2 ago. (Nuestra Señora de los Angeles); 15 ago. (Día de la Madre); 12 oct. (Descubrimiento de América); 8 dic. (Inmaculada Concepción de María)
Cuba	10 diciembre: Día de la Independencia (1898: de España) 26 julio (1953): Día de la Revolución	1 ene. (Día de la Liberación); 10 oct. (Día de las Guerras de Independencia)

Tabla 10-1 cont.

PAIS	FIESTA NACIONAL	OTRAS FIESTAS PUBLICAS
Ecuador	10 agosto: Día de la Independencia de Quito (1809; Ec. logra su independencia de España en 1822)	23-24 feb. (Carnavales); 9-10 abr. (Jueves Santo y Viernes Santo); 24 mayo (Batalla de Pichincha); 24 jul. (Natalicio de Bolívar); 9 oct. (Independencia de Guayaquil); 12 oct. (Descubrimiento de América); 2 nov. (Día de los Fieles Difuntos); 3 nov. (Independencia de Cuenca)
El Salvador	15 septiembre: Día de la Independencia (1821: de España)	8-11 abr. (Miércoles Santo, Jueves Santo, Viernes Santo y Sábado Santo); 11 jun. (Corpus Cristi); 3 ago. (Día del Empleado); 5-6 ago. (El Salvador del Mundo); 12 oct. (Descubrimiento de América); 2 nov. (Día de los Fieles Difuntos)
España	12 octubre: Día de la Hispanidad y Nuestra Señora del Pilar	6 ene. (Epifanía del Señor); 19 mar. (San José); 9-10 abr. (Jueves Santo y Viernes Santo); 11 jun. (Corpus Cristi); 25 jul. (Santiago Apóstol); 15 ago. (Asunción de la Virgen); 6 dic. (Día de la Constitución Española); 8 dic. (Inmaculada Concepción)
Guatemala	15 septiembre: Día de la Independencia (1821: de España)	6 ene. (Epifanía); 8-11 abr. (Miércoles Santo, Jueves Santo, Viernes Santo y Sábado Santo); 30 jun. (Día del Ejército); 15 ago. (Día de la Asunción); 12 oct. (Día de la Raza); 20 oct. (Conmemoración de la Revolución de 1944); 1 nov. (Día de Todos los Santos); 8 dic. (Nuestra Señora de la Concepción); 24 dic. (Nochebuena); 31 dic. (Fin de Año)
Guinea Ecuatorial	12 octubre: Día de la Independencia (1968: de España)	10-11 abr. (Viernes Santo y Sábado Santo); 5 jun. (Corpus Cristi); 5 jun. (Natalicio del Presidente); 3 ago. (Día de las Fuerzas Armadas); 15 ago. (Día de la Constitución); 8 dic. (Inmaculada Concepción)
Honduras	15 septiembre: Día de la Independencia (1821: de España)	9-11 abr. (Jueves Santo, Viernes Santo y Sábado Santo); 14 abr. (Día de las Américas); 3 oct. (Nacimiento de Morazán); 12 oct. (Descubrimiento de América); 21 oct. (Día de las Fuerzas Armadas)
México	16 septiembre: Día de la Independencia (1810: de España)	5 feb. (Día de la Constitución); 24 feb. (Día de la Bandera); 21 mar. (Aniversario del Nacimiento de Benito Juárez); 9-11 de abril (Jueves Santo, Viernes Santo y Sábado Santo); 5 mayo (Batalla de Puebla); 1 sep. (Apertura del Congreso de la Unión); 12 oct. (Descubrimiento de América o Día de la Raza); 2 nov. (Día de los Fieles Difuntos); 20 nov. (Día de la Revolución); 12 dic. (Nuestra Señora de Guadalupe)
Nicaragua	15 septiembre: Día de la Independencia (1821: de España)	9-10 abr. (Jueves Santo y Viernes Santo); 19 jul. (Día de la Liberación); 14 sep. (Batalla de San Jacinto); 2 nov. (Día de los Fieles Difuntos)
Panamá	3 noviembre: Día de la Independencia (1903: la Separación de Panamá de Colombia)	9 ene. (Día de los Mártires); 24 feb. (Martes de Carnaval); 10 abr. (Viernes Santo); 15 ago. (Fundación de la Ciudad de Panamá; se celebra sólo en la Cd. de Panamá); 2 nov. (Día de los Difuntos); 5 nov. (Día de Independencia—se celebra sólo en la ciudad de Colón); 10 nov. (Primer Grito de la Independencia); 28 nov. (Independencia Panameña de España [en 1821]); 8 dic. (Día de la Madre; Inmaculada Concepción)
Paraguay	14 mayo: Día de la Independencia (1811: de España)	1 mar. (Día de los Héroes); 9-10 abr. (Jueves Santo y Viernes Santo); 12 jun. (Día de la Paz del Chaco); 15 ago. (Fundación de Asunción); 29 sep. (Día de la Victoria de Boquerón); 12 oct. (Descubrimiento de América o Día de la Raza); 1 nov. (Todos los Santos); 8 dic. (Nuestra Sra. de los Milagros de Caacupé)

Tabla 10-1 cont.

PAIS	FIESTA NACIONAL	OTRAS FIESTAS PUBLICAS
Perú	28 julio: Día de la Independencia (1821: de España)	24 jun. (Día del Campesino); 29 jun. (San Pedro y San Pablo); 1 nov. (Todos los Santos); 8 dic. (Inmaculada Concepción)
Puerto Rico	4 julio: Día de la Independencia de EUA 25 julio: Día de la Constitución	6 ene. (Reyes Magos); 10 ene. (Aniversario de Eugenio María de Hostos); 19 ene. (Día de Martin Luther King); 22 feb. (Día de Washington); 22 mar. (Día de la Emancipación); 10 abr. (Viernes Santo); 18 abr. (Aniversario de José de Diego); 27 mayo (Día de la Conmemoración); 18 jul. (Aniversario de Muñoz Rivera); 25 jul. (Día de la Constitución); 27 jul. (Natalicio de José C. Barbosa); 7 sep. (Día del Trabajo); 12 oct. (Día de la Raza); 12 nov. (Día del Veterano); 19 nov. (Descubrimiento de Puerto Rico); 28 nov. (Día de Acción de Gracias)
República Dominicana	27 febrero: Día de la Independencia (1844: de Haití)	6 ene. (Santos Reyes); 21 ene. (Nuestra Señora de Altagracia); 26 ene. (Día de Duarte); 10 abr. (Viernes Santo); 14 abr. (Día Panamericano); 11 jun. (Corpus Cristi); 16 jul. (Fundación de la Sociedad La Trinitaria); 16 ago. (Día de la Restauración); 16 sep. (Nuestra Señora de las Mercedes); 12 oct. (Descubrimiento de América); 24 oct. (Día de las Naciones Unidas); 1 nov. (Día de Todos los Santos)
Uruguay	25 agosto: Día de la Independencia (1825: de Brasil)	6 ene. (Epifanía, Día de los Niños); 23-24 feb. (Carnaval); 10-11 abr. (Pascua de Resurreción); 19 abr. (Aniversario de los Treinta y Tres); 19 jun. (Aniversario de Artigas); 18 jul. (Día de la Constitución); 12 oct. (Descubrimiento de América); 2 nov. (Día de los Fieles Difuntos); 8 dic. (Día de las Playas); 25 dic. (Navidad, Día de la Familia)
Venezuela	5 julio: Firma del Acta de la Independencia (1811: de España)	23-24 feb. (Carnaval); 9-10 abr. (Jueves Santo y Viernes Santo); 24 jun. (Batalla de Carabobo); 24 jul. (Natalicio de Bolívar); 12 oct. (Descubrimiento de América); 17 dic. (Aniversario de la Muerte del Libertador); 31 dic. (Fin de Año)
Estados Unidos	4 julio: Día de la Independencia (1776: de Inglaterra)	19 ene. (Día de Martin Luther King); 22 feb. (Día de los Presidentes, Día de Washington-Lincoln); 25 mayo (Día de la Recordación); 7 sep. (Día del Trabajo); 12 oct. (Día de Colón); 11 nov. (Día de los Veteranos); 26 nov. (Día de Acción de Gracias)

Las fechas exactas de las fiestas religiosas varían de año en año.

1. ¿Qué es la fiesta nacional de un país? ¿Qué tipo de evento se conmemora con la fiesta nacional? ¿Qué son las fiestas públicas?
2. ¿Cuándo se celebran las fiestas nacionales de México, España, Argentina, Colombia, Ecuador y EUA?
3. ¿Cuáles de los países hispanos lograron su independencia de España en 1810? ¿Y los que lo lograron en 1821?
4. ¿Cuáles son los países hispanos que no lograron su independencia de España sino de otro país? Explique.
5. ¿Cuáles de los países en la tabla comparativa o no celebran el Día del Trabajo o no lo celebran el 1 de mayo?

6. ¿Qué tipo de fiesta pública (política, religiosa, etc.) predomina entre los países hispanos? ¿Por qué piensa usted que es así?
7. ¿Cuándo celebran muchos países hispanoamericanos la fiesta pública del Descubrimiento de América? ¿Cuáles son otros nombres que se le dan a esta fiesta pública?
8. En algunos de los países hispanos se celebra el aniversario (del nacimiento o de la muerte) de alguna figura nacional muy importante: Benito Juárez (México), José de San Martín (Argentina), Simón Bolívar (Venezuela y Ecuador), José Gervasio Artigas (Uruguay), Francisco Morazán (Honduras) y José Barbosa (Puerto Rico). ¿Quiénes fueron estas figuras históricas?
9. También se celebran en varios países hispanos los aniversarios de batallas o treguas. ¿Qué fue la Batalla de Puebla en México? ¿La Batalla de Carabobo en Venezuela? ¿La Batalla de Pichincha en Ecuador? ¿La Paz del Chaco y la Victoria del Boquerón en Paraguay?
10. ¿Por qué es importante tomar en cuenta el calendario y las fiestas nacionales y públicas de un país con el cual se comercia?
11. Usted ha sido contratado/a como consultor/a por una empresa cuyo/a director/a de ventas desea hacer el siguiente viaje de negocios para visitar a unos posibles clientes nuevos:

    Días 14-16 de agosto en España
    Días 14 y 15 de septiembre en Guatemala.
    Días 16 y 17 de septiembre en México.

    ¿Qué problemas hay con este itinerario? ¿Qué cambios le recomendaría usted para su visita a estos tres países?

Vocabulario

Aquí se presentan los principales términos relacionados con este capítulo. Al final del libro hay un glosario más completo.

agente de subasta *(m/f)* • *auction agent*
___ de ventas • *sales agent*
almacén general *(m)* • *general store*
___ de artículos de calidad • *specialty shop*
arancel *(m)* • *tariff*
asistente de práctica *(m/f)* • *student intern*
autopista de peaje (de cuota) • *toll road*
barcaza • *barge*
cabildo • *town council*
cabotaje *(m)* • *coastal traffic, cabotage*

Vocabulario cont.

capitalización de deuda • *debt-equity swap*
cazuela de ave • *soup made with chicken and vegetables*
centro comercial • *shopping center, mall*
cianuro • *cyanide*
comerciante *(m/f)* al por mayor • *merchant wholesaler*
comisionista *(m/f)* • *commision merchant or agent*
concesión • *franchise*
concesionario • *dealer (as in car dealer)*
conocimiento de embarque • *bill of lading*
control de riesgo *(m)* • *risk management*
convenio • *agreement, pact*
conversión (capitalización) de deuda • *debt-equity swap*
corredor/a • *broker*
costo • *cost*
___ variable • *variable cost*
___ fijo • *fixed cost*
cristiano convertido • *born- again Christian*
de gran volumen • *bulky, bulk*
demógrafo/a • *demographer*
descuento • *discount*
___ por promoción • *promotion allowance*
___ por pronto pago • *discount for quick payment*
___ sobre cantidad • *volume discount*
desregulación • *deregulation*
detallista *(m/f)* sin almacén • *non-store retailer*
distribuidor automático • *vending machine*
don de gentes *(m)* • *ability to get along with people*
empanadas de horno • *meat turnovers with beef, hard-boiled eggs, onions, olives, and raisins*
entrega • *delivery*
estante *(m)* • *shelf*
excedente • *surplus*
estructuración de precios • *pricing, setting of prices*
falta de cumplimiento • *failure to comply, noncompliance*
ferretero/a • *hardware dealer*
fletador/a aéreo/a • *air shipper*
___ fluvial • *inland water shipper (river-related)*
___ marítimo/a • *ocean/sea-going shipper*
fletamento (fletamiento) • *freight (cargo or price of shipment)*
fletante • *charterer, owner of a means of transport*
flete *(m)* • *freight (cargo or price of shipment)*
franquicia • *franchise*
gabarra • *barge*
gama • *range (of products, etc.)*
gran almacén *(m)* • *department store*
granel *(m)*: a granel • *in large volume or quantity, bulk*
hacendado/a • *landowner*
incendio • *fire (as in fire insurance)*
inquilino/a • *tenant*
intermediario/a • *intermediary*
lencerías • *linens*
manjar *(m)* • *can of sweetened condensed milk boiled for several hours, a favorite bread spread*
máquina expendedora • *vending machine*
margen de beneficio *(m)* • *profit margin*
más porciones de comida • *second helpings*
mayorista de estanterías *(m/f)* • *rack jobber*
___ sin almacén • *truck wholesaler*
mercadería • *product*
mercado al contado • *cash market*
___ de descuentos • *discount store*

Vocabulario cont.

mercancías de gran volumen (a granel) • *bulk material*

Ministro de Relaciones Exteriores • *Secretary of State*

minorista • *retailer*

naviero/a • *ship owner*

oleoducto • *pipeline*

pastel de choclo *(m)* • *baked meal of beef, chicken, onion, corn, eggs, and spices*

portavoz *(m/f)* • *spokesperson*

práctica • *internship*

precio • *price*

____ de catálogo • *list price*

____de mercado • *market price*

prima • *premium*

promover *(ue)* • *to promote*

proveedor directo • *drop shipper (desk jobber)*

rebaja • *rebate*

___ al comprador • *customer rebate*

___ al revendedor • *trade discount*

regateo • *haggling, bargaining*

representante de fábrica *(m/f)* • *manufacturer's agent*

riesgo • *risk*

salmón *(m)* • *salmon*

seguro • *insurance*

___ contra incendios • *fire insurance*

___ contra terceros • *liability insurance*

___ contra todo riesgo • *comprehensive insurance*

___ de automóviles • *car insurance*

___ de falta de cumplimiento • *non-compliance (surety)*

___ de responsabilidad civil • *liability insurance*

señalar • *to indicate, point out, target*

siniestro • *damage*

soborno • *bribe, bribery*

sopaipillas • *pumpkin fritters (deep-fried pumpkin dough sprinkled with sugar)*

sostener • *to sustain*

subasta • *auction*

surtido • *assortment, selection*

tarifa por menos de un vagón completo • *less than carload on train (l.c.l.)*

tasa de rendimiento • *rate of return (on investment)*

transporte *(m)* • *transportation*

transportista público • *common carrier*

___ por contrato • *contract carrier*

___ privado • *private carrier*

trayecto corto • *short haul or run*

___ largo • *long haul*

trucha • *trout*

venta al por mayor • *wholesaling*

___ al por menor (al detalle) • *retailing*

___ domiciliaria (a domicilio) • *door-to-door sales*

___ por correo • *mail order sales*

vinicultor *(m)* • *wine grower, producer*

víveres *(m)* • *foodstuffs, provisions*

yerno • *son-in-law*

CAPITULO

11 Las finanzas

If you're not happy with the price of a particular stock, just wait a minute.

Anonymous

To win you have to risk loss.

Jean-Claude Killy

Lo que prestas a hombre de mala paga, escríbelo en el agua.

Proverbio

La bolsa de valores. Caracas, Venezuela. ¿Qué es lo que se vende en la bolsa? ¿Por qué? ¿Qué tipo de remuneración reciben los corredores?

PREGUNTAS DE ORIENTACION

Al hacer la *Lectura comercial,* piense Ud. en las respuestas a las siguientes preguntas.

- ¿Qué significa la palabra finanzas? ¿Qué origen etimológico tiene?
- Al referirse a fuentes financieras, ¿en qué se distinguen la autofinanciación y el financiamiento externo?
- ¿Qué es el financiamiento a corto plazo? ¿De qué diferentes fuentes puede proceder este tipo de financiación?
- ¿Cómo se consiguen los fondos de financiamiento externo a largo plazo?
- ¿Qué es la financiación por medio de obligaciones o bonos?
- ¿Qué es una acción?
- ¿Qué tipos de acciones hay y en qué se distinguen?
- ¿Qué es un dividendo?
- ¿Cómo funciona un dividendo diferido?
- ¿Qué es la bolsa de valores?
- ¿En qué se distinguen el riesgo sistemático y el no sistemático en el mundo de las finanzas?
- ¿Cómo funciona una cartera de acciones bien diversificadas para reducir el riesgo del inversionista?
- ¿Qué otros tipos de riesgo se presentan en el mundo financiero internacional?

Breve Vocabulario Util

acción • *stock*
___ ordinaria • *common stock*
___ preferente • *preferred stock*
bolsa de valores • *stock market*
caja fuerte • *safe*
cartera de acciones • *stock portfolio*
fuente *(f)* • *source*
hucha • *piggy bank, money box*
inversionista *(m/f)* • *investor*
préstamo • *loan*
vencimiento • *maturity*

LECTURA COMERCIAL

El financiamiento, los inversionistas y la bolsa

Consideremos por un momento la siguiente situación: un individuo tiene dinero y lo guarda en casa en un chanchito, una hucha (alcancía) o caja fuerte. Ese dinero carece de utilidad porque no se está usando para producir o adquirir nada. Tampoco crece, porque no devenga ningún interés. Al contrario, con el tiempo usualmente va perdiendo valor, a causa de la inflación. Al mismo tiempo, hay una empresa que quiere atraer a más inversionistas. Es decir, quiere aumentar los fondos que necesita para extender y mejorar sus operaciones. Tanto aquel individuo como la compañía se podrían ayudar mutuamente. El individuo podría invertir parte de sus ahorros en las actividades de la empresa y ésta, a su vez, podría usar este financiamiento para pagar sus proyectos. El beneficio para el individuo sería el aumento del valor potencial de su dinero por medio de intereses o una participación en las ganancias de la empresa. Con esta relación mutuamente beneficiosa, uno entra en el campo de las finanzas.

El vocablo *finanzas* viene etimológicamente del latín *finis* (frontera, extremo, fin), y se refiere a la idea del buen fin de una actividad comercial. *Financiar*, según Bernard y Colli, es «poner los medios para que al final de la operación las necesidades en recursos de dinero, medios de pago o valores estén cubiertos». Es importante el factor del tiempo, pues, como explican Bernard y Colli, «el buen fin de un proyecto o una operación puede concentrarse al final de un largo período» *(Diccionario económico y financiero,* pág. 685).

El dinero para los proyectos comerciales de una sociedad puede provenir de una autofinanciación o de una financiación externa. Si la fuente es autofinanciera, los fondos proceden de las reservas o de los beneficios de la empresa misma, es decir, de su propio capital o patrimonio. La financiación externa la constituyen otras personas o instituciones, generalmente en forma de préstamos a corto plazo, de préstamos a largo plazo, de obligaciones o bonos corporativos, o de los aumentos de capital social, que resultan de las aportaciones de los socios (los inversionistas que compran participación o acciones en la compañía). En general, las sociedades requieren de una combinación de ambas fuentes de financiamiento para satisfacer su demanda de fondos adicionales.

El financiamiento externo a corto plazo de una empresa se refiere a aquellos fondos requeridos para financiar las operaciones de día en día, como el renuevo del inventario. En general, procede del crédito comercial, de los préstamos garantizados y de los préstamos no garantizados. El *crédito comercial* se recibe de empresas abastecedoras o suministradoras con las cuales se mantiene el trato comercial. Es una forma de préstamo concedido por los vendedores. Según este arreglo, el abastecedor manda la mercancía pedida, acompañada de una factura que indica los artículos enviados, su precio por unidad, su precio total y las condiciones del crédito, y luego espera —se fía de— que el comprador pague la cantidad debida en el plazo de tiempo concertado. Los *préstamos garantizados* o *prendarios* son aquellos empréstitos bancarios respaldados por una garantía subsidiaria. En caso de incumplimiento de pago por parte del *prestatario,* el *prestamista* adquiere el derecho a propiedades o prendas de aquél por el valor del préstamo. Los *préstamos no garantizados (préstamos sin caución* o *a la firma* o *a sola firma),* en cambio, se refieren a empréstitos cuya probabilidad de reintegro se basa únicamente en la buena reputación y la firma del prestatario.

La financiación a corto plazo normalmente es de duración de menos de un año, mientras que la de largo plazo dura más tiempo, generalmente cinco años, diez años o más. Los fondos de financiamiento externo a largo plazo generalmente se consiguen por medio de obligaciones o bonos de sociedad anónima o por la emisión y venta de acciones.

Una sociedad anónima que emite bonos solicita financiación por medio de obligaciones. *Bonos corporativos* y *obligaciones* son vocablos sinónimos: el primero se usa en los Estados Unidos y en muchos países hispanoamericanos; el segundo es derivado del uso francés, y se emplea más en España. Servirse de bonos corporativos para el financiamiento comercial quiere decir que una sociedad está utilizando dinero prestado que eventualmente tendrá que devolverle al inversionista (prestamista) con un interés devengado, el cual representa el precio del préstamo. En general, la fecha de vencimiento de un bono corporativo es de diez a treinta años. Al vencerse, la corporación se hace responsable de reembolsar el préstamo por su valor nominal (el principal o capital original invertido/prestado) más cualquier interés devengado. Los bonos u obligaciones de una sociedad pueden emitirse como bonos nominativos (a nombre del prestamista) o como bonos al portador (donde no figura el nombre del prestamista). En España, por ejemplo, se emiten al portador, mientras que en los Estados Unidos son nominativos. Otras clases de bonos que funcionan de manera semejante son los bonos de ahorro y los del estado o municipio.

La financiación externa a largo plazo de una sociedad anónima también se puede lograr con la emisión y venta de acciones. Con este tipo de financiamiento la empresa no se hace responsable del pago de un interés acumulado sobre un capital que tendrá que reembolsar, sino que la acción vendida representa la venta de una fracción del capital de la sociedad. En otras palabras, el inversionista que compra acciones se hace propietario parcial de la corporación. Las acciones, igual que los bonos, pueden ser nominativas o al portador. Las nominativas suelen llevar el nombre, domicilio y profesión del propietario y sólo se pueden transferir a otra persona por cesión registrada en los libros de la sociedad. Si son al portador, se pueden traspasar a otra persona por simple entrega.

Las acciones de una sociedad anónima pueden ser *ordinarias (comunes)* o *preferentes (preferidas, prioritarias, privilegiadas)*. Las ordinarias dan el derecho de recibir un dividendo variable declarado (una porción de los beneficios anunciados periódicamente por la Junta General de la sociedad) y el derecho de votar (de tener una voz en la dirección de la sociedad) en la Junta General de Accionistas. Aunque la ventaja para la empresa es la aportación de nuevo capital, una desventaja es que el aumento del número de acciones ordinarias (del número de propietarios y sus votos) diluye el control corporativo de los organizadores originales. Las acciones preferentes, en cambio, generalmente carecen del derecho de votar, pero sí tienen el derecho de recibir un dividendo, limitado a una cantidad fija, y si es posible para la compañía (pues su buena fama depende de ello), una cantidad regular y continua. El inversionista se arriesga más al invertir en las acciones ordinarias que en las preferentes, porque los beneficios que se reciben en forma de dividendo dependen más exclusivamente de las ganancias de la sociedad. Si las cosas no marchan bien para la empresa, es posible que se corten los dividendos por un período de tiempo. Pero si marchan muy bien, los tenedores de acciones ordinarias pueden recibir aún mayores beneficios en forma de dividendos o alzas en el valor de las acciones. En el caso de un dividendo diferido, cuando se ha postergado para una fecha futura la distribución de beneficios a los accionistas, las acciones preferentes recuperan sus dividendos antes que las ordinarias. Otra diferencia entre los dos tipos de acciones es que la preferente, en caso de liquidación de la sociedad, tiene derecho prioritario a recuperar el dinero invertido. Sin embargo, los bonos corporativos (y otros acreedores) tienen la primera prioridad en el orden de compensación. La Tabla 11-1 resume, desde el punto de vista del inversor individual, las diferencias fundamentales entre las tres clases de inversión.

TABLA 11-1 Comparación entre bonos, acciones ordinarias y acciones preferidas, desde el punto de vista del inversionista

TEMA	BONOS / OBLIGACIONES	ACCION ORDINARIA	ACCION PREFERENTE
Representación	Prestamista de fondos	Propietario de capital social	Propietario de capital social
Derecho de voto	Normalmente No	Normalmente Sí	Normalmente No
Tipo de beneficio posible	Interés (hasta la fecha de vencimiento) y alza en el valor (precio) del bono	Dividendo (varía según las declaraciones de ganancias) y alza	Dividendo (en cantidad uniforme) y alza
Beneficio garantizado	Sí, normalmente	No	No (pero recibe su dividendo antes que los tenedores de acciones ordinarias)
Orden de derecho a recompensa en caso de liquidación de la sociedad	Prioritario (junto con otros acreedores)	Tercero	Segundo
Riesgo	Menor	Más alto	Menor que para la acción ordinaria, pero más alto que para los bonos

El intercambio y la compraventa de acciones —desde las de primera clase o más alta categoría hasta las que se cotizan a menos de un dólar— se gestionan en un mercado especial llamado *bolsa de valores.* Una bolsa de valores, llamada *organized exchange* en los Estados Unidos, es un lugar fijo y comercialmente centralizado, como el New York Stock Exchange (NYSE). También existe en este país un mercado no organizado *(over-the-counter market [OTC]),* llamado de esa manera porque las acciones no son intercambiadas en una bolsa, sino que su transacción se lleva a cabo por medio de corredores y agentes que no trabajan directamente en ninguna bolsa. Es un mercado en el cual la compraventa se efectúa por teléfono y por medio de computadoras.

Las bolsas de valores son importantes porque facilitan la participación de instituciones e individuos en las grandes sociedades anónimas. *Bolsa* o *mercado alcista (bull market)* se refiere a un período de mercado con un aumento general de los precios cotizados. Es decir, que los inversionistas piensan que pagarán menos por sus acciones si las compran ahora en lugar de más tarde. El propósito es comprar la acción a un precio bajo para poder venderla luego a un precio más alto. *Bolsa* o *mercado bajista (bear market)* es todo lo contrario; es un período de reducción general en los precios cotizados. En esta situación, el vendedor de acciones piensa que ganará más dinero si las vende en ese momento porque anticipa que van a bajar más sus precios en el futuro.

La consideración clave para tener en cuenta al invertir o especular en la bolsa de valores, especialmente en las acciones ordinarias, es que ésta representa un riesgo para el inversionista. La cantidad y calidad del riesgo depende de si se considera la acción individualmente, o como parte de una cartera de acciones diversificadas. El riesgo percibido se clasifica de dos maneras: (1) riesgo sistemático, el cual incluye factores que afectan a toda sociedad comercial, como la política económica de un país y las reformas impositivas y (2) riesgo no sistemático, el cual afecta solamente a una compañía en particular, como el suicidio del presidente de esa empresa o la declaración de huelga por parte de sus trabajadores. Entonces, desde el punto de vista de los inversionistas, el mundo de las finanzas trata de la administración del riesgo financiero y de cómo reducir al mínimo los riesgos personales involucrados. Para reducir el riesgo, se recurre a una cartera de acciones cuyo propósito es eliminar el riesgo no sistemático por medio de la diversificación de tipos de acciones tenidas. Esta cartera sirve de contrapeso a la conducta de cualquiera de las empresas individuales. Los investigadores han determinado que una cartera de acciones bien diversificadas se logra al tener acciones de al menos unas quince sociedades diferentes. Para asegurarse de una buena diversificación y de una administración profesional, muchas personas invierten su dinero en un tipo de compañía inversionista que ofrece fondos mutualistas o fondos de inversión mobiliaria.

Al hablar de las finanzas internacionales, el riesgo presenta otros factores que necesita considerar el acreedor o inversionista. Existe el riesgo comercial en la posibilidad de insolvencia o incapacidad de pagar por parte de un comprador extranjero. Hay riesgo político en forma de guerras, revoluciones, terrorismo, sabotaje y nacionalización o expropiación. También se enfrenta uno al riesgo de la fluctuación en el cambio de divisas, en el cual se mide el valor de una moneda nacional en términos de otra moneda nacional. Y, por último, siempre hay el riesgo representado por la inflación (la pérdida de valor) de una moneda nacional extranjera, problema que se ha presentado en la forma de hiperinflación (una inflación de más de 25% al año) en algunos países hispanoamericanos en las últimas décadas. Bolivia ha sido un ejemplo de una nación azotada por la hiperinflación en la década de los ochenta. Para 1985 su tasa de inflación anual había subido a un 25.000% y para 1987 los mismos artículos que habían costado 100 pesos en 1980 ya costaban más de ocho millones. En una situación de hiperinflación, se dificulta extender cualquier crédito comercial o tolerar demoras en el recibo de un pago, porque antes de que se seque la tinta en la factura, la cantidad ofrecida como pago ya ha empezado a perder su valor original. Una espera de un mes o más en el pago de mercancías puede dar por resultado la completa anulación de ingresos reales por esos artículos. Incluso, irónicamente, se puede perder dinero en la venta. La hiperinflación requiere transacciones comerciales con pago inmediato en dinero en efectivo. Esto permite que luego se pueda invertir inmediatamente ese dinero en cuentas que devenguen interés, o cambiarlo por una moneda más estable, o se pueden efectuar las transacciones en $EE.UU. u otras monedas nacionales estables, o se puede recurrir al trueque de bienes y recursos, en lugar de usar el dinero.

ACTIVIDADES

A. ¿Qué sabe Ud. de negocios? Vuelva Ud. a las preguntas de orientación que se hicieron al principio del capítulo y a las preguntas que acompañan las fotos y contéstelas en oraciones completas en español.

B. ¿Qué recuerda Ud.? Indique si las siguientes oraciones son verdaderas o falsas y explique por qué.

1. El dinero que no se invierte generalmente pierde valor.

2. La autofinanciación usa fuentes internas/externas para satisfacer su demanda de fondos adicionales.
3. Un préstamo sin caución sólo requiere la buena fama y la firma del prestamista.
4. Los bonos corporativos indican que el/la inversionista es propietario/a parcial de una sociedad anónima.
5. Las acciones ordinarias son menos arriesgadas que las preferentes y sus dividendos normalmente son más limitados.
6. Los tenedores de acciones preferentes son los que reciben primero una recompensa en caso de liquidación de una compañía.
7. Para reducir el riesgo bursátil, se recomienda crear una cartera de acciones bien diversificadas, con un mínimo de dos tipos de acciones.
8. El riesgo político no es un factor muy importante en las finanzas internacionales, en comparación con la hiperinflación.

C. Exploración de sus conocimientos y opiniones personales. Haga los siguientes ejercicios, usando sus propios conocimientos y opiniones personales.

1. ¿Es necesario el crédito comercial para el financiamiento a corto plazo? Explique.
2. ¿Qué opina Ud. de los préstamos no garantizados? ¿Ha hecho Ud. alguna vez este tipo de préstamo? ¿Qué pasó?
3. Entre los bonos, las acciones ordinarias y las acciones preferentes, ¿cuál tipo de inversión prefiere Ud.? ¿Por qué?
4. ¿Ha especulado Ud. alguna vez, o conoce a alguien que lo haya hecho, con inversiones en la bolsa de valores? ¿Cómo le resultó?
5. ¿Qué piensa Ud. de la lógica de reducir el riesgo del inversionista con una cartera de acciones bien diversificadas? ¿Cuáles son algunas acciones que incluiría Ud. en la creación de su propia cartera?
6. ¿Cuáles son las divisas mundiales más fuertes en este momento? ¿Dónde (en cuáles países) está fuerte el dólar? ¿Dónde está débil?
7. ¿Cómo se relacionan los dichos al principio del capítulo con los temas tratados?

D. Al teléfono. Haga las siguientes llamadas telefónicas a otro/a estudiante de la clase. Cada persona deberá tomar un papel activo en la conversación.

1. Ud. es propietario/a de una pequeña empresa que necesita un préstamo bancario a corto plazo. Llame a su banco para hablar

con el/la director/a del Departamento de Préstamos sobre la posibilidad de un empréstito a sola firma.

2. Ud. es un/a proveedor/a que habla con un/a antiguo/a cliente suyo/a que le pide el envío inmediato de veinte cajas de mercancía bajo el crédito comercial de costumbre. Ud. le informa que el envío no se puede hacer hasta mañana y que no hay ningún problema con enviarle una factura con términos comerciales de 3/10, neto 30. Antes de colgar, le aclara el resto de la factura (descripción de lo pedido, precio por unidad y precio total).
3. Ud. quiere comprar algunas acciones ordinarias y llama a su corredor/a para pedirle su opinión sobre si debería invertir en más valores de primera clase (como IBM o General Motors), o arriesgarse un poco con la nueva emisión de valores de una compañía pequeña, pero agresiva que explota minas de oro.

E. Navegando el internet. Se ha comunicado con usted un cliente que tiene interés en hacer inversiones en los mercados emergentes del Cono Sur. El/ella busca información sobre las diferentes bolsas de valores en los países del Cono Sur. En particular le interesan datos sobre el desarrollo histórico, el número de empresas que cotizan sus acciones y el volumen negociado en las diferentes bolsas. Ud. decide hacer lo siguiente para informarse más:

1. Navegar el internet en español para buscar los sitios virtuales de las bolsas en Paraguay, Uruguay y Argentina, usando algunas de las siguientes palabras claves u otras que Ud. conoce o encuentra:

   Paraguay (o Uruguay o Argentina)/ negocios/ bolsa/ valores
2. Al entrar en las diferentes Páginas Web, tomar apuntes sobre las diferentes bolsas.
3. Discutir con sus compañeros/as de clase los resultados de su investigación preliminar. (Usted también le puede enviar a su profesor/a [el/la cliente] un breve resumen escrito por email.)

EJERCICIOS DE VOCABULARIO

Si hace falta para completar estos ejercicios, consulte la **Lectura comercial** o la lista de vocabulario al final del capítulo.

A. ¡A ver si me acuerdo! Pensando en la posibilidad de establecer una relación comercial, usted va a tener una conversación con una persona de negocios de un país hispano. Sin embargo, se le olvidan a usted los siguientes términos en español. Un/a compañero/a lo/la ayuda a recordarlos al pedir que usted se los traduzca.

1. finance - finanzas	6. stock portfolio - cartera de acciones
2. bull market - mercado alcista	7. long-term - larga plazo
3. loan - prestamo	8. corporate bond - bono corporativo
4. lender - prestamista	9. stock - accion
5. supplier - proveedor	10. dividend - dividendo

B. ¿Qué significan? A usted le interesa la posibilidad de hacer unos préstamos e inversiones en Paraguay. Sin embargo, no sabe cómo explicar en español lo que significan ciertos términos que se usan frecuentemente al hablar de inversiones y préstamos. Ud. decide consultarlos con un/a amigo/a. Pídale a un/a compañero/a de clase que le explique los siguientes términos y que le dé algunos sinónimos si puede.

1. capital	6. préstamo garantizado
2. bolsa	7. bono
3. financiación	8. empréstito
4. acreedor	9. acción común
5. préstamo no garantizado	10. acción preferente

C. Finanzas: Adivinación. Con un/a compañero/a de clase, escojan ustedes dos (2) palabras en español que se relacionan con las finanzas, el tema principal de este capítulo. Luego, en clase, den sinónimos, definiciones o palabras que se asocian con los términos originales y pidan que los demás compañeros los adivinen.

D. Entrevista profesional. Usted quiere aclarar algunos detalles sobre las finanzas porque ha podido conseguir una entrevista para un puesto financiero en Uruguay. Por lo tanto, usted desea ensayar la entrevista en español y le pide a un/a compañero de clase, experto/a en este campo, que le haga las siguientes preguntas. En el caso de que usted no pueda contestar alguna pregunta, su compañero/a lo/la ayudará.

1. En una sociedad anónima, ¿cómo se consigue generalmente la financiación externa?
2. ¿Cómo generan beneficios los bonos y las acciones?
3. ¿De qué sirve una cartera de acciones bien diversificadas?
4. ¿Qué es un prestamista? ¿Un préstamo sin caución?
5. ¿Cuáles son algunos de los riesgos del financiamiento internacional?

E. Traducciones. Un/a amigo/a suyo/a tiene que hacer una presentación general sobre las finanzas. Acaba de empezar a estudiar el español y, por lo tanto, sabe poco del vocabulario financiero. Usted lo/la ayuda al pedirle que él/ella traduzca al español las siguientes oraciones que informan sobre ciertos aspectos del tema.

1. To finance a company is to provide new or additional funds for its growth.
2. Short-term external financing can be in the form of commercial credit, secured loans, and unsecured loans.
3. Long-term external corporate financing is aquired through the issue of corporate bonds and stocks.
4. The holders of corporate bonds earn interest while stockholders earn dividends.
5. Risk for stockholders can be minimized by establishing a well-diversified portfolio.

UNA VISTA PANORAMICA DE PARAGUAY

PARAGUAY

Nombre oficial:	República del Paraguay (en guaraní: Tetä Paraguáype)
Gentilicio:	paraguayo/a
Capital y población:	Asunción: 546,637
Sistema de gobierno:	República constitucional

Jefe de Estado/
Jefe de Gobierno: Presidente Luis Angel González Macchi

Fiesta nacional: 14 de mayo, Día de la Independencia (1811: de España)

Paraguay

GEOGRAFIA Y CLIMA

Area nacional en millas² y kilómetros²	Tamaño (comparado con EUA)	División política	Otras ciudades principales	Puertos principales	Clima	Tierra cultivable
157,047 m^2 406,752 km^2	Casi tan grande como California	El Distrito Capital y otros 17 departamentos	Pedro Juan Caballero, Encarnación, Ciudad del Este	Asunción, Villeta, San Antonio, Encarnación. Todos son puertos de río, no hay puertos marítimos.	Subtropical templado al este del Rio Paraguay, semiárido al oeste	6%

DEMOGRAFIA

Año y población en millones			% urbana	Distribución etaria		% de analfabetismo	Grupos étnicos
2000	2015	2025		<15 años	65+		
5.6	7.8	10	53%	39%	5%	8%	95% mestizo, 5% otro

ECONOMIA Y COMERCIO

Moneda nacional	Tasa de inflación 1998	N° de trabajadores (en millones) y tasa de desempleo		PIB 1998 en millones $EUA	PIB per cápita	Distribución de PIB y de trabajadores por sector			1998 Exportaciones en millones $EUA	1998 Importaciones en millones $EUA
						A	I	S		
El guaraní (pl. guaraníes)	14.6%	1.8	8.2%	$19,800	$3,700	27%	30%	43%	$3,400	$3,700
						45%	31%	24%		

Para distribución del PIB y de los trabajadores (mano de obra): A = Agricultura, I = Industria, S = Servicios (y Gobierno).

Recursos naturales: Energía hidroeléctrica, madera, hierro, manganeso, piedra caliza.

Industrias: Elaboración y empacadora de carne, machaqueo de semillas oleaginosas, molienda y aserrado, cervecería, textiles, azúcar, cemento, construcción, productos de madera.

COMERCIO

Productos de exportación: Carne, algodón, soja, madera, aceite vegetal, carne procesada, cueros y pieles, yerba mate, café.

Mercados: 48% Brasil, 22% Países Bajos, 9% Argentina, 4% EUA, 3% Uruguay, 2% Chile.

Productos de importación: Maquinaria, combustibles, lubricantes, productos electrónicos, bienes de consumo y de capital (equipo industrial), productos alimenticios, materia prima.

Proveedores: 29% Brasil, 22% EUA, 14% Argentina, 9% Hong-Kong.

Horario general de comercio: De lunes a viernes, desde las siete de la mañana hasta las doce del mediodía y desde las tres de la tarde hasta las seis.

TRANSPORTE Y COMUNICACIONES

Kilómetros de carreteras y % pavimentadas	Kilómetros de vías férreas	Nº de aeropuertos con pista de aterrizaje pavimentada	Nº de líneas telefónicas	Radios por mil personas	Televisores por mil personas
29,500 / 10%	971	10	218,000	141	144

IDIOMA Y CULTURA

Idiomas	Religión	Comidas y bebidas típicas / Modales
Español y guaraní (ambos oficiales)	90% católico romano, 10% protestante («menonita»)	Arroz, frijoles, maíz, plátanos, pollo, carne, pescado, sancocho, bollo, guacho, verduras y frutas, chicha. Halagar a los anfitriones por la buena comida servida.

Horario normal del almuerzo y de la cena: Sobre la una de la tarde para el almuerzo; entre las seis y las siete de la noche para la cena.

Gestos: Para anunciar o avisar la llegada a la casa de alguien, a veces se baten las manos antes de pasar al patio o al jardín. El gesto de «thumbs up» (un puño con el dedo pulgar apuntado hacia arriba) significa aprobación. El gesto de «A-Okay» (un círculo formado por el dedo pulgar y el dedo índice) es obsceno y equivale al gesto «to give the finger». Hacerle un guiño a alguien se puede interpretar como una insinuación sexual. Darse un toque a la barbilla con la punta del dedo índice significa que uno no sabe la respuesta. Levantar o inclinar la cabeza rápidamente hacia atrás significa que «Se me olvidó».

Cortesía: Saludar individualmente a cada persona al llegar a una reunión o comida y despedirse de cada una al marcharse para no menospreciar a nadie y quedar mal. Mantener buen contacto visual con la otra persona durante una conversación. Se aceptan las visitas no anunciadas de antemano. Ojo con regalarle a alguien un cuchillo porque se podría interpretar como un corte o una ruptura de relaciones.

LA ACUALIDAD ECONOMICA PARAGUAYA

Paraguay, como Bolivia, es una nación cercada de tierra, sin salida directa al mar, lo cual da por resultado costos de transporte más altos. También es una nación que carece de importantes recursos minerales y de petróleo. El golpe de estado en 1989 puso fin a la dictadura militar de 35 años del Presidente Alfredo Stroessner, época caracterizada por un exceso de controles nacionales, barreras y tarifas comerciales que ahuyentaron a los inversionistas extranjeros. Era necesario fomentar una industrialización más rápida en el país. Clave en todo esto fue el aprovecharse de la energía hidroeléctrica abundante y barata, como la que se había facilitado por la presa Itaipú, un proyecto comercial conjunto con el Brasil, terminado en 1981.

En 1986, una sequía dañó gravemente la producción agrícola de soja y de algodón, los cuales constituían el 70% de las exportaciones paraguayas. La producción agrícola cayó un 10% y, por ende, la producción industrial, íntimamente ligada al procesamiento de materia prima agrícola, cayó un 9%. Como resultado, las exportaciones también se redujeron en un 10%, mientras que las importaciones subieron en un 12%, agravando así el saldo desfavorable de la época. Todo esto dio por resultado una continuación de la recesión económica que había empezado en 1981.

Al tomar posesión del cargo en 1989, el nuevo presidente, el General Andrés Rodríguez, prometió unas nuevas elecciones presidenciales para el año 1993. Era también hombre de negocios y deseaba seguir una política económica de libre mercado y eliminar muchos de los controles nacionales. Además, Rodríguez planeaba lograr una industrialización rápida. En 1990 aprobaron un nuevo código electoral que prohibía la afiliación de los miembros de las fuerzas armadas y la policía con los partidos políticos. En 1991 los presidentes y los ministros de Asuntos Exteriores de Argentina, Brasil, Uruguay y Paraguay se reunieron en Asunción para firmar el acuerdo que creó un nuevo mercado común llamado MERCOSUR. Bolivia luego participó también como país observador. En 1993 Juan Carlos Wasmosy, del Partido Colorado, ganó la presidencia, siendo así el primer presidente paraguayo libremente elegido en los 182 años de la independencia del país.

En 1996 se puso a prueba la joven democracia paraguaya cuando el General Lino César Oviedo, ex comandante del Ejército, encabezó una rebelión militar. En 1997 un tribunal de Asunción buscó la detención del ex presidente Stroessner, quien había vivido exiliado en Brasil desde el golpe de estado de 1989, por abusos de los derechos humanos durante su dictadura. En 1998 ganó la elección presidencial Raúl Cubas, amigo de Oviedo quien, desde la prisión, también se había postulado como candidato a las elecciones. Poco después de ser elegido, Cubas liberó a Oviedo e ignoró un fallo de la Corte Suprema la cual ordenaba que se volviera a encarcelar a Oviedo. Con esta crisis gubernamental, Cubas abandonó la presidencia y huyó del país. Poco después, Luis González Macchi tomó juramento como el tercer presidente en cinco años.

La economía de Paraguay sigue dependiendo mucho del sector informal. Este consiste en la reexportación de bienes de consumo importados (mobiliario y máquinas de oficina, cigarrillos, whisky, aparatos electrónicos, música, etc.) a los países vecinos y en las actividades comerciales de miles de pequeñas empresas (microempresas) y vendedores ambulantes. En Ciudad del Este, la cual está en la frontera con Brasil y con Argentina, se ven el funcionamiento de la economía informal y el contrabando. La riqueza nacional queda en manos de una pequeña clase alta. Continúan los problemas de la inflación, la deuda nacional, la falta de infraestructura adecuada y de trabajadores calificados, el alto nivel de desempleo, la deforestación nacional, la reforma agraria y la diversificación económica. Como se ve, hay muchos desafíos para el desarrollo económico de Paraguay.

UNA VISTA PANORAMICA DE URUGUAY

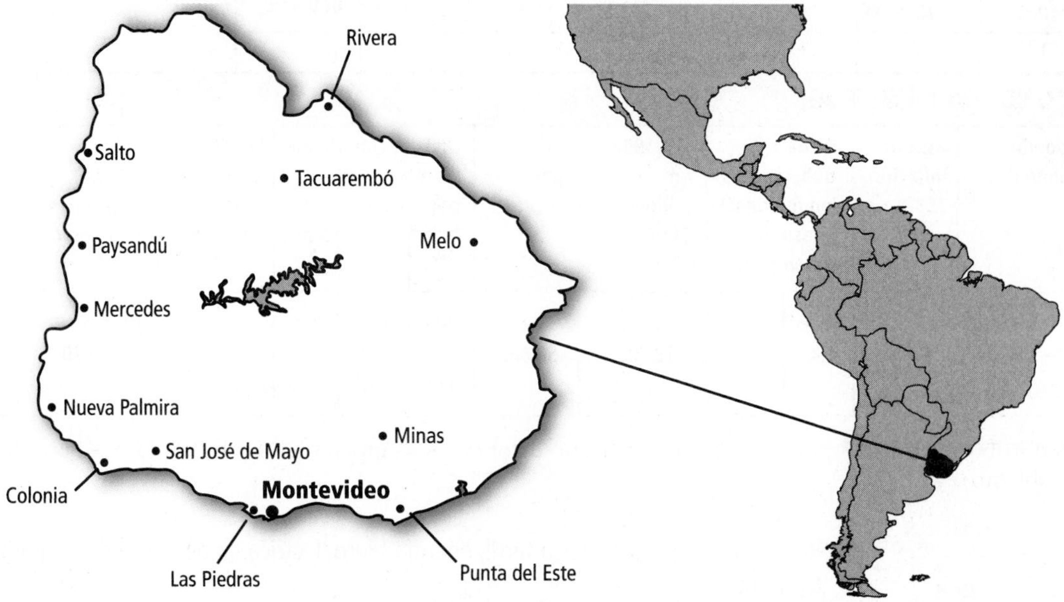

URUGUAY

Nombre oficial:	República Oriental del Uruguay
Gentilicio:	uruguayo/a
Capital y población:	Montevideo: 1,303,182
Sistema de gobierno:	República
Jefe de Estado/ Jefe de Gobierno:	Presidente Jorge Batlle
Fiesta nacional:	25 de agosto, Día de la Independencia (1828: de Brasil)

Uruguay

GEOGRAFIA Y CLIMA

Area nacional en millas^2 y kilómetros^2	Tamaño (comparado con EUA)	División política	Otras ciudades principales	Puertos principales	Clima	Tierra cultivable
68,000 m^2 176,000 km^2	Casi tan grande como Oklahoma	19 departamentos	Salto, Paysandú Las Piedras, Melo, Rivera, Minas, Tacuarembó	Montevideo, Punta del Este, Paysandú, Colonia, Nueva Palmira	Templado caluroso	7%

DEMOGRAFIA

Año y población en millones			% urbana	Distribución etaria		% de analfabetismo	Grupos étnicos
2000	2015	2025		<15 años	65+		
3.3	3.7%	3.9	91%	24%	13%	3%	88% blanco europeo, 8% mestizo, 4% africano

ECONOMIA Y COMERCIO

Moneda nacional	Tasa de inflación 1998	N° de trabajadores (en millones) y tasa de desempleo		PIB 1998 en millones $EUA	PIB per cápita	Distribución de PIB y de trabajadores por sector			1997 Exportaciones en millones $EUA	1997 Importaciones en millones $EUA
						A	I	S		
El peso	8.6%	1.4	11%	$28,400	$8,600	8%	26%	66%	$2,700	$3,700
						11%	19%	70%		

Para distribución del PIB y de los trabajadores (mano de obra): A = Agricultura, I = Industria, S = Servicios (y Gobierno).

Recursos naturales: Tierra fértil, energía hidroeléctrica, minerales, pesca, granito, mármol.

Industrias: Procesamiento de carne, lana, pieles, azúcar, textiles, calzado, artículos de cuero, llantas y neumáticos, cemento, refinación de petróleo, vino, procesamiento de alimentos y de bebidas.

COMERCIO

Productos de exportación: Carne, lana, pieles, productos de cuero y lana, pescado y marisco, arroz, productos químicos.

Mercados: 47% Mercosur (26% Brasil, 20% Argentina, 1% Paraguay), 20% UE (6% Alemania), 7% EUA.

Productos de importación: Maquinaria y equipo, vehículos de motor, productos químicos, minerales, plásticos, petróleo y combustibles.

Proveedores: 50% Mercosur (26% Brasil, 24% Argentina, 1% Paraguay), 19% UE, 12% EUA.

Horario general de comercio: De lunes a viernes, desde las nueve de la mañana hasta las siete de la noche.

TRANSPORTE Y COMUNICACIONES

Kilómetros de carreteras y % pavimentadas	Kilómetros de vías férreas	Nº de aeropuertos con pista de aterrizaje pavimentada	Nº de líneas telefónicas	Radios por mil personas	Televisores por mil personas
8,240 / 90%	2,994	15	823,500	586	191

IDIOMA Y CULTURA

Idiomas	Religión	Comidas y bebidas típicas / Modales
Español (oficial), portuñol o brasilero (mezcla de portugués y español en la frontera con Brasil)	60% católico romano, 2% protestante, 2% judío, 36% no practicante u otro	Carne, empanada, carbonada, estofado o guiso. Es común usar el pan para limpiar el plato al final de la comida.

Horario normal del almuerzo y de la cena: Sobre la una de la tarde para el almuerzo; entre las seis y las ocho de la noche para la cena.

Gestos: Para llamarle la atención a alguien, es común hacer un chasquido con los dedos o hacer un sonido de «ch-ch». El gesto de «thumbs up» significa aprobación. El gesto de «A-Okay» equivale al gesto «to give the finger». Poner una mano con la palma abierta hacia arriba y bajo el codo del otro brazo, significa que alguien es tacaño. Rozarse la barbilla hacia afuera con las uñas y con la palma hacia el cuerpo significa que uno no sabe la respuesta o que no le importa algo. Encogerse rápidamente de hombros quiere decir «¿Qué pasa aquí?». Un bostezo indica aburrimiento y que ya es hora de terminar una reunión.

Cortesía: Bostezar delante de alguien puede interpretarse como aburrimiento con esa persona. No poner los pies sobre una mesa u otro mueble. Las personas no se sientan sobre una mesa. No se espera que el invitado traiga un regalito para los anfitriones al ir a la casa de alguien para cenar o para una fiesta, aunque se aprecian las flores, especialmente las rosas, o un buen vino o una buena marca de whisky. Se considera descortés hacer una visita no anunciada a la casa de alguien durante las horas del almuerzo y de la cena.

LA ACTUALIDAD ECONOMICA URUGUAYA

La industria ganadera es la más importante del Uruguay, hecho reflejado en que Montevideo tiene uno de los frigoríficos más grandes del mundo. Las principales exportaciones nacionales son carne de res, pieles, cueros y lana. Existe un deseo oficial de diversificar más los artículos de exportación. El sector de manufacturas —textiles, carros, productos químicos y alimentos— es muy prometedor, como lo es también el desarrollo turístico en la zona atlántica (Punta del Este).

Entre 1973 y 1985 hubo una dictadura militar en el Uruguay. Una restauración democrática empezó en 1985 cuando Julio Sanguinetti llegó a ser presidente. A partir de esa fecha, el tema de la amnistía por los abusos de derechos humanos por parte de los militares —torturas, asesinatos y desaparecidos— se hizo una de las cuestiones nacionales más debatidas. En 1992 Luis Alberto Lacalle, del Partido Nacional, fue elegido presidente. Lacalle creó un gobierno de coalición, pero ese mismo año el electorado votó contra su plan de privatización. En 1994 el Uruguay consiguió acuerdos económicos muy importantes con sus vecinos — Brasil, Paraguay y Argentina (Bolivia ha participado como observador)— lo cual condujo a la creación de MERCOSUR (Mercado del Cono Sur). Uruguay tiene un mercado nacional muy limitado, pero se considera como muy buen punto de entrada a los grandes mercados de Argentina y Brasil (éste último, por su gran tamaño, es conocido como el Coloso del Sur). También es de suma importancia para el Uruguay el comercio internacional con los grandes mercados de los EE.UU. y la UE.

En marzo de 1994 Julio Sanguinetti fue reelegido como presidente, y volvió al poder en marzo de 1995. En 1995 Uruguay se hizo miembro de MERCOSUR. El Grupo Andino y MERCOSUR, reunidos en Montevideo, resolvieron flexibilizar y expandir aún más la propuesta original para crear la Zona de Libre Comercio. En junio de 1995 Uruguay entró en un consorcio de inversionistas argentinos y uruguayos para transformar la aerolínea PLUNA en una sociedad mixta, operada por la aerolínea Varig de Brasil. Otras privatizaciones han incluido ciertos servicios del aeropuerto internacional Carrasco en Montevideo, la construcción de carreteras, la operación del sistema telefónico móvil y los seguros automovilísticos.

Uruguay logró reducir la inflación monetaria de 129% en 1990 a 8.6% en 1998. Las mujeres uruguayas ganan 34% de los ingresos nacionales, el porcentaje más alto de todos los países latinoamericanos. Uruguay participa en un plan de integración económica con Brasil, Argentina, Paraguay y Bolivia, cuyo propósito principal es el desarrollo de la zona del Río de la Plata como centro transportista y comercial. Hay menos pobreza que en cualquier otro país hispanoamericano, una población muy urbana y bien educada, y la distribución de los ingresos nacionales se parece a la de los países más industrializados del mundo. Se prevé para el futuro una lenta modernización con una economía nacional muy ligada a las condiciones económicas de Argentina y Brasil. Esto puede crear problemas, como la recesión que experimentó Uruguay en 1999 a raíz de la crisis económica en Brasil. Otro problema que enfrenta el país es el del seguro social nacional que carece de suficientes contribuciones impositivas para que sea asequible.

ACTIVIDADES

¿Qué sabe Ud. de Paraguay y de Uruguay?

1. Describa la geografía de ambos países y trate temas relacionados como el tamaño de cada uno, el clima, las ciudades y los puertos principales, y la división política.
2. ¿Cómo son Paraguay y Uruguay demográfica y políticamente? ¿Quién es el jefe de estado/gobierno actual en cada nación?
3. ¿Cuándo es la fiesta nacional de cada país? ¿En qué otras fechas, respectivamente, hay fiestas públicas que afectarían un viaje de negocios? (Véase la Tabla 10-1 de la pág. 302.)
4. Describa la economía de Paraguay y de Uruguay. ¿Cuál es la moneda nacional de cada país? ¿A cuánto está el cambio actual de cada moneda nacional con el dólar EUA? ¿Cómo se compara el PIB y la distribución del PIB de Paraguay con los de Uruguay? ¿Con los de Argentina?
5. ¿Cuáles son los principales productos y destinos de exportación de Paraguay y de Uruguay? ¿Cuál sería un producto o servicio que usted recomendaría vender en cada uno de estos países? ¿Por qué?

6. Compare la infraestructura de transporte y de comunicaciones en cada país.
7. ¿Cómo han cambiado algunos de los datos presentados en las secciones de **Vista Panoramica y Actualidad Economica**? Póngalos al día.
8. Describa la economía informal de Paraguay.
9. Describa la situación política de Paraguay entre 1996 y 1999. ¿Inspira confianza en posibles inversiones internacionales? Explique.
10. ¿Qué problema tiene que resolver Uruguay con respecto al seguro social nacional?
11. Ud. y un/a compañero/a de trabajo, representantes de una empresa inversionista, tienen que hacer un viaje de negocios a Paraguay, con estancia de cinco días. En una semana saldrán del aeropuerto de la ciudad donde viven en este momento. Discuta los siguientes asuntos con un/a compañero/a de clase:
    a. Los planes para el viaje (líneas aéreas, los horarios de los vuelos de ida y vuelta, aeropuertos de despegue y aterrizaje, costos, etc.). ¿Cuál será la mejor ruta para el viaje? Busque las verdaderas posibilidades en el internet o con una llamada telefónica a una agencia de viajes o al aeropuerto. Haga la llamada telefónica en español, si es posible.
    b. El alojamiento y transporte terrestre mientras están en Asunción.
    c. La preparación de un presupuesto para la visita.
    d. Las comidas y bebidas que piensan probar.
    e. Las formas de cortesía y los gestos que deben recordar, usar o evitar.

LECTURA CULTURAL

Dinero, riqueza y estatus social

El dinero y la riqueza tienen una gran importancia cultural en los EE.UU. Desde sus orígenes, la actitud protestante estadounidense interpretó la producción y la acumulación de riquezas como señal de la bendición de Dios. Hoy en día, se percibe a los EE.UU. —tanto desde afuera como desde adentro— como el país materialista y consumidor por excelencia. Hay críticos que dicen que el dólar ya no sirve sólo para satisfacer las necesidades y los deseos de consumo, sino que se ha convertido en un símbolo social de prestigio y éxito. Es decir, que el mérito del individuo estadounidense y su posición social se miden por la cantidad de dinero alcanzado, ahorrado, invertido y gastado. Al ir a una fiesta o reunión social en EUA, muchas veces la primera pregunta que se hacen los desconocidos es "*What do you do?*" La interpretación literal es: —¿Qué hace usted? o ¿A qué se dedica usted? —Pues, me dedico a las finanzas (soy banquero, carpintero, maestra escolar, etc.). Pero hay otra pregunta que se oculta aquí y es la siguiente: —¿Cuánto dinero gana usted? Es decir, al norteamericano le interesa saber a qué profesión o carrera se dedica la otra persona porque esta información le sirve como medida económica del otro (es banquero, tendrá un sueldo anual de X dólares, merece o no merece la pena hablar con él). Así que el saludo típico en estas situaciones a veces tiene como verdadero propósito cultural el definir a la otra persona por el dinero que gana.

España e Hispanoamérica están de acuerdo con los EE.UU. en que todo el mundo quiere vivir mejor; todos quieren tener más dinero para satisfacer sus necesidades y deseos. Pero en las culturas hispanas, el dinero y la riqueza no han llegado a ocupar un lugar tan exaltado como en los EE.UU. Hay muchos más pobres —muchas más limitaciones sobre los apetitos de consumo— en Hispanoamérica que en los EE.UU., especialmente en el sector indígena. Aunque existe un gran deseo y una indudable necesidad en los países hispanos de atraer más dinero en forma de inversión extranjera, esto se templa por el deseo de mantener una autonomía económica nacional. No quieren que el dinero extranjero y la prosperidad tengan como precio la independencia nacional. Esto se demuestra históricamente en las restricciones impuestas a los inversionistas extranjeros y en las nacionalizaciones industriales. Los países en desarrollo quieren protegerse de la influencia y el control ejercidos por las naciones industriales y postindustriales como los EE.UU. y los países de la Europa occidental. Modernizarse, industrializarse y desarrollarse, muchas veces entran en conflicto con las ideas nacionales sobre la estabilidad, la tradición y conservadurismo que existen en muchas partes de Hispanoamérica. Además, a nivel individual pueden prevalecer otras consideraciones, como la familia y las amistades, mucho más que en los EE.UU. Es decir, el dinero sí es importante, pero no lo es todo.

El célebre filósofo inglés Francis Bacon (1561–1626) dijo que: «El genio, la agudeza y el espíritu de una nación se revelan en sus proverbios». Los siguientes proverbios iluminan un poco más las actitudes culturales de España e Hispanoamérica hacia el dinero y la riqueza. Por una parte, se dice que «pobreza no es vileza» y que «no hay mayor riqueza que el contentamiento». Pero por otra parte, se afirma la importancia del dinero: «las palabras del pobre nunca son escuchadas», «hombre sin dinero, pozo sin agua» y «con mucho dinero, todo es hacedero». Sobre los ahorros, se sostiene que «el que guarda, halla». De contraer deudas, se declara que «quien presta a un amigo, compra un enemigo». Respecto a la avaricia, se manifiesta que «al avaro siempre le falta». Y por último, hay dos refranes que se hallan también en muchas culturas mundiales: «el tiempo es dinero» y «el dinero es la raíz de todos los males».

ACTIVIDADES

A. ¿Que sabe Ud. de la cultura?

1. ¿Qué percepción tienen los estadounidenses del dinero y la riqueza? ¿Está Ud. de acuerdo con esta percepción? ¿Que opina Ud. del dinero y la riqueza como símbolos sociales?
2. Resuma Ud. el conflicto de actitudes en Hispanoamérica con respecto a la necesidad de atraer capital extranjero.
3. ¿Qué consideraciones pueden prevalecer más que el dinero a nivel individual en la cultura hispana? ¿Ocurre esto en los EE.UU. también? Comente.
4. ¿Qué significan los proverbios sobre el dinero presentados en la lectura? ¿Qué opina Ud. de ellos? ¿Conoce Ud. otros proverbios en español e inglés que se relacionen con el dinero?

Asimilador cultural. Lea lo siguiente y haga los ejercicios a continuación.

Patti Jameson es una joven estadounidense que lleva seis semanas trabajando en una compañía multinacional en Montevideo. Es muy dedicada, como lo demuestra el hecho de que durante todo su tiempo en Montevideo ha trabajado unas doce horas diarias, seis días por semana. El fruto de su labor ha sido la compra de un nuevo televisor con pantalla grande y un tocador de disco compacto *(CD player)*. Esta tarde la han invitado tres de sus compañeros de trabajo uruguayos a salir con ellos para tomar un aperitivo y relajarse un poco. Ella les contesta:

—Gracias, pero hoy no puedo. Me faltan unas horas más de trabajo. Es que quiero comprarme un coche nuevo. Ya saben, «el tiempo es dinero». Pero, de todos modos, gracias, eh.

Sus compañeros se sonríen y se despiden, sacudiéndose la cabeza al decirle:

—Bien, bien. Sentimos que no vengas esta tarde con nosotros, pero la próxima vez no te nos escapas. Hasta luego.

Haga los ejercicios siguientes.

1. ¿Qué actitud refleja Patti Jameson hacia el dinero?
2. ¿Qué cree Ud. que estarán pensando sus compañeros de trabajo al salir sin ella?
3. Cite Ud. algunos proverbios que reflejen las actitudes de Patti y sus compañeros.
4. Basado en sus conocimientos interculturales, ¿qué le habría recomendado Ud. a Patti Jameson cuando recibió la invitación para salir? En las mismas circunstancias, ¿se habría quedado Ud. a trabajar o habría salido con sus compañeros de trabajo? ¿Cómo piensa Ud. que la actitud de Jameson hacia el trabajo y el dinero pueda afectar su relación con sus compañeros de trabajo?

SINTESIS COMERCIAL Y CULTURAL

Actividades comunicativas

A. Situaciones para dramatizar. Lea las siguientes situaciones y después haga el papel en español con otro/s estudiante/s, usando las siguientes opciones como punto de partida. Cada persona deberá tomar un papel activo en la dramatización. No se olviden del protocolo ni de las cortesías.

1. You are making your first visit to a stockbroker to inquire about investing some of your savings. You and the broker begin to discuss your interest in stocks and bonds, and the broker explains that speculating on the market always entails some risk for the investor. As you ask questions, the broker proceeds to explain that the risk is divided into systematic and unsystematic risk, and that your goal as an investor is to minimize the latter through a well-managed, diversified portfolio.
2. On a visit to your stockbroker, you ask him/her to clarify the major differences between investing in corporate bonds, common stock, and preferred stock. When the topic of stock dividends comes up, you ask for further clarification regarding common and preferred stock.

B. Ud. es el/la intérprete. Janet Vargas, natural de Carolina del Norte y nueva Directora de ventas para la sucursal de una empresa estadounidense en Asunción, habla con su agente de ventas de más experiencia, el Sr. Rafael Morales Oviedo, sobre la administración de ventas en esa parte de Hispanoamérica, especialmente con países vecinos como Brasil, Argentina y Bolivia. Vargas acaba de llegar de Raleigh y se siente poco segura al hablar español. Se sorprende al enterarse de que existen grandes diferencias en la gerencia de ventas en países con problemas inflacionarios.

Haga Ud. el papel de intérprete entre estos dos individuos. Traduzca del inglés al español y del español al inglés, sin mirar el texto, el diálogo que leerán otros dos estudiantes en voz alta. Ellos harán una pausa después de cada raya para permitir su traducción. Acuérdense todos de usar un tono natural de diálogo.

SRTA. VARGAS I see here / that we've had some large orders placed / by some long-standing customers in Brazil, Argentina, and Bolivia. / They're all asking for commercial credit, / which I suppose will be something along the lines of 2/10, net 30.

INTERPRETE ____________________

SR. MORALES No señorita, lo siento, / pero no se puede proceder de ese modo aquí. / Es demasiado arriesgado ofrecer un plazo de tiempo en un crédito comercial / a causa de la alta inflación. / Siempre se intenta cobrar en dinero efectivo / antes de enviar las mercancías porque, / incluso antes de que se seque la tinta sobre un cheque de pago, / el dinero ya ha empezado a perder su valor.

INTERPRETE ____________________

SRTA. VARGAS Really? Back home the normal terms of sale / usually include a discount for payment made in ten days, / or the full amount is payable in thirty, / especially in dealing with known customers.

INTERPRETE ____________________

SR. MORALES Sí, pero aquí se vive en una situación constante de hiperinflación / y así se podría perder dinero en lugar de ganarlo. / Por eso, siempre se pide un pago inmediato en líquido o un pago en dólares.

INTERPRETE ____________________

SRTA. VARGAS I knew inflation was a real problem / and that several governments had gotten into trouble by printing too much money / in order to pay for wage hikes, etc., / but I never imagined…

INTERPRETE ____________________

SR. MORALES Es penoso, pero cierto. / Incluso, aquí se dice que es más barato tomar un taxi que un autobús / porque el taxi no se paga hasta el final del viaje. / Para entonces, la tarifa ya cuesta menos.

INTERPRETE ____

C. Actividad inversionista. Usted ha oído hablar de que hay buenas oportunidades inversionistas en Hispanoamérica. Para informarse más, usted decide comunicarse (en español, de ser posible) con una empresa o un banco que presta servicios y asesoramiento financieros. Llame por teléfono (o comuníquese por internet o haga una visita personal) para buscar la siguiente información:

a. Algunas recomendaciones de un/a perito/a sobre buenas inversiones que se podrían hacer en Hispanoamérica.

b. Algunas observaciones o recomendaciones de un/a perito/a sobre las posibilidades inversionistas en Paraguay y Uruguay.

Luego, discutan con sus otros/as compañeros/as de clase las recomendaciones que han recibido y las fuentes de esa información.

D. Caso práctico. Lea el caso y haga los ejercicios a continuación.

La compañía multinacional estadounidense Landev, Inc., produce y vende maquinaria agrícola. Sus oficinas centrales están en Atlanta, y sus principales fábricas en Georgia y Kansas. Landev tiene interés en la posibilidad de establecer una fábrica y centro de distribución en el Cono Sur de Hispanoamérica, dado que muchos de sus mejores clientes internacionales —Argentina, Chile, Uruguay, Paraguay y Brasil— están en esa región.

Aunque la baja del dólar en el cambio de divisas ha ayudado con la exportación de su maquinaria desde los EE.UU. a la región del Cono Sur, recientemente han subido los costos de salarios y sueldos y los de transporte, especialmente para la maquinaria pesada que exporta Landev. La sociedad considera que una buena opción sería montar parte de sus operaciones en Uruguay o Paraguay, dado el momento propicio político y económico que parece presentarse en aquellos dos países. Además, piensan que cualquiera de los dos países ofrecería un punto de entrada más directo a los grandes mercados de Argentina y Brasil.

Se ha formado un equipo de gerentes para hacer un estudio preliminar de las dos opciones. Entre los resultados de investigación preparatoria, se ha encontrado que en Paraguay la obligación contributaria para fabricantes extranjeros es del 32%, con un descuento del 50% durante un período inicial de cinco años. Uruguay, en cambio, mantiene una obligación impositiva del 59% para fabricantes extranjeros, pero hay un plazo libre de impuestos durante los primeros diez años de operación.

Haga el siguiente ejercicio. Ud. es parte del equipo de investigadores de Landev. Al buscar más datos preliminares sobre los riesgos involucrados en la reubicación de Landev en Paraguay o Uruguay, haga Ud. un resumen general, comparando las ventajas y desventajas que representa cada país en función de:

1. riesgo político anticipado;
2. riesgo de inflación;
3. medios de transporte (tanto nacionales como a los países vecinos, especialmente a Argentina y Brasil).

Después de considerar estos factores, haga Ud. su recomendación sobre cuál país le parece mejor, en este momento, para los planes de Landev.

ANALISIS Y COMPARACION

Estudie la siguiente tabla comparativa y haga los ejercicios a continuación. Use también sus propios conocimientos y, cuando haga falta, otras fuentes informativas como el internet, el *Almanaque mundial*, etc. Los ejercicios se pueden hacer individualmente, en parejas o en pequeños grupos para discutir en clase.

TABLA 11-2 **Los países hispanoparlantes y Estados Unidos: producto interno bruto (PIB), PIB per cápita, distribución de PIB y distribución de trabajadores por sector (A = agricultura, I = industria, S = servicios y gobierno), tasa media de inflación en 1998** [Fuentes: *U.S. Department of State Background Notes, CIA World Factbook 1999, The World Almanac and Book of Facts 2000* y *Almanaque Mundial 2000*]

PAIS	PIB EN MILLONES DE $EUA (1998)	PIB PER CAPITA EN $EUA (1998)	DISTRIBUCION DE PIB EN 1998			DISTRIBUCION DE TRABAJADORES POR SECTOR (1998)			TASA DE INFLACION 1998
			A	I	S	A	I	S	
Argentina	$374,000	$10,300	7%	37%	56%	12%	31%	57%	1%
Bolivia	$23,400	$3,000	17%	26%	57%	65%	10%	25%	4.4%
Chile	$186,000	$12,500	6%	33%	61%	19%	43%	38%	4.7%
Colombia	$255,000	$6,600	19%	26%	55%	30%	24%	46%	16.7%
Costa Rica	$24,000	$6,700	15%	24%	61%	22%	23%	55%	12%

Tabla 11-2 cont.

PAIS	PIB EN MILLONES DE $EUA (1998)	PIB PER CAPITA EN $EUA (1998)	DISTRIBUCION DE PIB EN 1998			DISTRIBUCION DE TRABAJADORES POR SECTOR (1998)			TASA DE INFLACION 1998
			A	I	S	A	I	S	
Cuba	$17,300	$1,500	7%	37%	56%	20%	22%	58%	n.d.
Ecuador	$58,700	$4,800	12%	37%	51%	29%	18%	53%	43%
El Salvador	$17,500	$3,000	15%	24%	61%	25%	26%	49%	2.6%
España	645,600	$16,500	4%	33%	63%	8%	28%	64%	2%
Guatemala	$45,700	$3,800	24%	21%	55%	58%	18%	24%	6.4%
Guinea Ecuatorial	$660	$1,500	46%	33%	21%	66%	11%	23%	6%
Honduras	$14,400	$2,400	20%	19%	61%	37%	24%	39%	14.5%
México	$815,300	$8,300	6%	26%	68%	22%	21%	57%	18.6%
Nicaragua	$11,600	$2,500	32%	24%	44%	31%	15%	54%	16%
Panamá	$19,900	$7,300	8%	18%	74%	27%	9%	64%	1.4%
Paraguay	$19,800	$3,700	27%	30%	43%	45%	31%	24%	14.6%
Perú	$111,800	$4,300	7%	37%	56%	12%	42%	46%	6.7%
Puerto Rico	$34,700	$9,000	2%	23%	75%	6%	18%	76%	5.7%
República Dominicana	$39,800	$5,000	19%	25%	56%	50%	18%	32%	6%
Uruguay	$28,400	$8,600	8%	26%	66%	11%	19%	70%	8.6%
Venzuela	$194,500	$8,500	4%	63%	33%	13%	23%	64%	30%
Estados Unidos	$8,511,000	$31,500	2%	23%	75%	3%	22%	74%	1.6%

1. ¿Qué es el PIB de un país? ¿Cómo se diferencia el PIB del PNB, el Producto Nacional Bruto? Al hablar de PIB en millones de $EUA, ¿cuál es el valor real del PIB de Argentina, Nicaragua, Guinea Ecuatorial, España y EUA? Ejemplo: el valor real del PIB de Colombia en millones de $EUA sería $255,000,000,000; o sea, 255 mil millones de dólares (= *$255 billion*).

2. Según la tabla, ¿cuáles son los cuatro países hispanos de mayor PIB y los cuatro de menor PIB? Haga un gráfico visual (lineal o circular) del PIB de estos ocho países. Ponga en orden decreciente el PIB de todos los países (1. EUA, $8,511,000,000,000; 2. México, $815,300,000,000; hasta terminar con el número 22, Guinea Ecuatorial, $660,000,000). ¿Cuál es la clasificación (*ranking*) de Puerto Rico? (¡Si tiene usted el tiempo y la energía, haga un gráfico lineal del PIB de todos los países en la tabla!)
3. ¿A cuánto asciende el PIB total de todos los países hispanos? ¿El PIB total de los países hispanos del Caribe? ¿El PIB total de los países hispanos de América Central? ¿El PIB total de los países andinos? ¿El PIB total de los países del Cono Sur? ¿Cómo se comparan los PIB en estas cinco categorías de análisis con el PIB de EUA? (Ejemplo: El PIB de los países andinos llega a $X EUA y representa X% del PIB de EUA.)
4. ¿Qué es el PIB per cápita y cómo se calcula? ¿Qué revela sobre la economía de un país al compararse éste con el PIB per cápita de otros países? ¿Cuál es el PIB per cápita de EUA? ¿Cuáles son los tres países hispanos de PIB per cápita más grande? ¿Los tres países hispanos de PIB per cápita más pequeño? Calcule el promedio del PIB per cápita de los países hispanos del Caribe; el promedio para los países hispanos de Centroamérica; el promedio para los países andinos; y el promedio para los países del Cono Sur. ¿Cuál de estas clasificaciones regionales tiene el PIB per cápita más alto? ¿Y en segundo, tercer y cuarto lugar?
5. ¿Cuáles son los tres países cuyo PIB depende más del sector agrícola y cuáles son los tres de menor dependencia? Haga la misma clasificación (*ranking*) para los sectores de industria y de servicios.
6. Si se comparan la distribución de PIB por sector y la distribución de trabajadores por sector, ¿cómo son diferentes los números para Bolivia? ¿Guatemala? ¿México? ¿Y Venezuela? ¿Cómo se pueden interpretar estas diferencias? ¿Qué información dan sobre un país?
7. ¿Cuáles son los países que dedican más de 40% de su mano de obra al sector agricola? ¿Cuáles dedican más de 50% a los servicios?
8. ¿Qué es la inflación? ¿Cuáles son algunos de los efectos de la inflación sobre una ecomomía nacional y sobre los consumidores? ¿Cuáles de los países hispanos experimentaron en 1998 una tasa de inflación de más de 10%? ¿Cuáles tuvieron una tasa de inflación de menos de 2%? ¿Cuál fue la tasa de inflación de EUA en 1998?

¿Cuáles de los países hispanos experimentaron la hiperinflación en 1998, es decir, una tasa superior al 25% annual?

Vocabulario

Aquí se presentan los principales términos relacionados con este capítulo. Al final del libro hay un glosario más completo.

acción • *stock*
acción común (ordinaria) • *common stock*
___ cotizada en menos de un dólar • *penny stock*
___ preferida (prioritaria/privilegiada) • *preferred stock*
adjudicación de beneficios • *awarding of percentage of investment earnings*
administración del riesgo • *risk management*
aguantar • *to bear, tolerate*
al portador • *to the bearer*
aportar • *to contribute, furnish*
___ fondos • *to finance*
autofinanciación • *self-financing*
bolsa alcista • *bull market, rising market*
___ bajista • *bear market, falling market*
___ de comercio • *stock exchange, stock market*
bono de ahorro • *savings bond*
___ del estado • *government bond, treasury bond*
___ de sociedad anónima (de corporación) • *corporate bond*
bursátil *(adj)* • *relating to stock exchange or securities market*
cambio de divisas • *exchange rate*
carne de res • *beef*
cesión registrada • *recorded transfer of securities*
corredor/a (de acciones o de bolsa) • *stockbroker*
crédito comercial • *commercial credit*
dividendo • *dividend*
___ diferido • *deferred dividend*
emisión de acciones • *issue of a security, stock, or bond; equity financing*
empréstito • *loan*
financiación (financiamiento) • *financing*
___ externa/o • *external financing*
___ por medio de obligaciones • *debt financing*
financiar • *to finance*
frigorífico • *meat-packing plant*
garantía subsidiaria (de colateral) • *collateral guaranty or security*
impositivo *(adj)* • *tax-related*
intereses periódicos acumulados • *periodic accured interest*
liquidar • *to settle, liquidate*
nominativo *(adj)* • *bearing a person's name, registered (bond)*
obligación corporativa • *corporate bond, debt financing*
___ contributaria • *tax liability*
postergar • *to postpone*
prenda • *security, pledge, guarantee*
prendario *(adj)* • *guaranteed, secured*
presa • *dam*
prestador/a • *lender*
préstamo • *loan*
___ a sola firma • *unsecured loan, signature loan*
___ garantizado • *secured loan*

Vocabulario cont.

préstamo
___ no garantizado • *unsecured loan*
___ prendario • *secured loan*
___ sin caución • *unsecured loan*
prestatario/a • *borrower*
principal *(m)* • *principal, capital*
reembolso • *reimbursement, repayment*
reintegro • *reimbursement, repayment*
reubicación • *relocation*
saldo desfavorable • *trade deficit, unfavorable balance of trade*
título • *bond, security*
valor nominal *(m)* • *face or nominal value*
valores *(m)* • *securities, bonds, assets, valuables*
___ de primera clase (de más alta categoría) • *blue chip stock*
___ no vendidos en la bolsa • *over-the-counter-market (OTC) securities*
vencimiento • *maturity*

CAPITULO

12 La entrada en el mercado internacional: los países hispanoparlantes

Abordando un avión en un aeropuerto de Chile. ¿Por qué viajan los hombres y las mujeres de negocios?

He that travels much
knows much.

Thomas Fuller

Quien a lejanas tierras va,
si antes no mentía, mentirá.

Proverbio

The greatest enemy of
intercultural understanding
is its own illusion.

V. Lynn Taylor

(Adapted from Peace Corp Adage)

PREGUNTAS DE ORIENTACION

Al hacer la *Lectura comercial,* piense Ud. en las respuestas a las siguientes preguntas.

- ¿Por qué entran y fracasan muchas empresas en el mundo internacional de los negocios?
- ¿Cómo se pueden evitar tales fracasos?
- ¿Cuáles son los tres pasos principales de una estrategia de comercialización internacional?
- ¿En qué consisten el estudio y el análisis económicos del mercado internacional?
- ¿De qué consta una investigación cultural del mercado internacional?
- ¿Cómo influye el aspecto económicocultural en el mundo hispánico de los negocios? Dé ejemplos.
- ¿Cuáles son los tres métodos para entrar en el mundo comercial de un país extranjero?
- ¿Qué elementos comprende un plan modelo de comercialización?
- ¿Cuáles son los distintos pasos que hay que dar para realizarlo?

LECTURA COMERCIAL

Al encuentro de mercados internacionales

En el libro *International Business Blunders,* los autores Ricks, Fu y Arpan describen una firma estadounidense que emprendió un negocio en participación en Sudamérica con un pequeño grupo de capitalistas de esa región. Los estadounidenses no conocían la situación política del país sudamericano, ni se dieron cuenta de que sus socios hispanos iban a perder sus puestos de poder e influencia. Cinco años después de la constitución de la empresa, comenzaron a tener dificultades en conseguir los permisos para extraer y vender materias primas. Frecuentemente hubo problemas administrativos con el nuevo gobierno. Cuando los socios hispánicos perdieron el favor del nuevo régimen, la compañía empezó a perder ganancias, capital y horas de mano de obra.

Abundan casos semejantes de gerentes de empresas estadounidenses que no tuvieron éxito en los negocios en el extranjero. ¿A qué se deben estos fracasos? Se deben a varios factores pero principalmente al desconocimiento de los pormenores del comercio y de la industria internacionales, y a la falta de sensibilidad hacia culturas diferentes.

Breve Vocabulario Util

arancelario *(adj)* • *related to tariffs*
cámara de comercio • *chamber of commerce*
comercialización • *marketing, selling*
en ultramar • *overseas*
licencia • *license, licensing*
negociante *(m/f)* • *business person*
pormenores *(m)* • *details*
tarifa • *tariff rate, fare*
tipo de cambio • *exchange rate*
traductor/a • *translator*

Muchos gerentes de empresas estadounidenses, especialmente los gerentes de marketing y ventas, entran al mundo internacional de los negocios, tanto para ganar dinero como para extender sus operaciones. También se internacionalizan porque sus compañías quieren o se ven obligadas a ser más competitivas, o porque necesitan reducir los gastos de comercialización o de producción. Lo que no saben ni comprenden muchas veces estos gerentes es cómo dirigir los negocios en el extranjero y cómo resolver los problemas que puedan surgir al emprenderlos. Les hace falta un plan de acción y necesitan una estrategia para comercializar y producir en ultramar. Este plan y estrategia constan de una investigación económica y cultural, y de un estudio y un análisis del mejor modo de segmentar la región mercantil o el sector industrial *internacional* señalado. Esta investigación y estudio constan de tres pasos principales.

PASO 1 Investigación de la región mercantil o del sector industrial internacional

La investigación de la región mercantil o del sector industrial internacional indicado consiste en dos tipos de estudios y análisis, uno económico y otro cultural, los cuales se complementan. El estudio y el análisis económicos abarcan varios temas pero especialmente los siguientes: la demografía, las estadísticas y la actividad económica; la tecnología disponible; los sistemas de distribución; la conducta en la compra y los medios de publicidad; la estructuración de precios, salarios y sueldos; las leyes mércantiles y los aranceles aduaneros. En el siguiente análisis, se exponen los aspectos más importantes de cada tema y algunas de las características correspondientes al mundo económico hispánico aunque, por supuesto, éstas pueden variar bastante de país a país. Esta información, así como los datos proporcionados en cada capítulo de este libro sobre los países de habla española, dan una imagen general de la realidad económica española e hispanoamericana.

Como se ve, mediante el análisis económico resumido en la Tabla 12-1, los gerentes no sólo pueden acumular datos e información acerca del mundo económico hispánico, sino que pueden llegar a conocer las oportunidades de comercialización y de producción que existen allí, así como los problemas con los que tienen que enfrentarse al emprenderlas.

En el estudio y análisis culturales, los gerentes vuelven a examinar la región internacional señalada. Procuran determinar hasta qué punto influyen la geografía, la historia, las instituciones sociales, las creencias, los conceptos, los valores, la estética, las condiciones de vida y el idioma de un país o región en los negocios, y qué medidas se deben tomar para adaptarse a esa realidad cultural en sus planes. El análisis de la

TABLA 12-1	Análisis económico del mundo hispano
Demografía	Población joven; alto índice de natalidad; más mujeres que hombres; más rural en Centroamérica, el Caribe y al interior de Sudamérica; clase media en los países más urbanizados, pequeña clase alta; clase baja muy grande
Estadísticas y realidad económica	PIB y renta por habitante comparativamente bajos, pero en aumento; sistemas arancelarios e impositivos a menudo rígidos; concentración de riqueza en pocas manos; economías desarrolladas o en vías de desarrollo; necesidad de reforma agraria; grandes deudas internacionales; inestabilidad de divisas; altas tasas de inflación, desempleo y subempleo; algunas tentativas hacia la liberalización y privatización
Tecnología y sistema de pesos y medidas	Falta de técnicos y de tecnología avanzados; uso general en Sudamérica del sistema métrico y escala centígrada (Véase el Apéndice 3, págs. 452–455)
Sistema de distribución	Modos tradicionales de distribución (mayoristas, detallistas, agentes); mercados ambulantes en zonas rurales; cantidad y calidad desigual de modos de transporte; escasez de carreteras pavimentadas
Conducta en la compra	Varía de clase a clase con mayores compras diarias de primera necesidad; más compradoras (mujeres); uso del regateo en muchos lugares; tendencia de lealtad hacia marcas ya conocidas
Medios publicitarios	Periódicos, revistas, impresos, radio, televisión e internet en zonas urbanas y países desarrollados; varían según el nivel de enseñanza (analfabetismo) de la población
Estructuración de precios y de salarios y sueldos	Varían de país a país de acuerdo al costo de vida o de subsistencia en cada país; mano de obra comparativamente mal pagada en muchos países; problemas persistentes de hiperinflación
Leyes mercantiles, aranceles aduaneros y otros impuestos	Varían de país a país y según los diversos tratados económicos vigentes (TLCAN, Pacto Andino, MCCA, Mercosur); datos disponibles en las embajadas, los consulados y las cámaras de comercio, así como en los códigos nacionales de cada país (Véase la Tabla 3-1, págs. 81–82)

Tabla 12-2 resume algunos factores culturales generales del mundo hispánico que deben considerar los jefes de empresa.

Así como el estudio y el análisis económicos, la investigación cultural aporta mucha información sobre la situación actual del sector o región señalados. Describe la estructura, la organización y las características físicas, sociales, políticas y lingüísticas de dicha división, y proporciona datos sobre su historia, sistema legal, arte e ideas. También indica directa o indirectamente las oportunidades comerciales e industriales que existen, y los problemas que podrían surgir al realizarlas. En el caso del mundo hispano, la investigación cultural destaca la variedad geográfica, social, política y lingüística de la región, así como la importancia de conceptos como el de la familia, el honor, la posición socioeconómica y los papeles tradicionales del hombre y de la mujer. Al mismo tiempo, la investigación cultural enfatiza cómo la abundancia de materias primas favorece la actividad agrícola y los proyectos extractivos, mientras que el alto índice de analfabetismo impide, entre otras cosas, un mayor desarrollo industrial, tecnológico y técnico. Además, este análisis cultural, junto con la investigación económica —cuyas fuentes pueden ser bancos, cámaras de comercio, misiones comerciales, consulados, agentes, libros de consulta, revistas, el internet, etc.— da una vista panorámica, no sólo del sector o la región señalados, sino que trata de la cuestión de riesgo, la cual preocupa a todo gerente. El mundo hispano, con su larga historia de agitación política que influye en todos los aspectos económicos, pero especialmente en la estabilidad de las divisas nacionales y en su tipo de cambio respecto a otras monedas nacionales, puede crear un riesgo para cualquier empresa o proyecto comercial e industrial. ¿Cómo pueden evitar los directores de una firma tal situación perjudicial? Pueden elaborar un plan de acción.

TABLA 12-2 Análisis cultural del mundo hispano

Medio ambiente	Gran variedad topográfica y climática, abundancia de materias primas y vías navegables; falta de infraestructura de transportes y buenos sistemas de carreteras pavimentadas
Historia	Mezcla de civilizaciones (romana, árabe, mediterráneas, europeas, indígenas, africanas); conquista, independencia; guerras de independencia y guerras civiles; caciquismo y gobiernos militares; lento desarrollo industrial y socioeconómico
Elementos sociales	Heredados de iberos, árabes, europeos, indígenas y africanos; mezcla de razas; importancia e intimidad de la familia nuclear y de la extendida; compadrazgo; nepotismo y «palanca»; papeles sexuales tradicionales (machismo); regionalismo (patria chica)
Organización social	Gente sociable y simpática; diferencias de clase social; importancia del *status* social, el honor y el buen nombre de familia, el respeto hacia el individuo
Enseñanza	Importancia de la enseñanza ; buenos sistemas escolares y universitarios; educación universitaria no asequible a todos; alto índice de analfabetismo, especialmente en la clase baja y entre los indígenas
Sistema político y legal	En su mayoría, repúblicas con dictaduras intermitentes; variedad de partidos; falta de estabilidad política; leyes y acuerdos comerciales a menudo rígidos y complejos; conflicto entre los militares, el caudillismo y la democracia, y entre el capitalismo y el socialismo marxista
Creencias y filosofía	Mezcla y variedad de creencias (españolas, indígenas, africanas); conceptos tradicionales del honor y el tiempo; individualismo, trato personal y deseo de crear y mantener lazos sociales; predominio del catolicismo, aunque con influencias indígenas y africanas; aumento del evangelismo protestante
Estética	Gran propensión a lo artístico, variedad de arte, literatura, música, baile y folklore basada en tradiciones españolas, indígenas y africanas
Condiciones de vida	Variedad de dietas alimenticias, vivienda y diversiones, según el grupo étnico y la clase social
Idioma	Predomina el español como lengua oficial, con cierta tendencia regionalista en el uso; gran variedad de lenguas indígenas (a veces sirven de lengua oficial también) y de otros idiomas europeos

PASO 2 Elaboración de un plan de acción

Un plan de acción les proporcionará a los gerentes las estrategias que necesitan para entrar con éxito a los mercados internacionales. Para formularlo, los directores de la empresa, especialmente los jefes de marketing, fijan objetivos. Los basan tanto en la meta principal de la empresa —la oferta de bienes y servicios para satisfacer las necesidades o los deseos de sus clientes con fines de lucro— como en los resultados de las investigaciones económicas y culturales. La entrada al mercado internacional generalmente tiene tres formas: la exportación indirecta, la exportación directa y la producción y venta en el extranjero.

1. *Exportación indirecta.* Sucede cuando los productos o servicios de una empresa se venden en el exterior pero por esfuerzos de otros, por ejemplo, las compañías mercantiles o de exportación u otras firmas de producción o servicios. A menudo una empresa se sirve de los servicios de los agentes o expedidores de fletes, los cuales se pueden conocer en ferias mercantiles o por medio de las cámaras de comercio, los consulados o las embajadas.
2. *Exportación directa.* Ocurre cuando la empresa misma se empeña en la comercialización exterior. Esta emprende la investigación económicocultural, la distribución y la estructuración de precios. A la vez se pone en contacto con representantes extranjeros, los cuales pueden ser agentes, distribuidores independientes o vendedores de la empresa ubicados en el exterior.
3. *Producción y venta en el extranjero.* A diferencia de los métodos anteriores que se basan en bienes y servicios producidos en el país de origen, este tipo de exportación se basa en la venta de productos hechos en el extranjero. Por motivo de los altos costos de la producción nacional, del transporte, o debido a una política económica y a leyes arancelarias desfavorables del país importador, muchas empresas manufacturan en el exterior para poder vender allí. Logran esto por los siguientes medios;
   a. plantas de ensamblaje (maquiladoras)
   b. contratos de fabricación en los cuales otra compañía realiza la producción de los bienes
   c. licencias que permiten que las empresas extranjeras elaboren y vendan los bienes fabricados
   d. negocios en participación, es decir, entre una empresa del país de origen y otra extranjera
   e. fusión con una empresa extranjera
   f. establecimiento de una fábrica, la cual es propiedad exclusiva de la empresa matriz extranjera

Cada uno de estos modos de exportación tiene sus ventajas, especialmente con respecto a la comercialización y la venta. En los países hispánicos son muy comunes las licencias para producir y vender, aunque el método que adopta una empresa depende tanto de su situación interna como de la del país extranjero.

Una vez fijados los objetivos de comercialización y adoptado un método de exportación, los gerentes elaboran un plan de acción (Tabla 12-3).

Como indica el plan, la comercialización internacional es un proceso complejo debido a los distintos factores que tienen que estudiarse. Se complica aún más al tener en cuenta el factor manufacturero, el cual lleva consigo toda una serie de consideraciones técnicas y laborales. Cuando queda trazado el plan de acción, los jefes de marketing y de ventas pueden ponerlo en marcha.

TABLA 12-3 Plan modelo de comercialización

I. Justificar la comercialización internacional
II. Examinar la situación general de la compañía
III. Identificar los mercados
IV. Hacer la investigación económicocultural de los mercados
   A. Estudiar los aranceles aduaneros, los acuerdos comerciales y políticos, el sistema legal, el tipo de cambio y el sistema de medidas
V. Volver a examinar los objetivos empresariales
VI. Elegir el modo de entrar a los mercados
   A. Costos y otras consideraciones de fabricación (personal, cuestiones legales y laborales, etc.) si se opta por producir en el país extranjero.
VII. Analizar los productos y los mercados
   A. Evaluar los productos según la perspectiva extranjera
      1. Identificar problemas y adaptación de productos
   B. Examinar los mercados
      1. Analizar los mercados en que se venden los productos
         a. Investigar las características culturales y los motivos de compra de los usuarios
         b. Planear la distribución, los precios y la publicidad
      2. Evaluar a los competidores
      3. Calcular el tamaño de los mercados y el volumen de ventas
VIII. Especificar la estrategia de comercialización
   A. Determinar los objetivos de comercialización
   B. Describir los productos o servicios que se venden
   C. Establecer los precios de los productos y servicios
   D. Precisar el tipo y los medios de promoción
   E. Indicar los medios de transporte, distribución y pago
IX. Preparar el presupuesto de comercialización
X. Hacer recomendaciones y expedir la documentación y correspondencia necesarias.

PASO 3 Ejecución del plan de acción

La ejecución del plan de acción se realiza cuando los jefes de marketing y de ventas cumplen con los siguientes requisitos:

1. estudiar y analizar los resultados de la investigación económicocultural; poder comunicarse en la lengua oficial del país donde se piensa comerciar e informarse sobre sus características culturales
2. preparar y enviar todos los papeles y documentos necesarios para realizar las metas de comercialización
3. hacer contactos con los distribuidores, agentes, oficiales y otros intermediarios que puedan ayudar a lograr los objetivos
4. hacer los preparativos para viajar o vivir en el país
   a. conseguir los documentos requeridos para la estancia o residencia
   b. conseguir las guías e informarse de la manera de vivir en el país
5. emprender negociaciones para realizar las metas de comercialización
   a. adoptar una actitud siempre cortés y honrada
   b. comprender y respetar las diferencias culturales entre países
   c. estar bien preparados para las citas y las reuniones: tener los datos y los consejeros y, si es preciso, usar un intérprete o traductor profesional de confianza
   d. intentar controlar la discusión y persuadir con diplomacia; hacer concesiones
   e. firmar los contratos; ser flexibles si hay cambios posteriores; consultar con los abogados y otros especialistas
6. mantener buenas relaciones con la casa matriz, así como con los habitantes, colegas y trabajadores del país hospedador

Se han expuesto en este capítulo los pasos fundamentales que necesita realizar la empresa para entrar en el mercado internacional. Como es sabido, muchas compañías, tanto las más pequeñas como las más grandes, ya se han internacionalizado de una de las maneras descritas anteriormente. Lo que no se ha dicho, sin embargo, es que muchos países —los más desarrollados y los que están en vías de desarrollo— han firmado pactos o acuerdos comerciales entre sí. El más conocido e importante durante una época fue el AGAAC (Acuerdo General Sobre Aranceles y Comercio) o *GATT* (General Agreement on Tariffs and Trade), la cual fijaba las reglas para el comercio internacional. Hoy el organismo más importante es la Organizacíon Mundial de Comercio. No obstante la importancia de este tratado, cada región geográfica del mundo tiene sus propios tratados mercantiles. En el mundo hispano los más importantes son los siguientes.

TABLA 12-4 Algunos pactos y acuerdos económicos del mundo hispano

TRATADO	ACRONIMO O SIGLA ESPAÑOL / (INGLES)	PAISES
Acuerdo Latinoamericano de Libre Comercio *(Latin America Free Trade Agreement)*	ALLC *(LAFTA)*	Argentina, Bolivia, Brasil, Chile, Colombia, Ecuador, México, Paraguay, Perú, Uruguay, Venezuela
Mercado Común Centroamericano *(Central American Common Market)*	MCCA *(CACM)*	Costa Rica, El Salvador, Guatemala, Honduras, Nicaragua
Mercado Común del Cono Sur *(Southern Cone Common Market)*	MERCOSUR *(SCCM)*	Argentina, Brasil, Paraguay, Uruguay (Chile y Bolivia son observadores)
Pacto Andino *(Andean Pact)*	PA *(AP)*	Bolivia, Colombia, Ecuador, Perú, Venezuela
Tratado de Libre Comercio de América del Norte *(North American Free Trade Agreement)*	TLCAN *(NAFTA)*	México, Estados Unidos, Canadá

*Véase la Tabla 3-1 de las págs. 81–82 para más detalles.

Para poner fin a este cuadro mercantil sólo falta señalar de nuevo los países que forman el mundo económico hispanoparlante, los cuales se dan a continuación. Precisa decir que, aunque los Estados Unidos es un país cuya lengua oficial es el inglés, se incorpora aquí este país por tener la quinta población más grande de hispanos del mundo y por tener bajo su dominio político a Puerto Rico, Estado Libre Asociado de más de 3.7 millones de habitantes cuya lengua materna y oficial es el español.

REGION GEOGRAFICO-ECONOMICA	PAISES HISPANOPARLANTES
Europa	España
Norteamérica	México, Estados Unidos
Caribe	Cuba, Puerto Rico, República Dominicana
Centroamérica	Costa Rica, El Salvador, Guatemala, Honduras, Nicaragua, Panamá
Sudamérica	Argentina, Bolivia, Chile, Colombia, Ecuador, Paraguay, Perú, Uruguay, Venezuela
Africa	Guinea Ecuatorial

ACTIVIDADES

A. ¿Qué sabe Ud. de negocios? Vuelva Ud. a las preguntas de orientación que se hicieron al principio del capítulo y a las preguntas que acompañan las fotos y contéstelas en oraciones completas en español.

B. ¿Qué recuerda Ud.? Indique si las siguientes oraciones son verdaderas o falsas y explique por qué.

1. Los grandes errores transculturales son muy frecuentes en el comercio internacional.
2. Muchas compañías entran al mercado internacional para mejorar su capacidad de competir con otras empresas de la misma clase.
3. En el mundo hispano generalmente se usa el mismo sistema de medidas que en los EE.UU.
4. Lo que caracteriza a los países hispanos es una homogeneidad geográfica, racial, social y artística, así como una tendencia a personalizar las relaciones sociales.
5. Las investigaciones económicoculturales indican tanto las posibilidades como las dificultades de comercialización.
6. La exportación directa es el único método que se usa para entrar a un mercado internacional.
7. Un aspecto poco importante de un plan modelo de acción es el estudio de la situación arancelaria y monetaria del país.
8. Si uno ya habla español, no es necesario tener un intermediario extranjero para facilitar los trámites de comercialización.

C. Exploración de sus conocimientos y opiniones personales. Haga los siguientes ejercicios, usando sus propios conocimientos y opiniones personales.

1. ¿Qué evitaría Ud. si quisiera comercializar en el extranjero?
2. ¿Qué elementos serían importantes para Ud. al buscar un puesto en una empresa internacional?
3. ¿Cómo realizaría Ud. un estudio económicocultural de un país hispánico?
4. ¿Qué método usaría Ud. para entrar a un mercado extranjero?
5. ¿Por qué cree Ud. que es necesario tener un plan de comercialización? Elija algún país hispano y describa lo que tendría que hacer para llevar a cabo tal plan.

6. ¿Cómo se relacionan los dichos al principio del capítulo con los temas tratados? Tradúzcalos del inglés al español o vice versa.

D. Al teléfono. Haga las siguientes llamadas telefónicas a otro/a estudiante de la clase. Cada persona deberá tomar un papel activo en la conversación.

1. Ud. es investigador/a de mercados internacionales y necesita información sobre las leyes arancelarias, sobre el tipo de cambio y la situación económica de la Argentina así como sobre la cultura, los viajes y la estancia en este país. Llame al consulado argentino para informarse.
2. Ud. quiere concertar una cita con el/la jefe/a de compras de una firma argentina, ubicada en Rosario, para presentarse y para discutir los trámites que Ud. necesita realizar para enviarle varias muestras de sus productos antes de viajar a este país. Llame a la compañía argentina y hable con la persona indicada.
3. Ud. recibe una llamada telefónica del/de la agente comprador/a de una empresa argentina a consecuencia de la exposición de productos que la compañía de Ud. ha hecho en una feria comercial que tuvo lugar en Buenos Aires. El/La agente le pide su catálogo y la lista de precios, y quiere que Ud. o su representante de ventas pase por la compañía para hablar de sus productos.

E. Navegando el internet. Usted y dos colegas de trabajo tienen que hacer un viaje de negocios a las capitales de los países hispanohablantes de Mercosur: Argentina, Paraguay y Uruguay. Van a quedarse tres días en cada capital. Deciden buscar la siguiente información como parte de la preparación para el viaje, tomando un país cada uno/a de ustedes:

1. Los documentos que se requieren para quedarse en los países antes mencionados (visado, certificados de vacunación, etc.).
2. Información sobre cualquier riesgo (político, de salud, etc.) que impida o dificulte el viaje en este momento.
3. El cambio de divisas actual con el dólar EUA.
4. Información (guías, informes, artículos) sobre cómo hacer negocios en cada país.

Al navegar el internet, usar algunas de las siguientes palabras claves u otras que ustedes conozcan o encuentren:

Nombre del país/ viaje/ turismo/ comercio/ economía/ cómo hacer negocios

También pueden intentar usar algunos de los siguientes sitios del internet para empezar:

Nombres de los Sitios del *internet*	Sitios del *internet*
CIA World Factbook	http://www.ocdi.gov/cia/publications/factbook/
South American Explorer Club	http://www.samexplo.org/
Last Frontiers Travel Guide	http://www.lastfrontiers.co.uk/
U.S. State Dept. Travel Warning	http://travel.state.gov/travel_warnings.html
Latin American Sources	http://Kennedy.byu.edu/pratt/resource/resource.htm

Cuando terminen de hallar la información señalada, escriban un memorando en plan de resumen. Luego, presenten la información oralmente (sin leer del memorando) a sus compañeros/as de clase como si se tratara de una propuesta a los gerentes de la empresa que quiere que ustedes hagan este viaje. Divídanse la presentación de manera que todos del grupo participen.

EJERCICIOS DE VOCABULARIO

Si hace falta para completar estos ejercicios, consulte la **Lectura comercial** o la lista de vocabulario al final del capítulo.

A. ¡A ver si me acuerdo! Microsoft lo/la envía a usted a Argentina para establecer una relación comercial con el mayor distribuidor de computadoras en Córdoba. Usted quiere impresionar a los directores de la empresa argentina, sobre todo al hablar español. Sin embargo, se le olvidan a usted los siguientes términos en español. Un/a compañero/a lo/la ayuda a recordarlos al pedir que usted se los traduzca.

1. competitiveness
2. cross-cultural
3. environment
4. consulate
5. details
6. license
7. chamber of commerce
8. trade fair
9. tariff
10. exchange rate

B. ¿Qué significan? Usted ha aprendido unas nuevas palabras para los negocios internacionales. Sin embargo, no sabe exactamente lo que significan ciertos términos que se usan frecuentemente en el comercio internacional. Decide consultarlos con un/a colega. Pídale a un/a compañero/a de clase que le explique los siguientes términos y que le dé algunos sinónimos si puede.

1. libre comercio
2. traba
3. arancel aduanero
4. embajada
5. consulado
6. oferta
7. demanda
8. capitalización
9. hiperinflación
10. traductor

C. Mercado internacional: Adivinación. Con un/a compañero/a de clase, escojan ustedes dos (2) palabras en español que se relacionan con el mercado internacional de los negocios. Luego, en clase, den definiciones, sinónimos o palabras que se asocian con los términos originales y pidan que los demás compañeros los adivinen.

D. Entrevista profesional. Usted quiere aclarar algunos detalles sobre la entrada en los mercados internacionales porque ha podido conseguir una entrevista para un puesto de ventas internacionales. Usted desea ensayar la entrevista en español y le pide a un/a compañero/a de clase que le haga las siguientes preguntas. En el caso de que usted no pueda contestar alguna pregunta, su compañero/a lo/la ayudará. No se olviden del protocolo ni de las cortesías.

1. ¿Cuáles son las diferencias entre la exportación directa y la indirecta?
2. ¿Cuáles son algunos de los pasos estratégicos para la comercialización internacional?
3. ¿Por qué se hace un presupuesto de comercialización?
4. ¿Cuáles serían algunos consejos suyos para una empresa que piensa entrar por primera vez en el mercado hispanoamericano?
5. ¿Qué tipo de ayuda pueden ofrecer las cámaras de comercio a alguien que desea vender sus productos en un país hispanoparlante?

E. Traducciones. A continuación van unos consejos acerca de cómo prepararse para hacer los negocios en el extranjero. Tradúzcalas al español y, luego, en una ficha de 4" × 6", vuelva a escribirlas a máquina como recordatorio.

1. International managers who want to do business with a Spanish-speaking country must know something about its history and culture.
2. They can inform themselves by: (1) reading guides and other books; (2) surfing the internet; (3) talking to people who have been there; or (4) contacting the country's embassy, consulate, or Chambers of Commerce located in the foreign country.

3. They also need to plan and execute strategies that will enable their companies to penetrate foreign markets.
4. There are many ways to market abroad —through various types of media and publicity, trade fairs, etc.— and the preparations for such activities are extremely important.
5. If business people would follow these suggestions, they would contribute much to cross-cultural understanding as well as profit by it.

UNA VISTA PANORAMICA DE ARGENTINA

ARGENTINA

Nombre oficial:	República Argentina
Gentilicio:	argentino/a
Capital y población:	Buenos Aires: 3,000,000 (área metropolitana: 12,000,000)
Sistema de gobierno:	República
Jefe de Estado/ Jefe de Gobierno:	Presidente Fernando de la Rúa

Fiesta nacional: 9 de julio, Proclamación de la Independencia (1816: España)

Argentina

GEOGRAFIA Y CLIMA

Area nacional en millas^2 y kilómetros^2	Tamaño (comparado con EUA)	División política	Otras ciudades principales	Puertos principales	Clima	Tierra cultivable
1,068,300 m^2 2,736,690 km^2	El tamaño de EUA al este del Río Misisipí	Un distrito federal y 23 provincias	Córdoba, Rosario, Mar del Plata, Mendoza	Buenos Aires, Bahía Blanca, La Plata	Mayormente templado, subtropical en el norte, árido en el sureste, subantártico en el suroeste	9%

DEMOGRAFIA

Año y población en millones			% urbana	Distribución etaria		% de analfabetismo	Grupos étnicos
2000	2015	2025		<15 años	65+		
37.2	44.2	48.2	88%	27%	11%	4%	85% blanco europeo, 15% mestizo, amerindio y otro

ECONOMIA Y COMERCIO

Moneda nacional	Tasa de inflación 1998	N° de trabajadores (en millones) y tasa de desempleo		PIB 1998 en millones $EUA	PIB per cápita	Distribución de PIB y de trabajadores por sector			1998 Exportaciones en millones $EUA	1998 Importaciones en millones $EUA
						A	I	S		
El peso	1%	14	12%	$374,000	$10,300	7%	37%	56%	$26,000	$32,000
						12%	31%	57%		

Para distribución del PIB y de los trabajadores (mano de obra): A = Agricultura, I = Industria, S = Servicios (y Gobierno).

Recursos naturales: Las pampas (llanuras fértiles), plomo, cinc, estaño, cobre, hierro, manganeso, petróleo, uranio.

Industrias: Procesamiento de alimentos, automóviles, textiles, refinación de petróleo, maquinaria y equipo, hierro, productos químicos y petroquímicos.

COMERCIO

Productos de exportación: Cereales, pienso, vehículos de motor, petróleo crudo, hierro manufacturado.

Mercados: 31% Brasil, 8% EUA, 7% Chile, 3% Uruguay, 3% China.

Productos de importación: Vehículos de motor y piezas, productos químicos orgánicos, equipo de telecomunicaciones, plásticos.

Proveedores: 20% EUA, 6% Italia, 5% Alemania, 5% Francia.

Horario general de comercio: De lunes a viernes, desde las ocho o nueve de la mañana hasta las ocho de la noche. A veces se cierran las tiendas desde el mediodía hasta las tres o las cuatro de la tarde.

TRANSPORTE Y COMUNICACIONES					
Kilómetros de carreteras y % pavimentadas	**Kilómetros de vías férreas**	**Nº de aeropuertos con pista de aterrizaje pavimentada**	**Nº de líneas telefónicas**	**Radios por mil personas**	**Televisores por mil personas**
208,350 / 29%	37,830	141	7,323,000	614	347

IDIOMA Y CULTURA		
Idiomas	**Religión**	**Comidas y bebidas típicas / Modales**
Español (oficial), inglés, italiano, alemán, francés	90% católico romano (nominalmente), 2% protestante, 2% judío, 6% otro	¡Carne de res, carne de res y más carne de res! En Argentina se come más carne por persona que en cualquier otro país del mundo: asado, bife de chorizo, bife de lomo, parrillada mixta, empanadas, etc. También hay locro, dulce de leche, vino, hierba mate. Se come usando el estilo europeo, con el tenedor en la mano izquierda y el cuchillo en la derecha. Mantener las manos, no los codos, sobre la mesa al comer. No usar mondadientes de manera obvia, no sonarse la nariz ni aclararse la garganta durante la comida.

Horario normal del almuerzo y de la cena: Mediodía o la una de la tarde para el almuerzo; sobre las nueve de la noche para la cena.

Gestos: Espacio físico reducido entre las personas que conversan; a veces se toca el hombro o el antebrazo de la otra persona al hablar. Muchas veces los conocidos se dan un abrazo al saludarse o para las mujeres, un beso en la mejilla. Pararse con los brazos en jarras puede interpretarse como enfado o como un desafío directo. Rozarse la barbilla o el mentón con las uñas y la mano con la palma hacia el cuerpo significa que uno no sabe la respuesta, que no sabe algo o que no le importa algo. El gesto de «hook 'em horns» (un puño con el dedo índice y el meñique extendidos con la palma hacia afuera) es el gesto del cornudo, significa que «su esposo o esposa lo/la está engañando». La mano extendida con la palma hacia abajo y movida de lado a lado indica «así así». Se considera maleducado el pasar entre dos personas que conversan y, si es necesario hacerlo, uno se disculpa diciendo «Con permiso».

Cortesía: En un primer encuentro o en una reunión formal, es común dirigirse a la otra persona usando su título profesional (doctor, profesor, ingeniero, etc.).

Durante el saludo, darse la mano con un apretón firme (pero no excesivamente fuerte como el de John Wayne en las películas). Cuando se llega a una reunión o a una fiesta, se saluda a cada persona presente y también se despide uno de cada individuo al marcharse. Mantener el contacto visual con la persona a la cual se habla (mirarle los ojos), pues indica interés y sinceridad. Quitarse el sombrero o la gorra dentro de un edificio. Cuando se visita la casa de alguien para comer o cenar, traer para los anfitriones un regalito como flores, chocolates o una buena marca de whisky. Ojo con regalarle a alguien un cuchillo, pues puede interpretarse como el romper o cortar las buenas relaciones con esa persona.

LA ACTUALIDAD ECONOMICA ARGENTINA

La población de la Argentina es mayormente europea y urbana, con unos doce millones de habitantes residentes en Buenos Aires. El hecho de que la Argentina tenga una de las clases medias más grandes de toda Hispanoamérica se debe a varios factores pero en especial a las inmigraciones de profesionales, comerciantes y artesanos de Europa, así como a las inversiones de capital extranjero. En su manera de vivir y pensar se ve la fuerte influencia cultural, y hasta cierto punto, aristocrática, de Francia, España e Italia: cierto formalismo y preocupación por el «status» social y una inclinación al arte, la música, la literatura, el buen vestir, los deportes y la buena vida. Este aburguesamiento ocurrió a mediados del siglo XIX y sustituyó a lo que tipificaba el país hasta entonces, es decir, la tradición gauchesca: la vida, costumbres e ideología de los hombres que criaban el ganado mayor en la Pampa. El gaucho es algo parecido al *«cowboy»* de los EE.UU.

Hasta 1940, la Argentina era uno de los países hispanos más prósperos del mundo. Gozaba de uno de los PIB y renta por habitante más altos de Hispanoamérica y su sector agrícola era uno de los más productivos y rentables en todo el hemisferio occidental. Además, su alto nivel de vida era la envidia de muchos países del mundo. A partir de la segunda Guerra Mundial, sin embargo, esta situación empezó a cambiar, especialmente durante los años setenta y ochenta. Esto se debió a varios factores —la mala administración de las empresas nacionales o estatales, las cuales controlaban gran parte del sector industrial; la creciente deuda internacional, la inflación continua, la devaluación de la divisa, el cambio del peso al austral (actualmente la divisa del país ha vuelto a ser el peso), la huida de capital y una política nacional que ha vacilado entre la reforma y la represión. La economía argentina experimentó bajas severas de producción, rentas y empleo en todos los sectores. La situación se empeoró tanto que en 1989 las clases baja y media se rebelaron y se entregaron a saquear y robar tiendas en busca de artículos de primera necesidad.

A partir de 1989 el gobierno argentino ha intentado y, hasta cierto punto, ha logrado cambiar la realidad económica del país. Por medio de una serie de leyes y medidas nacionales, ha emprendido unas reformas que han mejorado, por lo general, la situación material del país. En el sector empresarial, ha privatizado más de doscientas compañías nacionales, en especial las de energía, y ha impulsado a los empresarios privados a ser más agresivos en cuanto a la capitalización de sus empresas. También ha empezado a modernizar la infraestructura nacional al proporcionar fondos para la construcción de nuevas autopistas de peaje y ha concedido incentivos económicos a compañías de flete para extender sus operaciones nacionales.

Con respecto a los sectores productores y al de finanzas, el gobierno se ha afanado particularmente en poner en vigor leyes o en firmar acuerdos que han fomentado y aumentado la productividad y rentabilidad de muchas industrias e instituciones bancarias y bursátiles. Por otra parte, el gobierno ha firmado un pacto comercial—Mercosur—con otros países del Cono Sur (Brasil, Paraguay y Uruguay) para eliminar toda traba al libre comercio en la región, y está participando activamente en la Organización de Estados Americanos, especialmente en cuestiones económicas. Debido a estos esfuerzos nacionales, el producto nacional bruto argentino se ha incrementado en un 7% anualmente desde 1991, la inversión directa extranjera ha superado los cuatro mil millones de dólares en 1994 y las exportaciones, así como las industrias automotriz y hostelera, están en auge. Este éxito se debe en gran parte a la medida iniciada por el gobierno argentino de vincular *(to peg)* el valor del peso al dólar, lo cual no sólo redujo la tasa de inflación de más de 2.000% antes de 1989 a 5% en 1995, sino que creó una trayectoria inversionista y económica favorable.

A partir de 1997, Argentina, lo mismo que los demás países de Latinoamérica, empezó a experimentar de nuevo una pequeña recesión en los sectores económicos. Esto se debió a la crisis financiera mundial que cambió el parecer de los inversionistas y los convenció a no poner más capital en los países en vías de desarrollo hasta que reformaran éstos su infraestructura y estabilizaran su economía, especialmente respecto de la política prestamista de los bancos. (En Argentina los bancos tienden a prestar dinero al gobierno y a las grandes empresas en vez de a las pequeñas companías las cuales contratan a mayoría de la gente.) Descendieron tanto la productividad y el desarrollo del país que el gobierno argentino, desesperado frente a la recesión que se imponía en el país, procuró adoptar una política proteccionista. La rechazaron los otros miembros de Mercosur y Argentina tuvo que abandonarla. Con la falta de nuevas inversiones, la nación tomó otras medidas tales como el recortar los programas estatales de los cuales dependían muchos argentinos, para hacer frente a la crisis. Como se puede imaginar, se opusieron a estas reformas muchos argentinos, quienes en las últimas elecciones presidenciales de 1999 votaron en contra del partido en el poder y eligieron a Fernando de la Rúa. Quedará por ver cómo va a salir de la presente crisis uno de los países más poderosos y económicamente diversificados de Latinoamérica.

ACTIVIDAD

¿Qué sabe Ud. de Argentina?

1. Describa la geografía de Argentina y trate temas relacionados como el tamaño del país, el clima, las ciudades y los puertos principales, la división política del país y cuáles son los países vecinos (al norte, al oeste, etc.).
2. ¿Cómo es Argentina demográfica y políticamente? ¿Quién es el jefe de estado/gobierno actual?
3. ¿Cuándo es la fiesta nacional de Argentina? ¿En qué otras fechas hay fiestas públicas que afectarían un viaje de negocios? (Veáse la Tabla 10-1 de la pág. 300.)
4. Describa la economía de Argentina. ¿Cuál es la moneda nacional del país? ¿A cuánto está el cambio actual de la moneda argentina con el dólar EUA? ¿Cómo se comparan el PIB y la distribución del PIB de Argentina con los de México?
5. ¿Cuáles son los principales productos y destinos de exportación de Argentina? ¿Cuál sería un producto o servicio que usted recomendaría vender en Argentina? ¿Por qué?
6. Describa la infraestructura de transporte y comunicaciones en Argentina.
7. ¿Cómo han cambiado algunos de los datos presentados en las secciones de **Vista Panoramica y Actualidad Economica**? Póngalos al día.
8. Comente usted sobre la actualidad socioeconómica y política de Argentina como si fuera Ud. un/a asesor/a que aconseja a un/a empresario/a interesado/a en hacer negocios allí ¿Cuáles son algunas realidades, oportunidades y problemas que haría resaltar Ud. y cuáles serían sus recomendaciones al/a la cliente/a?
9. Usted viaja a Argentina con su jefe/a para negociar un contrato de compraventa. Discuta los siguientes asuntos con su jefe/a (un/a compañero/a de clase):

a. El producto (bien o servicio) que piensan vender
b. Las estrategias de comercialización que les van a servir para lograr que firme el contrato
c. La buena comida que van a probar
d. Las cortesías y gestos que deben recordar, usar o evitar

LECTURA CULTURAL

El viaje de negocios al extranjero

Después de decidir qué se quiere vender, comprar o producir en el extranjero y a quién, y después de firmar los contratos o acuerdos (tales como la representación exclusiva), la compañía manda a los gerentes apropiados, generalmente los de marketing, ventas o producción, a visitar el país señalado. Hay varios trámites antes de realizar estos viajes. Primero, deben hacer los preparativos. Esto incluye comprar o leer una de las numerosas guías o libros de viajes para personas de negocios y consultar con personas que han viajado o que han vivido allí. Luego, deben comunicarse con la embajada, el consulado o la cámara de comercio de su propio país, o pedirle información a un agente de viajes. Los representantes de estas organizaciones informarán sobre temas como el clima, la documentación, los certificados médicos, los derechos arancelarios, la divisa, la ropa y los efectos personales que se necesitarán para el viaje. También pueden proporcionar información sobre hoteles, restaurantes, bancos, correos, medios de transporte, propinas, centros de compras, telecomunicaciones, servicios médicos y públicos, diversiones y sitios de recreo. La embajada, el consulado o la cámara de comercio de su propio país ubicada en el extranjero, también pueden proporcionar información importante para tener éxito en los negocios —descripciones de la geografía, la política, la economía y las instituciones sociales del país hispano al que se viaja— así como algunas indicaciones acerca de las horas laborales, los días de fiesta, las costumbres, los agentes e intermediarios que se especializan en ciertos ámbitos empresariales, las leyes mercantiles y aduaneras, y otros detalles con respecto a la vida y el comercio en estos países. Estos datos son imprescindibles porque ayudan a emprender los trámites y negocios con esmero y éxito, y reducen el estrés de un viaje internacional.

En cuanto a las reuniones, negociaciones y otros trámites que se realizan en el país extranjero, en este caso, en los países hispanohablantes, los siguientes consejos, aunque de índole general, pueden ayudar a los que viajan al exterior. (Algunas observaciones vienen de una entrevista en 1995 con Amy Pitts, una Pearson Fellow del U.S. Department of State, quien ha vivido y trabajado como ejecutiva en varios países hispanoamericanos y quien sirvió de Directora del Mayor's International Cabinet, Charlotte, NC.)

1. No olvidarse de concertar citas oficialmente antes de viajar y durante los días laborales. Esto quiere decir que hay que prever cuándo se celebran las fiestas nacionales y las vacaciones, y cuáles son las horas y días en que trabajan las personas a quienes se quieren ver. Se recomienda confirmar por teléfono la fecha y hora antes de presentarse. (Siempre ir al baño antes de presentarse para una cita puesto que a menudo hay demoras, casi siempre se sirve café o té, y las citas suelen durar más de lo que un/a norteamericano/a típicamente esperaría.)
2. Con respecto a la indumentaria, los hombres deben vestirse de un traje de color oscuro (o conservador: gris, negro, azul) y las mujeres de un vestido de un color y corte no muy llamativos. Si usted es norteamericano/a, no pretender vestirse como un nativo del país que visita (como un/a colombiano/a, argentino/a, etc.), sino vestirse tal como lo haría para el trabajo profesional en EUA.
3. Acordarse de que hay una gran variedad de climas en Hispanoamérica y de que las estaciones del año en el hemisferio sur son lo opuesto de las estaciones en el hemisferio norte (diciembre/invierno en Chicago = diciembre/verano en Buenos Aires). También hay una gran variedad topográfica y un visitante puede sufrir de la puna o el soroche, el mal de montaña, al visitar por primera vez las alturas de los Andes.
4. Siempre usar el título de alguien al dirigirse a esa persona por primera vez en un contexto profesional: Señor/a, señorita, licenciado/a, doctor/a, ingeniero/a, profesor/a, etc. Saludar a cada individuo al llegar a una reunión y despedirse individualmente al marcharse, para no quedar mal con nadie.
5. Siempre saludar a un cliente, negociante u oficial hispano con un firme apretón de manos. (Esto es especialmente importante para la mujer de negocios, pues la ayuda a establecer desde el principio un tono profesional.)
6. Saber cómo deletrear su nombre y apellido(s) en español: A de Argentina, B de Bolivia, C de Colombia, D de Dinamarca, E de Ecuador, F de Francia, G de Guatemala, etc.
7. No presuponer que va a estar bien preparado/a el/la negociante o la persona con la cual se tiene la cita o la reunión. Se recomienda traer copias de la información que usted ya envió de antemano.

8. La persona que invita, paga. Es decir, si usted invita a otra/s persona/s a una comida de negocios o de trabajo, se espera que usted pague la cuenta.
9. Aceptar con gusto la invitación a tomar un café (¡aunque no le guste el café!). Es una bebida que se toma mucho en Latinoamérica y vale la pena aprender el vocabulario del café:

   café solo, puro o tinto = *black coffee*
   café americano = *large cup of black coffee*
   café exprés, expreso o negro = *espresso coffee*
   café con leche = *coffee with cream (milk)*
   café cortado = *coffee with a dash of cream or milk*
   café instantáneo o soluble = *instant coffee*
   café descafeinado = *decaffeinated coffee*

10. Contactar (o contratar) a un/a abogado/a o contable que hable español y el idioma del personal visitante por si acaso hay que poner en marcha cualquier trámite legal o contable. A menudo un bufete o una firma contable internacional del país del visitante puede recomendar a algunas personas fiables y capacitadas. Si se contrata a alguien dentro del país hispanohablante, asegurarse que éste ya ha hecho el tipo de trabajo por el cual se lo/la contrata y que es responsable. Aquí también importan las recomendaciones de personas conocidas y confiables. Por otra parte, si la persona es notario/a, es casi como abogado/a, ya que su preparación y certificación profesionales se parecen mucho a las de los abogados.
11. No olvidarse de que tanto en España como en Hispanoamérica se usa el sistema métrico y que muchas veces los horarios escritos se basan en el sistema militar. Así que, las dos de la tarde se escribe como 14:00 (las catorce horas), las ocho y media de la noche como 20:30, etc.
12. Procurar reunirse siempre con el alto mando de la empresa por ser éste el nivel en el que se toman las decisiones finales.
13. Si es la primera visita y entrevista en un país hispanohablante, no olvidarse de las cortesías ni del protocolo. Asumir que no se va a discutir, ni mucho menos despachar, un asunto de negocios rápidamente. Lo personal y la manera en que el visitante extranjero se presente y trate a su anfitrión/a hispano/a, van a influir mucho en esta persona. Así que, si su anfitrión/a empieza a hablar de temas extra-mercantiles, sea atento/a y cordial. Estas charlas a menudo tratan de la vida personal y profesional tanto de los visitantes como de los anfitriones mismos, y de la cultura, la historia y las noticias del día. Se recomienda que los visitantes eviten hablar de

la religión y de la política, puesto que pueden ser temas delicados y nunca se sabe cuando el/la anfitrión/a es una persona susceptible.

14. Durante las discusiones de temas mercantiles o industriales, la mejor táctica es observar y escuchar antes de hablar, y proporcionar suficiente información (pero no excesiva) al contestar preguntas. Si resulta que se trata de una presentación que tiene que hacer el/la visitante, que la haga siempre de una manera detallada y con muchos ejemplos y gráficos, y en español cuando sea posible. A veces en las negociaciones, el personal extranjero tiene que ser firme, pero siempre diplomático, paciente, flexible y cortés. No se puede sobrevalorar el presentarse como una persona *sincera, confiable* y *responsable.* Como afirma Felipe Avila Marcué, autor de *Tácticas para la negociación internacional: las diferencias culturales,* «Una persona cortés y respetuosa será siempre muy respetada en el ámbito de los negocios latinoamericanos» (pág. 61).

El libro *The Traveler's Guide to Latin America: Customs and Manners* de Elizabeth Devine y Nancy L. Brigante, entre otros, que se incluye en la sección "Geografía, Economía, Política y Cultura" de la bibliografía de este libro, proporciona muchos datos para las personas que hacen viajes de negocios a Latinoamérica. Vale la pena consultarlo antes de viajar a un país hispano.

ACTIVIDADES

A. ¿Qué sabe Ud. de la cultura?

1. ¿Por qué piensa Ud. que es importante que los gerentes viajen al país con el cual quieren emprender negocios?
2. ¿Cómo pueden prepararse los gerentes y representantes de empresa para viajar al extranjero?
3. ¿Por qué tienen que considerar los gerentes el factor de riesgo antes de comerciar con un país extranjero? ¿Dónde pueden conseguir datos sobre el riesgo político de un país?
4. ¿Qué consejos les daría Ud. a los jefes de empresa presentes y futuros que piensan entablar relaciones comerciales con algún país hispano? Haga una breve presentación oral de sus recomendaciones, como si fuera usted un asesor transcultural.

B. Minidrama cultural. Lea lo siguiente y haga el ejercicio a continuación.

La alta gerencia de Tecno, una compañía estadounidense de tamaño mediano que se especializa en la elaboración e instalación de sistemas informáticos para usos industriales y comerciales, quiere extender la base de sus operaciones y comerciar directamente en el extranjero. Se informa mediante un estudio preliminar hecho por su división de marketing de que, a pesar del desarrollo económico desigual de la Argentina, este país ofrece buenas posibilidades de comercialización, en especial en el campo de la exportación. También se entera por uno de sus clientes actuales, el cual emprende negocios en Buenos Aires, que una firma mercantil privada de esa ciudad desea comerciar con una compañía como Tecno. Al considerar este «enchufe» como el mejor medio para entrar al mercado argentino, Tecno le escribe a la firma bonaerense una carta de presentación en inglés. Adjunta un catálogo de sus productos y sugiere que los representantes de ambas compañías se reúnan para discutir una posible colaboración.

Pasan algunos meses y varias telecomunicaciones y las dos empresas deciden reunirse. Tecno manda a su jefa de marketing, Michelle Jones, una mujer talentosa y energética que habla español y quien ha hecho varios viajes turísticos a Hispanoamérica. Tecno se ocupa de los trámites del viaje y la estancia. Jones lleva consigo el último modelo de computadora que vende Tecno, los informes estadísticos del mercado industrial y comercial de Buenos Aires, los contratos y las licencias —todo lo que se cree necesario para realizar las negociaciones y firmar un acuerdo rápido. Al día siguiente de llegar a la capital argentina, Jones acude a la cita con el Licenciado Rafael Tanucci, el gerente de compras de la empresa bonaerense.

LIC. TANUCCI Buenos días, Srta. Jones. Bienvenida a Buenos Aires. ¿Qué tal el viaje y el Hotel Sheraton? Este es uno de los más lujosos de toda la ciudad y...

SRTA. JONES Bien, gracias. Ha sido un vuelo muy largo pero el hotel es muy agradable.

LIC. TANUCCI Bueno, nos alegramos de que haya venido para hablar con nosotros. Nos gustaría llevarla a ver...

SRTA. JONES Sólo estaré aquí dos días para concluir nuestro negocio y después me voy. Hablando de negocios, ¿recibió Ud. nuestro catálogo con las descripciones de nuestros productos y la lista de precios?

LIC. TANUCCI Sí, pero hay algunos problemas con las medidas. Sabe Ud. que usamos el sistema métrico y...

SRTA. JONES Sí, sí lo sé, pero si le puedo enseñar nuestro último modelo de computadora, ya verá que es una de las mejores que se vende últimamente y que satisface todas sus necesidades comerciales. Las medidas son lo de menos. Siempre podemos adaptarlas a sus especificaciones. ¡No se puede imaginar cuántos problemas he tenido para hacer pasar esta computadora por la aduana! Parece que no se confía en nadie en este país. (Al decir esto saca un paquete de su maletín y se lo echa al Lic. Tanucci.) Aquí le traigo un regalo, un bonito cuchillo, que le quiere dar nuestra empresa.

LIC. TANUCCI (Al ver el regalo, el Licenciado Tanucci frunce el ceño.) Si nos hubiera avisado que iba a traer consigo una nueva computadora, le habríamos podido ayudar con los trámites de la aduana. Bueno, aunque me gustaría ver su computadora, hoy no puedo. Lo siento. Se me había olvidado que tenía otra cita. Quizá pueda volver otro día para que charlemos más del tema. Mucho gusto en conocerla, Srta. Jones. Hasta muy pronto.

¿Por qué fracasó la Srta. Jones al tratar de entablar relaciones comerciales con el Lic. Tanucci? Defienda su selección.

1. La Srta. Jones se comportó de manera muy arrogante.
2. La Srta. Jones no conocía muy a fondo las necesidades de la empresa del Lic. Tanucci, incluso el sistema de medidas que se usa en Argentina.

¿Por qué frunce el ceño el Licenciado Tanucci al ver el regalo que le hace Michelle Jones?

SINTESIS COMERCIAL Y CULTURAL

Actividades comunicativas

A. Situaciones para dramatizar. Lea las siguientes situaciones y después haga el papel en español con otro/s estudiante/s, usando las siguientes opciones como punto de partida. Cada persona deberá tomar un papel activo en la dramatización. No se olviden del protocolo ni de las cortesías.

1. You represent an import-export firm that trades on behalf of various industrial companies. You meet with a distributor from a certain Spanish-speaking country (select one) to discuss the following.
   a. the imports currently in demand in that country
   b. the current exchange rate and its forecast
   c. the risk factors (any anticipated political developments) that might affect business
2. You represent a consumer goods firm interested in licensing some of its products in a certain Spanish-speaking country (select one and refer to the import section of a country table in this text for possible products) and are scheduled to talk with the representative of a firm in that country about the following.
   a. the products to be made or sold
   b. the areas where these products will be marketed, the volume to be produced and/or sold, and the price
   c. the percentage or commission to be given to the licensing company as part of total sales

B. Ud. es el/la intérprete. Susan Scott, vicepresidenta de una firma estadounidense que produce equipo de telecomunicaciones, está en Buenos Aires para realizar un negocio de venta que se viene discutiendo desde hace varios meses con el Sr. Osvaldo Pérez, funcionario de la Empresa Nacional de Telecomunicaciones (ENTEL). La compañía nacional quiere modernizar el sistema telecomunicativo del país y le interesa la línea de productos que ofrece Scott. Para el Sr. Pérez, sin embargo, todavía quedan muchos asuntos por discutir, y se siente algo incómodo por no haber tenido nunca que tratar con una mujer de la alta posición de la Srta. Scott.

Haga Ud. el papel de intérprete entre estos dos individuos. Traduzca del inglés al español y del español al inglés, sin mirar el texto, el diálogo que leerán otros dos estudiantes en voz alta. Ellos harán una pausa después de cada raya para permitir su traducción. Acuérdense todos de usar un tono natural de diálogo.

SR. PEREZ	Buenos días, Srta. Scott. / Mucho gusto en conocerla y bienvenida a Buenos Aires.
INTERPRETE	______________________________
SRTA. SCOTT	Hello, Mr. Pérez. I'm pleased to meet you. / Thanks for your kind greetings.
INTERPRETE	______________________________

SR. PEREZ	¿Puedo ofrecerle algo, un vino, una taza de café? / Los vinos argentinos son muy buenos y el café no está nada mal. / Es del Brasil.
INTERPRETE	______________________________
SRTA. SCOTT	A cup of coffee would be nice. / I know that Argentine wines are good, / but I prefer to try them another time.
INTERPRETE	______________________________
SR. PEREZ	Muy bien. Aquí tiene su café.
INTERPRETE	______________________________
SRTA. SCOTT	Ummm, the coffee is very good. / I wanted to ask if you received the information / that you requested from us / about the licensing agreement?
INTERPRETE	______________________________
SR. PEREZ	Sí. La recibí la semana pasada, / pero quisiera aclarar algunos detalles. / En las discusiones iniciales le habíamos dicho a su firma / que nos interesaba conseguir los derechos de patente / para poder elaborar sus productos aquí en la Argentina. / A cambio de este arreglo, / le daríamos cierto porcentaje de la venta total. / En su última correspondencia, sin embargo, / nos han concedido sólo los derechos de marca registrada. / ¿Por qué han cambiado Uds. de opinión?
INTERPRETE	______________________________
SRTA. SCOTT	Well, the production and marketing program that ENTEL has proposed / seems very ambitious to us. / If you want to proceed with this program, / it seems better to us to produce the machines in our country. / If supply exceeds demand, we will make another agreement, / perhaps one for a joint venture.
INTERPRETE	______________________________
SR. PEREZ	Ah, ya veo. Bueno, esto lo tendré que pensar y consultar con mis colegas.
INTERPRETE	______________________________

C. Actividad empresarial. Usted y un/a amigo/a quieren explorar las posibilidades de vender bienes de capital (máquinas, equipo industrial, aparatos y utensilios para realizar la actividad productora, etc.) en

Argentina. Deciden comunicarse electrónicamente con la embajada argentina (o el consulado) en el país donde ustedes viven y con la Cámara de Comercio norteamericana en Argentina, para enterarse de las posibilidades en este importante mercado del Cono Sur. Divídanse la tarea.

Después de comunicarse con las entidades arriba mencionadas, redacten un breve resumen de la información que hayan podido conseguir. Luego, discutan las posibilidades con sus compañeros/as de clase.

D. Caso práctico. Lea el caso y haga los ejercicios a continuacion.

Amerimec, Inc. es una compañía estadounidense que elabora máquinas agrícolas y de transporte para el mercado internacional. Hace dos años que comercia con Hispanoamérica, especialmente con Argentina, mediante una casa de exportación estadounidense, y ha tenido bastante éxito. En realidad, hasta muy recientemente, ha logrado vender en este país más máquinas que en cualquier otro lugar. Además, a pesar de la crisis económica argentina, el futuro del sector agrícola parece muy favorable.

En vista de esta situación positiva, los gerentes de Amerimec desean cambiar su estrategia de comercialización. En vez de exportar a Argentina, quieren producir y vender directamente en este país. Este cambio de táctica se debe a los altos aranceles y costos de exportación, los cuales han influido negativamente en las economías de escala* y en la estructuración de precios, y han reducido su capacidad de competir en el mercado de maquinaria agrícola. Por otra parte, al tener su propia fábrica y división de ventas, Amerimec no sólo podrá incorporar la tecnología más reciente, sino que todas las ganancias de la venta serán suyas.

La alta gerencia de Amerimec emprende los trámites para montar su propia fábrica, pero tiene problemas inicialmente. El gobierno se opone al plan de la firma estadounidense y le pone trabas que le impiden conseguir los permisos y materiales necesarios para construir la fábrica. El hecho es que el gobierno se ve presionado por los partidos izquierdistas, los cuales constituyen una fuerza potente en la política argentina, a adoptar una política más fuerte frente al llamado imperialismo estadounidense. La firma estadounidense también tiene problemas para conseguir el personal y los obreros argentinos necesarios para poner en marcha el negocio. Así que, en vez de proceder con los trámites de instalar su propia fábrica, los gerentes deciden comprar una compañía argentina de transporte y máquinas agrícolas que ha tenido problemas gerenciales y de comercialización y que necesita capital. Al principio, esta estrategia les

*Las economías de escala se refieren a la disminución de los costos unitarios al aumentar el número de unidades producidas.

parece muy lógica a los gerentes de Amerimec. Les solucionaría los problemas de tener que construir una fábrica y contratar a nuevos oficinistas y trabajadores. También anularía la oposición nacional, a la vez que aumentaría el control de Amerimec del mercado.

En cuanto abren las puertas de la sucursal argentina, sin embargo, los gerentes de Amerimec empiezan a tener problemas. En primer lugar, se enfrentan con los obreros, quienes se oponen a la política laboral de la compañía. Los obreros dicen que la compañía sigue demasiado la política de la casa matriz en los EE.UU., especialmente con respecto al control de calidad, y que la política empresarial es demasiado rígida. Cuando la compañía no cambia las reglas de las cuales se quejan los obreros (y que, en algunos casos, violan la ley nacional de trabajo), éstos se declaran en huelga y cierran la fábrica por varios meses. Luego, cuando se traen a Buenos Aires algunos técnicos estadounidenses para enseñarles a los trabajadores a manejar las máquinas de producción, se descubre que ninguno de los técnicos sabe hablar español. También se sienten frustrados por la lentitud en que se despachan ciertos trámites, especialmente los que requieren la aprobación del gobierno. Si no fuera por los beneficios que esperan sacar del negocio, Amerimec liquidaría su empresa en Argentina.

EJERCICIOS

Haga los siguientes ejercicios. Ud. es un/a consultor/a gerencial de una compañía estadounidense que se especializa en la gestión internacional, particularmente en Hispanoamérica. Discuta con sus colegas lo siguiente:

1. Las razones por las dificultades que tiene Amerimec en la Argentina
2. Algunas sugerencias para mejorar la situación general de la empresa
3. Algunos consejos para los gerentes de Amerimec en el futuro, con respecto a Hispanoamérica

ANALISIS Y COMPARACION

Estudie la siguiente tabla comparativa y haga los ejercicios a continuación. Use también sus propios conocimientos y, cuando haga falta, otras fuentes informativas como el internet, el *Almanaque mundial*, etc. Los ejercicios se pueden hacer individualmente, en parejas o en pequeños grupos para discutir en clase.

TABLA 12-5 **Comparación entre los países hispanoparlantes y Estados Unidos: 1998 exportaciones en millones de $EUA, principales productos de exportación y principales mercados**
[Fuentes: *U.S. Department of State Background Notes, CIA World Factbook 1999, The World Almanac and Book of Facts 2000* y *Almanaque Mundial 2000*]

PAIS	1998 EXPORTACION EN MILLONES $EUA	PRINCIPALES PRODUCTOS DE EXPORTACION	PRINCIPALES MERCADOS
Argentina	$26,000	Cereales, pienso, vehículos de motor, petróleo crudo, hierro	31% Brasil, 8% EUA, 7% Chile, 3% Uruguay, 3% China
Bolivia	$1,100	Metales, gas natural, café, plata, madera, joyería, soja en grano, estaño, petróleo, alimentos	22% EUA, 9% Reino Unido, 9% Colombia, 7% Perú, 7% Argentina
Chile	$14,900	Bienes de consumo, cobre y otros minerales y metales, harina de pescado, productos de madera, papel, productos químicos y de petróleo, frutas y vegetales, pescado, vino	28% UE, 18% EUA, 13% Japón, 8% Reino Unido, 5% Brasil, 5% Argentina
Colombia	$11,300	Petróleo, café, carbón, oro, bananas, flores recortadas, productos químicos y farmacéuticos, textiles y confecciones, oro, azúcar, contenedores de papel de cartón, cemento, plásticos de resina y manufacturados, alimentos, tabaco	38% EUA, 23% UE, 18% Grupo Andino, 3% Japón
Costa Rica	$3,900	Productos manufacturados, café, bananas, textiles, azúcar, carne, fruta, flores recortadas y plantas de ornato	42% EUA, 32% Europa, 16% Centroamérica, 16% Japón
Cuba	$1,400	Azúcar, níquel, tabaco, maquinaria de transporte, pescado y marisco, cítricos y otras frutas, café, ron, productos químicos y farmacéuticos	27% Rusia, 18% Canadá, 11% Países Bajos, 8% España
Ecuador	$3,400	Petróleo, maquinaria y equipo de transporte, químicos, bananas, camarones, flores recortadas, pescado, café, cacao, animales vivos	39% EUA, 25% Latinoamérica, 22% UE, 12% Asia
El Salvador	$1,960	Maquila, café, azúcar, camarones, textiles, papel y derivados, productos farmacéuticos	60% EUA, 25% MCCA, 10% UE
España	$111,100	Camiones y automóviles, maquinaria, fruta, minerales, metales, textiles, ropa, calzado, alimentos	70% UE (20% Francia, 18% Alemania, 10% Italia, 9% Portugal, 8% Reino Unido), 4% EUA
Guatemala	$2,900	Café, azúcar, carne, bananas y frutas, cardamomo, vegetales, petróleo	37% EUA, 28% MCCA, 5% Alemania

Tabla 12-5 cont.

PAIS	1998 EXPORTACION EN MILLONES $EUA	PRINCIPALES PRODUCTOS DE EXPORTACION	PRINCIPALES MERCADOS
Guinea Ecuatorial	$197	Cacao, café, animales vivos, petróleo y lubricantes, bienes manufacturados	34% EUA, 17% Japón, 13% España, 13% China
Honduras	$1,300	Café, bananos y frutas cítricas, camarón y langosta, minerales (plomo, cinc), carne, madera en troncos, azúcar	54% EUA, 7% Alemania, 5% Bélgica, 3% España
México	$117,500	Petróleo crudo y productos de petróleo, café, plata, máquinas de motor, vehículos de motor, algodón, electrónica de consumo, productos agrícolas	88% EUA, 1.3% Canadá, 1% Japón, 0.6% España, 0.6% Chile, 0.5% Brasil
Nicaragua	$704 (año 1997)	Café, pescado y marisco, carne, azúcar, oro, bananas, ajonjolí (sésamo)	43% EUA, 33% UE, 17% MCCA, 2% México
Panamá	$6,680 (año 1997)	Bananas, camarones y productos de pescado, azúcar, ropa, café	37% EUA; UE, América Central, el Caribe y Japón
Paraguay	$3,400	Carne, algodón, soja, madera, aceite vegetal, carne procesada, cueros y pieles, yerba mate, café	48% Brasil, 22% Países Bajos, 9% Argentina, 4% EUA, 3% Uruguay, 2% Chile
Perú	$6,800 (año 1997)	Cobre, cinc, harina de pescado, petróleo crudo y productos de petróleo, plomo, plata refinada, textiles, ropa y accesorios, café, algodón, azúcar	23% EUA, 7% Japón, 7% Reino Unido, 7% China, 6% Suiza, 5% Alemania
Puerto Rico	$30,300	Productos farmacéuticos y electrónicos, ropa, atún enlatado, ron, concentrados de bebida, equipo médico	88% EUA
República Dominicana	$997	Ferroníquel, azúcar, oro, café, cacao, plata, carne, tabaco	45% EUA, 4% Canadá, 3% Corea del Sur
Uruguay	$2,700	Carne, lana, pieles, productos de cuero y lana, pescado y marisco, arroz, productos químicos	47% Mercosur (26% Brasil, 20% Argentina, 1% Paraguay), 20% UE, (6% Alemania), 7% EUA
Venezuela	$16,900	Petróleo, hierro, café, bauxita, aluminio, acero, productos químicos, productos agrícolas, cacao	57% EUA y Pueto Rico; Japón, Alemania, Colombia, Países Bajos Brasil, Italia
Estados Unidos	$663,000	Bienes de capital (equipo y maquinaria industrial), automóviles, suministros industriales, materia prima, bienes de consumo, productos químicos y agrícolas (alimentos y animales vivos), maquinaria eléctrica y de motor, equipos científicos y de precisión	22% Canadá, 21% Europa Occidental, 10% Japón, 10% México

1. ¿Qué es una exportación? ¿Cuáles de los países hispanos exportaron más de $100,000,000,000 (ciento mil millones en $EUA = *one hundred billion dollars*) en 1998? ¿Cuáles exportaron menos de $10,000,000,000?
2. ¿Cuáles son las principales exportaciones de México, España, Colombia, la República Dominicana, Honduras y Argentina?
3. ¿Qué es el pienso? ¿El petróleo crudo? ¿La joyería? ¿Una planta de ornato? ¿El marisco? ¿El atún enlatado? ¿El equipo científico y de precisión? ¿Qué son los bienes de capital? ¿El cuero y las pieles?
4. ¿Qué significan UE y MCCA? ¿Qué es el Reino Unido y cuáles son los países constituyentes? ¿Qué son los Países Bajos?
5. ¿Para cuáles países hispanos es EUA el principal mercado de exportaciones? ¿Para cuáles lo es Brasil y por qué piensa usted que es así? ¿Para cuál lo es la UE y por qué piensa usted que así es? ¿Cómo se explica el hecho de que casi 90% de las exportaciones mexicanas vayan a EUA? ¿Exporta México solamente materia prima y productos a EUA, o exporta también recursos humanos (mano de obra)? Comente.
6. ¿Por qué exporta Cuba tanto a Rusia y no a EUA, puesto que Cuba está a sólo 90 millas de la Florida? Discuta el tema con sus compañeros de clase. ¿Piensan ustedes que pronto cambiará esta situación?
7. Hay exportaciones legales que se reportan oficialmente y otras ilegales que no se reportan. Además de los bienes y productos reportados en la Tabla 12-5, ¿hay otras exportaciones de los países hispanos a EUA? ¿Por qué ocurre esto? Comente.

Divídase la clase en cuatro grupos para que cada grupo prepare un breve resumen de lo siguiente:

a. Las principales exportaciones y mercados del Caribe hispano.
b. Las principales exportaciones y mercados de América Central.
c. Las principales exportaciones y mercados de los países andinos.
d. Las principales exportaciones y mercados de los países hispanos del Cono Sur.

Vocabulario

Aquí se presentan los principales términos relacionados con este capítulo. Al final del libro hay un glosario más completo.

aburguesamiento • *adoption of a bourgeois way of life*

aeródromo • *airfield*

agitación política • *political unrest*

ambiente *(m)* • *environment*

arancel aduanero *(m)* • *custom duty*

bonaerense *(adj)* • *pertaining to Buenos Aires*

bufete *(m)* • *law office*

caciquismo • *political bossism*

campaña • *campaign*

capacidad para competir • *competitiveness*

cárnico *(adj)* • *related to meat*

competidor/a • *competitor*

Cono Sur • *Southern cone (region which comprises roughly Chile, Argentina, Uruguay, Paraguay, and southern part of Brazil)*

consulado • *consulate*

consultor/a • *consultant*

creciente *(adj)* • *growing, increasing*

crecimiento • *growth, increase*

deletrear • *to spell*

derechista *(m/f)* • *rightist*

derecho arancelario • *custom duty*

___ de patente • *patent royalty*

descenso • *decline*

desocupación • *unemployment*

documentación • *documentation, papers*

economías de escala • *economies of scale*

embajada • *embassy*

estancia • *stay (during a visit)*

exposición • *exhibit*

feria comercial • *trade fair*

gauchesco • *pertaining to the Argentine gauchos (cowboys)*

gerente de compras • *purchasing manager or director*

hiperinflación • *hyperinflation*

indicación • *note, instruction*

índice de natalidad *(m)* • *birth rate*

izquierdista *(m/f)* • *leftist*

licenciar • *to license*

maquila • *assembly*

medida • *measurement*

medio ambiente • *environment*

___ de distribución • *means of distribution*

mercado ambulante • *traveling market*

muestra • *sample*

país hospedador • *host country*

perjudicial • *prejudicial, harmful, detrimental*

pienso • *fodder, feed*

poner en peligro • *to put at risk*

___ en vigor • *to put into effect*

preparativo • *preparation, plan*

puna • *altitude sickness*

quiebra • *failure, bankruptcy*

soroche *(m)* • *altitude sickness*

telecomunicativo *(adj)* • *telecommunication*

traba • *hindrance, obstacle*

trámite *(m)* • *step, procedure*

transcultural • *cross-cultural*

trayectoria • *trajectory, direction, development*

vincular a • *to tie to*

vinicultura • *wine growing, wine production*

CAPITULO

13 La importación y la exportación

There exists limitless opportunity in every industry. Where there is an open mind, there will always be a frontier.

Charles F. Kettering

The merchant has no country.

Thomas Jefferson

No serás amado si de ti sólo tienes cuidado.

Proverbio

Un buque norteamericano descargando mercancías. Canal de Panamá. ¿Para qué tipo de mercaderías es preferible este medio de transporte?

PREGUNTAS DE ORIENTACION

Al hacer la *Lectura comercial,* piense Ud. en las respuestas a las siguientes preguntas.

- ¿Qué son la exportación y la importación? Dé ejemplos.
- ¿Por qué se considera la exportación como una actividad económica positiva y la importación como algo negativo para el bien nacional?
- ¿Qué es el proteccionismo y cómo se practica?
- ¿Cuáles son algunos documentos utilizados por los individuos, instituciones y gobiernos en el comercio internacional?
- ¿Cómo representaría Ud. gráficamente los pasos básicos requeridos en la importación y exportación?
- ¿Qué es el flete y cómo intervienen el fletante y el fletador en el contrato de fletamento?
- ¿Qué quieren decir los INCOTERMS CFR, CIF, FAS y FOB? ¿Cuáles son otros INCOTERMS usados en el comercio internacional?
- ¿Qué es un giro bancario y cómo funciona?
- ¿Qué es una carta de crédito y cómo funciona?
- ¿Por qué es preferible una carta de crédito irrevocable y confirmada?
- ¿Por qué existen los mercados comunes y cuáles son algunos ejemplos de estas uniones económicas?

Breve Vocabulario Util

autosuficiencia • *self-sufficiency*
balanza comercial • *balance of trade*
banco avisador • *advising or notifying bank*
___ emisor • *bank of issue, issuing bank*
carta de crédito • *letter of credit*
CFR • *cost and freight* (costo y flete)
CIF • *cost, insurance, and freight* (costo seguro y flete)
chantaje *(m)* • *blackmail*
giro • *bank draft*
manejo • *handling*
valor añadido • *value added*

LECTURA COMERCIAL

Intermediarios y prácticas del comercio internacional

El mundo actual es un gran mercado internacional en el cual las distintas naciones son innegable y económicamente interdependientes. La autosuficiencia económica de cualquier país es hoy en día una mera ilusión y el aislamiento comercial perjudicará gravemente las posibilidades de su desarrollo. Los diferentes países se necesitan porque cada uno es deficiente en ciertos recursos naturales o en alguna capacidad productora o de servicios. La desigualdad de recursos y de capacidad productora entre las distintas naciones da por resultado el deseo y la necesidad de realizar el comercio internacional. Por ejemplo, los países que producen grandes cantidades de comida, minerales o petróleo exportan estos bienes a otros países. Muchas veces con la materia prima importada por un país se elaboran diversos productos —alimentos enlatados, componentes de acero industrial, gasolina— los cuales, a su vez, se exportan de nuevo al país originario. De este modo, se va estableciendo, modificando y confirmando la red de interdependencia económica que caracteriza al mundo actual. Aislarse del gran mercado mundial da por resultado que una nación no pueda ofrecer a sus ciudadanos la variedad de productos y servicios de los que se goza en otros países. Hoy en día, por ejemplo, en los EE.UU. el ciudadano típico no podría ver películas en su propia casa si no fuera por los videos hechos en el Japón.

El comercio internacional se caracteriza por el doble movimiento de la importación y exportación. Bernard y Colli definen la importación como la «compra de productos originarios del extranjero a agentes situados fuera del territorio nacional». La exportación es el fenómeno inverso, la «venta de productos originarios del territorio nacional a agentes situados fuera de dicho territorio» *(Diccionario económico y financiero,* págs. 650 y 768). Estas actividades comerciales internacionales no sólo se refieren a materias primas y a productos, sino que incluyen los servicios y la mano de obra, como la que importa los EE.UU. de México anualmente, para ayudar en diversos sectores económicos como el agrícola, el electrónico o el textil.

Tradicionalmente las naciones han considerado la exportación como una actividad económica positiva. Exportar indica que sobran materias primas, productos y servicios, o que se han creado ciertos productos que se pueden vender fuera del territorio nacional con el fin de obtener capital nuevo. Por eso, muchos países fomentan la exportación con incentivos especiales. En Hispanoamérica, por ejemplo, México, Argentina y Chile han ofrecido exenciones de ciertos impuestos a sus exportadores, mientras que en Uruguay, el gobierno no ha cobrado impuestos por el valor añadido a los productos de exportación.

Hay dos principios importantes al considerar la exportación realizada por los distintos países: la *ventaja absoluta* y la *ventaja comparativa.* La ventaja absoluta significa que un país posee ciertos recursos no disponibles en suficiente cantidad en otros lugares. Tal país está en una excelente posición para abastecer a otras naciones, como ocurre con los países que exportan el petróleo. La ventaja comparativa, en cambio, ocurre, cuando varios países tienen la capacidad de producir los mismos géneros, lo cual da por resultado que cada nación intentará crear una ventaja competitiva para sí misma al dedicarse sólo a la producción de ciertos artículos que aporten mayor rentabilidad. Por ejemplo, un país capaz de producir zapatos, café, fruta y pescado enfocaría sus actividades sobre el más competitivo y rentable de los cuatro productos.

En contraste con la exportación, la importación se ha interpretado tradicionalmente como una actividad económica negativa para una nación. Una de las razones que ofrecen Bernard y Colli es que la importación puede perjudicar la producción nacional y, por lo tanto, la inversión en las empresas nacionales. Para protegerse y fomentar la capacidad productora nacional, los diferentes países adoptan medidas proteccionistas contra la competencia extranjera. Estas medidas suelen ser en forma de aranceles aduaneros muy altos o restricciones cuantitativas sobre las importaciones, llamadas *cuotas* o *contingentes* de importación. En la Argentina, por ejemplo, ciertos productos importados han tenido un arancel equivalente al 100% de su valor. En Colombia ha habido un arancel del 80% sobre los textiles importados, y en Venezuela los aranceles han oscilado entre el 60 y el 80% para los productos terminados. En los EE.UU. de vez en cuando se ha debatido si restringir o no el número de autos japoneses y la cantidad de hierro y zapatos importados. Lo irónico es que el proteccionismo muchas veces resulta en una reducida competencia nacional ante la productividad extranjera, pues sin una competencia directa con las empresas extranjeras falta la presión necesaria para la innovación y el desarrollo de la industria nacional. El proteccionismo puede sofocar la creatividad y la eficiencia productora nacional y reducir la variedad de productos que se le ofrecen al consumidor. Este, además, generalmente tiene que pagar un precio más alto por los productos nacionales, puesto que ya no compiten con otros precios de mercado.

Otro aspecto negativo de la importación se relaciona con los artículos de primera necesidad. A menudo éstos no se pueden encontrar o producir en suficiente cantidad dentro del territorio nacional para la supervivencia de la población o el funcionamiento de la economía. Tienen que importarse del extranjero, como ocurre con la comida que necesitan ciertos países africanos, o con el petróleo o la alta tecnología que requieren los países industriales. Esta dependencia económica puede amenazar la seguridad nacional de un país importador porque perjudica su capacidad de ser autosuficiente. Una nación que depende demasiado de otra nación ha disminuido su propia independencia nacional y corre el riesgo de un chantaje económico y político. Por último, un país que importa más de lo que exporta tendrá una balanza comercial negativa, es decir, que los egresos (pagos) superarán los ingresos. La balanza comercial de una nación es un resumen anual de sus transacciones con otros países, lo cual se refleja en la siguiente ecuación.

EXPORTACIONES – IMPORTACIONES = SALDO POSITIVO
(EXCEDENTE)
O
SALDO NEGATIVO
(DEFICIT)

Si existe un saldo negativo, puede ser que la nación tenga que pagar lo debido con parte de sus reservas nacionales de dinero. El resultado podría ser una depreciación de la moneda nacional, lo cual perjudicaría gravemente el sistema monetario y la estabilidad económica del país.

El proceso de la importación y exportación es bastante sencillo. Un vendedor y un comprador de distintos países necesitan o desean hacer negocios. El vendedor tiene que hacer llegar su producto o servicio al cliente extranjero, asegurándose a la vez de que recibirá el pago convenido. Sin embargo, al ser un proceso que se realiza a nivel internacional, generalmente participan más intermediarios individuales, institucionales y gubernamentales que en el comercio nacional, y se requieren más documentos. Este es el caso especialmente con respecto a la importación, en la cual muchos países intentan controlar la entrada de mercancías extranjeras. El vendedor (exportador) y el comprador (importador) inician un proceso en el cual hay tres corrientes básicas: (1) el movimiento físico de la mercancía del exportador al importador, (2) los documentos requeridos (facturas, instrucciones para el embarque, hojas de ruta, etc.) que acompañan la mercancía y (3) los documentos financieros (la forma de pago) que se mueven en dirección contraria (del comprador al vendedor), mientras que la mercancía se va acercando a manos del comprador.

Figura 13-1 El proceso de la importación-exportación de mercancía

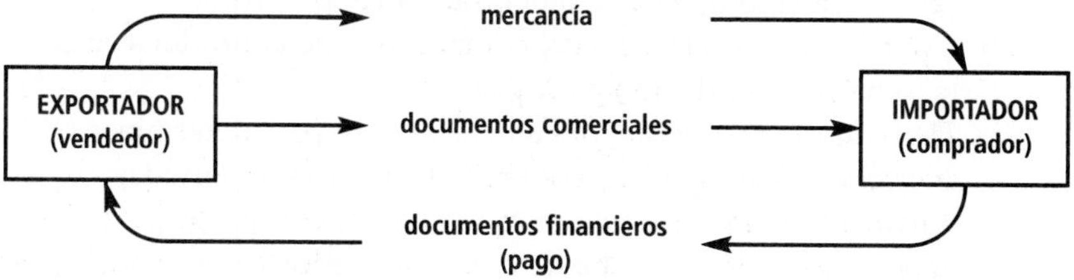

Cada nación tiene sus propias normas y reglamentos de importación y exportación. Por lo tanto, se recomienda que se utilicen los servicios de especialistas en el comercio internacional. Algunos de los documentos básicos que reflejan la participación de individuos, instituciones y gobiernos, desde el paso inicial hasta la conclusión de la transacción, son los siguientes:

1. *Solicitud de cotización de precios* del comprador (importador) al vendedor (exportador).
2. *Cotización de precios (factura pro forma* o *simulada = pro forma invoice)* por el vendedor, documento que describe los artículos y que indica los precios, la cantidad y otras características, como su peso o tamaño.
3. *Carta de pedido* o *de orden* del comprador.
4. *Factura comercial,* documento que les especifica al vendedor y al comprador la fecha y el modo de embarque, e incluye una descripción de las mercancías, la cantidad y su valor unitario y total.
5. *Licencia de importación,* un permiso requerido por el comprador en algunos países, y su aprobación o denegación por parte de su gobierno. Algunos artículos —armas, narcóticos, oro, diamantes— muchas veces requieren un permiso especial.
6. *Licencia de exportación* para el vendedor. Algunos artículos—materiales nucleares, alta tecnología— requieren una autorización especial.
7. *Documentos comerciales, giros* y *cartas de crédito* efectuados por el comprador en forma de pago.
8. *Seguros* para proteger el envío de la mercadería.
9. *Documentos de embarque,* para los medios de transporte.
   a. *Conocimiento de embarque,* el contrato para el transporte (generalmente marítimo) de la mercancía con los términos de entrega de la carga en su destino final.
      (1) Se usa la *carta de porte* para el transporte terrestre.
      (2) Se usa la *guía aérea* para el transporte por avión.
   b. *Certificado de origen,* el cual comprueba que el producto exportado ha sido producido en X país.
   c. *Declaración de aduana,* documento usado para determinar el arancel que hay que pagar sobre la mercancía importada.
   d. *Factura consular,* documento que exige el consulado del país importador, como prueba de que el vendedor ha presentado sus facturas comerciales; documento usado por la aduana del país importador para verificar el valor, la cantidad y el tipo de mercadería importada.
   e. *Declaración de exportación,* documento usado especialmente en los EE.UU. para controlar la exportación de ciertas mercancías, como las de alta tecnología.
   f. *Certificado sanitario,* documento que da fe de la buena salud y la procedencia de plantas, animales vivos y comestibles.

Se recomienda guardar siempre copias de todos los documentos, en caso de que se necesite aclarar o comprobar algún detalle de la transacción.

Respecto al transporte de materias primas o de mercancías, los medios pueden ser terrestres, marítimos, fluviales, aéreos o por tubería u oleoducto. El transporte internacional se caracteriza por las distancias más grandes que hay que recorrer, y por un mayor número de estaciones o puertos y transbordos de la mercancía. Con todo esto crece el número de intermediarios y documentos. También hay mayor riesgo de daños, pérdidas o hurtos, por lo cual es importantísimo asegurar el envío con pólizas de seguro. Es común que el exportador se encargue del transporte de la mercancía hasta las aduanas extranjeras y que el importador se haga responsable del transporte de los artículos dentro de su propio país, pues conoce mucho mejor las opciones, normas y requisitos del transporte nacional.

Algunos términos importantes en el transporte internacional son los que se relacionan con el flete. El término *flete* se refiere tanto al precio de alquiler de una nave u otro medio de transporte como a la carga que se transporta. *Fletar* es dar o tomar a flete (contratar) un buque y por extensión se aplica también a otros medios de transporte. En el contrato de *fletamento* (también *fletamiento*), el *fletante* es el naviero (o el propietario de algún medio de transporte) o el que lo representa, mientras que el *fletador* es el que entrega la carga que ha de transportarse.

De gran importancia para el comercio y el transporte internacional de mercaderías son los INCOTERMS, un reglamento de términos y siglas globalmente aceptados para los contratos de compraventa. En 1990 la Cámara de Comercio Internacional de París redactó los trece INCOTERMS que se usan hoy en día. Véase a la Tabla 13-1 abajo.

TABLA 13-1

INCOTERM (sigla)	EXPLICACION
CFR	**Cost and Freight:** Indica que en la cotización de precios del vendedor se incluye el transporte de las mercancías hasta cualquier puerto nombrado por el comprador para la descarga de las mismas. El vendedor consigue la autorización para la exportación de los bienes y el comprador asume los riesgos (el pago de los seguros) y los costos cuando las mercaderías se descargan en el puerto de destino. La sigla se usa para el transporte marítimo y fluvial.
CIF	**Cost, Insurance, and Freight:** El vendedor tiene las mismas obligaciones que para CFR, más la obligación de conseguir los seguros marítimos mínimos para proteger las mercancías contra pérdidas y daños durante el transporte.
CPT	**Carriage Paid to:** El vendedor paga los gastos de transporte hasta que lleguen las mercancías a un destino acordado con el comprador. A partir de la entrega de las mercaderías a un transportista, el comprador asume todos los riesgos y costos adicionales del transporte. El vendedor se hace responsable de conseguir la autorización para la exportación de la mercancía.
CIP	**Carriage and Insurance Paid to:** Indica lo mismo que CPT más la obligación del vendedor de pagar los seguros contra riesgo de pérdidas o daños a las mercaderías durante el transporte. El vendedor se hace responsable de conseguir la autorización para la exportación de la mercancía.

Tabla 13-1 cont.

INCOTERM (sigla)	EXPLICACION
DAF	**Delivered at Frontier:** El vendedor cumple con su obligación de transporte y entrega al hacer disponibles las mercancías, autorizadas para la exportación, en el lugar fronterizo estipulado pero antes de llegar a la aduana del país contiguo. La sigla se usa principalmente para el transporte terrestre (por carretera o vía férrea).
DDP	**Delivered Duty Paid:** El vendedor cumple con su obligación de transporte y entrega al hacer disponibles las mercancías en el lugar acordado del país de importación. El vendedor asume todos los riesgos y los costos, incluyendo los derechos de la aduana del país importador, hasta que las mercaderías lleguen al lugar nombrado. El vendedor también se encarga de conseguir la autorización para la importación. (**Nota:** EXW representa la obligación mínima para el vendedor, mientras que DDP representa la obligación máxima.)
DDU	**Delivered Duty Unpaid:** El vendedor cumple con su obligación de transporte y entrega al hacer disponibles las mercancías en el lugar estipulado del país de importación. El vendedor asume todos los riesgos y los costos, menos los derechos de la aduana del país importador, hasta que las mercaderías lleguen al lugar nombrado. El comprador se encarga de conseguir la autorización para la importación y cubre los costos de la aduana.
DEQ	**Delivered Ex Quay:** El vendedor cumple con su obligación de transporte y entrega al hacer disponibles las mercancías para el comprador en el muelle del puerto estipulado. El vendedor se hace responsable de conseguir la autorización para la exportación de los bienes y asume todos los riesgos y costos hasta que lleguen las mercancías al puerto nombrado.
DES	**Delivered Ex Ship:** El vendedor cumple con su obligación de transporte y entrega al hacer disponibles las mercancías (sin haber conseguido la autorización para la importación) abordo del buque de transporte en el puerto de destino nombrado. El vendedor asume todos los riesgos y costos de transporte hasta que las mercancías lleguen al puerto o lugar de destino final.
EXW	**Ex Works:** Indica que el vendedor cumple con su obligación de transporte y entrega al hacer disponibles las mercancías en su propia fábrica o almacén. A partir de ese momento, el comprador se encarga de los riesgos (los seguros) y costos de entrega.
FAS	**Free Alongside Ship:** Sigla usada para el transporte marítimo y fluvial. Indica que la cotización de precios incluye los costos de transporte de las mercaderías hasta colocarlas al lado de un buque o vapor en el muelle de un puerto estipulado. A partir de ese momento, el comprador asume todos los riesgos y costos de transporte. El comprador también se hace responsable de conseguir la autorización para la exportación de los bienes.
FCA	**Free Carrier:** Se usa para toda clase de transporte menos el marítimo. Indica que el vendedor cumple con su obligación de transporte al entregar las mercaderías a un comprador. El vendedor se hace responsable de conseguir la autorización para la exportación de los bienes.
FOB	**Free On Board:** Sigla usada para el transporte marítimo y fluvial. Indica que el vendedor cumple con la obligación de transporte al colocar las mercancías a bordo de un buque o vapor en el puerto de embarque estipulado. A partir de ese momento y lugar, el comprador se hace responsable de los riesgos y costos del transporte. El vendedor se hace responsable de conseguir la autorización para la exportación de bienes.

Las condiciones estipuladas en el transporte FOB son flexibles, puesto que el lugar de cambio de título y de responsabilidades puede variar. Por ejemplo, si el vendedor desea pagar el flete para la conveniencia del cliente (suma incluida, desde luego, en el precio total de la venta), puede designarse el embarque «FOB delivered». En este caso, el vendedor paga por el transporte hasta que la mercancía llegue a su destino final.

Una de las principales preocupaciones del exportador es cómo asegurarse de que el importador pagará el importe convenido en la transacción. A causa de este riesgo, existe cierta desconfianza hasta que se realicen numerosas transacciones a lo largo del tiempo. Para el vendedor siempre sería preferible recibir el pago en efectivo y por adelantado, mientras que para el comprador sería preferible demorar el pago lo más posible. La forma más común de resolver la cuestión de pago es acudir a intermediarios o instituciones financieras.

Las formas de pago más utilizadas son el giro bancario y la carta de crédito. El giro, un tipo especial de cheque, puede hacerse a la vista o a plazo. Si es a la vista, el girado o librado (el banco o una empresa) se compromete a pagar al tenedor o portador (el vendedor que ha recibido el cheque) la cantidad indicada por el girador o librador (el comprador que paga por la mercancía). Este pago se efectúa en el momento en que el tenedor le presenta el giro al girado —por ejemplo, cuando el vendedor se presenta en el banco para cobrar o depositar el cheque. Un giro a plazo sólo se puede cobrar en una fecha futura señalada, por ejemplo, a los 30 días de firmar el giro, a los 60 días de recibir la mercancía o 90 días después de su embarque. Pero la forma más segura de efectuar el pago internacional es la carta de crédito emitida por el banco del comprador.

La carta de crédito es un documento que indica que el pago prometido por el importador está garantizado por un banco. Los pasos que constituyen esta forma de pago se resumen a continuación y en la Figura 13-2.

1. El importador acuerda adquirir la mercancía del exportador, utilizando una carta de crédito como forma de pago.
2. El importador solicita la carta de crédito de su banco (solicitud evaluada por el banco como si fuera la solicitud de un préstamo) y firma el acuerdo de la carta de crédito del banco; el banco autoriza la solicitud y emite el documento.
3. El banco emisor (banco del importador) envía la carta de crédito al banco avisador (banco del exportador).
4. El banco avisador le comunica al exportador que ha recibido la carta de crédito del banco emisor.
5. Al recibir la notificación de pago, el exportador embarca la mercancía.
6. El exportador prepara los documentos necesarios y los presenta en su banco, el cual los aprueba y le paga los fondos al exportador, según los términos de la carta de crédito.
7. El banco avisador envía los documentos al banco emisor; éste comprueba que todo está en orden y carga a la cuenta del

importador, y le envía los documentos y la notificación de haber cargado a su cuenta.

8. El importador recibe los documentos y recoge la mercancía que le entrega el transportista.

Las cartas de crédito pueden ser revocables, irrevocables o irrevocables y confirmadas. Las revocables son de escasa utilidad y poco frecuentes, porque las puede anular el comprador. La carta de crédito irrevocable no permite cambios en las condiciones estipuladas sin previa consulta entre el comprador y el vendedor. Si, además de ser irrevocable, la carta de crédito es irrevocable y confirmada, esto indica que la promesa de pago inicial está apoyada tanto por el banco emisor como por el banco avisador, o incluso por otro banco o institución financiera adicional. El crédito irrevocable y confirmado se usa en particular para el comercio internacional en zonas de guerra o de inestabilidad social, política o financiera.

Figura 13-2 **Uso de la carta de crédito**

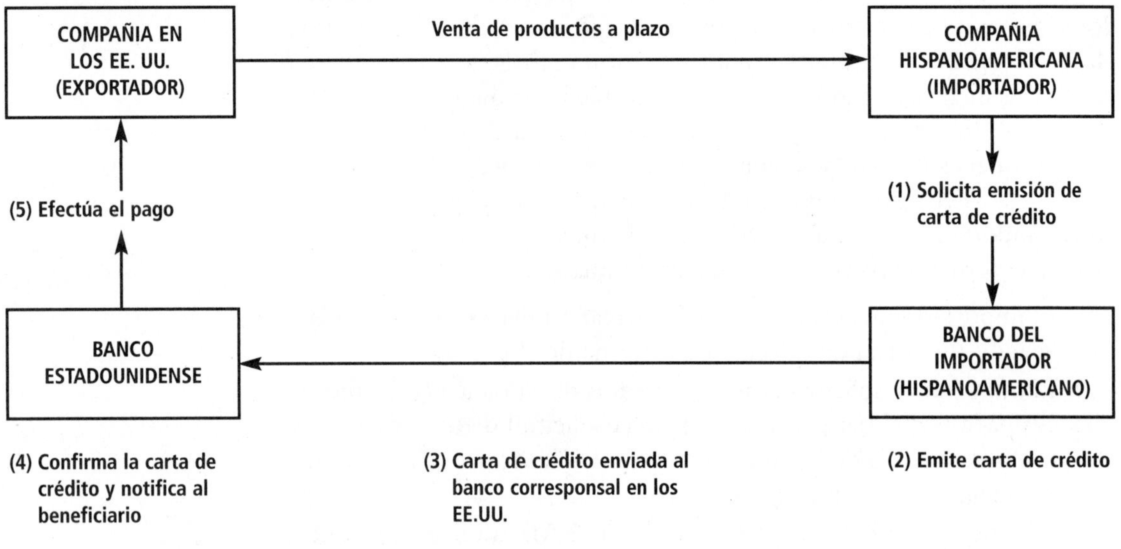

Muchas naciones del mundo, al haber reconocido la importancia del comercio internacional, han cooperado entre sí para crear mercados comunes cuyo propósito es fomentar y facilitar los negocios entre los países miembros, y ayudarse a desarrollar su competencia ante otras potencias económicas. Ejemplos de esto son el Tratado de Libre Comercio de América del Norte (TLCAN: EUA, México y Canadá), la Unión Europea (UE), el Mercardo Común del Cono Sur (MERCOSUR: Argentina, Brasil, Paraguay y Urguay), el Mercado Común Centroamericano (MCCA: Guatemala, El Salvador, Honduras, Nicaragua y Costa Rica), el Mercado

Común del Caribe (CARICOM), el Pacto Andino (Venezuela, Colombia, Ecuador, Perú y Bolivia) y la Liga Arabe.

ACTIVIDADES

A. ¿Qué sabe Ud. de negocios? Vuelva Ud. a las preguntas de orientación que se hicieron al principio del capítulo y a las preguntas que acompañan las fotos y contéstelas en oraciones completas en español.

B. ¿Qué recuerda Ud.? Indique si las siguientes oraciones son verdaderas o falsas y explique por qué.

1. El aislamiento de una nación del mercado global les limita la oferta de bienes y servicios a sus ciudadanos.
2. Casi todos los videos en uso en los EE.UU. se manufacturan en California y Tejas.
3. La importación de géneros se interpreta como algo bueno para el consumidor, pero malo para el bienestar económico del país exportador.
4. Las cuotas de importación son un ejemplo de arancel aduanero.
5. El conocimiento de embarque es sinónimo de la Licencia de Importación.
6. Un giro a la vista se le paga al tenedor 60 días después de que el comprador reciba las mercancías enviadas por el vendedor.
7. MERCOSUR se designa con la sigla MCCA.

C. Exploración de sus conocimientos y opiniones personales. Haga los siguientes ejercicios, usando sus propios conocimientos y opiniones personales.

1. ¿Qué opina Ud. del concepto del mundo actual como un gran mercado global?
2. ¿Piensa Ud. que la autosuficiencia económica de una nación es posible hoy en día? ¿Puede ofrecer algún ejemplo de un país completamente autosuficiente? ¿Relativamente autosuficiente?
3. ¿Qué opina Ud. de la práctica del proteccionismo? ¿Puede ofrecer Ud. algunos ejemplos del proteccionismo en los EE.UU. o en otros países?
4. ¿Cree Ud. que una balanza comercial negativa es un problema que debe tratar urgentemente un país? Explique.
5. ¿Piensa Ud. que es necesario controlar el intercambio de ciertos artículos en el mercado internacional? ¿Cuáles serían algunos ejemplos y por qué?

6. Comente sobre las ventajas o desventajas que percibe Ud. en diferentes medios de transporte para el comercio internacional.
7. ¿Qué opina Ud. de la creación de mercados comunes? ¿Es válido considerar a los EE.UU. como otro ejemplo de mercado común? Explique.
8. ¿Cómo se relacionan los dichos al principio del capítulo con los temas tratados? Tradúzcalos del inglés al español y vice versa.

D. Al teléfono. Haga las siguientes llamadas telefónicas a otro/a estudiante de la clase. Cada persona deberá tomar un papel activo en la conversación.

1. Ud. es un/a dominicano/a que exporta café a todas partes del mundo. Está al teléfono con un/a cliente/a paraguayo/a para aclarar si el embarque de un pedido se debe hacer CFR o CIF, y si debe ser FOB o «FOB punto de destino». Cada uno de Uds. trata de negociar los términos más ventajosos para su propia empresa.
2. Ud. es director/a de ventas de una fábrica ubicada en Houston. Llame a un/a cliente/a mexicano/a en Veracruz para discutir el modo de transporte más eficiente de unos artículos que él/ella desea comprar. El/Ella le informa que necesita recibir las mercancías dentro de dos semanas. A base de esta información, Uds. llegan a un acuerdo sobre el medio de transporte que se utilizará.
3. Ud. es un/a comprador/a dominicano/a que importa maquinaria y repuestos agrícolas de los EE.UU. Llame a su abastecedor/a en la Carolina del Sur para preguntarle cuándo se efectuó el envío del último pedido y si se hizo por vía aérea, como lo habían acordado. Pregúntele también si ya recibió el giro bancario que se le envió la semana pasada. El/La abastecedor/a le contesta que todo está en orden y que ha recibido el pago, pero que por un error, se embarcó el pedido por vía marítima. Esto presenta problemas para Ud. Explíquele por qué y trate de resolverlos.

E. Navegando el internet. Ud. y sus socios/as (compañeros/as de clase) desean explorar la posibilidad de exportar productos norteamericanos a Hispanoamérica. Necesitan saber cómo son las tarifas aduaneras que se cobrarían en distintos países para la importación de mercancías de EUA. Ustedes deciden hacer lo siguiente para informarse, dividiendo la tarea por países o regiones (México, el Caribe, Centroamérica, etc.):

1. Navegar por el internet en español, buscando los sitios virtuales de información sobre el comercio internacional de diferentes países hispanoamericanos, usando algunas de las siguientes palabras claves u otras que Ud. conoce o encuentra. (A veces es útil ir a la página del Banco Central o de la embajada de un país.)

Nombre del país o región/banco central/economía/ comercio exterior/código aduanero

2. Al desplazar arriba y abajo las Páginas Web, tomar apuntes sobre las leyes aduaneras de varios países, entre ellos la República Dominicana.
3. Preparar un breve resumen escrito de la información que ha podido encontrar.
4. Discutir con sus compañeros/as de clase sobre los resultados de su investigación preliminar.

EJERCICIOS DE VOCABULARIO

Si hace falta para completar estos ejercicios, consulte la **Lectura comercial** o la lista de vocabulario al final del capítulo.

A. ¡A ver si me acuerdo! Pensando en la posibilidad de establecer una relación comercial, usted va a tener una conversación con una persona de negocios de un país hispano. Sin embargo, se le olvidan a usted los siguientes términos en español. Un/a compañero/a lo/la ayuda a recordarlos al pedir que usted se los traduzca.

1. self-sufficiency
2. flow
3. handling
4. absolute advantage
5. comparative advantage
6. quota
7. deficit
8. transfer
9. freight
10. to subsidize

B. ¿Qué significan? A usted le interesa la posibilidad de aceptar un puesto administrativo que se le ha ofrecido en un país hispanohablante. Sin embargo, no sabe cómo explicar en español lo que significan ciertos términos que se usan frecuentemente en la importación y exportación. Ud. decide consultarlos con un/a amigo/a. Pídale a un/a compañero/a de clase que le explique los siguientes términos y que le dé algunos sinónimos si puede.

1. exportador
2. importador
3. sigla
4. EXW (Tabla 13-1)
5. cuota
6. arancel
7. embarque
8. FOB (Tabla 13-1)
9. carga
10. CIF (Tabla 13-1)

C. Importación y exportación: Adivinación. Con un/a compañero/a de clase, escojan ustedes dos (2) palabras en español que se relacionan con la importación y la exportación, los temas principales de este capítulo. Luego, en clase, den sinónimos, definiciones o palabras que se asocian con los términos originales y pidan que los demás compañeros los adivinen.

D. Entrevista profesional. Usted quiere aclarar algunos detalles sobre la importación y la exportación porque ha podido conseguir una entrevista para un puesto de gerencia internacional. Por lo tanto, usted desea ensayar la entrevista en español y le pide a un/a perito/a en este campo (un/a compañero/a de clase) que le haga las siguientes preguntas. En el caso de que usted no puede contestar alguna pregunta, su compañero/a lo/la ayudará. No se olviden del protocolo ni de las cortesías.

1. ¿Qué indica una balanza comercial negativa?
2. ¿Cuáles son las diferencias entre la carta de porte terrestre y el conocimiento de embarque?
3. ¿Qué es y cuándo se requiere un certificado de sanidad?
4. ¿Qué quiere decir la estipulación transportista CIF?
5. ¿Qué es un giro a plazo?

E. Traducciones. Un/a amigo/a suyo/a, director/a de ventas internacionales, necesita saber cómo mejor expresar lo siguiente para una reunión que se celebrará en español. El/ella sabe muy poco español y por eso usted lo/la ayuda al traducir al español las siguientes oraciones que se relacionan con el tema de su presentación.

1. Today's world is best described as a global economy of interdependent nations.
2. International trade is achieved through the processes of import and export.
3. Although international trade involves more intermediaries and paperwork than domestic trade, the basic principle of commerce is still in effect: a seller and a buyer want to exchange goods and services for an agreeable price.
4. A nation's balance of trade is measured primarily in terms of its import-export activity. If imports are greater than exports, a negative trade balance is recorded for that year.
5. Exporters gain confidence over time in the ability of their clients to make full and timely payments for the goods and services sold and delivered.

UNA VISTA PANORAMICA DE LA REPUBLICA DOMINICANA

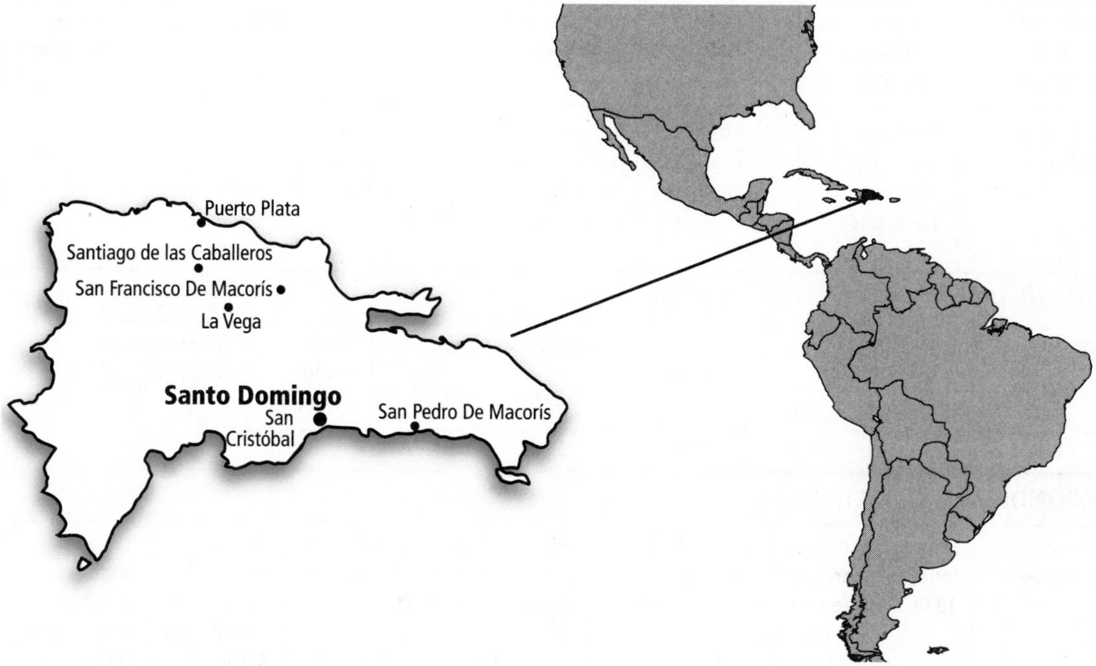

REPUBLICA DOMINICANA

Nombre oficial:	República Dominicana
Gentilicio:	dominicano/a
Capital y población:	Santo Domingo: 3,166,990
Sistema de gobierno:	Democracia representativa
Jefe de Estado/ Jefe de Gobierno:	Presidente Rafael Hipólito Mejía Domínguez
Fiesta nacional:	27 de febrero, Día de la Independencia (1844: de Haití)

Republica Dominicana

GEOGRAFIA Y CLIMA

Area nacional en millas² y kilómetros²	Tamaño (comparado con EUA)	División política	Otras ciudades principales	Puertos principales	Clima	Tierra cultivable
18,704 m^2 48,442 km^2	Dos veces el tamaño de Nueva Hampshire	Un distrito nacional y otras 29 provincias	Santiago de los Caballeros, La Vega, San Pedro de Macorís	Santo Domingo, San Pedro de Macorís, Puerto Plata	Tropical marítimo con estación de lluvias mayo-octubre.	21%

DEMOGRAFIA

Año y población en millones			% urbana	Distribución etaria		% de analfabetismo	Grupos étnicos
2000	2015	2025		<15 años	65+		73% mulato, 16% blanco europeo, 11% africano
8.3	10.4	11.8	35%	35%	4%	18%	

ECONOMIA Y COMERCIO

Moneda nacional	Tasa de inflación 1998	N° de trabajadores (en millones) y tasa de desempleo		PIB 1998 en millones $EUA	PIB per cápita	Distribución de PIB y de trabajadores por sector			1998 Exportaciones en millones $EUA	1998 Importaciones en millones $EUA
						A	I	S		
El peso	6%	2.6	16%	$39,800	$5,000	19%	25%	56%	$997	$3,600
						50%	18%	32%		

Para distribución del PIB y de los trabajadores (mano de obra): A = Agricultura, I = Industria, S = Servicios (y Gobierno).

Recursos naturales: Níquel, bauxita, oro, plata.

Industrias: Turismo, azúcar, minería de ferroníquel y oro, textiles (maquiladoras), cemento, tabaco, productos farmacéuticos.

COMERCIO

Productos de exportación: Ferroníquel, azúcar, oro, café, cacao, plata, carne, tabaco.

Mercados: 45% EUA, 4% Canadá, 3% Corea del Sur.

Productos de importación: Alimentos, petróleo, algodón y tejidos, productos químicos y farmacéuticos, bienes de consumo.

Proveedores: 44% EUA, 16% UE, 11% Venezuela; México y Japón.

Horario general de comercio: De lunes a viernes, desde las nueve de la mañana hasta las cinco o seis de la tarde. El almuerzo se come normalmente entre el mediodía y las dos de la tarde.

TRANSPORTE Y COMUNICACIONES

Kilómetros de carreteras y % pavimentadas	Kilómetros de vías férreas	Nº de aeropuertos con pista de aterrizaje pavimentada	Nº de líneas telefónicas	Radios por mil personas	Televisores por mil personas
12,600 / 49%	757	14	709,200	154	97

IDIOMA Y CULTURA

Idiomas	Religión	Comidas y bebidas típicas / Modales
Español (oficial), inglés	95% católico romano	Arroz con habichuelas, bacalao, sancocho, plátano, cerveza, ron, café. Es común servir primero a los invitados. Durante la comida se practica el arte de la conversación.

Horario normal del almuerzo y de la cena: Sobre la una de la tarde para el almuerzo; entre las seis y las ocho de la noche para la cena.

Gestos: Espacio físico reducido entre las personas que conversan; a veces se toca el hombro o el antebrazo de la otra persona al hablar. Muchas veces los amigos y conocidos se dan un abrazo al saludarse o para las mujeres, un beso en la mejilla. Para señalar algo, se frunce la boca en esa dirección. Señalar algo con la boca fruncida y mirar con los ojos hacia arriba (una mirada de «¡Ay, Dios mío!») significa desaprobación. Se frunce la nariz para indicar que uno no entiende algo. Frotarse el dedo pulgar contra el dedo índice sirve para indicar dinero.

Cortesía: Durante el saludo, darse la mano con un apretón firme. A veces se ofrece el antebrazo o el codo si está sucia la mano. Saludar a cada individuo al llegar a una reunión o comida y despedirse individualmente al marcharse. Mantener el contacto visual con la persona a la cual se habla (mirarle los ojos), pues indica interés y sinceridad. Cuando se visita la casa de alguien para comer o cenar, traer para los anfitriones un regalito como flores o pan.

LA ACTUALIDAD ECONOMICA DOMINICANA

La República Dominicana, el país democrático más grande del Caribe, ocupa las dos terceras partes orientales de la isla La Española. El otro tercio occidental de la isla, la segunda en tamaño de las Islas Antillas, lo ocupa Haití, uno de los países más pobres del hemisferio. La República Dominicana es uno de los países caribeños de mayor densidad poblacional.

En el año 2000 tenía una población de 8.3 millones de personas, con proyecciones de 10.4 millones en 2015 y de 11.8 millones en 2025. Es un país esencialmente agrícola y este sector representa casi el 50% de la mano de obra.

En 1986 Joaquín Balaguer asumió la presidencia del país por quinta vez en su carrera política. El «nuevo» presidente tuvo que enfrentarse con una serie de problemas económicos como la inflación, el déficit comercial, altos tipos de interés sobre los préstamos, y una crisis de energía representada por los altos precios del petróleo importado. Todo esto contribuyó a la inestabilidad del peso dominicano. Poco después de instalarse como presidente, Balaguer suspendió el pago de la deuda externa, ya que los intereses debidos sobre los préstamos consumían un 70% de los ingresos de la exportación nacional. A la vez, se redujo la extracción de oro, recurso importante para la economía dominicana. También continuó la emigración ilegal de haitianos a la República Dominicana, en busca de trabajo y de mejores oportunidades económicas.

El gobierno dominicano mantiene relaciones amistosas con EUA, el cual provee casi toda la inversión privada extranjera en el país. Contribuye a esta relación cordial el hecho que más de un millón de dominicanos viven en EUA, principalmente en Nueva York. En 1990, después de un recuento de votos, Balaguer fue reelegido presidente por séptima vez. Los sindicatos y los partidos de la oposición declararon una huelga general contra las medidas de austeridad impuestas por el presidente. En 1991 el ex presidente Jorge Blanco fue condenado a veinte años de cárcel por el delito de corrupción durante su presidencia desde 1982 a 1986. Al año siguiente, el gobierno dominicano retiró a sus diplomáticos de Puerto Príncipe, Haití, y colocó fuerzas militares en la frontera con ese país, debido a la inestabilidad política en esa parte de la isla.

En junio de 1996 fue elegido presidente Leonel Fernández Reyna. En los últimos años la República Dominicana se ha dedicado mucho más al desarrollo del sector turístico, especialmente en la costa suroeste, aprovechándose de la construcción del nuevo aeropuerto internacional de Barahona. Se calcula que el turismo aporta al país más de mil millones de dólares EUA anualmente. También se reciben más de mil millones de dólares remitidos anualmente por los dominicanos que viven y trabajan en EUA. Se han creado más maquiladoras (como en México y Guatemala) y el país continúa desarrollando la industria de telecomunicaciones. No obstante, el azúcar seguirá siendo clave para la economía dominicana, con el inconveniente de que este producto siempre está a la merced de los precios fluctuantes del mercado mundial y de las catástrofes naturales como el Huracán *George* en 1998, el cual provocó más de $1.3 mil millones de daños en los sectores agrícolas y en la infraestructura nacional. Algunos de los principales retos actuales son los altos tipos de interés, la ineficaz recaudación de impuestos, la excesiva dependencia sobre los impuestos que provienen del comercio internacional, y la ineficiencia de muchas empresas nacionales después de décadas de tarifas proteccionistas. Para alcanzar un crecimiento económico sostenible, el país tendrá que solucionar estos problemas y tendrá que aumentar su capacidad energética (eléctrica).

UNA VISTA PANORAMICA DE CUBA

CUBA

Nombre oficial:	República de Cuba
Gentilicio:	cubano/a
Capital y población:	La Habana: 2,184,990
Sistema de gobierno:	Estado comunista
Jefe de Estado/ Jefe de Gobierno:	Presidente Fidel Castro Ruz
Fiesta nacional:	26 de julio, Día de la Revolución (1953); se celebra también el 1 de enero, Día de la Liberación (1959)

Cuba

GEOGRAFIA Y CLIMA

Area nacional en millas^2 y kilómetros^2	Tamaño (comparado con EUA)	División política	Otras ciudades principales	Puertos principales	Clima	Tierra cultivable
44,200 m^2 110,860 km^2	Casi tan grande como Pensilvania	14 provincias y un municipio especial	Santiago de Cuba, Camagüey, Santa Clara, Holguín, Guantánamo, Matanzas, Cienfuegos	La Habana, Matanzas, Cienfuegos, Santiago de Cuba	Tropical con estación de lluvias mayo-octubre.	24%

DEMOGRAFIA

Año y población en millones			% urbana	Distribución etaria		% de analfabetismo	Grupos étnicos
2000	2015	2025		<15 años	65+		
11.1	11.6	11.7	76%	22%	9%	4%	51% mulato, 37% blanco europeo, 11% africano, 1% chino

ECONOMIA Y COMERCIO

Moneda nacional	Tasa de inflación 1998	N° de trabajadores (en millones) y tasa de desempleo		PIB 1998 en millones $EUA	PIB per cápita	Distribución de PIB y de trabajadores por sector			1998 Exportaciones en millones $EUA	1998 Importaciones en millones $EUA
						A	I	S		
El peso	Dato no disponible	4.5	6.8%	$17,300	$1,500	7%	37%	56%	$1,400	$3,000
						20%	22%	58%		

Para distribución del PIB y de los trabajadores (mano de obra): A = Agricultura, I = Industria, S = Servicios (y Gobierno).

Recursos naturales: Níquel, cobalto, hierro, cobre, manganeso, sal, madera, sílice, petróleo.

Industrias: Azúcar, procesamiento de alimentos, refinación de petróleo, cemento, tabaco, textiles, productos químicos, productos de madera y de papel, metales (especialmente el níquel), abono, maquinaria, bienes de consumo.

COMERCIO

Productos de exportación: Azúcar, níquel, tabaco, maquinaria de transporte, pescado y marisco, frutas cítricas, café, ron, productos químicos y médicos.

Mercados: 27% Rusia, 18% Canadá, 11% Países Bajos, 8% España.

Productos de importación: Petróleo, alimentos, maquinaria, productos químicos.

Proveedores: 17% España, 12% Rusia, 9% Francia, 9% Canadá, 9% México.

Horario general de comercio: De lunes a viernes, desde las nueve de la mañana hasta las cinco o seis de la tarde. El almuerzo se come normalmente entre el mediodía y las dos de la tarde.

TRANSPORTE Y COMUNICACIONES

Kilómetros de carreteras y % pavimentadas	Kilómetros de vías férreas	Nº de aeropuertos con pista de aterrizaje pavimentada	Nº de líneas telefónicas	Radios por mil personas	Televisores por mil personas
60,858 / 49%	4,807	77	370,800	327	200

IDIOMA Y CULTURA

Idiomas	Religión	Comidas y bebidas típicas / Modales
Español	85% católico romano antes de Castro; también hay protestantes, judíos y practicantes de santería	Arroz y frijoles negros, arroz con pollo, picadillo, tasajo, ropa vieja, tamales, fufú de plátano, croquetas, yuca, boniato, arroz con leche, yemitas, tocino del cielo, daiquiri, cubalibre (llamada «mentirita» por los cubanos de Miami), café. Mantener las manos, no los codos, encima de la mesa al comer.

Horario normal del almuerzo y de la cena: Sobre la una de la tarde para el almuerzo; entre las seis y las ocho de la noche para la cena.

Gestos: Espacio físico reducido entre las personas que conversan; a veces se toca el hombro o el antebrazo de la otra persona al hablar. Muchas veces los amigos y conocidos se dan un abrazo al saludarse o para las mujeres, un beso en la mejilla. Para que se acerque un niño, la mano con la palma hacia abajo, cerrar y arañar con los dedos juntos. Una palmadita en la espalda o en el hombro de alguien indica amistad y aprobación.

Cortesía: Durante el saludo, darse la mano con un apretón firme. Mantener el contacto visual con la persona a la cual se habla (mirarle los ojos), pues indica interés y sinceridad. Cuando se visita la casa de alguien para comer o cenar, traer para los anfitriones un regalito como flores o pan.

LA ACTUALIDAD ECONOMICA CUBANA

Cuba es la más grande de las Islas Antillas y está situada a unos 145 kilómetros (90 millas) al sur de Cayo Hueso, Florida. Durante gran parte de su historia, Cuba fue uno de los países más prósperos de Hispanoamérica. Pero desde la revolución de 1959, cuando tomó el poder Fidel Castro y hubo un éxodo de muchos cubanos profesionales a EUA y a otros países, ha crecido muy poco su capacidad productora. Esto se debe principalmente a un exceso de control gubernamental, a la mala administración económica y a los altos gastos representados por las aventuras globales de las fuerzas armadas cubanas en los años setenta y ochenta (50,000 tropas en Angola, 24,000 en Etiopía, 1,500 en Nicaragua, etc.). A partir del régimen de Castro, la isla se convirtió en una economía centralmente planeada, cerrada durante años a la participación en los grandes mercados libres del mundo, particularmente el de EUA, por el embargo económico que éste le impuso a la isla en 1962. En 1992 la Asamblea General de la ONU aprobó una resolución presentada por los cubanos, pidiendo sin ningún resultado la eliminación del embargo. Hoy día, bajo la consigna de «Socialismo o muerte», Cuba es uno de los últimos países comunistas del mundo, con una economía marxista-leninista ya abandonada por el resto del mundo a favor de sistemas económicos más abiertos o de libre comercio.

El azúcar ha sido tradicionalmente clave para la economía cubana. A pesar de que la producción de azúcar y sus derivados ha crecido muy lentamente desde 1970, cuando Castro inició una fuerte campaña para fomentar su productividad, Cuba continúa siendo el mayor exportador mundial de azúcar. Esta industria había sido subvencionada durante muchos años por la antigua Unión Soviética, pero la disolución de la URSS a principios de los años noventa eliminó gran parte de esta fuente de fondos y ayuda económica. El resultado fue que entre 1989 y 1993 el PIB cubano bajó un 35%. En 1990 Cuba dejó de publicar su informe económico anual.

Entre los principales problemas a los que se ha enfrentado Cuba, se destacan los siguientes:

1. La necesidad de modernizar y mecanizar la industria azucarera
2. La urgencia de aumentar la productividad de los trabajadores y de reducir el absentismo
3. La necesidad de aumentar la disponibilidad de mano de obra (para lo cual se han ido incorporando más mujeres en la fuerza de trabajo)
4. La necesidad de producir más arroz y frijoles, dos cosechas de primera necesidad que no se han mantenido en proporción al crecimiento poblacional
5. La urgencia de fomentar el desarrollo de otros sectores económicos, además del azúcar; es decir, la diversificación económica

En 1980 los exiliados y los desterrados cubanos que vivían en EUA organizaron la llamada «flotilla de la libertad», la cual trasladó desde el puerto de Mariel a las costas de Florida a unos 130,000 refugiados autorizados por el régimen cubano. (Nota: El exilio cubano incluye tanto a personas expulsadas forzosamente del país, los *desterrados* [también llamados exiliados o exilados], como a personas que han huido voluntariamente. La palabra *destierro* se refiere al exilio forzado.) En 1985 Radio Martí comenzó a transmitir hacia Cuba, lo cual provocó la suspensión del pacto de inmigración y emigración con EUA por parte del gobierno cubano. En 1989 Mikhail Gorbachev visitó Cuba. El diario soviético *Izvestia* indicó que la deuda del gobierno cubano con la URSS ascendía a más de $24,000 millones EUA. En 1991 Gorbachev anunció que comenzaría las negociaciones con Castro sobre la retirada de las tropas soviéticas de la isla. Los problemas económicos y el descontento político siguieron aumentando en Cuba. En 1992 un piloto cubano voló con su familia y varios amigos a Miami, Florida, y poco después hubo otro vuelo en el cual 47 personas también pidieron asilo político. En Cuba ha habido muchos rebeldes y disidentes cubanos fusilados o condenados a cadena perpetua.

La eficiencia de la producción azucarera siguió bajando y en 1993 el monopolio nacional tuvo que comprar miles de toneladas de azúcar de Tailandia para cumplir con los contratos con la China. Ese mismo año Castro fue «reelegido» presidente por cinco años más por la Asamblea Nacional. En una reunión internacional en Brasil, los países iberoamericanos, juntos con los representantes de España y Portugal, acordaron pedirle de nuevo a EUA que levantara el embargo económico contra la isla. Menem, el presidente de Argentina, votó a favor de la petición pero indicó que era probablemente inútil hasta que cambiara la dictadura cubana. En Puerto Rico en 1993, durante los XVII Juegos Centroamericanos y del Caribe, desertaron 45 atletas cubanos, agravando aún más la situación.

En 1994 los gobiernos de Cuba y EUA intentaron negociar en La Habana una solución a los problemas de la emigración. Ese mismo año el gobierno comunista de Cuba fue condenado por la Comisión de Derechos Humanos de la ONU por las continuas y numerosas violaciones a los derechos y libertades fundamentales de sus ciudadanos. En 1995 EUA anunció que ya no recibiría a más refugiados cubanos, después de tres décadas durante las cuales habían recibido un trato preferencial los cubanos que habían llegado en bote o en balsa a las costas norteamericanas. Al mismo tiempo, el gobierno de EUA anunció que aceptaría a los 21,000 balseros detenidos en Guantánamo.

Castro fue «reelegido» presidente en 1997. Ese mismo año el gobierno cubano creó el Banco Central con el propósito de que funcionara éste como un banco central en una economía de mercado. Desde entonces, algunos bancos extranjeros han iniciado operaciones en Cuba. Un 70% de la fuerza laboral trabaja para el estado. El país ha empezado a experimentar con una política económica nacional más liberal. Por ejemplo, se les ha permitido a los agricultores y granjeros vender a precio de mercado los excedentes de productos que quedan después de cumplir con las cuotas del estado. Otro ejemplo son los «paladares» o pequeños restaurantes operados en casas privadas para servir a los turistas y a otros visitantes extranjeros. Pero luego resulta que los altos impuestos del gobierno han obligado a muchos cubanos a abandonar estos experimentos capitalistas. Actualmente el turismo ha reemplazado el azúcar como principal fuente de divisas. El gobierno ha promovido la fórmula de «sol y playa» y también ha fomentado últimamente el «sexoturismo» para visitantes europeos, canadienses e hispanoamericanos.

Finalmente, cabe señalar que desde 1993 Cuba ha permitido el uso del dólar EUA en su economía y que el dólar ha reemplazado el peso como la moneda más usada en el comercio nacional, hasta tal punto que en muchas de las tiendas ya no se acepta el peso como pago. Los cubanos norteamericanos remiten anualmente regalos y dólares a familiares en Cuba, lo cual permite que muchos cubanos puedan comprar artículos que no serían asequibles sin esta ayuda. El embargo económico norteamericano continúa, bajo las provisiones adicionales de la «Helms-Burton Act».

ACTIVIDAD

¿Qué sabe Ud. de la República Dominicana y de Cuba?

1. Describa la geografía de la República Dominicana y de Cuba, y trate temas relacionados como el tamaño de cada país, el clima, las ciudades y los puertos principales, y la división política de cada uno.
2. ¿Cómo son la República Dominicana y Cuba demográficamente y políticamente? ¿Quién es el jefe de estado/gobierno actual en cada nación?
3. ¿Cuándo es la fiesta nacional de cada país? ¿En qué otras fechas hay fiestas públicas que afectarían un viaje de negocios? (Véase la Tabla 10-1 de las págs. 300 y 302.)
4. Describa la economía de la República Dominicana y de Cuba. ¿Cuál es la moneda nacional de cada país? ¿A cuánto está el cambio actual de cada moneda nacional con el dólar EUA? ¿Cómo se

comparan el PIB y la distribución del PIB de la República Dominicana con los de Cuba? ¿Con los de México?

5. ¿Cuáles son los principales productos y destinos de exportación de la República Dominicana y de Cuba? ¿Cuál sería un producto o servicio que usted recomendaría exportar a cada país? ¿Por qué?
6. Compare la infraestructura de transporte y de comunicaciones en cada país.
7. ¿Cómo han cambiado algunos de los datos presentados en las secciones de **Vista Panoramica y Actualidad Economica**? Póngalos al día.
8. Describa la relación socioeconómica entre la República Dominicana y EUA, refiriéndose a la lectura **Actualidad Economica**.
9. Describa la relación socioeconómica entre Cuba y EUA, refiriéndose a la lectura **Actualidad Economica** y a otras fuentes, como el internet. ¿Por qué ha habido un embargo económico estadounidense contra Cuba? ¿Qué es el «Helms-Burton Act», qué otro nombre tiene, y cuáles son algunas de sus estipulaciones? ¿Piensa usted que se debería levantar el embargo? Explique.
10. Ud. tiene que hacer un viaje de negocios a la República Dominicana con un/a colega para discutir la compra de un nuevo hotel en la zona turística de Barahona. Discuta los siguientes asuntos con un/a compañero/a de clase:
    a. Los planes para el viaje (el vuelo de ida y vuelta, aeropuertos de despegue y aterrizaje, costos, etc.).
    b. El alojamiento y transporte terrestre durante cuatro días en la República Dominicana.
    c. La preparación de un presupuesto para la visita.
    d. Una lista de temas que piensan incluir en su discusión.
    e. Las comidas y bebidas que van a pedir.
    f. Las formas de cortesía y los gestos que deben recordar, usar o evitar.

LECTURA CULTURAL

El ambiente legal de la importación y exportación

El ambiente legal del comercio internacional es bastante más complicado que el de los negocios nacionales. Esto se debe a que cada nación tiene sus propias leyes, y éstas no son casi nunca compatibles entre distintos países. Lo importante para toda persona que participe en los negocios internacionales es conocer las leyes comerciales en vigor en el país con el cual se están realizando las transacciones comerciales, o buscar los servicios de un especialista o de un buen abogado internacional.

Vern Terpstra *(The Cultural Environment of International Business)* nos indica que las leyes de un país se pueden interpretar como una dimensión de su cultura. Reflejan las actitudes y normas culturales de una nación, y sirven como reglas de conducta aceptable impuestas o por alguna autoridad (la legislatura nacional) o por las costumbres de los ciudadanos. En este sentido más amplio, no se trata sólo de las leyes inscritas en algún código legal. Puede ser que las directivas gubernamentales y las prácticas y los tabúes sociales también alcancen fuerza de ley. La persona de negocios internacionales tiene que estar atenta a todo factor que pueda constituir las «leyes» de una nación. Casi todas las leyes comerciales de los distintos países son diferentes en alguna medida y afectan de algún modo todos los temas tratados en este texto, desde la estructura y ubicación de una empresa, hasta las consideraciones de los recursos humanos, los bienes y servicios proporcionados, los sistemas de distribución, la inversión, los impuestos, etc.

Existe la ley internacional y sus instituciones, como las Naciones Unidas y la Corte Mundial, pero estos organismos, aunque gozan de gran prestigio, carecen de la autoridad necesaria para hacer cumplir con las leyes internacionales. Una nación no puede hacer que otra nación cumpla con una ley internacional, a no ser que sea a la fuerza. Esto explica, en parte, por qué los vendedores de bienes y servicios en el mercado internacional requieren un largo trato comercial con sus clientes antes de concederles la misma confianza mantenida con los mejores clientes nacionales. Si el comprador extranjero no cumple con un pago prometido, es muy difícil demandarlo en su propio país, donde las leyes nacionales del vendedor no se reconocen. No obstante, el aumento del comercio internacional y del número de empresas multinacionales, transnacionales y supranacionales,* así como el crecimiento de fenómenos como la inversión internacional y los tiburones corporativos, apuntan hacia un papel más urgente de la ley internacional. Las diferentes naciones que participan en el comercio global tendrán que aceptar un código mutuamente aplicable; es decir, una serie de leyes internacionales

*La empresa multinacional es aquélla que desarrolla sus actividades comerciales por medio de filiales en diferentes países. La transnacional se caracteriza por una administración compartida por representantes de varias nacionalidades. La supranacional es aquélla que verdaderamente ha superado toda vinculación nacional.

que rijan por encima de las leyes nacionales. Hasta el momento, no existe ningún organismo internacional que corresponda en la práctica a las legislaturas de los distintos estados soberanos. El FMI, una agencia de las Naciones Unidas, el antiguo GATT *(General Agreement on Tariffs and Trade)*, y la Organización Mundial de Comercio han sido pasos positivos hacia un sistema de leyes internacionales para el comercio. Estos organismos han podido sancionar a los países miembros que no hayan cumplido con los acuerdos que han sido aceptados entre los miembros. Pero todavía hace falta una ley comercial auténticamente internacional.

World Trade Center. Nueva York. Busque en el internet alguna información sobre el WTC, para comentarla en clase.

ACTIVIDADES

A. ¿Qué sabe Ud. de la cultura?

1. Para tener fuerza de ley, ¿hace falta que una norma de conducta esté inscrita en algún código nacional?
2. ¿Existe la ley internacional? Explique.
3. ¿Cómo se distinguen las empresas multinacionales, transnacionales y supranacionales?
4. ¿Qué son el FMI, el GATT y la Organización Mundial de Comercio? ¿Qué representan en el panorama de la ley internacional?

B. Asimilador cultural. Lea lo siguiente y conteste las preguntas a continuación.

Richard McCaffery, presidente de una empresa mediana en Connecticut, que importa café y azúcar directamente de la República Dominicana, está preocupado porque no ha llegado su último pedido de varias toneladas de café y azúcar. Decide llamar por teléfono a su abastecedor dominicano, Aurelio Salazar Buendía, para pedirle una explicación. Al comunicarse, Salazar se disculpa y le dice a McCaffery que también estaba a punto de llamarlo a Connecticut. Le explica que hace varios días se perdió toda la mercancía en una inundación la cual destruyó la carretera y arrastró el camión que llevaba el café y el azúcar. También le explica que le será imposible enviarle el pedido hasta el mes entrante, pues primero hay que reparar la carretera, la única que conecta sus operaciones con el puerto de embarque marítimo. A la vez, Salazar le agradece a McCaffery el pago recibido por el café y azúcar, el cual ha usado para solventar varias cuentas pendientes.

—No se preocupe, Sr. McCaffery, que dentro de cuatro semanas, cuando se arregle todo esto, Ud. tendrá su café y azúcar.

Después de oír esto, McCaffery se pone furioso y le grita por el auricular.

—¿Qué no me preocupe? ¡¿Qué no me preocupe?! ¡Tengo clientes que me amenazan con llevar su dinero a otro lugar si no les entrego a tiempo su café y azúcar! ¡¿Qué no me preocupe?! ¡No, ***Ud.*** es el que tiene que preocuparse porque lo voy a demandar aquí en una corte por el dinero y los clientes que voy a perder!

Conteste las siguientes preguntas.

1. ¿Cree Ud. que McCaffery podrá llevar a cabo su amenaza de demandar a Salazar en una corte en Connecticut? Explique.
2. ¿Cómo solucionaría Ud. la situación presentada arriba?

SINTESIS COMERCIAL Y CULTURAL

Actividades comunicativas

A. Situaciones para dramatizar. Lea las siguientes situaciones y después haga el papel en español con otro/s estudiante/s, usando las siguientes opciones como punto de partida. Cada persona deberá tomar un papel activo en la dramatización. No se olviden del protocolo ni de las cortesías.

1. You are the vice-president of a mid-sized American firm that is interested in exporting its products to Latin America. Since you have no experience with foreign customers, you have arranged a meeting with an export specialist to ask what is involved.
2. You are a business person in Cuba and form part of an official committee created to study whether or not Cuba should seek to renew its trade with the United States. Your position is that it should. Other members of the committee, however, view this as a betrayal of what has been accomplished in Cuba since the revolution: some Cubans will again become wealthier than others, Cuba might become dependent on the U.S., etc. Persuade your colleagues to accept your reasons for wanting to resume trade.

B. Ud. es el/la intérprete. El Sr. Víctor Martínez, dominicano cuya empresa exporta azúcar a los EE.UU., está en Nueva Orleáns para finalizar con la Srta. Vicky Simms, agente compradora de una compañía estadounidense, los términos de venta de treinta toneladas de azúcar crudo.

Haga Ud. el papel de intérprete entre estos dos individuos. Traduzca del inglés al español y del español al inglés, sin mirar el texto, el diálogo que leerán otros dos estudiantes en voz alta. Ellos harán una pausa después de cada raya para permitir su traducción. Acuérdense todos de usar un tono de diálogo natural.

SR. MARTINEZ De acuerdo con nuestras conversaciones telefónicas, / le enviaremos las treinta toneladas de azúcar crudo / por vía marítima a principios del mes entrante. / Uds. deberán recibir el azúcar para el día ocho.

INTERPRETE ____________________

SRTA. SIMMS Good. Our bank will issue a letter of credit / which should reach you by your return to the Dominican Republic next week. / As we've agreed, delivery will be made CIF, FOB delivered.

INTERPRETE ____________________

SR. MARTINEZ Bien. El precio de venta incluirá el flete y los seguros hasta el puerto de Nueva Orleáns. / Uds. saben que también les podemos ofrecer más azúcar, en caso de que tuvieran interés...

INTERPRETE ____________________

SRTA. SIMMS Believe me, we'd like to buy more sugar from you, / but Washington has recently imposed a quota on sugar from the Dominican Republic. / The 300 or so tons allowed last year have been reduced to about 150 this year.

INTERPRETE ______________________________

SR. MARTINEZ Sí, ya lo sé. Es una mala noticia para nosotros, / ya que vendíamos una gran cantidad de azúcar a los Estados Unidos. / Bueno, supongo que el único remedio será empezar a buscar nuevos clientes en otros países / para negociar la buena cosecha que hemos tenido este año.

INTERPRETE ______________________________

C. Actividad de comercio internacional. A usted le interesa importar artesanías u otros productos de Hispanoamérica para venderlas en la ciudad donde vive, pero necesita saber más sobre cómo se puede hacer esto. Haga una de las siguientes actividades para empezar a enterarse.

a. Visite una tienda en la cual sabe usted que se venden artículos importados (artículos de Hispanoamérica, si es posible). Hágale una entrevista a uno/a de los/las gerentes o propietarios/as para que éste/a le explique los trámites de la importación.

b. Visite una tienda de comidas en la cual usted sabe que se venden alimentos o bebidas importados de Hispanoamérica y/o de España. Hágale una entrevista a uno/a de los/las gerentes o propietarios/as para que éste/a le explique el sistema de distribución por el cual llegan esos productos (el vino español o chileno, la cerveza mexicana, etc.) a la tienda.

c. Visite una tienda de comidas y al pasearse por una de las secciones o pasillos, haga una lista de todos los productos importados de países hispanos que usted encuentra. Después, organice su lista: cuántos productos, qué tipos de productos, de qué países y a qué precios de venta.

Luego, discuta con sus compañeros/as de clase la información que ha podido conseguir.

D. Caso práctico. Lea el caso y haga el ejercicio a continuación.

En los últimos años se ha agravado la crisis económica en Cuba. Esto se debe en parte a los siguientes factores.

1. la dependencia de un solo producto —el azúcar
2. los métodos de producción y la maquinaria industrial anticuados
3. la escasez de mano de obra, la baja productividad (debido en parte a la falta de incentivos) y el absentismo

4. la baja en la cosecha de ciertos comestibles —arroz y frijoles—, lo cual ha dado por resultado la necesidad de importar comida
5. los gastos militares que durante los sesenta, setenta y ochenta habían perjudicado el desarrollo de diversos sectores económicos
6. el embargo económico de EUA

El gobierno cubano ha formado una comisión nacional de sus mejores especialistas para buscar soluciones a las dificultades económicas de la isla. Ud. forma parte de esta comisión, compuesta de tres o cuatro compañeros/as de clase. Preparen una serie de recomendaciones de acciones que ayudarían a aliviar la crisis económica de Cuba, tanto en un futuro inmediato como a largo plazo.

ANALISIS Y COMPARACION

Estudie la siguiente tabla comparativa y haga los ejercicios a continuación. Use también sus propios conocimientos y, cuando haga falta, otras fuentes informativas como el internet, el *Almanaque mundial*, etc. Los ejercicios se pueden hacer individualmente, en parejas o en pequeños grupos para discutir en clase.

TABLA 13-2 **Comparación entre los países hispanoparlantes y Estados Unidos: 1998 importaciones en millones de $EUA, balanza de comercio en millones de $EUA, principales productos de importación y principales proveedores** [Fuentes: *U.S. Department of State Background Notes*, *CIA World Factbook 1999*, *The World Almanac and Book of Facts 2000* y *Almanaque Mundial 2000*]

PAIS	1998 IMPORTACION EN MILLONES $EUA	BALANZA DE COMERCIO EN MILLONES $EUA	PRINCIPALES PRODUCTOS DE IMPORTACION	PRINCIPALES PROVEEDORES
Argentina	$32,000	-$6,000	Vehículos de motor y piezas, productos químicos orgánicos, equipo de telecomunicaciones, plásticos	20% EUA, 6% Italia, 5% Alemania, 5% Francia
Bolivia	$1,700	-$600	Bienes de capital (equipo industrial y medios de producción), productos químicos, petróleo, alimentos	17% EUA, 12% Japón, 11% Brasil, 9% Argentina, 7% Chile, 5% Perú

Tabla 13-2 cont.

PAIS	1998 IMPORTACIÓN EN MILLONES $EUA	BALANZA DE COMERCIO EN MILLONES $EUA	PRINCIPALES PRODUCTOS DE IMPORTACION	PRINCIPALES PROVEEDORES
Chile	$17,500	-$2,600	Petróleo, bienes de capital (equipo industrial y medios de producción), vehículos de motor, equipo electrónico, bienes durables de consumo, maquinaria	23% EUA, 22% UE, 11% Argentina, 6% Brasil, 6% Japón, 3% Alemania
Colombia	$14,400	-$3,100	Equipo y maquinaria industrial, equipo de transporte, bienes de consumo, productos químicos, combustibles, productos de papel y de metal, aviones	42% EUA, 23% UE, 14% Grupo Andino, 4% Japón
Costa Rica	$4,500	-$600	Maquinaria, vehículos de motor, bienes de consumo, productos químicos, petróleo y derivados, alimentos, abono	48% EUA, 28% Europa, 15% Japón, 5% América Central
Cuba	$3,000	-$1,600	Petróleo, alimentos, maquinaria, productos químicos	17% España, 12% Rusia, 9% Francia, 9% Canadá, 9% México
Ecuador	$2,900	-$500	Equipo de transporte, bienes de consumo, vehículos de motor, maquinaria, productos químicos, productos de petróleo	35% Latinoamérica, 32% EUA, 19% UE, 11% Asia
El Salvador	$3,500	-$1,540	Materia prima, bienes de consumo, combustibles, alimentos	51% EUA, 25% MCCA, 7% UE, 6% México, 2% Venezuela
España	$132,300	-$21,200	Maquinaria, equipo de transporte, petróleo, productos químicos, aviones, granos	65% UE (17% Francia, 15% Alemania, 9% Italia, 8% Reino Unido, 7% Benelux), 6% EUA, 3% Japón
Guatemala	$3,300	-$400	Combustibles, lubricantes, productos de petróleo, maquinaria industrial, vehículos de motor, hierro, acero, abono	44% EUA, 10% México, 5% Venezuela
Guinea Ecuatorial	$248	-$51	Petróleo, alimentos y bebida, ropa, maquinaria	40% Camerún, 18% España, 14% Francia, 8% EUA

Tabla 13-2 cont.

PAIS	1998 IMPORTACION EN MILLONES $EUA	BALANZA DE COMERCIO EN MILLONES $EUA	PRINCIPALES PRODUCTOS DE IMPORTACION	PRINCIPALES PROVEEDORES
Honduras	$1,800	-$500	Petróleo y combustibles, maquinaria y equipo de transporte, bienes manufacurados, productos químicos, productos alimenticios	43% EUA, 5% Guatemala, 5% Japón, 4% Alemania, 3% México, 3% El Salvador
México	$111,500	$6,000	Máquinas para trabajo con metales, productos siderúrgicos (de hierro), maquinaria agrícola, equipo electrónico, piezas para ensamble de automóviles, aviones y piezas para aviones	74% EUA, 4% Japón, 4% Alemania, 2% Canadá, 2% Corea del Sur, 1% Italia, 1% Francia
Nicaragua (año 1997)	$1,450	-$746	Petróleo, bienes de consumo, maquinaria y equipo, suministros agrícolas	32% EUA, 21% MCCA, 11% Venezuela, 9% UE
Panamá (año 1997)	$7,380	-$700	Equipo industrial, petróleo crudo, productos alimenticios, bienes de consumo, productos químicos	48% EUA; UE, América Central, el Caribe y Japón
Paraguay	$3,700	-$300	Maquinaria, combustibles, lubricantes, productos electrónicos, bienes de consumo y de capital (equipo industrial), productos alimenticios, materia prima	29% Brasil, 22% EUA, 14% Argentina, 9% Hong-Kong
Perú (año 1997)	$10,300	-$3,500	Maquinaria, equipo de transporte, productos alimenticios, petróleo, hierro, acero, productos químicos y farmacéuticos, cereales	31% EUA, 7% Colombia, 6% Chile, 6% Venezuela, 6% Reino Unido
Puerto Rico	$21,800	$8,500	Productos químicos, maquinaria y equipo, ropa, alimentos, pescado, productos de petróleo	62% EUA, 6% Japón, 4% República Dominicana, 3% Reino Unido
República Dominicana	$3,600	-$2,603	Alimentos, petróleo, algodón y tejidos, productos químicos y farmacéuticos, bienes de consumo	44% EUA, 16% UE, 11% Venezuela; México y Japón
Uruguay	$3,700	-$1,000	Maquinaria y equipo, vehículos de motor, productos químicos, minerales, plásticos, petróleo y combustibles	50% Mercosur (25% Brasil, 24% Argentina, 1% Paraguay), 19% UE, 12% EUA

Tabla 13-2 cont.

PAIS	1998 IMPORTACION EN MILLONES $EUA	BALANZA DE COMERCIO EN MILLONES $EUA	PRINCIPALES PRODUCTOS DE IMPORTACION	PRINCIPALES PROVEEDORES
Venezuela	$12,400	$4,500	Materia prima, maquinaria, equipo de transporte, bienes manufacturados, materiales para construcción, productos químicos y alimenticios	53% EUA; Japón, Colombia, Italia, Alemania, Francia, Canadá, Brasil
Estados Unidos	$912,000	-$249,000	Petróleo crudo y productos de petróleo refinado, maquinaria, automóviles, bienes de consumo, materia prima industrial, alimentos y bebidas, productos electrónicos	19% Canadá, 18% Europa Occidental, 14% Japón, 10% México, 7% China

1. ¿Qué es una importación? ¿Qué tipos de productos se importan en EUA? ¿Ha comprado usted recientemente algún producto o artículo importado? Comente.
2. ¿Cuáles de los países hispanos importaron más de $100,000,000,000 (ciento mil millones en $EUA = *one hundred billion dollars*) en 1998? ¿Cuáles importaron entre $10,000,000,000 y $32,000,000,000? ¿Y menos de $10,000,000,000?
3. ¿Cuáles son las principales importaciones de México, España, Cuba, Venezuela, Guatemala, Perú, Chile y Argentina?
4. ¿Qué es el equipo de telecomunicaciones? ¿El equipo de transporte? ¿Un combustible? ¿El abono? ¿Un producto siderúrgico?
5. ¿Para cuáles países hispanos es EUA el principal proveedor de importaciones? ¿Para cuáles lo es Brasil y por qué piensa usted que es así? ¿Para cuál lo es la UE y por qué piensa usted que así es? ¿Para cuál lo es España y para cuál lo es el Camerún? ¿Para cuál lo es el Canadá? ¿Cuáles de los países hispanos reciben más de 40% de sus importaciones de EUA?
6. Usted y tres compañeros/as de clase sirven de grupo consultor para una empresa norteamericana que desea vender sus productos en Hispanoamérica. La compañía les ha pedido que preparen un resumen informativo sobre las importaciones de las distintas regiones hispanoamericanas. Divídanse el trabajo para que cada persona le haga al grupo un breve resumen inicial de uno de los siguientes temas:

a. Las principales importaciones del Caribe hispano.
b. Las principales importaciones de Centroamérica.
c. Las principales importaciones de los países andinos.
d. Las principales importaciones de los países del Cono Sur.

7. Si usted tuviera la oportunidad de importar dos productos de los países hispanos para venderlos en el lugar donde vive ahora, ¿cuáles serían? ¿Por qué piensa usted que tendrían buen mercado de consumidores o usuarios? ¿Cuánto dinero podría ganar usted en seis meses con la venta de estos dos artículos?

Vocabulario

Aquí se presentan los principales términos relacionados con este capítulo. Al final del libro hay un glosario más completo.

a bordo • *on board*
Acuerdo General sobre Aranceles y Comercio (AGAAC) • *General Agreement on Tariffs and Trade (GATT)*
amparar • *to protect, cover*
apoyar • *to support, guarantee, back up*
carga • *cargo*
cargador/a • *loader*
carta de crédito irrevocable • *irrevocable letter of credit*
___ irrevocable y confirmada • *confirmed irrevocable letter of credit*
___ revocable • *revocable letter of credit*
carta de pedido • *order*
___ de porte terrestre • *bill of lading, railway bill, freight bill*
Cayo Hueso • *Key West (Florida)*
certificado de origen • *proof of origin*
___ de sanidad • *sanitary certificate, health certificate*
CFR (Costo y flete) • *Cost and Freight*
CIF (Costo, seguro y flete) • *Cost, Insurance, and Freight*
código • *code (i.e., of laws)*
comestible *(m)* • *food*
conocimiento de embarque • *bill of lading*
contingente *(m)* • *import quota*
declaración de aduana • *customs declaration*
___ de exportación • *export declaration*
demandar • *to sue*
directiva • *guideline*
documento de embarque • *shipping document*
egreso • *expenditure, outlay, disbursement*
embarque *(m)* • *shipment*
emitir • *to issue*
estado soberano • *sovereign state*
exención • *exemption*
factura consular • *consular invoice*
FAS (libre o franco a costado del buque) • *Free alongside ship*
filial *(adj)* • *subsidiary*
fletador/a • *freighter, charterer*

Vocabulario cont.

fletamento (fletamiento) • *charter, freight*
fletante *(m/f)* • *charterer, affreighter, shipowner*
fletar • *to charter, hire*
flete (pagado hasta el) punto de destino • *F.O.B. delivered*
flujo • *flow*
fluvial *(adj)* • *fluvial, river-related*
FOB libre o franco a bordo (LAB o FAB) • *free on board*
giro a la vista • *sight draft*
___ a plazo • *time draft*
guía aérea • *air waybill*
hacer cumplir • *to enforce*
hoja de ruta • *route sheet, waybill*
hurto • *pilferage, theft*
inscrito • *inscribed, written*
licencia de exportación • *export permit*
___ de importación • *import permit*
marítimo/a • *maritime, sea*
nave *(f)* • *ship*
Organización Mundial de Comercio • *World Trade Organization*
OPEP (Organización de Países Exportadores de Petróleo) • *Organization of Petroleum Exporting Countries (OPEC)*
originario • *orginating in, coming from*
permutar • *to exchange, barter, swap*
Producto Social Bruto (PSB) • *gross national product as measured in socialist countries*
punto de embarque • *loading point*
___ de entrega • *delivery point*
puro • *cigar*
red *(f)* • *network*
reexportación • *re-export*
refinamiento de azúcar • *sugar refining*
rehén *(m)* • *hostage*
santería • *worship of the saints*
sigla • *abbreviation, acronym*
subvencionar • *to subsidize*
tiburón (corporativo) • *corporate raider*
transbordo • *transfer*
trueque *(m)* • *barter, exchange*
ventaja absoluta • *absolute advantage*
___ comparativa • *comparative advantage*
video • *videocassette*
vinculación • *association, link*

CAPITULO

14 Las perspectivas para el futuro

You can never plan the future by the past.

Edmund Burke

Those who cannot remember the past are condemned to repeat it.

George Santayana

Caminemos pisando la senda de nuestra inmensa felicidad.

Himno Nacional de la Guinea Ecuatorial

Se requerirá toda clase de personal para el comercio global del futuro. ¿Qué tipo de preparación necesitará el/la gerente en el futuro para poder mejorar su capacidad de trabajar con personas de todas partes del mundo? Para los niños en la fotografía, ¿Cómo será el mundo en el año 2020?

PREGUNTAS DE ORIENTACION

Al hacer la *Lectura comercial*, piense Ud. en las respuestas a las siguientes preguntas.

- ¿Cuáles son los cuatro aspectos del nuevo mundo comercial que deberá tener en cuenta el gerente del futuro?
- ¿Cuáles son las tres etapas económicas de los últimos doscientos años? ¿En qué época hemos entrado ahora? ¿Cuáles son algunos rasgos de la nueva época?
- ¿Cuál es la importancia del internet en el comercio?
- ¿Qué impacto puede tener la infotecnología en una sociedad? ¿En la educación? ¿En los gobiernos? ¿En los negocios?
- ¿Qué es la globalización? ¿Cuál es la reacción opuesta a la globalización?
- ¿Cuáles fueron las dificultades económicas internacionales causadas por la crisis asiática a finales del siglo XX?
- Describa el impacto de las decisiones de Bretton Woods en las economías desde la segunda Guerra Mundial hasta 1995.
- ¿Qué influencias han tenido el AGAAC, el FMI y el Banco Mundial?
- ¿Qué es la Organización Mundial del Comercio y cuáles son algunos problemas internacionales que ha tratado ya?
- ¿Qué es la migración? ¿Qué importancia podrá tener en la demografía mundial del futuro?
- ¿Será más o menos importante la ética moral en los negocios del futuro? ¿Por qué?
- ¿Cuáles son los tres objetivos académicos que facilitarán la entrada del estudiante al mundo de los negocios?

Breve Vocabulario Util

aprendizaje de toda la vida *(m)* • *lifelong learning*
autómata *(m)* • *robot*
consejero/a • *adviser*
calentamiento global • *global warming*
despoblación forestal • *deforestation*
en vías de desarrollo • *developing*
Fed *(f)* (Reserva Federal) • *Federal Reserve Bank (U.S.A.)*
Indice General de la Calidad de Vida • *Physical Quality of Life Index (PQLI)*
maduración constante • *constant growth*
náufrago • *castaway*
perspicacia • *vision, forward-thinking, insight*
planificación estratégica • *strategic planning, contingency planning*
prójimo • *fellow human being, neighbor*
propiedad intelectual • *intellectual property*

LECTURA COMERCIAL

Preparación del gerente para el comercio internacional

Para tener éxito en el mundo de los negocios del futuro, el gerente tendrá que adaptarse a un ambiente caracterizado por cambios continuos. Este ambiente incluirá no solamente los aspectos económicos, sino también los demográficos, sociales y políticos del planeta. Algunos investigadores utilizan el PIB para indicar el desarrollo de un país, y otros emplean el término Indice General de la Calidad de Vida (en inglés

Physical Quality of Life Index, or PQLI) para reflejarlo. Este índice incluye medidas del éxito de los hospitales y otros servicios educativos y sociales que demuestran el uso y la distribución del patrimonio nacional.

El comercio internacional será aún más competitivo bajo un nuevo concepto global, y la formación de empresarios mundiales tendrá nuevas direcciones profesionales y nuevas dimensiones internacionales. Las distintas épocas históricas de los últimos siglos reflejan los cambios importantes de los diferentes sectores económicos. Primero, en el siglo XIX, el sector agrícola fue el más importante con el mayor número de empleados. Luego, a partir del siglo XX, el sector manufacturero dominó la economía, proporcionándole una gran variedad de trabajos a los ciudadanos, a la vez que fomentaba la creación de sindicatos laborales. Ahora, aunque los países desarrollados han entrado en un período postindustrial, la era de información, hay más cambios y los cambios mismos son más rápidos que nunca.

En las décadas de los ochenta y los noventa del siglo pasado, se inició el uso de la computadora en las oficinas, en las casas y en las escuelas. Las computadoras se encargaron de muchas de las tareas mentales humanas, tal como habían hecho las máquinas desarrolladas durante la revolución industrial con la labor manual. Finalmente, había comenzado la tercera época, la revolución informática impulsada por una red mundial interactiva. El *internet,* llamado «information highway» en los EE.UU., es la red global de computadoras interconectadas. Por medio de esta red, todo el mundo empieza a comunicarse directa e inmediatamente y, alternativamente, se comunica con otros aparatos electrodomésticos. Esta ya es la máquina más grande que se haya construido en la historia del mundo. La *infotecnología* ha proliferado en los países industrializados y seguirá difundiéndose por todos los países del mundo porque los precios de la alta tecnología han bajado mucho. Se está combinando el televisor, el teléfono (celular y tradicional) y la computadora en una sola máquina informativa. Es posible que la importancia de la «*infomedia*» pueda causar una falta de socialización entre la gente. La *enseñanza multimedia,* la *educación a distancia* y la *realidad virtual* extenderán las experiencias educativas y cambiarán increíblemente la educación y el adiestramiento en las escuelas y en las empresas. El gobierno estatal o nacional que no apoye la educación de sus ciudadanos de cualquier edad correrá el riesgo de crear un pueblo de «náufragos» cuando se necesitan personas que sepan «navegar» efectivamente por la red informativa.

Antes del final del siglo XX, se presenció la conclusión de la Guerra Fría y la división de la URSS en muchos países pequeños con diferencias étnicas, lingüísticas, religiosas y culturales. A la vez, el mundo entero entró en una época de globalización, un movimiento fuerte hacia la apertura y la integración de los mercados financieros, de las naciones y de las tecnologías. En otras palabras, las corrientes actuales enfatizan la integración, la eliminación de barreras nacionales y la reducción de distancias geográficas, un proceso denominado «*el Lexus*» por Thomas Friedman, corresponsal internacional con el *New York Times* y autor de *The Lexus and the Olive Tree: Understanding Globalization.*

En ese período, casi todos los países latinoamericanos se habían convertido de gobiernos autocráticos con barreras de proteccionismo económico en gobiernos orientados al libre comercio con bases más democráticas. Se enfrentaron las crisis de deuda internacional y la hiperinflación con la ayuda y la implementación de los bonos Brady, comenzaron a privatizar muchas industrias nacionales ineficientes y realizaron metas razonables de desarrollo por medio de políticas de más austeridad. Como se ha visto anteriormente, empezaron a establecer zonas internacionales de comercio con sus vecinos. En muchos casos estas zonas combinadas con la estabilidad política, atrajeron a más inversionistas y mercaderes internacionales con los fondos necesarios para apoyar el desarrollo necesario para competir en el mundo global. Estos individuos u organizaciones, «la manada electrónica» según Friedman, navegan por todo el mundo bien armados de información, buscando nuevos mercados emergentes. Lamentablemente para la globalización, los líderes de las antiguas repúblicas soviéticas tanto como los de los países hispanoamericanos siguen luchando por mantener los valores tradicionales de comunidad e identidad por los cuales han sobrevivido desde antaño, lo que Friedman llama «el olivo». En el año 2000, se destacan los esfuerzos del general Hugo Chávez Frías en Venezuela y su *nueva* Constitución, los cuales le prometen más poder como presidente del país, como muchos caudillos tradicionales. También, las manifestaciones de los indígenas en Ecuador sobre la posible dolarización de la moneda reflejan una tendencia de volver a lo tradicional. Estas tradiciones rechazan las nuevas reglas económicas y políticas, «la camisa de fuerza dorada» de Friedman, necesarias para hacerse miembro del sistema global.

Otro tipo de cambio económico al que habrá que confrontarse es el impacto de las nuevas crisis, como la asiática causada en 1997 por la turbulencia en los mercados emergentes. Esta comenzó en Tailandia y se extendió a los mercados en Corea, Indonesia, Malasia, Singapur, Filipinas y Hong Kong al final de ese año. Durante el próximo año, estas condiciones empeoraron la recesión en el Japón. Luego en 1998, el retumbar de la devaluación del rublo de Rusia, complicada por la contracción del comercio en Asia, se oyó en mercados de Latinoamérica, especialmente en Argentina y Brasil. El efecto del bajo precio de gasolina, combinado con los acontecimientos en Asia, bajó el valor del peso mexicano.

Colombia y Brasil devaluaron el peso y el real respectivamente. A pesar de todos estos cambios en la estructura económica mundial, el dólar estadounidense ha seguido como la divisa internacional dominante.

Además de los cambios económicos y políticos internacionales, el planeta tendrá que enfrentarse al problema moral y social de la escasez de alimentos, energía y otros recursos naturales como el agua y los bosques, y el calentamiento global. Los esfuerzos cooperativos deberán hacer frente a las dificultades económicas, éticas y ecológicas, y deberán reemplazar el uso de la fuerza militar para lograr una solución razonable en el mundo político global.

La Organización Mundial del Comercio (OMC)/ World Trade Organization (WTO) se estableció el 1º de enero de 1995 como el próximo paso del Acuerdo General sobre Aranceles y Comercio (AGAAC)/ General Agreement on Tariffs and Trade (GATT) fundado en 1945. En Bretton Woods, New Hampshire en 1944, cuarenta y cuatro países se reunieron para tratar con las economías mundiales de la postguerra, y decidieron emplear tasas de cambio fijas. Crearon el Fondo Monetario Internacional (FMI) y el Banco Mundial, como medios para estabilizar los precios. El sistema funcionó bien hasta fines de la década de los sesenta, cuando los países en vías de desarrollo encontraron dificultades en conseguir suficientes dólares. En 1971 el mundo se dio cuenta de la sobrevaluación del dólar y el Presidente Nixon decidió suspender la conversión del dólar al oro. Para 1973, los países del mundo acabaron con el uso de las tasas fijas y comenzaron a emplear un sistema de tasas flotantes, una política que aumenta el riesgo, pero que reduce la posibilidad de aislacionismo internacional. La OMC fue establecida como resultado de las negociaciones en la Ronda Uruguaya del AGAAC (1986–1994), completadas bajo el Presidente Clinton. El Acta de Acuerdos de la Ronda Uruguaya (AARU)/ Uruguay Round Agreements Act (URAA) fue aprobada por el Congreso estadounidense en diciembre de 1994. Ese grupo exigió que el Presidente entregara una serie de informes anuales sobre los efectos de OMC. El informe entregado por Clinton en 1999 resume los resultados del acuerdo durante el período de los cinco años, los cuales representan la expansión económica continua más larga en la historia de la República. La OMC abarca los siguientes sectores:

1. Mayor acceso a los mercados internacionales para las grandes empresas multinacionales y para las pequeñas y medianas empresas.
2. Propiedad intelectual: derecho de autor y derechos conexos (es decir, los derechos de los artistas, intérpretes y ejecutantes, los productores de grabaciones de sonido y los organismos de radiodifusión); las marcas de fábrica o de comercio, incluidas las de servi-

cios; las indicaciones geográficas, incluidas las denominaciones de origen; los dibujos y modelos industriales; las patentes, incluida la protección de los productos vegetales; los esquemas de trazado de los circuitos integrados; y la información no divulgada, incluidos los secretos comerciales y los datos sobre las economías en transición.

3. Establecimiento de reglas y procedimientos para la solución de diferencias entre países (EE.UU. había iniciado más quejas que cualquier otro miembro).
4. Foro para la liberalización del comercio por medio de una discusión dinámica.
5. Difusión de información sobre la alta tecnología y las telecomunicaciones.
6. Expansión de membresía global de 119 miembros en 1995 a 135 en 1999, con 30 solicitudes adicionales.

Además de la creación de la OMC, abundan los bloques comerciales regionales como la Unión Europea (EU), el Tratado de Libre Comercio de América del Norte (TLCAN o NAFTA, *North American Free Trade Agreement*), el Mercado del Cono Sur (MERCOSUR), el Mercado Común Centroamericano (MCC), el Grupo Andino (GA), la Asociación de Naciones del Sudeste Asiático (ANSEA), la Comunidad Económica de Los Estados de Africa Occidental (CEEAO) y la Comunidad y Mercado Común Caribeños (CARICOM). Estas organizaciones aumentan la comunicación entre países regionales aunque a veces representan polos opuestos e impedimentos al libre comercio global. Ultimamente, un elemento desconocido e inseguro, pero clave para la economía global, es el futuro de China, el país más poblado del mundo. En el futuro, China tendrá una capacidad única de crear inestablidades en la balanza de la economía global.

Los cambios políticos y económicos causan la migración, o sea, el traslado de gente de un lugar a otro o un cambio permanente de residencia. En algunos casos los movimientos migratorios son nacionales (dentro de un país) y en otros son emigraciones internacionales (de un país a otro). Pueden ser voluntarias o forzadas. Muchos trabajadores se trasladan de un centro manufacturero en decadencia a otro de servicios con más posibilidades laborales, aunque muchas veces con salarios reducidos o con cambios de oficio. Estas migraciones empiezan a influir demográficamente en EE.UU., el cual ha experimentado en los últimos años un gran aumento en el número de grupos hispánicos y asiáticos que se han establecido en el país.

Una circunstancia nueva en el mundo del futuro serán los cambios de valores sociales, la tecnología, las aplicaciones económicas y la infraestructura sociopolítica y material de cada país o region. Otra consecuencia de los nuevos valores que se están imponiendo en el mundo actual es la necesidad de poner límites ecológicos a los abusos industriales y tecnológicos. Muchos países empiezan a insistir en la importancia de controlar la contaminación del medio ambiente —del aire, del agua, de la flora y de la fauna. Algunas organizaciones como las Naciones Unidas han procurado hacerle frente a este grave problema mundial. No cabe duda de que esta preocupación por salvar el planeta será aún más urgente en el futuro, tal como se refleja en los costosos controles impuestos a las empresas petroleras a causa de los derrames de petróleo en las aguas costeñas de los EE.UU.

En todo caso, las cuestiones de la ética moral en los negocios y en las estrategias empresariales tendrán más importancia que antes. Los gerentes o algún grupo oficial tendrán que establecer el procedimiento para asegurar estas decisiones morales. ¿Cuál será la ética moral que se usará para tomar decisiones? ¿Se basará esta nueva ética gerencial en los valores personales y culturales de la gente? ¿En los de cuál cultura? Cuando se toman decisiones, ¿se consideran las obligaciones de fidelidad, justicia, promesas y el no querer explotar o perjudicar a otros? ¿Cuál de las obligaciones es la más importante? ¿En qué ideales morales de los empleados influirán las decisiones gerenciales: la tolerancia, la compasión, la paz, el respeto hacia el prójimo? ¿Cuál es el ideal más elevado, del que resultará el mayor bien para el mayor número de personas? ¿Cuáles serán las consecuencias de las decisiones, y qué beneficios o daños pueden resultar al tomar ciertas decisiones? ¿Cuáles son las diferencias culturales que influyen en los valores? (Logan y Bell, 1988).

El último aspecto que el gerente del futuro tendrá que tomar en cuenta es la situación política de los países con los cuales comercia su empresa. A veces hará falta intervenir económicamente para proteger el medio ambiente de los desechos tóxicos, de la despoblación forestal o de otras formas de destrucción o contaminación. ¿Se tomarán decisiones pensando en el impacto a corto plazo o a largo plazo? Las decisiones estratégicas a largo plazo serán más difíciles para el gerente internacional, debido a la influencia de los cambios políticos en los negocios. Los bienes y la tecnología estadounidenses tendrán un precio, tanto económico como político. Los políticos estadounidenses tendrán que darse cuenta de la importancia del comercio internacional para el futuro. En realidad, sería mejor que hubiera menos cambios para que el empresario pudiera hacer más planes a largo plazo. Pero el futuro se perfila aún más cambiante e innovador.

Estos cambios en la sociedad internacional requieren que los programas universitarios preparen al gerente del futuro y que hagan cambios

ESTADO LIBRE ASOCIADO DE PUERTO RICO
JUNTA DE CALIDAD AMBIENTAL
COMMONWEALTH OF PUERTO RICO
ENVIRONMENTAL QUALITY BOARD
AVISO
LA CALIDAD DE LAS AGUAS DESDE ESTE PUNTO HASTA 1,580 PIES AL OESTE, HACEN LAS MISMAS TEMPORALMENTE NO RECOMENDABLES PARA NADAR, BAÑARSE O ESQUIAR.
NOTICE
THE QUALITY OF THE WATERS FROM THIS POINT UP TO 1,580 FEET WEST, RENDER THE SAME TEMPORARILY NOT SUITABLE FOR SWIMMING, BATHING OR SKIING.

¿Cuál es el precio del progreso? La contaminación del medio ambiente representa un peligro bien documentado. ¿Cómo será el medio ambiente en el año 2025? ¿Más contaminado o más limpio que hoy? Explique.

necesarios en su formación profesional, para facilitar su funcionamiento eficaz en el nuevo mundo internacional de los negocios. Entre ellos deben incluirse:

1. **Perspicacia.** Los programas de estudio tendrán que adaptar sus métodos y contenido a las circunstancias para que sus graduados puedan tomar decisiones estratégicas con una conciencia global del planeta, es decir, con una perspectiva más amplia, profunda y apropriada.
2. **Integración de las asignaturas académicas.** Los estudiantes de administración de negocios deberán saber combinar la contabilidad, el marketing, las finanzas, etc., con el estudio de las lenguas y culturas de sus clientes.
3. **Habilidades interpersonales y comunicativas.** Los programas de estudios universitarios tendrán que enseñar a sus estudiantes a comprender las necesidades del consumidor, a ser suficientemente flexibles para la satisfacción del cliente, a operar como miembros de un equipo, a saber motivar o guiar a otros y a negociar con una conciencia y un aprecio de las diferencias culturales, con flexibilidad y de una manera sincera y abierta.

En cuanto a las habilidades comunicativas propiamente dichas, será recomendable que el gerente del futuro sepa expresarse oralmente y por escrito, no sólo en su propio idioma, sino también en el de sus clientes o colegas. El tener únicamente una habilidad lingüística no basta para comunicarse eficazmente con una persona de otra cultura. Hay que estudiar y comprender (1) su historia, literatura y ciencias; (2) la psicología colectiva e individual; (3) la sociología, antropología y geografía de la región considerada; y (4) la manifestación de estos aspectos culturales en las prácticas sociales y comerciales. Es decir, se necesita una plena conciencia transcultural.

Por otra parte, el programa o la enseñanza académica que instruya a los estudiantes futuros en los distintos aspectos del mundo internacional de los negocios, preparará a sus graduados para participar en diversas actividades profesionales. Jeffrey Arpan, en su texto *International Business Careers* (1995), menciona las siguientes posibilidades:

1. La contabilidad financiera, de gestión o fiscal;
2. Las finanzas bancarias, las acciones y los valores, los seguros, las iniciativas en la adquisición de capital, la reducción de riesgo o la planificación fiscal;
3. El marketing con el diseño del producto, la publicidad, la promoción, el embalaje, los canales de distribución, la estructuración de precios o la investigación y la planificación;
4. La compra de equipo y materiales;
5. La producción en cargos de ingeniero, supervisor o gerente de producción, planificador de producción;
6. La logística de la coordinación del medio, del costo y de la documentación del flete;
7. El personal: su contratación, adiestramiento y evaluación, y las relaciones laborales como el pago, la motivación, el ascenso y la asignación departamental de los empleados;
8. La planificación estratégica: evaluación del riesgo y los beneficios de las decisiones internacionales que requieran una perspectiva verdaderamente global;
9. La administración gerencial en la cual se combinan las habilidades técnicas y la perspectiva internacional de todas las áreas de operación de una empresa;
10. Otros cargos de negocios internacionales tales como el de abogado internacional, el de consultor o el de consejero técnico.

En todos los oficios mencionados se requerirá una buena preparación, basada en experiencias transculturales; una formación general, universitaria (graduada y posgraduada); una formación práctica en un trabajo gerencial o pre-gerencial. Al mismo tiempo, en el plano personal será un requisito esencial el hábito de la lectura activa y constante, y el saber escuchar atentamente a otros. También será importante visitar otros países y mantenerse bien informado de eventos tanto nacionales como internacionales. Los frutos del éxito del futuro prometen ser tanto humanitarios como financieros.

ACTIVIDADES

A. ¿Qué sabe Ud. de negocios? Vuelva Ud. a las preguntas de orientación que se hicieron al principio del capítulo y a las preguntas que acompañan las fotos y contéstelas en oraciones completas en español.

B. ¿Qué recuerda Ud.? Indique si las siguientes declaraciones son *verdaderas* o *falsas* y explique por qué.

1. Los valores personales o culturales influyen muy poco en las estructuras políticas.
2. El concepto global requiere que el gerente de empresas mantenga las mismas perspectivas de siempre.
3. El navegar el internet les ofrece pocas oportunidades a las empresas.
4. Los países deudores deben consumir más y exportar menos.
5. El AGAAC ha ayudado con los pagos internacionales y el FMI con las políticas comerciales restrictivas internacionales.
6. Asia y Latinoamérica serán regiones importantes en el siglo XXI.
7. El tráfico de esclavos negros de Africa a las Américas fue un ejemplo de la migración voluntaria.
8. Las obligaciones morales incluyen la tolerancia, la compasión y el respeto hacia el prójimo.
9. En el marketing de servicios, más que en el sector manufacturero, el gerente empresarial tendrá que preocuparse más por el consumidor y su satisfacción.

C. Exploración de sus conocimientos y opiniones personales. Haga los siguientes ejercicios, usando sus propios conocimientos y opiniones personales.

1. ¿Qué cambios ha habido en el enfoque de los sectores económicos desde el siglo XVIII hasta la actualidad?

2. ¿Qué influencia podrá tener la infotecnología en la sociedad?
3. ¿Cómo se podrá resolver la crisis de la deuda internacional? ¿Cuáles son algunas de las dificultades para su resolución?
4. ¿Cuáles son y serán las principales carreras en el mundo internacional de los negocios? ¿Cuál/cuáles le interesa/n más a Ud.? ¿Por qué?
5. El Producto Nacional Bruto (PNB) mide el crecimiento económico de la producción de un país. Busque el significado del Indice General de la Calidad de Vida (PQLI) y sus características. ¿Qué factores determinan el PNB y el Indice General de la Calidad de Vida? ¿Son iguales los términos «crecimiento» y «desarrollo»?
6. ¿Cómo se relacionan los dichos, y la letra del Himno Nacional de la Guinea Ecuatorial, al principio del capítulo, con los temas tratados?

D. Al teléfono. Haga las siguientes llamadas telefónicas a otro/a estudiante de la clase. Cada persona deberá tomar un papel activo en la conversación.

1. Ud. es el/la director/a de personal de una empresa ubicada en la Florida. Llame al/a la presidente/a de la empresa para convencerlo/la de la importancia de empezar a contratar un mayor número de inmigrantes de la Cuenca del Caribe. Primero, discuta Ud. un poco el fenómeno de la inmigración. Luego, trate de relacionarla con el desarrollo social y comercial, en términos generales, y mencione las oportunidades que esto representa para la empresa. El/La presidente/a habla de la vulnerabilidad que significa esta política debido a las cuotas y las actitudes hacia la inmigración en los EE.UU.
2. Ud. es el/la presidente/a de una fábrica farmacéutica acusada de contaminar el aire y el agua con sus desechos tóxicos. Hable Ud. con su director/a de finanzas sobre las siguientes posibilidades.

   a. tomar medidas preventivas para reducir el riesgo en el futuro
   b. asegurarse contra el riesgo con una compañía de seguros
   c. no hacer nada para prevenir que se repita la situación

   Su director/a de finanzas se preocupa por los costos de la primera alternativa. Ud. se preocupa en general por las consecuencias a largo plazo.
3. Ud. es el/la jefe/a de producción de una compañía que fabrica máquinas de transporte en Ponce. Hable con el capataz acerca de la posible automatización del proceso manufacturero. Mencione la

eficiencia y la reducción de costos que ofrecen los robots. El capataz, en cambio, defiende la importancia de conservar los trabajos de los obreros.

E. Navegando el internet. Ud. y un/a socio/a necesitan informar a la junta directiva de su empresa (sus compañeros/as de clase) sobre las tendencias probables en el mundo y deciden investigar la historia durante los últimos cinco años de los mercados financieros internacionales y sus objetivos desde el punto de vista del valor del dólar (EE.UU.). Como una fuente de información, entre otras, piensan utilizar los datos de la Reserva Federal (EE.UU.) y los informes semestrales Humphrey-Hawkins. Por eso, Uds. deciden hacer lo siguiente:

1. Navegar el internet en español, buscando especialmente los sitios virtuales del Congreso o de la Fed de EE.UU. con algunas de estas palabras claves u otras que conozcan o encuentren:

   negocios/ negocios-economía /EE.UU./comercio/ apellido del presidente de EE.UU./ apellido del/la jefe de la Reserva Federal

2. Al desplazar arriba y abajo las Páginas Web, conseguir la información sobre varios informes disponibles tras los cinco años incluidos en la investigación.
3. Estudiar las tendencias mencionadas y hacer un análisis de la información para la junta directiva.
4. Informar a la clase sobre sus investigaciones y los pasos tomados para conseguir la información.

EJERCICIOS DE VOCABULARIO

Si hace falta para completar estos ejercicios, consulte la *Lectura comercial* o la lista de vocabulario al final del capítulo.

A. ¡A ver si me acuerdo! Pensando en la posibilidad de establecer una relación comercial, usted va a tener una conversación con una persona de negocios de un país hispano. Sin embargo, se le olvidan a usted los siguientes términos en español. Un/a compañero/a lo/la ayuda a recordarlos al pedir que usted se los traduzca.

1. internet
2. migration
3. purchasing power
4. leisure class
5. global warming
6. market forces
7. intellectual property
8. strategic planning
9. forward thinking
10. international lawyer

B. ¿Qué significan? A Ud. le interesa la posibilidad de trabajar en una oficina de mercadeo en un país hispanohablante. Sin embargo, no sabe lo que significan ciertos términos que se usan frecuentemente en el comercio. Ud. decide consultarlos con un/a amigo/a. Pídale a un/a compañero/a de clase que le explique los siguientes términos y que le dé algunos sinónimos si puede.

1. habilidades interpersonales
2. automatización
3. austeridad
4. divisa
5. desecho tóxico
6. realidad virtual
7. lectura
8. conducta
9. consejero
10. aprendizaje de toda la vida

C. Perspectivas para el futuro: Adivinación. Con un/a compañero/a de clase, escojan ustedes dos (2) palabras en español que se relacionan con las perspectivas para el futuro, el tema principal de este capítulo. Luego, en clase, den sinónimos, definiciones o palabras que se asocian con los términos originales y pidan que los demás compañeros los adivinen.

D. Entrevista profesional. Ud. visita con el/la gerente general de una empresa multinacional quien le ha contratado como consejero. El/ella tiene preocupaciones por el impacto negativo de ciertos conceptos futuros en el estado económico de su compañía y le entrevista a Ud. Entre las preguntas que le hace el/la gerente general, figuran las siguientes. Con un compañero/a, realicen la entrevista. No se olviden del protocolo ni de las cortesías.

1. ¿Cómo puede influir la inmigración en las economías mundiales?
2. En el futuro, ¿será una buena práctica el proteccionismo mundial?
3. ¿Cuál será el efecto de la Unión Europea como un área comercial? ¿De MERCOSUR? ¿Del Tratado de Libre Comercio de América del Norte?
4. ¿Qué importancia traerán los anticipados aumentos de población en las economías?
5. ¿Es más importante saber comunicarse eficazmente en su propio idioma o en el de sus clientes? ¿Cómo se relacionan los aspectos culturales con los dos idiomas?

E. Traducciones. Un/a amigo/a suyo/a que está inscrito/a en un programa de maestría en relaciones internacionales acaba de empezar a estudiar el español. El/ella sabe poco del vocabulario necesario para funcionar eficazmente en ese contexto. Usted lo/la ayuda al pedirle que él/ella traduzca las siguientes oraciones que informan sobre el tema.

1. The preparation of an international manager will need to be changed for operating in the global village.
2. A service-based economy requires fewer employees than a manufacturing economy as well as fewer direct controls over their performance.
3. The international movement of people for purposes of work, tourism, education, or business is on the increase, and migration from region to region is an important part of it.
4. It is predicted that constant personal growth and fullfillment of potential will eventually replace money and social status as the keys to motivation.
5. The failure of strategic planning to control the contamination of vital resources is a managerial as well as an ethical problem for business.

UNA VISTA PANORAMICA DE PUERTO RICO

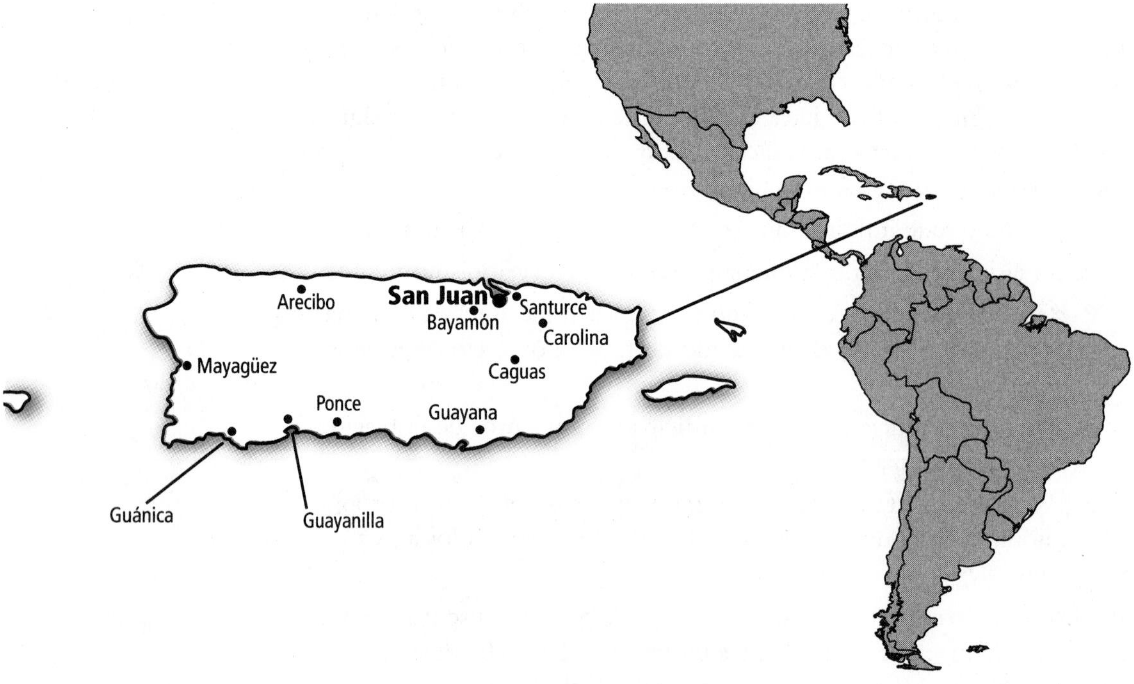

PUERTO RICO

Nombre oficial: Estado Libre Asociado de Puerto Rico

Gentilicio: puertorriqueño/a

Capital y población: San Juan: 436,334

Sistema de gobierno: Estado libre asociado de EUA (república federal)

Jefe de Estado/ Jefe de Gobierno: Gobernadora Sila M. Calderón

Fiesta nacional: 4 de julio, Día de la Independencia de EUA (1776)

Puerto Rico

GEOGRAFIA Y CLIMA

Area nacional en millas^2 y kilómetros^2	Tamaño (comparado con EUA)	División política	Otras ciudades principales	Puertos principales	Clima	Tierra cultivable
3,508 m^2 9,104 km^2	Casi tres veces el tamaño de Rhode Island	78 municipios	Bayamón, Ponce, Carolina, Caguas, Arecibo, Mayagüez	San Juan, Ponce, Guánica, Guayanilla, Guayana	Tropical marítimo, templado	4%

DEMOGRAFIA

Año y población en millones			% urbana	Distribución etaria		% de analfabetismo	Grupos étnicos
2000	2015	2025		<15 años	65+		
3.9	4.1	4.1	67%	24%	11%	11%	99.9% hispano (incluye blanco europeo, africano, indígena y mezcla de los tres)

ECONOMIA Y COMERCIO

Moneda nacional	Tasa de inflación 1998	N° de trabajadores (en millones) y tasa de desempleo		PIB 1998 en millones $EUA	PIB per cápita	Distribución de PIB y de trabajadores por sector			1998 Exportaciones en millones $EUA	1998 Importaciones en millones $EUA
						A	I	S		
El dólar EUA	5.7%	1.3	13%	$34,700	$9,000	2%	23%	75%	$30,300	$21,800
						6%	18%	76%		

Para distribución del PIB y de los trabajadores (mano de obra): A = Agricultura, I = Industria, S = Servicios (y Gobierno).

Recursos naturales: Cobre, níquel, potencial de petróleo.

Industrias: Productos farmacéuticos y electrónicos, ropa, alimentos, maquinaria (eléctrica y no eléctrica), turismo.

COMERCIO

Productos de exportación: Productos farmacéuticos y electrónicos, ropa, atún enlatado, ron, concentrados de bebida, equipo médico.

Mercados: 88% EUA.

Productos de importación: Productos químicos, maquinaria y equipo, ropa, alimentos, pescado, productos de petróleo.

Proveedores: 62% EUA.

Horario general de comercio: De lunes a viernes, desde las nueve de la mañana hasta las cinco de la tarde.

TRANSPORTE Y COMUNICACIONES

Kilómetros de carreteras y % pavimentadas	Kilómetros de vías férreas	Nº de aeropuertos con pista de aterrizaje pavimentada	Nº de líneas telefónicas	Radios por mil personas	Televisores por mil personas
14,400 / 100%	96	21	1,389,000	684	254

IDIOMA Y CULTURA

Idiomas	Religión	Comidas y bebidas típicas / Modales
Español e inglés (ambos oficiales)	85% católico romano, 15% protestante y otro	Arroz con pollo, arroz con habichuelas, arroz con pernil, paella, tostones, flan, cerveza, ron, café. Mantener las manos, no los codos, sobre la mesa al comer. A menudo se usa el pan para empujar la comida sobre el tenedor y se remoja el pan con salsa.

Horario normal del almuerzo y de la cena: Sobre la una de la tarde para el almuerzo; entre las seis y las ocho de la noche para la cena.

Gestos: Se frunce la nariz para preguntar «¿Qué pasa aquí?» Se frunce la boca en la dirección de algo para indicarlo. Para que se acerque alguien, mover los dedos (arañar) con la palma hacia el suelo. Las cosas como el dinero que se le paga a alguien, se entregan directamente a esa persona, no se tiran o dejan sobre el mostrador o la mesa. Para llamar la atención de un camarero en un restaurante, es común hacer un sonido de «pssst». Durante una conversación, los puertorriqueños se interrumpen frecuentemente, lo cual no se considera descortés sino como interés y participación. Los hombres frecuentemente sonríen a las mujeres y les clavan los ojos, pero no es aceptable que las mujeres hagan lo mismo con los hombres. La mano extendida delante del cuerpo con la palma hacia el suelo y un movimiento de los dedos hacia afuera significa «Vete». Poner una mano con la palma abierta hacia arriba y bajo el codo del otro brazo, significa que alguien es tacaño.

Cortesías: Saludar individualmente a cada persona al llegar a una reunión o comida y despedirse de cada una al marcharse para no menospreciar a nadie y quedar mal. Reconocer que una invitación a la casa de alguien, si esa persona no insiste con sinceridad, puede representar un formulismo social en lugar de una auténtica invitación (no aceptar a la primera). Si los anfitriones le hacen un regalo, abrirlo y admirarlo allí mismo delante de ellos. Se aprecia cuando el invitado trae un regalito (flores, chocolates, un buen vino o una buena marca de whisky) para los anfitriones al ir a la casa de alguien para cenar o para una fiesta. Ojo con admirar demasiado un artículo porque el puertorriqueño puede sentirse obligado a regalarle ese artículo *tan* admirado por usted.

LA ACTUALIDAD ECONOMICA PUERTORRIQUEÑA

Puerto Rico fue cedido por España a los EE.UU. en 1898 como parte del Tratado de París que puso fin a la guerra entre ambas naciones. Económicamente se ha transformado de una sociedad agrícola en una más comercialmente diversificada. A partir de los años cuarenta empezó a industrializarse, gracias a la famosa *Operation Bootstrap,* emprendida por los EE.UU. desde 1947 haste los años setenta. Durante esa época, Puerto Rico llegó a ser «El escaparate del Caribe». A pesar del enorme desarrollo económico hasta 1982, el progreso material no mejoró mucho el nivel de vida de la mayoría de la población isleña. Tampoco ha reducido los niveles de desigualdad social o de ingresos personales entre Puerto Rico y los EE.UU. *Operation Bootstrap* ha creado un sector manufacturero orientado hacia la exportación, pero con dueños externos. En vez de producir para el mercado local, la industria puertorriqueña, tanto su mano de obra como el poco capital que tiene, está al servicio de empresas extranjeras, sobre todo estadounidenses. Por eso hay una brecha cada vez más ancha entre el PNB y el PIB.

Además de estas contradicciones socioeconómicas, existe la cuestión del *«status»* político de Puerto Rico con respecto a los EE.UU. Aunque los puertorriqueños tienen una autonomía local, mucha ayuda económica federal de los EE.UU. y una exención de los impuestos estadounidenses sobre la renta personal, ellos tienen que obedecer las leyes promulgadas por el Congreso estadounidense en el cual su representante no tiene voto. Las opciones que se han considerado respecto al tema de su relación con los EE.UU. son tres: (1) Incorporarse como un nuevo estado de los EE.UU., en cuyo caso perdería su identidad nacional que combina lo africano, lo indio (taíno) y lo hispánico. Sería, además, el estado más pobre de los EE.UU., con un promedio de ingreso para la familia inferior a la tercera parte del estadounidense; (2) Proponer su independencia, lo cual tiene un atractivo sentimental para muchos puertorriqueños a pesar de que sería económicamente difícil por su dependencia de la economía de los EE.UU; (3) Continuar con su condición de Estado Libre Asociado con la misma dependencia o posiblemente más autonomía. El futuro económico puertorriqueño dependerá de muchos factores pero, en todo caso, continuará existiendo siempre una relación muy fuerte con los EE.UU. Hasta ahora la mayoría de los puertorriqueños ha votado por mantener el status político de Estado Libre Asociado con los EE.UU.

Puerto Rico ocupa un lugar estratégicamente importante para las defensas norteamericanas en el Caribe y, por eso, las fuerzas navales norteamericanas han mantenido operaciones y prácticas de tiro en la isla puertorriqueña de Vieques. En febrero del 2000, miles de puertorriqueños marcharon por las calles de Hato Rey para exigir la salida de la marina norteamericana de la isla y para protestar el acuerdo propuesto por el presidente Clinton y el gobernador Roselló de comenzar de nuevo las maniobras militares hasta 2003. Las manifestaciones, con tanto apoyo público, seguramente van a influir en las actividades de los partidos políticos que se enfrentan con las elecciones nacionales (las puertorriqueñas coinciden con las estadounidenses) en el otoño del año 2000. Otra vez, Puerto Rico tendrá que tomar una decisión sobre su autonomía política.

Económicamente Puerto Rico sigue manteniendo una de las economías más dinámicas de la región caribeña. El sector industrial ha superado el sector agrícola como el área más rentable para las actividades económicas. Ayudada por la falta de aranceles y otros incentivos impositivos ofrecidos por EE.UU., la isla se ha aprovechado de muchas inversiones por parte de empresas norteamericanas desde la década de los cincuenta. Además, las leyes norteamericanas respecto al salario mínimo ayudan a los trabajadores. La producción del azúcar ha dejado de ser tan importante como las industrias agropecuarias, y el aumento del turismo, tradicionalmente importante para Puerto Rico, ofrece más ganancias para la isla. El turismo y la construcción representan los sectores de mayor desarrollo económico para Puerto Rico.

UNA VISTA PANORAMICA DE LOS ESTADOS UNIDOS

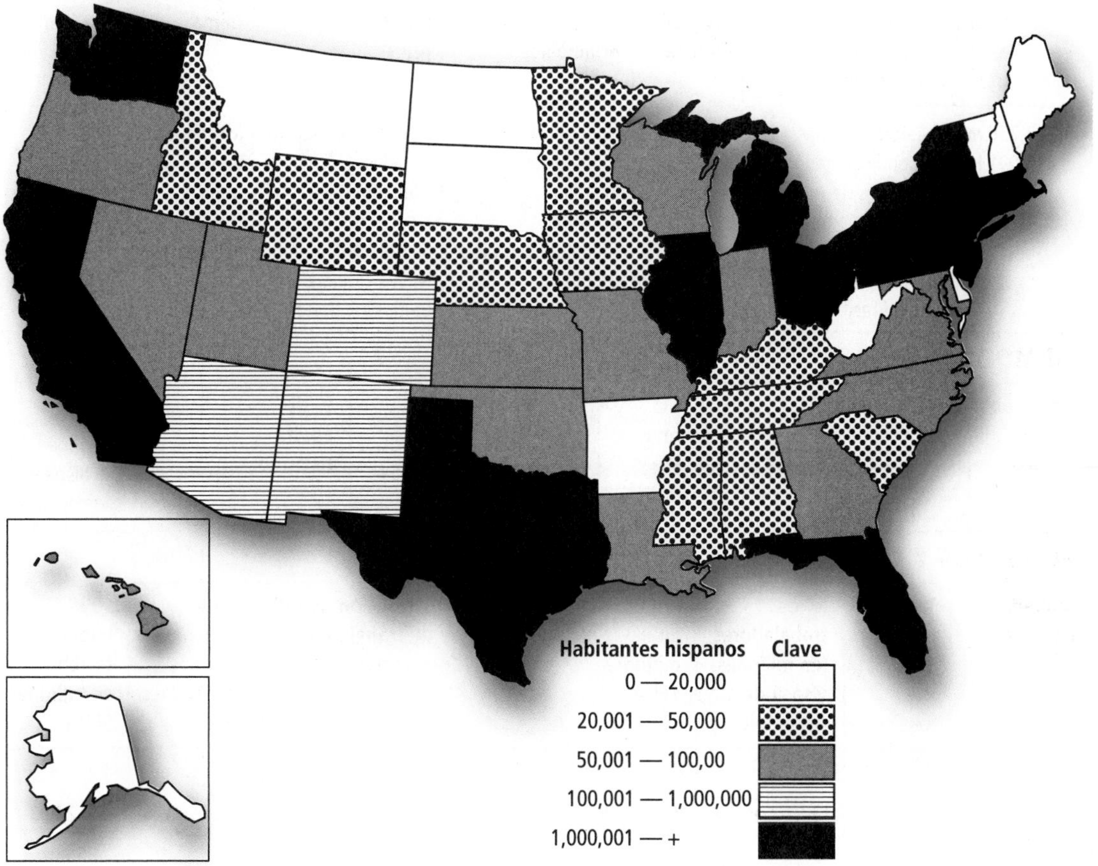

ESTADOS UNIDOS (EU, EUA, EEUU o EE.UU.)

Nombre oficial: Estados Unidos de América

Gentilicio: norteamericano/a, estadounidense

Capital y población: Washington, D.C. (Distrito de Columbia): 523,124

Sistema de gobierno: República federal (con una larga tradición democrática)

Jefe de Estado/ Jefe de Gobierno: Presidente George W. Bush

Fiesta nacional: 4 de julio, Día de la Independencia (1776: de Inglaterra)

Los Estados Unidos

GEOGRAFIA Y CLIMA

Area nacional en millas² y kilómetros²	Tamaño (comparado con otros países)	División política	Otras ciudades principales	Puertos principales	Clima	Tierra cultivable
3,717,796 m² 9,629,091 km²	Tercer país más grande del mundo, después de Rusia y Canadá: la mitad del tamaño de Rusia; un poco más grande que Brasil.	El Distrito de Columbia y 50 estados	Nueva York, Los Angeles, Chicago, Houston, Filadelfia, San Diego, Fénix	Nueva York, Los Angeles, Chicago, Filadelfía, San Francisco, Houston, Seattle, Boston, Nueva Orleans, Baltimore. Honolulu	Mayormente templado; tropical en Florida y Hawai, ártico en Alaska, árido en el suroeste	19%

DEMOGRAFIA

Año y población en millones			% urbana	Distribución etaria		% de analfabetismo	Grupos étnicos
2000	2015	2025		<15 años	65+		74% blanco europeo, 12% africano, 12% hispano, 3% asiático, 1% amerindio
275	310	335	76%	22%	12%	3%	

ECONOMIA Y COMERCIO

Moneda nacional	Tasa de inflación 1998	N° de trabajadores (en millones) y tasa de desempleo		PIB 1998 en millones $EUA	PIB per cápita	Distribución de PIB y de trabajadores por sector			1998 Exportaciones en millones $EUA	1998 Importaciones en millones $EUA
						A	I	S		
El dólar	1.6%	137.7	4.5%	$8,511,000	$31,500	2%	23%	75%	$663,000	$912,000
						3%	22%	74%		

Para distribución del PIB y de los trabajadores (mano de obra): A = Agricultura, I = Industria, S = Servicios (y Gobierno).

Recursos naturales: Carbón, cobre, plomo, molibdeno, fosfatos, uranio, bauxita, oro, hierro, níquel, potasa, plata, mercurio, tungsteno, cinc, petróleo, gas natural, bosques y madera, pesca.

Industrias: Es el país más industrializado del mundo, con una economía muy diversificada y tecnológicamente avanzada. Petróleo, acero, plásticos, producción y ensamble de vehículos de motor, industria aeroespacial, telecomunicaciones, productos químicos, electrónica, procesamiento de alimentos y de bebidas, bienes de consumo, madera, minería, cemento, construcción de barcos, pesca, papel.

COMERCIO

Productos de exportación: Bienes de capital (equipo y maquinaria industrial), automóviles, suministros industriales, materia prima, bienes de consumo, productos químicos y agrícolas (alimentos y animales vivos), maquinaria eléctrica y de motor, equipos científicos y de precisión.

Mercados: 22% Canadá, 21% Europa Occidental, 10% Japón, 10% México.

Productos de importación: Petróleo crudo y productos de petróleo refinado, maquinaria, automóviles, bienes de consumo, materia prima industrial, alimentos y bebidas, productos electrónicos.

Proveedores: 19% Canadá, 18% Europa Occidental, 14% Japón, 10% México, 7% China.

Horario general de comercio: De lunes a sábado, desde las ocho o nueve de la mañana hasta las las cinco o seis de la tarde. Muchas tiendas, especialmente los grandes almacenes, se quedan abiertos hasta las nueve o diez de la noche o se quedan abiertos las 24 horas del día, siete días por semana.

TRANSPORTE Y COMUNICACIONES

Kilómetros de carreteras y % pavimentadas	Kilómetros de vías férreas	Nº de aeropuertos con pista de aterrizaje pavimentada	Nº de líneas telefónicas	Radios por mil personas	Televisores por mil personas
6,420,000 / 61%	240,000	5,167	172,452,500	2,122	776

IDIOMA Y CULTURA

Idiomas	Religión	Comidas y bebidas típicas / Modales
Inglés (oficial), 12% español	56% protestante, 28% católico romano, 2% judío, 4% otro, 10% ateo	Hamburguesa, «perritos calientes» (salchicha), pizza, pollo frito, carne asada, ensaladas de lechuga, pavo, tacos. Hay una gran variedad de platos regionales y se sirve mucha comida rápida. También son muy populares las diferentes comidas étnicas del mundo. A diferencia de los países hispanos, generalmente se guardan las manos debajo de la mesa cuando no se están usando para comer.

Horario normal del almuerzo y de la cena: Entre mediodía y la una de la tarde para el almuerzo; entre las seis y las siete de la noche para la cena.

Gestos: A diferencia de los países hispanos, los norteamericanos no se paran muy juntos los unos a los otros cuando se hablan; les gusta mantener una distancia de casi un metro de la cara de la otra persona. Para señalar algo, apuntar con el dedo índice. Para que se acerque alguien, moverse la mano hacia sí mismo con la palma hacia la cara. La pregunta «¿Cómo estás?» es un formulismo social que no pide más respuesta que «Bien, gracias» (no se quiere una respuesta ni sincera ni detallada). Los gestos de «thumbs up» y de «A-Okay» significan aprobación por algo bien hecho o que uno está bien. Es obsceno el gesto «to give the finger» (un puño con la palma hacia el cuerpo y el dedo corazón extendido).

Cortesía: Darse la mano al saludarse, con un firme apretón (más fuerte que en la mayoría de los países hispanos). Mantener un buen contacto visual al hablar con alguien. La puntualidad es esencial: las citas, reuniones y comidas empiezan a la hora precisa indicada. En este sentido, el norteamericano es un criatura de poca paciencia. No se espera que el invitado traiga un regalito para los anfitriones al ir a la casa de alguien para comer, aunque se aprecian las flores, los chocolates o un buen vino.

LA ACTUALIDAD ECONOMICA ESTADOUNIDENSE

Sin duda alguna, Estados Unidos ha sido el líder económico del mundo desde los comienzos del siglo XX y ha mantenido ese nivel con poca competencia exterior, pese a experimentar un período de inflación en los años entre 1970–1980. También, en la década de los ochenta el país tuvo que confrontar varias entidades nacionales e internacionales, como la UE, el Japón, Corea, Taiwán y otros países industrializados, con su nueva capacidad productora, que empezaron a poner a prueba la dominación económica estadounidense. Ese debilitamiento del predominio económico del país se debió a varios factores, pero ante todo a: (1) la erosión de una base industrial productora nacional; (2) los altibajos radicales e inestables de los mercados financieros, específicamente el de la bolsa en Nueva York la cual sufrió en 1987 una baja peor que el colapso de 1929; (3) la inseguridad debido a los despidos laborales a todos los niveles y edades; (4) una desmoralización general de la población causada tanto por la discriminación racial y sexual, la corrupción y los abusos políticos y económicos, como por la creciente alza del costo de vida y la falta de ciertos tipos de trabajos necesarios (los de producción) bien remunerados. Todo esto, en combinación con (5) la crisis de la falta de una ética moral compartida en el ámbito nacional; (6) la escasez de capital; (7) las amenazas ecológicas presentadas por el sector industrial; (8) el crecimiento económico nacional menos rápido; (9) las deudas gemelas nacionales, es decir, la deuda presupuestaria nacional que parecía imposible reducir en el Congreso, y el déficit comercial/la balanza de pagos; y

(10) el hecho de que los dos partidos políticos tradicionales, los republicanos y los demócratas, llegaban más regularmente a un punto muerto, tuvo un efecto notable sobre la realidad y la actitud de los estadounidenses. Políticamente, entre 1980 y 1988 durante la presidencia de Ronald Reagan, la Guerra Fría entre la URSS y EE.UU. fue una inquietud constante en todas partes del mundo. Esta preocupación y los gastos asociados con esas actividades fueron eliminados con la caída en 1989 del Muro de Berlín, símbolo del comunismo para los países occidentales.

La división de la URSS condujo a experimentos de mercado libre en los países que durante años habían sufrido bajo economías centralizadas y cerradas. Las negociaciones entre México, Canadá y los EE.UU., iniciados por el Presidente George Bush, fueron completadas durante la administración del Presidente Bill Clinton en 1994 con el Tratado de Libre Comercio de América del Norte (TLCAN o NAFTA). Ese acuerdo y las reuniones entre EE.UU. y sus vecinos en Latinoamérica (la Cumbre de las Américas, 1994), ofrecieron buenas oportunidades para el futuro de este hemisferio y, a la vez, representaron un gran cambio económico y laboral contra el proteccionismo y el aislamiento tan común en la historia de los EE.UU.

A comienzos del siglo XXI este país se afirma de nuevo como la economía más potente y dominante del mundo con la tecnología más avanzada y de vanguardia. El PIB per cápita de $31.500 (EE.UU.) es el más alto de todos los grandes países industrializados. Las industrias y las empresas comerciales toman la mayoría de las decisiones económicas, y el gobierno es un gran consumidor de los bienes y productos del sector privado. Las compañías norteamericanas disfrutan de más flexibilidad que sus socios duplicados en empresas europeas o japonesas para poder despedir a empleados sobrantes, expandir su capital inmobiliario o desarrollar nuevos productos. Por otra parte, para los empresarios norteamericanos hay más barreras arancelarias para sus productos en mercados extranjeros de los que hay para las importaciones a los EE.UU. de su competencia internacional. La tecnología que se produce en las industrias norteamericanas de informática, aeroespacio e investigación y desarrollo militar es la más sofisticada, aunque la brecha entre sus competidores se está cerrando poco a poco.

El rápido desarrollo de las tecnologías telecomunicativas ha creado una disparidad enorme entre las habilidades y los conocimientos de los trabajadores capacitados y los no capacitados, lo cual resulta en grandes diferencias en sueldos, seguros médicos y otros beneficios, y el potencial para aumentos de pago. En gran parte, muchas de las ganancias en la renta familiar han ayudado aventajadamente a los niveles más adinerados de la economía norteamericana. Los aspectos positivos de la economía entre

1994 y 1998 fueron la baja tasa de desempleo, mayor producción y el reducido tipo de interés reflejado en la inflación baja del período. A largo plazo, los enigmas incluyen insuficiente inversión en la infraestructura económica del país, una falta de seguros médicos disponibles para las familias de las clases baja y media, y para un sector creciente de personas mayores de edad entrando en la vejez. Además, hay preocupaciones por la integridad del sistema de seguro social y la falta de suficientes trabajadores que generen fondos para apoyarlo. Clinton, un demócrata, ha logrado negociar con un Congreso y Senado dominados por los republicanos para reducir la deuda presupuestaria nacional y abrir los mercados internacionales. En el año 2000, al entrar en el nuevo milenio, el distinguido y respetado jefe de la Reserva Federal, Alan Greenspan, ha tenido que elevar los tipos de interés bancarios para enfriar la tórrida economía presente en las bolsas del país. Con la multitud de cambios y retos que enfrentan los EE.UU. y todos los países del mundo, el futuro económico será difícil de prever.

ACTIVIDADES

¿Qué sabe Ud. de Puerto Rico y de los Estados Unidos?

1. Describa la geografía de Puerto Rico y de los EE.UU. y sus afines (clima, terreno, ciudades, etc.). ¿Cuáles son los países vecinos de Puerto Rico? ¿De los EE.UU.? ¿Cómo se compara el tamaño de Puerto Rico con el de EE.UU.? ¿Cuáles son las ciudades capitales y otras ciudades importantes? ¿Quiénes son el gobernador Puerto Rico y el Presidente de los EE.UU. actuales?
2. ¿Cómo son Puerto Rico y EE.UU. demográfica y políticamente? ¿Cuál es la suma de la población puertorriqueña en Puerto Rico y en los Estados Unidos? (Busque los datos complementarios en la *Lectura Cultural*, pág. 432.)
3. ¿Cuándo es la fiesta nacional de Puerto Rico? ¿La fiesta nacional de los EE.UU? ¿En qué otros días hay fiestas nacionales en cada lugar? (Véase la Tabla 10-1 de la pág. 302.)
4. Describa la economía de Puerto Rico y de los Estados Unidos. ¿Cuál es la moneda nacional de cada uno? ¿Cómo se compara el PIB y la distribución del PIB de Puerto Rico con los de los países miembros de CARICOM?
5. ¿Cuáles son los principales productos de exportación de Puerto Rico y de los Estados Unidos? ¿Cuáles son los principales destinos de las exportaciones? ¿Cuál fue la balanza comercial según la información en este libro? ¿En la actualidad?

6. Describa los sistemas de transporte de EUA y Puerto Rico.
7. ¿Cómo han cambiado los datos presentados en las secciones de **Vista Panoramica y Actualidad Economica**? Busque algunos datos en un almanaque del año actual o en el internet.
8. ¿Cuáles son algunas de las comidas y bebidas típicas de Puerto Rico y de EUA? ¿Algunos de los gestos y formas de cortesía?
9. Ud. va de viajes a Puerto Rico durante una semana para hacer observaciones directas de una empresa de turismo. Con un compañero/a, hablen de los siguientes asuntos:
   a. Los diferentes lugares geográficos que tendrá que visitar para observar las diferentes excursiones ofrecidas por la empresa seleccionada.
   b. Los servicios disponibles para los minusválidos (sillas de rueda, etc.).
   c. Los posibles efectos del precio de combustible y gasolina en el mercado mundial sobre la industria de turismo de Puerto Rico en los últimos años.
   d. Los planes para el viaje (líneas de aviación, vuelos, aeropuertos de despegue y aterrizaje, costos, etc.)
   e. El alojamiento y transporte terrestre durante su visita a Puerto Rico, para que puedan formular un presupuesto del viaje. ¿Cómo se comparan los precios en Puerto Rico con cualquier otro país hispanohablante en el Caribe (la República Dominicana o Cuba)? ¿Con los de Jamaica o Haití?

LECTURA CULTURAL

La presencia hispana en los Estados Unidos de América. En el año 2000 se calculó que la población hispánica estadounidense había alcanzado oficialmente unos 32 millones de habitantes. Esto supera a todos los países hispanos del mundo menos a México (102 millones), Colombia (40 millones), España (39 millones) y Argentina (37 millones). Se calcula que los hispanos llegarán a ser el grupo étnico estadounidense más numeroso en los primeros años del siglo XXI, debido a la inmigración y los altos índices de natalidad.

En el pasado, los españoles que vivían en Nuevo México adoptaron el término «hispano» para diferenciarse de los mexicanos. Este es un vocablo que rechaza gran parte de la población hispanoparlante de los EE.UU. Los puertorriqueños que han vivido en Nueva York adoptaron el término «latino» para evitar el estereotipo negativo que se les aplicó porque hablaban español. Pero se convirtió en un concepto peyorativo estadounidense que se extendió para incluir a los mexicanos que vivían en el suroeste del país. Los cubanos han sufrido el mismo prejuicio, pero no se les ha estereotipado tanto como a los otros grupos porque muchos eran profesionales y técnicos. El uso de la palabra *«Hispanic»* es impreciso y es un término que algunos hispanos consideran discriminatorio. Muchos prefieren otros términos más precisos para reflejar sus distintos orígenes étnicos como, por ejemplo, «mexicano», «chicano» o «mexicano-americano». Además, la palabra «Hispanic» es un término étnico, no racial. En cualquier caso, sería mejor que los gerentes estadounidenses se refirieran a los hispanos nacidos en los EE.UU. usando la terminología preferida por éstos en diferentes regiones del país.

Los mexicanos representan el grupo más grande de hispanos en los EE.UU. Siempre han vivido principalmente en lo que actualmente es el suroeste del país y en Chicago. Hoy en día muchos obreros mexicanos cruzan legal e ilegalmente la frontera entre los EE.UU. y México en busca de trabajo y una vida mejor, no solamente en los lugares tradicionales sino también en muchas nuevas regiones. La inmigración ilegal había preocupado mucho al gobierno estadounidense últimamente, hasta tal punto que este había discutido la posibilidad de construir una zanja entre los dos países (por ejemplo, en San Diego) para reducir la entrada de indocumentados.

El segundo grupo más grande de hispanos en los EE.UU. es el puertorriqueño con 2.7 millones en 1997. Debido a su ciudadanía estadounidense desde 1917, los puertorriqueños pueden entrar y salir fácil y legalmente de los EE.UU. sin documentos. En el siglo XX se han levantado varios censos del número de puertorriqueños residentes. En 1920 había 12,000; en 1930, 53,000; en 1944, 90,000; y en 1950, 250,000, casi todos en la ciudad de Nueva York. Al llegar los años noventa, también había números significantes de puertorriqueños en Chicago, Los Angeles, Hartford, Miami, Filadelfia, en las ciudades de Nueva Jersey y en otras ciudades industrializadas. Muchos se han casado con personas de otros grupos de hispanos por todas partes del país, o se han integrado completamente en las sociedades étnicas estadounidenses más tradicionales. Recientemente el número de puertorriqueños en la ciudad de Nueva York se ha reducido debido al egreso a otras áreas y al regreso a Puerto Rico por muchos.

El tercer grupo más grande de hispanos en los EE.UU. es el de los cubanos. Aunque fue cedida a los EE.UU. en 1898 con Puerto Rico, las Filipinas y Guam, Cuba consiguió su independencia en 1902. Las primeras inmigraciones cubanas a los EE.UU. fueron lentas y por motivos económicos. La población cubana en los EE.UU. se traza de la siguiente manera: en 1930, 19,000; en 1960, 79,000; luego, debido a la

Revolución cubana, 273,000 en 1973; y con más crecimiento de población, después de la primera, segunda y tercera oleadas de marielitos (grupos de refugiados cubanos en los años ochenta) unos 800,000. Hoy hay casi un millón de cubanos en los EE.UU. Miami ha sido adoptada como su «ciudad materna» e incluso tiene un barrio importante que se llama «la Pequeña Habana».

En 1990, el porcentaje de los 22.3 millones de hispanos en los EE.UU. según el país o región de origen se distribuyó de la siguiente manera: México (61.2%), Puerto Rico (12.1%), Cuba (4.8%), República Dominicana (2.4%), América Central (6.0%, incluyendo El Salvador 2.6%), América del Sur (4.7%, incluyendo Colombia 1.7%). A pesar de esta extensión demográfica, los hispanos de los EE.UU. no han sido tratados de modo igual por la sociedad estadounidense ya establecida anteriormente. A los cubanos que emigraron antes de 1980, y por su condición socioeconómico y racial, se les mostró más respeto. Hacia los marielitos y otros grupos de hispanos, la sociedad estadounidense ha demostrado más recelo y a veces cierta actitud despectiva, como había ocurrido antes con otros recién llegados al país—los irlandeses, los italianos, los polacos, etc.

Este tratamiento desigual y discriminatorio contra los hispanos por parte de algunos sectores del país se basa tanto en la inseguridad política y económica como en cierto racismo, insensibilidad y desconocimiento de su modo de pensar y vivir. Esta actitud antihispana periódicamente se ha intensificado hacia los más recién llegados, los centroamericanos en los ochenta, por ejemplo, a causa de las guerras civiles, la política del bloqueo económico hacia Centroamérica y la depresión inevitable (causada en gran parte por los EE.UU.) de las economías de esa región.

Las nuevas inmigraciones legales e ilegales a los EE.UU. traen nuevas oportunidades y nuevos problemas para los hispanos y los estadounidenses. No obstante esto, es obvio que la población hispana de los EE.UU. está creciendo más rápidamente que la de cualquier otro grupo étnico. Hay más oportunidad para que los inmigrantes de habla española mantengan su lengua y cultura y su contacto personal entre familiares y amigos, debido al transporte rápido y las telecomunicaciones modernas. Esas circunstancias producen las siguientes situaciones:

1. Muchos hispanos quieren conservar con orgullo sus orígenes étnicos: lo puertorriqueño, lo cubano, lo mexicano, lo hondureño, lo panameño, etc. En este sentido, se han resistido a la idea del crisol estadounidense y son más partidarios del concepto de un «mosaico» o una «ensalada» nacional.
2. Muchos hispanos siguen comunicándose en español frecuentemente, lo cual implica que este idioma puede alcanzar una fuerza

sociocultural, política y económica bastante fuerte en el futuro. Ya se ve la fuerte influencia hispana en la industria de música popular de EE.UU. con Ricky Martin y otros fenómenos.

3. La enseñanza bilingüe en las escuelas primarias combina el uso del español y del inglés, lo cual puede ser algo práctico y necesario, especialmente para los niños recién llegados al país que comienzan sus estudios por primera vez.

4. La creación de coaliciones de hispanoparlantes está creando una dinámica fuerza política y económica dentro de las fronteras de los EE.UU. en muchos estados y comunidades norteamericanos.

La meta para los EE.UU. podría ser el establecimiento de una nueva confluencia de culturas, especialmente con la hispana. Según Octavio Paz, el famoso filósofo y poeta mexicano (Premio Nobel de literatura en 1990), los EE.UU. tiene la oportunidad de ser la primera democracia auténticamente multirracial en la historia del mundo.

ACTIVIDADES

A. ¿Qué sabe Ud. de la cultura?

1. ¿Por qué es difícil precisar el número exacto de hispanos en los EE.UU.? ¿Todos los hispanos hablan español? ¿Tienen las mismas raíces culturales? Explique.
2. Se dice que los EE.UU. es un país donde el español es el segundo idioma más importante. ¿Qué opina Ud.?
3. Comente Ud. sobre las diferencias en las inmigraciones a los EE.UU. de los mexicanos, los puertorriqueños, los cubanos, los salvadoreños y de otros grupos de hispanos.
4. ¿A qué se debe la tendencia de los inmigrantes hispanos a seguir hablando español en los EE.UU.? ¿Qué ocurrió con las diferentes lenguas que hablaban los inmigrantes de Europa del siglo XIX y de la primera mitad del siglo XX?
5. ¿Qué es la enseñanza bilingüe? ¿Cómo mediría Ud. los beneficios de esta enseñanza en la economía estadounidense?
6. Según Octavio Paz, ¿cuál es una realidad posible para los EE.UU.? ¿Qué opina Ud. de esta posibilidad?

B. Asimilador cultural. Lea lo siguiente y conteste las preguntas a continuación.

Frank Joiner, el director de personal de Monroe & Monroe, Inc., una compañía farmacéutica estadounidense, entrevista a una aspirante para un puesto de ventas para su mercado hispano en Nueva York. Joiner aprendió a hablar español con profesores puertorriqueños en la universidad e hizo una práctica profesional con Monroe & Monroe en San Juan, al final de su carrera universitaria. Luego, Monroe & Monroe le ofreció un puesto permanente en Nueva York, donde lleva quince años trabajando con la comunidad puertorriqueña.

La entrevistada se llama Anita Estévez, natural de Santa Fe, Nuevo México, y es de una vieja familia española de la clase alta. Acaba de recibir su título universitario en la University of New Mexico. Joiner, que no había estudiado con cuidado el currículum vitae de la candidata, la saluda y le pregunta:

—Pues, bien, Srta. Estévez, ¿de qué parte de Puerto Rico es Ud.? Estévez vacila un momento antes de contestarle...

Conteste las siguientes preguntas.

1. ¿Cuál es el problema del gerente? ¿Cómo han influido las experiencias del gerente en su conducta?
2. ¿Qué le va a contestar la Srta. Estévez a su pregunta? ¿Qué estará pensando ella en este primer momento de la entrevista?
3. ¿Qué conocimientos y experiencias transculturales le recomendaría Ud. a Frank Joiner?
4. ¿Qué conocimientos culturales va a necesitar Anita Estévez para tener éxito en Nueva York, si le ofrecen el puesto de vendedora y ella lo acepta?

SINTESIS COMERCIAL Y CULTURAL

Actividades comunicativas

A. Situaciones para dramatizar. Lea las siguientes situaciones y después haga el papel en español con otro/s estudiante/s, usando las siguientes opciones como punto de partida. Cada persona deberá tomar un papel activo en la dramatización. No se olviden del protocolo ni de las cortesías.

1. You are an American at a convention for managers in Miami. You and a Cuban-American colleague discuss the transition from an industrial society to one of services, each giving his/her point of view from a different cultural perspective. Include the following topics.

   a. need for fewer employees

b. desire for more flexibility with working hours
c. the intimate nature of service companies devoted to working closely with customers
d. reduction in bureaucracy
e. less hassle with unions

2. At a luncheon meeting for upper level management personnel, you and several colleagues are discussing the difficulty involved with investments for Caribbean operations. Explain how, from your point of view, the threat of military intervention by the U.S. government endangers the development of the trust and cooperation you are seeking, and how you favor a gentler, kinder policy. Some of your colleagues agree with you, while others favor military intervention where necessary to protect American interests.

B. Ud. es el/la intérprete. La Sra. Schultz, de Iowa, y el Sr. Echeverría, de Arecibo, son gerentes de dos diferentes empresas multinacionales en Illinois, pero con sucursales en varios países sudamericanos. Discuten las dificultades de dirigir una empresa bajo las nuevas condiciones mundiales.

Haga Ud. el papel de intérprete entre estos dos individuos. Traduzca del inglés al español y del español al inglés, sin mirar el texto, el diálogo que leerán otros dos estudiantes en voz alta. Ellos harán una pausa después de cada raya para permitir su traducción. Acuérdense todos de usar un tono de diálogo natural.

SRA. SCHULTZ	It is becoming more and more difficult to manage a company / because of the changing global economy. / We've got to adjust to the economic realities / that are forcing us to become part of a transnational system.
INTERPRETE	____________________
SR. ECHEVERRIA	Sí, y todo eso a pesar de que los países parecen hacerse cada día más nacionalistas y más proteccionistas.
INTERPRETE	____________________
SRA. SCHULTZ	But there is no other choice. / We must be efficient and economical. / It's important to close the gap between an integrated world economy / and a confrontational world political scene.
INTERPRETE	____________________
SR. ECHEVERRIA	Sí, para hacerlo bien, / nos hacen falta perspicacia / para prever los resultados de nuestras decisiones, /

	la habilidad para integrar los conocimientos académicos y prácticos, / y la capacidad para guiar a otros / y comunicar eficazmente sus ideas a todo el mundo. / ¡Sufro de un estrés constante!
INTERPRETE	______________________________
SRA. SCHULTZ	That's for sure! / And don't forget the need to consider the ethical consequences and humanitarian considerations. / It's so fortunate that our company / has facilitated frequent interaction among those of us from different regions and cultural areas. / It has allowed us to increase our mutual respect and deepen our cross-cultural understanding.
INTERPRETE	______________________________

C. Actividad empresarial. Uds. trabajan para una empresa multinacional que tiene muchas ventas en Puerto Rico. El/la presidente/a de la empresa ha decidido instalar una fábrica de construcción en una de las ciudades puertorriqueñas. Es muy posible que haya factores problemáticos que puedan causar dificultades. Les pide sugerencias sobre la decisión que él/ella tendrá que tomar. Es importante hacer investigaciones sobre los siguientes temas, comparando Puerto Rico con México y Canadá, los socios de NAFTA.

a. Los acuerdos comerciales durante los últimos quince años y los posibles efectos en la importación de materiales necesarios en la construcción de la fábrica.
b. El valor de las monedas nacionales durante el mismo período.
c. El número de posibles consumidores actuales en estos países.
d. Los efectos de un voto a favor de la independencia de Puerto Rico o un cambio de su estado libre asociado con EE.UU. a un estado oficial (como Hawai y Alaska).

Después de hacer las investigaciones, Uds. recopilan todos los datos en un informe escrito con listas o tablas que indican la información indispensable para hacer un breve análisis del caso. Luego, Uds. presentan el informe oralmente sin leerlo.

D. Caso práctico. Lea el caso y haga el ejercicio a continuación.

Ud. acaba de completar un curso de español comercial en el cual ha estudiado diversos temas fundamentales del mundo de los negocios, tanto nacionales como internacionales. También ha estudiado mucha terminología comercial en lengua española y diversos aspectos de los contextos culturales hispanos. Ud. está solicitando un puesto en una compañía que mantiene relaciones comerciales con muchos países hispanohablantes. El/la director/a de personal de esta empresa (el/la profesor/a de la clase), le entrevistará a Ud. (y a cada estudiante de la clase) individualmente en español para determinar

1. sus conocimientos comerciales;
2. sus habilidades lingüísticas;
3. su sensibilidad transcultural.

Ud. y su director/a de personal deben ponerse de acuerdo de antemano acerca de las descripciones de los puestos de trabajo que se podrían incluir en su entrevista.

(*Nota:* Antes de hacer la entrevista, prepárese según la información presentada en el Apéndice 4, pág. 456.)

ANALISIS Y COMPARACION

Estudie la siguiente tabla comparativa y haga los ejercicios a continuación. Use también sus propios conocimientos y, cuando haga falta, otras fuentes informativas como el diccionario, el *Almanaque mundial*, el internet, etc. Los ejercicios se pueden hacer individualmente, en parejas o en pequeños grupos para discutir en clase.

TABLA 14-1 **Comidas y bebidas típicas de los países hispanoparlantes y Estados Unidos** [Fuente: *Culturgram 2000, Fodor's South America, Fodor's Mexico 2000, Fodor's Carribbean 2000*]

PAIS	COMIDAS Y BEBIDAS TIPICAS
Argentina	Asado (*barbecue*); empanada (*meat or vegetable pie*); locro (*winter stew of meat, corn, and potatoes*); parrillada mixta (*mixed grill; steaks, spicy pork sausage* [chorizo], *blood sausage* [morcilla], and *sweetbreads* [mollejas]); bife de chorizo (*large strip sirloin*); bife de lomo (*filet*); picante (*a spicy sauce that can be added to beef*); chimichurri (*picante sauce w/garlic, olive oil, vinegar and coriander*); flan (*creme caramel*); dulce de leche (*milk boiled w/sugar and drops of vanilla or chocolate*); vino; mate (*hot green tea*)
Bolivia	Salteñas (*meat or chicken pies with potatoes, olives, and raisins*); trucha (*pink salmon trout*); picante de pollo (*chicken in ají, a spicy pepper*); plato paceño (*corn, potatoes, beans, and cheese*); timpu (*lamb stew*); conecho cuis (*roast guinea pig*); asado de llama (*llama steak*); singani (*refined grape alcohol–the national drink*); chicha (*corn-grain alcohol*)
Chile	Empanadas de horno (*meat turnovers w/beef, hard-boiled eggs, onions, olives, and raisins*); pastel de choclo (*cornmeal pastry w/baked beef, chicken, onions, corn, eggs, and spices*); cazuela de ave (*chicken soup*); churrasco (*braised beef*); chupe de mariscos (*seafood stew*); porotos granados (*thick bean, corn and squash soup*); arrollados (*stuffed pork roll encased in pork rind*); guatitas (*intestines*); caldillo de congrio (*conger eel soup*); sopaipillas (*deep-fried pumpkin dough w/sprinkled sugar*); manjar (*cans of sweetened condensed milk boiled for hours*); vino (¡Chile produce exelentes vinos!), café

Tabla 14-1 cont.

PAIS	COMIDAS Y BEBIDAS TIPICAS
Colombia	Arroz con pollo (*chicken w/rice*); frijoles con chicharrón (*pork w/kidney beans*); piquete (*meat, potatoes and vegetables in ají, a spicy pepper*); cuchuco (*thick barley and meat soup w/peppercorns*); peto (*soup of white corn w/milk*); arepa (*cornmeal pancake*); sancocho (*meat and vegetable stew*); sancocho de sábalo (*shad or other fresh fish prepared in coconut milk w/strips of potato, plantain and yucca*); tamales (*corn dough, meats, vegetables cooked and wrapped in plantain or banana leaves*); cazuela de mariscos (*seafood soup w/chunks of cassava*); changua (*soup of potatoes and eggs*); empanadas (*meat turnovers*); buñuelos (*golden balls of corn flour and cheese*); arequipe (*caramel sauce*); arroz de coco (*rice pudding w/coconut and rum*); oblea (*large wafers spread w/sugar and milk paste*); café, aguardiente (*strong liquor made from sugarcane*)
Costa Rica	Olla de carne (*beef stew w/potatoes, onions, and vegetables*); tamales (*meat, vegetables, and flour wrapped in plantain leaves and boiled*); lengua en salsa (*beef tongue in sauce*); mondongo (*tripe soup*); empanadas (*turnovers*); arroz con pollo; gallos (*tortillas w/meat and vegetable fillings*); gallo pinto (*rice and black beans*); casado (*rice, beans, eggs, meat, and plantain*); café
Cuba	Arroz y frijoles negros (*rice and black beans*); arroz con pollo; picadillo (*well-seasoned ground beef w/chopped peppers and onion or w/chopped bacon, vegetables and egg*); tasajo (*cured or dried jerked beef*); ropa vieja (*stewed meat in tomato sauce*); tamales (*ground seasoned maize and sometimes meat or sweet filling wrapped in a plantain or maize leaf*); fufú de plátano (*boiled green plantain, flattened or crushed, seasoned w/garlic, onion and pork cracklings*); croquetas (*fish or meat croquettes*); yuca; boniatillo (*sweet potato*); arrroz con leche (*rice pudding*); yemitas (*sweets made w/egg yolk and sugar*); tocino del cielo (*sweet made w/egg yolks and syrup*); gran variedad de frutas tropicales; bebidas de ron como el daiquiri y el cubalibre (*rum and coke; referred to as «mentirita» by the Cubans living in Miami and Florida*); café
Ecuador	Arroz con pollo (*fried chicken w/rice*); locro (*soup of potatoes, cheese, meat and avocados*); llapingachos (*cheese and potato cakes*); ceviche (*raw seafood marinated in lime and served w/onions, chili peppers, cilantro, tomatoes and spices*); empanadas (*beef turnovers*); arroz con menestra (*rice w/spicy beans, barbecued beef, and refried plantains*); caldo de bola (*plantain-based soup*); fritada (*fried pork*); cuy (*roast guinea pig*); patacones (*fried green bananas, smashed, and refried*); humita (*sweet corn tamales*); seco de chivo (*goat stew*)
El Salvador	Frijoles, tortillas, pupusas (*thick tortillas filled w/meat,beans and/or cheese*); arroz, huevos, carne, frutas, café. La comida es menos picante que la de muchos otros países hispanos.
España	Tortilla española (*omelet w/potatoes and onions*); gazpacho (*cold vegetable soup, often served w/fresh, chopped vegetables to sprinkle on top*); paella (*rice w/saffron and chicken, fish, shrimp, mussels, clams, sausage and pork*); bocadillo (*sandwich on French-type loaf bread*); cocido (*Castillian soup*); jamón serrano (*salty cured ham*); chorizo; lenguado (*flounder*), merluza (*hake*); pulpo (*octopus*); calamares (*squid*); churros (*deep-fried batter of flour and butter, sprinkled w/sugar and/or dipped in warm chocolate*); carne, pollo, y huevos; vino; sangría (*sweetened wine punch w/fruit*); cerveza; champán (*llamado «cava»*); café. La comida española no es picante.
Guatemala	Tortillas de maíz, frijoles, arroz, tamales (*cornmeal or rice dough stuffed w/meat or tomato sauce*); plátanos fritos (*fried plantains*); carne, pollo y cerdo; café
Guinea Ecuatorial	Carne, pollo, pescado, yuca, cacahuetes y salsa de cacahuetes, papaya, piña, bananos y plátanos; tope (*palm wine*); malamba (*sugarcane liquor*)

Tabla 14-1 cont.

PAIS	COMIDAS Y BEBIDAS TIPICAS
Honduras	Frijoles, tortillas, maíz y arroz; tapado (*stew w/beef, vegetables, and coconut milk*); mondongo (*tripe and beef knuckles*); nacatamales (*pork tamales*); torrejas (*similar to french toast and served at Christmas*); topogios o charramuscas (*frozen fruit juice in a plastic bag*); bananos, piña, mango, coco, melón y otras frutas
México	Tortillas; chilaquiles (*breakfast of tortilla strips scrambled w/chili, tomatoes, onions, cream and cheese*); frijoles refritos (*refried beans*); torta (*hollow roll stuffed w/meat or cheese*); quesadilla (*tortilla baked w/cheese*); tacos; tostada (*toasted tortillas covered w/meat, lettuce and a variety of ingredients*); mole, tamales (*cornmeal wrapped in banana leaves or corn husks*); chalupa (*tortilla w/upturned edges, fried and topped w/variety of meat or chicken, beans, etc.*); flautas (*extra long, flute-shaped tacos*); enchilada (*tortilla w/chicken inside, covered with a hot sauce*); sopa azteca (*avocado and tortilla broth*); sopa de flor de calabaza (*squash-flower soup*); chile relleno (*stuffed chilies*); birria (*goat soup*); enfrijolada (*chicken-filled tortilla covered w/bean sauce and cheese*); pozole (*hominy soup w/pork*); chile poblano (*chili sauce w/green tomatoes, chocolate and peanuts*); chiles en nogada (*large poblano chili stuffed w/beef or cheese, raisins, onion, olives and almonds, topped w/creamy walnut sauce and pomegranate seeds*); huachinango (*red snapper*); menudo (*spicy tripe soup*); ceviche (*raw fish and shellfish marinated in lime juice and topped w/chile, onions and cilantro*); atole (*sweet corn-based drink w/consistency of hot chocolate*); licuado (*fresh fruit shake*); cerveza; vino; tequila; café
Nicaragua	Tortillas; enchiladas; nacatamales (*meat and vegetable tamales w/spices*); mondongo (*tripe and beef knuckles*); baho (*meat, vegetables and plantains*); plátano frito (*fried plantain*); vigorón (*vegetable dish*)
Panamá	Arroz con pollo, frijoles, maíz, plátanos, pollo, carne, pescado; sancocho (*chicken soup*); bollo (*corn mush boiled in the husk*); guacho (*rice soup*); verduras y frutas; chicha (*drink of fresh fruit, water and sugar*)
Paraguay	Asado (*barbecue*); parrillada (*assortment of grilled steaks, sausages, and innards*); yuca; sopa paraguaya (*cornbread baked w/cheese, onions, and sometimes meat); chipá (hard cheese bread*); tortillas; empanadas (*deep-fried meat or vegetable turnovers*); surubí (*a large catfish*); croquetas (*minced eat or poultry rolled into sausage shape, rolled in bread crumbs and deep fried*); mixto (*ham and cheese sandwich*); dorado (*salmon-like fish*); puchero (*meat, sausage, vegetable and chick-pea soup*); palmitos (*palm hearts*); mate cocido (*a bitter tea*); caña (*Paraguayan moonshine*)
Perú	Ceviche (*raw fish marinated in lemon and vinegar*); anticucho (*marinated, grilled beef hearts and livers*); corvina (*sea bass*); langostinos (*shrimp*); lenguado (*flounder*); pulpo (*octopus*); conchitas (*scallops*); calamares (*squid*); cuy (*guinea pig*); ocopa (*boiled potatoes or eggs in a spicy, condensed milk sauce*); ají de gallina (*shredded chicken in a chili and cheese sauce*); papas a la huancaina (*baked potatoes topped w/sliced eggs and an often spicy chili sauce*); mazamorra morada (*pudding made of purple maize*); chirimoya (*apple custard*); pisco (*grape brandy*)
Puerto Rico	Arroz con pollo; arroz con habichuelas (*rice and beans*); arroz con gandules y pernil (*rice w/pigeon peas and roasted pig*); paella (*a spicy stew of rice, chicken, seafood, and vegetables*); encebollado (*steak smothered in onions*); tostones (*deep-fried plantains*); frituras (*foods fried in oil*); alcapurria (*plantain croquettes stuffed w/meat*); bacalao con viandas (*baked cod w/cassava and potatoes*); morro (*black rice*); sofrito (*garlic, onion, sweet pepper, cilantro, oregano and tomato paste*); pan sobao o pan de agua (l*ocal bread made w/water, shortening and flour*); flan; cerveza, ron y café,
República Dominicana	Arroz con pollo; arroz con habichuelas (*rice and beans*); yuca (*cassava*); bacalao (*dried fish, usually cod*); sancocho (*a rich stew of rice, meats, avocado and vegetables*); plátanos; majarete (*cornmeal custard*); cerveza y ron

Tabla 14-1 cont.

PAIS	COMIDAS Y BEBIDAS TIPICAS
Uruguay	La comida se parece mucho a la de Argentina: Carne; empanadas; carbonada (*dish of rice, raisins, pears, and peaches*); estofado/guiso (*stew*); chivito (*steak sandwich smothered in sauces and spices*); lenguado; merluza; cerveza, vino y café
Venezuela	Mondongo (*tripe w/vegetables*); sancocho (*meat stew w/squash, sweet potatoes, and plantain*); pabellón criollo (*shredded beef in spiced tomato sauce served w/fried plantain, white rice, and black beans*); cazuela de mariscos (*seafood stew*); caraotas negras (*black beans*); hervido (*soup w/chunks of chicken, beef, and vegetables*); arepa (*deep-fried thick pancake sometimes filled w/butter, meat, and cheese*); hallaca (*similar to arepa but filled w/stewed meat, potatoes, olives, raisins and spices*); punta trasera (*tender steak*); parrillada; tostones (*fried plantains*); jugo natural (*fresh fruit juice*); batido (*a fruit-shake*); lechoza (*papaya*); raspaito (*flavored shaved ice or sno-cone*); cerveza; ron; cafecito
EE.UU.	Hamburguesas; perritos calientes (*hot dogs*); pizza; pollo frito; carne asada; ensaladas de lechuga (*lettuce*); pescado; cerdo; pavo; tacos; gran variedad de platos étnicos y regionales; cerveza, vino, whisky, café

1. En los países hispanos la comida tiene un papel social muy importante, tanto en el contexto familiar como en el profesional. Típicamente, los hispanos se pasan varias horas al día con el almuerzo y la cena, o en casa o en restaurantes, con parientes, amigos o colegas del trabajo. En su opinión, ¿qué papel pueden jugar el almuerzo y la cena en el mundo de los negocios, al reunirse uno/a con colegas, gerentes y clientes?
2. ¿Cómo es la comida mexicana? ¿Cuáles son algunos de los platos típicos del país? ¿Algunas de las bebidas típicas? ¿Ha probado usted alguna vez la auténtica comida mexicana? ¿Le gustó? Comente.
3. ¿Cómo es la comida española? ¿Se parece mucho a la comida mexicana? Comente. ¿Cómo son diferentes la tortilla mexicana y la tortilla expañola?
4. ¿Cúales son algunas de las comidas y bebidas típicas que encontraría un hombre o una mujer de negocios al hacer un viaje a Puerto Rico y a la República Dominicana? ¿Cómo es la comida cubana? ¿Cuáles son algunas de las frutas que se comen en el Caribe hispano?
5. En Argentina se come mucha carne de res. ¿Cuáles son algunos de los platos de carne típicos del país?
6. ¿Cúales son algunos de los postres típicos de los países hispanos? ¿Cuál bebida se suele tomar con el postre?

7. ¿Qué es el pisco peruano? ¿La caña paraguaya? ¿La chicha boliviana? ¿El aguardiente colombiano? ¿La cava española? ¿El cubalibre? ¿Y el tequila mexicano? ¿Qué tienen en común todas estas bebidas?
8. ¿Cómo le describiría usted a un/a visitante boliviano/a (un/a compañero/a de clase) la cocina típica norteamericana? Supongamos que esta persona lo/la está visitando para discutir la posibilidad de comprar varios de los productos que usted vende. Usted quiere invitalo/a a cenar. ¿Adónde lo/la va a llevar para la cena? ¿Qué recomendaciones le haría usted para la cena?
9. Usted está visitando un país hispanoamericano para tratar asuntos comerciales con un/a nuevo/a cliente. Esta persona (un/a compañero/a de clase) lo/la ha invitado a cenar. En el restaurante le traen a usted un plato que de veras no le apetece (supongamos que sea ceviche o un riquísimo mondongo o menudo, un caldillo de congrio, un anticucho peruano, calamares en su tinta, guatitas chilenas o un picantísimo plato mexicano). La persona que lo/la ha invitado a cenar está sentada delante de usted, con una sonrisa de satisfacción porque le han servido un buenísimo plato típico. ¿Qué hace usted ahora? ¿Cómo se niega a comer ese plato típico sin quedar mal con su cliente?
10. ¿Cúales son algunas de las comidas más exóticas o extrañas que ha comido usted?

Vocabulario

Aquí se presentan los principales términos relacionados con este capítulo. Al final del libro hay un glosario más completo.

aeroespacio • *aerospace*
agente expedidor *(m/f)* • *freight forwarder*
aislacionismo • *isolationism*
altibajos • *ups and downs of fortune*
automatización • *automation*
barrera • *barrier*
bonos Brady • *Brady bonds*
camisa de fuerza • *straight jacket*
censo • *census*
conciencia transcultural • *cross-cultural awareness*
contabilidad financiera • *financial accounting*
___ de gestión • *managerial accounting*
___ fiscal • *tax accounting*
crisol *(m)* • *melting pot*
Cuenca del Caribe • *Caribbean Basin*
cumplimiento del potencial • *fulfillment of potential*
deregulación • *deregulation*

Vocabulario cont.

derrame de aceite o de petróleo *(m)* • *oil spill*
desecho tóxico • *toxic waste*
deudas gemelas • *twin deficits*
deudor/a *(m.adj.)* • *debtor*
enseñanza multimedia • *multimedia instruction*
escaparate *(m)* • *showcase*
estado libre asociado • *commonwealth*
estética laboral • *work aesthetic, attractiveness of work environment*
ética laboral • *work ethic*
Fed *(f)* • *Federal Reserve Bank (central bank of U.S.)*
impuesto sobre la renta personal • *personal income tax*
Indice General de la Calidad de Vida *(m)* • *Physical Quality of Life Index (PQLI)*
indocumentado/a • *illegal alien*
infotecnología • *infotechnology*
internet *(m/f)* • *internet*
irlandés(a) • *Irish man or woman*
levantar el censo • *to take the census*
maduración constante o perpetua • *constant growth*
navegar • *to "surf" or search (the internet)*
ocioso • *leisurely, idle*
oficinista *(m/f)* • *office worker*
pago de transferencia • *transfer payment*
país deudor *(m)* • *debtor nation*
polaco/a • *Pole (person from Poland)*
poner a prueba • *to put to the test*
realidad virtual • *virtual reality*
sanidad pública • *public health*
sufrir de estrés • *to be under stress*
tipo fijo de cambio • *fixed rate, pegged rate of exchange*
___ flotante de cambio • *floating rate of exchange*
Tratado de Libre Comercio de América del Norte (TLCAN) • *North American Free Trade Agreement (NAFTA)*
zanja • *ditch*

APENDICES

APENDICE 1

Protocolo telefónico

Se dice que en el mundo internacional de los negocios, la mayoría de las conversaciones mercantiles se realizan por teléfono por ser éste el medio comunicativo más eficaz y rápido, especialmente cuando se trata de llamadas de larga distancia. Como otros tipos de comunicación, la comunicación telefónica requiere un conocimiento tanto del sistema, al menos de su funcionamiento y usos prácticos, como de las cortesías y expresiones que se emplean comúnmente. Este conocimiento llega a ser importante cuando se trata de llamadas internacionales y aún más cuando éstas se realizan en un idioma extranjero, como sucede con las llamadas entre los Estados Unidos e Hispanoamérica o España. Durante estas llamadas las conversaciones se realizan a menudo en español, lo cual implica la necesidad de hablarlo y *comprenderlo* bien. Para ayudar a los que tienen que hacer tales llamadas, pero que todavía no saben los términos ni las expresiones usados en español, se ofrece lo siguiente: (1) un vocabulario telefónico general y (2) algunas expresiones telefónicas útiles. Sin embargo, sobra decir que el vocabulario, las expresiones y los usos indicados pueden variar de país a país. Por lo tanto, vale la pena que las personas no hispanohablantes, especialmente los que viajan al exterior, escuchen y observen detenidamente lo que dicen y hacen los hispanohablantes durante una llamada telefónica. Al hacerlo, aprenderán a conocer y a usar los sistemas telecomunicativos vigentes en los países hispanos de la manera más eficaz posible.

En España e Hispanoamérica los sistemas telefónicos han cambiado mucho en los últimos veinte años. Se ha invertido mucho dinero y recursos y se ha privatizado la mayoría de las compañías telefónicas estatales.

Esto ha producido una red de telecomunicaciones que funciona mucho mejor que antes. No sólo hay más teléfonos públicos y privados, sino que hay más y mejores servicios disponibles. Además, en muchos países hispanos el teléfono celular es el medio de comunicación preferido, especialmente entre los jóvenes donde abundan estos teléfonos. Por supuesto, en comparación con los sistemas telefónicos de los países más desarrollados, los del mundo hispano todavía dejan mucho por desear. No obstante esto, en muchos países hispanohablantes se pueden hacer las mismas llamadas que en los países con una base tecnológica mucho más avanzada, aunque a menudo resulten más caras, en especial las que se hacen desde los hoteles o las que requieren alguna ayuda de operadores. Por otra parte, en muchos países de habla española se usan fichas especiales o monedas para hacer una llamada, mientras que en otros se pueden usar tarjetas de crédito. También, en algunos países, hay que seguir ciertas instrucciones para hacer una llamada mientras que en otros hay que concertar una cita o ir al centro de teléfonos. Dada esta situación, siempre vale la pena preguntar o pedirle ayuda a la persona nativa para saber cómo funciona el sistema telefónico del país que se visite.

VOCABULARIO	TELEPHONE VOCABULARY
abonado/a	*subscriber*
arrendamiento con opción a compra	*lease with an option to buy*
auricular (m)	*earphone*
cablegrama (m)	*cablegram*
cargos/cobros revertidos	*reverse charges*
central telefónica	*telephone exchange station*
conferencia en tres direcciones	*three-way telephone call*
códigos de área	*area codes*
colgar (ue) (teléfono)	*to hang up (the receiver)*
correo de voz	*voice mail*
descolgar (ue) (teléfono)	*to pick up (the receiver)*
discado acelerado	*speed dialing*
discado directo	*direct dialing*
guía telefónica	*telephone directory*
llamada	*(telephone) call*
llamada en espera	*call waiting*

marcar	*to dial*
recado	*message*
señalización de llamadas en espera	*call waiting*
servicio de dos en línea	*party line*
servicio de despertador	*wake-up call*
servicio con tarjetas prepagadas	*prepaid credit card telephone service*
tarifa	*rate*
telefonazo	*telephone call*
telefonema (m)	*telephone message*
telefonear	*to telephone*
telefonía	*operation of telephones*
teléfono móvil celular	*cellular telephone*
timbrazo	*ring*
transferencia de llamadas	*call forwarding*
transmisión de datos	*data transmission*
transmisor *(m)* de facsímiles	*fax transmitter*

FRASES TELEFONICAS UTILES	USEFUL TELEPHONE PHRASES
1. Saludos	**1. Greetings**
—¿Aló?	"Hello?"
—¿Bueno?	"Hello?"
—¿Diga? / ¿Dígame?	"Hello?"
—¿Hola?	"Hello?"
—Buenos días, Buenas tardes, Buenas noches	"Good morning, Good afternoon, Good evening/night"
2. Llamadas a personas específicas	**2. Calls to specific people**
—Le habla (título y/o nombre completo del/de la interlocutor/a)	"(Title and/or full name of caller), speaking"
—¿Puedo hablar con (título y/o nombre completo de la persona llamada), por favor?	"May I speak with (title and/or full name of the person called), please?"
—¿Se encuentra (título y/o nombre completo de la persona que se está llamando)?	"Is (title and/or full name of the person called) in?"

—¿Cuándo espera su regreso?	"When do you expect him/ her back?"
—Quisiera dejar un recado.	"I would like to leave a message."
—¿Cuándo puedo telefonearlo/la?	"When can I reach him/ her?"
3. Solicitando información general	**3. Requesting General Information**
—¿Es esta la compañía (nombre)?	"Is this (name) company?"
—Estoy tratando de comunicarme con el departmento (la sección) de ventas (de compras, de contabilidad).	"I'm trying to contact the sales department (division)." (purchasing, accounting)
—¿Puedo hacer una cita con…?	"Can I make an appointment with…?"
—¿Cuáles son las horas laborales?	"What are your business hours?"
4. Contestando llamadas telefónicas	**4. Answering Telephone Calls**
—Sí, (título y/o nombre completo de la persona a quien se llama) está.	"Yes, (title and/or full name of the person called) is in."
—No, (título y/o nombre completo de la persona a quien se llama) no está.	"No, (title and/or full name of person called) is not in."
—¿Podría Ud. volver a llamarlo/la (hora, día, fecha)?	"Can you call him/her back (time, day, date)?"
—Empresa (nombre) a la orden.	"(Name of Company) at your service."
—¿De parte de quién?	"Who is calling?"
—Un momento, por favor.	"One moment, please."
—No se me retire (enganche, no cuelgue), por favor.	"Don't hang up, please."
—Está comunicando. / La línea está ocupada.	"The line is busy."
—Le paso a su línea ahora.	"I'll transfer the call."
—¿Quisiera dejar un recado?	"Would you like to leave a message?"

5. Despedidas	5. Farewells
—Ha sido un placer.	"It's been a pleasure."
—Gracias por su ayuda.	"Thanks for your help."
—Le agradezco su tiempo.	"Thanks for your time."
—Estaremos en contacto.	"We'll be in touch."
—Ud. ha sido muy amable.	"You've been very kind."
—Gracias (No hay de qué).	"Thanks."
—Aquí siempre estamos a la orden.	"We're always at your service."
—Adiós (hasta luego/mañana/ pronto).	"Good-bye (see you later, tomorrow, soon)."
—Muchos saludos a (la familia, su señora, etc.).	"Best regards to your (family, wife, etc.)."

APENDICE 2

Siglas y Acrónimos *(Abbreviations and Acronyms)*

A continuación se encuentran las siglas o acrónimos que aparecen en español en este libro. Se da su significado en español y, cuando sea posible, las traducciones correspondientes en inglés.

TABLA Apéndice 2-1

SIGLA	SIGNIFICADO	ACRONYM	MEANING
AGAAC	Acuerdo General Sobre Aranceles y Comercio	GATT	General Agreement on Tariffs and Trade
APO	Administración por Objetivos	MBO	Management by Objectives
BID	Banco Interamericano de Desarrollo	IDB	Interamerican Development Bank
CAEM	Consejo de Asistencia Económica Mutua	COMECON	Council for Mutual Economic Assistance
CF	Costo y flete	CFR	Cost and Freight
CMC	Comunidad y Mercado del Caribe	CARICOM	Caribbean Common Market
CSF	Costo, seguro y flete	CIF	Cost, Insurance, and Freight
EE.UU., EEUU, EU	Estados Unidos	U.S.A.	United States of America
ENTEL	Empresa Nacional de Telecomunicaciones (Argentina)		National Telecommunications Company (Argentina)
EUA	Estados Unidos de América	USA	United States of America
FAB	Franco a bordo	FOB	Free on Board
FMI	Fondo Monetario Internacional	IMF	International Monetary Fund
GA	Grupo Andino	AG	Andean Group
IVA	Impuesto sobre el Valor Añadido (o Agregado)	VAT	Value Added Tax
	Indice General de la Calidad de Vida	PQLI	Physical Quality of Life Index
LAB	Libre a bordo	FOB	Free on Board

Tabla A2-1 cont.			
SIGLA	**SIGNIFICADO**	**ACRONYM**	**MEANING**
MCCA	Mercado Común Centroamencano	CACM	Central American Common Market
MCE	Mercado Común Europeo	EEC	European Common Market
MERCOSUR	Mercado Común del Cono Sur	SCCM	Southern Cone Common Market
OPEP	Organización de los Países Exportadores de Petróleo	OPEC	Organization of the Petroleum Exporting Countries
PIB	Producto Interno Bruto	GDP	Gross Domestic Product
PNB	Producto Nacional Bruto	GNP	Gross National Product
PSB	Producto Social Bruto	GDP	Gross Domestic Product
RENFE	Red Nacional de Ferrocarriles Españoles	RENFE	Spain's national railway system
S.A.	Sociedad Anónima	Inc., Corp.	Incorporated
S.C.	Sociedad Comanditaria o en Comandita		Silent Partnership
SEAT	Sociedad Española de Automóviles de Turismo	SEAT	Spain's national car company
SELA	Sistema Económico Latinoamericano	LAES	Latin American Economic System
S. en N.C.	Sociedad en Nombre Colectivo		Partnership
S.R.L.	Sociedad de Responsabilidad Limitada	Ltd.	Limited Liability Company
TLCAN, TLC	Tratado de Libre Comercio de América del Norte	NAFTA	North American Free Trade Agreement
U.E., UE	Union Europea	E.U.	European Union

APENDICE 3

Los sistemas de números, pesos, medidas y temperatura

En el mundo comercial hispánico, a veces se usan sistemas de números, peso, medidas y temperatura diferentes a las de los Estados Unidos. Los países hispánicos generalmente se sirven del sistema métrico para el peso y las medidas, y de la escala centígrada para medir las temperaturas. A continuación se da un resumen informativo de los sistemas numéricos y de peso, de medidas y temperaturas y de sus equivalentes y de las fórmulas de conversión estadounidenses.

TABLA A3-1 Medidas métricas y sus equivalentes estadounidenses

TIPO DE MEDIDA	SIGLA	NOMENCLATURA ESTADOUNIDENSE	EQUIVALENTE ESTADOUNIDENSE
A) DE LONGITUD		**LINEAR**	
milímetro centímetro metro kilómetro	mm cm m km	millimeter centimeter meter kilometer	1 mm = 0.03937 inch 1 cm = 0.39370 inch 1 m = 39.37 inches 1 km = 1,094 yards or 0.6214 mile
B) DE SUPERFICIE		**AREA**	
metro cuadrado área hectárea	m^2 a ha	square meter are hectare	1 m2 = 1.196 square yards 1 a = 119.6 square yards 1 ha = 2.471 acres
C) DE VOLUMEN		**VOLUME**	
metro cúbico	m^3	cubic meter	1 m3 = 35.315 cubic feet
D) DE CAPACIDAD		**CAPACITY**	
mililitro litro	ml l	milliliter liter	1 ml = 0.0338 fluid ounce 1 1 = 1.057 quarts
E) DE PESO		**WEIGHT**	
gramo kilogramo quintal tonelada métrica	g kg q t	gram kilogram hundredweight metric ton	1 g = 0.035 ounce 1 kg = 2.205 pounds 1 q = 220.460 pounds 1 t = 2,204.5600 pounds

TABLA A3-2 Pesos y medidas estadounidenses y sus equivalentes métricos

U.S. MEASUREMENT	ABBREVIATION	NOMENCLATURA EN ESPAÑOL	EQUIVALENTE METRICO
A) LINEAR		**DE LONGITUD**	
inch	in.	pulgada	1 in. = 2.540 cm
foot	ft.	pie	1 ft. = 30.480 cm
yard	yd.	yarda	1 yd. = 91.440 cm
mile	mi.	milla	1 mi. = 1,609 m
B) AREA		**DE SUPERFICIE**	
square inch	sq. in.	pulgada cuadrada	1 sq. in. = 6.451 cm^2
square foot	sq. ft.	pie cuadrado	1 sq. ft. = 929.000 cm
square yard	sq. yd.	yarda cuadrada	1 sq. yd. = 0.836 cm^2
square mile	sq. mi.	milla cuadrada	1 sq. mi. = 2.590 km^2
acre		acre	0.405 hectáreas
C) VOLUME		**DE VOLUMEN**	
cubic inch	cu. in.	pulgada cúbica	1 cu. in. = 16.387 cm^3
cubic foot	cu. ft.	pie cúbico	1 cu. ft. = 0.028 m^3
cubic yard	cu. yd.	yarda cúbica	1 cu. yd. = 0.765 m^3
D) CAPACITY		**DE CAPACIDAD**	
1. Liquid	liq.	Líquido	liq.
liquid gill	gi.	cuarto de pinta	1 gi. = 0.118 litro (1)
liquid pint	pt.	pinta líquida	0.473 l
liquid quart	qt.	cuarto	0.946 l
gallon	gal.	galón	3.785 l
2. Dry		Arido	
dry pint		pinta árida	0.550 l
dry quart		cuarto árido	1.101 l
peck			8.811 1
bushel		bushel, fanega	35.239 l
E) WEIGHT		**DE PESO**	
grain	gr.	grano	1 gr. = 0.0648 g
dram	dr.	dracma	1 dr. = 1.7718 g
ounce	oz.	onza	1 oz. = 28.3495 g
pound	lb.	libra	1 lb. = 453.6000 g
hundredweight	cwt.	quintal	1 cwt. = 50.8200 kg
long ton	l.t.	tonelada larga	1 l.t. = 1,016,0440 kg
short ton	s.t.	tonelada corta	1 s.t. = 907,1800 kg

Tabla A3-2 cont. Pesos y medidas estadounidenses y sus equivalentes métricos

F) LARGE NUMBERS (NOMENCLATURES AND NUMERIC EQUIVALENCES)

U.S.	Number of zeros	Generally expressed in Spanish as
million	6	(un) millón
billion	9	mil millones
trillion	12	(un) billón (o millón de millones)
quadrillion	15	mil billones
quintillion	18	(un) trillón

G) LAS COMAS Y LOS PUNTOS CON LOS NUMEROS: "1,000 = ¿UNO O MIL?"

En los Estados Unidos el número mil se escribe 1,000 con una coma y el número uno se escribe 1.000 con un punto. En el mundo hispano un número escrito como 1,000 (con coma) se puede interpretar o como el número mil o el número uno y un número escrito como 1.000 (con punto) también se puede interpretar o como el número mil o el número uno (Ángel Rivera, *CATI Quarterly,* Spring 1995). La diferencia se debe a que el sistema decimal utiliza diferentes marcadores, o coma o punto, en diferentes países hispanohablantes. La siguiente tabla resume los países hispánicos que usan el punto para indicar mil (1.000) y los que usan la coma para indicar el mismo número.

Grupo I (punto): 1.000 = mil	Grupo II (coma): 1,000 = mil
Argentina	El Salvador
Bolivia	Estados Unidos
Chile	Guatemala
Colombia	Honduras
Costa Rica	México
Cuba	Nicaragua
Ecuador	Panamá
España	Perú
Guinea Ecuatorial	Puerto Rico
Paraguay	República Dominicana
Uruguay	
Venezuela	

En general, en América del Norte y en Centroamérica se usa la coma para indicar miles, y se usa el punto para indicar decimales; en Europa y en América del Sur se usa el punto para indicar miles y se usa la coma para indicar decimales. Ojo, porque según el país, un pago de $100.000 se puede interpretar o como cien mil dólares o cien dólares e igualmente con un pago de $100,000.

Temperaturas y sus equivalentes

TEMPERATURA	CENTIGRADOS	FAHRENHEIT
Punto de congelación	0°C	32°F
Punto de ebullición	100°C	212°F

Para convertir de Fahrenheit a centígrados se usa la siguiente fórmula:
$(F° - 32°) \times 5/9 = C°$ o $(F - 32°) \times 1.8 = C°$

Para convertir de centígrados a Fahrenheit se usa la siguiente fórmula:
$(C° \times 9/5) + 32° = F°$ o $(C° \times 1.8) + 32° = F°$

Temperaturas medias de algunas ciudades del mundo hispano

CIUDAD	ENERO	ABRIL	JULIO	OCTUBRE
Bogotá	15°C (60°F)	12°C (62°F)	15°C (60°F)	16°C (60°F)
Buenos Aires	24°C (75°F)	18°C (65°F)	10°C (50°F)	16°C (60°F)
Caracas	20°C (68°F)	22°C (72°F)	21°C (70°F)	23°C (73°F)
Madrid	6°C (42°F)	13°C (55°F)	27°C (80°F)	16°C (60°F)
México, D.F.	13°C (55°F)	21°C (70°F)	21°C (70°F)	18°C (65°F)
San Juan	24°C (75°F)	27°C (80°F)	29°C (85°F)	29°C (84°F)

APENDICE 4

La entrevista de trabajo

La solicitud de un puesto de trabajo generalmente consiste en tres elementos coordinados: la carta de solicitud, el currículum vitae que acompaña la carta y la entrevista personal. La carta y el currículum vitae sirven para conseguir una entrevista. Es decir, su función es despertar el interés del posible empleador. Pero el elemento decisivo para el/la aspirante suele ser la entrevista personal.

Para tener éxito en la entrevista, hace falta que el candidato se prepare muy bien de antemano. Primero, necesita informarse sobre el puesto particular que solicita (las habilidades y responsabilidades que requiere) y sobre la empresa y la industria dentro de la cual opera. Si es posible, es recomendable que el aspirante también busque datos sobre el departamento donde trabajará y sobre la persona que dirige tal departamento. Segundo, es importante ensayar o dramatizar la entrevista con alquien, para practicar y pulir la presentación personal. Informándose y preparándose de este modo, el candidato se sentirá más seguro al contestar las preguntas que se le hagan.

Es importante recordar lo siguiente. La entrevista es una calle de doble sentido. El entrevistado también es entrevistador que solicita información. No sólo contesta preguntas, sino que también las hace. Es esencial presentarse y portarse de modo profesional pero natural y tomar un papel activo en la entrevista, manteniendo así el control de la situación. Aunque parezca un detalle, la manera de vestirse puede tener un impacto irrevocable en un primer encuentro, puesto que también le comunica información al entrevistador—sobre si el aspirante es formal, limpio y atento a los detalles, o no. Es muy importante intentar establecer cuanto antes una simpatía con el entrevistador, iniciando el encuentro (si éste lo permite) con unos primeros minutos de conversación cortés. En algunas culturas, como la occidental, se recomienda mantener un buen contacto visual (pero natural) con el entrevistador para así demostrar interés. El candidato desea proyectar su confianza y ambición sin llegar a la arrogancia. También quiere expresar sus ideas clara y concisamente en un lenguaje animado, haciendo resaltar así sus atributos personales y profesionales. Hace falta concentrarse y escuchar muy atentamente.

Es *importantísimo* llegar puntualmente a la hora convenida para la entrevista. Llegar tarde causa una malísima impresión. Durante la entrevista siempre es aconsejable evitar las preguntas obvias, los chistes que puedan ofender, el argot y las palabrotas. También es perjudicial usar un trato demasiado familiar («Pues, Marta ... Pues, Tito») hasta que se aclare sin lugar a dudas que éste es el trato que prefiere el entrevistador. El aspirante no quiere dar la idea de haber memorizado sus respuestas a las preguntas. Tampoco hay que disculparse por la preparación profesional que se tiene y no es nada beneficioso criticar a empleadores anteriores. Es recomendable que el candidato evite narrativas extensas (una «novela») sobre su vida pues, como en las fiestas, todo el mundo se aburre con la persona que siempre tiene la palabra. Por último, en un primer encuentro no hay que concentrarse demasiado sobre el sueldo y los beneficios, porque todo esto es prematuro hasta que se le ofrezca el puesto de trabajo. Lo que le interesa al entrevistador es lo que el o la aspirante pueda contribuir a la empresa, no lo que la empresa pueda hacer por él o ella.

Lo importante es dejar al entrevistador con la clara impresión de que Ud. es la mejor persona para el puesto. Ud. lo quiere convencer de modo natural, lógico y articulado que será ventajoso para la empresa contratarlo/la a Ud. y no a otro. Aunque idealmente la entrevista debe desarrollarse como una especie de conversación, no una inquisición, tenga presente que en cualquier momento puede haber preguntas que le hagan sentirse incómodo/a. Ud. tendrá que contestarlas de algún modo, incluso si su respuesta es evitar contestarlas con diplomacia. A continuación se dan ejemplos de los tipos de preguntas que suelen hacerse en una entrevista de trabajo.

Preguntas que frecuentemente hacen los entrevistadores

1. ¿Qué preparación tiene Ud. para este trabajo?
   a. ¿Por qué/cómo escogió la carrera universitaria que cursó?
   b. Las notas que recibió en la universidad, ¿son un buen indicio de sus logros y su capacidad?
   c. ¿Cuáles fueron sus éxitos universitarios más importantes?
2. ¿Por qué quiere trabajar para esta compañía?
   a. ¿Qué sabe Ud. de nuestra compañía?
   b. ¿Qué sabe del puesto que solicita con nosotros?
3. ¿Qué elementos lo distinguen de los otros aspirantes para este puesto?
   a. ¿Cuáles son sus atributos y cuál es su lado débil?
   b. ¿Cómo lo describiría a Ud. un amigo o un jefe?
   c. ¿Le gusta trabajar con otros?
4. a.Describa al mejor/peor jefe que ha tenido.
   b. ¿Cómo describiría Ud. a su jefe ideal?
5. ¿Qué experiencia tiene?
   a. ¿Dónde ha trabajado anteriormente?

b. ¿Cuáles fueron sus principales responsabilidades?
c. ¿Qué ha aprendido de sus trabajos anteriores?
d. ¿Cuál ha sido el mejor/peor trabajo que ha tenido? ¿Por qué?

6. ¿Cuál ha sido el mayor reto o problema al que Ud. se ha enfrentado en el trabajo? ¿Por qué? ¿Qué solución halló Ud. para el problema?
   a. ¿Cómo resolvería usted el siguiente problema (...) en el trabajo?
7. a ¿Qué sueldo o salario pide Ud.?
   b. ¿Qué sueldo o salario le gustaría ganar en dos/cinco años?
8. ¿Qué puede aportar Ud. a nuestra empresa?
9. a.¿Cuáles son sus metas profesionales?
   b. ¿Cómo piensa realizarlas?
10. ¿Por qué deberíamos contratarlo/la a Ud.? ¿En qué otros lugares se está entrevistando?

Preguntas que frecuentemente hacen los entrevistados

1. ¿Qué tipo de persona buscan para este puesto?
2. ¿Me puede explicar algo más sobre las responsabilidades de este puesto?
   a.¿Cuáles serían las responsabilidades más importantes?
   b.¿Cuál es la responsabilidad principal de este departamento?
3. ¿Hay un período o programa de adiestramiento para este puesto?
4. ¿Cuáles son las metas del departamento/división/empresa para el año entrante? ¿Para los próximos cinco años?
   a. ¿Cuál es el objetivo principal del departamento en este momento?
   b. ¿Hay algún problema que intentan solucionar? ¿Qué papel tendría yo en la solución de este problema?
5. ¿Quién sería mi jefe?
6. ¿Con quiénes trabajaría yo en este puesto?
7. ¿Dónde trabajaría yo y con qué equipo y accesorios?
8. ¿Cómo es el horario de trabajo?
9. ¿Cómo se evaluará mi trabajo?
10. ¿Qué posibilidades de crecimiento y ascenso hay en este puesto?
11. ¿Se espera que uno sea miembro de alguna organización profesional?

12. ¿Cuándo se comunicarán Uds. conmigo sobre los resultados de mi solicitud?

Después de la entrevista, es recomendable siempre escribir una breve carta de agradecimiento por la entrevista. Esta le da al aspirante una oportunidad más de fijar su personalidad y talentos en la mente del entrevistador. Si le parece al aspirante que de veras no le conviene el puesto, es mejor ser honesto y admitirlo cortésmente, agradeciéndole al entrevistador por su tiempo y atención.

APENDICE 5

BIBLIOGRAFIA

1. COMERCIAL

AGUIRRE, BLANCA, and CONSUELO HERNANDEZ. *Curso de español comercial.* Madrid: Sociedad General Española de Librería, S.A., 1987.

———. *El lenguaje administrativo y comercial.* Madrid: Sociedad General Española de Librería, 1983.

ALMANAQUE NUEVO MILENIO 2000. México, D.F.: Editorial Televisa, 2000. [ISBN 1-562-259-032-4]

ATKINSON, TOBY D. *Merriam Webster's Guide to International Business Communications.* Springfield, MA: Merriam-Webster, Inc., 1994.

AXTELL, ROGER E. *Gestures: The Do's and Taboos of Body Language Around the World.* New York: John Wiley & Sons, Inc., 1991.

———. *Do's and Taboos Around the World.* New York: John Wiley & Sons, Inc., 1990.

AXTELL, ROGER E, TAMI BRIGGS, MARGARET CORCORAN, and MARY BETH LAMB. *Do's and Taboo's Around the World for Women in Business.* New York: John Wiley & Sons, 1997.

CERE, RONALD. "Going International in the Business World: A Special Purpose Course in Spanish." *Dimension.* Columbia, SC: SCOLT, 1987, pp. 129-143.

CLEMENT, NORRIS C., JOHN C. POOL, and MARIA M. CARRILLO. *Economía: Enfoque América Latina.* Mexico: McGraw Hill, 1991.

CZINKOTA, MICHAEL R., and ILKKA RONKAINEN. *International Business.* 5th ed. Fort Worth: The Dryden Press, 1999.

DANIELS, JOHN D., and LEE H. RADEBAUGH. *International Business: Environments and Operations.* 7th ed. Reading, MA: Addison-Wesley Publishing Company, 1994.

ESCRIBANO BELLIDO, CARLOS. *El abogado en casa.* Barcelona: Editorial De Vecchi, S.A., 1986.

FRYER, T. BRUCE, and GAIL GUNTERMANN, eds. *Spanish and Business for Spanish and the Professions.* Lincolnwood, IL: National Textbook Co., 1998.

GALLOWAY, VICKI, ANGELA LABARCA, and ELMER RODRIGUEZ. *Saldo a favor.* New York: John Wiley & Sons, 1998.

GARLAND, JOHN, RICHARD N. FARMER, and MARILYN TAYLOR. *International Dimensions of Business Policy and Strategy.* 2nd ed. Boston: PWS-Kent Publishing Co., 1990.

GREIDER, WILLIAM. *One World, Ready or Not: The Manic Logic of Global Capitalism.* New York: Touchtone, 1997.
GROSSE, ROBERT, and DUANE KUJAWA. *International Business: Theory and Managerial Applications.* 3rd ed. Boston: Irwin, 1995.
GROVE, ANDREW S. *High Output Management.* 2nd ed. New York: Vantage Books, 1995.
KORTH, CHRISTOPHER M. *International Business: Environment and Management.* 2nd ed. Englewood Cliffs: Prentice-Hall, 1985.
Manual del exportador. 2a ed. Santo Domingo, República Dominicana: Centro Dominicano de Promoción de Exportaciones, 1989.
MELIVEO, ELENA, EDGAR KNERR, JAVIER CREMADES, and HERMANN JOSEF KNIPPER. *Mastering Spanish Business Vocabulary: A Thematic Approach.* Hauppauge, NY: Barron's Educational Series, 1997.
PASCAL, NANETTE R., and MARIA P. ROJAS. *Relaciones comerciales.* Boston, MA: Houghton-Mifflin, 1996.
PORTER, LYMAN W., and LAWRENCE E. MCKIBBIN. *Management Education and Development: Drift or Thrust into the 21st Century.* New York: McGraw-Hill, 1988.
PUNNETT, BETTY JANE, and DAVID A. RICKS. *International Business.* Belmont, CA: Wadsworth Publishing Co., 1992.
SPENCER, SAMIA. *Foreign Language and International Trade: A Global Perspective.* Athens, GA: University of Georgia Press, 1987.
TERPSTRA, VERN. *International Dimensions of Marketing.* 2nd ed. Boston: PWS-Kent Publishing Co., 1989.
TOYNE, BRIAN, and DOUGLAS NIGH, eds. *International Business: Institutions and the Dissemination of Knowledge.* Columbia, SC: University of South Carolina Press, 1999.
VALDIVIESO, JORGE H., and L. TERESA VALDIVIESO. *Negocios y comunicaciones.* Lexington, MA: D.C. Heath and Company, 1988.
WHITE, ROLF B. *The Great Business Quotations.* New York: Dell Publishing Co., Inc., 1986.
WORLD ALMANAC AND BOOK OF FACTS: 2000. Mahwah, NJ: World Almanac Books, 2000.

2. GEOGRAFIA, ECONOMIA, POLITICA Y CULTURA

BACKGROUND NOTES, U.S. STATE DEPARTMENT. Washington, D.C.: U.S. Department of State, 2000. [country by country notes, http://www.state.gov/background]
BIRNBAUM, STEPHEN, and ALEXANDRA MAYES BIRNBAUM. *Birnbaum's South America 1991.* Boston: Houghton Mifflin Company, 1990.

CERE, RONALD. "A New Dimension for International and Professional Studies: Foreign Language Intercultural Courses (FLICS)." *The Canadian Modern Language Review*. 44 (January 1988), 316–333.

CIA WORLD FACTBOOK. Washington, D.C.: CIA, 1999. [individual countries, http://www.cia.gov/cia/publications/]

CURRY, JEFFREY E. *A Short Course in International Economics: Understanding the Dyamics of the International Marketplace.* Novato, CA: World Track Press, 2000.

CULTURGRAMS 2000. Orem, UT: Brigham Young University and *e*MSTAR, 2000. [individual country packets, 1-800-528-6279]

DE KRAS, EVA S. *Cultura gerencial: México-Estados Unidos.* México, D.F.: Grupo Editorial Iberoamérica, S.A. de C.V., 1990.

DEVINE, ELIZABETH, and NANCY L. BRIGANTI. *The Traveler's Guide to Latin American Customs and Manners.* New York: St. Martin's Press, 1988.

DOYLE, MICHAEL SCOTT. "Language and Business: Linking Educational Resources." *Hispanic Business: The Link between the Americas and the Caribbean.* San Juan: University of Puerto Rico, 1987, 3–16.

FERRARO, GARY P. *The Cultural Dimension of International Business.* Englewood Cliffs, NJ: Prentice-Hall, 1994.

FODOR'S CARIBBEAN 2000. New York: Fodor's Travel Publications, Inc., 2000.

FODOR'S CENTRAL AMERICA. 5th ed. New York: Fodor's Travel Publications, Inc., 1991.

FODOR'S SOUTH AMERICA. New York: Fodor's Travel Publications, Inc., 1997.

FUENTES, CARLOS. *El espejo enterrado.* México: Fondo de Cultura económica, 1992.

GIANZARO, GINA. "Spain Rediscovers the New World." *Europe.* 341 (November 1994), 11–13.

GOODWIN, PAUL B., JR. *Global Studies: Latin America.* 3rd ed. Guilford, CT: The Dushkin Publishing Group, Inc., 1988.

GORDEN, RAYMOND. *Living in Latin America.* Skokie, IL: National Textbook, 1974.

———. *Living in Latin America: A Case Study in Cross-Cultural Communication.* Lincolnwood, IL: National Textbook Company in conjunction with the American Council on the Teaching of Foreign Languages, 1995.

GUY, VINCENT, and JOHN MATTOCK. *The International Business Book: All the Tools, Tactics, and Tips You Need for Doing Business Across Cultures.* Lincolnwood, IL: NTC Business Books, 1995.

HARRIS, PHILIP, and ROBERT T. MORAN. *Managing Cultural Differences.* Houston: Gulf Publishing Division, 1987.

HEUSINKVELD, PAULA. *Inside Mexico: Living, Traveling, and Doing Business in a Changing Society.* New York: John Wiley & Sons, Inc., 1994.

JESSUP, JAY M., and MAGGIE L. JESSUP. *Doing Business in Mexico.* Rocklin, CA: Prima Publishing, 1993.

KENNA, PEGGY, and SONDRA LACY. *Business Mexico: A Practical Guide to Understanding Mexican Business Culture.* Lincolnwood, IL: Passport Books, 1994.

————. *Business Spain: A Practical Guide to Understanding Spanish Business Culture.* Lincolnwood, IL: Passport Books, 1995.

LOTITO, BARBARA. *Entre Nosotros: Communicating with the Hispanic Client.* New York: Newbury House, 1988.

LUCE, LOUISE FIBER. *The Spanish-Speaking World: An Anthology of Cross-Cultural Perspectives.* Lincolnwood, IL: National Textbook Company, 1992.

MORRISON, TERRI, WAYNE A. CONAWAY, and GEORGE A. BORDEN. *Kiss, Bow, or Shake Hands: How to Do Business in Sixty Countries.* Holbrook, MA: Bob Adams, Inc., 1994.

RIVERA, ANGEL. "1,000 = ¿Uno o Mil?" *CATI Quarterly: Carolina Association of Translators and Interpreters.* Spring 1995, 4.

SEELYE, H. NED. *Teaching Culture: Strategies for Intercultural Communication.* 3rd ed. Lincolnwood, IL: National Textbook Company, 1994.

———, and ALAN SEELYE-JAMES. *Culture Clash: Managing in a Multicultural World.* Lincolnwood, IL: NTC Business Books, 1995.

SOWELL, THOMAS. *Race and Culture: A World View.* New York: Basic Books, 1994.

WEBER, DAVID J. *The Spanish Frontier in North America.* New Haven and London: Yale University Press, 1992.

WINN, PETER. *Americas: The Changing Face of Latin America and the Caribbean.* New York: Pantheon Books, 1992.

WORLD BANK GROUP COUNTRIES. [individual country information, http://www.worldbank.org]

CAPITULO 1 EL COMERCIO Y EL CONTEXTO HISPANO: GEOGRAFIA, DEMOGRAFIA, IDIOMA Y CULTURA

DE CASTRO, MARIANO, and DONATO NDONGO. *España en Guinea: Construcción del desencuentro: 1778–1996.* Madrid: Ediciones Seguitur, 1998.

FRYER, T. BRUCE. "Aspectos políticos de Guinea Ecuatorial: Raíces hispánicas en Africa." *Afro-Hispanic Review* 19, i (Spring, 2000): 3–10.

HARRISON, LAWRENCE E. *Underdevelopment Is a State of Mind: The Latin American Case.* Boston: University Press of America, 1985.

HUDSON, CHARLES. *The Juan Pardo Expeditions: Explorations of the Carolinas and Tennessee, 1566–1568.* Washington, D.C.: Smithsonian Institutions Press, 1990.

INTERAMERICAN DEVELOPMENT BANK. *Economic and Social Progress in Latin America: 1995 Report.* Baltimore, MD: Johns Hopkins University Press, 1995.

INTERNATIONAL MONETARY FUND. *Annual Report 1994.* Washington, D.C.: International Monetary Fund, 1994.

LINIGER-GOUMAZ, MAX. *Who's Who de la dictature de Guinée Equatoriale: Les Nguemistes (1979–1993).* Geneve: Les Editions du Temps, 1993.

LIPSKI, JOHN M. *El español de Malabo: Procesos fonéticos/fonológicos e implicaciones dialectológicas.* Malabo: Centro-Cultural Hispano-Guineo, 1982.

———. "Latin-American Spanish: Creolization and the African Connection." *Palara: Publication of the Afro-Latin/American Research Association* 2, ii (Fall 1998): 54–78.

LYON, EUGENE. *The Enterprise of Florida: Pedro Menéndez de Avilés and the Spanish Conquest of 1565–1568.* Gainsville, FL: The University Presses of Florida, 1974.

NGOM FAYE, MBARE. *Diálogos con Guinea: Panorama de la literatura guineoecuatoriana a través de sus protagonistas.* Ngom Faye, Mbare. Madrid, Edita Labrys 54, 1996.

ROWLAND, LARRY S. *Window on the Atlantic: South Carolina's Spanish City.* Columbia, SC: South Carolina Department of Archives and History, 1990.

SHAPIRO, HAROLD T., ADVISER, and GEORGE G. DAWSON. *Applied Economics.* Colorado Springs: Junior Achievement, 1987.

TAMAMES, RAMON. *Introducción a la economía española.* 16ª ed. Madrid: Alianza Editorial, 1986.

TOTAL MIDYEAR POPULATION FOR THE WORLD: 1950–2050. Washington, D.C.: U.S. Census Bureau, 2000. http://www.census.gov/

CAPITULO 2 LA EMPRESA

GLOS, RAYMOND E., RICHARD D. STEALE, and JAMES R. LOWRY. *La empresa y su medio.* Trad. Juan Benítez Collado y Gloria María Elizondo García. Cincinnati: South-Western Publishing Co., 1983.

HERNANDEZ ESPINOZA, JOSE LUIS. *Práctica mercantil y documentación.* Cincinnati: South-Western Publishing Co., 1982.

KENNA, PEGGY, and SONDRA LACY. *Business Spain: A Practical Guide to Understanding Spanish Business Culture.* Lincolnwood, IL: NTC Publishing Group, 1995.

KLEE, JOSEPH. *La dirección de empresas medianas y pequeñas.* 3ª ed. Trad. Conrad Nielli Sureda. México, D.F.: Editora Mexicana, 1985.
LITKA, MICHAEL. *International Dimensions of the Legal Environment of Business.* Boston: PWS-Kent Publishing Co., 1989.
MONTEMAYOR CANTU, LORENZO. "El aprendizaje en las empresas mexicanas." *Club Dinámica Ejecutiva.* Garza García (Nuevo León, México): Información Selectiva, 15 de mayo de 1998.
MORENO, JENALIA. "Maquila Makeover." *Houston Chronicle.* 28 February, 1999.
PRICE WATERHOUSE. *Doing Business in Spain.* New York: Price Waterhouse, s.d.
RILEY, JENNIFER. "U.S. Companies: Pros and Cons of Cheap Labor." *El Financiero Weekly International (Mexico City),* 24 January, 1999.
RODRIGUEZ, LEONARDO. *Planificación, organización y dirección de la pequeña empresa.* Cincinnati: South-Western Publishing Co., 1980.
SEZEK, ALVA. "Trade Talk." *El Financiero Weekly International (Mexico City),* 3 May, 1999.

CAPITULO 3 LA GERENCIA

BATTEN, JOE. *Cómo construir una cultura de calidad total: Guía para su implantación en la empresa.* México: Grupo Editorial Iberoamérica, 1993.
FODOR'S MEXICO 2000. New York: Fodor's Travel Publications, Inc., 2000.
GRIFFIN, RICKY W. *Management.* Boston: Houghton Mifflin Co., 1984.
GRUNWALD, JOSEPH. "Maquiladora Sector Grows, but Could Help Mexico Economy More." *The San Diego Union*, 27 August 1989, C5.
KENNA, PEGGY, and SONDRA LACY. *Business Mexico.* Lincolnwood, IL: NTC Publishing Group, 1995.
LINDQUIST, DIANE. "Maquiladoras Draw Pilgrimage of Youth." *The San Diego Union*, 28 August 1989, A1, A12–A13.
MADDUX, ROBERT B. *Cómo negociar con éxito: Estrategias y tácticas efectivas para ganar/ganar.* México: Grupo Editorial Iberoamérica, 1992.
"Mexico's Open Door to Foreign Investment." *The San Diego Union*, 25 June 1989, C7.
PRICE WATERHOUSE. *Doing Business in Mexico.* New York: Price Waterhouse, s.d.

CAPITULO 4 LA BANCA Y LA CONTABILIDAD

AL HASHIM, DHIA D., and JEFFREY S. ARPAN. *International Dimensions of Accounting.* 2nd ed. Boston: PWS-Kent Publishing Co., 1988.

BERGER, SUSAN A. *Political and Agrarian Development in Guatemala.* Boulder, CO; San Francisco; Oxford, England: Westview Press, 1992.

CIA WORLD FACTBOOK: GUATEMALA. Washington, D.C.: CIA, 1999.

CIA WORLD FACTBOOK: HONDURAS. Washington, D.C.: CIA, 1999.

DOSAL, PAUL J. *Doing Business with the Dictators: A Political History of United Fruit in Guatemala, 1899–1944.* Wilmington, DE: Scholarly Resources, 1993.

GOODWIN, PAUL, JR. "Guatemala and Honduras," pp. 34–40 in *Global Studies: Latin America.* 9th ed. Guildford, CT: Dushkin/McGraw Hill, 2000.

Introducción general a la contabilidad. Barcelona: Editorial Norma, 1990.

MONCARZ, RAUL. *Moneda y banca.* Cincinnati: South-Western Publishing Co., 1982.

SMITH, ROY C. *Global Banking.* New York: Oxford University Press, 1997.

WOODFORD, PROTASE E., and CONRAD J. SCHMITT. *Finanzas y contabilidad: Lecturas y vocabulario en español.* New York: McGraw Hill, Inc., 1992.

CAPITULO 5 LOS BIENES RAICES Y EL EQUIPO

CIA WORLD FACTBOOK: COSTA RICA. Washington, D.C.: CIA, 1999.

CIA WORLD FACTBOOK: EL SALVADOR. Washington, D.C.: CIA, 1999.

FERNANDEZ-ARAMBURU, JOSE M. *Todo sobre alquileres de pisos, locales de negocios y locales industriales.* Barcelona: Editorial De Vecchi, S.A., 1990.

JANIK, CAROLYN. *Real Estate Careers: 25 Growing Opportunities.* New York: John Wiley, 1994.

PRACTICING LAW INSTITUTE. *Commercial Real Estate Leases.* New York: Practicing Law Institute, 1996.

TEAM DE ECONOMISTAS DVE. *Los contratos para las empresas: Ejemplos prácticos comentados.* Barcelona: Editorial De Vecchi, S.A., 1989.

CAPITULO 6 LA OFICINA

CIA WORLD FACTBOOK: NICARAGUA. Washington, D.C.: CIA, 1999.

CIA WORLD FACTBOOK: PANAMA. Washington, D.C.: CIA, 1999.

"Especial ofimática: El ejecutivo portátil." *Actualidad económica*, 1989 (28 de noviembre al 4 de diciembre de 1988), 60–86.

GATES, BILL, WITH NATHAN MYHRVOLD, and PETER RINEARSON. *The Road Ahead.* 2nd ed. New York: Penguin Books, 1996.

GREEN, JERALD B. *A Gesture Inventory for the Teaching of Spanish.* Philadelphia: Chilton Books, 1968.

KALLOWS, NORMAN, and B. LEWIS KEELING. *Administrative Office Management.* 9th ed. Cincinnati: South-Western Publishing Co., 1988.

MOODY, JOHN. "Nicaragua: Decade of Despair." *Time*, 24 July 1989, C7.

MOLINA, ERMILO, TRAD. *La mujer ejecutiva.* México, D.F.: Editorial Diana, 1987. (*Taking Stock* by Sharie Crain and Philip T. Drotning.)

RAY, CHARLES, and JANET PALMER. *Office Automation: A Systems Approach.* Cincinnati: South-Western Publishing Co., 1987.

SANCHEZ PEREZ, MANUEL. *Cómo dominar las computadoras personales.* Barcelona: Editorial Norma, 1990.

SKARE, LEIF H. *¿Quiere Ud. organizar su empresa?* Barcelona: Editorial Sopena, 1979.

CAPITULO 7 LOS RECURSOS HUMANOS Y LAS RELACIONES PUBLICAS

BARNES, R. LYNN. "Across Cultures: The Peace Corps Training Model." *Training and Development Journal* 39, x (October 1985): 46–49.

CIA WORLD FACTBOOK: VENEZUELA. Washington, D.C.: CIA, 1999.

DANIELS, JOHN D., and LEE H. RADENBAUGH. *International Business: Environments and Operations,* 8th ed. Reading, MA: Addison-Wesley, 1998.

DAVIS, GEORGE, and GREGG WATSON. *Black Life in Corporate America: Swimming in the Mainstream.* Garden City, NY: Anchor Books, 1985.

PRAT GABALLI, PEDRO. *Teoría y técnica de la organización empresarial.* México, D.F.: Editoria Mexicana, 1985.

PRICE WATERHOUSE. *Doing Business in Venezuela.* New York: Price Waterhouse, s.d.

REYES PONCE, AGUSTIN. *Administración de personal: Sueldos y salarios.* México, D.F.: Editorial Limusa, 1980.

ROSSMAN, MARLENE L. *The International Businesswoman of the 1990's: A Guide to Success in the Global Marketplace.* New York: Praeger, 1990.

ROTH, KENDALL. "Managing International Independence: CEO Characteristics in a Resource-Based Framework." *Academy of Management Journal* 38, I (1995): 200–31.

SITTERLY, CONNIE. *La mujer ejecutiva: Cómo desarrollar las habilidades esenciales para el éxito.* México: Grupo Editorial Iberoamérica, 1994.

TUNG, ROSALIE L. "Selection and Training of Personnel for Overseas Assignments." *Columbia Journal of World Business* 16, 9 (Spring 1981): 72.

VASSEUR WALLS, ALFONSO, TRAD. *Administración de los recursos humanos y personal.* México, D.F.: Compañía Editorial Continental, 1985. (*Personnel/Human Resource Management*, Herbert G. Heneman, Donald P. Sxhwab, John A. Fossom, and Lee D. Dyer.)

CAPITULO 8 LOS BIENES Y SERVICIOS

ADLER, DONALD H. "Managing Productivity for Enterprises in Developing Countries." *Industrial Management*, 28, 3 (May-June, 1986), 21–23.

JENKINS, RHYS. *Transnational Corporations and Industry Transformation.* New York: St. Martin's Press, 1986.

JONES, BRYN. *Forcing the Factory of the Future: Cybernation and Societal Institutions.* New York: Cambridge University Press, 1997.

NEIRA-MEJIA, LUIS CARLOS, and RICARDO MUÑOZ-MEJIA. "Colombia." *International Financial Law Review, Issue: Energy and Resources Law Supplement.* (October 1994), 16–20.

PRICE WATERHOUSE. *Doing Business in Colombia.* New York: Price Waterhouse, s.d.

———. *Doing Business in Ecuador.* New York: Price Waterhouse, s.d.

RODRIGUEZ, LEONARDO. *Contabilidad administrativa.* Cincinnati: South-Western Publishing Co., 1983.

SERVON, LISA J. *Making Microenterprise Development a Part of the Economic Development Toolkit.* Washington, D.C.: Economic Development Administration, 1999.

CAPITULO 9 MARKETING I: MERCADOS Y PUBLICIDAD

AGUIRRE, BLANCA, and CONSUELO HERNANDEZ. *El lenguaje del turismo y de las relaciones públicas.* Madrid: Sociedad General Española de Librería, S.A., 1985.

ALBAUM, GERALD, JESPER STRANDSKOV, EDWIN DUERR, and LAURENCE DOWD. *International Marketing and Export Management.* 2nd ed. Workingham, England: Addison-Wesley Publishing Company, 1994.

BEARDEN, WILLIAM O. *Handbook of Marketing Scales: Multivariant Measures for Market and Consumer Behavior Research.* Thousand Oaks, CA: Sage Publications, 1998.

———, and RAYMOND W. LAFORGE. *Marketing Principles and Perspectives.* 2nd ed. Chicago: Irwin-McGraw Hill, 1998.

CIA WORLD FACTBOOK: BOLIVIA. Washington, D.C.: CIA, 1999.

CIA WORLD FACTBOOK: PERU. Washington, D.C.: CIA, 1999.

HASSAN, SALAH S., and ROGER D. BLACKWELL. *Global Marketing: Perspectives and Cases.* Fort Worth: The Dryden Press, 1994.

RICKS, DAVID A. *Blunders in International Business.* Cambridge, MA: Blackwell Publishers, 1993

SHIMP, TERRENCE A. *Advertising and Promotion: Supplemental Aspects of Integrated Communication.* 5th ed. Fort Worth: The Dryden Press, 2000.

TERPSTRA, VERN, and RAVI SARATHY. *International Marketing.* 6th ed. Fort Worth: The Dryden Press, 1994.

WOODFORD, PROTASE E., and CONRAD J. SCHMITT. *Comercio y marketing: Lecturas y vocabulario en español.* New York: McGraw-Hill, Inc., 1992.

CAPITULO 10 MARKETING II: COMPRAVENTA, TRANSPORTE Y ALMACENAJE

BOUVIER, VIRGINIA MARIE. *Alliance or Compliance: Implications of the Chilean Experience for the Catholic Church in Latin America.* Syracuse, NY: Maxwell School of Citizenship & Public Affairs, 1983.

CIA WORLD FACTBOOK: CHILE. Washington, D.C.: CIA, 1999.

DERESKY, HELEN. *International Management: Managing Across Borders and Cultures.* 3rd ed. Reading, MA: Prentice Hall, 1999.

GEHANI, R. RAY. *Management of Technology and Operations.* New York: John Wiley, 1998.

KLAFEHN, KEITH. *Computer Simulation in Operations Management.* Westport, CT: Quorum, 1996.

LOVEMAN, BRIAN. *Chile: The Legacy of Hispanic Capitalism.* New York: Oxford University Press, 1979.

MAMALAKIS, MARKOS J. *The Growth and Structure of the Chilean Economy: From Independence to Allende.* New Haven: Yale University Press, 1976.

PRICE WATERHOUSE. *Doing Business in Chile.* New York: Price Waterhouse, s.d.

REETHOF, WALTER G. *La gerencia de ventas.* Cincinnati: South-Western Publishing Co., 1981.

SOLOMON, MICHAEL. *Consumer Behaviors: Buying, Having, and Being.* Upper Saddle River, NJ: Prentice Hall, 1999.

WESTLAND, CHRISTOPHER J., and THEODORE H. K. CLARK. *Global Electronic Commerce: Theory and Case Studies.* Cambridge, MA: MIT Press, 1999.

CAPITULO 11 LAS FINANZAS

BALDWIN, JORGE, and CARLOS BALDWIN. *Cómo dominar las finanzas de la empresa.* Barcelona: Editorial Norma, 1990.

"Comparative Corporate Tax Rates: Mexico and South America." *Business Latin America,* 24 April 1989, 124–125.

CIA WORLD FACTBOOK: PARAGUAY. Washington, D.C.: CIA, 1999.

CIA WORLD FACTBOOK: URUGUAY. Washington, D.C.: CIA, 1999.

EITEMAN, DAVID K., ARTHUR I. STONEHILL, and MICHAEL H. MOFFETT. *Multinational Business Finance.* 7th ed. Reading, MA: Addison-Wesley, 1995.

GITMAN, LAWRENCE J. *Principles of Managerial Finance.* 4th ed. New York: Harper & Row, 1985.

HASKINS, FERRIS. *International Financial Reporting and Analysis.* 2nd ed. Fort Worth: Irwin-McGraw Hill, 2000.

MALKIEL, BURTON G., and J. P. MEI. *Global Bargain Hunting: The Investor's Guide to Profits in Emerging Markets.* New York: Simon & Schuster, 1999.

ROTH, PAUL. *Mastering Foreign Exchange and Money Markets.* London: Financial Times Management, 1996.

SCHMITT, CONRAD J., and PROTASE E. WOODFORD. *Economía y finanzas: Lecturas y vocabulario en español.* New York: McGraw-Hill, Inc., 1992.

SOLNIK, BRUNO H. *International Investment.* 4th ed. Reading, MA: Addison-Wesley, 2000.

CAPITULO 12 LA ENTRADA EN EL MERCADO INTERNACIONAL: LOS PAISES HISPANOPARLANTES

AVILA MARCUE, FELIPE. *Tácticas para la negociación internacional.* Chile: Editorial Trillas, 1998.

COPELAND, LENNIE, and LEWIS GRIGGS. *Going International.* New York: Random House, 1985.

DUGGAN, JUAN, and HORACIO RUIZ. "Argentina." *International Financial Law Review. Issue: Privatization Supplement* (April 1994), 13–20.

HALL, EDWARD. *The Silent Language.* New York: Anchor Press Doubleday, 1959.

MITCHELL, CHARLES. *A Short Course in International Business Cultures.* Novato, CA: World Trade Press, 2000. [corporate cultures]

MORRISON, TERRI, and WAYNE A. CONAWAY. *The International Guide to Doing Business in Latin America*. New York: Macmillan, 1997.

PRICE WATERHOUSE. *Doing Business in Argentina*. New York: Price Waterhouse, s.d.

RICKS, DAVID A., MARILYN Y. FU, and JEFFREY S. ARPAN. *International Business Blunders*. Columbus, OH: Grid, 1974.

SABATH, ANA MARIA. *International Business Etiquette: Latin America: What You Need to Know to Conduct Business Abroad with Charm and Savvy*. Franklin Lakes, NJ: Career Press, 2000.

CAPITULO 13 LA IMPORTACION Y LA EXPORTACION

CIA WORLD FACTBOOK: CUBA. Washington, D.C.: CIA, 1999.

CIA WORLD FACTBOOK: DOMINICAN REPUBLIC. Washington, D.C.: CIA, 1999.

CLARKSON, KENNETH W. *West's Business Law*. 7th ed. Cincinnati: West Educational Publishing Company, 1998.

FARMER, RICHARD N. "Procedimientos a seguir en las operaciones de exportación e importación". *Comercio internacional: Introducción al mundo de la empresa internacional*. Trad. Florencio Rodel. Bogotá: Editorial Prentice-Hall International, 1974, pp. 338–347.

FOSTER, DEAN ALLEN. *Bargaining Across Borders: How to Negotiate Business Successfully Anywhere in the World*. New York: McGraw-Hill, 1992.

FRATALOCCHI, ALDO. *Incoterms, Contratos y Comercio Exterior.* Buenos Aires: Ediciones Macchi, 1994.

SARACHECK, BERNARD. *International Business Law: A Guide for Executives, with Case Examples*. Princeton, NJ: The Darwin Press, 1994.

VARNER, IRIS, and LINDA BEAMER. *Intercultural Communication in the Global Workplace*. Chicago: Irwin, 1995.

VICTOR, DAVID A. *International Business Communication*. New York: Harper Collins, 1992.

CAPITULO 14 LAS PERSPECTIVAS PARA EL FUTURO

ABALOS, DAVID T. *Latinos in the United States*. Notre Dame: University of Notre Dame Press, 1986.

ARPAN, JEFFREY S. *International Business*. Lincolnwood, IL: VGM Career Horizons, 1989.

BRANDT, WILLY, Chairman of Independent Commission on International Development Issues. *North-South: A Program for Survival*. Cambridge, MA: MIT Press, 1986.

CARROLL, DAVID J. *Dependency and Social Mobilization in Puerto Rico: A Longitudinal Case Study.* Columbia, SC: University of South Carolina Press, 1987. (M.A. Thesis)

CELENTE, GERALD. *Trends 2000: How to Prepare for and Profit from the Changes of the 21st Century.* New York: Warner Books, 1997.

CENTRO DE INVESTIGACION PARA EL DESARROLLO, A.C. *El acuerdo de libre comercio México-Estados Unidos: Alternativas para el futuro.* México: Editorial Diana, 1991.

CIA WORLD FACTBOOK: PUERTO RICO. Washington, D.C.: CIA, 1999.

CIA WORLD FACTBOOK: UNITED STATES. Washington, D.C.: CIA, 1999.

CLINTON, WILLIAM J. *Economic Report of the President.* Washington, D.C.: U.S. Government, 1999.

CRAWFORD, JAMES. *Language Loyalties: A Source Book on the Official English Controversy.* Chicago: The University of Chicago Press, 1992.

DOWTY, ALAN. *Closed Borders: The Contemporary Assault on Freedom of Movement.* New Haven: Yale University Press, 1987.

FRIEDMAN, THOMAS L. *The Lexus and the Olive Tree: Understanding Globalization.* New York: Farrar, Straus, and Giroux, 1999.

GREENSPAN, ALAN. "Humphrey-Hawkins Report, February 23, 1999." *Monetary Report to the Congress.* Washington, D.C.: Federal Reserve Board, 1999. http://www.bog.frb.fed.us/

———. "Humphrey-Hawkins Report, July 22, 1999." *Monetary Report to the Congress.* Washington, D.C.: Federal Reserve Board, 1999.

———. "Humphrey-Hawkins Report, February 17, 2000." *Monetary Report to the Congress.* Washington, D.C.: Federal Reserve Board, 2000.

JOHNSTON, JOSEPH S., JR. *Beyond Borders: Profiles in International Education.* Washington, D.C.: Association of American Colleges and American Assembly of Collegiate Schools and Businesses, 1993.

KELLY, KEVIN. *New Rules for the New Economy: Ten Radical Strategies for a Connected World.* New York: Penguin Books, 1998.

LOGAN, JOHN E., and DAVID A. BELL. "Business Ethics and Corporate Strategy." Topics from a seminar at Pontificia Universidad Católica Madre y Maestra. Dominican Republic, 1988.

MERRITT, NANCY-JO. *Conozca las leyes de inmigración.* Scottsdale, AZ: Makai Publishing Group, 1993.

NAISSBITT, JOHN. *Global Paradox: The Bigger the World Economy, the More Powerful the Smallest Players.* New York: William Morrow & Company, 1994.

NATIONAL GOVERNORS' ASSOCIATION. *NGA Report: State Strategies for the New Economy.* Washington, D.C.: NGA, 26 February 2000. http://www.nga.org/

NOVAS, HIMILCE. *Everything You Need to Know about Latino History.* New York: Plume, 1994.

PIRAGES, DENNIS. *Global Technopolitics: The International Politics of Technology and Resources.* Pacific Grove, CA: Brooks/Cole Publishing Co., 1989.

SHORRIS, EARL. *Latinos: A Biography of the People.* New York: Avon Books, 1992.

THUROW, LESTER C. *The Future of Capitalism: How Today's Economic Forces Shape Tomorrow's World.* New York: Penguin Books, 1996.

WORLD TRADE ORGANIZATION. "El comercio mundial crece más lentamente en 1998, tras un alza de inusitadas proporciones en 1997." *Comunicado de Prensa,* 16 de abril de 1999. http://www.wto.org/wto/indexsp.htm

DICCIONARIOS

BERNARD, Y., and J. C. COLLI. *Diccionario económico y financiero.* 4ª ed. Trad. José María Suárez. Madrid: Asociación para el Progreso de la Dirección, 1985.

BLANES PRIETO, JOAQUIN. *Diccionario de términos contables, nueva edición.* México: Compañía Editorial Continental, 1994.

CHIRI, ALFREDO U. *Spanish-English, English-Spanish Dictionary of Computer Terms.* New York: Hippocrene Books, 1993.

COLL, J., M.ª, J. GELABERT, and E. MARTINELL. *Diccionario de gestos con sus giros más usuales.* Madrid: EDELSA, 1990.

CORBEIL, JEAN-CLAUDE, and ARIANE ARCHAMBAULT. *Visual Dictionary: Look Up the Word From the Picture/Find the Picture from the Word.* New York: Facts on File, 1992.

FRIEDMAN, JACK P. *Dictionary of Business Terms.* New York: Barron's, 1987.

FRYER, T. BRUCE, and HUGO J. FARIA. *Spanish for the Business Traveler.* Hauppauge, NY: Barron's Educational Series, 1994.

GALIMBERTI, JARMAN, BEATRIZ and ROY RUSSELL, eds. *The Oxford Spanish Dictionary: Spanish-English/English-Spanish.* Oxford: Oxford University Press, 1994.

GARCIA DIAZ, RAFAEL. *Diccionario técnico inglés-español.* México, D.F.: Editorial Limusa, 1985.

GORMAN, MICHAEL. *Manual of Business Spanish: A Comprehensive Language Guide.* Routledge, 1996.

HINKELMAN, EDWARD G. *Dictionary of International Trade.* San Rafael, CA: World Trade Press, 1994.

JARMAN, BEATRIZ GALIMBERTI, and ROY RUSSELL. *The Oxford Spanish Dictionary.* Oxford: Oxford University Press, 1994.

KAPLAN, STEVEN M. *English-Spanish, Spanish-English Business Dictionary: Diccionario de negocios inglés-español, español-inglés.* New York: John Wiley & Sons, 1996.

———. *English-Spanish, Spanish-English Chemistry Dictionary: Diccionario de química inglés-español, español-inglés.* New York: John Wiley & Sons, 1998.

Larousse gran diccionario español-inglés, inglés-español. México, D.F.: Ediciones Larousse, 1984.

McGraw-Hill Dictionary of Modern Economics. 3rd ed. New York: McGraw-Hill, Inc., 1983.

MENDIZABAL ALLENDE, BLANCA. *Diccionario de Informática.* 3a ed. Madrid: Ediciones Díaz de Santos, 1990.

PRAT GABALLI, P. *Diccionario de términos comerciales. Inglés. Americano. Español.* Barcelona: Editorial Hispano Europeo, 1963.

Real Academia Española. Diccionario de la lengua española. 20a ed. Madrid: Editorial Espasa-Calpe, S.A., 1984.

REYES OROZCO, CARLOS. *Spanish-English/English-Spanish Dictionary.* Oxford, England: Pergamon Press, 1986.

ROBB, LOUIS A. *Dictionary of Modern Business, Spanish-English and English-Spanish.* Washington, D.C.: Andersen Kramer Associates, 1960.

ROSENBERG, JERRY W. *Dictionary of Business and Management.* New York: John Wiley & Sons, 1978.

———. *Dictionary of International Trade.* New York: John Wiley & Sons, Inc., 1994.

SMITH, COLIN. *Collins Spanish-English, English-Spanish Dictionary.* 3rd ed. New York: Harper-Collins, 1992.

SUAREZ SUAREZ, ANDRES S. ET AL. *Diccionario económico de la empresa.* 2a ed. Madrid: Pirámide, 1979.

TAMAMES, RAMON. *Diccionario de Economía.* 4a ed. Madrid: Alianza Editorial, S.A., 1989.

———. *Diccionario de economía y finanzas.* 3rd ed. Madrid: Díaz de Santos, 1996.

URRUTIA RAOLA, MANUEL. *Diccionario de negocios: Contabilidad, administración, finanzas, economía y mercadotecnia.* México: Editorial Limusa, 1991.

WILLIAMS, EDWIN B. *Williams: Diccionario Español-Inglés/Inglés-Español.* 2a ed. México: McGraw-Hill, 1993. [Sección central: Vocabularios temáticos bilingües]

ZORRILLA ARENA, SANTIAGO, and JOSE SILVESTRE MENDEZ. *Diccionario de Economía.* Balderas, México: Editorial Limusa, 1996.

FOREIGN LANGUAGES AND CAREERS

ARNOLD, EDWIN, and THEODORE HUEBNER. *Foreign Language Careers.* Lincolnwood, IL: NTC Publishing Group, 1995.

ARPAN, JEFFREY S. *Opportunities in International Business Careers.* Lincolnwood, IL: NTC Publishing Group, 1993.

BOURGOIN, EDWARD. *Foreign Languages and Your Career.* 4th ed. Guildford, CT: Jeffrey Norton, 1993.

CERE, RONALD. *AATSP Career Education Handbook.* Ypsilanti, MI: American Association of Teachers of Spanish and Portuguese, 1999–2000.

DE GALAN, JULIE, and STEPHEN LAMBERT. *Great Jobs for Foreign Language Majors.* Lincolnwood, IL: VGM Career Horizons, 1996.

EDWARDS, E. W. *Exploring Careers Using Foreign Languages.* Rev. ed. New York: Rosen Publishing Group, 1990.

EICHENMEIER, STEVEN H. *Career and Life Planning: A Developmental Approach.* 2nd ed. Dubuque, IA: Kendall Hall Publishing, 1993.

GERARD, PAM, ed. *Guide to Careers in World Affairs.* 3rd ed. Manassas, VA: Impact Publishers, 1993.

HECKLINGER, FRED, and BERNADETTE BLACK. *Training for Life: A Practical Guide to Career and Life Planning.* Dubuque, IA: Kendall-Hunt, 1996.

KOCHER, ERIC. *International Jobs: Where They Are and How to Get There.* 5th ed. Reading, MA: Addison-Wesley, 1997.

LAMBERT, RICHARD D., and SARAH JANE MOORE. *Foreign Languages in the Workplace* (Vol. 511, September 1990 special volume of the *Annals of Political and Social Science*). Newbury Park, CA: Sage Publications, 1990.

RIVERS, WILGA M. *Opportunities in Foreign Language Careers.* Lincolnwood, IL: NTC Publishing Group, 1994.

SEELYE, H. NED, and J. LAURENCE DAY. *Careers for Foreign Language Aficionados and Other Multilingual Types.* Lincolnwood, IL: NTC Publishing Group, 1995.

SHORTO, RUSSELL. *Careers for Foreign Language Experts.* Bookfield, CT: Millbrook Press, Inc., 1992.

VOCABULARIO

ESPAÑOL-INGLES

A

a base de *on the basis of*
a bordo *on board*
a corto (largo, medio) plazo *in the short (long, medium) term or run*
a plazo fijo *fixed term*
abarcar *to emcompass, include*
abastecedor/a *supplier*
abastecer *to supply*
abogar (por) *to defend*
abonar *to pay*
abono *fertilizer*
abrochador (*m*) *stapler*
aburguesamiento *adoption of a bourgeois way of life*
aburguesar(se) *to become bourgeois*
acción *share, stock*
___ común *common stock*
___ cotizada en menos de un dólar *penny stock*
___ ordinaria *common stock*
___ preferente *preferred stock*
___ preferida *preferred stock*
___ prioritaria *preferred stock*
___ privilegiada *preferred stock*
accionista (*m/f*) *shareholder, stockholder*
aceite (*m*) *oil*
___ crudo *crude oil*
___ de oliva *olive oil*
___ liviano *light oil*
___ pesado *heavy oil*
aceituna *olive*
acero *steel*
acertado *right, correct*
aclararse la garganta *to clear one's throat*
acomodar *to accommodate*
aconsejar *to advise*
acordar (ue) *to agree*
acoso sexual *sexual harassment*
acreedor/a *creditor*
activo *asset, assets*
___ circulante *current asset(s)*
actualidad *present day*
acudir *to go, arrive*
Acuerdo General sobre Aranceles y Comercio *General Agreement on Tariffs and Trade*
adiestramiento *training*
adiestrar *to train*
adjudicación de beneficios *awarding of percentage of investment earnings*
administración *administration, management*
___ del riesgo *risk management*
___ por objetivos *Management by Objectives*
administrador/a *manager*
aduana *customs*
aduanero (*adj*) *customs*
ad valorem *value added*
aeródromo *airfield*
aeroespacio *aerospace*
afán (*m*) *toil*
afanar(se) *to toil*

afín (*adj*) *related*
agencia de publicidad (publicitaria) *advertising agency*
agente *agent*
____ de subasta (*m/f*) *auction agent*
____ de ventas *sales agent*
____ expedidor *freight forwarder*
agitación política *political unrest*
agotamiento *depletion*
agotar *to deplete*
agravarse *to get serious*
agrícola (*adj, f form invariable*) *agricultural*
agropecuario (*adj*) *related to farming and livestock raising*
aguantar *to bear, put up with*
aguinaldo *Christmas bonus*
ahijado/a *godchild*
ahorrar *to save*
ahorro-depósito *savings deposit*
ahorros *savings*
ahuyentar *to chase away*
aislamiento *isolation*
al contado *in cash*
al par de *equal to*
alabar *to praise*
alcancía *piggy bank*
algodón (*m*) *cotton*
alimento *food, foodstuff*
___ enlatado *canned food*
almacén (*m*) *store, warehouse*
___ general *general store, department store*
almacenaje (*m*) *storage*
almacenamiento *storage*
almacenar *to store*
almacenes generales *department store*
alojamiento *lodging*
alquilar *to rent*
alquiler (*m*) *rent*
altibajos *ups and downs (of fortune)*
altiplanicie (*f*) *high plateau*
alto mando *upper management*
ambiente (*m*) *environment (surroundings)*
ámbito *field, area*
amortización *amortization, paying off*
amiguismo *old boys club*
amparar *to protect, cover, shelter*
analfabetismo *illiteracy*
análisis de costo-beneficio (*m*) *cost-benefit analysis*
anfitrión/a *host/hostess*
anticipado: por ___ *in advance*
anticuado *obsolete*
antimonio *antimony*
anuncio *advertisement*
aparato electrodoméstico *household electrical appliance*
aplazar *to postpone*
aportación *contribution*
aportar *to contribute, furnish*
___ fondos *to finance*
aprendizaje de toda la vida (*m*) *life-long learning*
apresurarse *to hasten*
apretón (*m*) *grasp, squeeze*
apunte (*m*) *note*
apurado *hard pressed, difficult*
apuro *difficulty*
arancel (*m*) *tariff, duty*
___ aduanero *customs duty*
arancelario *tariff-related*
árbitro (*m*) *arbiter*
arcilla *clay*
archivar *to file*
archivo *filing cabinet*
arena *sand*
arreglo *arrangement, agreement*
arrendador/a *renter, lessor, landlord/lady*
arrendamiento *lease, rent*
arrendar *to lease, rent*
arrendatario/a *lessee, tenant*
arriendo *lease*
arriesgar *to risk*
artículos de primera necesidad *basic commodities or necessities*
ascenso *promotion*
asegurar *to insure*
asentar (ie) *to note, enter*
asequible *accesible*
asesor/a *consultant, advisor*
___ financiero *financial planner*
asesoramiento *advising*

asiento *entry*
asignar *to assign*
asignatura *assignment, subject*
asistente de práctica (*m/f*) *student intern*
asunto *theme, subject*
atender (ie) *to wait on, help*
atento *kind*
aterrizaje *landing (plane)*
auditoría *auditing*
auge: estar en ___ *to be on the rise*
aumentar *to increase*
aumento *salary raise*
auricular (*m*) *telephone receiver*
ausentismo *absenteeism*
autóctono/a *native*
autofinanciación *self-financing*
autómata (*m*) *robot*
automatización *automation*
automatizar *to automate*
automotriz (*adj*) *automobile*
autonomía *autonomy*
autopista de peaje *toll road*
autoservicio *self-service*
autosuficiencia *self-sufficiency*
autosuficiente *self-sufficient*
auxilio de cesantía *severance indemnity*
avería *damage, breakdown*
averiado *damaged, broken down*
averiguar *to ascertain*
ayudante (*m/f*) *assistant*
ayuntamiento *town council, town hall*
azúcar (*m/f*) *sugar*
___ crudo/a *raw sugar*
azufre (*m*) *sulfur*

B

bajo mando *first-line management*
balance *balance*
___ de comprobación (*m*) *trial balance*
___ general *balance sheet*
balanza *balance*
___ comercial *balance of trade*
___ de pagos *balance of payments*
banca *banking (the banking industry)*
bancario/a *bank employee;* (*adj*) *banking*
banco *bank*
___ avisador *advising or notifying bank*
___ emisor *issuing bank, bank of issue*
banquero/a *banker*
barbarie (*f*) *barbarism*
barcaza *barge*
barrera *barrier*
barril (*m*) *barrel*
bebida *beverage*
beca de matrícula *tuition scholarship*
beneficiario/a *beneficiary*
beneficio (*adj*) *profit, benefit*
benéfico *charitable*
bienes (*m*) *goods*
___ acabados *finished goods*
___ de abastecimiento *supplies*
___ de capital *capital goods*
___ de consumo *consumer goods*
___ de equipo *capital goods*
___ duraderos *durable goods*
___ especiales o de lujo *specialty or luxury goods*
___ industriales *industrial goods*
___ inmuebles *real estate*
___ muebles *goods*
___ raíces *real estate*
___ semiacabados *unfinished goods*
bienestar (*m*) *well-being*
billete de banco (*m*) *bank note*
boicot (*m*) *boycott*
boleta *slip*
___ de depósito *deposit slip*
___ de retiro *withdrawal slip*
bolsa *exchange (stock, commodities, futures)*
___ alcista *bull market, rising market*
___ bajista *bear market, falling market*
___ de comercio *stock exchange, stock market*
___ de valores *stock exchange, securities exchange*
bombero *firefighter*
bonaerense (*s, adj*) *pertaining to Buenos Aires; resident of that city*
bono *bond*
___ Brady *Brady bonds, pertains to restructuring Latin American debt*
___ de ahorro *savings bond*

___ del estado *government bond, treasury bond*
___ de sociedad anónima (de corporación) *corporate bond*
bosque (*m*) *forest*
brazos en jarras *with arms akimbo*
brecha *gap*
bregar *to struggle*
brindar *to offer (a toast, etc.)*
bruto *gross*
buenos modales *good manners, courtesy, politeness*
buey (*m*) *ox*
bufé de ensaladas *salad bar*
bufete (*m*) *lawyer's office*
buque de transporte (*m*) *transport ship*
bursátil (*adj*) *relating to stock exchange or securities market*

C

cabildero (*m*) *lobbyist*
cabildo *town council*
cabotaje (*m*) *coastal traffic, cabotage*
___ de petroleros *oil cabotage*
cabra *goat*
cacahuete (*m*) *peanut*
cacao *cocoa, chocolate*
caciquismo *political bossism*
cadena *chain*
cafetera *coffee machine*
caja *cash register, box*
___ de ahorros *savings bank, savings and loan*
___ de seguridad *safety deposit box*
___ fuerte *safe*
cajero/a *cashier*
cajón (*m*) *drawer*
calculadora *calculator*
caléndula *pot marigold*
calidad *quality*
caliza *limestone*
calzado *footwear*
cámara de comercio *chamber of commerce*
camarón (*m*) *shrimp*
cambio *exchange*
___ de divisas *exchange rate*
___ negro *black market exchange*
camión (*m*) *truck, bus*
camioneta *van, pickup truck*
camisa de fuerza *straight jacket*
campaña *campaign*
cancelarse *to pay, settle*
cantidad *quantity*
caña de azúcar *sugar cane*
caolín (*m*) *kaolin*
capacidad para competir *competitiveness*
capacitación *training*
capacitar *to train*
capataz (*m*) *foreman*
capital (*m*) *capital*
___ social *capital stock*
___ y reservas (o patrimonio) *owner's equity*
capitalización *capitalization*
carbón (*m*) *coal*
cardamomo *cardamom (plant)*
carecer *to lack*
carga *cargo, load, tax*
___ social *social burden*
cargador/a *loader*
cargo *job, post, position*
carne de res (*f*) *beef*
cárnico *related to meat*
carpeta *folder*
carrera *career*
carretera *highway*
carretilla *handcart (used by street vendors)*
carta *letter*
carta de crédito *letter of credit*
___ irrevocable *irrevocable letter of credit*
___ irrevocable y confirmada *confirmed irrevocable letter of credit*
___ revocable *revocable letter of credit*
carta de pedido *order*
carta de porte (terrestre) *freight bill, railway bill, bill of lading*
cartelera *billboard*
cartera de acciones *stock portfolio*
___ morosa *default*
casa matriz *home or main office*
casero/a (*adj*) *home*
catálogo *catalog*
caucho *rubber*

caudal (*m*) *wealth*
caudillo *absolute leader*
caudillismo *bossism*
cava *champagne*
Cayo Hueso *Key West (Florida)*
cazador de cabezas *head hunter (jobs)*
___ de cerebros *head hunter (jobs)*
___ de talentos *head hunter (jobs)*
cebolla *onion*
cemento *cement*
censo *census*
centavo *cent*
centro comercial *shopping center*
cera *wax*
cerdo *pig, pork*
certificado de origen *proof of origin*
___ de sanidad *health certificate*
cesión registrada *recorded transfer of securities*
chanchito *piggy bank*
chantaje (*m*) *blackmail*
chaqueta vaquero *cowboy jacket, denim jacket*
chascar la lengua *to click one's tongue*
cheque (*m*) *check*
___ al portador *check to the bearer*
___ bancario *bank check, cashier's check*
___ de administración *cashier's check*
___ en descubierto (sin fondos) *overdrawn check (NSF: insufficient funds)*
___ nominativo *check made out to a designated payee*
chisme (*m*) *gossip*
chismear *to gossip*
chocar *to crash, clash*
cianuro *cyanide*
cierre (*m*) *shut-down*
___ de la casa *closing on a house*
cifra *number, figure, code*
cigarrillo *cigarette*
cinc (*m*) *zinc*
circulante (*adj*) *current*
circular (*f*) *form letter*
cita *appointment*
ciudadano/a *citizen*
clave (*f*) *key, important element*
cobertura *coverage*
cobranza *collection*
cobrar *to charge, collect, cash*
cobre (*m*) *copper*
cobro *collection of money*
___ revertido *reverse charges*
código *code (i.e., of laws)*
___ postal *zip code*
colgar (ue) *to hang up*
colocación *placement*
comercialización *marketing, selling*
comercializar *to commercialize, market, sell*
comerciante (*m/f*) *merchant*
___ al por mayor *wholesaler*
___ al por menor *retailer*
comerciar *to trade*
comercio *business, commerce, trade*
comestible (*m*) *food*
comisaría *territory governed by a commissioner*
comisión *commission*
comisionista (*m/f*) *commission merchant or agent*
compadrazgo *relationship of being a godparent*
compañerismo *companionship*
comparecer *to appear, make an appearance (e.g., in court)*
competencia *competition*
competencia encarnizada *cut-throat competition*
competidor/a *competitor*
competir (i) *to compete*
compra *buying, purchasing*
___ de inventario *purchase of inventory*
___ especulativa *speculative buying*
___ futura *forward buying*
___ inmediata *hand-to-hand buying*
___ por contrato *contract buying*
___ por cotización sellada *auction buying (sealed bid)*
___ recíproca *reciprocal buying*
comprador/a *buyer*
compraventa *buying and selling*
comprometerse *to get involved, to be committed*

computador/a *computer*
comunicación sumergida *gossip*
comunitario *community, communal*
con esmero *carefully*
con qué vivir *wherewithall*
conceder *to grant*
concertar (ie) una cita *to make an appointment*
concesión *franchise*
consciencia transcultural *cross-cultural awareness*
conciliador/a *conciliator*
conducta en la compra *buying behavior*
confección *manufacturing*
conferencia *lecture, conference*
confiable *trustworthy*
confiar (en) *to trust*
confluencia *confluence, merging*
conjunto (*adj*) *joint*
Cono Sur *Southern Cone (region which comprises Chile, Argentina, Uruguay, Paraguay, and the southern part of Brazil)*
conocidos *acquaintances*
conocimiento de embarque *bill of lading*
consejero/a *adviser*
consentimiento *consent*
conserje (*m*) *janitor*
consorcio *consortium*
constar de *to be composed of, consist of*
consuelo *consolation*
consulado *consulate*
consultor/a *consultant*
consumidor/a *consumer*
___ presunto/a *potential customer*
consumo *consumption*
contabilidad *accounting*
___ de costos *cost accounting*
___ de gestión *managerial accounting*
___ de impuestos *tax accounting*
___ de presupuestos *budget accounting*
___ de sistemas *systems accounting*
___ financiera *financial accounting*
___ fiscal *tax accounting*
___ general *general accounting*
contable (*m/f*) *accountant*
___ fiscal *tax accountant, government accountant*
___ público titulado *certified public accountant*
contador/a (*adj/n*) *accountant*
contaduría (*s*) *accounting*
contestador automático *answering machine*
contingente (*m*) *import quota*
contraer *to incur, enter into an obligation*
contralor/a *comptroller*
contrapeso *counterweight, counterbalance*
contraponerse *to oppose, go against*
contratación *hiring*
contratante (*m/f*) *party entering into a contract*
contratar *to hire*
contratiempo *setback, difficulty*
contrato *contract*
control de calidad *quality control*
___ de equipo *equipment control*
___ de fabricación *production control*
___ de flujo *flow control*
___ de inventario *inventory control*
___ de materiales *materials control*
___ de orden *order control*
___ de riesgo *risk management*
controlar *to monitor, control*
convenio *agreement*
convenir (ie) *to enter into an agreement; to suit*
conversión (capitalización) de deuda *debt-equity swaps*
coque (*m*) *coke (form of coal)*
corredor/a *broker*
___ de acciones (de bolsa) *stockbroker*
___ de bienes raíces *real-estate broker*
correo *mail*
___ auditivo *voice mail*
___ electrónico *E-mail*
corretaje (*m*) *broker's commission*
corsario corporativo *corporate raider*
corto plazo *short term*
cosechar *to harvest*
costo *cost*
___ beneficio *cost-benefit*
___ de ventas *cost of goods sold*

___ fijo *fixed cost*
___ seguro y flete *cost, insurance, and freight (CIF)*
___ variable *variable cost*
___ y flete *cost and freight (CFR)*
cotidiano/a (*adj*) *daily*
cotización de precios *price quote*
cotizar *to quote (a price)*
coyuntura *path, trajectory, situation*
creciente (*adj*) *increasing, growing*
crecimiento *growth*
crediticio (*adj*) *credit*
crédito comercial *commercial credit*
criar *to raise (e.g., livestock)*
crisol (*m*) *melting pot*
Cuenca del Caribe *Caribbean Basin*
cuenta *account, bill*
___ conjunta *joint account*
___ corriente *checking account*
___ de ahorros *savings account*
___ de anticipos *advance account*
___ de luz *light bill*
___ de teléfono *telephone bill*
___ mancomunada *joint account*
___ por cobrar *account receivable*
___ por pagar *account payable*
cuentacorrentista (*m/f*) *current account holder*
cuentahabiente (*m/f*) *current account holder*
cuentas de luz y teléfono *electric and telephone bills*
cuero *leather*
cultivable *cultivatable, arable*
cultivo *crop*
cumplidor/a *dependable, reliable*
cumplimiento *fulfillment*
___ del potencial *fulfillment of potential*
cuñado *brother-in-law*
cuota *quota, premium*
cupo *quota, capacity*
curriculum vitae (*m*) *vita, résumé*
custodia *safekeeping, preservation*
custodiar *to keep, take care of*

D

dañino *harmful*
daños *damages*
dato *fact, piece of information, datum*
de antemano *beforehand*
de categoría (*adj*) *quality, luxury*
de costado *on one's side, sideways*
de entrada *from the outset, from the beginning*
de gran volumen *bulky, bulk*
debe (*m*) *debt, debit, liability*
débito *debit*
decenio *decade, ten-year*
decisión obligatoria *binding decision*
declaración de aduana *customs declaration*
___ de exportación *export declaration*
___ de importación *import declaration*
___ de impuestos *income tax return*
declararse en huelga *to (go on) strike*
defectuoso *defective*
déficit (*m*) *deficit*
dejarse vencer *to give up*
demandar *to sue*
demodado *outdated*
demografía *demography, demographics*
demora *delay*
denominación *guarantee of origin or quality of wine; denomination (money)*
depositante (*m/f*) *depositor*
depositar *to deposit*
depósito a la demanda *demand deposit*
___ a la vista *demand deposit, sight deposit*
___ a plazo fijo *time deposit*
depreciación *depreciation*
___ lineal *straight-line depreciation*
derechista (*m/f*) *rightist*
derecho *right, law*
___ arancelario *customs duty*
___ de patente *patent royalty*
___ del autor *author royalties*
___ mercantil *business law*
derecho *ad valorem* sobre importaciones *tax on value of imports*

deregulación *deregulation*
derrame de aceite (de petróleo) (*m*) *oil spill*
derribar *overthrow*
derrumbar *to tear down, demolish*
desamortización *disentailment*
desarrollado *developed*
desarrollar *to develop*
desarrollo *development*
descenso *decline*
descuento *discount*
___ por promoción *promotion allowance*
___ por pronto pago (presto pago) *discount for prompt payment*
___ sobre cantidad *volume discount*
desecho tóxico *toxic waste*
desembolsar *to disburse, expend*
desempeñar *to perform, carry out*
desempeño *performance, fulfillment, a carrying out of (duties)*
desempleo *unemployment*
desfalcar *to embezzle*
desgastar(se) *to wear out, deplete*
desgaste (*m*) *deterioration, damage, depletion*
desigualdad *inequity*
desocupación *unemployment*
despachar *to finish, send*
despedir (i) *to fire, to dismiss*
despegue (*m*) *take-off (plane)*
desperdicio *waste*
despistado *confused, disoriented, clueless*
despoblación forestal *deforestation*
destacar *to stand out, highlight, emphasize*
destreza *skill*
desventaja *disadvantage*
desviar *to divert*
detallista (*m/f*) *retailer*
___ sin almacén *nonstore retailer*
deuda *debt*
deudas gemelas *twin deficits*
deudor/a (*adj/n*) *debtor, debit-related*
devaluación *devaluation*
devengar *to yield, earn (interest)*
devolución *repayment, refund, allowance*
diamante (*m*) *diamond*
diario *book of original entry, general journal*
dicho *saying, proverb, adage*
diferido (*adj*) *deferred*
dinero *money*
dirección *management, board of directors, direction*
directiva *guideline*
directivo (*n*) *director, board member;* (*adj*) *managerial*
director/a de personal *personnel director*
discado activado por voz *voice-activated dialing*
diseño *design*
disponible *available*
disponibilidad *availability*
dividendo *dividend*
___ diferido *deferred dividend*
divisa *foreign currency*
documentación *documentation, papers*
documento *document, note*
___ de embarque *shipping document*
___ por pagar *note payable*
dolarización *adoption of the dollar*
don de gentes (*m*) *ability to get along with people*
donativo *donation*
dos tercios *two-thirds*
drenaje (*m*) *drainage*
dueño/a *owner*
duplicado/a *counter part*
durazno *peach*

E

economía *economy, economics*
___ informal *underground economy*
___ política *political economy*
economías de escala *economies of scale*
ecuación *equation*
edificio *building*
educación *manners, upbringing, schooling, education (in Latin America)*

efectivo *cash*
efecto *document, note, paper*
efectos comerciales *commercial papers, documents*
___ a cobrar *notes receivable*
___ a pagar *notes payable*
___ de escritorio *desk set, stationery*
efectuar *to bring about*
eficacia *effectiveness*
egreso *expenditure, outlay, disbursement*
eje (*m*) *axis*
ejecución del trabajo *performance*
ejercer (una profesión) *to practice (a profession)*
ejercicio *accounting period*
elaboración *manufacturing, processing*
elaborar *to manufacture, process*
embajada *embassy*
embalaje (*m*) *packing, packaging*
embarazo *pregnancy*
embarcar *to ship*
embarque (*m*) *shipment*
emigración *emigration*
emisión de acciones (de valores) *issue of a security, stock, or bond; equity financing*
emisor/a *sender*
emitir *to issue*
empeñarse en *to persist in*
empleado/a *worker, employee*
emplear *to hire, employ*
emprender *to undertake, begin, do*
empresa *business, company, firm, going concern*
___ colectiva *partnership*
___ de colocación (de empleo) *job placement agency*
___ estatal *state-controlled company*
___ individual *sole proprietorship*
___ mediana *mid-size company*
___ mercantil *commercial company*
___ mixta *company controlled by government and private enterprise*
___ naviera *shipping company*
___ pequeña *small business*
___ privada *private company*
___ productora *manufacturer*
___ pública *public company*
empresarial *managerial, company*
empresario/a *employer, manager*
empréstito *loan*
en descubierto *insufficient funds (checking account)*
en efectivo *cash*
en existencia *in stock*
en líquido *in cash*
en torno a *around which, about which*
en ultramar *abroad, overseas*
en vías de desarrollo *developing (nation)*
enajenador *alienating*
encaminar *to lead to*
encargarse de *to take charge of*
encargo *order (commercial)*
encuesta *survey*
enchufe (*m*) *"pull," influence, plug, electrical outlet*
endeudado (*adj*) *indebted*
endeudamiento *indebtedness*
endosante (*m/f*) *endorser*
endosar *to endorse*
endosatario/a *endorsee*
engrapador/a *stapler*
engrapamiento *stapling*
enjuiciar *to indict*
enlace (*m*) *connection*
enlatado *canned*
ensamblaje (*m*) *assembly*
ensamblar *to assemble*
ensamble (*m*) *assembly*
ensayo *test, trial*
enseres (*m*) *tools, equipment*
entablar *to establish, begin, strike up (a conversation)*
enterarse de *to find out about*
entidad *entity, company*
entrega *delivery*
___ de bachillerato *high school graduation*
entrevista *interview*
entrevistador/a *interviewer*
entrevistar *to interview*
enumerar *to list*
envío *shipment*
equilibrio *balance*

equipo *equipment, team*
___ de almacén *equipment for the store*
equitativo *equitable*
escala *scale*
escalera automática *escalator*
escáner *scanner (documents)*
escaparate (*m*) *showcase*
escasez (*f*) *scarcity, shortage*
Escritura Pública *Public Record*
esmeralda *emerald*
espacial *spatial, space-related*
espato flúor, fluorita *fluorite*
esquematización *diagram*
esquirol (*m*) *strike breaker, scab*
estabilidad *stability*
estación de trabajo *work station*
estadística *statistic(s)*
estado *statement, status*
___ civil *marital status*
___ contable *accounting statement*
___ de cuenta *statement of account*
___ de flujo de caja *cash flow statement*
___ de ganancias retenidas *statement of retained earnings*
___ de pérdidas y ganancias *profit and loss statement*
___ de posición (de condición) financiera *balance sheet*
___ de sitio *state of siege*
___ financiero *financial statement*
___ libre asociado *commonwealth*
___ soberano *sovereign state*
estadounidense (*adj*) *American, United States; (n) United States citizen, American*
estancarse *to become stagnant*
estancia *stay*
estándar (*m*) *standard*
estante (*m*) *bookshelf, rack*
estaño *tin*
estar al tanto *to be up to date*
estar de moda *to be in fashion*
estatal (*adj*) *government-run, state-owned*
estética laboral *work aesthetic, attractiveness of work environment*
estraperlo *black market*
estrategia *strategy*
estrecho *close, narrow*
estructuración de precios *pricing*
etapa *step, stage*
ética laboral *work ethic*
etiqueta *tag, label*
excedente (*m*) *surplus*
exención *exemption*
existencia *stock, inventory*
éxito *success*
expatriado/a *expatriate*
expectativa *expectation*
expediente personal (*m*) *résumé*
expedir (i) *to send*
experimentar *to experience*
exportación *export, exporting*
exportador/a *exporter*
exportar *to export*
exposición *exhibit*
extranjero/a *foreigner; (adj) foreign*

F

fábrica *factory*
fabricación *manufacturing*
fabricante (*m/f*) *manufacturer*
fabricar *to make, manufacture, produce*
factible *feasible*
factura *invoice*
___ consular *consular invoice*
___ proforma *pro forma invoice*
facturación *billing*
faena *task, chore*
fallecer *to die*
falta garrafal *blunder, howler, horrendous mistake*
fastidiarse *to become annoyed, get fed up*
fax (*m*) *fax, facsimile machine*
fecha *date*
___ de entrega *delivery date*
___ de vencimiento *due or maturity date*
Fed (*f*) *Federal Reserve Bank (U.S.)*
feria comercial *trade fair*
ferretero/a *hardware dealer*
ferrocarril (*m*) *railroad*
ferroso *iron-related*

ferroviario *related to the railroad*
fiabilidad *reliability*
fiable *reliable*
fianza *downpayment, deposit*
fiarse *to trust*
fibra óptica *fiber optics*
ficha *index card*
fidelidad *faithfulness, loyalty*
fijar *to fix, set*
fijo *fixed*
filial (*f*) *subsidiary*
financiación *financing*
___ externa *external financing*
___ por medio de obligaciones *debt financing*
financiamiento *financing*
financiar *to finance*
financiero *financial*
finanzas *finance*
firmar *to sign*
fletador/a *freighter, charterer, shipper, transporter*
___ aéreo *air shipper*
___ fluvial *inland water shipper*
___ marítimo *maritime or sea shipper*
fletamento (fletamiento) *freight (cargo or price of shipment)*
fletante (*m/f*) *charterer, affreighter, owner of a transport*
fletar *to charter, hire*
flete (*m*) *freight, freightage, transportation charge, cargo*
___ (pagado hasta el) punto de destino *FOB delivered*
flojo *weak*
flor (*f*) *flower*
flujo *flow*
___ de efectivo *cash flow*
fluvial (*adj*) *fluvial, river-related*
folleto *pamphlet*
fomentar *to foster, encourage, promote*
fomento *development, promotion*
___ de ventas *sales promotion*
fondo *fund*
Fondo Monetario Internacional (FMI) *International Monetary Fund (IMF)*
formación *formation, education*
formulario *printed form, slip (of paper)*
formulismo *formulism, tokenism*
fotocopiadora *photocopier, copy machine*
fracaso *failure*
franco a bordo *free on board (FOB)*
franco al costado del buque *free alongside ship (FAS)*
franquicia *franchise*
frénetico *frantic, wild*
frigorífico *meat-packing plant*
frijol (*m*) *bean, kidney bean*
fruncir *to contort*
___ el ceño *to frown*
fruta *fruit*
fuente (*f*) *source*
fuerza laboral *work force*
funcionario/a *staff member, employee, office worker, official*
fusión de empresas *merger*
fusionar *to merge*

G

gabarra *barge*
gama *spectrum, range*
ganadería *cattle raising*
ganado mayor *cattle, horses, mules (large-hoof animals)*
___ menor *sheep, goats, pigs (small-hoof animals)*
ganancias *earning, income, profit*
___ retenidas *retained earnings*
ganar *to earn*
ganarse la vida *to earn a living*
garantía subsidiaria (prendaria/de colateral) *collateral guaranty or security*
gastar *to spend*
gasto *expense*
gastos de administración *administrative expenses*
___ de operación *operating expenses*
___ de tramitación *handling charges*
___ pagados por anticipado *prepaid expenses*
___ prepagados *prepaid expenses*

gauchesco *related to gauchos (Argentine cowboys)*
género *good, merchandise*
gerencia *management*
gerencial *managerial*
gerente (*m/f*) *manager*
___ de compras *purchasing manager or director*
gestión *step, measure, management*
___ productora *production management*
gesto *gesture*
gestor/a *manager, business representative*
girado/a *drawee*
girador/a *drawer of check or draft*
girar *to draw or issue*
giro *draft*
___ a la vista *sight draft*
___ a plazo *time draft*
goma elástica *rubber band*
gráfico (*n*) *graphic*
gran almacén *department store*
granel: a ___ *in large volume, quantity, bulk*
granjero/a *farmer*
grano *grain*
grapa *staple*
grapador/a *stapler*
gratuito *free*
grava *gravel*
grupo colectivo *bargaining group*
guía (*m/f*) *guide, guide book*
___ aérea *air waybill*
guiar *to guide*
guisante (*m*) *pea*

H

haber (*m*) *credit, assets*
habilidad *skill, ability*
___ interpersonal *interpersonal skill, people skill*
hacendado/a *landowner*
hacer constar *to point out, indicate*
___ clic (en) *to click (on) (computer)*
___ cumplir *to enforce*
___ frente a *to face*
___ gestiones *to take steps or measures*
hacienda *property, fortune, possessions*
harina *flour*
___ de pescado *fishmeal*
herida *wound*
herramienta *tool*
hierro *iron*
hilo *gist, thread*
hiperinflación *hyperinflation*
hipotecario (*adj*) *mortgage-related*
hispanohablante *Spanish-speaking*
hogareño (*adj*) *home*
hoja de cálculo *spread sheet*
___ de ruta *route sheet, way bill*
homólogo *counterpart*
honorario *fee*
horario *schedule*
horas extra(s) (adicionales) *overtime*
hortaliza *vegetable*
hostelería *hotel business management*
hucha *money box, piggy bank*
huelga *strike*
___ patronal *lockout*
huelguista (*m/f*) *striker*
huída *flight*
hundir *to sink*
hurto *robbery, stolen goods, pilferage*

I

identificación de llamadas *caller I.D.*
idóneo *suitable, competent*
igualar *to equal*
ilimitado *unlimited*
impacientarse *to become impatient*
impedir (i) *to prevent, impede*
imponer *to impose*
importación *import, importing*
importador/a *importer*
importar *to import*
importe (*m*) *amount, price, cost*
impositivo *tax-related*
imprescindible *indispensable*
impreso *printed matter*
impresora *printer*

___ de inyectador o chorro de tinta *ink-jet printer*
___ de laser *laser printer*
imprevisto *unforeseen*
impuesto *tax*
___ sobre el valor añadido (IVA) *value-added tax (VAT)*
___ sobre la renta personal *personal income tax*
impulsar *to encourage*
incambiable *unchangeable*
incendio *fire*
incentivo *incentive*
incrementar *to increase*
inculcar *to instill*
indemnización por antigüedad *indemnity for years of service*
___ por despido *severance pay*
indemnizar *to compensate*
indicación *note, instrucción*
índice (*m*) *rate*
___ de crecimiento *growth rate*
___ de natalidad *birth rate*
___ de paro *unemployment rate*
indocumentado/a *illegal allien*
indumentaria *clothing, dress*
industria *industry*
___ transformadora *conversion industry*
inflación *inflation*
informático (*adj*) *related to computers;* (*m/f*) *computer science*
informe (*m*) *report*
infotecnología *infotechnology*
ingeniería *engineering*
ingeniero/a *engineer*
ingreso *income, revenue*
___ neto *net income*
Iniciativa de la Cuenca del Caribe *Caribbean Basin Initiative*
inmueble (*m*) *real estate; a building*
inquilino/a *tenant*
inscribirse en *to register, to enroll in*
inscrito *inscribed, written*
Instituto de Fomento Industrial *Institute for Industrial Development*
integrar *to integrate*
internet (*m*) *internet, information superhighway*
intereses periódicos acumulados *periodic accrued interest*
intermediario/a *intermediary, middleman*
intérprete (*m/f*) *interpreter*
interventor/a *comptroller, auditor*
inventario *inventory*
inversión *investment*
inversionista (*m/f*) *investor;* (*adj*) *investment, investing*
inversor/a *investor*
invertir (ie) *to invest*
investigación y desarrollo *research and development*
ir al grano *to get down to business*
Islas Antillas *West Indies, Antilles*
izquierdista (*m/f*) *leftist (politics)*

J

jactarse *to boast*
jefe/a de mercado *market manager*
jerga *jargon*
jornada *day's work*
jornal (*m*) *day's wages*
joyería *jewelry store*
jubilación *retirement*
jubilar *to retire*
juego de colores *color combination*
juicio por faltas *grievance procedure*
junta directiva (de directores / de consejo directivo) *board of directors*
jurídico *juridical, legal*

L

laboral (*adj*) *work-related*
labrador/a *farm worker, farmer*
lana *wool*
lanzamiento *launching*
lanzar *to launch*
largo plazo *long term*
lastimar *to injure, hurt*

latifundio *large landed estate*
laudo *decision, finding*
lavado de dinero *money laundering*
lavadora *washing machine*
lazo *tie*
lealtad *loyalty*
legislatura *legislature*
lejano *far, faraway*
lema (*m*) *slogan, motto*
lencerías *linens*
lenguaje (*m*) *language style or jargon*
lentitud (*f*) *slowness*
leña *wood*
letra de cambio *bill of exchange*
___ por pagar *note payable*
letrero *sign*
___ luminoso (de neón) *neon sign*
levantar el censo *to take the census*
Lexus *Japanese automobile firm, symbol for international free trade movement*
ley arancelaria *custom law*
___ mercantil *business law*
librado/a *drawee*
librador/a *drawer*
librar *to draw or issue*
libre *free*
___ a bordo *free on board (FOB)*
___ al costado del buque *free alongside ship (FAS)*
___ comercio *free trade*
libro mayor *ledger*
licencia *license, licensing*
___ de exportación *export permit*
___ de importación *import permit*
licenciado/a *licensed*
licenciar *to license*
líder (*m*) *leader*
liderazgo *leadership*
liga *rubber band*
lignito *lignite*
limitado *limited*
línea de crédito *line of credit*
___ ensamble *assembly line*
___ de montaje *assembly line*
liquidación *liquidation, dissolution*
liquidar *to settle, liquidate*
lista negra *black list*
local (*m*) *locale, establishment, location*
logística *logistics*
logro *achievement, accomplishment*
lucir *to look, shine*
lucrativo *profitable*
lucro *gain, profit*
lujo *luxury*

LL

llamada *telephone call*
___ en espera *call waiting*
llanta *tire*
llanura *plain*
llegada tardía *lateness*
llevar a cabo *to carry out, conclude*

M

madera *wood, lumber*
madrina *godmother*
maduración constante (perpetua) *constant growth*
magnesio *magnesium*
malentendido *misunderstanding*
maletín (*m*) *briefcase*
malogrado *ill-fated, failed*
manada *herd*
mancomunado (*adj*) *joint*
mandato judicial *injunction*
mando *management*
manejar *to manage*
manganeso *manganese*
maní (*m*) *peanut*
mano de obra *labor, work force*
mantenimiento del equipo *equipment maintenance*
maquiladora *assembly plant, in-bond plant*
máquina de coser *sewing machine*
___ de escribir *typewriter*
maquinaria *machinery*
___ liviana *light machinery*
___ pesada *heavy machinery*

marca *brand*
___ comercial *trademark*
___ de fábrica *trademark*
___ registrada *registered trademark*
margen de beneficio (*m*) *profit margin*
marisco *seafood, shellfish*
marítimo (*adj*) *maritime, sea*
mármol (*m*) *marble*
martillo *hammer*
materia prima *raw material*
mayorista (*m/f*) *wholesaler*
___ de estanterías *rack jobber*
___ sin almacén *truck wholesaler*
mediador/a *mediator*
medida *measurement*
medio *means, medium*
___ ambiente *environment*
___ de difusión (difusivo) *advertising medium*
___ de distribución *means of distribution*
___ de transporte *means of transportation*
___ mando *middle management*
___ productivo *means of production*
___ publicitario *advertising means*
medir (i) *to measure*
mejora *improvement*
mejorar *to improve*
melocotón (*m*) *peach*
membresía *membership*
menospreciar *to slight, scorn*
mensual *monthly*
mensualidad (*f*) *monthly payment, rent*
mercadeo *marketing*
mercado *market*
___ al contado *cash market*
___ ambulante *traveling market*
___ común *common market*
___ de descuentos *discount store*
___ negro (de contrabando) *black market*
___ señalado *target market*
mercadológico (*adj*) *related to marketing*
mercancía *article, good, merchandise*
mercancías de gran volumen *bulk material*
mercantil (*adj*) *commercial*
mercurio *mercury*
meta *goal, objective*
método lineal *straight-line method (depreciation)*
mezcla de productos *product mix*
migración *migration*
mineral de hierro (*m*) *iron ore*
minería *mining*
minero (*adj*) *mining*
ministro de relaciones exteriores *Secretary of State*
minorista (*m/f*) *retailer*
miseria *misery, dire poverty*
mobiliario y equipo *furniture and fixtures*
molibdeno *molybdenum (metal)*
mondadiente (*m*) *toothpick*
moneda *coin, national currency*
montar *to set up*
mordida *bribe*
mora *default on payments*
moroso (*adj*) *late, delinquent*
mueble (*m*) *furniture*
muestra *sample*
multinacional (*adj*) *multinational*

N

nacional de terceros países *third-country national*
Naciones Unidas *United Nations*
narcotráfico *drug traffic, trade*
náufrago/a *castaway, shipwrecked individual*
nave (*f*) *ship*
nave espacial: la Tierra *Spaceship Earth*
navegar *to "surf" or search (the internet)*
naviero/a *ship owner*
negociante (*m/f*) *business person*
negociar *to bargain, negociate*
negocio *business*
___ en participación *joint venture*
níquel (*m*) *nickel (metal)*
nivel (*m*) *level*
___ de vida *standard of living*
nombramiento *appointment (to a position)*

nómina *payroll*
nominativo (*adj*) *bearing a person's name, registered (bond)*

O

obligación *liability, debt, bond*
___ contributaria *tax liability*
___ corporativa *corporate bond, debt financing*
obligatorio *obligatory, binding*
obrero/a *worker, blue collar worker, laborer*
obsoleto (*adj*) *obsolete*
ocioso *leisurely, idle*
oferta *offer, supply*
___ sellada *sealed bid*
___ y demanda *supply and demand*
oficina *office*
oficinista (*m/f*) *office worker*
oleoducto *pipeline*
olivo *olive tree, symbol for cultural tradition*
olor (*m*) *smell, odor*
OPEP (Organización de Países Exportadores de Petróleo) *OPEC (Organization of Petroleum Exporting Countries)*
orden (*m*) *order, arrangement of things*
___ (*f*) *command, order for merchandise*
___ de pago (*f*) *order to pay*
ordenación *ordering, arranging, collating*
ordenador (*m*) *computer (Spain)*
organigrama (*m*) *organizational chart*
Organización Mundial del Comercio *World Trade Organization*
originario *originating in, coming from*
oro *gold*
otorgar *to give, grant*
oyente (*m/f*) *listener*

P

padrino *godfather*
pagadero *payable*
pagar *to pay*
pagaré (*m*) *promissory note (IOU)*
página web *web page*
pago *pay, payment*
___ contra entrega *cash on delivery (COD)*
___ inicial *down payment, deposit*
___ por anticipado *payment in advance, down payment, pre-payment*
país deudor *debtor nation, country with a balance of debt problem*
___ en vías de desarrollo *developing country*
___ hospedador *host country*
palanca *"pull," influence*
palillo *toothpick*
pantalla *TV or movie screen*
pantalón vaquero *blue jeans*
papel de cartón (*m*) *cardboard*
papeleo *paperwork, red tape*
paralenguaje (*m*) *para-language (gestures, tone of voice, posture)*
parecer (*m*) *opinion*
paro *unemployment, work stoppage*
parte (*f*) *party (to a contract, etc.)*
participación *share, investment, (e.g., by stockholder)*
particular (*adj*) *private, individual*
partida doble *double-sided entry (accounting)*
partidario/a *supporter*
pasarse de moda *to go out of style or fashion*
pasivo *liability, liabilities*
___ circulante *current liabilities*
___ fijo *fixed liabilities*
paso *step*
patata *potato*
patria chica *one's home town, county, or state*
patrimonio *wealth, estate, capital resources, net worth*
patrocinar *to sponsor*
patrón (*m*) *owner, boss, sponsor, pattern, guideline*
pauta *model, guideline*
pavimentado *paved*
pavo *turkey*
pedido *order, purchase order*
pedir (i) prestado *to borrow*
pena de muerte *death penalty*
penetración del mercado *market penetration*

pérdida *loss*
pericia *expertise*
periferia *periphery*
perito *expert; (adj) experienced*
período de entrega *delivery time*
perjudicado *injured, damaged, jeopardized*
perjudicar *to damage, injure, jeopardize*
perjudicial *prejudicial, harmful, detrimental*
permutar *to exchange, barter, swap*
personal (*m*) *personnel*
personalismo *personalism*
perspicacia *vision, insight, forward thinking*
pesca *fishing, fishery*
pesquero *related to fishing*
petróleo *petroleum*
petrolero *oil-related*
piedra caliza *limestone*
piel (*f*) *skin*
pieza de repuesto *spare part*
piña *pineapple*
piquete laboral (*m*) *picket line*
pirita *pyrite*
piropo *flirtatious remark*
planeación *planning*
planificación *planning*
___ estratégica *strategic or contingency planning*
plano *city map*
planta baja *ground floor (at street level)*
___ manufacturera *manufacturing plant*
plantear *to create, pose*
plata *silver*
plátano *plantain*
plaza *locale, location, place, town, city, market*
plazo *time period, deadline*
___ de devolución *repayment or refund period*
plomo *lead*
plusvalía *gain in value, appreciation*
población *population*
polaco/a *Pole, person from Poland, Polish*
polémico *controversial, polemical*
política de compras *purchasing policy*
poner a prueba *to test*
___ a riesgo *to put at risk*
___ en limpio *to type, to make a fair copy of a writing*
___ en marcha *to begin*
___ en vigor *to put into effect*
porcentaje (*m*) *percentage*
pormenor (*m*) *detail*
portador/a *bearer*
portavoz (*m*) *spokesperson*
portátil (*adj*) *portable*
postergar *to postpone*
postura del cuerpo *body posture*
potasa *potash*
potente (*adj*) *powerful, potent*
pozo *well*
práctica *internship, business practice*
___ de tiro *target practice*
precio *price*
___ de catálogo *list price*
___ de mercado *market price*
___ de saldo *rock-bottom price*
___ máximo *ceiling price*
___ mínimo *floor price*
precisar *to specify*
prenda *security, pledge*
prendario (*adj*) *guaranteed*
prensa *the press*
preparativo *preparation, plan*
presa *dam*
presilla *paper clip*
prestación de servicios *provision of services, services rendered*
prestador/a *lender*
prestamista (*m/f*) *lender*
préstamo *loan*
___ a sola firma *signature loan, unsecured loan*
___ garantizado *secured loan*
___ hipotecario *mortgage loan*
___ no garantizado *unsecured loan*
___ prendario *secured loan*
___ sin caución *unsecured loan*
prestar *to lend*
___ servicios *to service, serve*
prestatario/a *borrower*
presunto (*adj*) *presumed, anticipated, expected*

presupuestario (*adj*) *budget, budgetary*
presupuesto *budget*
prever *to foresee*
preverse *to anticipate*
previsto (*adj*) *anticipated*
prima *bonus, premium*
___ por trabajo fuera de turno *shift premium*
principal (*m*) *principal, capital*
privatizar *to privatize*
procedimiento para tomar decisiones morales *moral decision-making*
procesador de textos (de palabras) (*m*) *word processor*
procesamiento de datos *data processing*
proceso analítico *analytic process*
___ de ensamble (de ensamblaje) *assembly process*
___ de fabricación *manufacturing process*
___ extractivo *extractive process*
___ sintético *synthetic process*
procurar *to try*
producción continua *continuous production*
___ en masa (en serie) *mass production*
___ estándar *standard production*
___ intermitente *intermittent production*
___ ordenada (en pequeños lotes) *small-batch production*
___ por carácter *character of production*
___ por duración *time of production*
___ por naturaleza *nature of production*
productividad *productivity*
Producto Interno Bruto (PIB) *Gross Domestic Product (GDP)*
Producto Nacional Bruto (PNB) *Gross National Product (GNP)*
Producto Social Bruto (PSB) *Gross National Product as measured in socialist countries (i.e., Cuba)*
programación *scheduling*
progresismo *political correctness*
prójimo *fellow human being, neighbor*
promesa *promise*
promoción de ventas *sales promotion*
promover (ue) *to promote (a product or service)*
pronosticar *to forecast*
propiedad intelectual *intellectual property*
propietario/a *owner*
proporcionar *to provide*
propósito *purpose, objective, goal*
propuesta *proposal*
prorrogar *to delay, reschedule*
próspero *prosperous*
proteccionismo *protectionism*
proveedor/a *financial backer, supplier*
___ directo *drop shipper (desk jobber)*
proveer *to provide, supply*
prueba *proof, test, trial*
psicográfico *psychographic (referring to individual characteristics)*
publicidad *publicity, advertising*
pueblo global *global village*
puerto *port*
puesto *job, position*
punto de partida *starting point*
___ de embarque *loading point*
___ de entrega *delivery point*
puro *cigar*

Q

quehacer (*m*) *task, duty*
quejarse *to complain*
quiebra *failure*

R

rama *branch*
raya *slash*
razón (*f*) *ratio, reason*
___ social *company name*
realidad virtual *virtual reality*
realizar *to accomplish, carry out, perform*
rebaja *discount*
___ al comprador *rebate to consumer*
___ al revendedor *trade discount*
rebajar *to lower, mark down*
recaudo *collective*
recepcionista (*m/f*) *receptionist*

receptor *receiver, telephone receiver*
recesión *recession*
recibo *receipt*
reclutamiento *recruitment*
reclutar *to recruit*
recolección *gathering*
recompensa *compensation*
recompensar *to reward, compensate*
recopilación de datos *compilation of data, data summary*
recopilar *to compile*
recordatorio *reminder*
recortar *to cut*
recreo *recreation*
recuento *count*
recurrir (a) *to resort to, to rely on*
recurso *resource*
___ humano *human resource*
___ natural *natural resource*
rechazo *rejection*
red (*f*) *network*
___ de comunicación *communications network*
___ virtual *virtual network*
redactar *to edit, write*
rédito *return, yield*
reembolso *reimbursement, repayment*
reexportación *re-export*
refinamiento de azúcar *sugar refining*
___ de petróleo *oil refining*
reforma agraria *land reform*
refresco *soft drink, soda*
regatear *to haggle, bargain, barter*
regateo *barter, bargaining*
regir (i) *to control, be in effect*
registrar *to record, search*
Registro Público de Comercio *Public Business Register*
reglamentar *to regulate*
reglamento *rule, regulation*
rehén (*m*) *hostage*
rehusar *to refuse*
reintegro *reimbursement, repayment*
relaciones públicas *public relations*
rellenar *to fill out*
remitir *to send, ship, consign*
remolacha *beet*
___ azucarera *sugar beet*
remontar *to date back to*
remuneración *remuneration, reimbursement, payment*
renacuajo *tadpole*
rendir *to render, yield*
renovar(se) (ue) *to renew*
renta *income, revenue, rent*
rentabilidad *profitability*
rentable *profitable*
renuevo *renewal*
repagar *to repay*
reparación *repair*
reparar *to repair*
reparativo *reparable, repair-related*
repartir *to divide, share, distribute*
reparto *delivery*
representante de fábrica (*m/f*) *manufacturer's agent*
___ sindical (*m/f*) *union representative*
reprografía *reprography, photocopying, reproduction of documents*
repuesto *spare part*
requisito *requirement*
Reserva Federal *Federal Reserve Bank (U.S.)*
respaldado *backed, supported, guaranteed*
respaldar *to support, guarantee, back up*
responsabilidad del productor *product liability*
___ social *company liability*
restringir *to restrict*
retirar *to withdraw*
reubicación *relocation*
reunión *meeting*
reventa *resale*
revisar *to review, check*
revisión *inspection, check*
riesgo *risk*
riquísimo *absolutely delicious*
ruta *routing*

S

sabor (*m*) *taste*
sabotaje (*m*) *sabotage*
salario *wage, salary*
saldar *to settle, to pay off the balance, liquidate*
saldo *balance*
___ acreedor *credit balance*
___ desfavorable *trade deficit, unfavorable balance of trade*
___ deudor *debt balance*
___ negativo *negative balance, deficit*
sancionar *to sanction, punish*
sangriento *bloody*
sanidad pública *public health*
secadora *dryer*
sede (*f*) *home office, headquarters*
segmentar *to segment*
seguimiento de llamadas *call tracking (tracking)*
seguridad *safety*
seguro *insurance*
___ contra accidente *accident insurance*
___ contra incendio *fire insurance*
___ de automóvil *car insurance*
___ de falta de cumplimiento *noncompliance insurance (surety)*
___ de responsabilidad civil *liability insurance*
___ de salud *health insurance*
___ de vida *life insurance*
sembrar (ie) *to sow, to plant*
semejanza *similarity*
semilla *seed*
___ oleaginosa *oilseed*
sensibilidad *sensitivity*
señas *address*
sequía *drought*
servicio *service*
___ de despertador *wake-up call*
___ de electricidad, gas, agua *utilities*
siderurgia *siderurgy, iron and steel industry*
sigla *abbreviation by initials, acronym*
sindical *union-related*
sindicalismo *labor movement*
sindicato *union*
siniestro *accident, catastrophe*
sistema (*m*) *system*
sitio *site, location*
so pena de *under penalty of*
soborno *bribe*
sobre (*m*) *envelope*
socavar *to undermine*
sociedad *business, company, firm*
___ anónima *corporation*
___ colectiva (en nombre colectivo) *(joint) partnership*
___ comanditaria (en comandita) *silent partnership*
___ de capital *capital company*
___ de responsabilidad limitada *limited liability company*
___ mercantil *commercial or trading company*
socio/a *partner*
___ activo/a (colectivo/a) *active partner*
___ comanditario/a *silent partner*
soja *soy bean*
soler (ue) *to be used to doing, to do frequently*
solicitante (*m/f*) *applicant*
solicitar *to apply for*
solicitud (*f*) *application*
solidario (*adj*) *joint*
solvencia *solvency*
solventar *to settle (e.g., a debt)*
solvente *solvent*
sonar la nariz *to blow one's nose*
sondeo *opinion poll*
sorgo *sorghum*
sorna *sarcasm*
soya *soy bean*
suavizar *to tone down*
subasta *auction*
subdesarrollado *underdeveloped*
subempleo *underemployment*
subsidio *subsidy*
subvencionar *to subsidize*
sucursal (*f*) *branch, subsidiary*
___ fuera del país *foreign branch*
___ en ultramar *overseas branch*

sueldo *salary (weekly or monthly)*
sufrir del estrés *to be under stress, be stressed out*
suma *sum, total*
suministro *supply*
superávit (*m*) *surplus*
superar *to surpass, exceed; to overcome*
supervisor/a de compensaciones *payroll supervisor*
suprimir *to suppress*
supuesto *hypothesis, hypothetical situation*
surtido *assortment, selection*
___ de productos *product line*
sustraer *to subtract*

T

tablero de anuncios *bulletin board*
tablón de anuncios (*m*) *bulletin board*
tabú (*m*) *taboo*
tacaño *stingy*
taller (*m*) *shop, workshop*
tardar en *to be late in*
tarea *task*
tarifa *tariff, rate, fare*
___ por menos de un vagón completo *less than carload on train (l.c.l.)*
tarjeta *slip, card*
___ de negocios *business card*
tasa *rate*
___ de cambio *rate of exchange*
___ de crecimiento *rate of increase*
___ de inflación *rate of inflation*
___ de interés *rate of interest*
___ de rendimiento *rate of return (on investment)*
___ media de inflación *average rate of inflation*
técnica de caso *case study technique*
___ de discusión en grupos *group discussion technique or method*
___ de incidente *situation technique*
___ de simulación *simulation technique*
teclear *to type or key in*
tecnología *technology*
tejido *textile*
telecomunicativo (*adj*) *telecommunication*
teleconmutador/a *telecommuter*
telefax (*m*) *fax, facsimile machine*
telemarketing (*m*) *telemarketing, telesales*
televentas *telesales*
televisión por cable *cable television*
tenaz (*adj*) *stubborn, tenacious*
tempestad *storm*
tenedor/a *holder, bearer*
tentativa *attempt*
terremoto *earthquake*
terreno *land, property*
tesorería *treasury*
testamento *will*
tiburón (corporativo) *corporate raider*
tipo *rate*
___ de cambio *exchange rate, rate of exchange*
___ fijo de cambio *fixed rate, pegged rate of exchange*
___ flotante de cambio *floating rate of exchange*
titularse *to graduate with a degree, to be called*
título *bond, security*
___ de crédito *negotiable security*
___ de valores *security*
toalla *towel*
tomar medidas *to take steps*
___ prestado *to borrow*
tornillo *screw*
torpe *sluggish, clumsy*
traba *hindrance, obstacle, impediment*
trabajo a destajo *piecework*
___ manual *manual labor*
traductor/a *translator*
tramitar *to negotiate, transact*
trámite (*m*) *step, procedure*
transacción *transaction*
transbordador (*m*) *ferry*
transcultural (*adj*) *cross-cultural*
transferencia: pago de ___ *transfer payment*
transferir (ie) *to transfer*

transmisión de tecnología *technology transfer*
transporte (*m*) *transportation*
transportista (*m/f*) *carrier*
___ por contrato *contract carrier*
___ privado *private carrier*
___ público *common carrier*
transbordo *transfer*
trasladarse *to move, transfer*
traslado *move (as in a job transfer)*
traspaso *transfer (of title to property)*
tratado *treaty*
Tratado de Libre Comercio de América del Norte (TLCAN) *North American Free Trade Agreement (NAFTA)*
trato *treatment, manner of dealing with*
trayecto corto *short haul or run*
___ largo *long haul or run*
trayectoria *development*
trazar *outline*
tributario (*adj*) *tax*
trigo *wheat*
trueque (*m*) *exchange, barter*
tungsteno *tungsten*
turismo *tourism*
turno *turn, shift (work)*
___ de día *day shift*
___ de noche *graveyard shift, night shift*
___ diurno *day shift*
___ nocturno *night shift*
tutearse *to use the familiar form of address*
tuteo *the familiar form of address, first name basis*

U

ubicación *location*
ubicarse *to be located*
últimamente *recently, lately*
ultramar (*m*) *overseas*
ultramarino (*adj*) *overseas, offshore*
uranio *uranium*
usuario/a *user*
utilidad *profit, utility*
___ bruta *gross profit*
___ de operación *operating profit*
___ neta *net profit*
uva *grape*

V

vacaciones retribuidas *paid vacation*
vacilar *to waiver, hesitate*
vagón (*m*) *wagon, passenger or freight car (on a train), coach, carriage*
valer la pena *to be worthwhile*
valerse (de) *to avail oneself of, to take advantage of*
valor de rescate (*m*) *salvage value*
___ nominal *face or nominal value*
valorem *value added*
valores (*m*) *securities, bonds, assets, valuables*
___ de primera clase (de más alta categoría) *blue-chip stocks*
___ no vendidos en la bolsa *over-the-counter market securities (OTC)*
valla anunciadora *billboard*
valle (*m*) *valley*
vanguardia (a la vanguardia) *on the cutting edge*
vecino *neighbor, resident*
vencer *to fall due, mature, be payable (on a certain date)*
vencimiento *maturity, expiration*
vendedor/a *salesperson*
venta al por mayor *wholesaling*
___ al por menor *retailing*
___ domiciliaria (a domicilio) *door-to-door sales*
___ en masa *mass selling*
___ personal *person-to-person sales, personal selling*
___ por correo *mail-order sales*
___ por máquina *machine vending*
ventaja *advantage*
___ absoluta *absolute advantage*
___ comparativa *comparative advantage*

ventas de inventario *inventory sales*
verdura *vegetable*
vergüenza *shame*
vía *way*
viáticos *travel allowance, expenses*
video *VCR or videocassette, video*
vigente (*adj*) *effective, in effect, in force*
vigilar *to watch*
vinculación *association, link*
vincular *to tie*
vinícola *(f form invariable) wine related*
vinicultor/a *wine-grower*
vinicultura *wine growing, wine production*
víveres (*m*) *foodstuff, provisions*
vivienda *housing*
voltaje (*m*) *voltage*
voseo *use of* ***vos*** *form of address (replaces* ***tú*** *form in some parts of Latin America, such as Costa Rica, Argentina, etc.)*

Y

yacimiento *deposit (minerals)*
yeso *gypsum*
yuca *cassava root*

Z

zanja *ditch*
zona de comercio libre *free trade zone*

INGLES-ESPAÑOL

A

abbreviation *abreviatura, sigla*
abroad *en el extranjero, exterior*
absenteeism *ausentismo, absentismo*
accident insurance *seguro contra accidente*
accomplish *realizar, lograr*
accomplishment *logro*
account *cuenta*
___ payable *cuenta por pagar*
___ receivable *cuenta por cobrar*
accountant *contable (m/f), contador/a*
accounting *contabilidad, contaduría, contable (adj)*
___ period *ejercicio*
___ statement *estado contable*
achievement *logro*
active partner *socio activo (colectivo)*
adding machine *sumadora*
address *dirigir*
administrative expenses *gastos de administración*
advance: in___ *por adelantado*
___ account *cuenta de anticipos*
advantage *ventaja*
advertisement *anuncio*
advertising *publicidad*
___ agency *agencia de publicidad (publicitaria)*
___ medium *medio de difusión (difusivo, publicitario)*
adviser *asesor/a, consejero/a*
advising *asesoramiento*
___ or notifying bank *banco avisador*
agree *estar o ponerse de acuerdo con*
agreement *convenio, acuerdo*
agricultural *agrícola (adj/invariable form)*
air shipper *fletador aéreo*
___ waybill *guía aérea*
airfield *aeródromo*
airport *aeropuerto*
amortize *amortizar*
amount *cantidad, importe (m)*

answering machine *contestador automático*
antimony *antimonio*
appeal *llamada*
applicant *solicitante (m/f), aspirante (m/f), candidato/a*
application *solicitud (f)*
apply for *solicitar*
appointment *cita, nombramiento*
appropriate *adecuado*
arable *cultivable*
arbiter *árbitro (m)*
assemble *ensamblar, montar, armar*
assembly *ensamblaje (m) ensamble (m), montaje (m)*
___ line *línea de ensamblaje (de montaje)*
___ plant, in-bond plant *maquiladora*
asset, assets *valor (m), valores, activo, haber (m)*
assignment *tarea, asignatura*
associate *socio/a*
assortment *surtido*
attractiveness of work environment *estética laboral*
auction *subasta, remate (m)*
___ buying (sealed bid purchase) *compra por cotización sellada*
audit, auditing *auditoría*
auditor *interventor/a, contralor/a, revisor/a*
availability *disponibilidad*
average rate of inflation *tasa media de inflación*
awarding of percentage of investment earnings *adjudicación de beneficios*

B

back (*v*) *respaldar, garantizar, avalar, apoyar*
backed *respaldado, garantizado, avalado, apoyado, asegurado*
bail out *sacar de apuros*
balance (bank, accounting) *balance (m), balanza, saldo*
___ of payments *balanza de pagos*
___ of trade *balanza comercial*
___ sheet *hoja de balance*
bank (the building) *banco*
___ check *cheque bancario*
___ employee *bancario/a*
___ note *billete de banco (m), pagaré (m)*
banker *banquero/a*
banking (the industry) *banca, bancario (adj)*
bargain *(n) ganga; (v) negociar, regatear*
bargaining group *grupo colectivo*
barge *barcaza, gabarra*
barrel *barril (m)*
barter *(n) trueque (m), permuta, regateo; (v) trocar, cambiar, permutar, regatear*
basic commodities (necessities) *artículos de primera necesidad*
be in fashion *estar de moda*
bean, kidney bean *frijol (m), habichuela*
bear market *bolsa bajista*
bearer *portador/a, tenedor/a*
bearing a person's name, registered (bond) *nominativo (adj)*
beet *remolacha, betabel (m)*
beneficiary *beneficiario/a*
benefit *beneficio*
beverage *bebida*
bid *(n) licitación; (v) licitar, pujar*
bill of exchange *letra de cambio*
___ of lading *conocimiento de embarque*
billboard *cartelera, valla (anunciadora)*
billing *facturación*
binding decision *decisión obligatoria*
birth rate *índice de natalidad (m)*
black market *estraperlo, mercado negro (de contrabando)*
___ market exchange *cambio negro (de estraperlo)*
blacklist *lista negra*
blue-chip stocks *valores de primera clase (de más alta categoría)*
blue-collar worker *obrero/a*
blunder *falta garrafal*
board of directors *dirección, junta directiva (de directores), consejo, directivo*
body language *paralenguaje (m)*
bond *bono, título, obligación*
bonus *prima, gratificación, beneficio, aguinaldo*

book of original entry *diario*
bookshelf *estante (m)*
borrow *pedir (tomar) prestado*
borrower *prestatario/a, mutuario/a, mutuatario/a*
boss *jefe/a, empresario/a, patrón/a*
boycott *boicot (m)*
branch *rama, sucursal (f), filial (f)*
brand *marca*
bribe *soborno, mordida*
briefcase *maletín (m), portafolio, cartapacio*
bring to a standstill *paralizar*
broker *corredor/a*
budget *presupuesto*
budgetary *presupuestario*
building *edificio*
bulk, bulky *de gran volumen, a granel*
bull market *bolsa alcista*
bulletin board *tablón (m) (tablero) de anuncios*
bureaucracy *burocracia*
business *empresa, negocio, compañía, sociedad, comercio, firma*
___ law *ley (f) (derecho) mercantil*
___ person *negociante (m/f), comerciante (m)*
businessman *hombre de negocios*
businesswoman *mujer de negocios*
buyer *comprador/a*
buying *compra*
___ and selling *compraventa*
___ behavior *conducta en la compra*

C

cable television *televisión por cable, cablevisión*
calculator *calculadora*
campaign *campaña*
canned *enlatado*
capacity *capacidad, cupo*
capital (financial) *capital (m)*
___ company *sociedad de capital*
___ goods *bienes de capital (m)*
___ stock *capital social (m)*
capital (city) *capital (f)*
car (train) *vagón (m)*
car insurance *seguro de automóvil*
cardboard *papel de cartón (m)*
cargo, load *carga*
Caribbean Basin *Cuenca del Caribe*
___ Initiative *Iniciativa de la Cuenca del Caribe*
carrier *transportista (m)*
carry out *realizar*
case study *técnica de caso*
cash *(n) dinero metálico, dinero en efectivo, cambio, contado; (v) cobrar, cambiar, hacer efectivo*
___ flow *flujo de caja (de efectivo)*
___ market *mercado al contado*
___ on delivery (COD) *pago contra entrega*
___ register, box *caja*
cashier's check *cheque bancario (de administración)*
cassava root *yuca*
catalog *catálogo*
cattle (horses, mules) *ganado, (reses, caballos, mulas)*
___ raising *ganadería*
ceiling price *precio (límite) máximo*
census *censo*
cent *centavo, céntimo*
certified public accountant *contable público/a titulado/a*
chain *cadena*
chamber of commerce *cámara de comercio*
champagne *champán (m), cava (m)*
changing *cambiante*
charge *cobrar, cargar en cuenta*
charitable *benéfico*
charter, hire, ship *fletar*
charterer, affreighter, owner of transport *fletante (m/f)*
check *cheque (m)*
___ made out to a designated payee *cheque nominativo*
___ made out to the bearer *cheque al portador*
checking account *cuenta corriente*

chemical *(producto) químico*
chief (adj) *principal*
cigar *puro, cigarro*
clarify *aclarar*
clay *arcilla*
close-knit *íntimo*
closing (on a house sale) *cierre (m) de la casa*
coal *carbón (m)*
coastal shipping, traffic, cabotage *cabotaje (m)*
cocoa *cacao*
code (i.e., of laws) *código*
coffee machine *cafetera*
coin *moneda, dinero metálico, numerario*
coke (form of coal) *coque (m)*
collateral guaranty or security *garantía prendaria (subsidiaria, de colateral)*
collating *ordenación*
collect *cobrar*
color combination *juego de colores*
commerce *comercio*
commercial loan *préstamo comercial*
___ paper (document) *efecto comercial*
commission *comisión, corretaje (m)*
___ merchant (agent) *comisionista (m/f)*
common carrier *transportista público*
___ market *mercado común*
___ stock *acción común (ordinaria)*
commonwealth *estado libre asociado*
communications network *red de comunicaciones (f)*
company *compañía, empresa, negocio, sociedad, corporación, firma*
___ controlled by government and private enterprise *empresa mixta*
___ liability *responsabilidad social*
___ name *razón social (f)*
compensate *indemnizar, remunerar*
compensation *indemnización, remuneración, recompensa*
competition *competencia*
competitiveness *capacidad para competir, competitividad*
competitor *competidor/a, opositor/a*
compilation of data, data summary *recopilación de datos*
comptroller *interventor/a, contralor (m)*
computer *computador/a, ordenador (m), informática (adj)*
concern *preocupación*
confidence *confianza*
confirmed irrevocable letter of credit *carta de crédito irrevocable y confirmada*
consortium *consorcio*
constant growth *maduración constante (perpetua)*
consular invoice *factura consular*
consulate *consulado*
consultant *consultor/a, asesor/a, consejero/a*
consumer *consumidor/a*
___ goods *bienes de consumo (m)*
consumption *consumo*
contract *contrato*
___ buying *compra por contrato*
___ carrier *transportista por contrato (m)*
contribute *contribuir, aportar*
contribution *contribución, aportación*
co-owner *consocio (m/f), copropietario*
copper *cobre (m)*
copy machine *fotocopiadora*
corporate *corporativo*
___ bond *bono de sociedad anónima (de corporación), obligación*
___ raider *corsario (tiburón) corporativo*
corporation *sociedad anónima, corporación*
cost *costo, coste (m)*
___ and freight (CFR) *costo y flete*
___ effective *rentable*
___ efficient *costo eficiente, económico*
___ , insurance and freight (CIF) *costo, seguro y flete*
cost-benefit analysis *análisis de costo-beneficio (m)*
cotton *algodón (m)*
count *recuento*
cover (protect) *proteger, amparar, cubrir*
coverage *seguro, cobertura*
credit *crédito, haber (m); crediticio (adj)*
creditor *acreedor/a*
crop *cosecha, cultivo*
cross-cultural *transcultural*
___ awareness *conciencia transcultural*

crude oil *aceite (m) (petróleo) crudo*
currency *divisa, moneda*
current *circulante, corriente*
___ account holder *cuentacorrentista, cuentahabiente (m/f)*
___ assets *activo circulante (corriente)*
___ liabilities *pasivo circulante (corriente)*
customer *cliente/a*
customs *aduana, costumbres (f. as in* habits*)*
___ duty *arancel aduanero, derecho arancelario*
___ law *ley arancelaria*
cyanide *cianuro*

D

dam *presa, represa*
damaged *averiado*
damages *daños*
data processing *procesamiento de datos*
day shift *turno diurno, de día*
day's work, labor *jornada*
___ wages *jornal (m)*
deadline *plazo final, fecha límite*
debit *débito, haber (m)*
debt *deuda*
___ equity swap *conversión (capitalización) de deuda*
___ financing *financiación por medio de obligaciones*
debtor, debit-related *deudor/a*
debtor nation, country with a balance of debt problem *país deudor (m)*
decision, finding *laudo*
decreased *reducido*
deepen *profundizar*
defective *defectuoso*
deferred dividend *dividendo diferido*
deficit *déficit (m)*
delay *(n) demora, retraso, tardanza; (v) demorar, retrasar, tardar*
delivery *entrega, reparto*
___ date *fecha de entrega*
___ point *punto de entrega*
___ time *tiempo (período) de entrega*
demand deposit *depósito a la demanda (a la vista)*
demography, demographics *demografía*
demolish *derrumbar*
department store *gran almacén, almacenes generales*
deplete *agotar, desgastar*
depletion *agotamiento, desgaste (m)*
deposit *(n) depósito, yacimiento* (minerals); *(v) depositar*
design *diseño*
desk set, stationery *efectos de escritorio*
detail *detalle, pormenor (m)*
develop *desarrollar*
developed *desarrollado*
developing *en vías de desarrollo*
development *desarrollo, acontecimiento (event)*
diagram *diagrama (m), gráfico, esquema (m)*
diamond *diamante (m)*
director, board member *directivo/a, vocal (m/f)*
disbursement *desembolso*
discount *descuento, rebaja*
___ store *mercado (tienda) de descuentos*
dispense *repartir*
disregard *descuido*
distributor *distribuidor/a*
donation *donativo*
door-to-door sales *venta domiciliaria (a domicilio)*
dot matrix printer *impresora de matriz de puntos (matricial)*
double-sided entry (accounting) *partida doble*
down payment *pago inicial, depósito, fianza*
draft *giro*
drainage *drenaje (m)*
draw *girar, librar*
drawee *girado/a, librado/a*
drawer *cajón (m), gaveta*
___ of check or draft *girador/a, librador/a*
drop shipper (desk jobber) *proveedor directo*

drought *sequía*
due date *fecha de vencimiento*
durable goods *bienes duraderos*
duty *derecho, arancel (m), obligación*

E

earn (interest) *ganar, devengar*
___ (money) *ganar (dinero)*
earning *ganancia, ingreso, rendimiento, utilidad, beneficio*
earthquake *terremoto*
economics *economía*
economies of scale *economías de escala*
edit *redactar*
effective, in effect, in force *vigente (adj)*
efficient *eficiente, eficaz*
electric bill *cuenta de luz*
electronic mail (E-mail) *correo electrónico*
embassy *embajada*
embezzle *desfalcar*
emerald *esmeralda*
employee *empleado/a* (company), *funcionario/a* (government)
employer *empleador/a, empresario/a, patrón/a*
enable *capacitar, permitir*
endeavor *esfuerzos, plan*
endorse *endosar*
endorsee *endosatario/a*
endorser *endosante (m/f)*
enforce *hacer cumplir*
engineer *ingeniero/a*
engineering *ingeniería*
enhance *realzar, elevar*
enter (into a ledger, etc.) *asentar (ie)*
enter into an agreement, suit *convenir (ie)*
entrust *confiar*
entry (accounting) *asiento, anotación*
envelope *sobre (m)*
environment *ambiente (m), medio ambiente*
equipment *equipo*
___ maintenance *mantenimiento del equipo*
equity (owner's) *capital y reservas, patrimonio*
exceed *superar*
exchange *(n) cambio, permuta, trueque (m); (v) cambiar, intercambiar, permutar, trocar*
___ rate *cambio de divisas, tasa (tipo) de cambio*
execute *realizar, ejecutar*
exemption *exención*
exhibit *exposición*
expenditure *egreso, gasto*
expense *gasto*
expert *perito (m), experto/a*
expertise *pericia*
expiration *vencimiento*
export *exportación, exportar*
___ permit *licencia de exportación*
exporter *exportador/a*
external financing *financiación externa*
extractive process *proceso extractivo*

F

face or nominal value *valor nominal (m)*
fact, piece of information, datum *dato*
factor *factor (m)*
factory *fábrica, factoría*
failure *fracaso*
faithfulness *fidelidad*
fall due, mature, be payable (on a certain date) *vencerse*
familiar form of address, first-name basis *tuteo, tutear(se), voseo*
fare *tarifa*
farm *(n) granja, finca; (v) labrar, cultivar*
___ worker *labrador/a, campesino/a*
farmer *granjero/a*
farming *agrícola (adj/invariable form), agropecuario (adj)*
fax, facsimile machine *fax, telefax (m)*
feasibility *viabilidad*
ferry *transbordador (m)*
fiber optics *fibra óptica*
file *(n) archivo; (v) archivar*
filing cabinet *archivo*

fill out *rellenar, completar, llenar*
finance *(n) finanzas; (v) financiar, aportar fondos*
financial *financiero*
___ accounting *contabilidad financiera*
___ statement *estado financiero*
financing *financiación, financiamiento*
finished goods *bienes acabados (m)*
fire *(n) incendio; (v) despedir (i)* (to dismiss somebody)
___ insurance *seguro contra incendio*
firm *firma, empresa, casa, razón social (f)*
first-line management *bajo mando*
fiscal year *año fiscal*
fishing, fishery *pesca, pesquero (adj)*
fishmeal *harina de pescado*
fixed *fijo (adj)*
___ cost *costo fijo*
___ liabilities *pasivo fijo*
___ rate, pegged rate of exchange *tipo fijo de cambio*
floating rate of exchange *tipo flotante de cambio*
floor price *precio mínimo*
flour *harina*
flow *flujo*
___ control *control de flujo (m)*
flower *flor (f)*
fluorite *espato flúor, fluorita*
fluvial (river-related) *fluvial (adj)*
folder *carpeta, cartapacio, pliego*
food *comida, comestible (m), alimento*
foodstuffs *provisiones, víveres (m)*
footwear *calzado*
forecast *(n) pronóstico; (v) pronosticar*
foreign *extranjero*
___ currency *divisa*
foreigner *extranjero/a*
foreman *capataz (m)*
forest *bosque (m)*
form, slip (of paper) *formulario, ficha*
___ letter *circular (f)*
forward buying *compra futura*
foster *fomentar*
found *fundar*
franchise *concesión, franquicia, licencia*
free *gratuito, gratis, libre*
___ alongside ship (FAS) *libre (franco) al costado del buque*
___ trade *libre comercio*
___ trade zone *zona de libre comercio*
___ on board (FOB) *franco (libre) a bordo (FAB o LAB)*
___ delivered *flete pagado hasta el punto de destino*
freight (cargo or price of shipment) *flete (m), fletamento, fletamiento*
___ bill, railway bill, bill of lading *carta de porte (terrestre)*
___ car *vagón (m)*
___ forwarder *agente expedidor (m)*
freighter, charterer, shipper *fletador/a, embarcador/a, transportista (m)*
fruit *fruta*
fulfillment *cumplimiento*
full *completo, lleno*
fund *fondo*
furnish *amueblar, aportar*
furniture *mueble (m)*
___ and fixtures *mobiliario y equipo*

G

gain *ganancia, beneficio, plusvalía, lucro*
gap *brecha*
General Agreement on Tariffs and Trade (GATT) *Acuerdo General sobre Aranceles y Comercio (AGAAC)*
general journal *diario*
general store *almacén general (m)*
get into trouble *meterse en líos*
global village *pueblo global*
go out of fashion or style *pasarse de moda*
goal *meta, objetivo, fin (m)*
goat *cabra*
going concern *empresa (firma, negocio) en funcionamiento*
gold *oro*
good will *buena voluntad*
goods *géneros, mercancías, bienes (m)*
govern *gobernar, regir (i)*

government bond *bono del estado*
government-run *estatal*
grain *grano*
grant *(n) beca de estudios; (v) otorgar*
grape *uva*
graphic *gráfico (n/adj)*
gravel *grava*
graveyard shift *turno nocturno o de noche*
greeting *saludo*
grievance procedure *juicio por faltas*
gross *bruto*
Gross Domestic Product (GDP) *Producto Interno Bruto (PIB)*
Gross National Product (GNP) *Producto Nacional Bruto (PNB), Producto Social Bruto (PSB) (en países socialistas)*
gross profit *utilidad bruta*
ground floor (at street level) *planta baja*
group discussion technique or method *técnica de discusión en grupos*
growing *creciente*
guaranteed *garantizado, prendario (adj)*
guide *(n) guía (m/f); (v) guiar*
guideline *directiva, pauta, minuta*
gypsum *yeso*

H

haggle *regatear*
hand out *distribuir*
hand-to-hand buying *compra inmediata*
hardware dealer *ferretero/a*
harvest *(n) cosecha; (v) cosechar, recoger*
hassle *lío*
headhunter (employment) *cazador de cerebros (de cabezas, de talentos)*
health certificate *certificado de sanidad*
___ insurance *seguro de salud*
heavy machinery *maquinaria pesada*
___ oil *aceite pesado (denso, espeso)*
help: How may we ___ you? *¿En qué podemos servirle?*
highway *carretera*
hindrance *traba*
hire *contratar, emplear*
holder, bearer *portador (m), tenedor/a*
holdings *activos*
home or main office *casa matriz, sede (f)*
host country *país hospedador (m)*
hotel business management *hostelería*
household electrical appliance *aparato electrodoméstico*
housing *vivienda*
hyperinflation *hiperinflación*

I

illegal alien *indocumentado/a*
image *imagen (f)*
import *importación, importar*
___ permit *licencia (permiso) de importación*
___ quota *contingente (m) (cuota) de importación*
importer *importador/a*
improve *mejorar*
income *ingreso, renta, lucro, ganancia*
___ tax return *declaración de impuestos*
increase *aumentar, crecer*
incur, enter into (an obligation) *contraer*
indebted *endeudado (adj)*
indemnity for years of service *indemnización por antigüedad*
industrial goods *bienes industriales (m)*
inflation rate *tasa de inflación*
influence *enchufe (m), palanca*
inform *informar*
information processing *elaboración o procesamiento de información*
infotechnology *infotecnología*
injunction *mandato judicial*
injure *lastimar, prejudicar, hacer(se) daño*
injury *lesión, daño*
ink-jet printer *impresora de inyectador o chorro de tinta*
inland water shipper *fletador/a fluvial*
input (ideas) *información, aportación*
inquiry *pregunta*
inscribed *inscrito*
insurance *seguro*

intermittent production *producción intermitente*
International Monetary Fund (IMF) *Fondo Monetario Internacional (FMI)*
internet *internet (m/f)*
internship *práctica, pasantía*
interview *(n) entrevista; (v) entrevistar*
inventory *inventario, existencia*
___ control *control de inventario (m)*
invest *invertir (ie)*
investment *inversión*
investor *inversionista (m/f), inversor/a*
invoice *factura*
involvement *participación*
iron *(n) hierro; ferroso (adj)*
___ ore *mineral de hierro (m)*
irrevocable letter of credit *carta de crédito irrevocable*
issue *(n) emisión, asunto; (v) emitir*
___ of a security, stock, or bond; equity financing *emisión de acciones*
issuing bank, bank of issue *banco emisor*

J

jargon *jerga*
jewelry store *joyería*
job *cargo, trabajo, empleo*
joint *conjunto, mancomunado, solidario (adj)*
___ account *cuenta conjunta (mancomunada)*
___ partnership *sociedad en nombre colectivo*
___ venture *negocio en participación*
journal *diario*

K

key element *clave (f)*

L

labor force *mano de obra, fuerza laboral, fuerza de trabajo*
lack *falta*
land *terreno*
___ reform *reforma agraria*
landowner *hacendado/a, propietario/a*
laser printer *impresora de láser*
late *moroso, tardío*
lateness *tardanza, llegada tardía*
launching *lanzamiento*
law *ley (f), derecho*
lead *plomo*
leader *líder (m)*
leadership *liderazgo*
lease *(n) arrendamiento; (v) arrendar (ie)*
leather *cuero*
ledger *libro mayor*
lend *prestar*
lender *prestador/a, prestamista (m/f)*
less than carload on train (l.c.l.) *tarifa por menos de un vagón completo*
lessee (tenant) *arrendatario/a*
letter of credit *carta de crédito*
liabilities *pasivo, obligaciones*
liability *obligación, responsabilidad*
___ insurance *seguro de responsabilidad civil*
license, licensing *(n) licencia, permiso; (v) licenciar, permitir*
life insurance *seguro de vida*
life-long learning *aprendizaje de toda la vida (m)*
light machinery *maquinaria liviana*
___ oil *aceite liviano (ligero)*
lighting *alumbramiento*
limestone *caliza*
limited liability company *sociedad de responsabilidad limitada*
line of products *surtido, línea*
linens *lencerías*
liquidation, dissolution *liquidación, saldo, disolución*
list price *precio de catálogo*
loader *cargador/a, carguero/a*
loading point *punto de embarque*
loan *préstamo, empréstito*
lobbyist *cabildero (m)*
locale, establishment, location *local (m), plaza*

locate *ubicar(se), situar(se)*
lockout *cierre patronal (m)*
long haul or run *trayecto largo*
___ -standing *viejo, antiguo*
___ term *a largo plazo*
loss *pérdida*
loyalty *lealtad*
lumber *madera*
luxury *lujo*

M

machinery *maquinaria*
magnesium *magnesio*
mail order sales *venta por correo*
main office *casa matriz, sede (f)*
maintenance *mantenimiento*
manage *administrar, dirigir*
management *administración, gerencia, gestión, dirección, mando*
Management by Objectives (MBO) *Administración por Objetivos*
manager *administrador/a, gerente (m/f), gestor/a, director/a*
managerial *administrativo, gerencial, directivo, empresarial*
___ accounting *contabilidad de gestión*
manners, upbringing; schooling, education (in Latin America) *educación*
good ___ *buenos modales*
manual laborer *obrero/a*
manufacture *elaborar, fabricar*
manufacturer *fabricante, empresa productora*
manufacturer's agent *representante de fábrica (m/f)*
manufacturing *fabricación, manufactura, elaboración*
___ plant *planta manufacturera*
marble *mármol (m)*
marital status *estado civil*
maritime, sea *marítimo (adj)*
___ or sea shipper *fletador marítimo*
mark down *rebajar, reducir*
market *mercado; (v) comercializar*
___ manager *jefe/a de mercado*
___ penetration *penetración del mercado*
___ price *precio de mercado*
marketing *marketing, mercadeo, mercadología, mercadotecnia, comercialización*
mass production *producción en masa (en serie)*
___ selling *venta en masa*
materials control *control de materiales (m)*
maturity *vencimiento*
___ date *fecha de vencimiento*
means of distribution *medio de distribución*
___ of transportation *medio de transporte*
measure *medida, gestión; (v) medir (i)*
measurement *medida*
meat-packing plant *frigorífico*
mechanism *mecanismo*
media *medios de comunicación*
mediator *mediador/a*
meet *reunirse*
merchandise *(n) mercancía, mercadería, géneros, efectos; (v) comerciar*
merchant *mercader (m), comerciante (m/f), negociante (m/f)*
mercury *mercurio*
merger *fusión de empresas*
metallurgy *siderurgia*
middleman *intermediario/a, revendedor/a, comerciante (m/f)*
middle management *medio mando, mando intermedio*
mid-size company *empresa mediana*
mid term *a medio plazo*
mining *minería, minero (adj)*
minor (adj) *de poca importancia, menor*
molybdenun (metal) *molibdeno*
money *dinero, plata*
___ laundering *lavado de dinero*
___ box, piggy bank *hucha, alcancía, chanchito*
monitor *controlar, observar*
monthly *mensual*
___ payment, rent *mensualidad*
mortgage *(n) hipoteca; (v) hipotecar, gravar; (adj) hipotecario*

___ loan *préstamo hipotecario*
motor vehicle *vehículo a motor, automóvil*
motto *lema (m), divisa*
move *(n) mudanza, traslado; (v)mudar(se), trasladarse*
multimedia instruction *enseñanza multimedia*

N

national currency *moneda nacional, divisa*
natural resource *recurso natural*
negotiable securities *títulos de crédito*
negotiate *negociar, tramitar*
neon sign *letrero luminoso (de neón)*
net income *ingreso neto*
___ profit *utilidad neta*
network *red (f)*
nickel (metal) *níquel (m)*
night shift *turno nocturno o de noche*
non-compliance insurance (surety) *seguro de falta de cumplimiento*
non-store retailer *detallista sin almacén*
note *(n) pagaré (m); (v) anotar, asentar (ie)*
___ payable *nota (documento) por pagar*
___ receivable *nota (documento) por cobrar*
number, figure, code *cifra, clave (f)*

O

obsolete *anticuado, obsoleto*
office *oficina*
___ worker *oficinista (m/f), funcionario/a*
official *oficial (m), funcionario/a*
off-shore branch *sucursal fuera del país (f), sucursal ultramarina*
oil *aceite (m), petróleo; (adj) petrolero*
___ refining *refinamiento de petróleo*
___ spill *derrame de aceite (de petróleo) (m)*
oilseed *semilla oleaginosa*
olive *aceituna*
___ oil *aceite de oliva (m)*
on behalf of *de parte de*
on board *a bordo*
operating cost *gasto de operación*
___ profit *utilidad de operación*
opinion poll *sondeo, encuesta*
option *opción*
order *orden* (*m:* arrangement; *f:* command, purchase order), *pedido, carta de pedido*
___ to pay *orden de pago (f)*
organizational chart *organigrama (m)*
originating in *originario de*
outright *en dinero efectivo*
outlay (of cash) *egreso, gasto*
output *producción*
outskirts *afueras*
overdrawn check (NSF: insufficient funds) *cheque en descubierto (sin fondos)*
overseas *ultramarino*
over-the-counter market securities (OTC) *valores no vendidos en la bolsa, mercado fuera de la cotización oficial*
overtime *horas extra(s) (adicionales)*
owner *dueño/a, propietario/a, patrón/a*
owner's capital *capital y reservas*
___ equity *capital y reservas, patrimonio*
ox *buey (m)*

P

packing, packaging *embalaje (m)*
paid vacation *vacaciones retribuidas*
pamphlet *folleto*
paper clip *presilla, clip (m)*
paperwork *papeleo*
paralanguage *paralenguaje (m)*
parent bank *banco central (matriz)*
parish *parroquia*
partial *parcial*
partner *socio/a*
partnership *sociedad colectiva (en nombre colectivo), empresa colectiva*
party entering into a contract *contratante (m/f), parte (f)*
patent royalty *derecho de patente*
pattern *patrón (m), pauta*
paved *pavimentado*

pay *(n) pago, pagamento; (v) pagar*
payable *pagadero*
payment in advance *pago por anticipado*
payroll *nómina*
pea *guisante (m), chícharo*
peach *melocotón (m), durazno*
peanut *cacahuete (m), maní (m)*
penny stock *acción cotizada en menos de un dólar*
percentage *porcentaje (m)*
perform, carry out *desempeñar, ejecutar*
performance *desempeño, ejecución del trabajo*
___ control *control de ejecución (m)*
periodic accrued interest *intereses periódicos acumulados*
perishable *perecedero*
person in charge *encargado/a*
personal income tax *impuesto sobre la renta personal*
personnel *personal (m)*
person-to-person sales, personal selling *venta personal*
petroleum *petróleo*
photocopier *fotocopiadora*
picket line *piquete laboral (m)*
pickup truck *camioneta*
piecework *trabajo a destajo*
pig, pork *cerdo*
pineapple *piña*
pipeline *oleoducto*
placement *colocación*
___ agency *agencia (empresa) de colocación (de empleo)*
plan *plan (m), preparativo*
planning *planeación, planificación*
plantain *plátano*
pleased: to be ______ to *tener el gusto de*
pledge, security *prenda*
point of view *punto de vista, opinión*
policy *política*
political bossism *caciquismo*
political correctness *progresismo*
___ unrest *agitación política*
poll (opinion) *sondeo, encuesta*
population *población*
port *puerto*
portable *portátil*
portfolio *carpeta*
post, position *puesto, cargo*
postpone *aplazar, postergar*
potash *potasa*
potential customer *consumidor presunto*
poverty *pobreza, miseria*
practice *costumbre (f), práctica*
preferential *preferente*
preferred stock *acción preferida (preferente, prioritaria, privilegiada)*
premium *prima*
preparation *preparativo*
press *prensa*
presumed *presunto (adj)*
price *precio, importe (m)*
___ quote *cotización (de precios)*
pricing *estructuración de precios*
principal, capital *principal (m)*
print *(n) impresión; (v) imprimir, emitir (dinero)*
printed matter *impreso*
printer *impresora*
private carrier *transportista privado*
___ individual *particular (m)*
privatize *privatizar*
procedure *procedimiento*
processing *procesamiento, elaboración*
produce *producir*
product *producto*
___ control *control de fabricación (m)*
___ liability *responsabilidad del productor*
___ management *gestión manufacturera*
___ mix *mezcla de productos*
production manager *gerente de producción (m/f)*
productivity *productividad*
professional *profesional (m/adj)*
profit *(n) beneficio, ganancia, utilidad, renta, lucro; (v) beneficiar*
___ and loss statement *estado de ganancias y pérdidas*
___ margin *margen de beneficio (m)*
___ motive *motivación con fines de lucro*
profitability *rentabilidad*

profitable *beneficioso, rentable, lucrativo*
promissory note (IOU) *pagaré (m)*
promote *promover (ue), patrocinar, fomentar, auspiciar, ascender (ie)*
promotion *promoción, fomento, ascenso* (job)
___ allowance *descuento por promoción*
proof of origin *certificado de origen*
property *propiedad, terreno, hacienda, patrimonio, caudal (m)*
propose *proponer*
prosperous *próspero*
protect *proteger, amparar*
provide *proveer, proporcionar*
Public Business Register *Registro Público de Comercio*
public health *sanidad pública*
___ relations *relaciones públicas*
publicity *publicidad*
pull (influence) *enchufe (m), palanca*
purchase, purchasing *compra*
___ order *pedido, orden (f)*
purchasing manager or director *gerente(m/f) (jefe/a) de compras*
___ policy *política de compras*
purpose *propósito*
put at risk *poner a riesgo*
pyrite *pirita*

Q

quality control *control de calidad (m)*
quota *cuota, cupo, contingente (m)*
quote (a price) *cotizar*

R

rack *estante (m)*
___ jobber *mayorista de estanterías (m/f)*
ragged *harapiento, andrajoso*
railroad *ferrocarril (m); ferroviario (adj)*
raise *aumento*
range *variedad, gama*
rate *tasa o tipo (de interés, de cambio de divisa), índice (m), tarifa*
___ of exchange *tasa de cambio*
___ of growth *índice de crecimiento*
___ of increase *tasa de crecimiento*
___ of interest *tasa de interés*
___ of return (on investment) *tasa de rendimiento*
ratio *proporción, razón (f)*
raw material *materia prima*
real estate *bienes raíces (inmuebles)*
___ broker *corredor/a de bienes raíces (inmuebles)*
rebate to consumer *rebaja al comprador*
receipt *recibo*
receiver, telephone receiver *receptor (m), auricular (m)*
receptionist *recepcionista (m/f)*
reciprocal buying *compra recíproca*
reconstitute *reconstituir*
record *registrar*
recorded transfer of securities *cesión registrada*
recreation *recreo*
recruit *reclutar*
recruitment *reclutamiento*
red tape *papeleo, balduque (m)*
re-export *reexportación*
refund *devolución*
___ period *plazo de devolución*
registered trademark *marca registrada*
regret *sentir (i), lamentar*
regulation *reglamento*
reimbursement *reembolso, reintegro, repago*
reliability *fiabilidad*
reliable *fiable, formal*
relocation *reubicación*
renew *renovar(se) (ue)*
renewal *renuevo*
rent *(n) alquiler (m), arrendamiento; (v) alquilar, arrendar*
repair *(n) reparación; (v) reparar*
repayment *reembolso, liquidación, reintegro, pago*
report *informe (m); informar*
requirement *requisito*
resale *reventa*
reschedule *prorrogar, renegociar una deuda*
research and development *investigación y desarrollo*

resident *residente, vecino/a*
resource *recurso*
résumé *curriculum vitae (m), expediente personal (m), hoja de vida*
retailer *detallista (m/f), minorista (m/f), comerciante al por menor (m/f)*
retailing *venta al detalle (al por menor)*
retain *retener*
retirement *jubilación*
revenue *ingreso, renta, ganancia*
review *(n) revisión; (v) revisar*
revocable letter of credit *carta de crédito revocable*
reward *(n) premio; (v) premiar, recompensar*
risk *riesgo*
___ factor *factor riesgo*
___ management *control (administración) de riesgo*
robot *autómata (m)*
rock-bottom price *precio mínimo*
rough draft *borrador (m)*
route sheet (way bill) *hoja de ruta*
routing *ruta, recorrido*
rubber *caucho, goma*
___ band *goma elástica, liga*
rule *regla*

S

sabotage *sabotaje (m)*
safe *caja fuerte*
safety deposit box *caja de seguridad*
salary (weekly, monthly, or annual) *sueldo*
sale(s) *venta(s)*
___ agent *agente de ventas (m/f)*
___ promotion *fomento (promoción) de ventas*
salt *sal (f)*
salvage *rescate (m)*
___ value *valor de rescate (m)*
sample *muestra*
sanction *(n) sanción; (v) sancionar*
sand *arena*
save *ahorrar*
savings *ahorros*
___ account *cuenta de ahorros*
___ bank, savings and loan *caja de ahorros*
___ bond *bono de ahorro*
scarcity, shortage *escasez (f)*
schedule *horario; (v) programar, fijar la hora de, estar citado*
scheduling *programación*
screen (television, movie, computer) *pantalla*
scroll *desplazar arriba y abajo*
seafood, shellfish *marisco*
secured loan *préstamo garantizado (prendario)*
securities *valores (m), títulos de valores*
___ exchange *bolsa de valores*
seed *semilla*
selection *surtido*
self-financing *autofinanciación*
sell *vender, comercializar*
seller *vendedor/a*
selling *venta, comercialización*
send *mandar, enviar, remitir, despachar, expedir (i)*
sender *remitente (m/f), emisor/a*
set *fijar*
___ forth *exponer*
___ up *montar*
settle (a debt or account) *solventar, liquidar, saldar*
severance *cesantía*
___ indemnity *auxilio de cesantía, indemnización por despido, sueldo de despedida*
sewing machine *máquina de coser*
sexual harassment *acoso sexual*
share *acción, participación*
shareholder *accionista (m/f)*
shelter *(n) amparo; (v) amparar*
shift premium *prima por trabajo fuera de turno*
ship *buque (m), barco, nave (f), vapor (m)*
shipment *embarque (m), envío*
shipping company *empresa naviera*
___ document *documento de embarque*
shop *tienda, almacén (m), taller (m)*
shopping center *centro comercial*
short haul or run *trayecto corto*
___ term *a corto plazo*

showcase *vitrina, escaparate (m)*
shrimp *camarón (m), gamba*
shut-down *cierre (m)*
siderurgy *siderurgia*
sight draft *giro a la vista*
sign *letrero, rótulo*
signature loan *préstamo a sola firma*
silent partner *socio comanditario*
___ partnership *sociedad comanditaria (en comandita)*
silver *plata*
simulation technique *técnica de simulación*
situation *supuesto*
___ technique *técnica de incidente*
skill, ability *habilidad, destreza, pericia*
skin *piel (f)*
slogan *lema (m), mote (m)*
small batch production *producción ordenada (en pequeños lotes)*
___ business *empresa pequeña*
snack *merienda*
soft drink, soda *refresco*
software *software program*
sole proprietorship *empresa individual, propiedad de una sola persona*
solvency *solvencia*
sorghum *sorgo*
sovereign state *estado soberano*
soy bean *soja, soya*
Spaceship Earth *nave espacial: la Tierra (f)*
spare part *pieza de repuesto*
specialize *especializar*
specialty or luxury goods *bienes especiales (de lujo) (m)*
specify *precisar, especificar*
speculative buying *compra especulativa*
spill *derrame (m); (v) derramar*
spokesperson *portavoz (m)*
sponsor *patrocinar*
spread sheet *hoja de cálculo*
staff member *funcionario/a*
standard of living *nivel de vida (m)*
standard production *producción estándar*
staple *(n) grapa; (v) engrapar*
stapler *engrapador/a, abrochador (m)*
stapling *engrapamiento*
state- or government-run *estatal (adj)*
state-controlled company *empresa estatal*
statement of account *estado de cuenta*
statistics *estadística*
stay *estancia*
steel *acero*
step, procedure *trámite (m), gestión*
stock *(n) acción, existencia (*in stock*: en existencia); (adj) bursátil; (v) abastecer, proveer*
___ exchange *bolsa (de valores, de comercio)*
___ market *bolsa comercial (de valores)*
___ portfolio *cartera de acciones*
stockbroker *corredor/a de acciones (de bolsa)*
stockholder *accionista (m/f)*
storage *almacenaje (m), almacenamiento*
straight-line depreciation *depreciación lineal*
___ method (depreciation) *método lineal*
strategy *estrategia*
strike *(n) huelga, paro; (v) ir a la huelga, declararse en huelga*
___ breaker, scab *esquirol (m), rompehuelgas*
striker *huelguista (m/f)*
student intern *asistente de práctica (m/f)*
submit *someter*
subsidiary *sucursal (f), filial (f)*
subsidize *subvencionar*
subtract *sustraer*
success *éxito, triunfo*
successfully *con éxito, exitosamente*
sue *demandar, procesar, pleitar*
sugar *azúcar (m/f)*
___ beet *remolacha azucarera*
___ cane *caña de azúcar*
___ refining *refinamiento de azúcar*
suitable *idóneo*
sulfur *azufre (m)*
summary *minuta*
supplier *proveedor/a, abastecedor/a, suministrador/a*
supplies *bienes de abastecimiento (m), suministros, abastos*
supply *(n) abastecimiento, suministro; (v) abastecer, suministrar, proveer*

___ and demand *oferta y demanda*
supporter *partidario/a*
surf (the internet) *navegar*
surplus *excedente (m)*
survey *encuesta*

T

take care of *encargarse de*
___ steps or measures *hacer gestiones*
take the census *levantar el censo*
tariff *tarifa, arancel (m); arancelario (adj)*
taste *sabor (m)*
tax *impuesto, impositivo (adj)*
___ accountant *contable fiscal (m/f)*
___ accounting *contabilidad fiscal*
___ liability *obligación contributaria (impositiva)*
team *equipo*
tear down, demolish *derrumbar*
technology *tecnología*
___ transfer *transmisión (transferencia) de tecnología*
telecommuter *teleconmutador/a, trabajador/a a distancia*
telemarketing *telemarketing (m)*
telephone bill *cuenta de teléfono*
telesales *televentas*
tenant *inquilino/a*
test *(n) prueba; (v) probar (ue), poner a prueba*
textile *tejido, textil*
theme, subject *tema (m), asunto*
time deposit *depósito a plazo fijo*
___ draft *giro a plazo*
___ period *plazo*
tin *estaño*
to the bearer *al portador*
toll road *autopista de peaje (f) o de cuota*
ton *tonelada*
tool *herramienta*
tourism *turismo*
toxic waste *desecho tóxico*
trade *(n) comercio, negocio; (v) comerciar, negociar*
___ deficit, unfavorable balance of trade *saldo negativo (desfavorable), balanza comercial negativa*
___ discount *rebaja al revendedor*
___ fair *feria comercial*
trademark *marca comercial (de fábrica), marca registrada*
train *(n) ferrocarril, tren; (v) adiestrar, capacitar, entrenar*
training *adiestramiento, capacitación, entrenamiento*
transact *negociar, tramitar*
transaction *transacción*
transfer *(n) traslado, traspaso (de título de propiedad); trasbordo; (v) trasladar, traspasar, trasbordar*
___ payment *transferencia (pago de transferencia)*
translator *traductor/a, intérprete (m)*
transport ship *buque de transporte (m)*
transportation *transporte (m), acarreo*
travel allowance *viáticos*
traveling market *mercado ambulante*
treasury *tesorería*
_____bond *bono del estado*
treatment, manner of dealing with *trato*
trial balance *balance de comprobación (m)*
truck *camión (m)*
___ wholesaler *mayorista sin almacén (m/f)*
trust *(n) confianza; (v) confiar en, fiarse de*
try *(v) tratar de, probar (clothes, food, drink)*
tuition scholarship *beca de matrícula*
tungsten *tungsteno*
turkey *pavo, guajolote*
twin deficits *deudas gemelas*
type *escribir a máquina*
typewriter *máquina de escribir*

U

underdeveloped *subdesarrollado*
underemployment *subempleo*
undertake *emprender*
unemployment *desempleo, paro*

___ rate *índice de desempleo (m)*
unfinished goods *bienes semiacabados*
union *(n) sindicato; (adj) sindical*
___ representative *representante sindical (m/f)*
unlimited *sin límites, ilimitado*
unsecured loan *préstamo no garantizado (sin caución)*
up-to-date *al día, corriente*
upper management *alto mando*
uranium *uranio*
user *usuario/a*
utilities *luz, agua y gas*
utility *utilidad*

V

valuables *valores (m), artículos de valor*
value added *ad valorem*
value-added tax *impuesto sobre el valor añadido (agregado) (IVA)*
van *camioneta*
VCR or videocassette *video*
vegetable *vegetal (m), legumbre (f), verdura*
vending machine *máquina expendedora, distribuidor automático*
virtual reality *realidad virtual*
voice mail *correo auditivo*
volume discount *descuento sobre cantidad*

W

wage (hourly) *jornal (m), salario*
warehouse *almacén (m); (v) almacenar*
waste *(n) desperdicio; (v) desperdiciar*
wealth *riqueza, caudal (m), patrimonio*
wear out *desgastar(se), agotar(se)*
West Indies, Antilles *Islas Antillas*
wheat *trigo*
wholesaler *mayorista (m/f), comerciante al por mayor (m/f)*
wholesaling *venta al por mayor*
will *testamento*
wine growing, wine production *vinicultura*
withdraw *retirar*
wood *madera, leña*
wool *lana*
word processor *procesador de textos (de palabras) (m)*
work (adj) *laboral*
work aesthetic, attractiveness of work environment *estética laboral*
___ ethic *ética laboral*
___ station *estación de trabajo*
worker *trabajador/a, obrero/a, empleado/a, operario/a; laboral (adj)*
workshop *taller (m)*
World Trade Organization *Organización Mundial de Comercio*

Y

yield (interest) *devengar*

Z

zinc *cinc (m)*

Indice Temático